JUS PRIVATUM

Beiträge zum Privatrecht

Band 24

Peter W. Heermann

Drittfinanzierte Erwerbsgeschäfte

Entwicklung der Rechtsfigur des trilateralen Synallagmas auf der Grundlage deutscher und U.S.-amerikanischer Rechtsentwicklungen

Mohr Siebeck

Peter W. Heermann, geboren 1961, Studium in Gießen und Madison (Wisconsin); Promotion 1989 in Gießen bei Prof. Dr. Th. Raiser; Habilitation 1997 in Berlin; Privatdozent

Als Habilitationsschrift auf Empfehlung der Juristischen Fakultät der Humboldt-Universität zu Berlin gedruckt mit Unterstützung der Deutschen Forschungsgemeinschaft.

Die Deutsche Bibliothek – CIP-Einheitsaufnahme

Heermann, Peter W.:
Drittfinanzierte Erwerbsgeschäfte: Entwicklung der Rechtsfigur des trilateralen Synallagmas auf der Grundlage deutscher und U.S.-amerikanischer Rechtsentwicklungen / Peter W. Heermann. – Tübingen: Mohr Siebeck, 1998
(Jus privatum; Bd. 24)
ISBN 3-16-146882-1

Das Buch wurde von Typographic in Dettingen aus der Garamond Antiqua belichtet, von Gulde-Druck in Tübingen auf alterungsbeständiges Werkdruckpapier der Papierfabrik Niefern gedruckt und von der Großbuchbinderei Heinr. Koch in Tübingen gebunden.

ISSN 0940-9610

Vorwort

Im Laufe dieses Jahrhunderts haben sich bei der Bewegung von Gütern und Diensten verschiedene Formen der Arbeitsteiligkeit herausgebildet, die die auf dem bilateralen Austauschvertrag basierende allgemeine Zivilrechtstheorie nach wie vor herausfordern. Anknüpfend an diese Entwicklung, beschränkt sich die Untersuchung auf drittfinanzierte Erwerbsgeschäfte und faßt unter dieser Bezeichnung insbesondere finanzierte Abzahlungsgeschäfte, Finanzierungsleasing- und Kreditkartengeschäfte zusammen. Daneben erstreckt sie sich auf zahlreiche weitere Dreieckskonstellationen (etwa Factoringgeschäfte, Absicherung einer Kaufpreis- oder Darlehensforderung durch Wechsel, aber auch Zessionen und berechtigende Verträge zugunsten Dritter), die auf mindestens zwei bilateralen Austauschverträgen beruhen. Mögen bislang auch zahllose Arbeiten über die einzelnen Vertragskonstellationen verfaßt worden sein, so sind letztlich die bei sämtlichen dieser trilateralen Rechtsgeschäfte auftretenden und vielfach gleichgelagerten Rechtsprobleme sowohl in der deutschen als auch der U.S.-amerikanischen Wissenschaft und Judikatur bislang fast ausschließlich nur für die jeweiligen Gestaltungsformen separat diskutiert worden. Der Blick für abwicklungstechnische Gemeinsamkeiten ist zumeist verloren gegangen, wodurch man sich voreilig den Zugang zu einem vergleichbare Vertragskonstellationen umfassenden Konzept abgeschnitten hat. Hervorgerufen und verstärkt wird diese Entwicklung durch das im Rechtsdenken verwurzelte Dogma von der Relativität der Schuldverhältnisse, das die zugrundeliegenden, aufeinander abgestimmten bilateralen Verträge grundsätzlich trennt und isoliert bewertet, ohne die Interessen und Rechte der in die genannten dreiseitigen Austauschvorgänge notwendigerweise eingeschalteten Dritten angemessen zu berücksichtigen.

Diese bisweilen beklagte, indes bislang noch nicht hinreichend beleuchtete Konfliktlage mit ihren rechtlichen Widersprüchlichkeiten bildet den Anknüpfungspunkt für die Entwicklung eines neuen übergreifenden Gedankenmodells, das zwischen den Rechtsfiguren des Verbandes und des Vertrages angesiedelt ist. Nach einer Analyse der Zuwendungs- und Leistungsverhältnisse wird als Charakteristikum zahlreicher drittfinanzierter Erwerbsgeschäfte ein ringförmiger Leistungsaustausch im Sinne eines *do ut des ut det* herausgearbeitet, der unter Fortentwicklung des am zweiseitigen Austauschvertrag orientierten (bilateralen) Synallagmas als »trilaterales Synallagma« bezeichnet wird. Für diejenigen Vertragsgestaltungen, bei denen sich ein *do ut des ut det*-Leistungsaustausch nachweisen läßt, wird ein konsistentes Lösungsprogramm präsentiert, das die argumentativen Schwierigkeiten des vorherrschenden, im Relativitätsdogma verhafteten Rechtsdenkens zu überwinden vermag und sich *de lege lata* in das Gerüst der Zivilrechtsdogmatik eingliedern läßt.

Die vorliegende Arbeit wurde im Sommersemester 1997 von der Juristischen Fakultät der Humboldt-Universität zu Berlin als Habilitationsschrift angenommen. Rechtsprechung und Literatur zum deutschen Recht wurden bis November 1997 berücksichtigt, während ich nach der Rückkehr von einem Forschungsaufenthalt in den Vereinigten Staaten im Mai 1996 auf eine Aktualisierung der U.S.-amerikanischen Materialien verzichtet habe.

Meinem verehrten Habilitationsvater, Herrn Professor Dr. Thomas Raiser, danke ich von Herzen für die vielfältige persönliche und fachliche Förderung. Seine kritischen Anregungen, seine nie ermüdende Diskussionsbereitschaft und seine Rücksichtnahme haben den Fortgang der Arbeit maßgeblich gefördert. Ebenso unvergessen wie prägend bleiben seine Ermahnungen, trotz der Weite des Themas und der dadurch bedingten ausufernden Materialfülle nicht den Blick für das Wesentliche, das »Neue«, zu verlieren und diesem entgegen dem Trend zu enzyklopädisch anmutenden Monographien im Rahmen einer überschaubaren Abhandlung angemessenes Gewicht einzuräumen. Dem Zweitgutachter, Herrn Professor Dr. Hans-Peter Benöhr, bin ich sehr verbunden für seine Hinweise.

Der Deutschen Forschungsgemeinschaft sei herzlich gedankt für die Gewährung eines Habilitationsstipendiums, das auch mehrmonatige Studien an der Law School der University of Wisconsin (Madison) ermöglichte, sowie für die Gewährung einer Druckkostenbeihilfe. Ohne diese finanzielle Unterstützung und die dadurch gewonnenen Freiräume hätten sich Fertigstellung und Veröffentlichung der Arbeit erheblich verzögert.

Zum Abschluß möchte ich meiner Ehefrau Petra von ganzem Herzen dafür danken, daß sie mit bewundernswerter Geduld die Entwicklung der Arbeit von Anfang an mit verschiedenen Hilfestellungen, Aufmunterungen und überobligatorischem Verständnis durch alle Höhen und Tiefen begleitet hat, selbst wenn der Verfasser sich (wieder einmal) monatelang »über den großen Teich abgesetzt« hatte.

Hannover, im Dezember 1997 Peter W. Heermann

Inhaltsübersicht

Inhaltsverzeichnis

Einleitung

Im privaten, wirtschaftlichen, aber auch öffentlichen Geschäftsverkehr kommt es häufig vor, daß sich ein Anschaffungswunsch mit Hilfe der eigenen Finanzmittel nicht realisieren läßt. In einer durch Arbeitsteilung gekennzeichneten Wirtschaft liegt es dann nahe, den Mangel durch Einschaltung eines Finanzierers zu kompensieren. Obgleich damit regelmäßig eine Verteuerung der Ware oder Dienstleistung einhergeht, können sowohl auf der Anbieter- als auch der Nachfragerseite ökonomische sowie psychologische Gründe dafür sprechen, eine Finanzierung durch einen Kreditgeber in Anspruch zu nehmen.

Sofern es sich bei den Anbietern um Wirtschaftsunternehmen handelt, streben sie nach höherem Absatz und daraus resultierenden Gewinnsteigerungen. Zu den erfolgversprechenden absatzpolitischen Instrumenten gehört auch die Preispolitik, die in der Modifikation der Zahlungskonditionen ihren Ausdruck findet. Die Gestaltungsmöglichkeiten sind vielfältig, lassen sich letztlich hingegen auf zwei Hauptgruppen reduzieren: entweder räumt der Anbieter selbst Finanzierungshilfen ein oder eine dritte Partei wird zur Durchführung und Abwicklung der finanziellen Seite in den Erwerbsvorgang eingeschaltet[1].

Auch auf seiten der kommerziellen und privaten Abnehmer können verschiedene Gründe einen Verzicht auf eine vollständige Eigenfinanzierung rechtfertigen. Im Vordergrund steht die vorzeitige wirtschaftliche oder individuelle Nutzungsmöglichkeit, die zugleich neben der zeitlich gestreckten finanziellen Abwicklung gegeben ist. Dabei können die Auswirkungen der Inflation, d.h. Preissteigerung und Entwertung der Ersparnisse, für den Zeitraum unberücksichtigt bleiben, der vom Zeitpunkt des vorzeitigen Erwerbs bis zum – oft Jahre später liegenden – Zeitpunkt des Ansparens ausreichender Eigenmittel verstrichen wäre.

Hier brauchen die Hintergründe für die ständige Zunahme der Fremdfinanzierung von Erwerbsvorgängen nicht weiter vertieft zu werden. Sie ist keineswegs Ausdruck einer unzureichenden Eigenkapitalausstattung der Teilnehmer am Wirtschaftsverkehr. Sowohl die kommerziellen als auch die privaten Nachfrager können durch Drittfinanzierung ihre wirtschaftliche und persönliche Handlungsfreiheit vergrößern und optimal nutzen. Zwar sind in den marktwirtschaftlichen Systemen die zur Verfügung stehenden Kapitalmittel und Einkommen in den zurückliegenden Jahrzehnten kontinuierlich – wenngleich mit

[1] Siehe ausführlich zur Krediteinräumung als einem absatzpolitischen Instrument *Scholz* Rdn. 4 ff.

konjunkturell bedingten Schwankungen – gestiegen. Zugleich hat sich indes einerseits das allgemeine Preisniveau erhöht und sind andererseits auch die jeweiligen Bedürfnisse gewachsen oder gesteigert worden. Unter diesen Umständen kann es kaum verwundern, wenn die Eigenmittel oftmals nicht zur Realisierung der Erwerbswünsche ausreichen. Häufig wird das Motiv für ein Ausweichen auf die Fremdfinanzierung auch darin zu sehen sein, daß eine Anschaffung mit Eigenmitteln zwar möglich ist, den Erwerber aber der gewünschten finanziellen Flexibilität berauben würde.

Ausgehend von der beschriebenen Entwicklung, verfolgt die Untersuchung das Ziel, die durch Gesetz und Rechtsprechung gesetzten Rahmenbedingungen für drittfinanzierte Erwerbsgeschäfte auf den rechtlichen Prüfstand zu stellen. Richtet man seinen Blick zunächst auf das BGB, so wird man dieses Gesetzeswerk für die Zeit seines Inkrafttretens im wesentlichen als zeitgemäß betrachten können[2]. Am Ende des 19. Jahrhunderts waren die einzelnen Märkte noch einfach gegliedert und überschaubar, beherrschend waren Warenaustausch und Handel. Die gesamte Warenherstellung lag in den Händen von Produzenten, die im Rahmen ihrer betrieblichen Möglichkeiten auf eine arbeitsteilige Produktion mit verschiedenen Zuliefererbetrieben verzichteten[3]. Diese Marktstrukturen des ausgehenden letzten Jahrhunderts spiegeln sich insbesondere in den schuldrechtlichen Vorschriften des BGB wider. Die dort kodifizierten klassischen Vertragstypen orientieren sich fast ausschließlich an einem kurzfristigen, in seinen Einzelheiten weitgehend im voraus festgelegten Austauschvertrag, an dessen Verwirklichung und Abwicklung nur die beiden Leistung und Gegenleistung persönlich erbringenden Parteien beteiligt sind. Prägend für das geschriebene Recht ist folgende Aussage in den Motiven zum Entwurf eines Bürgerlichen Gesetzbuches:

»Außer Zweifel steht, daß durch das Schuldverhältniß nur persönliche Rechtsbeziehungen zwischen den in demselben stehenden Personen begründet werden, der persönliche Anspruch des Gläubigers gegen den Schuldner auf Leistung, die persönliche Verbindlichkeit des Schuldners zur Bewirkung der Leistung ... Ueber die Personen des Gläubigers und Schuldners greift die Wirkung des Schuldverhältnisses an sich nicht hinaus.«[4]

Nach den Vorstellungen der Verfasser des Bürgerlichen Gesetzbuches sollten Erwerbsgeschäfte demnach in zweiseitigen Leistungsbeziehungen abgewickelt werden. Sofern die Eigenfinanzierung durch Erwerber nicht möglich war, sollten entweder die Verkäufer den Preis der Ware kreditieren oder die Käufer sich

---

[2] Zu Entstehung, Würdigung und Auswirkungen des Bürgerlichen Gesetzbuchs siehe *Wieacker* Privatrechtsgeschichte § 25 (468-488) m.w.N. Freilich äußerten sich bereits früh auch kritische Stimmen; vgl. stellvertretend *von Gierke*, der »[d]ie soziale Aufgabe des Privatrechts« in seiner gleichnamigen Kritik des ersten Kommissionsentwurfs nur unvollkommen verwirklicht sah.

[3] Zum Wandel der wirtschaftlichen und sozialen Rahmenbedingungen auf dem U.S.-amerikanischen Markt im Verlauf des 19. und 20. Jahrhunderts siehe etwa *Schmid* 200 ff.

[4] Motive II 2.

selbständig von dritter Seite Finanzierungsmittel besorgen. Typisch für diese Entwicklung waren und sind einerseits das einfache Abzahlungsgeschäft sowie andererseits die Finanzierung durch ein vom Erwerbsvorgang unabhängiges Darlehen. Erst im Verlaufe dieses Jahrhunderts hat sich sodann mit dem Übergang von einer Produktions- zu einer Dienstleistungsgesellschaft[5] in Deutschland zunehmend das Bedürfnis herausgebildet, Drittfinanzierungen durch ein planmäßig aufeinander bezogenes Handeln von Finanzierer, Warenanbieter und Erwerber zu institutionalisieren[6]. Das Zivilrecht konnte mit dieser Entwicklung hingegen nicht Schritt halten, und es zeigte sich, daß das BGB eher die Tür zum 19. Jahrhundert geschlossen als die Pforte zum 20. Jahrhundert geöffnet hatte. Denn trotz der personellen Erweiterung auf drei an dem Erwerbsgeschäft Beteiligte hat sich das deutsche Vertragsrecht auf der Basis seines individualistischen Ansatzes weiterhin strikt an dem zweiseitigen Vertrag als Grundfigur der Beziehung zwischen Rechtssubjekten orientiert. Die Gründe für diese Entwicklung beruhen auf der Verwurzelung der deutschen Rechtsordnung in der Pandektenwissenschaft, die von dem aus dem *Corpus Iuris* abgeleiteten Prinzip des *alteri stipulari nemo potest*[7] beherrscht ist, sowie dem daraus resultierenden Festhalten an den Grundsätzen der Relativität der Schuldverhältnisse und der Bipolarität der Leistungsbeziehungen[8].

Die mit der Kreditierung des Kaufpreises durch den Verkäufer[9] einhergehenden rechtlichen Probleme hatte man bereits vor Erlaß des BGB im Gesetz betreffend die Abzahlungsgeschäfte (AbzG) vom 16. Mai 1894[10] frühzeitig in den Griff bekommen. Diese Entwicklung ist durch den Nachfolger des AbzG, das Anfang 1991 in Kraft getretene Verbraucherkreditgesetz (VerbrKrG) vom 17. Dezember 1990[11], fortgesetzt worden. Das VerbrKrG enthält zwar im Ge-

---

[5] Zu den sozialen und wirtschaftlichen Veränderungen im 20. Jahrhundert und ihren Auswirkungen auf die Rechtsordnung siehe stellvertretend *Sefrin* 41 f. m.w.N.; vgl. auch *Wieacker* in: FS 100 Jahre DJT (Bd.II) 1, 7-18.

[6] Zur Bedeutung und Entwicklung wirtschaftlicher Dreiecksverhältnisse siehe auch *Martinek* Vertragstypen Bd.I § 1 III 2 (6 f.); *Schmalzbauer* 5 f.

[7] Siehe hierzu ausführlich *Bayer* 5-27; *Wesenberg* 17-23 sowie insbesondere *U. Müller* 14-28, der im Rahmen seiner Abhandlung sodann detailliert die dogmengeschichtliche Entwicklung der direkten Stellvertretung und des Vertrages zugunsten Dritter bis ins 19. Jahrhundert nachzeichnet.

[8] Vgl. hierzu allg. MünchKomm-*Kramer* Vor § 241 Rdn.14 ff.; zur Geschichte dieser Dogmen siehe *Bayer* 5-27; *Dörner* 5-12; *Henke passim*; *Schmalzbauer* 2-4; *Wesenberg* 17-23 jeweils m.w.N.

[9] Zur Entstehungsgeschichte der Abzahlungsgeschäfte *Baltes* 25-31, 38-44; *Dürbeck* 5-11; *Heck* 131 ff.; *Hörter* 14 ff.; *Kaminsky* 7-19; *Marschall von Bieberstein* Abzahlungsgeschäft 9-11, 130 f.; MünchKomm²-*Westermann* § 6 AbzG Rdn.23 ff.; *Müller-Laube* 23-28; *Pagendarm* WM 1967, 434 ff.; *Strack* 4-7; *Temp* 6-10; *Wilke* 117 ff.; vgl. darüber hinaus den ebenso umfassenden wie anschaulichen geschichtlichen Abriß von vorkapitalistischen Konsumentenkreditformen bis zu den vertraglichen Ausgestaltungen der Gegenwart von *Reifner* Wirtschaftsrecht 116-140 m.w.N.

[10] RGBl. S.450; zu der Entstehungsgeschichte sowie dem Gesetzeskonzept siehe stellvertretend *Baltes* 44-58 sowie *Benöhr* ZHR 138 (1974), 492 ff.

[11] BGBl. I S.2840.

gensatz zu seinem Vorgänger eine speziell auf drittfinanzierte Erwerbsgeschäfte – oder in der Terminologie des Gesetzes: auf verbundene Geschäfte – zugeschnittene Vorschrift (§ 9 VerbrKrG), die jedoch gleichfalls auf der Bipolarität von Vertragsverhältnissen aufbaut[12]. Das für das Zivilrecht typische abstrahierende und isolierende Denken erblickt in den komplexen, von der Rechtspraxis herausgebildeten drittfinanzierten Rechtsgeschäften Fremdkörper[13], die es – in einer wenig überzeugenden Weise – in das traditionelle gedankliche Korsett einzufügen versucht. Die Zivilrechtsdogmatik spiegelt insoweit nach wie vor die Lebensbedingungen des 19. Jahrhunderts wider, während etwa drittfinanzierte Abzahlungsgeschäft, Finanzierungsleasing-, Kreditkarten- oder Factoringgeschäfte, aber auch besondere Formen der Kreditgewährung wie der Überziehungskredit, der persönliche Kleinkredit oder das Anschaffungsdarlehen sich erst in diesem Jahrhundert herausgebildet haben. Trotz jahrzehntelanger Befassung mit dem Problem mangelt es noch immer an einer Rechtssystematik für trilaterale Rechtsverhältnisse, die sich aus mindestens zwei bilateralen Austauschverhältnissen zusammensetzen. Veranschaulicht am Beispiel drittfinanzierter Erwerbsgeschäfte, wird diese juristische *terra incognita*, die zwischen den bereits weitgehend erschlossenen Gebieten des zweiseitigen Kontrakts auf der einen und des Verbands auf der anderen Seite gelegen ist, in den Mittelpunkt der Untersuchung gestellt werden.

Die Einbeziehung eines kreditgebenden Dritten in den Erwerbsvorgang ist keineswegs ein allein in der deutschen Rechtspraxis ausgebildetes Phänomen. Vielmehr sind die Wurzeln insbesondere des finanzierten Abzahlungskaufs[14] sowie des Factoring-[15], Kreditkarten-[16] und Finanzierungsleasinggeschäfts[17] im U.S.-amerikanischen Rechtskreis zu suchen. Dort hatte sich früher als im deutschen Wirtschaftsverkehr eine allgemeine Hinwendung zur Drittfinanzierung von Erwerbsgeschäften herausgebildet[18], woraufhin entsprechende Vertragsgestaltungen entwickelt und Gerichte mit deren rechtlicher Würdigung befaßt

---

[12] Siehe hierzu ausführlich Teil I., 2. Abschnitt, I. 1. (50 – 56).

[13] *Wieacker* in: FS 100 Jahre DJT (Bd.II) 1, 17 spricht allgemein im Hinblick auf die heute vorherrschende Arbeitsteiligkeit von »beunruhigenden Anomalien«.

[14] Siehe etwa *Crisolli/Ostler* Einl. Anm.3; *Marschall von Bieberstein* Abzahlungsgeschäft 5; *Schoreit* 3; *Strack* 3.

[15] Vgl. z.B. *Martinek* Vertragstypen Bd.I § 9 II (228-232) m.w.N.

[16] Siehe stellvertretend *Dorner* 19 f.; *Hammann* 23-26; *Martinek* Vertragstypen Bd.III § 23 I (62-66); *Pütthoff* 3-9; *Weisensee* 51-69; *Weller* 11-19.

[17] Siehe etwa *Gitter* § 11 I (278-280); *Martinek* Vertragstypen Bd.I § 3 II (40-43); *W. Müller* 1 f.; *von Harling* 44 ff.; *Kurstedt* 3-10; *Sannwald* 20 f.; *Tsche* 8 f.

[18] *Caplovitz* in: *Reifner/Ford* 119 hat im Jahr 1992 diese Entwicklung folgendermaßen zusammengefaßt: »In a span of only a few generations, about 45 years, America has been transformed from a cash to credit society.« In der Tat hat sich gerade in den nachfolgenden Jahren die Summe der offenstehenden Verbraucherkredite drastisch erhöht (Jahr: $ in Mrd.): 1980: 298,2; 1984: 442,6; 1985: 517,7; 1986: 572,0; 1987: 608,7; 1988: 663,0; 1989: 724,4: 1990: 734,9; 1991: 728,4; 1992: 731,1; 1993: 794,3; 1994: 911,3 (Statistical Abstract of the U.S. 1995, S.525 Tab.No.810). Im November 1995 ist dann erstmalig die Gesamtsumme von einer Billion Dollar überschritten worden (The Reuter Business Report, Jan. 16, 1996).

worden sind. Bereits diese Umstände lassen es sinnvoll erscheinen, im folgenden auch die Entwicklung drittfinanzierter Erwerbsgeschäfte im U.S.-amerikanischen Recht nachzuzeichnen. Diese rechtsvergleichende Perspektive bietet sich darüber hinaus an, weil bei einem Vergleich zwischen verschiedenen Rechtsfamilien eher unterschiedliche und damit befruchtende Ansätze erwartet werden können als bei einer Gegenüberstellung dem gleichen Rechtskreis angehörender Rechte: So ist die anglo-amerikanischen Rechtsfamilie durch ein pragmatisches und anpassungsfähiges, sich im wesentlichen am konkreten Fall sowie an Präzedenzfällen orientierendes Rechtsdenken geprägt, während die kontinental-europäische durch ein eher rationalistisches, insbesondere deduktives, den jeweiligen Sachverhalt unter abstrakte Normen subsumierendes Vorgehen gekennzeichnet ist. Wenn hingegen nachfolgend wiederholt auch übereinstimmende, wenngleich auf strukturverschiedenen Grundlagen beruhende Lösungen ermittelt werden, die nicht den Stempel gemeinsam erfahrener Kultureinflüsse tragen können, ist ein solches Ergebnis nicht nur für den Rechtsvergleicher von besonderem Interesse; vielmehr dienen diese Kongruenzen jeweils als Beleg für »universale Rechtsschutzbedürfnisse und gleichartig bewertete Gerechtigkeitspostulate ..., die sich unter jeder Systematik durchsetzen – nein, nicht nur das: die gerade mit deren spezifischen Mitteln eigene Wege der Anerkennung finden.«[19]

Dabei darf nicht übersehen werden, daß für beide Rechtskreise die systemimmanent bedingte Unterscheidung zwischen *case law*[20] einerseits und Gesetzesrecht andererseits wegen des verstärkten Vordringens dieser Rechtsquellen in dem jeweils anderen Rechtssystem zunehmend an Bedeutung verliert[21]. Wie ein Blick auf die moderne Vertragsform des Finanzierungsleasings exemplarisch belegt, werden weite Bereiche des deutschen Zivilrechts von der Rechtsprechung maßgeblich beeinflußt, wenn nicht sogar beherrscht. Andererseits nimmt in den Vereinigten Staaten das *case law* nicht mehr die einstmalige Vorrangstellung ein. Vielmehr basieren die einschlägigen U.S.-amerikanischen Vorschriften – wie z.B. der für diese Untersuchung im Vordergrund stehende *Uniform Commercial Code* (UCC)[22] – auf einer umfassenden Analyse des vorangegangenen *case law*, dessen Lösungsansätze insgesamt fruchtbar gemacht und vielfach sogar ohne Abänderungen in Gesetzesform gefaßt worden sind. Obgleich der UCC keine unmittelbaren Rechtswirkungen entfaltet, sondern den Charakter eines Mustergesetzes aufweist, sind seine Vorschriften für die rechtliche Bewertung der von ihm erfaßten drittfinanzierten Erwerbsgeschäfte in den U.S.A. repräsentativ; denn die Artikel des UCC werden in ihren wesentlichen Teilen

[19] *Esser* Grundsatz und Norm 354.

[20] Zur begrifflichen und inhaltlichen Abgrenzung vom sog. *common law* und *equity*-Recht vgl. *Hay* 4-8.

[21] Siehe hierzu auch *Esser* Grundsatz und Norm 218-226; *Hay* 3; *Reimann* 8 f.; *Zweigert/Kötz* § 5 III (69), § 18 IV (262-265).

[22] Zur Geschichte des UCC siehe den Überblick bei *Hay* 90-92 m.w.N sowie *Zweigert/Kötz* § 17 III (247).

regelmäßig von fast allen Bundesstaaten[23] – allenfalls mit geringen und im Rahmen dieser Untersuchung zu vernachlässigenden Änderungen – übernommen.

Verbreitet sind in der Vergangenheit internationale Vorhaben zur Rechtsvereinheitlichung eingeleitet worden, deren Ergebnisse sich in verschiedenen Regelungswerken mit unterschiedlichem Durchsetzungs- und Bekanntheitsgrad widerspiegeln. Von den hier unter dem Oberbegriff drittfinanzierte Erwerbsgeschäfte zusammengefaßten vertraglichen Gestaltungsformen sind bislang nur internationale Finanzierungsleasing- sowie Factoringgeschäfte von diesen Bestrebungen erfaßt worden. Die auf die Arbeiten des Internationalen Instituts für Vereinheitlichung des Privatrechts (UNIDROIT) zurückgehenden, jeweils am 28. 5. 1988 angenommen UNIDROIT-Übereinkommen über das internationale Factoring (Unidroit Convention on International Factoring)[24] sowie über das internationale Finanzierungsleasing (Unidroit Convention on International Financial Leasing)[25] werden in dem Maße an Bedeutung gewinnen, in dem die Zahl der Unterzeichnerstaaten ansteigt. Beide Regelwerke sind inzwischen nach Hinterlegung der Ratifikationsurkunden durch drei Vertragsstaaten (Frankreich, Italien und Nigeria) am 1. 5. 1995 in Kraft getreten; die Bundesrepublik Deutschland ist bislang keiner der beiden Konventionen beigetreten. Indes ist der Anwendungsbereich der Konventionen auf grenzüberschreitende Factoring- und Finanzierungsleasinggeschäfte beschränkt[26] und darüber hinaus u.a. dadurch begrenzt, daß die Zahl der Ratifikationsstaaten jeweils gering ist, Finanzierungsleasinggeschäfte mit Verbraucherbeteiligung nicht erfaßt werden[27] und die Regelungen entweder in ihrer Gesamtheit oder doch in wesent-

[23] Eine Ausnahme gilt regelmäßig für Louisiana, wo man sich im Bereich des Zivilrechts traditionell an den französischen Code Civil anlehnt, jedoch auch Teile des UCC (Art.1, 3, 4, 5) am 1. 1. 1975 umgesetzt hat.

[24] Im folgenden: *Factoring-Konvention.* Abgedruckt in der englischen und französischen Originalfassung in RabelsZ 53 (1989), 733 ff., eine deutsche Übersetzung findet sich bei *Diehl-Leistner* 205-209. Vgl. zu Entstehungsgeschichte und Inhalt der Konvention *Basedow* ZEuP 1997, 615, 625 ff.; *Diehl-Leistner* 125-136; *Rebmann* RabelsZ 53 (1989), 602 f.

[25] Im folgenden: *Finanzierungsleasing-Konvention.* Abgedruckt in der englischen und französischen Originalfassung in Revue de Droit Uniforme 1988 I, 134 ff. und RabelsZ 51 (1987), 736 ff.; vom Bundesministerium der Justiz autorisierte amtliche deutsche Übersetzung in FLF 1992, 56 ff.; weitere Übersetzungen finden sich bei *Ebenroth* in: *Kramer* 218 ff.; *Dageförde* 162 ff.; *Knebel* 145-162. Vgl. zu Entstehungsgeschichte und Inhalt der Konvention *Dageförde* 97 ff.; *dens.* RIW 1995, 265-268; *Ebenroth* in: *Kramer* 192-208; *Eckstein* FLF 1992, 56 ff.; *Girsberger* Rdn. 36-42; *Hövel* DB 1991, 1029, 1032 f.; *Knebel* 28-45, 55-66, 101 ff.; *dens.* RIW 1993, 537 ff.; *dens.* WM 1993, 1026, 1029 f.; *Koblitz* 62-65, 244 f., 249 f., 258-260; *Martinek* Vertragstypen Bd.III § 29 II (359-362); *Mömken* 212-216; *Sefrin* 87-90; *Siehr* in: FS Schluep 33-38; *Stanford* FLF 1989, 128 ff.; *Stauder* in: *Kramer* 71, 98-100. Die Abhandlungen von *Basedow* RIW 1988, 1 ff.; *Feinen* RIW-Beilage 1/1988, 1 ff.; *Poczobut* RabelsZ 51 (1987), 681 ff. sind bereits vor der abschließenden Konferenz in Ottawa angefertigt worden.

[26] Vgl. zu den Einzelheiten Art.1 beider Konventionen.

[27] Siehe Art.1 Abs.4 Finanzierungsleasing-Konvention.

lichen Teilen abbedungen werden können[28]. Trotz dieser deutlichen strukturellen Abweichungen vom deutschen und U.S.-amerikanischen Recht werden die übernationalen Vorschriften der Konventionen wiederholt in die rechtsvergleichenden Betrachtungen im Bereich des Factorings sowie des Finanzierungsleasings mit einbezogen werden, um dadurch die Ergebnisse insgesamt auf ein breiteres Fundament zu stellen.

Ziel der Untersuchung ist es letztlich, in Abkehr von der bislang vorherrschenden Übung die einzelnen Vertragsgestaltungen drittfinanzierter Erwerbsgeschäfte nicht getrennt zu bewerten, sondern trotz separater Darstellung ihrer ökonomischen und rechtlichen Grundlagen bislang verdeckte oder verdrängte Gemeinsamkeiten aufzuspüren und auch mittels rechtsvergleichender Erkenntnisse zu untermauern. Durch dieses Vorgehen wird die isolierende Betrachtungsweise überwunden und – wie bereits hier im Vorgriff auf den weiteren Gang der Untersuchung angemerkt werden soll – der Zugang zu einem neuen, in den Grundzügen zum BGB bereits angelegten, bislang jedoch verschütteten Rechtsstrukturtyp eröffnet werden[29]. Dieser wird hervorgehen aus einer Analyse der Leistungsbeziehungen bei drittfinanzierten Erwerbsgeschäften sowie einer darauf aufbauenden Erweiterung der Rechtsfigur des Synallagmas im zweiseitigen gegenseitigen Vertrag zu einem *trilateralen Synallagma* in Dreiecksbeziehungen, die auf mindestens zwei bilateralen Austauschverträgen aufbauen. Die in diesem Zusammenhang entstehenden dogmatischen Fragen werden am Beispiel sowohl praktisch als auch rechtstheoretisch wichtiger Dreieckskonstellationen diskutiert werden.

---

[28] Vgl. zu den Einzelheiten Art.3 Factoring-Konvention sowie Art.5 Finanzierungsleasing-Konvention.

[29] Vgl. auch *Martinek* Vertragstypen Bd.III § 29 I (357 f.), der sich ausdrücklich für die Umsetzung empirisch vorfindbarer moderner Vertragstypen der Rechtspraxis in normative Rechtsstrukturtypen und darüber hinaus für die Integration rechtskulturfremder Vertragstypen in den eigenen Rechtskreis oder die eigene Rechtsordnung ausspricht. Zu Zweifeln an dem Anspruch, einen rechtlichen Problemkomplex mittels eines Leitgedankens abgrenzen zu wollen, siehe zuletzt jedoch *Oechsler* 301, 342 f., 355, 376 ff.

Teil I

Untersuchungsgegenstand

1. Abschnitt

Überblick über die eine Drittfinanzierung bezweckenden Vertragskonstellationen

I. Gedanklicher Ausgangspunkt

Die denkbaren Möglichkeiten zur Einschaltung eines dritten Beteiligten in ein zweiseitiges Erwerbsgeschäft zum Zwecke der Finanzierung sind zahlreich und überaus heterogen. Freilich ist eine isolierte rechtliche Bewertung der jeweiligen zweiseitigen Austauschverhältnisse nur bei einigen Gestaltungsformen angemessen, während andere einer verschmelzenden Betrachtungsweise bedürfen und dadurch erhebliche rechtliche Einordnungsprobleme verursachen. Die letztgenannte Gruppe soll deshalb im Zentrum der Untersuchung stehen. Zuvor bedarf es hingegen einer zumindest vorläufigen Abgrenzung *beider* Kategorien, die in erster Linie anhand deskriptiver Kriterien durch induktives Vorgehen erfolgen wird, während den bisherigen normativen Wertungen im Rahmen der unbefangenen Erarbeitung einer neuen rechtlichen Konzeption keine ausschlaggebende Bedeutung beigemessen werden soll. Wann aber weisen drittfinanzierte Erwerbsgeschäfte derartige Interdependenzen auf, die sich – voraussichtlich – nur durch Aufweichungen des Grundsatzes von der Relativität der Schuldverhältnisse beherrschen lassen? Drei Merkmale mögen insoweit als Prüfstein dienen:

1. Ein im Vergleich zu den nachfolgenden Punkten relativ schwaches Indiz ist die fehlende Dispositionsbefugnis des Kreditnehmers über die Darlehensvaluta, da in diesen Fällen deren Empfänger zusätzlich in das zweiseitige Darlehensverhältnis eingeschaltet wird.
2. Allgemein erscheint die isolierende Betrachtungsweise unangemessen, wenn es auf der Gläubiger- oder Schuldnerseite zur Ausweitung eines ursprünglich zweiseitigen Schuldverhältnisses auf einen dritten Beteiligten kommt, sei es im Wege der Sukzession, sei es durch Hinzutreten des Dritten etwa als Garant.
3. Schließlich kann ein tatsächliches Zusammenwirken von Verkäufer und Finanzierer eine derartige Verzahnung von Erwerbs- und Kreditgeschäft bewirken, daß eine rechtliche Isolierung der zugrundeliegenden Verträge unangemessen erscheint. Eine exakte Grenzziehung soll im Rahmen der nachfolgenden groben Strukturierung noch nicht vorgenommen werden, indes kann bei Vorliegen einer wirtschaftlichen Einheit von Kauf- und Kreditvertrag i.S.d. § 9 Abs.1 VerbrKrG von einem verbundenen Geschäft

und damit einer Aufgabe des Denkens in den Strukturen bilateraler Schuldverhältnisse ausgegangen werden.

Diese Kriterien sind noch recht vage und können letztlich nur vorläufige sein, da sich erst nach der Entwicklung des neuen gedanklichen Lösungsansatzes im zweiten Kapitel herausstellen wird, ob sie auch in rechtlicher Hinsicht als maßgeblich zu erachten sind. Allerdings läßt sich auf diesem Weg eine grobe Einteilung vornehmen, die nicht nur einen Überblick über den Untersuchungsgegenstand verschafft, sondern mit deren Hilfe auch die Stoßrichtung der weiteren Analysen präzisiert werden kann.

Vielfältig sind nicht nur die Möglichkeiten zur vertraglichen Gestaltung drittfinanzierter Erwerbsgeschäfte, sondern auch die in Betracht kommenden Finanzierungsobjekte. Die nachfolgende Untersuchung wird sich an dem Erwerb beweglicher Anlage- oder Konsumgüter orientieren, während etwa die für den drittfinanzierten Erwerb von Wertpapieren[1], Kapitalanlagen[2], Beteiligungen[3] oder Immobilien[4] geltenden Besonderheiten ebenso wie die hinsichtlich der sachlichen Reichweite des AbzG und seines Nachfolgers, des VerbrKrG, entbrannten Diskussionen[5] weitgehend ausgeblendet werden. Eine solche Beschränkung ist aus verschiedenen Gründen geboten: Zunächst wird unter tatsächlichen Gesichtspunkten eine sich am klassischen Austauschverhältnis orientierende und damit ebenso überschaubare wie einheitliche Ausgangsbasis geschaffen, auf der das Grundmodell eines Lösungskonzepts errichtet werden kann. Dieses wird sich sodann als flexibel genug für in den genannten Fällen gegebenenfalls erforderliche Modifikationen erweisen, ohne daß diese Sonder-

[1] Vgl. hierzu etwa *Claussen* NJW 1993, 564 ff.; *Dauner-Lieb* WM-Sonderbeilage 6/1991, 17 f.; *Emmerich* in: *Graf von Westphalen/Emmerich/von Rottenburg* § 9 Rdn. 67 f.; *Vortmann* NJW 1992, 1865 ff.

[2] Siehe insoweit *Dauner-Lieb* WM-Sonderbeilage 6/1991, 17; *Emmerich* in: *Hadding/Hopt* 67, 72 f.; *von Heymann* BB 1986, 1173 ff.; *Immenga* ZHR 151 (1987), 148 ff.

[3] Siehe hierzu *Emmerich* in: *Graf von Westphalen/Emmerich/von Rottenburg* § 9 Rdn. 65 f.; *Habersack* ZHR 156 (1992), 45 ff.; *Hopt* in: FS Stimpel 265 ff.; *Vortmann* Rechtsfragen Rdn. 256 f. (110 f.)

[4] Zu den besonderen Aspekten beim Immobilienerwerb siehe z.B. *Baudenbacher* JZ 1985, 661, 667 f.; *Canaris* Bankvertragsrecht Rdn. 1504-1506; *Emmerich* in: *Graf von Westphalen/Emmerich/von Rottenburg* § 9 Rdn. 65 f.; *vor dem Esche* BB-Sonderbeilage 9/1992, 13 ff.; *Feinen* BB-Sonderbeilage 6/1994, 1 ff.; *Fohlmeister* in: *Hagenmüller/Eckstein* 177 ff. ; *Habersack* ZHR 156 (1992), 45 ff.; *von Heymann* BB 1986, 1173 ff.; *Hopt* in: FS Stimpel 265 ff.; *Hopt/Mülbert* Vorbem zu §§ 607 ff. Rdn. 357 f.; *Immenga* ZHR 151 (1987), 148 ff.; *Ra. Koch passim*; *Löhr/Simon* in: *Magoulas/Simon* 101-106; *Marloth-Sauerwein* 60-64; *Otto passim*; *Rümker* ZHR 151 (1987), 162 ff.; *Sobotka* BB 1992, 827 ff.; *Spreter* FLF 1992, 140 ff.; *R. Weber* BB-Sonderbeilage 6/1994, 6 ff.; *Werner/Machunsky* DB 1982, 2229 ff.; *Graf von Westphalen* Leasingvertrag Rz. 1310 ff. (600 ff.); *Wunderlich* DB 1980, 913 ff.; *Zahn* DB 1992, 2482 ff. und 2537 ff.

[5] Siehe in diesem Zusammenhang zunächst *Verhandlungen des 53. DJT* K 86-107 (Diskussion zur Frage der sachlichen Reichweite eines Konsumentenkreditgesetzes); zuletzt ausführlich zum AbzG und VerbrKrG *Melsheimer* 108 ff., 140-143 m.w.N. sowie speziell zum sachlichen Anwendungsbereich des VerbrKrG *Kammel* 13 ff.

konstellationen in ihrer Gesamtheit in die Überlegungen mit einbezogen werden müßten.

Ziel dieses Teils der Arbeit ist es letztlich, diejenigen Vertragsgestaltungen herauszufiltern, bei denen Kredit- und Erwerbsgeschäft ein gewisses Maß an rechtlichen Interdependenzen aufweisen. Diese in rechtsdogmatischer Hinsicht überaus problematischen Gestaltungsformen sind zwischen den Extrempolen Verband und Vertrag angesiedelt und können durch die dualistische Obligationenkonzeption des deutschen Zivilrechts bislang nur in begrenztem Maße sinn- und interessengerecht erfaßt werden. Den betreffenden drittfinanzierten Erwerbsgeschäften werden sodann die vergleichbaren U.S.-amerikanischen Vertragsgestaltungen gegenübergestellt. Ob und in welchem Ausmaß diese vertraglichen Konstellationen aber ein Abrücken von der im Prinzip getrennten rechtlichen Bewertung der jeweiligen bilateralen Schuldverhältnisse erforderlich machen, wird in Teil II bei der Entwicklung eines neuartigen Konzepts zur rechtlichen Kategorisierung und Erfassung drittfinanzierter Erwerbsgeschäfte vertieft werden.

II. Persönlicher Kleinkredit, Kontokorrent-, Dispositions- und Überziehungskredit

Beim persönlichen Kleinkredit[6] besorgt sich der Erwerber einen Kredit auf eigene Faust[7], um mit diesem die Kaufpreisforderung des Verkäufers zu erfüllen. Diesem wirtschaftlichen Vorgang liegen ein Kauf- sowie ein Darlehensvertrag zugrunde, wobei allein der Erwerber Partei *beider* Vertragsverhältnisse ist. In der Grundform des persönlichen Kleinkredits ist das Darlehen nicht streng zweckgebunden, d.h. der Darlehensnehmer ist frei in der Verwendung der Kreditsumme, wobei diese Entscheidungsfreiheit durch Barauszahlung oder umgehende Überweisung des Betrages auf das Konto des Darlehensnehmers gewährleistet wird. Diese tatsächliche Unabhängigkeit des Darlehensvertrages von dem Kaufvertrag ist allgemein anerkannt, sofern keine rechtlichen Beziehungen zwischen Finanzierer und Verkäufer bestehen[8]. Für einen solchen frei-

---

[6] Siehe zu dieser Form der Finanzierung und den damit verbundenen Rechtsproblemen *Canaris* Bankvertragsrecht Rdn. 1496-1498; *Gundlach* 55-57, 241; *Hadding* Gutachten 60 f.; *Hopt/Mülbert* Vorbem zu §§ 607 ff. Rdn. 397, 611-613; *Hörter* 53-56, 60-63, 144 f.; RGRK-*Kessler* § 6 AbzG Rdn. 6 f.; Soergel-*Hönn* Anh § 6 AbzG Rdn. 8 f. Zur Abgrenzung der Personalkredite von verbundenen Geschäften i.S.d. § 9 Abs.1 VerbrKrG vgl. *Dauner-Lieb* WM-Sonderbeilage 6/1991, 11 (r.Sp.).

[7] Dieser umgangssprachliche Terminus ist auch in die Rechtssprache zur Umschreibung persönlicher Kleinkredite aufgenommen worden, vgl. bspw. BGH Urt. v. 5. 4. 1962, BGHZ 37, 94, 101; Urt. v. 20. 2. 1967, BGHZ 47, 233, 238. *Canaris* Bankvertragsrecht Rdn. 1496 spricht insoweit von einem »freien Personalkredit«.

[8] Vgl. etwa *Gundlach* 55 f.; *Hopt/Mülbert* Vorbem zu §§ 607 ff. Rdn. 397, 611; *Hörter* 60 f.

en Personalkredit gilt deshalb, wie Canaris zutreffend festgestellt hat[9], »reines Darlehensrecht und sonst nichts«.

Zweifelhaft wird die Beurteilung in Fällen, die in Abweichung von diesem Grundmodell durch eine schwach ausgeprägte Anbindung des Darlehensvertrages an den Kaufvertrag gekennzeichnet sind. Vereinzelt vereinbart die Bank die Abtretung des pfändbaren Einkommens, die Haftung Dritter für die Rückerstattung des Darlehens oder die Sicherungsübereignung des Erwerbsgegenstandes. Allerdings stehen diese Umstände mangels Einschränkung der Dispositionsbefugnis des Kreditnehmers oder Einbindung des Verkäufers in das Darlehensgeschäft einer Beibehaltung der isolierenden Betrachtungsweise nicht entgegen[10]. Entsprechendes gilt, wenn das Finanzierungsinstitut zwar eine Verwendungserklärung verlangt, deren Einhaltung sie aber nicht überprüft, oder wenn die Bank ohne Möglichkeit der Sanktion bei Zuwiderhandlungen den persönlichen Kleinkredit zum Erwerb einer bestimmten Sache gewährt und dem Kreditnehmer die Auswahl des Verkäufers überläßt[11].

Sofern hingegen eine Darlehenszusage von den Vertragsparteien mit einer Zweckbindung verknüpft und nur im Hinblick auf den Erwerb eines bestimmten Gegenstandes gemacht wird, wobei zur Absicherung des Kreditgebers die Darlehensvaluta direkt an den Verkäufer ausgezahlt wird, liegt der im folgenden zu analysierende Fall eines Anschaffungsdarlehens vor[12]. Beim Personalkredit kann es jedoch ausnahmsweise vorkommen, daß der Darlehensnehmer/Käufer aus Praktikabilitätsgründen den Finanzierer anweist, die Valuta direkt an den Verkäufer auszuzahlen. Wenn zuvor keine rechtliche Verbindung zwischen Finanzierer und Verkäufer etwa in Form eines Rahmenvertrages bestanden hat, sondern die wirtschaftliche Verknüpfung der beiden Parteien vielmehr erst durch eine auf freiem Willensentschluß des Darlehensnehmers beruhende Zahlungsanweisung entsteht, wird von der Rechtsprechung die strenge Trennung von Kauf- und Darlehensvertrag aufrechterhalten[13]. Zwar bewirkt in diesem Fall die Modifikation der Zahlungsabwicklung keine Einschaltung eines neuen Gläubigers in das Darlehensverhältnis, letztlich aber eine – freilich eigenbestimmte – Beschränkung der Dispositionsbefugnis des Kreditnehmers, die zwangsläufig zu einer tatsächlichen Verflechtung von Erwerbs- und Kreditge-

---

[9] *Canaris* Bankvertragsrecht Rdn. 1496; i.E. zustimmend *Hopt/Mülbert* Vorbem zu §§ 607 ff. Rdn. 397, 612.

[10] Im Hinblick auf die Sicherungsübereignung des Kaufobjekts gehen auch *Böckmann* 63-69 und *Canaris* Bankvertragsrecht Rdn. 1498 von keiner rechtlichen Anbindung des Kreditvertrages an den Kaufvertrag aus.

[11] In diesen Fällen wird eine rechtlich relevante Verknüpfung von Kauf- und Kreditgeschäft abgelehnt von *Böckmann* 11-55; *Canaris* Bankvertragsrecht Rdn. 1497; *Hopt/Mülbert* Vorbem zu §§ 607 ff. Rdn. 611; *Hörter* 54; aus der Rspr. vgl. etwa OLG Saarbrücken Urt. v. 25. 10. 1994, WM 1995, 54.

[12] Siehe unten Teil I, 1. Abschnitt, III. (14-16).

[13] Siehe BGH Urt. v. 15. 5. 1990, WM 1990, 1234, 1235, wonach die bei Erfüllung eines isolierten Darlehens anzutreffende Direktüberweisung der Valuta auf das Konto des Verkäufers nicht zwingend zur Annahme eines finanzierten Abzahlungsgeschäfts führt.

schäft führt. Der Frage, ob aus derartigen Anweisungsfällen zugleich eine gegenseitige rechtliche Abhängigkeit der zugrundeliegenden bilateralen Austauschverhältnisse hervorgeht, die durch das isolierende Denken in getrennten Vertragsbeziehungen nicht mehr erfaßt werden kann, wird im weiteren Verlauf der Untersuchung im Detail nachgegangen werden[14].

Ein Kontokorrentkredit[15] wird vorwiegend von gewerblichen, ausnahmsweise auch privaten Bankkunden zum Ausgleich kurzfristiger Divergenzen zwischen der Erfüllung eigener Zahlungsverpflichtungen und dem Eingang von Außenständen in Anspruch genommen. Beim Dispositions- oder Überziehungskredit[16] handelt es sich um eine Unterform des Kontokorrentkredits. Insbesondere im Geschäft mit Verbrauchern wird den Kontoinhabern zur Abwicklung des Zahlungs- und Überweisungsverkehrs eine kreditorische Kontoführung eingeräumt. Sie dürfen aufgrund Vereinbarung oder Duldung durch die kontoführende Bank das Konto bis zum zwei- bis dreifachen des regelmäßig auf dem Konto eingehenden Einkommens überziehen, ohne daß Rückzahlungsmodalitäten vereinbart werden. Vom Verwendungszweck eines in Anspruch genommenen Kredits hat das Finanzierungsinstitut bei diesen Verfahren grundsätzlich keine Kenntnis, vielmehr steht der Kredit dem Darlehensnehmer zur freien Verfügung. Damit stellen diese Vertragsgestaltungen lediglich Unterfälle eines Kredits auf eigene Faust dar. Modifikationen ergeben sich allein aus dem Umstand, daß dem Kreditnehmer bereits im voraus ein bestimmter Kreditrahmen unabhängig vom Verwendungszweck der Geldmittel eingeräumt worden ist und die Abwicklungsmodalitäten unterschiedlich ausgestaltet sind. Es besteht also gleichfalls regelmäßig keine rechtlich relevante Verbindung zwischen dem Kredit- und dem Erwerbsgeschäft.

III. Anschaffungsdarlehen[17]

Das Anschaffungsdarlehen stellt ebenso wie der persönliche Kleinkredit ein standardisiertes Mengengeschäft auf der Angebotspalette der Banken dar. Im Gegensatz zum persönlichen Kleinkredit werden im Rahmen eines Anschaffungsdarlehens Geldmittel in größerer Höhe sowohl gewerblichen als auch privaten Kunden zur Verfügung gestellt. Das damit verbundene erhöhte Kreditrisiko bestimmt die vom Finanzierungsinstitut vorgenommene vertragliche Absicherung. In der Grundkonstellation eines Anschaffungsdarlehens steht die –

[14] Siehe Teil II, 2. Abschnitt, II. und VI. 5. (96 ff., 128 f.).

[15] Vgl. hierzu *Canaris* Bankvertragsrecht Rdn. 1348-1357; *Scholz* Rdn. 134.

[16] Siehe hierzu etwa *Hadding* Gutachten 62-66; *Hörter* 59 f., 60-63; *Scholz* Rdn. 46 f., 135-137 sowie die Monographie von *Hänsel.*

[17] Zu dieser Finanzierungsform und den damit verbundenen Rechtsproblemen siehe *Canaris* Bankvertragsrecht Rdn. 1499 f.; *Gundlach* 57-61, 241 f.; *Hadding* Gutachten 61 f.; *Hopt/Mülbert* Vorbem zu §§ 607 ff. Rdn. 614 f.; *Hörter* 56-59, 60-63, 195; *Kümpel* Rdn. 5.82.

zumeist rechtlich verbindliche – Zweckbindung des Kredits im Vordergrund, während der Erwerber über die Wahl des Verkäufers frei entscheidet. Eine Abweichung vom vereinbarten Anschaffungszweck resultiert in einem Kündigungsrecht des Darlehensgebers. Neben Personalsicherheiten richtet sich das Interesse der Banken insbesondere auf die Sicherungsübereignung des Erwerbsobjekts. Um zu gewährleisten, daß die Kreditsumme vereinbarungsgemäß eingesetzt wird, zahlt die Bank in der Regel nur einen kleinen Teilbetrag an den Kunden bar aus, während die restliche Darlehenssumme nach Anweisung durch den Darlehensnehmer unmittelbar an den Verkäufer überwiesen wird.

Bereits diese Umstände führen damit im Vergleich zum persönlichen Kleinkredit und seinen Unterformen in tatsächlicher Hinsicht zu einer Intensivierung der Verbindung zwischen Kauf- und Darlehensvertrag, da es regelmäßig zu einer zumindest teilweisen Beschränkung der Dispositionsbefugnis des Kreditnehmers kommt. Ob bei derartigen Anweisungsfällen ein Festhalten am Grundsatz der Relativität von Schuldverhältnissen und damit ein Leugnen der gegenseitigen rechtlichen Abhängigkeit der zugrundeliegenden bilateralen Austauschverhältnisse gerechtfertigt ist, wird noch ausführlich erörtert werden[18].

Über die beschriebene Grundkonstellation des Anschaffungsdarlehens hinaus kann eine noch engere tatsächliche und rechtliche Verknüpfung der zugrunde liegenden Verträge auf verschiedenen Wegen[19] erreicht werden:

a) Eine Kreditvereinbarung kann zusätzlich darauf gerichtet sein, daß der Darlehensnehmer den an ihn auszuzahlenden Anteil der Valuta zum Erwerb eines Gegenstandes bei einem bestimmten Verkäufer verwendet.
b) Daneben kann die Vereinbarung die unmittelbare Auszahlung des Betrages an den (zuvor bestimmten) Verkäufer eines konkreten Kaufgegenstandes vorschreiben[20].
c) Der Verkäufer kann den Käufer in nicht planmäßiger Vermittlungstätigkeit zur Erlangung eines Anschaffungsdarlehens an einen oder verschiedene Kreditgeber verweisen (sog. Einreichergeschäft[21]).

Im Vergleich zum Personalkredit sind die Unterschiede im Geschäftsablauf eines Anschaffungsdarlehens also eher geringfügig, führen aber zu einer deutlich engeren rechtlichen Anbindung des Kreditvertrages an den Kaufvertrag.

---

[18] Siehe Teil II, 2. Abschnitt, II. und VI. 5. (96 ff., 128 f.).

[19] So auch *Hopt/Mülbert* Vorbem zu §§ 607 ff. Rdn. 614, die darauf hinweisen, daß beim Anschaffungsdarlehen die Zweckbindung unterschiedlich eng ausgestaltet sein kann.

[20] Vor Inkrafttreten des VerbrKrG war bei dieser Gestaltungsform umstritten, ob die Regeln über den Einwendungsdurchgriff angewendet werden können: in diesem Sinne *Gundlach* 241; *Hopt/Mülbert* Vorbem zu §§ 607 ff. Rdn. 614 f.; *Marschall von Bieberstein* Abzahlungskauf 34 f.; a.A. hingegen *Hörter* 195; *König* Konsumentenkredit 61 Fußn. 182, sofern der Käufer aus eigener Initiative ohne Vermittlung des Händlers bei seiner Bank ein Anschaffungsdarlehen beantragt und die Bank die Kreditgewährung davon abhängig macht, daß der Kunde den Darlehensbetrag unmittelbar an den Verkäufer überweist; modifizierend *Canaris* Bankvertragsrecht Rdn. 1499 f.; *ders.* ZIP 1980, 709, 721.

[21] Siehe hierzu *Gundlach* 241.

Über die Gründe und Voraussetzungen für diese Differenzierung herrscht Uneinigkeit. Einerseits werden die Merkmale der Bindung hinsichtlich des Kaufgegenstandes und der Person des Verkäufers sowie ein Zusammenwirken zwischen Bank und Verkäufer als allein ausschlaggebend in den Vordergrund gestellt[22], von anderer Seite wird die Zweckbindung zusammen mit einer Möglichkeit der Kontrolle ihrer Einhaltung etwa durch unmittelbare Zahlung der Kreditsumme an den Verkäufer betont[23], während ein dritter Ansatz auf die Pflicht des Darlehensnehmers abstellt, den Kredit durch Überweisung der Valuta an die Lieferfirma in Anspruch zu nehmen[24]. Nach Ansicht des BGH[25] liegt ein Anschaffungsdarlehen ohne Möglichkeit zum Einwendungsdurchgriff – oder m.a.W.: ohne rechtserhebliche Verknüpfung von Kauf- und Darlehensvertrag – hingegen dann vor, wenn die Bank die Darlehensvaluta an den Verkäufer überweist, sofern sie auch bereit gewesen wäre, die Auszahlung auf das Konto des Kreditnehmers zu dessen freier Verfügung vorzunehmen.

Festzuhalten bleibt, daß bei Anschaffungsdarlehen die rechtliche Isolierung von Kauf- und Darlehensvertrag nicht vollständig aufrechterhalten werden kann, weil – anders als beim Personalkredit – auf Veranlassung des Finanzierers eine Valutierung des Darlehens zugunsten des Verkäufers im Wege der Anweisung erfolgt und der Kreditnehmer dadurch in seiner Dispositionsbefugnis beschränkt wird.

IV. Absicherung der Kaufpreisforderung durch Wechsel oder durch sonstige abstrakte Verbindlichkeiten

1. Deutsches Recht[26]

Es geschieht im Geschäftsverkehr häufig, daß der (Abzahlungs-)Käufer zur Erfüllung der gestundeten oder kreditierten Kaufpreisforderung einen oder mehrere Wechsel akzeptiert. Der Verkäufer stellt dabei zur Sicherung seines Anspruchs auf Kaufpreiszahlung einen Wechsel an eigene Order oder bereits an Order der ihn refinanzierenden Bank aus. Nach dem Wechselakzept des Käufers wird dieser Wechsel vom Verkäufer an die ihn refinanzierende Bank zum Diskont weitergereicht. Anders als bei den nachfolgend zu erörternden B- und C-Geschäften[27] kommt das Kreditgeschäft also nicht zwischen Käufer und Bank, sondern regelmäßig zwischen letzterer und dem Verkäufer zustande; im Einzelfall kann zudem im Verhältnis des den/die Wechsel ausstellenden Käu-

[22] So insbesondere *Canaris* Bankvertragsrecht Rdn. 1499 f.

[23] *Marschall von Bieberstein* Abzahlungskauf 34 f.

[24] *Gundlach* 241.

[25] BGH Urt. v. 15. 5. 1990, WM 1990, 1234, 1235.

[26] Zu dieser Gestaltungsform und den damit verbundenen Rechtsproblemen vgl. *Canaris* Bankvertragsrecht Rdn. 1472-1476; *Hopt/Mülbert* Vorbem zu §§ 607 ff. Rdn. 599.

[27] Siehe hierzu unten Teil I, 1. Abschnitt, VIII. und IX. (28-32).

fers zum Verkäufer ein Kreditgeschäft vorliegen. Bei der Weiterreichung der Wechsel kann der Verkäufer aber in Abhängigkeit von den jeweiligen Marktbedingungen nur einen Teil der ursprünglichen Kaufpreisforderung erlösen. Im Ergebnis stehen der Bank Ansprüche einerseits aus dem Darlehen gegenüber dem Verkäufer und andererseits aus dem Wechsel gegenüber dem Käufer zu, wobei sie Befriedigung vorrangig aus dem Wechsel zu suchen hat. Neben Wechseln kann der Käufer zur Absicherung der Kaufpreisforderung auch sonstige abstrakte Verbindlichkeiten insbesondere durch Bestellung von Grundpfandrechten eingehen.

Das Diskontgeschäft kann ohne vorherige vertragliche Verbindung zwischen Verkäufer und Bank im Einzelfall durchgeführt werden, es basiert indes gewöhnlich auf einem Diskontkrediteröffnungsvertrag, in dem sich die Bank verpflichtet, Wechsel bis zu einer bestimmten Kreditlinie zu diskontieren. In jedem der genannten Fälle kann das Finanzierungsinstitut anstelle des Verkäufers als erstem Wechselnehmer gegen den Käufer aus dem Wechsel vorgehen, wodurch es zu einer tatsächlichen Ausweitung des anfangs nur auf die Kaufvertragsparteien beschränkten Schuldverhältnisses kommt. Diskontgeschäfte werfen einige im Hinblick auf den Untersuchungsgegenstand zu vernachlässigende Rechtsanwendungsprobleme auf[28], die überwiegend auf dem Theorienstreit bezüglich ihrer Rechtsnatur[29] basieren. Trotz der Abstraktheit des Wechsels wird in den beschriebenen Konstellationen vielfach nicht von einer strikten rechtlichen Selbständigkeit einerseits der Erwerbsgeschäfte und andererseits der Diskontgeschäfte ausgegangen. Dies belegt die Diskussion der Frage, unter welchen Voraussetzungen der zugunsten des gutgläubigen Zweiterwerbers eines Wechsels gegenüber dem Wechselaussteller/Käufer bestehende Einwendungsausschluß nach Art. 17 WG eingeschränkt werden kann[30]. Die Gründe für eine derartige rechtliche Anbindung des Diskontgeschäfts an den Kaufvertrag sieht der BGH[31] als gegeben an, wenn der Geschäftsbetrieb des Finanzierungsinstituts auf die Refinanzierung zugeschnitten ist und dieses im Rahmen eines planmäßigen Zusammenwirkens dem Verkäufer zum Zwecke der Durchführung von Teilzahlungsgeschäften Kundenwechsel diskontiert. Es werden also die Voraussetzungen der rechtlichen Abhängigkeit beider Kausalverhältnisse ohne dogmatische Fundierung anhand des – auch eingangs dieses Abschnitts gewählten – Abgrenzungskriteriums, das auf ein planmäßigen Zusammenwirken von Verkäufer und Finanzierer abstellt, umschrieben.

---

[28] Vgl. etwa *Canaris* Bankvertragsrecht Rdn. 1522 ff. mit einer ausführlichen Darstellung der Problematik.

[29] Rspr. und die h.L. weisen das Diskontgeschäft dem Kaufrecht zu; vgl. stellvertretend BGH Urt. v. 16. 12. 1955, BGHZ 19, 282, 292; Urt. v. 29. 11. 1971, WM 1972, 72, 72 (r.Sp.u.); *Kümpel* Rdn. 5.164; MünchKomm-*Westermann* Vorbem. vor § 433 Rdn. 36 jeweils m.w.N. Demgegenüber legt *Canaris* Bankvertragsrecht Rdn. 1532 einen atypisch ausgestalteten Darlehensvertrag zugrunde.

[30] Siehe hierzu ausführlich unten Teil III, 3. Abschnitt, VI. 1. (235-240).

[31] BGH Urt. v. 18. 11. 1968, BGHZ 51, 69, 77 f.

2. U.S.-Recht (Promissory Note und Holder In Due Course)

In den U.S.A. trifft man verbreitet auf eine Vertragsgestaltung, bei der Verkäufer Abzahlungskäufern den Kaufpreis stunden oder auch ausnahmsweise Kredit gewähren, während letztere zusätzlich zum Kaufvertrag eine mit diesem Schriftstück verbundene, freilich abtrennbare sog. *promissory note* unterzeichnen. Diese Urkunde ist einem Schuldversprechen in der besonderen Form des Eigenwechsels nach Art.75 WG vergleichbar und kann zur Diskontierung an ein Finanzierungsinstitut weitergereicht werden[32]. Sofern es sich bei dem Refinanzierer um einen sog. *holder in due course*[33] handelt, erwirbt er die zur Einziehung des Kaufpreises berechtigende Urkunde unter weitgehendem Ausschluß etwaiger sich aus dem Kaufvertrag ergebender Einwendungen des Käufers. Von welchen Voraussetzungen ist jedoch der rechtlich überaus vorteilhafte Status eines *holder in due course* abhängig? Zum besseren Verständnis dieser zentralen Rechtsfigur bedarf es eines konzisen Überblicks über deren Entstehungsgeschichte.

Die sog. *holder-in-due-course doctrine* hat nach Ansicht verschiedener Autoren[34] ihre Wurzeln in der Entscheidung eines englischen Gerichts aus dem Jahre 1758[35]. Eine *promissory note*, ausgestellt auf die Bank of England, war gestohlen und später an einen gutgläubigen Kaufmann veräußert worden. Sowohl der ursprüngliche Eigentümer der Urkunde als auch der Kaufmann begehrten Zahlung der ausgewiesenen Summe. Im Hinblick auf den Schutz des damals im Entstehen begriffenen Wertpapiermarktes vertrat das Gericht die Auffassung, daß die Urkunde als Geld behandelt und der gutgläubige Erwerber eines Wertpapiers (*negotiable instrument*) nicht persönlichen Einwendungen (*personal defenses*) ausgesetzt sein solle. Das Gericht betonte, daß der Schutz des Handelsverkehrs im Interesse des gesamten Rechtsverkehrs liege.

Nach dem U.S.-amerikanischen Recht ist der *holder in due course*-Status vom Vorliegen verschiedener Voraussetzungen abhängig, die in UCC § 3-302 (a)[36]

---

[32] Zu den Motiven für eine solche Vertragsgestaltung siehe etwa *Sovern* 6 Ann. Rev. Banking L. 119, 120-123 (1987).

[33] Vgl. allgemein zu diesem überaus bedeutsamen Rechtsinstitut *Marsh* 45 Ala. L. Rev. 1, 36-40 (1993); *White/Summers* Vol.1 § 14 (693-743).

[34] *Alperin/Chase* 311; *Banks* 44 Mont. L. Rev. 113, 114 f. (1988); *Benson/Squillante* 26 Hastings L.J. 427, 428 f. (1974); *Hudak/Carter* 9 UCC L.J. 165, 166 f. (1976); *Greenhalgh* 25 UCLA L. Rev. 821 Fußn. 1 (1978); *Rosenthal* 71 Colum. L. Rev. 375, 377 f. (1971); *Tanner* 31 Sw. L.J. 1097 (1977). Zur Entwicklung der *holder-in-due-course doctrine* siehe auch *Erickson* 15 S. Tex. L.J. 236, 238-247 (1974); 40 Fed.Reg. 53506, 53507-53514 (18. Nov. 1975) mit ausführlicher Darstellung der Geschichte und des Mißbrauchs dieser Doktrin.

[35] *Miller v. Rase*, 97 Eng. Rep. 398 (K.B. 1758).

[36] UCC § 3-302 (a) lautet: ... »holder in due course« means the holder of an instrument if: (1) the instrument when issued or negotiated to the holder does not bear such apparent evidence of forgery or alteration or is not otherwise so irregular or incomplete as to call into question its authenticity; and (2) the holder took the instrument (i) for value, (ii) in good faith, (iii) without notice that the instrument is overdue or has been dishonored or that there is an uncured default with respect to payment of another instrument issued as

aufgezählt sind. Zunächst muß es sich um einen *holder*, d.h. den Inhaber oder Besitzer eines verkehrsfähigen Papiers, handeln[37]. Der Besitz muß sich auf ein *instrument*, d.h. ein übertragbares Wertpapier oder eine übertragbare Urkunde wie beispielsweise eine *promissory note*, beziehen[38]. Erforderlich ist weiterhin, daß der Wertpapiererwerb *for value* erfolgt ist. Vereinfacht gesagt kommt dem Erwerber der Status eines *holder* nur in dem Umfang zu, in dem er den Gegenwert für das Papier bereits erbracht hat[39]. Zudem muß das Wertpapier in *good faith*, also in gutem Glauben erworben worden sein[40]. Schließlich ist erforderlich, daß der Erwerber keine Kenntnis von einer etwaigen Überfälligkeit oder Nichthonorierung des Papiers sowie einer (Ver-)Fälschung der Urkunde hatte.

part of the same series, (iv) without notice that the instrument contains an unauthorized signature or has been altered, (v) without notice of any claim to the instrument described in Section 3-306, and (vi) without notice that any party has a defense or claim in recoupment described in Section 3-305 (a).

[37] *Holder* ist definiert in UCC § 1-201 (20): »Holder«, with respect to a negotiable instrument, means the person in possession if the instrument is payable to bearer or, in the case of an instrument payable to an identifed person, if the identified person is in possession. »Holder« with respect to a document of title means the person in possession if the goods are deliverable to bearer or to the order of the person in possession. Siehe zu dieser Tatbestandsvoraussetzung außerdem *Hawkland/Lawrence* Vol.4 § 3-301:05; *White/Summers* Vol.2 § 17-3 (152-154).

[38] Nach UCC § 3-104 (b) wird der Begriff *instrument* im Rahmen des Artikel 3 als *negotiable instrument* verstanden. UCC § 3-104 (a) definiert *negotiable instrument* wie folgt: ... »negotiable instrument« means an unconditional promise or order to pay a fixed amount of money, with or without interest or other charges described in the promise or order, if it: (1) is payable to bearer or to order at the time it is issued or first comes into possession of a holder; (2) is payable on demand or at a definite time; and (3) does not state any other undertaking or instruction by the person promising or ordering payment to do any act in addition to the payment of money, but the promise or order may contain (i) an undertaking or power to give, maintain, or protect collateral to secure payment, (ii) an authorization or power to the holder to confess judgment or realize on or dispose of collateral, or (iii) a waiver of the benefit of any law intended for the advantage or protection of an obligor. Zur Vertiefung siehe *Hawkland/Lawrence* Vol.4 § 3-301:06; *White/Summers* Vol.2 § 17-4 (154-160).

[39] UCC § 3-303 (a) beschreibt *value* folgendermaßen: An instrument is issued or transferred for value if: (1) the instrument is issued or transferred for a promise of performance, to the extent the promise has been performed; (2) the transferee acquires a security interest or other lien in the instrument other than a lien obtained by judicial proceeding; (3) the instrument is issued or transferred as payment of, or as security for, an antecedent claim against any person, whether or not the claim is due; (4) the instrument is issued or transferred in exchange for a negotiable instrument; or (5) the instrument is issued or transferred in exchange for the incurring of an irrevocable obligation to a third party by the person taking the instrument. Zur Vertiefung und zu diversen Abgrenzungsproblemen siehe *White/Summers* Vol.2 § 17-5 (160-166)).

[40] UCC § 3-103 (a) (4): »Good faith« means honesty in fact and the observance of reasonable commercial standards of fair dealing. Zu dieser Generalklausel siehe *White/Summers* Vol.2 § 17-6 (166-170) mit zahlreichen Nachw. der Rspr.

Außerdem dürfen dem *holder* keine Einwendungen oder Ansprüche gegen den sich aus dem Papier ergebenden Anspruch bekannt sein[41].

Ist der *holder in due course*-Status einer Person ermittelt, sind die damit verbundenen und in UCC § 3-305 umfassend niedergelegten Rechtsfolgen in der Regel weit weniger umstritten als die einzelnen zuvor angesprochenen Voraussetzungen. Der Verpflichtete kann dem Zahlungsbegehren eines *holder in due course* nur wenige Einwendungen oder Einreden entgegensetzen[42]. Hervorgehoben seien insoweit die in Abs. (a) (1) der Vorschrift[43] zusammengefaßten sog. *real defenses*: Minderjährigkeit, soweit sie auch einem einfachen Vertrag entgegengesetzt werden könnte; Nötigung, Geschäftsunfähigkeit, Rechts-/Gesetzeswidrigkeit des Rechtsgeschäfts, sofern dadurch die Vertragsverpflichtung der Partei nichtig oder ungültig wird; ein betrügerisches Vorgehen, welches den Zahlungsverpflichteten dazu veranlaßt hat, das Wertpapier oder die Urkunde zu unterschreiben, ohne den Charakter des Papiers oder seines wesentlichen Inhalts zu erkennen oder eine Möglichkeit zu einer entsprechenden Kenntnisnahme gehabt zu haben; etwaige Befreiungen eines Konkursschuldners von Verbindlichkeiten. Abschließend sei darauf hingewiesen, daß in Ausnahmefällen sogar eine völlige Isolierung eines *holder in due course* von Dritteinwendungen erreicht werden kann, wenn etwa die *Federal Deposit Insurance Corporation* oder ähnliche Finanzierungsinstitute eine insolvente Bank übernehmen[44].

Dieser Überblick über die – zugegebenermaßen – stark abgesicherte Rechtsposition eines *holder in due course* mag zur Charakterisierung der Regelungssystematik ausreichen. Zugleich mögen die Ausführungen die Gründe dafür erhellt haben, weshalb sich im amerikanischen Rechtssystem insbesondere Kreditgeber und Finanzierungsinstitute allen Bestrebungen zur Einschränkung der *holder-in-due-course doctrine*[45] vehement zur Wehr gesetzt haben. Damit sind in der Rechtspraxis der Vereinigten Staaten durchaus Vertragsgestaltungen zu finden, die der im vorangehenden Abschnitt erörterten Absicherung der Kaufpreisforderung durch Wechsel oder sonstige abstrakte Verbindlichkeiten vergleichbar sind. Ebenso wie in Deutschland wird der gesamte, drei Beteiligte umfassende Erwerbsvorgang selbst dann nicht zu einer übergeordneten Einheit zusammengefaßt, wenn die rechtliche Unabhängigkeit des der Absicherung

[41] Einen Überblick über die zahlreichen mit den genannten Voraussetzungen verknüpften Rechtsprobleme bieten *Hawkland/Lawrence* Vol.4 § 3-302:02 und :05; *White/Summers* Vol.2 § 17-7 (170-177) mit Nachw. der Rspr.

[42] Siehe hierzu ausführlich *White/Summers* Vol.2 § 17-10 (190-195) m.w.N.

[43] UCC § 3-305 (a) (1) hat folgenden Inhalt: (a) ... the right to enforce the obligation of a party to pay an instrument is subject to the following: (1) a defense of the obligor based on (i) infancy of the obligor to the extent it is a defense to a simple contract; (ii) duress, lack of legal capacity, or illegality of the transaction which, under other law, nullifies the obligation of the obligor, (iii) fraud that induced the obligor to sign the instrument with neither knowledge or reasonable opportunity to learn of its character or its essential terms, or (iv) discharge of the obligor in insolvency proceedings.

[44] Siehe hierzu *White/Summers* Vol.2 § 17-13 (200-205) m.w.N.

[45] Siehe hierzu unten Teil I, 2. Abschnitt, II. (57-64).

dienenden Rechtsverhältnisses vom Kaufgeschäft aufgrund gesetzlicher Anordnung durchbrochen wird.

V. Abtretungskonstruktion

1. Deutsches Recht[46]

Bei diesem Geschäftstyp liegt zwischen Verkäufer und Käufer ein Abzahlungskauf vor, der jenen ausdrücklich zur Abtretung der Kaufpreisforderung an ein Finanzierungsinstitut berechtigt. Dieses gewährt dem Verkäufer zudem auf der Grundlage eines regelmäßig bereits zuvor abgeschlossenen Krediteröffnungsvertrages ein Darlehen. Infolge der Abtretung der Kaufpreisforderung und der Übertragung des Vorbehaltseigentums auf die Bank – sei es sicherungs-, sei es erfüllungshalber – wird das Darlehen an den Verkäufer ausgezahlt. Damit folgt bereits aus der Abtretung der Kaufpreisforderung an den Kreditgeber sowie aus dem damit verknüpften Schuldnerschutz gem. §§ 404 ff. BGB eine rechtliche Anbindung des Erwerbsgeschäfts an das Kreditgeschäft. Im weiteren Gang der Untersuchung wird der Frage nachgegangen werden, inwieweit dieses rechtliche Band dadurch gelockert werden kann, daß das Recht des Schuldners zur Geltendmachung von Einwendungen aus dem Deckungsverhältnis gegenüber dem Zahlungsbegehren des Zessionars vertraglich eingegrenzt wird[47].

2. U.S.-Recht

Im U.S.-amerikanischen Recht können Forderungen allgemein abgetreten werden, UCC § 2-210 (2)[48] erklärt *assignments of rights* grundsätzlich für zulässig. Es gilt auch hier das grundlegende Prinzip, daß der Drittschuldner (*account debtor*) ohne seine Zustimmung nicht benachteiligt werden darf. Deshalb kann er auch dem Zessionar alle aus dem Kaufvertrag mit dem Zedenten abgeleiteten Ansprüche und Einwendungen entgegenhalten, die übrigen Ansprüche und Einwendungen hingegen nur, sofern sie vor dem Zugang der Abtretungsanzeige

---

[46] Zu dieser Konstellation und den damit verbundenen Rechtsproblemen siehe *Canaris* Bankvertragsrecht Rdn. 1485-1490; *Hadding* Gutachten 55; *Hopt/Mülbert* Vorbem §§ 607 ff. Rdn. 596-598; *Hörter* 91-124; *Mark* 11-13, 130-136; *Marschall von Bieberstein* Abzahlungsgeschäft 14-20, 113-116; *Möllers* 35 f.; *Müller-Laube* 28-32, 79-124; *Neumayer* in: IX. Int. Kongress für Rechtsvergleichung 28, 37-39; *Reiß* 3 f.; *Schoreit* 21 f.; Soergel-*Hönn* Anh § 6 AbzG Rdn. 11.

[47] Siehe Teil III, 3. Abschnitt, VI. 2. (241-244).

[48] UCC § 2-210 (2): Unless otherwise agreed all rights of either seller or buyer can be assigned except where the assignment would materially change the duty of the other party, or increase materially the burden or risk imposed on him by his contract, or impair materially his chance of obtaining return performance. ...

beim Zessionar entstanden sind[49]. Die rechtliche Verknüpfung der dem Deckungs- sowie Valutaverhältnis zugrundeliegenden Verträge ist der deutschen Rechtslage somit durchaus vergleichbar.

Bei einer Zession wird kein *negotiable instrument* i.S.d. UCC § 3-104 (a)[50] begeben, so daß der Zessionar nicht den Status eines *holder in due course* erlangt. Allerdings läßt sich nahezu der gleiche Effekt im Wege vertraglicher Vereinbarung erzielen, indem sog. *waiver of defense clauses*[51] in Abzahlungskaufverträge aufgenommen werden[52]; eine Ausnahme gilt indes, sofern es sich beim Drittschuldner um einen Verbraucher handelt[53]. In diesen Klauseln verzichtet der Abzahlungskäufer auf sein Recht, die sich aus dem Kaufvertrag ergebenden Einwendungen einem Zessionar des Kaufpreisanspruchs entgegenzuhalten. Schließlich kann ein Zessionar auch im Wege vertraglicher Vereinbarung nicht von denjenigen Einwendungen freigestellt werden, denen sich ein *holder in due course* nicht zu entziehen vermag[54].

VI. Factoring

1. Deutsches Recht

Hier braucht das sich seit mehr als vier Jahrzehnten ständig weiter ausbreitende Factoringgeschäft[55] nicht mit sämtliche Facetten der vertraglichen Gestal-

---

[49] Siehe hierzu UCC § 9-318 (1): Unless an account debtor has made an enforceable agreement not to assert defenses or claims arising out of a sale as provided in Section 9-206 the rights of an asigneee are subject to (a) all the terms of the contract between the account debtor and assignor and any defense or claim arising therefrom; and (b) any other defense or claim of the account debtor against the assignor which accrues before the account debtor receives notification of the assignment. Vgl. zu dieser Vorschrift auch *Buxbaum/Crawford* in: *Hadding/Schneider* Forderungsabtretung 352 f.

[50] Siehe Teil I, 1. Abschnitt, IV. 2. Fußn. 38 (19).

[51] Zur Entwicklung dieser Klauseln siehe z.B. *Erickson* 15 S. Tex. L.J. 236, 255-257 (1974); *Hawkland/Lord/Lewis* Vol.8 § 9-206:01; *Rohner* 60 Cornell L. Rev. 503, 507 f. (1975) jeweils m.w.N.; vgl. außerdem 40 Fed.Reg. 53506, 53509-53514 (18. Nov. 1975) mit umfassender Darstellung der Geschichte sowie des Mißbrauchs dieser Klauseln.

[52] Derartige Klauseln werden in UCC § 9-206 (1) ausdrücklich für zulässig erklärt: Subject to any statute or decision which establishes a different rule for buyers or lessees of consumer goods, an agreement by a buyer or lessee that he will not assert against an assignee any claim or defense which he may have against the seller or lessor is enforceable by an assignee who takes his assignment for value, in good faith and without notice of a claim or defense, except as to defenses of a type which may be asserted against a holder in due course of a negotiable instrument under the Article on Negotiable Instruments (Article 3). A buyer who as part of one transaction signs both a negotiable instrument and a security agreement makes such an agreement. Hinsichtlich weiterer Einzelheiten vgl. *Hawkland/Lord/Lewis* Vol.8 § 9-206:02 und :03.

[53] Siehe hierzu Teil III, 3. Abschnitt, VI. 2. (241-244).

[54] Siehe zu diesen Einwendungen bereits Teil I, 1. Abschnitt, IV. 2. (20).

[55] Zu Entwicklung und Verbreitung dieses Geschäftstyps in Deutschland siehe stellvertretend *Martinek* Vertragstypen Bd.I § 9 II 2 (231 f.); *Wassermann* FLF 1989, 132 ff.; *dens.*

tungsmöglichkeiten dargestellt zu werden[56]. Stattdessen werden lediglich die für den Untersuchungsgegenstand bedeutsamen Charakteristika beleuchtet. Dieser moderne Vertragstyp ist gekennzeichnet durch den laufenden Ankauf und die Verwaltung (Abrechnung, Buchführung, Mahnwesen, Inkasso) von kurzfristigen Forderungen aus Warenlieferungen und Dienstleistungen mit oder ohne Übernahme des Bonitätsrisikos bei gleichzeitiger Bevorschussung der Forderungen durch ein spezialisiertes Finanzierungsinstitut. Dabei kauft dieses (der sog. Factor) gewerbsmäßig von Unternehmen (Factoringgeber, Klienten oder Anschlußfirmen) Forderungen auf und macht diese bei den Drittschuldnern (Debitoren) geltend. Den Deckungsverhältnissen, aus denen die Forderungen hervorgehen, liegen regelmäßig Warenlieferungen oder Dienstleistungen zugrunde. Das Valutaverhältnis zwischen Factor und Factoringgeber wird durch einen Factoringvertrag bestimmt, in dem sich jener zum Ankauf der Forderungen des Factoringgebers vor deren Fälligkeit verpflichtet und so alsbald nach Übersendung der Rechnungskopien für Liquidität sorgt. Daneben führt der Factor für seine Anschlußkunden die gesamte Debitorenbuchhaltung durch. Übernimmt der Factor zudem nach vorausgegangener Kreditwürdigkeitsprüfung das Bonitätsrisiko für die übertragenen Forderungen ohne jegliche Regreßmöglichkeit beim Factoringgeber, spricht man vom echten Factoring[57]. Nimmt der Factor hingegen diese Kreditversicherungs- und Delkrederefunktion nicht wahr und fehlt es damit zunächst an der Endgültigkeit des Leistungsaustauschs, wird das Geschäft als unechtes Factoring[58] bezeichnet. Bei Uneinbringlichkeit der abgetretenen Forderung im Vollzugsverhältnis wird der

---

FLF 1992, 151 ff.; *dens.* FLF 1995, 175 ff.; *dens.* FLF 1996, 232 ff.; *dens.* FLF 1997, 144 ff. sowie die Auszüge aus den Jahresberichten des Deutschen Factoring-Verbandes e.V. in FLF 1995, 95 f. und FLF 1996, 121-123.

[56] Siehe dazu stellvertretend *Canaris* Bankvertragsrecht Rdn. 1652-1709; *Larenz/Canaris* Schuldrecht II/2 § 65 (84 ff.); *Martinek* Vertragstypen Bd.I § 9-12 (220 ff.) mit umfassender Literaturübersicht auf S.220-222.

[57] Hinsichtlich der Rechtsnatur des Factoringkausalvertrages beim echten Factoring geht der BGH in Übereinstimmung mit der h.L. von einem kaufvertraglichen Ansatz aus; BGH Urt. v. 19. 9. 1977, BGHZ 69, 254, 257 f.; Urt. v. 15. 4. 1987, BGHZ 100, 353, 358; aus der Literatur siehe z.B. *Bette* 51-54; *Blaurock* ZHR 142 (1978), 325, 327 f., 341; Palandt-*Heinrichs* § 398 Rdn. 36; *G.H. Roth* Jura 1979, 297, 298; *Serick* IV § 52 II 2 c (546), V § 70 IV 2 (805); *Stoppok* in: *Hagenmüller/Sommer* 93, 95; *Walter* § 12 II 1 (548, 552). Eine darlehensvertragliche Einordnung befürwortet demgegenüber insbesondere *Canaris* Bankvertragsrecht Rdn. 1655, während *Glomb* 78 ff. eine geschäftsbesorgungsvertragliche Kategorisierung verfolgt und *Kümpel* Rdn. 5.256 einem gemischt-typischen Vertrag den Vorzug gibt.

[58] Die vorherrschende Ansicht geht bei der Rechtsnaturbestimmung unechter Factoringverträge von der Qualifikation als Darlehen aus, vgl. etwa *Canaris* NJW 1981, 249, 250 f.; *dens.* Bankvertragsrecht Rdn. 1655, 1686; *Larenz/Canaris* Schuldrecht II/2 § 65 II 2 a (87); *Martinek* Vertragstypen Bd.I § 10 II 2 c (250-253); Palandt-*Heinrichs* § 398 Rdn. 37; *G.H. Roth* Jura 1979, 297, 298; *Serick* IV § 52 II 2 d/e (547-551); V § 70 III 1 (796) jeweils m.w.N. Für eine kaufvertragliche Einordnung hingegen bspw. *Bette* 56-59; *Blaurock* ZHR 143 (1979), 71; *Kümpel* Rdn. 5.259; *E. Schmitz* NJW 1978, 201, 202; *Stoppok* in: *Hagenmüller/Sommer* 93, 95; *Walter* § 12 II 2 (556 f.). Einen geschäftsbesorgungsvertraglichen Ansatz verfolgt *Glomb* 83.

Klient vom Factor dann zurückbelastet. Darüber hinaus ist zwischen dem offenen und verdeckten Factoring zu unterscheiden. Allein beim offenen Factoring wird dem Erwerber (Drittschuldner) regelmäßig durch einen Rechnungsaufdruck angezeigt, daß die Forderung an einen Factor als neuen Gläubiger abgetreten worden ist. Die Dienstleistungen des Factors haben ihren Preis, der sich aus der Factoringgebühr und – sofern nicht darin enthalten – der Delkredere-Gebühr sowie den banküblichen Zinsen für die Bevorschussung der Forderungen zusammensetzt. Die Summe der Gebühren und Zinsen entspricht etwa 10-20 % des Nennwerts der aufgekauften Forderungen. Darüber hinaus wird zwischen den Parteien für die Dauer der Gewährleistungsfristen, d.h. regelmäßig bis zu sechs Monaten, ein Sicherheitseinbehalt vereinbart. Zur zusätzlichen Absicherung des Factors wird deshalb eine ebenfalls 10-20 % des Forderungswertes umfassende Summe auf ein gesondertes Sperrkonto verbucht.

Sämtliche Fälle des Factoringgeschäfts sind notwendigerweise durch eine rechtliche Verzahnung zwischen dem Erwerbsgeschäft und dem damit durch Forderungskauf verbundenen Factoringvertrag gekennzeichnet. Trotz dieser institutionalisierten rechtlichen Anbindung wird mit Ausnahme des mit dem Forderungskauf verknüpften Schuldnerschutzes an der rechtlichen Selbständigkeit der zugrundeliegenden bilateralen Kausalverhältnisse festgehalten.

2. U.S.-Recht

Das U.S.-amerikanische Rechtssystem verfügt ebensowenig wie das deutsche über speziell auf das Factoring zugeschnittene gesetzliche Regelungen[59]. Das Factoringgeschäft unterliegt dabei entsprechend der rechtlichen Einordnung des Factoringkausalvertrages als Forderungskauf den einschlägigen Vorschriften des Artikel 9 UCC[60], welche primär das Recht der Mobiliarsicherheiten regeln und in fast allen Bundesstaaten erlassen worden sind[61]. In der praktischen Durchführung ähneln Factoringgeschäfte den für den deutschen Rechtskreis beschriebenen Gestaltungsformen, wenngleich die Finanzierungsfunktion des Factors in den Vereinigten Staaten stärker betont wird[62]. Freilich gibt es auch einige rechtliche Besonderheiten, die insbesondere auf dem Umstand beruhen, daß bei der Abtretung der Forderung im Rahmen des Forderungskaufs ein Sicherungsrecht (*security interest*) an den Forderungen zugunsten des Factors

[59] Zum Factoring in den Vereinigten Staaten siehe aus dem deutschsprachigen Schrifttum *Diehl-Leistner* 1-77.

[60] Grundlage hierfür ist UCC § 9-102 (1)(b): (1) Except as otherwise provided in Section 9-104 on excluded transactions, this Article applies ... (b) to any sale of accounts ... Siehe hierzu außerdem *Diehl-Leistner* 54 ff.

[61] Zu Art.9 UCC siehe aus der deutschsprachigen Literatur die ausführliche Darstellung von *Dielmann* in: *Hadding/Schneider* Kreditsicherheiten I.

[62] *White/Summers* § 21-8 (746) stellen in diesem Zusammenhang treffend fest: »Factors are lenders in sheep's clothing.«

begründet wird[63]. So ist etwa dieses *security interest* grundsätzlich nur bei einer entsprechenden Registereintragung Dritten gegenüber wirksam. Auf eine weitergehende Vertiefung der abweichenden Modalitäten kann verzichtet werden. Denn der rechtlichen Bewertung liegt ebenso wie im deutschen Rechtskreis die Vorstellung zugrunde, daß sich das gesamte Geschäft aus bilateralen Austauschverträgen im Deckungsverhältnis sowie einem zweiseitigen Factoringvertrag im Valutaverhältnis zusammensetzt. Der Schutz des Drittschuldners vor dem Verlust von Ansprüchen und Einwendungen wird in der gleichen Weise wie bei der Forderungsabtretung durch UCC § 9-318 (1) sichergestellt[64]. Es liegt auf der Hand, daß bei dieser Betrachtungsweise die Annahme einer übergeordneten, sämtliche Beteiligten erfassenden Rechtseinheit fernliegt. Auf der Basis des U.S.-amerikanischen Rechts sind somit keine über die bisherigen Erkenntnisse hinausgehenden Anregungen für die dogmatische Durchdringung drittfinanzierter Erwerbsgeschäfte zu erwarten.

3. UNIDROIT-Konvention über das internationale Factoring

Dies gilt im Kern auch für die UNIDROIT-Konvention über das internationale Factoring aus dem Jahr 1988[65]. Im Unterschied zur deutschen und U.S.-amerikanischen Rechtsordnung wird allerdings in Art. 1 Abs.2[66] der Begriff Factoringvertrag unter Einbeziehung der Stellung des Drittschuldners definiert. Danach ist erforderlich, daß der Anschlußkunde dem Factor eine Kaufpreisforderung aus einem vom Käufer/Drittschuldner zu geschäftlichen Zwecken abgeschlossenen Kaufvertrag überträgt und der Factor von den vier Aufgaben – Finanzierung, Debitorenbuchhaltung, Forderungseinzug, Risikoübernahme hinsichtlich Bonität der übertragenen Forderungen – mindestens zwei erfüllt. Darüber hinaus bedarf es einer Abtretungsanzeige an den Drittschuldner. Die

[63] Zu den Modalitäten der – auch für das Factoringgeschäft erforderlichen – Forderungsabtretung in den Vereinigten Staaten siehe ausführlich *Buxbaum/Crawford* in: *Hadding/Schneider* Forderungsabtretung 335 ff.; *Diehl-Leistner* 55-76; siehe außerdem *Graf von Bernstorff* RIW 1984, 508, 511 f.

[64] Siehe hierzu Teil I, 1. Abschnitt, V. 2. (21 f.).

[65] Siehe hierzu aus dem deutschsprachigen Schrifttum insbesondere *Diehl-Leistner* 125-136; *Rebmann* RabelsZ 53 (1989), 599-621; *Zaccaria* IPRax 1995, 279-286 jeweils m.w.N.

[66] Art.1 Abs.2 Factoring-Konvention: For the purpose of this Convention, »factoring contract« means a contract concluded between one party (the supplier) and another party (the factor) pursuant to which: (a) the supplier may or will assign to the factor receivables arising from contracts of sale of goods made between the supplier and its customers (debtors) other than those for the sale of goods bought primarily for their personal, family or household use; (b) the factor is to perform at least two of the following functions: – finance for the supplier, including loans and advance payments; – maintenance of accounts (ledgering) relating to the receivables; – collection of the receivables; – protection against default in payment by debtors; (c) notice of the assignment of the receivables is to be given to the debtors. Siehe hierzu auch *Diehl-Leistner* 126 f.; *Ferrari* RIW 1996, 181, 182 f.; *Rebmann* RabelsZ 53 (1989), 599, 604 f.; *Zaccaria* IPRax 1995, 279, 281 f.

einseitige Ausrichtung am Factoringvertrag verdeutlicht, daß die Verfasser der Konvention nicht beabsichtigten, die gesamte drei Beteiligte einbeziehende Transaktion durch ein trilaterales Rechtsgebilde zu erfassen. Vielmehr wird in Art.9[67] in einer UCC § 9-318 (1)[68] vergleichbaren Weise sichergestellt, daß der Drittschuldner nach einer wirksamen Zession nicht seine Rechte verliert, die er ursprünglich gegenüber dem Zedenten/Anschlußkunden besaß. Wesentliche Unterschiede zum U.S.-amerikanischen und deutschen Recht ergeben sich daraus, daß die Konvention nur bei Factoringgeschäften mit einem bestimmten räumlichen und rechtlichen Bezug zu einem anderen Vertragsstaat eingreift[69] und die Anwendung der Vorschriften in ihrer Gesamtheit ausgeschlossen werden kann[70].

VII. A-Geschäft[71]

Das A-Geschäft, welches wegen seines erstmaligen Auftretens in Königsberg in der Mitte der zwanziger Jahre auch Königsberger System genannt wird, ist heute bedeutungslos. Bei Anbahnung dieser Drei-Parteien-Konstellation nahm der Erwerber ohne vorherige Einschaltung eines Verkäufers zunächst Kontakt mit einem Finanzierungsinstitut auf. Dabei erhielt er – teilweise nur gegen Sicherung durch eine Lohn- und Gehaltsabtretung – anstelle eines Gelddarlehens Warenschecks oder Gutscheine[72], die bei bestimmten mit der Bank zusam-

[67] Art.9 Factoring-Konvention: (1) In a claim by the factor against the debtor for payment of a receivable arising under a contract of sale of goods the debtor may set up against the factor all defences arising under that contract of which the debtor could have availed itself if such claim had been made by the supplier. (2) The debtor may also assert against the factor any right of set-off in respect of claims existing against the supplier in whose favour the receivable arose and available to the debtor at the time a notice in writing of assignment ... was given to the debtor.

[68] Siehe oben Teil I, 1. Abschnitt, V. 2. Fußn. 49. (22).

[69] Siehe Art.2 Abs.1 Factoring-Konvention sowie *Diehl-Leistner* 126 f.; *Ferrari* RIW 1996, 181, 184-188; *Rebmann* RabelsZ 53 (1989), 599, 605 f.; *Zaccaria* IPRax 1995, 279, 279 f.

[70] Zu den Einzelheiten siehe Art.3 Factoring-Konvention sowie *Diehl-Leistner* 127 f.; *Rebmann* RabelsZ 53 (1989), 599, 606 f.

[71] Siehe zu dieser Rechtsform und den damit verbundenen Rechtsproblemen *Canaris* Bankvertragsrecht Rdn. 1387, 1491-1495, 1516-1521; *Gundlach* 17, 64 f., 237; *Hadding* Gutachten 58; *Hopt/Mülbert* Vorbem §§ 607 ff. Rdn. 398, 591-594; *Hörter* 67-90; *Kaminsky* 44-46; *Kümpel* Rdn. 5.79; *Mark* 6-8, 14-58; *Marschall von Bieberstein* Abzahlungsgeschäft 35-39, 122-124, 139-151; *Möllers* 23-28; *Müller-Laube* 33 f., 249-260; MünchKomm²-*Westermann* § 6 AbzG Rdn. 26-28; RGRK-*Kessler* § 6 AbzG Rdn. 8; *Schönle* § 11 III 3 (153 f.); *Schoreit* 18-21; Soergel-*Hönn* Anh § 6 AbzG Rdn. 10; *Strack* 17-20.

[72] Diese werden überwiegend als hinkende Inhaberpapiere nach § 808 BGB eingeordnet; vgl. *Canaris* Bankvertragsrecht Rdn. 1493; *Hopt/Mülbert* Vorbem zu §§ 607 ff. Rdn. 591; *Hörter* 78 f.; *Logothetis* in: *Chiotellis/Fikentscher* 209, 233; *Möllers* 27 f.; *Müller-Laube* 255; a.A. *Marschall von Bieberstein* Abzahlungsgeschäft 37 (bedingte Anweisung i.S.d. §§ 783 ff. BGB); ähnlich *Schönle* § 11 III 3 a (153).

menarbeitenden Verkäufern wie Bargeld zum Kauf beliebiger Güter[73] eingesetzt werden konnten. Natürlich hingen die Marktchancen dieser Finanzierungsform entscheidend von der vorbehaltlosen Akzeptanz der Warenschecks durch die mit dem Finanzierungsinstitut verbundenen Unternehmen ab. Deshalb regelten diese Beteiligten ihre gegenseitigen Verpflichtungen in entsprechenden Rahmenverträgen, die die Verkäufer zur Annahme der Warenschecks wie bares Geld verpflichteten und ihnen bei Rückgabe derselben einen Anspruch auf Einlösung – abzüglich eines bestimmten Prozentsatzes zur Deckung des Kreditausfallrisikos der Bank[74] – einräumten. Zudem wurde vom Finanzierungsinstitut regelmäßig eine Provision von bis zu 4 % des Kreditumsatzes auf einem als Guthabenkonto zu verzinsenden Sperrkonto einbehalten, um in diesem Umfang eine anteilige Haftung der Verkäufer für den Ausfall der Bank aus sämtlichen von ihr veranlaßten A-Geschäften zu gewährleisten. Vereinzelt konnten sich Finanzierungsinstitute sogar mit ihrer Forderung durchsetzen, daß die im Rahmen des Königsberger Systems angeschlossenen Verkäufer bei der Bank auf einem Sperrkonto ständig ein verzinsliches Guthaben bereithielten, welches bis zu 10 % des Jahreskreditumsatzes zu umfassen hatte.

Die rechtliche Verknüpfung zwischen Kauf- und Kreditgeschäft ist nicht zuletzt aufgrund des kooperativen Zusammenwirkens von Finanzierungsinstitut und Verkäufer offensichtlich, während die Frage der dogmatischen Erfassung dieses Phänomens noch weitgehend ungeklärt ist. Das mit dem A-Geschäft verbundene Ziel, privaten Interessenten die Realisierung ihrer Konsumwünsche zu ermöglichen, legte die Frage nach der Anwendbarkeit des AbzG auf diese Vertragskonstellation nahe. Heftig umstritten war, ob trotz der strukturellen und durchführungstechnischen Unterschiede zum B-Geschäft[75] gleichwohl auch beim A-Geschäft eine wirtschaftliche Einheit von Kauf- und Darlehensvertrag und damit die Anwendbarkeit des AbzG sowie der hierzu entwickelten Schutzinstrumente – insbesondere des Rechts zum Einwendungsdurchgriff – angenommen werden konnten[76]. Auch das Inkrafttreten des VerbrKrG sowie die Bestimmung des Begriffs der *wirtschaftlichen Einheit* in § 9 Abs.1 S.2 VerbrKrG haben insoweit nicht für endgültige Klarheit gesorgt[77].

---

[73] Zu eng *Bülow* § 9 VerbrKrG Rdn. 17, nach dessen Ansicht sich die Zahlungszusage nur »auf einen bestimmten Kauf« beziehen soll.

[74] *Hopt/Mülbert* Vorbem zu §§ 607 ff. Rdn. 594 weisen darauf hin, daß es von den Vereinbarungen im Einzelfall abhänge, ob es sich bei dem einbehaltenen Betrag um eine Provision oder nur einen vorläufigen Einbehalt handelt.

[75] Vgl. dazu nachfolgend Teil I, 1. Abschnitt, VIII. (28-30).

[76] Vor Inkrafttreten des VerbrKrG bejahend *Hopt/Mülbert* Vorbem zu §§ 607 ff. Rdn. 593; a.A. hingegen KG Urt. v. 3. 12. 1984, WM 1985, 714, 715 (l.Sp.); *Hörter* 89; *Logothetis* in: *Chiotellis/Fikentscher* 209, 234; *Möllers* 54 Fußn. 87; MünchKomm²-*Westermann* § 6 AbzG Rdn. 27; RGRK-*Kessler* § 6 Rdn. 8; Soergel-*Hönn* Anh § 6 AbzG Rdn. 10; nicht eindeutig *Marschall von Bieberstein* Abzahlungsgeschäft 38 bei Fußn. 170. Generell ablehnend wohl *Weick* BB 1971, 317, 321 sowie *Weitnauer* JZ 1968, 201, 209 (r.Sp.).

[77] Nunmehr das Vorliegen einer wirtschaftlichen Einheit beim A-Geschäft befürwortend MünchKomm-*Habersack* § 9 VerbrKrG Rdn. 41 m.w.N.; a.A. *Vortmann* § 9 VerbrKrG Rdn. 5.

VIII. B-Geschäft

1. Deutsches Recht[78]

Das B-Geschäft, das wegen seines erstmaligen Auftretens Ende der zwanziger Jahre in Berlin auch Berliner System genannt wird, ist durch das Zusammenwirken eines Verkäufers mit einem Finanzierer gekennzeichnet, in dessen Folge der Erwerber neben einem Kaufvertrag im Valutaverhältnis zusätzlich zur Finanzierung der Transaktion einen Darlehensvertrag[79] im Deckungsverhältnis abschließt. Typischerweise tritt der Käufer anders als beim A-Geschäft nicht von sich aus an die Bank heran, sondern der Verkäufer wird insofern als Vertragsmittler eingeschaltet. Wird der Käufer als kreditwürdig eingeschätzt, leistet er an den Verkäufer regelmäßig zunächst eine Anzahlung auf den Kaufpreis in Höhe von 10-30 % des Barpreises. Die restliche Kaufsumme wird nach dem Willen der Parteien mittels eines Darlehens finanziert. Dazu unterschreibt der Käufer ein ihm vom Verkäufer vorgelegtes Formular einer regelmäßig mit dem Verkäufer kooperierenden Bank mit dem Antrag auf Gewährung eines Darlehens.

Der in der Bestellung der Ware liegende Kaufantrag des Käufers kann vom Verkäufer ausdrücklich durch eine Bestätigung oder konkludent durch umgehende Lieferung des Kaufgegenstandes angenommen werden. Die im Darlehensvertrag vorgesehene und auf eine Tilgung der Restkaufpreisschuld gerichtete Zweckbindung des Darlehens wird dadurch erreicht, daß die Bank nach einer erneuten Überprüfung der Kreditwürdigkeit sowie nach Empfang einer Bestätigung des Käufers über die Warenauslieferung die Darlehenssumme dem Verkäufer unmittelbar gutschreibt. Spätestens durch diese Gutschrift wird der Darlehensantrag des Kreditnehmers/Käufers konkludent angenommen. Dar-

[78] Siehe allgemein zu dieser Rechtsform *Canaris* Bankvertragsrecht Rdn. 1388, 1390 ff.; *Emmerich* in: *Graf von Westphalen/Emmerich/von Rottenburg* § 9 Rdn. 11 f.; *Ewald* 120-167; *Gilles* JZ 1975, 305 ff.; *Gundlach* 65 ff., 119 ff., 176 ff.; *Hopt/Mülbert* Vorbem zu §§ 607 ff. Rdn. 399, 401 ff.; *Hörter* 40 ff., 125-314; *Kaminsky* 48 f.; *Koller* 351 ff.; *Kümpel* Rdn. 5.77; *Larenz* Schuldrecht II/1 § 63 I (437-449); *Logothetis* in: *Chiotellis/Fikentscher* 209 ff.; *Magoulas* in: *Magoulas/Simon* 265 ff.; *Mark* 8-11, 59-103; *Marschall von Bieberstein* Abzahlungsgeschäft 21-34, 116-122; *dens.* Gutachten *passim*; *dens.* Abzahlungskauf *passim*; *Möllers* 7-22; *Müller-Laube* 35-37, 125-238; *von Reinersdorff* 89 ff.; *Reinicke/Tiedtke* Rdn. 1428 ff.; RGRK-*Kessler* § 6 AbzG Rdn. 9 ff.; *von Rottenburg* ZHR 153 (1989), 162 ff.; *W.F. Schmitz* 9-108; *dens.* FLF 1988, 31 ff.; *Schoreit* 10-16; Soergel-*Hönn* Anh § 6 AbzG Rdn. 1 ff.; *Temp* *passim*; *E. Wolf* Schuldrecht II § 11 VII (60-64).

[79] Beim B-Geschäft wird der Abschluß eines Darlehensvertrages zwischen dem Abzahlungskäufer und dem Finanzierungsinstitut von *Strack* 75-88 in Zweifel gezogen, der stattdessen unter Außerachtlassung des erklärten und wirklichen Parteiwillens einen Kreditvertrag zwischen dem Verkäufer und der Bank annimmt. Außerdem wenden sich gegen eine rechtliche Einordnung als Darlehensvertrag *Müller-Laube* 160-168, der eine *Schuldübernahme* annimmt, sowie *Kupisch* 90-95, der von einer *Bürgschaft des Finanzierers* für die Schuld des Abzahlungskäufers ausgeht; siehe zur Kritik hieran unten Teil II, 2. Abschnitt, II. 2. (105 f.).

aufhin hat dieser der Bank das Darlehen nebst Zinsen und Bearbeitungsgebühr in Raten zurückzuzahlen. Vereinzelt wird das Zustandekommen des Darlehensvertrages darüber hinaus von einer Sicherungsübereignung des Kaufgegenstandes an das Finanzierungsinstitut abhängig gemacht. Rechtliche Verbindungen bestehen vielfach nicht nur auf der Grundlage der Verträge im Deckungs- und Valutaverhältnis, sondern auch die Beziehung der beiden Geschäftspartner des Erwerbers zueinander kann vertraglich geregelt sein. In einem sog. Rahmenvertrag[80] verpflichtet sich dabei die Bank, den Kunden des Verkäufers bis zu einer bestimmten Gesamthöhe Darlehen zum Kauf von Waren zu gewähren. Zugleich kann der Rahmenvertrag eine Mithaftung des Verkäufers auf der Grundlage einer selbstschuldnerischen Bürgschaft, einer kumulativen Schuldübernahme oder einer garantieähnlichen Ausfallhaftung vorsehen. Zu diesem Zweck hält die Bank sodann einen Betrag in Höhe von 5-10 % der Darlehenssumme auf einem Sperrkonto zurück und erteilt erst nach Zahlung der letzten Darlehensrate dem Verkäufer eine entsprechende Gutschrift. Schließlich enthalten Rahmenverträge in Übereinstimmung mit den Modalitäten des Kreditvertrages oftmals eine Klausel, in der die direkte Auszahlung der Darlehensvaluta an den Verkäufer angeordnet wird.

Das B-Geschäft hatte zunächst mit dem Aufkommen neuer Drittfinanzierungsalternativen und der Ausweitung von persönlichen Kleinkrediten und Anschaffungsdarlehen insbesondere seit den sechziger und siebziger Jahren in der Bankenpraxis deutlich an Bedeutung verloren[81], wird heutzutage aber wieder in zunehmendem Maße eingesetzt bei der Zusammenarbeit der Automobilindustrie oder des Versandhandels mit in den Konzern eingegliederten Finanzierungsinstituten oder rechtlich unabhängigen Banken[82]. Damit bildet der finanzierte Abzahlungskauf die klassische Grundform drittfinanzierter, durch ein Zusammenwirken von Verkäufer und Finanzierer gekennzeichneter Erwerbsgeschäfte; nach der Begründung zum Regierungsentwurf hat das B-Geschäft zuletzt sogar Pate gestanden bei der Legaldefinition für den Rechtsbegriff *wirtschaftliche Einheit* in § 9 Abs.1 S.2 VerbrKrG[83]. Trotz dieser Leitbildfunktion besteht noch immer Unsicherheit, wenn es die wirtschaftliche Verknüpfung von Erwerbs- und Kreditgeschäft, d.h. das Vorliegen eines verbunde-

---

[80] Siehe hierzu *Canaris* Bankvertragsrecht Rdn. 1509 ff.; *Gundlach* 129-132; *Hopt/Mülbert* Vorbem zu §§ 607 ff. Rdn. 399, 570-578; *Lebek* 31 f.

[81] Ebenso die Einschätzung von *Hopt/Mülbert* Vorbem zu §§ 607 ff. Rdn. 399 a.E. Bereits im Jahre 1975 hatte *Scholz* JZ 1975, 727 ff. dem B-Geschäft den Tod attestiert, wohingegen *Gilles* JZ 1975, 729 f. noch Lebenszeichen dieser Vertragsgestaltung glaubte festzustellen zu können. Vgl. auch die für das Ende der siebziger Jahre ermittelten empirischen Werte des Anteils der B-Geschäfte an den bankmäßigen Ratenkreditien bei *Holzscheck/Hörmann/Daviter* 269 ff. (24%) und *Logothetis* in: *Chiotellis/Fikentscher* 209, 213 (3%) sowie allgemein *Gailus* 29-31.

[82] Siehe *Dürbeck* 11; *Scholz* Rdn. 351.

[83] BT-Drucks. 11/5462, 23.

nen Geschäfts i.S.d. § 9 Abs.1 VerbrKrG[84], in rechtliche Kategorien umzusetzen gilt. Nach der sowohl in der Rechtsprechung[85] als auch im Schrifttum[86] vorherrschenden Ansicht bildet der Grundsatz der Selbständigkeit von Kredit- und Kaufvertrag – auch Trennungstheorie oder Trennungsprinzip genannt – den gedanklichen Ausgangspunkt. Aber nicht nur bei der Entstehung, sondern auch beim Fortbestand eines B-Geschäfts sowie bei der Durchsetzung der sich daraus ergebenden Ansprüche wird in rechtlicher Hinsicht eine Wechselwirkung zwischen Kauf- und Darlehensvertrag nicht mehr ernsthaft geleugnet, sondern nur noch über deren dogmatische Fundierung und Ausmaß gestritten[87].

2. U.S.-Recht (Purchase Money Loan; Vendor-Related Loan; Interlocking Consumer Loan)

Im U.S.-amerikanischen Rechtssystem haben sich dem finanzierten Abzahlungskauf hinsichtlich Anbahnung und Durchführung durchaus vergleichbare Vertragsgestaltungen herausgebildet. Eine einheitliche Terminologie hat sich nicht durchsetzen können, vielmehr werden die Bezeichnungen *purchase money loan, vendor-related loan* oder *interlocking consumer loan* synonym verwendet[88]. Daneben wird die Art und Weise, in der Verkäufer den Käufer zum Kreditgeber begleiten und dadurch zum Abschluß eines Kreditvertrages maßgeblich beitragen, metaphorisch mit *dragging the body* umschrieben[89].

Anknüpfungspunkt für die rechtliche Einordnung dieser vertraglichen Gestaltungen ist die Trennung und vollständige Unabhängigkeit der beiden vom Abzahlungskäufer abzuschließenden Verträge. Ebenso wie im deutschen Rechtskreis wurde die sich daraus ergebende unbedingte Rückzahlungspflicht des Käufers/Darlehensnehmers gegenüber dem Finanzierer insbesondere in Fällen der Lieferung mangelbehafteter Erwerbsgegenstände alsbald in Frage gestellt. Zum Schutz des Abzahlungskäufers sind bei Vorliegen einer *close connection* zwischen Verkäufer und Finanzierungsinstitut[90] allmählich verschiedene

[84] Siehe hierzu ausführlich nachfolgend Teil I, 2. Abschnitt, I. 1. (50-56) m.w.N.

[85] Siehe etwa BGH Urt. v. 8. 2. 1956, BGHZ 20, 36, 41; Urt. v. 19. 9. 1985, BGHZ 95, 350, 352.

[86] Siehe stellvertretend *Canaris* Bankvertragsrecht Rdn. 1398; *Hopt/Mülbert* Vorbem zu §§ 607 ff. Rdn. 404; *Ma. Lehmann* 24-29 jeweils m.w.N. Unter der Bezeichnung Einheitstheorie werden die Ansätze der Gegenansicht zusammengefaßt; vgl. insbesondere *Compensis/Reiserer* BB 1991, 2457, 2462; *Emmerich* JuS 1971, 273, 278-281; *Gernhuber* in: FS Larenz 455, 476 ff.; *dens.* § 31 II 13, III (729 ff.); *Th. Raiser* RabelsZ 33 (1969), 457, 473; *Vollkommer* in: FS Larenz 703, 712 f.; *dens.* in: FS Merz 595, 606 f.; *E. Wolf* Schuldrecht II § 11 VII (60-62).

[87] Zum Meinungsstand siehe ausführlich, Teil II, 4. Abschnitt, I. (163-168).; Teil III, 3. Abschnitt, II. 1. (212-215).; Teil III, 4. Abschnitt, I. 1. (246-248).

[88] Vgl. zur Terminologie sowie zu den weiteren Einzelheiten dieser Vertragsgestaltungen *Alperin/Chase* § 598 (318-322); *Littlefield* 1973 Wis. L. Rev. 471, 476 f.; *Note* 85 Harv. L. Rev. 1409, 1417 f. (1972); vgl. außerdem 40 Fed.Reg. 53506, 53508, 53514 f. (18. Nov. 1975).

[89] Vgl. etwa *Montague Jr.* 34 U.Pitt. L. Rev. 429, 432 f. (1973).

[90] Siehe hierzu nachfolgend ausführlich Teil I, 2. Abschnitt, II. (57-64).

Durchbrechungen des Trennungstheorems herausgebildet worden. Damit weist die das amerikanische Recht zum finanzierten Abzahlungskauf beherrschende Betrachtungsweise, die die zugrundeliegenden bilateralen Vertragsverhältnisse grundsätzlich isoliert und nur punktuell die zwischen ihnen bestehenden Interdependenzen berücksichtigt, im gedanklichen Ansatz unübersehbare Parallelen zur deutschen Rechtslage auf. Beiden Rechtskreisen ist zudem gemeinsam, daß es an einer Rechtsfigur zur dogmatischen Erfassung des gesamten Drei-Personen-Rechtsverhältnisses mangelt – im Prinzip wird ein *purchase money loan* ebenso wie ein B-Geschäft als die Summe eines Kauf- und eines Kreditvertrages betrachtet.

IX. C-Geschäft[91]

Beim C-Geschäft handelt es sich um einen speziellen Unterfall des zuvor dargestellten B-Geschäfts. Die Besonderheit besteht darin, daß der Verkäufer zusätzlich in Höhe der einzelnen Darlehensraten Wechsel an Order der Bank ausstellt, die der Kreditnehmer/Käufer als Bezogener annimmt[92]. Das Finanzierungsinstitut erhält diese Wechsel als Wechselnehmer oder als erster Wechselerwerber erfüllungshalber gegen Auszahlung des Darlehens an den Verkäufer. Die Kausalforderung, die den Wechseln zugrundeliegt, ist nach dem Willen der Parteien der Rückforderungsanspruch der Bank aus dem Darlehen – nicht hingegen die Kaufpreisforderung[93]. Diese kommt insoweit nicht in Betracht, da sie ebenso wie beim B-Geschäft mit der Auszahlung der Darlehensvaluta an den Verkäufer erlischt. Die wechselrechtliche Absicherung führt oftmals auch zu einer Modifikation des für das B-Geschäft typischen Rahmenvertrages zwischen Verkäufer und Finanzierer. Dabei verzichtet letzterer auf eine teilweise Einbehaltung des Darlehens auf einem Sperrkonto oder auf eine vertragliche Mithaftung des Verkäufers, weil dieser als Aussteller nach Art. 9 WG und – bei Fehlen eines entgegenstehenden Vermerks – als Indossant nach Art. 15 Abs.1 WG wechselrechtlich haftet. Zudem eröffnet das C-Geschäft der Bank die Möglichkeit, den Wechsel weiterzubegeben oder im Urkundenprozeß gegen den säumigen Darlehensnehmer vorzugehen und damit relativ schnell einen Vollstreckungstitel zu erhalten. Da das C-Geschäft im Ergebnis den Sonderfall eines finanzierten Abzahlungskaufs verkörpert, gelten die Ausführungen zur

---

[91] Siehe allgemein zu dieser Rechtsform und den damit verbundenen Rechtsproblemen *Canaris* Bankvertragsrecht Rdn. 1389, 1465-1471; *Gundlach* 69f., 132-142; *Hadding* Gutachten 57f.; *Hopt/Mülbert* Vorbem zu §§ 607ff. Rdn. 400, 579-590; *Hörter* 315-318; *Kaminsky* 48-51; *Kümpel* Rdn. 5.78; *Möllers* 29f.; *Müller-Laube* 37f., 239-248; MünchKomm²-*Westermann* § 6 AbzG Rdn. 28; RGRK-*Kessler* § 6 AbzG Rdn. 52-54; *Schoreit* 16-18; Soergel-*Hönn* Anh § 6 AbzG Rdn. 7. Vgl. zu dieser Rechtsform nach Inkrafttreten des VerbrKrG *Baumbach/Hefermehl* Einl. WG Rdn. 75ff.; *G. Müller* WM 1991, 1781ff.

[92] Fungiert ausnahmsweise die Bank als Aussteller der Wechsel, liegt ein sog. Nostrogeschäft vor.

[93] Siehe zu dieser vertraglichen Gestaltungsform bereits oben Teil I, 1. Abschnitt, IV. 1. (16f.).

rechtlichen Verknüpfung von Erwerbs- und Kreditgeschäft im vorangehenden Abschnitt entsprechend.

X. Kreditkartengeschäft

1. Deutsches Recht[94]

Das Kreditkartengeschäft hat in den zurückliegenden Jahren in Deutschland deutlich an Bedeutung gewonnen[95]. Bislang hat es hauptsächlich dem bargeldlosen Zahlungsverkehr gedient, während Angebote mit Kreditfunktion auf dem deutschen Kreditkartenmarkt im Vergleich zu den amerikanischen *credit card transactions* noch immer eine recht unbedeutende Rolle spielen[96] und sich im wesentlich auf Kreditkartenemittenten beschränken, deren Kunden neben der Kreditkarte keine weiteren Dienstleistungen wie etwa ein Girokonto nutzen. An einem Kreditkartengeschäft sind ein Kreditkartenunternehmen, das jeweilige dem Kreditkartensystem angehörende Vertragsunternehmen sowie ein Kreditkarteninhaber beteiligt. Regelmäßig wirken aber nicht nur drei, sondern vier oder sogar noch mehr Parteien an einem Kreditkartengeschäft mit[97]. Bei bankgestützten Kreditkartensystemen werden nämlich nur regional begrenzte Lizenzen an einzelne Kreditinstitute oder Kartenemittenten vergeben, die jeweils zum Anwerben von Kartenkunden und Vertragsunternehmen berechtigen. Deshalb wird eine Kartengesellschaft nur in Ausnahmefällen gleichzeitig den Vertrag mit dem Karteninhaber und dem beteiligten Vertragsunternehmen schließen, so daß im übrigen an einem mittels Kreditkarteneinsatzes getätigten Erwerbsgeschäft zumeist zwei Kreditkartenherausgeber teilnehmen. Diese Untersuchung wird sich gleichwohl im Hinblick auf den Untersuchungsgegenstand am Modell eines dreiseitigen Kreditkartengeschäfts orientieren, zumal die zu

---

[94] Siehe allgemein zu dieser Rechtsform und den damit verbundenen Rechtsproblemen *Beck passim*; *Canaris* Bankvertragsrecht Rdn. 1622-1651; *Eckert* WM 1987, 161 ff.; *Etzkorn* WM 1991, 1901 ff.; *dens.* Die Bank 1993, 28 ff.; *Giger* in: FS Schluep 255 ff.; *Hadding* in: FS Pleyer 17 ff.; *Häde* ZBB 1994, 33 ff.; *Hammann passim*; *Kümpel* Rdn. 4.290-4.324; *Martinek* Vertragstypen Bd.III § 23 (59 ff.); *Metz* NJW 1991, 2804 ff.; *dens.* VuR 1992, 337, 347-349; *Pütthoff passim*; *Schneider/Merkel* in: FS Pleyer 115 ff.; *Schöchle passim*; *Scholz* Rdn. 149-151; *Schwintowski/Schäfer* § 6; *Seibert* DB 1991, 429 ff.; *Vortmann* VerbrKrG § 1 Rdn. 29-32, § 9 Rdn. 6; *dens.* Rechtsfragen Rdn. 258-263 (111-113); *Weller passim; Graf von Westphalen* in: *Graf von Westphalen/Emmerich/von Rottenburg* § 1 Rdn. 172-174; *Zahrnt* NJW 1972, 1077 ff.

[95] Vgl. die Angaben bei *Auge* FLF 1990, 94, 96; *Gundel* FLF 1989, 86, 89; *Häde* ZBB 1994, 33, 35 mit einer Übersicht über Anzahl der Karten (Eurocard/Mastercard, Visa, American Express, Diners Club), Marktanteil und Anzahl der Vertragsunternehmen in Deutschland und weltweit (Stand: Ende 1992); *Koeppen* FLF 1992, 86.

[96] Siehe hierzu etwa *Blauw* FAZ v. 28. 11. 1995 S.B 7; *Merkel* 21 f. m.w.N. in Fußn. 4 f.; zu den Zukunftsperspektiven vgl. *Seibert* DB 1991, 429, 430 (l.Sp.); zur Kreditfunktion siehe *Kümpel* Rdn. 4.296-4.297.

[97] Siehe hierzu etwa *Etzkorn* WM 1991, 1901, 1902 (l.Sp.); *Horn* ZBB 1995, 273, 273 f.; *Kümpel* Rdn. 4.293-4.295; *Schöchle* 8 f.; *Schwintowski/Schäfer* § 6 Rdn. 17-20.

ermittelnden Ansätze auf viergliedrige Kreditkartengeschäfte entsprechend angewendet werden können. Die drei Parteien einbeziehende Transaktion setzt sich aus drei bilateralen Vertragsverhältnissen zusammen, die in rechtlicher Hinsicht eng miteinander verzahnt sind.

Dabei wird das Valutaverhältnis zwischen Karteninhaber und Vertragsunternehmen durch den Rechtscharakter des jeweiligen Erwerbsgeschäfts – zumeist Kauf-, Werk- oder Mietverträge – sowie durch die bargeldlose Zahlung mittels Universalkreditkarte bestimmt[98]. Die Rechtsverhältnisse zwischen dem Kreditkartenunternehmen und den mit ihm kooperierenden Vertragsunternehmen werden durch Rahmenverträge, sog. Akquisitionsverträge[99], geregelt. Darin verpflichten sich die Vertragsunternehmen, die von der Kartengesellschaft in den Verkehr gebrachten Kreditkarten als Zahlungsmittel – regelmäßig zu Barzahlungsbedingungen – zu akzeptieren und alle auf dem Einsatz von Kreditkarten beruhenden Forderungen abzutreten. Im Gegenzug verpflichtet sich der Kartenherausgeber zum Ausgleich dieser Forderungen, behält sich indes tatbestandlich fest umrissene Rückbelastungsrechte vor[100]. Die Vorteile des Kreditkartenverfahrens haben Vertragsunternehmen dem Kreditkartenherausgeber in Höhe eines 3-5 % umfassenden Bruchteils der mittels Kreditkarte getätigten Umsätze zu vergüten. Eine um dieses Disagio geminderte Gutschrift zugunsten des jeweiligen Vertragshändlers erfolgt zumeist wöchentlich, freilich erst nach einer Veritätsprüfung der vom Vertragsunternehmen ausgestellten und von den Karteninhabern gegengezeichneten Leistungsbelege (sog. Slips). In einem sog. Emissionsvertrag[101] werden im Deckungsverhältnis die Leistungsbeziehungen

---

[98] Die dogmatisch-konstruktive Einordnung der Abrede über die bargeldlose Zahlung ist umstritten. Von einer Leistung erfüllungshalber gehen aus *Canaris* Bankvertragsrecht Rdn. 1650; *Hadding* in: FS Pleyer 17, 24; *Hammann* 32; Heymann-*Horn* Anh. § 372 Rdn. 158. Einen *pactum de non petendo* befürworten *Custodis* 30-33; *Schönle* § 29 I 2a (344 f.). Eine Leistung an Erfüllungs Statt nimmt *Eckert* WM 1987, 161, 167 an.

[99] Bei der Bestimmung der Rechtsnatur wird vielfach von einem Forderungskauf ausgegangen; vgl. BGH Urt. v. 2. 5. 1990, NJW 1990, 2880, 2881; zuvor bereits in diesem Sinne *Eckert* WM 1987, 161, 162; Palandt-*Thomas* § 675 Rdn. 6; *Beck* 5 ff. (bei entsprechender Ausgestaltung der AGB); ebenso *Kümpel* Rdn. 4.308 für den Einsatz der Eurocard. Im Vordringen befindet sich hingegen eine Ansicht, die die im Vordergrund stehende Zahlungspflicht des Kreditkartenunternehmens als abstraktes Schuldversprechen i.S.d. § 780 BGB bewertet; siehe *Baumbach/Hopt* (7) BankGeschF/12; *Canaris* Bankvertragsrecht Rdn. 1626; *Hadding* in: FS Pleyer 17, 31-33; *Hammann* 59-63; *Kümpel* Rdn. 4.304-4.307; *Martinek* Vertragstypen Bd.III § 23 III 1 (98); *Sandkühler* 115 jeweils m.w.N. zum Streitstand. Nach Ansicht von *Bitter* ZBB 1996, 104, 119; Heymann-*Horn* Anh. § 372 Rdn. 144 und *Oechsler* 336 beruht die Zahlungsverpflichtung des Kartenausstellers gegenüber den Vertragsunternehmen auf einem Garantievertrag. *Etzkorn* WM 1991, 1901, 1903 (l.Sp.o.); *Häde* ZBB 1994, 33, 37 (r.Sp.); MünchKomm-*Hüffer* § 783 Rdn. 80 d, 80 e; *Schwintowski/Schäfer* § 6 Rdn. 23 f. und *Taupitz* 60-63 vertreten hingegen die zutreffende Ansicht, das Kreditkartenverfahren könne in verschiedenen zivilrechtlichen Formen ausgestaltet werden.

[100] Siehe hierzu ausführlich Teil III, 4. Abschnitt, III. 1. (256).

[101] Die h.M. in Rspr. und Lehre sieht den Emissionsvertrag als einen Geschäftsbesorgungsvertrag mit werkvertraglichem Einschlag an; vgl. BGH Urt. v. 17. 5. 1984, BGHZ 91, 221, 223 f. (offengelassen in BGH Urt. v. 19. 3. 1994, NJW 1994, 1532, 1534); *Baumbach/*

zwischen dem Karteninhaber und dem Kreditkartenunternehmen geregelt. Darin verpflichtet sich letzteres zur Erfüllung aller gegen den Karteninhaber gerichteten, künftigen primären Zahlungsansprüche der am Kreditkartensystem teilnehmenden Vertragsunternehmen, während der Karteninhaber eine jährliche Kartengebühr zu entrichten sowie die Aufwendungen des Kreditkartenherausgebers auszugleichen hat. Zu diesem Zwecke kann der Kartenherausgeber in periodischen – zumeist monatlichen – Abständen dem Karteninhaber den sich aus der Summe der Kreditkartenabrechnungen ergebenden Betrag in Rechnung stellen[102] oder über ein von dem Karteninhaber unterhaltenes Konto bis zur Grenze des Überziehungsrahmens abrechnen[103]. Im Deckungsverhältnis zwischen einem Kreditkartenunternehmen und einem Karteninhaber liegt schließlich eine Darlehensgewährung erst dann vor, wenn der Aufwendungsersatzanspruch des Kartenherausgebers fällig ist und der Karteninhaber von der Möglichkeit Gebrauch gemacht hat, statt der Zahlung einen Kredit in Anspruch zu nehmen[104].

Beim Kreditkartengeschäft stehen damit die drei zugrundeliegenden Verträge nicht in rechtlicher Isolation nebeneinander, sondern sind hinsichtlich Entstehung, Fortbestand und Durchsetzung miteinander verzahnt. Gleichwohl wird das Kreditkartengeschäft nicht als einheitliches Rechtsgeschäft, sondern als Summe von drei bilateralen Vertragsverhältnissen angesehen, die rechtliche Interdependenzen aufweisen.

2. U.S.-Recht

Es kann nicht überraschen, daß im Mutterland des Kreditkartengeschäfts sowohl Durchführung und Abwicklung als auch die rechtliche Ausgestaltung deutliche Parallelen zur Situation im deutschen Rechtskreis aufweisen[105]. Ein im Hinblick auf den Untersuchungsgegenstand interessanter Unterschied ergibt sich allerdings aus dem Umstand, daß in den Vereinigten Staaten der Kreditkarteneinsatz schon lange nicht mehr allein als reines Barzahlungssurrogat dient; vielmehr eröffnet er zunehmend die Möglichkeit einer Drittfinan-

Hopt (7) BankGesch F/11; *Bitter* ZBB 1996, 104, 105 f.; *Canaris* Bankvertragsrecht Rdn. 1628; *Eckert* WM 1987, 161, 164 (r.Sp.); *Hadding* in: FS Pleyer 17, 34; *Häde* ZBB 1994, 33, 35 (l.Sp.); *Hammann* 33; Heymann-*Horn* Anh § 372 Rdn. 146; *Kümpel* Rdn. 4.312; *Martinek* Vertragstypen Bd.III § 23 II 1 a (66); *Meder* NJW 1994, 2597, 2597 (l.Sp.); MünchKomm-*Hüffer* § 783 Rdn. 80 b; *Pütthoff* 175; *Sandkühler* 112; *Schwintowski/Schäfer* § 6 Rdn. 22. Ein vorwiegend dienstvertraglicher Charakter wird hingegen angenommen von OLG Frankfurt Urt. v. 10. 12. 1992, ZIP 1993, 665, 666 (l.Sp.); zustimmend *M. Wolf* in: *Wolf/Horn/Lindacher* § 9 Rdn. K 51.; i.E. ebenso *Weller* 113 f.

[102] In diesem Fall handelt es sich bei der Kreditkarte um eine sog. *Charge Card.*

[103] In diesem Zusammenhang spricht man auch von *Debitkarten*, denen jedoch im Einzelfall über den gewöhnlichen Zahlungsaufschub hinaus nach Erschöpfung eines Guthabensaldos auch eine *Kredit*funktion zukommen kann.

[104] BGH Urt. v. 29. 3. 1994, NJW 1994, 1532, 1533 (r.Sp.) im Anschluß an *Häde* ZBB 1994, 33, 36; zur Kreditfunktion siehe auch *Kümpel* Rdn. 4.296-4.297.

[105] Vgl. allgemein zum amerikanischen Kreditkartenmarkt den Überblick von *Wieck* Die Sparkasse 1989, 70-74.

zierung von Erwerbsgeschäften durch die Kreditkartengesellschaften[106]. Dabei weisen die entsprechenden Kreditkarten ein relativ niedriges, zumeist unter DM 5.000,– liegendes Limit auf, das jedoch vom amerikanischen Durchschnittsverbraucher durch den Besitz mehrerer Kreditkarten vergrößert wird. Hintergrund hierfür ist die Tatsache, daß in den U.S.A. der im deutschen Privatkundenverkehr der Banken übliche Dispositionskredit, mit dem für das laufende Konto eine individuelle Überziehungsmöglichkeit in Höhe von zwei bis drei Nettogehältern eingeräumt wird, kaum verbreitet ist.

Die rechtliche Erfassung des komplexen Kreditkartengeschäfts gleicht der hiesigen Rechtslage. Neben der Rechtsbeziehung zwischen dem Karteninhaber und einem Vertragsunternehmen[107] bestehen auch vertragliche Verbindungen zwischen dem Kartenherausgeber und den Vertragsunternehmen, sog. *merchant agreements*[108], sowie zwischen dem Karteninhaber und der Kreditkartengesellschaft, sog. *cardholder agreements*[109]. Darüber hinaus ist es nicht gelungen, die Rechtsnatur der komplexen Vertragsverknüpfung überzeugend darzulegen[110], da die Ansätze jeweils einzelne Aspekte der bilateralen Vertragsverhältnisse bei gleichzeitiger Ausblendung des Charakters des gesamten Rechtsgeschäfts überbetonen. Soweit das Kreditkartengeschäft etwa als *letter of credit*, vergleichbar einem Akkreditiv und geregelt in Artikel 5 des UCC, angesehen wird[111], widerspricht die damit verbundene unbedingte Zahlungsverpflichtung den Rückgriffsrechten, die sich Kartengesellschaften in *merchants agreements* regelmäßig vorbehalten. Ebenso wie die im vorangehenden Abschnitt beschriebenen Akquisitionsverträge[112] gehen die *merchant agreements* gleichfalls von einem Forderungskauf (*assignment*) aus. Letztlich ist der Theorienstreit, der zunächst für die einschlägigen Rückabwicklungsvorschriften im Falle fehlgeschlagener Kaufverträge von besonderer Bedeutung war, angesichts der Rückgriffsvorbehalte in den *merchant agreements*[113] sowie der zwischenzeitlich zum Schutz von Karteninhabern erlassenen gesetzlichen Vorschriften[114] im wesentlichen nur noch akademischer Natur[115].

---

[106] Vgl. die Nachweise bei *Merkel* 21 f., 36 f.; siehe außerdem *Caplovitz* in: *Reifner/Ford* (Hrsg.) 119, 120 f. Zur Summe der offenen Kreditforderungen (in $ Mrd.) vgl. Statistical Abstract of the U.S., S.526 Tab.No.812: – sämtliche Kreditkarten: 1990 = 236,4; 1994 = 366,4; 2000 (geschätzt) = 660,9 – Bankkreditkarten: 1990 = 154,1; 1994 = 251,3; 2000 (geschätzt) = 486,0.

[107] Siehe hierzu *Merkel* 135-139.

[108] Vgl. hierzu ausführlich *Merkel* 140-155 m.w.N.

[109] Siehe hierzu *Merkel* 75-89 m.w.N.

[110] Vgl. hierzu ausführlich den Überblick bei *Merkel* 51-54 m.w.N.

[111] *Thompson Jr.* 18 Kan. L. Rev. 871, 875-890 (1970) hat sich ausführlich mit der Frage auseinandergesetzt, inwieweit die von ihm für wünschenswert erachtete Anwendung des Art. 5 UCC auf Kreditkartengeschäfte *de lege lata* möglich ist; ablehnend *Fonseca* § 10:3 (401); *Landey* 88 Commercial L.J. 84, 93 (1983); *Note* 24 Syracuse L. Rev. 1279, 1286-1288 (1973); *Wohl* 4 U.C. Davis L. Rev. 357, 369, 371 (1971).

[112] Siehe Teil I, 1. Abschnitt, X. 1. (33).

[113] Siehe Teil III, 4. Abschnitt, III. 2. (256 f.).

[114] Siehe Teil III, 3. Abschnitt, IV. 2. (227-230).

[115] Darauf weist *Sauer* 61 Am. Bankr. L.J. 95, 121 f. (1987) hin.

Insgesamt basiert auch das amerikanische Recht zum Kreditkartengeschäft auf einer Betrachtungsweise, die die zugrundeliegenden bilateralen Vertragsverhältnisse grundsätzlich isoliert und nur punktuell die zwischen ihnen bestehenden Interdependenzen berücksichtigt. Gleichwohl ist die rechtliche Entwicklung bereits etwas weiter vorangeschritten als in Deutschland, denn das Kreditkartengeschäft ist Gegenstand eines im Laufe der Zeit entstandenen, inzwischen nahezu umfassenden Normengefüges. Die betreffenden Vorschriften sind überwiegend Reaktionen der Legislative auf Mißstände, die sich bei der raschen Ausbreitung der Kreditkarte herausgebildet haben. Diese sich an den jeweiligen Rechtsproblemen und nicht an rechtstheoretischen Begründungsmodellen orientierende Entwicklung hat einen heterogenen Regelungskatalog hervorgebracht, auf den nachfolgend noch einzugehen sein wird[116].

XI. Finanzierungsleasinggeschäft

1. Deutsches Recht[117]

Wie die zunächst sprunghafte und erst in den letzten Jahren abflauende Ausbreitung von Finanzierungsleasinggeschäften in der Bundesrepublik Deutschland belegt[118], handelt es sich bei diesem Geschäftstyp um eine ökonomisch besonders reizvolle Form des Interessenausgleichs zwischen dem eine Güternutzung nachfragenden Leasingnehmer, dem Lieferanten und/oder Hersteller des Kapitalgutes sowie dem die Investition überhaupt erst ermöglichenden Leasinggeber. Charakteristisch für das Finanzierungsleasing ist somit wiederum ein Dreiecksverhältnis zwischen den genannten Beteiligten[119]. Ein wesentlicher Unterschied zu den bislang in die Untersuchung einbezogenen drittfinanzierten Erwerbsgeschäften ergibt sich aber aus dem Umstand, daß das Finanzie-

---

[116] Siehe Teil III, 3. Abschnitt, IV. 2. (227-230).

[117] Siehe stellvertretend aus der kaum mehr überschaubaren Literatur zu dieser Rechtsform und den damit verbundenen Rechtsproblemen *Brunotte* DRiZ 1990, 396 ff.; *Canaris* Bankvertragsrecht Rdn. 1710-1809; *Gitter* § 11 (277 ff.); *E.-G. Koch passim*; *Larenz/Canaris* Schuldrecht II/2 § 66 (99 ff.); *Leible* 34-200; *Lieb* DB 1988, 946 ff.; *dens.* DB 1988, 2495 ff.; *dens.* WM-Sonderbeilage 6/1992; *Marloth-Sauerwein passim*; *Martinek* Vertragstypen Bd.I § 3-8 (33-219); MünchKomm-*Habersack* Leasing Rdn. 1 ff.; *Reinicke/Tiedtke* Rdn. 1503 ff.; *Sefrin passim; Graf von Westphalen* Leasingvertrag *passim*.

[118] Vgl. zu empirischen Nachweisen *Gebhard* 7-48; *Leible* 34-36; MünchKomm-*Habersack* Leasing Rdn. 2; *Städtler* FLF 1989, 3 ff.; *dens.* FLF 1990, 10 ff.; *dens.* FLF 1991, 3 ff.; *dens.* DB-Sonderbeilage 7/1992, 4 ff.; *dens.* FLF 1993, 3 ff.; *dens.* DB-Beilage 7/1993, 4-6; *dens.* FLF 1994, 27 ff.; *dens.* DB-Beilage 6/1994, 4 ff.; *dens.* FLF 1995, 3 ff; *dens.* FLF 1996, 8 ff.; *dens.* FLF 1997, 9 ff; *dens.* in: *Hagenmüller/Eckstein* 11 ff.; *Tacke* DB-Sonderbeilage 7/1992, 9 ff.; *Wassermann* FLF 1989, 217 ff.; *dens.* FLF 1990, 226 ff.; *dens.* FLF 1991, 232 ff.; *dens.* FLF 1995, 83 ff.; *dens.* FLF 1996, 92 ff., 152 ff.

[119] Eine Ausnahme stellt insoweit das sog. *sale-and-lease-back*-Verfahren dar; vgl. hierzu *Martinek* Vertragstypen Bd.I § 3 V 3 d (60 f.); MünchKomm-*Habersack* Leasing Rdn. 12; *Graf von Westphalen* Leasingvertrag Rz. 1055-1081.

rungsleasing nicht auf eine Eigentumsverschaffung, sondern auf eine Gebrauchsüberlassung gerichtet ist. Gleichwohl haben sich Finanzierungsleasinggeschäfte in den zurückliegenden Jahren zu einer echten Alternative zu den zuvor beschriebenen Formen drittfinanzierten Eigentumserwerbs entwickelt, wobei die Gründe hierfür nicht vertieft zu werden brauchen[120].

Kann der Aspekt der ökonomischen Austauschbarkeit es letztlich rechtfertigen, trotz der in rechtlicher Hinsicht überaus wichtigen Unterscheidung zwischen Eigentumsverschaffung und Gebrauchsüberlassung Finanzierungsleasinggeschäfte den drittfinanzierten Erwerbsgeschäften zuzurechnen?

Ein solches Vorgehen findet eine Stütze in verschiedenen gesetzlichen Regelungen. Obwohl Leasinggeschäfte nicht zu den Kreditgeschäften gehören, die nach § 1 Abs.1 KWG zugleich Bankgeschäfte sind, werden sie durch die Legaldefinition des Kreditbegriffs in § 19 Abs.1 KWG für die Finanzierungsinstitute zu Kreditgewährungen. Daneben deuten sowohl die Entstehungsgeschichte des VerbrKrG[121] als auch dessen Ausnahmeregelung in § 3 Abs.2 Nr.1 darauf hin, daß Gebrauchsüberlassungsverträge, die wie das Finanzierungsleasing über die reine Gebrauchsüberlassung gegen Entgelt hinaus der Finanzierung der Investition eines zu privaten Zwecken handelnden Leasingnehmers dienen, als Kreditverträge § 1 Abs.2 VerbrKrG anzusehen sind[122]. Und auch in der Judikatur sind Tendenzen erkennbar, rechtliche Wertungen bezüglich finanzierter Abzahlungsgeschäfte auf Finanzierungsleasinggeschäfte zu übertragen. So hat sich zuletzt der BGH[123] im Hinblick auf seine Rechtsprechung zur Sittenwidrigkeit von Ratenkreditverträgen für eine Übertragbarkeit der dabei entwickelten

---

[120] Zu den im Vordergrund stehenden steuerlichen und bilanziellen Gestaltungsräumen siehe bspw. *Dietz* AcP 190 (1990), 235ff.; *Figge* AcP 190 (1990), 219ff.; *Gzuk* AcP 190 (1990), 208ff.; *Laumans* in: *Hagenmüller/Eckstein* 129ff.; *Leible* 47-60; *Martinek* Vertragstypen Bd.I § 3 III-IV (43-53); *Meincke* AcP 190 (1990), 358ff.; MünchKomm-*Habersack* Leasing Rdn. 3, 14-16; *Schweitzer* FLF 1992, 197ff.; *Ullrich* in: *Hagenmüller/Eckstein* 77ff.; *Tsche* 78-99; *Graf von Westphalen* Leasingvertrag Rz. 22-36 jeweils m.w.N. Speziell zum Kfz-Leasing siehe *Michalski/Schmitt* 143ff. mit einem Wirtschaftlichkeitsvergleich zu anderen Finanzierungsformen.

[121] Siehe hierzu etwa die knappe Darstellung bei MünchKomm-*Ulmer* Vor § 1 VerbrKrG Rdn. 10f. sowie § 1 VerbrKrG Rdn. 3 m.w.N.

[122] Ebenso MünchKomm-*Ulmer* § 1 VerbrKrG Rdn. 85; *Graf von Westphalen* Leasingvertrag Rz. 77. Zuletzt hat der BGH Urt. v. 24. 4. 1996, ZIP 1996, 1170, 1171f. festgestellt, daß Kfz-Leasingverträge mit Kilometerabrechnung ohne Restwertzahlung als Finanzierungsleasing i.S.d. § 3 Abs.2 Nr.1 VerbrKrG – und damit als Kreditvertrag i.S.d. § 1 Abs.2 VerbrKrG – zu behandeln sind; i.E. ebenso BGH Urt. v. 12. 6. 1996, ZIP 1996, 1336, 1337 (r.Sp.).

[123] BGH Urt. v. 11. 1. 1995, ZIP 1995, 383, 385-387. Es ist indes zweifelhaft, ob gerade bei der Zinsberechnung eine Vergleichbarkeit besteht, weil einerseits Banken und Leasinggebern unterschiedliche Refinanzierungsmöglichkeiten zur Verfügung stehen und weil andererseits die Verhandlungspositionen von als Käufer auftretenden Verbrauchern und Leasinggebern differieren; vgl. hierzu *Bernstein*,FLF 1997, 68, 70; *Krebs* NJW 1996, 1177-1180; MünchKomm-*Habersack* Leasing Rdn. 28. Die allgemeine Frage der Vergleichbarkeit des Finanzierungsleasings mit dem drittfinanzierten Abzahlungskauf hat zuletzt auch *Oechsler* 328f. angesprochen, ohne sie jedoch abschließend zu entscheiden.

Grundsätze auf Finanzierungsleasinggeschäfte ausgesprochen. Aus den genannten Gründen wäre eine Untersuchung drittfinanzierter Erwerbsgeschäfte unvollständig, die Finanzierungsleasinggeschäfte aus der Betrachtung ausblenden würde. Deshalb wird im folgenden der Rahmen für drittfinanzierte Erwerbsgeschäfte weit gezogen und auf sämtliche Fälle erstreckt werden, in denen entweder der Nachfrager[124], der Verkäufer[125] oder beide zusammen[126] darauf angewiesen sind, daß ein Dritter die Durchführung des Erwerbs- oder Gebrauchsüberlassungsgeschäfts durch Bereitstellung finanzieller Mittel überhaupt erst ermöglicht.

Das Finanzierungsleasinggeschäft setzt sich in seiner Grundform[127] aus zwei bilateralen Verträgen zusammen. Nachdem der Leasingnehmer die wesentlichen Vertragsbedingungen bis zur Abschlußreife ausgehandelt hat, schließt der Leasinggeber mit dem Lieferanten, Händler oder Hersteller im Deckungsverhältnis einen Kaufvertrag über das Leasingobjekt ab. Nach der direkten Auslieferung des Leasingguts an den Leasingnehmer in vertragsgemäßem Zustand ist dieser dem Leasinggeber aufgrund dessen Allgemeiner Geschäftsbedingungen regelmäßig zur Abgabe einer entsprechenden Abnahme- und Übernahmebestätigung[128], einer Quittung i.S.d. § 368 BGB[129], verpflichtet. Dadurch wird im Valutaverhältnis der aufschiebend bedingte, weil von dieser Bestätigung abhängige Finanzierungsleasingvertrag zwischen Leasingnehmer und -geber in Vollzug gesetzt. Aufgrund dieses Vertrages ist der Leasingnehmer zur Zahlung der Leasingraten verpflichtet, die sich aus Anteilen für die Amortisation der Anschaffungsaufwendungen des Leasinggebers, Zinsen für ihre Kreditierung sowie einem Gewinnzuschlag zusammensetzen[130]. Die vertraglichen Hauptpflichten

---

[124] Allein der Nachfrager ist in folgenden Fällen auf eine Drittfinanzierung angewiesen: Personalkredit, Anschaffungsdarlehen, Überziehungskredit.

[125] Allein oder in der Hauptsache der Verkäufer ist in Fällen der Abtretungskonstruktion und des Factorings auf eine Drittfinanzierung angewiesen.

[126] Nachfrager und Verkäufer/Lieferant sind in folgenden Fällen gemeinsam an einer Drittfinanzierung der Transaktion interessiert: A-, B-, C-Geschäft, Kreditkartengeschäft (sofern ein Kredit gewährt wird), Absicherung der Kaufpreisforderung durch Wechsel oder sonstige abstrakte Verbindlichkeiten, Finanzierungsleasinggeschäft.

[127] Einen Überblick über die verschiedenen Formen des Leasinggeschäfts geben z.B. *Canaris* Bankvertragsrecht Rdn. 1710-1717; *Martinek* Vertragstypen Bd.I § V (53-63); *Sefrin* 9-25; *Graf von Westphalen* Leasingvertrag Rz. 4 ff. jeweils m.w.N.

[128] Siehe hierzu stellvertretend *Eckert* ZIP 1987, 1510 f.; *Martinek* Vertragstypen Bd.I § 6 II (122-127); *Sefrin* 208 f. m.w.N. in Fußn. 98; zu den Rechtsfolgen einer Verletzung dieser Nebenpflicht ausführlich *Müller-Laube* 202-207; MünchKomm-*Habersack* Leasing Rdn. 51-55; *H. Weber* ZRP 1982, 305, 307 f. Zuletzt hat das OLG Düsseldorf Urt. v. 12. 6. 1996, BB 1997, 544 f. entschieden, daß eine unrichtige Übernahmeerklärung zu einem Schadensersatzanspruch des Leasinggebers gegen den Leasingnehmer führen kann.

[129] So BGH Urt. v. 17. 12. 1993, NJW 1993, 1381, 1383 (r.Sp.); zustimmend bspw. MünchKomm-*Habersack* Leasing Rdn. 52.

[130] Das Amortisationsprinzip ist von BGH – Urt. v. 16. 5. 1990, BGHZ 111, 237, 242 – als »Hauptmerkmal« des Finanzierungsleasings qualifiziert worden. Nach einer Äußerung des Rechtsausschusses des Bundestages sollen unter § 3 Abs.2 Nr.1 VerbrKrG »alle Leasingverträge [fallen], bei denen der Leasingnehmer für die Amortisation der vom Leasinggeber

des Leasinggebers werden in erster Linie in der Gebrauchsüberlassung[131] des Leasinggutes sowie der Belassung desselben beim Leasingnehmer[132] gesehen, aber auch die Finanzierungsfunktion des Leasinggebers ist zuletzt verschiedentlich betont worden[133]. Vertragstypisch ist weiterhin, daß der Leasinggeber seine kaufrechtlichen Gewährleistungsansprüche gegenüber dem Lieferanten an den Leasingnehmer abtritt oder ihn zu deren Ausübung ermächtigt[134]. Die unterschiedlichen Ansätze zur Bestimmung der Rechtsnatur des Finanzierungsleasingvertrages brauchen nicht vertieft zu werden[135], da sie keinen Aufschluß über den Rechtscharakter der gesamten Drei-Parteien-Konstellation geben. Die inhaltliche Ausgestaltung des Leasingvertrages erfolgt zur Verwirklichung steuerlicher und bilanzieller Ziele regelmäßig in enger Anlehnung an einschlägige

für die Anschaffung der Leasingsache gemachten Aufwendungen und Kosten einzustehen hat«; vgl. BT-Drucks. 11/8274, 21. Darin sieht *Canaris* ZIP 1993, 401, 401 f. [ebenso *Larenz/Canaris* Schuldrecht II/2 § 66 2 a (102)] die für Rechtsprechung und Rechtswissenschaft bindende Festschreibung des Amortisationsprinzips – und damit auch der Ratenzahlung – als typusprägendes Merkmal; modifizierend hingegen *Graf von Westphalen* Leasingvertrag Rz. 78-80.

[131] Siehe in jüngerer Zeit etwa BGH Urt. v. 8. 10. 1990, BGHZ 112, 279, 287; in diesem Sinne auch *Graf von Westphalen* Leasingvertrag Rz. 181-189 m.w.N. zur Gegenansicht.

[132] I.E. ebenso BGH Urt. v. 28. 10. 1981, BGHZ 82, 121, 125; *Canaris* AcP 190 (1990), 410, 437 f.

[133] So etwa BGH Urt. v. 16. 9. 1981, BGHZ 81, 298, 302; Urt. v. 24. 4. 1985, BGHZ 94, 180, 188; Urt. v. 12. 6. 1985, BGHZ 95, 39, 49; Urt. v. 4. 7. 1990, BGHZ 112, 65, 71 f.; vgl. außerdem *Sefrin* 152-155 m.w.N. in Fußn. 121.

[134] Sog. Abtretungs- oder Ermächtigungskonstruktion, siehe hierzu *Martinek* Vertragstypen Bd.I § 7 II 3 b (157-160); *Oechsler* 388 ff.; *Graf von Westphalen* Leasingvertrag Rz. 443-445.

[135] Besondere Form eines Mietvertrages: BGH Urt. v. 8. 10. 1975, NJW 1977, 195, 196; siehe zuletzt etwa BGH Urt. v. 28. 3. 1990, BGHZ 111, 84, 95; Urt. v. 4. 7. 1990, BGHZ 112, 65, 71; i.E. zustimmend bspw. *Baltes* 147-150; *Baumbach/Hopt* (7) BankGesch P/1; *Brunotte* DRiZ 1990, 396, 398 f.; Erman-*Jendrek* Anh. § 536 Rdn. 15; *Flume* DB 1991, 265, 266 f.; Jauernig-*Teichmann* Vor § 535 Anm.3 c bb; E.-G. *Koch* 99-103; *Krause* 86; *Mömken* 108-112; Palandt-*Putzo* Einf v § 535 Rdn. 28; *Reinicke/Tiedtke* Rdn. 1514 ff.; *Sannwald* 87-90; Staudinger-*Emmerich* Vorbem zu §§ 535, 536 Rdn. 85; *Graf von Westphalen* Leasingvertrag Rz. 63-86; *Wolf/Eckert* Rdn. 1793; *M. Wolf* in: *Wolf/Horn/Lindacher* § 9 Rdn. L 27; *Drescher* Rdn. 61 hält es für »sehr zweifelhaft«, ob der *BGH* die vorrangige Beurteilung des Leasingvertrages nach Mietrecht angesichts der Einordnung als Finanzierungshilfe i.S.d. § 1 Abs.2 VerbrKrG weiter aufrecht erhalten kann; – Kaufgeschäft: *Plathe* 155-157; – Rechtskauf i.S.d. § 433 Abs.1 S.2 BGB: *Papapostolou* 59; – Ratenkaufvertrag: *Fikentscher* § 76 Rdn. 831; *Klaas* NJW 1968, 1502, 1507 (l.Sp.u.); – Mietkaufvertrag: *Kurstedt* 105 f., sofern Endziel der Vereinbarung eine Eigentumsübertragung ist; – Kreditvertrag: *Borggräfe* 72 f.; – gemischttypischer Vertrag mit kredit- und geschäftsbesorgungsrechtlichen Elementen: *Canaris* Bankvertragsrecht Rdn. 1719; *ders.* AcP 190 (1990), 410, 450 ff.; *Larenz/Canaris* Schuldrecht II/2 § 66 II 2 (106 f.); – Vertrag *sui generis: Bernstein* 149-152; *Binder* 39-42; *Gitter* § 11 B I 5 e (305-307); *J. Hager* AcP 190 (1990), 324, 333-335; *Larenz* Schuldrecht II/1 § 63 II (453 ff.); *Leible* 91-94; *Lieb* DB 1988, 946, 948-950; *Martinek* Vertragstypen Bd.I § 4 IX (86-90); MünchKomm-*Habersack* Leasing Rdn. 25; *von Ploetz* 93-95; *H. Roth* AcP 190 (1990), 293, 310-312; *K. Schmidt* Handelsrecht § 35 II 2 b (1026); *R. Schmidt* AcP 166 (1966), 1, 10; *Sefrin* 190 f.; einen ähnlichen Lösungsweg hat zuvor bereits *Lwowski* 97-99 angedeutet.

Erlasse des Bundesfinanzministeriums[136]. Dabei kommt es im Rahmen des Dreiecksverhältnisses entscheidend darauf an, daß nach § 39 AO das *wirtschaftliche Eigentum*[137] an dem Leasinggut dem Leasinggeber – und nicht dem Leasingnehmer – zugerechnet wird. Rechtliches und wirtschaftliches Eigentum am ausgelieferten Leasingobjekt erwirbt der Leasinggeber entweder durch Besitzverschaffung an den Leasingnehmer nach §§ 929, 930 BGB oder aber durch eine Übereignung auf Weisung des Leasingnehmers. Die Laufzeit des Leasingvertrages kann unterschiedlich ausgestaltet sein, wobei indes in jedem Fall die Summe der vertraglich vereinbarten Zahlungen des Leasingnehmers zu einer Vollamortisation beim Leasinggeber führen soll.

Die Vertragsgestaltung macht deutlich, daß im Stadium der Anbahnung des Finanzierungsleasinggeschäfts eine rechtliche Anbindung des Kaufvertrages an den Leasingvertrag von sämtlichen Beteiligten beabsichtigt ist. Entsprechendes gilt auch, wie bereits an dieser Stelle im Vorgriff auf spätere Ausführungen[138] angemerkt werden soll, für Fortbestand und Durchsetzung der kauf- und leasingvertraglichen Ansprüche. Insgesamt wird das Finanzierungsleasinggeschäft gleichwohl nicht als eigenständiges Rechtsgeschäft, sondern als Summe von mindestens zwei rechtlich interdependenten Austauschverträgen aufgefaßt.

2. *U.S.-Recht*

Die rechtliche Einordnung des Finanzierungsleasinggeschäfts wurde in den Vereinigten Staaten von Amerika bis zu einer Ergänzung des UCC im Jahr 1987 durch *common law* beherrscht und war aufgrund unzähliger, stets am Einzelfall orientierter Entscheidungen durch überaus heterogene Ansätze gekennzeichnet[139]. Von einer Darstellung der Problematik wird abgesehen, weil durch den Erlaß des Artikel 2A UCC[140] und seine Umsetzung in fast allen Bun-

[136] Vollamortisationserlaß vom 19. 4. 1971, abgedr. in DB 1971, 795; Immobilien-Leasingerlaß vom 21. 3. 1972, abgedr. in DB 1972, 651; Teilamortisationserlaß vom 22. 12. 1975, abgedr. in DB 1976, 172; 2. Immobilien-Leasingerlaß vom 23. 12. 1991, abgedr. in DB 1992, 112. Siehe zu den ersten drei Erlassen ausführlich *Martinek* Vertragstypen Bd.I § 3 IV 2 (47-51); MünchKomm-*Habersack* Leasing Rdn. 17-19; *Graf von Westphalen* Leasingvertrag Rz. 7-14 jeweils m.w.N.; zum 2. Immobilien-Leasingerlaß vgl. MünchKomm-*Habersack* Leasing Rdn. 20; *Pinkos* DB-Beilage 7/1992, 20-23; *Sobotka* BB 1992, 827 ff.; *Zahn* DB 1992, 2482 ff. und 2537 ff.

[137] Siehe zu diesem Rechtsbegriff stellvertretend *Martinek* Vertragstypen Bd.I § 3 IV 1 (44-46) m.w.N.

[138] Siehe unten Teil III, 3. Abschnitt, III. 1. (219-221) und Teil III, 4. Abschnitt, II. 1. (253 f.).

[139] Aus der deutschsprachigen Literatur vgl. zur rechtlichen Einordnung des Finanzierungsleasings die noch kurz vor der Ergänzung des UCC veröffentlichte – und damit zwischenzeitlich im wesentlichen überholte – Monographie von *Demberg* 48 ff. m.w.N. sowie zuletzt *Girsberger* Rdn. 24 f.; siehe davor bereits *Lwowski* 2-41.

[140] Zur Entstehungsgeschichte siehe UCC § 2A-101 Official Comment »History«; vgl. außerdem *W. Müller* 3-6; *Gross* 1993 Det. C.L. Rev. 127, 129-133.

desstaaten[141] ein umfangreiches – allerdings weitgehend dispositives – Regelungswerk für Leasinggeschäfte zur Verfügung gestellt wurde[142]. In die Eingangsvorschrift des neu in den UCC aufgenommenen Artikels 2A, d.h. in UCC § 2A-103, sind nunmehr Legaldefinitionen u.a. des Leasings (*lease*)[143], des Finanzierungsleasings (*finance lease*)[144] sowie des Verbraucher-Leasings (*consumer lease*)[145] aufgenommen worden.

[141] Bis Februar 1996 war Art. 2A UCC in 46 Bundesstaaten umgesetzt worden, vgl. UCC Bulletin Feb. 1996, S.1 f.; *Hawkland/Miller* Vol.3A Art.2A Supp.

[142] Siehe zu Artikel 2A UCC aus der deutschsprachigen Literatur insbesondere die darauf bezogene Monographie von *W. Müller* sowie die Abhandlungen von *Ebenroth* in: *Kramer* 117, 155-161; *Heermann* ZVglRWiss (92) (1993), 326 ff.; *Kronke* AcP 190 (1990), 383, 391-393, 402-405. Die steuerrechtlichen Aspekte des Leasings in den U.S.A. untersuchen – allerdings ohne Bezugnahme auf Artikel 2A UCC – *Rudden/Woywode* in: *Hagenmüller/Eckstein* 381 ff. Daneben wird in einigen jüngeren Stellungnahmen zum U.S.-amerikanischen Recht die zwischenzeitliche Einfügung des Artikel 2A in den UCC schlichtweg übersehen oder ignoriert; siehe etwa *Knebel* 3 [»In den USA ist der Leasingvertrag als solcher nicht gesetzlich geregelt.«], der jedoch auf S.33 in Fußn. 26 auf Artikel 2A UCC hinweist; *Ra. Koch* 132-134; *Sefrin* 56 [»kein ... juristisches Regelungsprogramm«], 57 Fußn. 177 [»Kodifikationslosigkeit«], 82 [»bisher keine umfassende, zusammenhängende Leasingkodifikation in Angriff genommen«].

[143] UCC § 2A-103 (1)(j): »Lease« means a transfer of the right to possession and use of goods for a term in return for consideration, but a sale, including a sale on approval or a sale or return, or retention or creation of a security interest is not a lease. Unless the context clearly indicates otherwise, the term includes a sublease. Aus der deutschsprachigen Literatur vgl. zu dieser Vorschrift *W. Müller* 12-14.

[144] UCC § 2A-103 (1)(g): »Finance lease« means a lease with respect to which: (i) the lessor does not select, manufacture, or supply the goods; (ii) the lessor acquires the goods or the right to possession and use of the goods in connection with the lease; and (iii) one of the following occurs: (A) the lessee receives a copy of the contract by which the lessor acquired the goods or the right to possession and use of the goods before signing the lease contract; (B) the lessee's approval of the contract by which the lessor acquired the goods or the right to possession and use of the goods is a condition to effectiveness of the lease contract; (C) the lessee, before signing the lease contract, receives an accurate and complete statement designating the promises and warranties, and any disclaimers of warranties, limitations or modifications of remedies, or liquidated damages, including those of a third party, such as the manufacturer of the goods, provided to the lessor by the person supplying the goods in connection with or as part of the contract by which the lessor acquired the goods or the right to possession and use of the goods; or (D) if the lease is not a consumer lease, the lessor, before the lessee signs the lease contract, informs the lessee in writing (a) of the identity of the person supplying the goods to the lessor, unless the lessee has selected that person and directed the lessor to acquire the goods or the right to possession and use of the goods for that person, (b) that the lessee is entitled under this Article to the promises and warranties, including those of any third party, provided to the lessor by the person supplying the goods in connection with or as part of the contract by which the lessor acquired the goods or the right to possession and use of the goods, and (c) that the lessee may communicate with the person supplying the goods to the lessor and receive an accurate and complete statement of those promises and warranties, including any disclaimers and limitations of them or of remedies. Siehe zu dieser Vorschrift auch die Erläuterungen von *Hawkland/Miller* Vol.3A § 2A-103:02; *White/Summer* Vol.2 § 13-3 b (6-9).

[145] UCC § 2A-103 (1)(e): »Consumer lease« means a lease that a lessor regularly engaged in the business of leasing or selling makes to a lessee who is an individual and who takes under the lease primarily for a personal, family, or household purpose[, if the total pay-

Im Vergleich zur deutschen Rechtslage ist in erster Linie die Legaldefinition des Finanzierungsleasings beachtenswert. Dabei ist das Leasing zunächst nach zwei Seiten abzugrenzen. Während ein Kauf ein »passing of title from the seller to the buyer for a price«[146] voraussetzt und damit relativ einfach von einem »transfer of the right to possession and use of goods for a term in return for consideration«[147], d.h. von einer *lease*, zu unterscheiden ist, ergeben sich seit langem Schwierigkeiten bei der Abgrenzung des Finanzierungsleasings von Rechtsgeschäften, die ein *security interest* i.S.d. UCC § 1-201 (37)[148] begründen. Derartige *secured transactions* sind die rechtlichen Ausgestaltungen des im Wirtschaftsleben weit verbreiteten Auseinanderfallens von tatsächlicher Sachherrschaft auf der einen Seite und Sicherungsrechten auf der anderen Seite. Die Entstehung eines solchen Sicherungsrechts, seine Durchsetzung sowie das Rangverhältnis zu konkurrierenden Sicherungsrechten ist in den mobiliarsicherungsrechtlichen Bestimmungen des Artikel 9 UCC geregelt[149], während sich die kaufrechtlichen Rechtsfolgen aus Artikel 2 UCC ergeben. Die Unterscheidung zwischen einer *true lease* und einem *security interest* hat erhebliche praktische Bedeutung[150]. Hervorgehoben sei, daß der Inhaber eines Sicherungs-

---

ments to be made under the lease contract, excluding payments for options to renew or buy, do not exceed $__________]. Siehe zu dieser Vorschrift auch die Erläuterungen von *Hawkland/Miller* Vol.3A § 2A-103:01; *White/Summers* Vol.2 § 13-4 (14-16).

[146] UCC § 2-106 (1).

[147] UCC § 2A-103 (1)(j).

[148] UCC § 1-201 (37) [Auszug]: ... Whether a transaction creates a lease or security interest is determined by the facts of each case; however, a transaction creates a security interest if the consideration the lessee is to pay to the lessor for the right to possession and use of the goods is an obligation for the term of the lease not subject to termination by the lessee, and (a) the original term of the lease is equal to or greater than the remaining economic life of the goods, (b) the lessee is bound to renew the lease for the remaining economic life of the goods or is bound to become the owner of the goods, (c) the lessee has an option to renew the lease for the remaining economic life of the goods for no additional consideration or nominal additional consideration upon compliance with the lease agreement, or (d) the lessee has an option to become the owner of the goods for no additional consideration or nominal additional consideration upon compliance with the lease agreement. A transaction does not create a security interest merely because it provides that (a) the present value of the consideration the lessee is obligated to pay the lessor for the right to possession and use of the goods is substantially equal to or is greater than the fair market value of the goods at the time the lease is entered into, (b) the lessee assumes risk of loss of the goods, or agrees to pay taxes, insurance, filing, recording, or registration fees, or service or maintenance costs with respect to the goods, (c) the lessee has an option to renew the lease or to become the owner of the goods, (d) the lessee has an option to renew the lease for a fixed rent that is equal to or greater than the reasonably predictable fair market rent for the use of the goods for the term of the renewal at the time the option is to be performed, or (e) the lessee has an option to become the owner of the goods for a fixed price that is equal to or greater than the reasonably predictable fair market value of the goods at the time the option is to be performed. ...

[149] Siehe hierzu ausführlich aus der deutschsprachigen Literatur *Dielmann* in: *Hadding/Schneider* Kreditsicherheiten I.

[150] Die unterschiedlichen rechtlichen Konsequenzen werden im Überblick dargestellt bei *White/Summers* Vol.4 § 30-3 (7-9).

rechts dieses Gläubigern des Leasingnehmers gegenüber regelmäßig nur durchsetzen kann, wenn er es hat registrieren lassen, während der Leasinggeber im Rahmen einer *true lease* insoweit grundsätzlich Priorität genießt[151]. Die komplexe Abgrenzungsproblematik kann stark vereinfachend in folgender Leitlinie zusammengefaßt werden: Solange der Leasingvertrag noch Raum für ein eigenes unternehmerisches Interesse des Leasinggebers an dem Leasingobjekt läßt[152], ist grundsätzlich von einer *»true« finance lease* i.S.d. UCC § 2A-103 (1)(g) auszugehen; ansonsten ist der Anwendungsbereich des Artikel 2A UCC nicht eröffnet, auch wenn es sich formell um einen Leasingvertrag handelt, das eigentliche Ziel der Parteien jedoch eine *secured transaction* ist[153].

Im Vergleich zur deutschen Rechtslage ist bei der Bestimmung von Finanzierungsleasingtransaktionen die Anknüpfung an detaillierte Tatbestandsvoraussetzungen von Bedeutung. Zunächst erfolgt eine Begrenzung auf das Mobilien-Leasing[154], d.h. das Immobilien-Leasing wird von den Mustervorschriften nicht erfaßt. Darüber hinaus ist das Bestreben hervorhebenswert, die Beziehung des Leasinggebers zum Leasinggegenstand auf die Vorfinanzierung des gesamten Rechtsgeschäfts zu beschränken. Der Leasinggeber ist von der Auswahl, Herstellung und Lieferung des Leasingobjekts ausgeschlossen[155] und in seinen Aktivitäten auf den Erwerb des Eigentums oder Besitzes, der im Zusammenhang (*in connection with*) mit dem Leasingvertrag zu erfolgen hat, beschränkt[156]. Schließlich ist zu gewährleisten, daß der Leasingnehmer *vor* Abschluß des Leasingvertrages zumindest über den genauen Umfang derjenigen Vertrags- und Gewährleistungsrechte unterrichtet wird, die dem Leasinggeber aus seinem mit dem Lieferanten abgeschlossenen Kaufvertrag zustehen; alternativ kann die Wirksamkeit des Leasingvertrages davon abhängig gemacht werden, daß der Leasingnehmer den bereits abgeschlossenen Kaufvertrag genehmigt[157].

---

[151] Ausführlich hierzu *Girsberger* Rdn. 275 f.; *W. Müller* 209-212 jeweils m.w.N.

[152] *White/Summers* Vol.4 § 30-3 (10, 18) verwenden die Ausdrücke *entrepreneurial stake* sowie *lessor's revisionary interest.*

[153] Zur Vertiefung der ebenso komplexen wie diffizilen Abgrenzungsproblematik siehe zunächst UCC § 2A-103 Official Comment (j) sowie *Dielmann* in: *Hadding/Schneider* Kreditsicherheiten I 42-46; *Ebenroth* in: *Kramer* 117, 157 f.; *Girsberger* Rdn. 247-251; *W. Müller* 14-20; *Tsche* 124-126; aus der U.S.-amerikanischen Literatur vgl. etwa *Barnes* 25 U. Mem. L. Rev. 873, 879-897 (1995); *Cooper* 49 Ohio St. L.J. 195-247 (1988); *Gaines* 18 Stetson L. Rev. 69, 72-84 (1988); *Paglia* 63 St. John's L. Rev. 69, 72-78 (1988); *Quinn* § 2A-103 [A][7][a]; *Whelan/Flick II/Strauss* 50 Bus. Law. 1481, 1485 (1995); *Whelan/Strauss* 49 Bus. Law. 1857, 1859-1862 (1994); *White/Summers* Vol.4 § 30-3 (7-28).

[154] Das ergibt sich aus dem Tatbestandsmerkmal goods, welches aufgrund der Legaldefinition in UCC § 2A-103 (1) (h) den »beweglichen Sachen« des deutschen Rechts im wesentlichen entspricht.

[155] UCC § 2A-103 (1)(g) (i).

[156] UCC § 2A-103 (1)(g) (ii).

[157] UCC § 2A-103 (1)(g) (iii).

Im Grundsatz werden sämtliche Konstellationen des Mobilien-Finanzierungsleasings bei Vorliegen der genannten Voraussetzungen von Artikel 2A UCC gleichermaßen erfaßt, insbesondere auch das sog. *sale-and-lease-back*-Verfahren sowie Gestaltungen, in denen der Leasinggeber eine Tochtergesellschaft des Lieferanten ist[158]. Sonderregelungen gelten – nicht durchgängig, sondern nur in Fällen ausdrücklicher gesetzlicher Anordnung – bei Verbraucherbeteiligung[159], wobei der Begriff des Konsumenten in Artikel 2A UCC im wesentlichen demjenigen des VerbrKrG entspricht. Anders als das deutsche Recht sieht UCC § 2A-103 (e) die Möglichkeit einer betragsmäßigen Höchstgrenze für *consumer leases* vor.

Durch eine weitere grundlegende Vorschrift wird das Bestreben untermauert, die Rolle des Leasinggebers auf die eines Financiers zu beschränken. Anders als nach der in Deutschland vorherrschenden Abtretungs- oder Ermächtigungskonstruktion gehen gem. UCC § 2A-209[160] die sich aus dem Kaufvertrag zugunsten des Leasinggebers ergebenden Rechte kraft Gesetzes fast vollständig auf den Leasingnehmer über. Dieser erlangt jedoch nicht Eigentum am Leasingobjekt, da ansonsten die Voraussetzungen einer *finance lease* im Verhältnis zum Leasinggeber nicht vorlägen. Das Finanzierungsleasing wird durch UCC § 2A-209 geprägt, wobei die Bedeutung der Vorschrift durch den zwingenden Charakter ihres ersten Absatzes untermauert wird[161]. Darin wird bestimmt, daß der

[158] UCC § 2A-103 Official Comment (g).

[159] Siehe hierzu den Überblick bei *Heermann* ZVglRWiss 92 (1993), 326, 345-347; siehe auch *W. Müller* 24-26 m.w.N.

[160] UCC § 2A-209: (1) The benefit of a supplier's promises to the lessor under the supply contract and of all warranties, whether express or implied, including those of any third party provided in connection with or as part of the supply contract, extends to the lessee to the extent of the lessee's leasehold interest under a finance lease related to the supply contract, but is subject to the terms of the warranty and of the supply contract and all defenses or claims arising therefrom. (2) The extension of the benefit of a supplier's promises and of warranties to the lessee (Section 2A-209 (1)) does not: (i) modify the rights and obligations of the parties to the supply contract, whether arising therefrom or otherwise, or (ii) impose any duty or liability under the supply contract on the lessee. (3) Any modification or rescission of the supply contract by the supplier and the lessor is effective between the supplier and the lessee unless, before the modification or rescission, the supplier has received notice that the lessee has entered into a finance lease related to the supply contract. If the modification or rescission is effective between the supplier and the lessee, the lessor is deemed to have assumed, in addition to the obligations of the lessor to the lessee under the lease contract, promises of the supplier to the lessor and warranties that were so modified or rescinded as they existed and were available to the lessee before modification or rescission. (4) In addition to the extension of the benefit of the supplier's promises and of warranties to the lessee under subsection (1), the lessee retains all rights that the lessee may have against the supplier which arise from an agreement between the lessee and the supplier or under other law. Aus der deutschsprachigen Literatur siehe die Erläuterungen zu dieser Vorschrift von *Girsberger* Rdn. 164-166 sowie ebd. Fußn.264; *W. Müller* 155-159; *Tsche* 181-187 jeweils m.w.N.

[161] UCC § 2A-209 Official Comment 1. [»... subsection (1), which is self-executing. As a matter of policy, the operation of this provision may not be excluded, modified or limited ...«].

Leasingnehmer Begünstigter der sich aus dem Liefervertrag ergebenden vertraglichen und gewährleistungsrechtlichen Pflichten des Lieferanten ist. Durch die beiden nachfolgenden Absätze soll sichergestellt werden, daß zu Lasten des begünstigten Leasingnehmers dieser Pflichtenkatalog des Lieferanten nicht geschmälert wird, während nach dem vierten Absatz die sonstigen Rechte des Leasingnehmers gegen den Lieferanten unberührt bleiben. Im Ergebnis wird – freilich mit Ausnahme der Eigentumszuweisung an den Leasinggeber – der Leasingnehmer durch UCC § 2A-209 so gestellt, als ob er selbst mit dem Lieferanten kontrahiert hätte.

Zusammenfassend ist festzuhalten, daß durch die gesetzlichen Vorschriften die vertraglichen Beziehungen zwischen Leasingnehmer und Leasinggeber sowie zwischen letzterem und dem Lieferanten zu einer übergeordneten Einheit zusammengefügt werden. Dieser Konnex von zwei bilateralen Verträgen wird mittels detaillierter Tatbestandsvoraussetzungen lediglich umschrieben, ohne daß das dadurch entstehende Drei-Personen-Verhältnis einer rechtlichen Kategorie zugeordnet wird.

3. UNIDROIT-Konvention über das internationale Finanzierungsleasing

Die Beschreibung des Finanzierungsleasings in Art. 1 der UNIDROIT Finanzierungsleasing-Konvention[162] läßt deutliche Parallelen zur Legaldefinition des UCC § 2A-103 (1)(g) erkennen. Wiederum werden in ganz ähnlicher Weise die beiden zugrundeliegenden bilateralen Vertragsverhältnisse zu einer höheren Dimension der Gesamtbeziehung miteinander verknüpft, deren rechtliche Einordnung Probleme aufwirft. Dem Leasingnehmer kommt eine dynamische Rolle im Hinblick auf die Auswahl des Leasinggegenstandes und die Bestäti-

[162] Art.1 Finanzierungsleasing-Konvention: 1. This Convention governs a financial leasing transaction as described in paragraph 2 in which one party (the lessor) (a) on the specifications of another party (the lessee), enters into an agreement (the supply agreement) with a third party (the supplier) under which the lessor acquires plant, capital goods or other equipment (the equipment) on terms approved by the lessee as far as they concern its interests, and (b) enters into an agreement (the leasing agreement) with the lessee, granting to the lessee the right to use the equipment in return for the payment of rentals. 2. The financial leasing transaction referred to in the previous paragraph is a transaction which includes the following characteristics: (a) the lessee specifies the equipment and selects the supplier without relying primarily on the skill and judgement of the lessor; (b) the equipment is acquired by the lessor in connection with a leasing agreement which, to the knowledge of the supplier, either has been made or is to be made between the lessor and the lessee; and (c) the rentals pay ... under the leasing agreement are calculated so as to take into account in particular the amortisation of the whole or a substantial part of the cost of the equipment. 3. This Convention applies whether or not the lessee has or subsequently acquires the option to buy the equipment or to hold it on lease for a further period, and whether or not for a nominal price or rental. 4. This Convention applies to financial leasing transactions in relation to all equipment save that which is to be used primarily for the lessee's personal, family or household purposes.

gung der sich letztlich auf ihn erstreckenden Liefervertragsbedingungen zu[163]. Demgegenüber beschränkt sich die Funktion des Leasinggebers im wesentlichen auf den Erwerb, insbesondere die Finanzierung des Leasingobjekts sowie die nachfolgende Gebrauchsüberlassung. Ebenso wie im Geltungsbereich der U.S.-amerikanischen Vorschriften müssen der Liefer- und der Finanzierungsleasingvertrag eine nicht näher bestimmte Verbindung (*in connection with*[164]) aufweisen. Darüber hinaus muß der Lieferant nach der Konzeption der Konvention Kenntnis von dem bereits abgeschlossenen oder noch abzuschließenden Leasingvertrag erlangen[165].

Wesentliche Unterschiede zur U.S.-amerikanischen Konzeption ergeben sich daraus, daß die Konvention nur bei bestimmten grenzüberschreitenden Finanzierungsleasinggeschäften eingreift[166], das Konsumentenleasing nicht erfaßt[167], das Vorliegen eines Finanzierungsleasinggeschäfts von der Amortisation des Leasinggutes durch die Leasingraten abhängig macht[168] und in ihrer Gesamtheit und nicht nur bezüglich einzelner Vorschriften abbedungen werden kann[169]. Ebenso wie Art. 2A UCC erstreckt sich die Konvention lediglich auf das Mobilienleasing, jedoch nicht auf das Immobilienleasing[170]. Letztlich wird auch die Einschaltung von Tochtergesellschaften beim Herstellerleasing[171] – hingegen nicht das *sale-and-lease-back*-Verfahren[172] – von der Konvention erfaßt.

Vergleichbar der Vorschrift des UCC § 2A-209 gewährt auch Art. 10 Finanzierungsleasing-Konvention[173] Direktansprüche des Leasingnehmers gegen den Lieferanten. Durch Art. 10 Abs.1 wird eine originäre rechtliche Beziehung zwischen diesen beiden Parteien begründet, d.h. es entsteht ein gesetzliches Schuldverhältnis kaufvertraglichen Inhalts zwischen Lieferant und Leasingneh-

[163] Art.1 Abs.2 (a) Finanzierungsleasing-Konvention.

[164] Art.1 Abs.2 (b) Finanzierungsleasing-Konvention.

[165] Art.1 Abs.2 (b) Finanzierungsleasing-Konvention.

[166] Siehe hierzu Art.3 Finanzierungsleasing-Konvention; zu dieser Vorschrift ausführlich *Dageförde* 122-124 m.w.N.

[167] Siehe Art.1 Abs.4 Finanzierungsleasing-Konvention sowie *Dageförde* 120 f.; *Knebel* 43.

[168] Zu diesem in Art.1 Abs.2 (c) Finanzierungsleasing-Konvention verankerten Aspekt siehe *Dageförde* 113-116 sowie *Knebel* 40 m.w.N.

[169] Siehe Art.5 Finanzierungsleasing-Konvention sowie erläuternd *Dageförde* 124-127 und *Knebel* 64-66.

[170] Das ergibt sich aus Art.1 Abs.1 (a) Finanzierungsleasing-Konvention; siehe hierzu auch *Dageförde* 116-118; *Knebel* 42 jeweils m.w.N.

[171] *Dageförde* 112.

[172] *Dageförde* 108, 112 f.; *Knebel* 39 unter Hinweis auf die Entstehungsgeschichte der Konvention.

[173] Art.10 Finanzierungsleasing-Konvention: 1. The duties of the supplier under the supply agreement shall also be owed to the lessee as if it were a party to that agreement and as if the equipment were to be supplied directly to the lessee. However, the supplier shall not be liable to both the lessor and the lessee in respect of the same damage. 2. Nothing in this article shall entitle the lessee to terminate or rescind the supply agreement without the consent of the lessor. Siehe zu dieser Vorschrift und den damit verbundenen Rechtsproblemen ausführlich *Dageförde* 142-150; *Girsberger* Rdn. 164 f.; *Knebel* 61 f. jeweils m.w.N.

mer[174]. Allerdings kann nach Art. 10 Abs.2, einer Vorschrift zum Schutz der dinglichen Rechte des Leasinggebers, der Leasingnehmer den Liefervertrag nur mit dem Einverständnis des Leasinggebers kündigen oder anfechten.

XII. Sonstige Formen der Drittfinanzierung

In der Vergangenheit haben sich vielfältige weitere Möglichkeiten herausgebildet, ein Erwerbsgeschäft durch einen dritten Beteiligten finanzieren zu lassen, die in ihrer Gesamtheit nicht ausdrücklich in die Untersuchung einbezogen zu werden brauchen. Diese kann sich auf die dargestellten, in rechtsdogmatischer und/oder praktischer Hinsicht bedeutsamen Gestaltungsformen beschränken, weil die bislang unerwähnten Drittfinanzierungsmöglichkeiten sich entweder wie etwa *Realkredite*[175] und *Bauspardarlehen* je nach Vertragsgestaltung als besondere Gattungen entweder eines persönlichen Kleinkredits oder eines Anschaffungsdarlehens darstellen, oder weil sie sich wie beispielsweise *Kontokorrentratenkredite*[176] sowie *Akzeptantenwechsel*[177] aus der Kombination verschiedener bereits angesprochener Erwerbsgeschäfte ergeben. Darüber hinaus sind bislang viele Konstellationen unerwähnt geblieben, bei denen zwar auch eine dritte Partei die aus einem Erwerbsgeschäft hervorgegangene Zahlungsforderung ausgleicht, ohne dabei zugleich einer der anderen Parteien einen Kredit oder eine längere als aus abrechnungstechnischen Gründen erforderliche Stundung zu gewähren. Diese Vorgänge, bei denen die zugrundeliegenden bilateralen Verträge in unterschiedlichem Ausmaß tatsächliche und rechtliche Interdependenzen aufweisen, letztlich aber nicht als plurilaterale Einheiten aufgefaßt werden, lassen sich in zwei Typengruppen untergliedern:

Die erste Gruppe ist dadurch gekennzeichnet, daß die Zahlung des Dritten auf die Kaufpreis-, Mietzins- oder Werklohnforderung lediglich aus Gründen der Zahlungsvereinfachung erfolgt. Als Bargeldsurrogate kommen beispielsweise in Betracht der *Einsatz von Schecks*, seit Beginn der siebziger Jahre insbesondere auch das *Euroscheckverfahren*[178] sowie neuerdings zunehmend die Teilnah-

---

[174] *Martinek* Vertragstypen Bd.III § 29 II (360 f.); in diesem Zusammenhang weisen *Dageförde* 144 Fußn. 364 und *Leible* auf Parallelen zum echten Vertrag zugunsten Dritter i.S.d. § 328 BGB hin.

[175] Vgl. hierzu etwa *Gundlach* 61 f.; *Scholz* Rdn. 146-148 m.w.N.

[176] Siehe zu dieser Finanzierungsform ausführlich *Canaris* WM-Sonderbeilage 4/1987.

[177] Zur Zulässigkeit dieser Finanzierungsform siehe BGH Urt. v. 14. 6. 1971, BGHZ 56, 264, 265-268; Urt. v. 14. 11. 1983, WM 1983, 1406; OLG Frankfurt Urt. v. 4. 11. 1992, WM 1993, 1710, 1712; vgl. außerdem *Baumbach/Hefermehl* Art.17 WG Rdn. 54; *Kümpel* Rdn. 5.169.

[178] Siehe hierzu allgemein *Baumbach/Hefermehl* Anh. Art.4 ScheckG; *Bülow* Art.4 ScheckG Rdn. 4-37; Staub/*Canaris* Rdn. 829-857 jeweils m.w.N.

me am sog. POS (*point of sale*)-System[179] oder am POZ (*point of sale* ohne Zahlungsgarantie, sog. »wildes Lastschriftverfahren«)[180]. Bei diesem auch *electronic cash* genannten System stellt sich die rechtliche Lage ähnlich wie beim Kreditkartengeschäft dar. Zudem ist momentan in Deutschland auch das Kreditkartengeschäft vornehmlich als bloßes Zahlungsmittel anzusehen. Im wesentlichen betreffen die Abweichungen zwischen diesen beiden Geschäftsformen allein Fragen der technischen Abwicklung sowie die Einschaltung eines für die Kartenemittenten auftretenden Systembetreibers.

Bei der zweiten Gruppe steht die finanzielle Absicherung des Veräußerers im Vordergrund. Typisch für ein derart motiviertes drittfinanziertes Erwerbsgeschäft sind die *Bürgschaft* i.S.d. §§ 765 ff. BGB und der Garantievertrag insbesondere in Form der *Bankgarantie*[181] sowie des *Akkreditivgeschäfts*[182], wobei letzteres allerdings zugleich Zahlungsfunktion hat und mitunter sogar eine Kreditfunktion haben kann[183].

XIII. Zwischenergebnis

Aufgrund der bisherigen Überlegungen läßt sich nunmehr eine Einteilung der drittfinanzierten Erwerbsgeschäfte in solche, bei denen die isolierte rechtliche Bewertung der zugrundeliegenden Vertragsverhältnisse angemessen ist, und solche, die im Spannungsfeld zwischen Vertrag und Organisation angesiedelt sind, vornehmen; maßgeblich für die Zuordnung zur letztgenannten Kategorie waren die Beschränkung der Dispositionsbefugnis des Kreditnehmers über die Darlehensvaluta, die Ausweitung des ursprünglich zweiseitigen Erwerbsgeschäfts auf einen Dritten sowie eine Zusammenarbeit von Verkäufer und Kreditgeber:

Die Gestaltungsformen der ersten Gruppe können aus den weiteren Überlegungen ausgeschieden werden. Dazu gehören *persönliche Kleinkredite, Kontokorrent-, Dispositions- und Überziehungskredite*, sofern – wie im Regelfall – dem Kreditnehmer die Darlehensvaluta zur freien Disposition überlassen wird.

Bei den übrigen Vertragsgestaltungen sind hingegen Aufweichungen des Grundsatzes von der Relativität der Schuldverhältnisse erforderlich. So bewirkt eine Beschränkung der Dispositionsbefugnis des Kreditnehmers insbesondere

---

[179] Vgl. hierzu bspw. *Baumbach/Hopt* (7) BankGesch F/8; *Harbeke* WM-Sonderbeilage 1/1994, 4-12; *Martinek* Vertragstypen Bd.III § 23 VI; ausführlich die Monographien von *Brockmeier, Ikas* und *Petring* 8-74 jeweils m.w.N.

[180] Siehe hierzu etwa *Harbeke* WM-Sonderbeilage 1/1994, 12 f., 14 f. m.w.N.

[181] Siehe hierzu stellvertretend Staub/*Canaris* Rdn. 1102 ff. m.w.N.

[182] Siehe stellvertretend zu dieser Geschäftsform Staub/*Canaris* Rdn. 916 ff. m.w.N. Im Hinblick auf die Ausgestaltung des Dokumentenakkreditivs in den U.S.A. (*letter of credit*) vgl. die rechtsvergleichende Monographie von *Raith* sowie die Erläuterungen bei *White/Summers* Vol.3 § 26 (10 ff.).

[183] Vgl. Staub/*Canaris* Rdn. 916-918.

beim *Anschaffungsdarlehen* eine rechtliche Interdependenz der zugrundeliegenden Vertragsbeziehungen. Zur Ausweitung eines ursprünglich zweiseitigen Schuldverhältnisses auf einen dritten Beteiligten kommt es in Fällen der *Abtretungskonstruktion* sowie des *Factoring-* und *Kreditkartengeschäfts*. Diese Konstellationen sind darüber hinaus ebenso wie auch die *Absicherung der Kaufpreisforderung durch Wechsel*, das *Finanzierungsleasinggeschäft* sowie *A-, B- und C-Geschäfte* durch ein oftmals planmäßiges Zusammenwirken von Verkäufer und Finanzierer gekennzeichnet. Insbesondere bei den verschiedenen Formen finanzierter Abzahlungsgeschäfte wird aufgrund dieser Kooperation vielfach eine wirtschaftliche Einheit von Kauf- und Kreditvertrag, mithin ein verbundenes Geschäft i.S.d. § 9 Abs.1 VerbrKrG angenommen.

Durch die in diesem Unterabschnitt zur Abgrenzung des Untersuchungsgegenstandes vorgenommene grobe Gliederung sind nunmehr diejenigen Gestaltungsformen drittfinanzierter Erwerbsgeschäfte herausgefiltert worden, die das rechtliche Denken in bilateralen Schuldbeziehungen erschüttern. Sie stehen bislang aufgrund ihrer Verschiedenartigkeit recht willkürlich nebeneinander und bedürfen deshalb ihrerseits noch einer detaillierten Analyse, die in Teil II erfolgen wird. Zuvor ist jedoch zu fragen, ob und inwieweit die gesetzlichen Rahmenbedingungen die durch Erwerbsgeschäfte mit interdependenten Vertragsgeflechten erzeugten Spannungen auszugleichen vermögen (Teil I, 2. Abschnitt). Sodann ist mit entsprechender Zielrichtung das rechtsdogmatische Umfeld kritisch zu beleuchten (Teil I, 3. Abschnitt).

2. Abschnitt

Gesetzliche Verbindung von Kauf- und Kreditgeschäft

I. Deutsches Recht

Im Zentrum der aktuellen Diskussion steht die Regelung bezüglich verbundener Geschäfte in § 9 VerbrKrG, die die erste gezielte *und* in Kraft getretene legislatorische Maßnahme darstellt, durch die man mit Beginn des Jahres 1991 und beschränkt auf den Bereich des Konsumentenkredits die aus dem Zusammenwirken von Verkäufer und Kreditgeber hervorgegangenen Vertragsverbindungen rechtlich in den Griff zu bekommen hoffte. Der bereits Ende der siebziger Jahre vorgelegte Entwurf eines Gesetzes über finanzierte Rechtsgeschäfte und über Maklerverträge[1] hatte einen durchaus vergleichbaren konzeptionellen Ansatz gewählt, so daß nachfolgend ohne Einbuße an wissenschaftlicher Erkenntnis das derzeit geltende gesetzliche Konzept in den Vordergrund der Erörterung gestellt werden kann.

1. Verbundenes Geschäft i.S.d. § 9 Abs.1 VerbrKrG

Die vom Gesetzgeber als maßgeblich erachteten Kategorien des *verbundenen Geschäfts* und der *wirtschaftlichen Einheit* haben in § 9 Abs.1 VerbrKrG ihren Niederschlag gefunden, ohne daß sie in dem hierdurch umgesetzten Art.11 der Richtlinie über den Verbraucherkredit des Rates der Europäischen Gemeinschaften (87/102/EWG) vorgegeben waren[2]. Die beiden Rechtsfiguren beruhen vielmehr auf einer sich über nahezu drei Jahrzehnte erstreckenden Entwicklung der deutschen Rechtsprechung. Schon frühzeitig wurde seitens des BGH[3] die Annahme eines B-Geschäfts sowie der früher daran geknüpften Aufklärungspflichten des Finanzierungsinstituts und der bis heute umstrittenen Einwendungsdurchgriffsrechte des Käufers davon abhängig gemacht, daß das drittfinanzierte Erwerbsgeschäft und das Darlehen »wirtschaftlich eine auf ein Ziel ausgerichtete Einheit bilden oder sich zu einer solchen Einheit ergänzen«. Der Begriff der *wirtschaftlichen Einheit* hat seitdem als Anknüpfungspunkt für die Annahme eines finanzierten Abzahlungskaufs im Mittelpunkt der Diskussion gestanden. Diverse Indizienkataloge und subjektive sowie objektive Verbin-

[1] BT-Drucks. 8/3212 vom 27. 9. 1979.
[2] Siehe zu diesem Aspekt *Dürbeck* 23-27 m.w.N.
[3] BGH Urt. v. 20. 2. 1967, BGHZ 47, 253, 255.

dungselemente sind zur Bestimmung der wichtigen Demarkationslinie zwischen einem freien Kredit und einem aus Kredit und Kauf bestehenden Geschäftsverbund herausgearbeitet worden[4]. Letztlich handelt es sich dabei aber lediglich um eine unübersichtliche Vielzahl tastender Formulierungen ohne eindeutiges Ergebnis[5]. Diese Entwicklung, die im Rahmen dieses Überblicks nicht nachgezeichnet werden soll, hat in § 9 Abs.1 S.2 VerbrKrG nunmehr einen gesetzlichen Orientierungspunkt erhalten. Danach ist eine wirtschaftliche Einheit »insbesondere anzunehmen, wenn der Kreditgeber sich bei der Vorbereitung oder dem Abschluß des Kreditvertrages der Mitwirkung des Verkäufers bedient«. Allerdings hat auch diese interpretationsfähige und -bedürftige Vorschrift der Diskussion kein Ende gesetzt, sondern einen allenfalls begrenzten Konsens herbeigeführt[6]. Weiterhin ungeklärt ist eine Vielzahl von Einzelproblemen, von denen hier nur die Fragen nach der sachgemäßen Gewichtung der einzelnen Verbindungselemente[7], nach der Berechtigung von Ausnahmen beim drittfinanzierten Erwerb von Beteiligungen und Immobilien[8], nach der Anwendbarkeit des § 9 Abs.1 S.2 VerbrKrG beim erstmaligen Zusammenwirken

---

[4] Zur Begriffsbestimmung auf der Grundlage einer Analyse der Rechtsprechung vor Inkrafttreten des VerbrKrG siehe *Canaris* Bankvertragsrecht Rdn. 1477-1484, insbes. Rdn. 1480; *Drescher* Rdn. 246-250; *Dürbeck* 31-44; *Emmerich* in: *Graf von Westphalen/Emmerich/von Rottenburg* § 9 Rdn. 17-28; *Franz* 72-75; *Gernhuber* § 31 II 7 (718f.); *Grunewald* JA 1980, 463, 466f.; *Gundlach* 239f.; *Knauth* Die Bank 1982, 31, 32f.; *Löhr/Simon* 87-91; *Melsheimer* 156f.; MünchKomm^2-*Westermann* § 6 AbzG Rdn. 31-34; *Pagendarm* WM 1967, 434, 442-445; *W.F. Schmitz* FLF 1988, 31, 31f.; *Schwintowski/Schäfer* § 8 Rdn. 97-100; Soergel-*Hönn* Anh § 6 AbzG Rdn. 13-19 jeweils m.w.N.

[5] Zur Kritik siehe stellvertretend *Bender* NJW 1980, 1129, 1135 [»als Voraussetzung ... wenig tauglich«]; *Marschall von Bieberstein* Abzahlungsgeschäft 109 [»ungeeignetes Merkmal«]; *Möllers* 50 [»wenig ergiebiges Merkmal«]; *Müller-Laube* 153 [»kein justitiabler Begriff«]; *Neumayer* in: IX. Int. Kongress für Rechtsvergleichung 28, 49 [»ermangelt einer rechtlich einwandfreien Definition«].

[6] Vgl. zur Bestimmung der wirtschaftlichen Einheit i.S.d. § 9 Abs.1 S.2 VerbrKrG OLG Celle Urt. v. 18. 5. 1995, DAR 1995, 404, 405f.; OLG Düsseldorf Urt. v. 29. 4. 1997, NJW 1997, 2056, 2057; OLG Köln Urt. v. 5. 12. 1994, ZIP 1995, 21 f. Siehe außerdem die umfassenden Analysen von *Bülow* § 9 VerbrKrG Rdn. 23ff.; *Coester* Jura 1992, 617, 618f.; *Dauner-Lieb* WM-Sonderbeilage 6/1991, 7-18; *Dürbeck* 57ff.; *Emmerich* in: *Graf von Westphalen/Emmerich/von Rottenburg* § 9 Rdn. 46-53; *Franz* 76-116; *Heise* JA 1993, 65, 69f.; *Kümpel* Rdn. 5.81; *Ma. Lehmann* 9-18; *Lwowski/Peters/Gössmann* 152-155; MünchKomm-*Habersack* § 9 VerbrKrG Rdn. 25-36; *Scholz* Rdn. 342-355 (164-170); *Seibert* § 9 VerbrKrG Rdn. 3; *Vortmann* § 9 VerbrKrG Rdn. 7-11; *dems.* Rechtsfragen Rdn. 218-229 (97-100) jeweils m.w.N. der Rspr. Darüber hinaus plädiert *M. Wolf* in: FS Heinsius 967, 974-976 für eine gemeinschaftskonforme, an Art.11 Abs.2 lit.b) der Verbraucherkredit-Richtlinie orientierte Auslegung des Begriffs der »wirtschaftlichen Einheit«.

[7] Vgl. stellvertretend *Dauner-Lieb* WM-Sonderbeilage 6/1991, 14-16; *Emmerich* in: *Graf von Westphalen/Emmerich/von Rottenburg* § 9 Rdn. 46ff.; *Hopt/Mülbert* Vorbem zu §§ 607ff. Rdn. 447f.; MünchKomm-*Habersack* § 9 VerbrKrG Rdn. 27-36 jeweils m.w.N. der Rspr.

[8] Ausführlich hierzu *Baudenbacher* JZ 1985, 661 ff.; *Immenga* ZHR 151 (1987), 148ff.; *Otto* 99ff.; *Rümker* ZHR 151 (1987), 162ff. jeweils m.w.N. der Rspr.; vgl. außerdem *Canaris* Bankvertragsrecht Rdn. 1504-1506; *Hopt/Mülbert* § 607 Rdn. 382f. sowie – nach Inkrafttreten des VerbrKrG – *Dauner-Lieb* WM-Sonderbeilage 6/1991, 17f.; *Drescher* Rdn. 251 f.; *Habersack* ZHR 156 (1992), 45ff.; MünchKomm-*Habersack* § 9 VerbrKrG Rdn. 15.

von Verkäufer und Kreditgeber[9] oder allgemein nach dem Verhältnis des § 9 Abs.1 VerbrKrG zu der bisherigen Rechtsprechung, die nicht allein auf Rechtsgeschäfte mit Verbraucherbeteiligung beschränkt war[10], angesprochen seien.

Der knappe legislative Eingriff hat letztlich nur wenig zu einer überzeugenden Systematisierung und dogmatischen Einordnung drittfinanzierter Rechtsgeschäfte beigetragen. Zunächst berührt § 9 VerbrKrG durch die einseitige Orientierung am finanzierten Abzahlungskauf die eigentliche Problematik lediglich am Rande, daneben mangelt es den Tatbestandsvoraussetzungen an Genauigkeit. Mag auch die dadurch gewonnene Flexibilität einerseits praktisch sein, wenn neuartige, vom Gesetz nicht ausdrücklich erfaßte Vertragsverknüpfungen eine entsprechende Anwendung der Wertungen des VerbrKrG nahelegen, so lassen sich die Kategorien des *verbundenen Geschäfts* und der *wirtschaftlichen Einheit* andererseits kaum in das Gebäude der allgemeinen Zivilrechtsdogmatik und – überraschenderweise – ebensowenig in die Systematik des VerbrKrG einfügen.

Während im deutschen Zivilrecht die Tatbestandsvoraussetzungen für die unterschiedlichen gesetzlich geregelten Vertragsformen und Gesellschaftstypen regelmäßig detailliert festgelegt sind, hat man sich bei der gesetzlichen Verankerung der für die Annahme eines verbundenen Geschäfts erforderlichen wirtschaftlichen Einheit zwischen Kredit- und Kaufvertrag damit begnügt, in § 9 Abs.1 S.2 VerbrKrG eine unwiderlegbare Vermutung mit Indizcharakter (»insbesondere«) aufzunehmen. Eine dogmatische Basis für die neuen Rechtsfiguren wird nicht geschaffen, vielmehr hielt der Gesetzgeber den Hinweis für ausreichend, die Einfügung der Rechtsbegriffe erfolge in Anlehnung an die bisher schon praktizierte und bewährte Rechtsprechung[11]. Diese zeichnete sich aber gerade durch wenig Konstanz und unzureichende inhaltliche Konsequenz aus[12]. Die geringe Tragfähigkeit des gedanklichen Fundaments wird darüber hinaus durch den Umstand verstärkt, daß der Gesetzgeber von einer nachvollziehbaren Integration der Denkfiguren des verbundenen Geschäfts und der wirtschaftlichen Einheit in das bestehende, zwischen Vertrag und Verband unterscheidende System abgesehen hat. Schließlich fügen sich die neuen

---

[9] Gegen die Anwendbarkeit des § 9 Abs.1 VerbrKrG in diesem Fall MünchKomm-*Habersack* § 9 VerbrKrG Rdn. 29, sofern nicht eine Absprache zwischen Verkäufer und Kreditgeber vorhergeht; zustimmend *Franz* 85 f.; auch ohne vorherige Absprache eine wirtschaftliche Einheit annehmend *Dauner-Lieb* WM-Sonderbeilage 6/1991, 14; *Dürbeck* 59-61; *Emmerich* in: *Graf von Westphalen/Emmerich/von Rottenburg* § 9 Rdn. 49.

[10] Siehe einerseits Begr. RegE, BT-Drucks. 11/5462, 23 (r.Sp.), wonach der Gesetzgeber an die bisherige Rspr. zum finanzierten Abzahlungskauf anknüpfen wollte. Diese Rspr. soll nach *Baumbach/Hopt* (7) BankGesch G/35 und *M. Wolf* in: *Wolf/Horn/Lindacher* § 9 Rdn. F 21 für Nichtverbraucherkredite ihre Gültigkeit behalten; einschränkend *Emmerich* in: *Graf von Westphalen/Emmerich/von Rottenburg* § 9 Rdn. 62 (»in geeigneten Fällen«).

[11] Begr. RegE, BT-Drucks. 11/5462, 12.

[12] Treffend Erman-*Klingsporn/Rebmann* § 9 VerbrKrG Rdn. 4: »Die wirtschaftliche Einheit ist der Schlüsselbegriff, zu dessen Ausfüllung zwar zahllose Gerichtsentscheidungen ergangen sind, der sich aber gleichwohl nicht exakt definieren läßt.«

Kategorien noch nicht einmal in ihr unmittelbares gesetzliches Umfeld ein. Während § 9 Abs.1 VerbrKrG die Voraussetzungen eines *verbundenen* Geschäfts durch Rückgriff auf das Merkmal der wirtschaftlichen Einheit also eher dürftig bestimmt, geht das Gesetz im übrigen – wie in Abs.2 der Vorschrift besonders deutlich zum Ausdruck kommt – in Übereinstimmung mit der bislang vorherrschenden Ansicht[13] von der rechtlichen Selbständigkeit von Kredit- und Kaufvertrag, d.h. vom sog. Trennungsprinzip, aus[14]. Diese Antinomie hat E. Wolf[15] im Hinblick auf die Rechtsprechung zum B-Geschäft treffend mit der Feststellung veranschaulicht, eine *Einheit* könne nicht *getrennt* sein. Vor Inkrafttreten des VerbrKrG verband er mit dieser ebenso schlichten wie zutreffenden Feststellung die Befürchtung, daß das logisch undenkbare Nebeneinander von *Trennung* und *Einheit* es ermögliche, ohne juristisch haltbare Begründung einmal das eine, einmal das andere zu behaupten und daraus fehlerhafte Folgerungen abzuleiten[16]. Mag sich diese Vermutung in der Folge auch nur teilweise bestätigt haben, so trifft sie doch den wesentlichen Schwachpunkt des gesetzlichen Ansatzes.

Allerdings bringt der Gesetzgeber durch die Rechtsfigur des geschäftlichen Verbunds zum Ausdruck, daß finanzierte Abzahlungskäufe letztlich mehr verkörpern als die bloße Summe von mindestens zwei Austauschverträgen. Die Bündelung der Einzelverträge repräsentiert eine – vom jeweiligen zweiseitigen Kontrakt zu unterscheidende – übergeordnete rechtliche Kategorie[17]. Damit steht indes ein weiterer, das deutsche Rechtsdenken seit einer entsprechenden Äußerung des BGH aus dem Jahre 1962 beherrschender Gedanke, der sogar Eingang in die Begründung zum Regierungsentwurf betreffend das VerbrKrG gefunden hat[18], in Widerspruch. Danach soll die Aufspaltung des als wirt-

[13] Siehe Teil I, 1. Abschnitt, VIII. 1. (30) m.w.N.

[14] So auch ausdrücklich *Seibert* § 9 VerbrKrG Rdn. 4, der maßgeblich am Gesetzgebungsverfahren beteiligt war; ebenso MünchKomm-*Habersack* § 9 VerbrKrG Rdn. 10 f.

[15] *E. Wolf* Schuldrecht II § 11 D VII 3 (62).

[16] *E. Wolf* Schuldrecht II § 11 D VII 3 a.E. (62); vgl. in diesem Zusammenhang auch *Oechsler* 344, 359-368, der in der sog. wirtschaftlichen Einheit der Verträge i.S.d. § 9 Abs.1 S.2 VerbrKrG ein »Paradoxon« verwirklicht sieht.

[17] Dabei kann es sich aus naheliegenden Gründen nicht um einen Kartellvertrag in der Form eines sog. Sternvertrages handeln (vgl. hierzu stellvertretend *Immenga* in: *Immenga/Mestmäcker* § 1 GWB Rdn. 172 ff. m.w.N.). Zwar sind auch drittfinanzierte Erwerbsgeschäfte dadurch gekennzeichnet, daß einer der drei Beteiligten – beim B-Geschäft etwa der Abzahlungskäufer, beim Finanzierungsleasinggeschäft der Leasinggeber – mehr als einen vertikalen Vertrag mit unterschiedlichen Partnern abschließt. Allerdings weisen die Vertragsinhalte keinerlei Parallelen auf, so daß es insgesamt an der für Sternverträge typischen horizontalen Abstimmung der vertikalen Verträge fehlt.

[18] BT-Drucks. 11/5462, 23 unter Bezugnahme auf die Literatur und Rspr. zum Einwendungsdurchgriff (siehe hierzu unten Teil III, 3. Abschnitt, II. 1. (212-215)). Bereits zuvor war das Schlechterstellungsverbot im Entwurf eines Gesetzes über finanzierte Rechtsgeschäfte und über Maklerverträge vom 27. 9. 1979, welcher hernach jedoch keine Gesetzeskraft erlangte (siehe hierzu nachfolgend Teil I, 2. Abschnitt, I. 2. (56 f)), als »rechtspolitische Leitlinie« bezeichnet worden; vgl. BT-Drucks. 8/3212, 10 (l.Sp.).

schaftlich einheitlichen Vorgang anzusehenden finanzierten Abzahlungsgeschäfts in einen Kauf- und einen Kreditvertrag dem Erwerber im Vergleich zum einfachen Ratenauf nicht zum Nachteil oder zumindest nicht zu einer wesentlichen Schlechterstellung gereichen dürfen[19]. Durch diese These werden rechtliche Wertungen für fiktiv-irreale bilaterale Vertragsbeziehungen zum Maßstab für B-Geschäfte erhoben. Dadurch entsteht ein Zerrbild, da zweiseitige Austauschverträge im Vergleich zu trilateralen Erwerbsgeschäften ein *aliud* darstellen, dem keine adäquate Vorbildfunktion innewohnt. Auf diese Zusammenhänge ist im Schrifttum bereits frühzeitig hingewiesen worden, so daß die Selbstverständlichkeit überraschen muß, mit der bei der Rechtsfortbildung zu finanzierten Abzahlungsgeschäften noch immer auf den andersartigen und damit nicht analogiefähigen zweiseitigen Kontrakt rekurriert wird. So hielt es Möllers[20] bereits im Jahre 1957 im Hinblick auf finanzierte Abzahlungsgeschäfte für einen »Kardinalfehler«, die Dinge allein vom Blickpunkt des Käufers her zu sehen, obgleich an dem Finanzierungsgeschäft mindestens noch zwei weitere Personen beteiligt sein könnten. Ende der sechziger Jahre machte Esser[21] darauf aufmerksam, das Schlechterstellungsverbot sei »eine These, über deren positivrechtliche Begründbarkeit man sich erst noch Klarheit verschaffen müßte«, »eine Äußerung des Rechtsgefühls, die in dieser Allgemeinheit der positivrechtlichen Kontrolle bedarf«, oder »wohl mehr eine Willensentscheidung als ein überzeugendes Argument«. Larenz[22] griff diesen Gedanken auf und stellte die Frage, auf welche Weise der These vom Schlechterstellungsverbot, sollte sie sich als begründet erweisen, »rechtsdogmatisch, mit den gegebenen Denkmitteln unserer Rechtsordnung, Geltung zu verschaffen« sei. Die Antwort, die Larenz später auf die selbst aufgeworfene Frage meinte gefunden zu haben – Verkäufer und Finanzierungsinstitut treten dem Käufer gegenüber einheitlich auf und erwecken so den Eindruck eines gewöhnlichen Ratenkaufs[23] –, basiert auf dem Vertrauensaspekt, ist aber zweifelbehaftet, da dem Abzahlungskäufer beim B-Geschäft kaum verborgen bleiben kann, daß er sowohl einen Kauf- als auch

[19] St. Rspr. seit BGH Urt. v. 5. 4. 1962, BGHZ 37, 94, 99-102; Urt. v. 20. 2. 1967, BGHZ 47, 233, 237. Diese Entscheidungen sprachen das Schlechterstellungsverbot erstmalig *ausdrücklich* an, vergleichbare Überlegungen waren indes bereits zuvor angestellt worden; vgl. BGH Urt. v. 9. 10. 1951, BGHZ 3, 257, 259; Urt. v. 29. 10. 1956, BGHZ 22, 90, 95. Auch im Schrifttum bildet das Schlechterstellungsverbot verbreitet einen Grundpfeiler der rechtlichen Argumentation beim finanzierten Abzahlungskauf; vgl. z.B. *Böckmann* 223; *Dauner-Lieb* WM-Sonderbeilage 6/1991, 5 (l.Sp.); *Lebek* 21 ff.; Palandt-*Putzo* § 9 VerbrKrG Rdn. 1 a.E.; *Schoreit* 39 [indes im Widerspruch zu den Ausführungen auf S. 53 f.]; *Vollkommer/E.-G. Koch* Jura 1980, 469, 473; dem gedanklichen Ansatz des *BGH* i.E. auch zustimmend *Larenz* in: FS Michaelis, 193, 201, 211; *ders.* Schuldrecht II/1 § 63 I (445).

[20] *Möllers* 22; dieser Gedanke wurde zwei Jahre später aufgegriffen von *Marschall von Bieberstein* Abzahlungsgeschäft 109.

[21] *Esser* in: FS Kern 87, 93 f., 99, 114.

[22] *Larenz* in: FS Michaelis 193, 199; zustimmend *Fikentscher* § 72 Rdn. 774 (469); *Gundlach* 188; *Logothetis* in: *Chiotellis/Fikentscher* 209, 228; *H. Weber* ZRP 1982, 305, 310.

[23] *Larenz* Schuldrecht II/1 § 63 I (445).

einen Darlehensvertrag abschließt[24]. Auch in der Folge ließen sich keine überzeugenden, rechtlich schlüssigen Gründe finden, die die Übertragung des Schlechterstellungsverbots auf drittfinanzierte Abzahlungskäufe hätten rechtfertigen können, so daß dieses Postulat bis in die Gegenwart weiterhin heftiger Kritik ausgesetzt ist[25]. Zu Recht – verändert doch die Einschaltung eines Dritten zur Finanzierung eines Kaufes die Situation gegenüber dem einfachen Ratenkauf erheblich. Die personelle Erweiterung des ursprünglich zweiseitig abgewickelten Erwerbsvorgangs um den Finanzierer entspricht dabei den Interessen sämtlicher am B-Geschäft Beteiligten: Dem Käufer bliebe ansonsten in Ermangelung eigener verfügbarer Geldmittel allenfalls die als weniger attraktiv eingeschätzte Möglichkeit der Aufnahme eines Kredits auf eigene Faust; der Warenanbieter braucht auf die Durchführung des Erwerbsgeschäfts nicht zu verzichten, obgleich er selbst dem Kundenwunsch nach Kreditierung der Kaufpreissumme nicht entsprechen kann oder will, und verfügt über den finanziellen Erlös alsbald nach ordnungsgemäßer Warenlieferung; dem Finanzierungsinstitut eröffnet sich – regelmäßig ohne die Mühen der Akquisition – der Zugang zu ansonsten in dieser Form nicht durchgeführten Kreditgeschäften. Die Abweichungen vom typischen Abwicklungsmodus eines zweiseitigen Kauf- oder Darlehensvertrages sind offensichtlich und verschaffen allen Beteiligten wirtschaftliche Vorteile. Angesichts der aufgezeigten unüberbrückbaren Disparitäten sollte deshalb bei der rechtlichen Erfassung drittfinanzierter Abzahlungskäufe endgültig von dem angeblichen Schlechterstellungsverbot gegenüber dem einfachen Abzahlungskauf Abschied genommen werden. Die dargestellten Bedenken gelten schließlich entsprechend, soweit das für B-Geschäfte konzipierte Schlechterstellungsverbot auf andere drittfinanzierte Erwerbsgeschäfte erstreckt wird[26]. Damit verliert die Rechtsdogmatik zwar insofern einen mnemotechnisch günstigen, nur vordergründig plausibel anmutenden Ausdruck, aber nichts mehr.

Resümierend kann damit festgehalten werden, daß der Gesetzgeber im Hinblick auf den finanzierten Abzahlungskauf durch die Kategorien des *verbundenen Geschäfts* und der *wirtschaftlichen Einheit* zumindest terminologisch die

---

[24] In diesem Sinne auch *Müller-Laube* 196, 208.

[25] *Canaris* Bankvertragsrecht Rdn. 1403-1405 [im Gegensatz zu seinen früheren Ausführungen in FS Larenz 799, 843]; *Gernhuber* § 31 II 8 (719 f.); *Gilles* JZ 1975, 305, 308 f.; *Hopt/Mülbert* Vorbem zu §§ 607 ff Rdn. 431 [»wohl überholte Formulierung der Rspr.«]; *Joerges* Verbraucherschutz 61 [»dem Gesetzgeber wäre durchaus eine tiefer reichende Analyse der ökonomischen Entwicklungen des Konsumentenkredits zumutbar«]; *Löhr/Simon* 61, 69 f.; *Mück* 67; *Müller-Laube* 196; MünchKomm²-*Westermann* § 6 AbzG Rdn. 24 [»vordergründige Plausibilität«]; *Oechsler* 342, 411 ff.; *von Reinersdorff* 92-95; *Strätz* JR 1972, 95, 97 (l.Sp.o.); *Vollkommer* in: FS Merz 595, 609 [unter Berücksichtigung der Wertungen des VerbrKrG]; *Weitnauer* JZ 1968, 201, 208 (r.Sp.u.); *E. Wolf* Schuldrecht II § 11 VII b 4 (63); vgl. auch die *Verhandlungen des 53. DJT* K 57 (Referat *Scholz*).

[26] So hat *Canaris* im Zusammenhang mit dem Finanzierungsleasinggeschäft auf das Schlechterstellungsverbot abgestellt, vgl. *Larenz/Canaris* Schuldrecht II/2 § 66 IV 3 (119 f.).

Notwendigkeit erkannt hat, Erwerbs- und Kreditgeschäft zu einem übergeordneten Gefüge zusammenzufassen. Freilich entbehrt dieses Konzept einer dogmatischen Basis und wird vielfach noch maßgeblich von individualistischen Denkstrukturen beherrscht, wie der Gedanke des sog. Schlechterstellungsverbots belegt.

2. Entwurf eines Gesetzes über finanzierte Rechtsgeschäfte und über Maklerverträge (»einheitlicher wirtschaftlicher Vorgang«)[27]

Auf der Grundlage eines vorbereitenden Gutachtens Marschall von Biebersteins[28] wurde im 8. Bundestag der Regierungsentwurf eines Gesetzes über finanzierte Rechtsgeschäfte und Maklerverträge eingebracht. Der darin vorgeschlagene § 607 a BGB hatte folgenden Wortlaut:

(1) Dient ein Darlehen dem Kauf eines Gegenstandes, so kann der Darlehensnehmer Einwendungen oder Ansprüche aus dem Kaufvertrag, soweit sie ihn gegenüber dem Verkäufer zur Verweigerung oder Rückforderung seiner Leistung berechtigen würden, auch gegenüber dem Darlehensgeber geltend machen, wenn nach den Umständen die Verträge über den Kauf des Gegenstandes und das Darlehen als Teile eines einheitlichen wirtschaftlichen Vorgangs anzusehen sind. Dies gilt nicht für Einwendungen oder Ansprüche, die auf einer zwischen dem Verkäufer und Käufer nach Abschluß des Darlehensvertrages getroffenen Vereinbarung beruhen. Der Anspruch auf Rückforderung kann nur bis zur Höhe der auf das Darlehen bereits zurückerstatteten Tilgungsbeträge geltend gemacht werden.

(2) Ein einheitlicher wirtschaftlicher Vorgang ist insbesondere anzunehmen, wenn das Darlehen dem Käufer aufgrund eines Zusammenwirkens zwischen dem Darlehensgeber und dem Verkäufer im Einzelfall oder aufgrund dauernder Geschäftsverbindung zwischen diesen zum Zweck der Kaufpreiszahlung gewährt wird.

(3) Auf ein Darlehen, das durch eine Hypothek oder eine Grundschuld gesichert werden soll, finden die Absätze 1 und 2 keine Anwendung.

(4) Die Absätze 1-3 gelten entsprechend für Darlehen, die zum Zweck der Erlangung einer anderen Leistung als des Kaufs eines Gegenstandes gewährt werden.

(5) Eine zum Nachteil des Darlehensnehmers abweichende Vereinbarung ist unwirksam.

Die mit § 607 a BGB (RegE) in Zusammenhang stehende und den persönlichen Anwendungsbereich abgrenzende Vorschrift des § 348 a HGB lautete folgendermaßen:

(1) Auf ein Darlehen, das ein in das Handelsregister eingetragener Kaufmann empfangen hat, sind die Vorschriften des § 607 a des Bürgerlichen Gesetzbuches nicht anzuwenden.

(2) ...

Dieser Gesetzesentwurf wurde, soweit er auf eine Reform des finanzierten Abzahlungskaufs abzielte, im Schrifttum kritisch bewertet[29], erledigte sich je-

---

[27] BT-Drucks. 8/3212 vom 27. 9. 1979.

[28] *Marschall von Bieberstein* Gutachten.

[29] Vgl. etwa *Bender* NJW 1980, 1129, 1134-1136; *Gilles* ZRP 1979, 265, 268 f.; *Hadding* Gutachten 334-340; *Jung* BB 1979, 1690, 1692-1694; *Löhr/Simon* 61, 76-113; *Marschall von*

doch durch Ablauf der Wahlperiode. Der in der nachfolgenden Legislaturperiode eingebrachte Entwurf eines Gesetzes über Maklerverträge nahm die in dem früheren Entwurf miterfaßte Regelung des finanzierten Abzahlungskaufs nicht wieder auf, weil wegen der europäischen Harmonisierung auf dem Gebiete des Verbraucherkredits und der rechtspolitischen Diskussion eine umfassendere Regelung angestrebt wurde, in die das Problem des Einwendungsdurchgriffs bei drittfinanzierten Geschäften integriert werden sollte[30].

Die Konzeption des damaligen Regierungsentwurfs weist, abgesehen von der fehlenden Beschränkung auf *Verbraucherkredite* und der Zulassung des Rückforderungsdurchgriffs gegenüber dem Finanzierer, deutliche strukturelle Parallelen zur Vorschrift des § 9 VerbrKrG auf. Der für die Gesetzesanwendung zentrale Begriff des einheitlichen wirtschaftlichen Vorgangs i.S.d. § 607 a Abs.1 und 2 BGB (RegE) entspricht im wesentlichen der wirtschaftlichen Einheit i.S.d. § 9 Abs.1 VerbrKrG, das Recht zum Einwendungsdurchgriff in § 607 a Abs.1 BGB (RegE) findet sein Gegenstück in § 9 Abs.3 VerbrKrG. Im Ergebnis hätte auch der Regierungsentwurf keine überzeugende rechtsdogmatische Basis für die Vielzahl drittfinanzierter Erwerbsgeschäfte zur Verfügung stellen können, wäre er doch wegen seiner inhaltlichen Nähe zu der zuvor erörterten Vorschrift des § 9 VerbrKrG gleichfalls den bereits hiergegen vorgebrachten rechtlichen Bedenken ausgesetzt gewesen.

II. Normative Ansätze im U.S.-amerikanischen und übernationalen Recht

Die rechtliche Anbindung des Kreditgeschäfts an das Erwerbsgeschäft vollzog sich im U.S.-amerikanischen Rechtskreis in mehreren Schritten. Zunächst wurde zur Begrenzung und Einschränkung der *holder in due course*-Rechtsposition in der Judikatur[31] die hernach auch im Schrifttum anerkannte[32] *close-connec-*

Bieberstein Abzahlungskauf 44 f.; *Reifner* Wirtschaftsrecht 170-175; *Scholz* MDR 1980, 184, 187 f.; *Vollkommer/E.G. Koch* Jura 1980, 469, 477.

[30] In diesem Sinne BT-Drucks. 9/1633 vom 7. 5. 1982 auf S.8 sowie BT-Drucks. 10/1014 vom 16. 2. 1984 auf S.8.

[31] Siehe z.B. *Unico v. Owen*, 50 N.J. 101, 232 A.2d 405, 4 UCC 542 (1967); vgl. hernach bspw. *American Plan Corp. v. Woods*, 16 Ohio App.2d 1, 240 N.E.2d 886, 5 UCC 842 (1968); *Calvert Credit Corp. v. Williams*, 244 A.2d 494, 5 UCC 607 (D.C.App. 1968); *Jones v. Approved Bancredit Corp.*, 256 A.2d 739, 6 UCC 1001 (Del. 1969); *Vasquez v. Superior Court*, 4 Cal.3d 800, 94 Cal.Rptr. 796, 484 P.2d 964, 9 UCC 11 (1971); *Christinson v. Venturi Constr. Co.* 109 Ill. App.3d 34, 440 N.E.2d 226 (1982); *Arcanum Nat. Bank v. Hessler*, 69 Ohio St.2d 549, 433 N.E.2d 204 (1982); *Stotler v. Geibank Indus. Bank* 827 P.2d 608 (Colo.App. 1992).

[32] Siehe hierzu stellvertretend die ausführliche Analyse von *Clark* 33 Ark. L. Rev. 490 (1979); vgl. außerdem *Banks* 44 Mont. L. Rev. 113, 116-118 (1983); *Benson/Squillante* 26 Hastings L.J. 427, 443-449 (1974); *Heckman* 36 St. Louis U. L.J. 309, 342-346 m.w.N. in Fußn. 116; *Hudak/Carter* 9 UCC L.J. 165, 179-184 (1976) jeweils m.w.N.

tion (connectedness) doctrine entwickelt. Danach werden die durch einen Verkäufer veranlaßten Vertragsstörungen des Erwerbsgeschäfts auch der zur Finanzierung eingeschalteten Gesellschaft zugerechnet, sofern beide Rechtsteilnehmer in bestimmtem Ausmaß miteinander verbunden sind. Aufgrund dieser Wissenszurechnung kann das einen Zahlungsanspruch erhebende Finanzierungsinstitut nicht mehr in *good faith* den Status eines *holder in due course* erlangen[33]. Leitlinien zur Bestimmung einer *close connection* sind zwangsläufig unscharf, da die Problemstellung nicht stets so eindeutig wie bei der Zugehörigkeit von Bank und Verkäufer zum gleichen Konzern ist[34]. In dem Rechtsstreit *Unico v. Owen*[35], einer der wesentlichen Leitentscheidungen zur *close-connectedness doctrine*, entwarf der New Jersey Supreme Court im Jahr 1967 eine Differenzierung, mit deren Hilfe bis in die Gegenwart[36] bei Fehlen einschlägiger gesetzlicher Regelungen eine in rechtlicher Hinsicht relevante Verbindung zwischen Finanzierungsinstitut und Verkäufer bestimmt wird:

»For purposes of consumer goods transactions, we hold that where the seller's performance is executory in character and when it appears from the totality of the arrangements between [seller] and financer that the financer has had a substantial voice in setting standards for the underlying transaction, or has approved the standards established by the [seller], and has agreed to take all or a predetermined or substantial quantity of the negotiable paper which is backed by such standards, the financer should be considered a participant in the original transaction ...«

Eine *close connection* zwischen Verkäufer und Finanzierungsinstitut führt also dazu, daß das letztere als fiktiver Beteiligter an dem Kaufgeschäft angesehen und gleichsam der Verkäuferseite zugerechnet wird.

Im Jahre 1971 schlugen die Vertreter der *Federal Trade Commission* (FTC) einen ersten Verordnungsentwurf[37] vor, der bei Verbraucherbeteiligung eine deutliche Lockerung der institutionalisierten und nahezu umfassenden Abschottung eines *holder in due course* vor Einwendungen des Schuldners vorsah[38]. Ein zweiter Entwurf wurde im Jahre 1973[39] und ein dritter wiederum zwei Jahre später verabschiedet[40]. Der letzte Entwurf wurde schließlich im Jahre 1976 als FTC *Holder-In-Due-Course Regulations*, 16. C.F.R. § 433 in Kraft gesetzt und bereitete damit auch der bis dahin intensiven Diskussion in der Rechtswissen-

---

[33] Siehe hierzu Teil I, 1. Abschnitt, IV. 2. (19).

[34] Siehe die Versuche zur Bestimmung von Auslegungsrichtlinien bei *Clark* 33 Ark. L. Rev. 490, 494-496 (1979); *Fonseca* § 2:17 (67-69); *Marsh* 45 Ala. L. Rev. 1, 38 f. (1993); *White/Summers* Vol.2 § 17-7 (172 f.).

[35] 50 N.J. 101, 232 A.2d 405, 4 UCC 542 (1967).

[36] Siehe zuletzt *Watson v. Matranga*, 613 So.2d 711, 20 UCC2d 1007 (La.App.1993); *First City Nat. Bank & Trust Co. v. Zellner*, 782 F.Supp. 232, 17 UCC2d 1176 (S.D.N.Y.1992).

[37] 36 Fed.Reg. 1211 f. (26. Jan. 1971).

[38] Siehe hierzu ausführlich unten Teil III, 3. Abschnitt, II. 2., VI. 1. b) und VI. 2. b) (215-217, 239 f., 242).

[39] 38 Fed.Reg. 892 ff. (5. Jan. 1973).

[40] 40 Fed.Reg. 53506 ff. (18. Nov. 1975).

schaft[41] ein Ende. Ziel dieser Verordnung ist es, Verbrauchern die Möglichkeit zur Geltendmachung von Einwendungen und Einreden aus dem Erwerbsgeschäft auch gegenüber zur Finanzierung eingeschalteten dritten Beteiligten zu erhalten oder zu ermöglichen[42]. In § 433.1 (d)[43] werden *purchase money loans* definiert; für die Annahme solcher Rechtsgeschäfte reicht eine Verbindung zwischen Verkäufer und Finanzierer aus, welche auf gemeinsamer Kontrolle, Vertrag oder geschäftlicher Abmachung (*common control, contract, or business arrangement)* beruht. Dabei wird *business arrangement* verstanden als Vereinbarung, Verhalten, Handlungsweise oder Abmachung, sei es förmlich oder formfrei, zwischen Kreditgeber und Verkäufer[44]. Diese Regelungen bewirken bei der rechtlichen Einstufung finanzierter Abzahlungskäufe in einer Vielzahl von Situationen Rechtssicherheit, gleichwohl verbleiben zahlreiche Zweifelsfälle, bei denen zusätzlich die von der FTC erlassenen Auslegungsrichtlinien zu beachten sind[45].

Man mag sich fragen, woraus die FTC ihre Befugnis zur Modifikation bestehenden Gesetzesrechts abgeleitet hat. Insbesondere der Umstand, daß die Demontage der *holder-in-due-course doctrine* nicht durch die Legislative auf Bundesebene, sondern durch Erlaß einer Verordnung seitens einer Bundesverwaltungsbehörde erfolgte, muß insbesondere im Licht des auch in den U.S.A. Verfassungsrang genießenden Prinzips der Gewaltenteilung/-trennung auf Erstaunen stoßen. White und Summers haben hierzu mit Entrüstung festgestellt[46]:

»Generations of lawyers and law teachers are surely turning in their graves at the thought that a mere federal regulation could bring down this long established doctrine.«

---

[41] Siehe hierzu den konzisen Überblick von *Sovern* 6 Ann. Rev. Banking L. 119, 124-132 (1987) m.w.N.

[42] Dieses Anliegen kommt bereits im Titel der Vorschriften *Preservation of Consumers' Claims and Defenses* zum Ausdruck. Siehe hierzu ausführlich unten Teil III, 3. Abschnitt, II. 2., VI. 1. b) und VI. 2. b) (215-217, 239 f., 242).

[43] 16 C.F.R. § 433.1 (d): Purchase money loan: A cash advance which is received by a consumer in return for a »Finance Charge« ..., which is applied, in whole or substantial part, to a purchase of goods or services from a seller who (1) refers consumers to the creditor or (2) is affiliated with the creditor by common control, contract, or business arrangement.

[44] 16 C.F.R. § 433.1 (g): Business arrangements: Any understanding, procedure, course of dealing, or arrangement, formal or informal, between a creditor and a seller, in connection with the sale of goods or services to consumers or the financing thereof.

[45] Siehe *Guidelines on Trade Regulation Rule Concerning Preservation of Consumer's Claims and Defenses* in 41 Fed.Reg. 20022, 20025 f. (14. Mai 1976); FTC *Statement of Enforcement Policy*, 41 Fed.Reg. 34594-34597 (16. Aug. 1976). Auch im rechtswissenschaftlichen Schrifttum hat man den Ansatz der *Holder-In-Due-Course Regulations* analysiert; siehe z.B. Note 11 Val. U. L. Rev. 263, 279-283, 287 f. (1977); *Sovern* 6 Ann. Rev. Banking L. 119, 150-152 (1987); *White/Summers* Vol.2 § 17-9 (185 f.)

[46] *White/Summers* Vol.2 § 17-9 (181 o.); siehe auch die kritische Würdigung bei *McNeill* 5 UCC L.J. 149, 156 f. (1972); *Tanner* 31 Sw. L.J. 1097, 1101-1106 (1977).

Dieser interessante verfassungsrechtliche Aspekt braucht hier nicht vertieft zu werden, da der Washington D.C. Court of Appeals noch vor dem Inkrafttreten der *Holder-In-Due-Course Regulations* entschieden hatte, daß die FTC mit einer so weitgehenden Regelungskompetenz ausgestattet sei[47]. Hernach ist diese Rechtsauffassung im *United States Code* verankert worden[48].

Des weiteren enthalten die im Jahr 1968 beschlossenen und sechs Jahre später revidierten Mustervorschriften des *Uniform Consumer Credit Code* (U.C.C.C.[49]), die von einigen Bundesstaaten mit Modifikationen unterschiedlichen Ausmaßes übernommenen worden sind[50], in § 3.405 (1)[51] eine detaillierte Auflistung von Umständen, die bei drittfinanzierten Erwerbsgeschäften zu Durchbrechungen des Trennungsprinzips führen. Eine rechtlich erhebliche Anbindung des Kreditgeschäfts an das Erwerbsgeschäft wird wahlweise unterstellt, wenn

a) der Finanzierer davon Kenntnis hat, daß der Verkäufer für die Kreditvermittlung ein Entgelt erhält;
b) Verkäufer und Kreditgeber durch verwandtschaftliche Beziehungen erheblichen Ausmaßes miteinander verbunden sind;
c) der Verkäufer für das Darlehen bürgt oder dieses in anderer Weise absichert;

---

[47] Siehe *National Petroleum Refiners Ass'n v. FTC*, 157 U.S.App.D.C. 83, 482 F.2d 672 (1973); vgl. hierzu auch *American Fin. Servs. Ass'n v. FTC* 767 F.2d 957; 247 U.S.App. D.C. 167 (1985); *Department of Envtl. Resources v. Rushton Mining Co.* 591 A.2d 1168 (1991).

[48] 15 U.S.C. §§ 45 (a), 57a.

[49] Vereinzelt wird auch die Abkürzung »U3C« verwendet. Zur Entstehungsgeschichte der sämtliche Konsumentenkreditgeschäfte erfassenden Mustervorschriften siehe *König* Konsumentenkredit 15-19.

[50] Soweit ersichtlich sind die Vorschriften des U.C.C.C. – freilich mit Abänderungen – in folgenden Bundesstaaten umgesetzt worden: Colorado, Idaho, Indiana, Iowa, Kansas, Maine, Oklahoma, South Carolina, Utah, Wisconsin, Wyoming.

[51] U.C.C.C. § 3.405 (1): A lender, except the issuer of a lender credit card, who, with respect to a particular transaction, makes a consumer loan to enable a consumer to buy or lease from a particular seller or lessor property or services [,except primarily for an agricultural purpose,] is subject to all claims and defenses of the consumer against the seller or lessor arising from that sale or lease of the property or services if: (a) the lender knows that the seller or lessor arranged for the extension of credit by the lender for a commission, brokerage, or referral fee; (b) the lender is a person related to the seller or lessor, unless the relationship is remote or is not a factor in the transaction; (c) the seller or lessor guarantees the loan or otherwise assumes the risk of loss by the lender upon the loan; (d) the lender directly supplies the seller or lessor with the contract document used by the consumer to evidence the loan, and the seller or lessor has knowledge of the credit terms and participates in preperation of the document; (e) the loan is conditioned upon the consumer's purchase or lease of the property or services from the particular seller or lessor, but the lender's payment of proceeds of the loan to the seller or lessor does not in itself establish that the loan was so conditioned; or (f) the lender, before he makes the consumer loan, has knowledge or, from his course of dealing with the particular seller or lessor or his records, notice of substantial complaints by other buyers or lessees of the seller's or lessor's failure or refusal to perform his contracts with them and of the particular seller's or lessor's failure to remedy his defaults within a reasonable time after notice to him of the complaints.

d) der Kreditgeber dem Verkäufer die Vertragsformulare zur Verfügung stellt, letzterer Kenntnis von den Kreditbedingungen hat und an deren Vorbereitung beteiligt ist;
e) das Darlehen unter der Bedingung ausgezahlt wird, das damit zu finanzierende Erwerbsgeschäfte nur bei einem bestimmten Verkäufer zu tätigen, wobei die direkte Darlehensauszahlung an den Verkäufer keine solche Bedingung statuiert; oder
f) der Kreditgeber Kenntnis von erheblichen Verbraucherbeschwerden über das Geschäftsgebaren des betreffenden Verkäufers hat.

Natürlich steht es den einzelnen Bundesstaaten frei, neben den *Holder-In-Due-Course Regulations* der FTC und anstelle der unmittelbaren Übernahme des U.C.C.C. eigenständige Vorschriften zu erlassen. Der für diese Untersuchung wegen seines besonders hohen Verbraucherschutzstandards ausgewählte *Wisconsin Consumer Act*[52], ein im Jahre 1973 in die *Wisconsin Statutes* eingefügter Unterabschnitt (Wis.Stat. §§ 421-427), enthält in § 422.408 (3)[53] eine Legaldefinition des *interlocking consumer loan*. Ein solches Rechtsgeschäft liegt vor, wenn der Kreditgeber den auf die Finanzierung eines Kaufvertrages gerichteten Zweck der Kreditaufnahme eines Verbrauchers kennt oder erkennen mußte und darüber hinaus einer der folgenden – freilich stark vereinfachten – Sachverhalte vorliegt:
a) Der Kreditgeber steht in einer engen Verbindung (*related to*[54]) zu dem Verkäufer;

[52] Siehe hierzu die Darstellung von *Heiser* 57 Marq. L. Rev. 389 ff. (1974) sowie die Anmerkungen von *Barrett/Jones* 57 Marq. L. Rev. 483 ff. (1974), die sich insbesondere mit inhaltlichen Abweichungen vom U.C.C.C. kritisch auseinandersetzen.

[53] Wis.Stat. § 422.408 (3): For purpose of this section, a consumer loan transaction is an »interlocking consumer loan« if the creditor knows or has reason to know that all or a meaningful part of the proceeds of the loan are used to pay all or part of the customer's obligations to the seller or lessor under a consumer sale or lease, and if: (a) The lender is a person related to the seller or lessor; (b) The lender supplies the seller or lessor, or the seller or lessor prepares, documents used to evidence the loan, other than sales slips or drafts used to evidence purchases pursuant to an open-end credit plan; (c) The lender directly or indirectly pays to the seller or lessor any commission, finder's fee or other similar consideration based upon or measured by the consumer loan; (d) The lender has recourse to the seller or lessor for nonpayment of the consumer loan transaction through a guaranty, maintenance of a reverse account or otherwise, ...; (e) The lender has knowledge, including knowledge from the lender's course of dealing with other customers of the seller or lessor or from the lender's records, or written notice of substantial complaints by such other customers, that such seller or lessor fails or refuses to perform the sellor's or lessor's contracts with them and that such merchant fails to remedy such complaints within a reasonable time; ... Zur Entstehungsgeschichte dieser Vorschrift siehe *Davis* 72 Minn. L. Rev. 1, 18-20 (1973); zu den einzelnen Voraussetzungen vgl. *Heiser* 57 Marq. L. Rev. 389, 436 f. (1974).

[54] Siehe zu diesem Begriff Wis.Stat. § 421.301 (32) und (33): (32) »Person related to« with respect to a natural person means: (a) The spouse of the natural person; (b) A brother, brother-in-law, sister, sister-in-law of the natural person; (c) An ancestor or lineal descedant of the natural person or that person's spouse; and (d) Any other relative, by blood or marriage, of the natural person or that person's spouse who shares the same home with the

b) der Kreditgeber stellt dem Verkäufer die Formulare für den Darlehensvertrag zur Verfügung oder bereitet diese vor;
c) der Kreditgeber zahlt direkt oder indirekt eine Vergütung an den Verkäufer für dessen Darlehensvermittlung;
d) dem Kreditgeber stehen für den Fall, daß der Darlehensnehmer den Kredit nicht zurückzahlt, Möglichkeiten des Regresses gegen den Verkäufer zur Verfügung;
e) der Kreditgeber besitzt Kenntnis von erheblichen Beschwerden über den Verkäufer oder weiß, daß dieser solchen Beschwerden nicht abgeholfen hat.

Bereits auf den ersten Blick offenbart Wis.Stat. § 422.408 (3) deutliche Ähnlichkeit mit der Vorschrift des U.C.C.C. § 3.405 (1), der eine Vorbildfunktion zukam. Parallelen zeigen sich auch in den jeweils letzten Fallgruppen der beiden Normen, die die Finanzierungsinstitute veranlassen sollen, über das Geschäftsgebaren der mit ihnen in Verbindung stehenden Kaufleute zu wachen[55]. Ursprünglich hatte auch die FTC erwogen, diese Regelung in ihre *Holder-In-Due-Course Regulations* (16 C.F.R. §§ 433.1-433.3) aufzunehmen; letztlich wurde von dem Vorhaben jedoch abgesehen, weil nach Ansicht der FTC die alleinige Kenntnis etwaigen Verkäuferfehlverhaltens kein rechtlich relevantes Zusammenwirken von Finanzierer und Verkäufer zu begründen vermöge und ein solcher Ansatz erhebliche Beweisprobleme verursache[56]. Praktische Erfahrungen zu den dargestellten Vorschriften lassen sich kaum ermitteln, weil die Normen des U.C.C.C., des *Wisconsin Consumer Act* oder auch anderer einzelstaatlicher Verbraucherschutzvorschriften wegen der Besonderheiten des amerikanischen Rechtssystems – insbesondere weitgehende Unkenntnis einschlägiger einzelstaatlicher Verbraucherschutzvorschriften auf seiten der Anwaltschaft und der Richter, starke Neigung zur außergerichtlichen Streitbeilegung, grundsätzlich Belastung mit den eigenen Prozeßkosten – nur in Ausnahmefällen zum Gegenstand einer Gerichtsentscheidung gemacht werden[57].

Teilweise decken sich die Fallgruppen, in denen das Vorliegen einer *close connection* unterstellt wird, mit den im deutschen Recht bei der Bestimmung einer *wirtschaftlichen Einheit* i.S.d. § 9 Abs.1 VerbrKrG für maßgeblich erachteten Indizien; teilweise sind die amerikanischen Ansätze, insbesondere soweit

---

natural person. (33) »Person related to« with respect to an organization means: (a) A person directly or indirectly controlling the organization, controlled by the organization or, who together with the organization, is under common control; (b) An officer or director of the organization or a person performing similar functions with respect to the organization or to a person related to the organization; (c) The spouse of a natural person related to the organization; and (d) A relative by blood or marriage of a person related to the organization who shares the same home with that person.

[55] Siehe hierzu *Davis* 72 Minn. L. Rev. 1, 23 f. (1973); *Heiser* 57 Marq. L. Rev. 389, 436 f. (1974).

[56] 40 Fed.Reg. 53506, 53518 f., 53525 (18. Nov. 1975).

[57] Siehe hierzu die im Bundesstaat Wisconsin vorgenommene Studie von *Macaulay* 14 Law & Society Rev. 115 ff. (1979).

sie auf eine Überwachung des Verkäufers durch den Kreditgeber abzielen, dem deutschen Rechtsdenken fremd. Auffällig ist, daß anders als bei der Feststellung eines *verbundenen Geschäfts* i.S.d. § 9 Abs.1 VerbrKrG der direkten Auszahlung des Kredits an den Käufer keine entscheidende Bedeutung beigemessen wird, wenngleich in beiden Rechtskreisen die Darlehensvaluta allenfalls in Ausnahmefällen den Verbrauchern unmittelbar zur Verfügung gestellt wird. Das U.S.-amerikanische Rechtssystem ist gekennzeichnet durch schrittweise problemimpulsorientierte Annäherungen, die insgesamt keine Gelegenheit boten, den dogmatischen Rohbau eines Mehr-Parteien-Rechtsgeschäfts zur Verfügung zu stellen, der durch Erlaß der einzelnen Vorschriften zu einem Gebäude hätte vervollständigt werden können. Zunächst war es die Rechtsprechung, die mit der Entwicklung der *close-connection doctrine* das Trennungsdogma erschütterte und damit der Zweckbezogenheit von Kauf- und Darlehensvertrag Rechnung trug. Das nachfolgende Aufgreifen der Problematik durch die FTC und einzelstaatliche Gesetzgeber war von dem Bemühen gekennzeichnet, das für das Drei-Parteien-Rechtsverhältnis maßgebliche Kriterium der *close connection* durch Fallgruppenbildung berechenbar zu machen. Allerdings reicht die Phantasie der Wirklichkeit wesentlich weiter als alle schauende Kraft, so daß eine abschließende, mit akribischer Genauigkeit katalogisierte Kasuistik Umgehungen letztlich nicht nur erleichtert, sondern zu ihnen geradezu einlädt.

Nach den Wertungen des amerikanischen Gesetzgebers können *finance leases* nur dann vorliegen, wenn eine Verbindung zwischen Kauf- und Leasinggeschäft besteht[58]. Es wird also im Gegensatz zur Entwicklung des Regelungsprogramms für *purchase money loans* nicht vom Grundsatz der Unabhängigkeit von Erwerbs- und Finanzierungsgeschäft ausgegangen, sondern beim Finanzierungsleasing wird ein Gegenseitigkeitsbezug der beiden zweiseitigen Austauschverträge vom Gesetz gerade vorausgesetzt[59]. Die Konturen dieser Interdependenz sind noch unklar, vielmehr soll das einschlägige Tatbestandsmerkmal *in connection with* allmählich durch die Judikatur näher ausgestaltet werden[60].

Ebenso wie bei der U.S.-amerikanischen Gesetzeskonzeption trägt die Formulierung *in connection with*[61], durch die im Anwendungsbereich der UNIDROIT Finanzierungsleasing-Konvention der Finanzierungsleasing- und der Liefervertrag aufeinander bezogen werden, wenig zu einer rechtlichen Kategorisierung der gesamten Vertragsverbindung bei. Die Versuche zur dogmatischen Einordnung dieses Rechtsbegriffs können nicht überzeugen. Die Annahme

---

[58] Siehe UCC § 2A-103 (1)(g)(ii): ... the lessor acquires the goods or the right to possession and use of the goods in connection with the lease ...

[59] Auch in UCC § 2A-103 Official Comment (g) 3.Absatz wird das Finanzierungsleasinggeschäft als *three party transaction* beschrieben.

[60] UCC § 2A-103 Official Comment (g) 5.Absatz; soweit ersichtlich, sind bis März 1996 noch keine Gerichtsentscheidungen zu dieser Frage veröffentlicht worden.

[61] Art.1 Abs.2 (b) Finanzierungsleasing-Konvention.

eines zusammengesetzten Vertrages[62] setzt sich über den von sämtlichen Beteiligten durch die Art der Vertragsgestaltung zum Ausdruck gebrachten Parteiwillen hinweg, Leasing- und Liefervertrag als separate Verträge auszuformen[63]. Soweit Dageförde von einer »dreiseitigen Vertragsbeziehung« spricht[64], versteht er diesen Terminus nicht im Sinne eines einheitlichen dreiseitigen Vertrages, da nach seiner Ansicht »Leasing- und Liefervertrag rechtlich selbständige Verträge darstellen«[65]. Insgesamt sind Versuche, aus dem Terminus *in connection with* ein dreiseitiges *Vertrags*verhältnis zu konstruieren, auch mit dem weiteren Wortlaut der Konvention unvereinbar. Vielmehr wird in deren Präambel[66] die Bezeichnung *distinctive triangular relationship* verwendet[67], die lediglich zum Ausdruck bringt, daß die Aufspaltung des Leasinggeschäfts in zwei isolierte bilaterale Verträge sowie die damit häufig verbundene Vernachlässigung der trilateralen vertraglichen Interdependenzen abzulehnen sind. Eine typologische Klassifikation erfolgt insoweit gerade nicht, stattdessen wird die Transaktion nur *beschrieben* (»as described in ...«[68]) und die Anerkennung eines »wechselseitigen finalen Zusammenhangs«[69] gefordert. Damit ist man in der Endfassung der Finanzierungsleasing-Konvention deutlich von einem aus dem Jahre 1984 stammenden Vorentwurf[70] abgewichen, der eine Aufspaltung des Finanzierungsleasinggeschäfts in zwei Einzelverträge abgelehnt und den gesamten Geschäftsvorgang als *a tripartite financial leasing transaction*[71] sowie als *sui generis transaction*[72] bezeichnet hatte[73]. Dieser in dogmatischer Hinsicht innovative Ansatz des Vorentwurfs war indes nicht konsensfähig, da er bereits in den drei zeitlich noch nachfolgenden Entwürfen unerwähnt blieb und auch in der Endfassung zugunsten der genannten Umschreibung aufgegeben wurde.

---

[62] *Knebel* 57 f.

[63] In diesem Sinne auch *Dageförde* 109 Fußn. 103.

[64] *Dageförde* 107.

[65] *Dageförde* 108 f.; entsprechendes gilt, soweit *Stanford* FLF 1989, 128, 128 (r.Sp.u.) den Terminus »dreiseitige Vereinbarung« verwendet; gegen ein einheitliches dreiseitiges Vertragsverhältnis ausdrücklich *Koblitz* 65.

[66] Abgedr. bspw. in RabelsZ 51 (1987), 736 (l.Sp.).

[67] Diesen Aspekt betont auch *Levy* 5 Ind. Int'l & Comp. L. Rev. 267, 272, 290 (1995).

[68] Art.1 Abs.1 Finanzierungsleasing-Konvention.

[69] So ausdrücklich *Dageförde* 110.

[70] UNIDROIT Study LIX, Doc.17.

[71] So Art.1 Abs.1 des damaligen Vorentwurfs.

[72] So die Präambel des damaligen Vorentwurfs.

[73] Siehe hierzu auch *Koblitz* 63 f. m.w.N.; später haben *Knebel* WM 1993, 1026, 1029; *Leible* 375 und *Sefrin* 89 diesen Ansatz aufgegriffen.

3. Abschnitt

Rechtsdogmatisches Umfeld

I. Ansätze in der deutschen Zivilrechtsdogmatik

Die bei drittfinanzierten Erwerbsgeschäften zwischen Kauf- und Kreditvertrag bestehenden Interdependenzen haben die Rechtswissenschaft bereits frühzeitig beschäftigt, wenngleich man sich in der Mehrzahl im Einklang mit der Judikatur um eine Konkretisierung des für maßgeblich erachteten Kriteriums der *wirtschaftlichen Einheit* bemühte[1]. Die Herausbildung davon losgelöster Denkkategorien erfolgte zunächst zu Beginn der siebziger Jahre. Einerseits glaubte man die in der Zivilrechtsdogmatik entstandenen Spannungen durch die Entwicklung eines Modells für dreiseitige Verträge in den Griff bekommen zu können (Teil I, 3. Abschnitt, I. 1.). Von anderer Seite wurde versucht, multilaterale Vertragsbeziehungen dadurch auf ein bilaterales Austauschverhältnis zu reduzieren, daß man Verkäufer und Finanzierer zu einer Gesellschaft zusammenfaßte (Teil I, 3. Abschnitt, I. 2.). Eine Abkehr von diesen an vertrags- und organisationsrechtlichen Denkstrukturen orientierten Ansätzen bildete demgegenüber die Lehre vom rechtsgeschäftlichen Verbund (Teil I, 3. Abschnitt, I. 3.). Erst Mitte der achtziger Jahre wurde sodann die Diskussion durch die Einführung des Modells der Vertragsnetzwerke erneut belebt (Teil I, 3. Abschnitt, I. 4.).

1. Dreiseitiger Austauschvertrag

Die Rollenverteilung der Beteiligten an drittfinanzierten Erwerbsgeschäften, die durch eine tatsächliche Verknüpfung von Erwerbs- und Kreditgeschäft gekennzeichnet sind, läßt sich regelmäßig auf folgendes Grundmodell reduzieren: Ein Finanzierer stellt Geldmittel zur Verfügung, die dem Warenanbieter zumeist unmittelbar, d.h. ohne vorherige Auszahlung an den Erwerber, zufließen. Um dieses finanziellen Gegenwertes willen überläßt der Veräußerer seine Ware dem Erwerber, der seinerseits den vom Finanzierer gewährten Kredit zuzüglich Zinsen und ggf. Gewinnanteil zurückzuzahlen hat. Der Warenanbieter ist also Adressat eines vom Finanzierer ausgehenden Geldzuflusses, der in kausalem Zusammenhang mit der Warenübergabe an den Erwerber steht. Letzterer hat sodann den vorübergehenden Abfluß finanzieller Mittel beim Geldgeber auszugleichen.

---

[1] Siehe Teil I, 2. Abschnitt, I. 1. (50-56) m.w.N.

Diese Grundkonstellation ähnelt einem mehrseitig-gegenseitigen Rechtsgeschäft in Form des Ringtauschs[2]. Die praktische Bedeutung eines solchen trilateralen Austauschvertrages, bei dem die Leistungen der Parteien in einem geschlossenen Kreis gleichsam ringförmig aufeinander bezogen sind, ist gering. Zu denken ist in diesem Zusammenhang etwa an den Mietwohnungsringtausch, wie er zu Zeiten der Wohnraumbewirtschaftung verbreitet war, der aber auch in der heutigen Zeit des insbesondere in Ballungsräumen knappen Wohnraums durchaus noch vorkommt. Vorstellbar ist ein Ringtausch auch im Außenhandel als Sonderform des regelmäßig zweiseitigen Bartergeschäfts. Bei einem solchen Tauschgeschäft verspricht der Exporteur Hingabe einer Naturalleistung und erhält im Gegenzug das Versprechen des Importeurs, ebenfalls eine Naturalleistung zu liefern. Wenn der Importeur nunmehr zwar in Naturalien zahlt, diese aber nicht an den Exporteur, sondern an einen Dritten liefert, der seinerseits den monetären Gegenwert an den Verkäufer des Exportgutes leistet, liegt ein Ringtausch vor. Die fehlende Berücksichtigung des mehrseitigen Austauschvertrags im Gesetz läßt nicht auf seine Unzulässigkeit schließen, wirft allerdings die Frage auf, welche Vorschriften im Falle von Leistungsstörungen zur Anwendung kommen. Im Ergebnis wird überwiegend von einer modifizierenden – weil auf multilaterale Vertragsverhältnisse abzustimmenden – entsprechenden Anwendung der §§ 320 ff. BGB ausgegangen[3].

Bislang ist noch nicht der Versuch unternommen worden, das Modell des Ringtauschs allgemein auf drittfinanzierte Erwerbsgeschäfte zu übertragen. Im Hinblick auf das B-Geschäft hat Vollkommer[4] den Grundgedanken des Ringtauschs jedoch aufgegriffen und weiterentwickelt: jede Partei erbringe ihre Leistung nicht nur mit Rücksicht auf die unmittelbare vertragliche Gegenleistung, sondern auch im Hinblick auf die vertraglichen Leistungen sämtlicher anderen Parteien; das rechtliche Leitbild des drittfinanzierten Abzahlungskaufs sei damit ein Vertragsgebilde *sui generis* im Sinne eines dreiseitigen Vertrages, bei dem Kauf und Darlehen nur unselbständige Teilstücke des eine rechtliche Einheit bildenden Gesamtgeschäfts seien[5].

[2] Siehe hierzu stellvertretend *Gernhuber* § 13 V (326-328) und *Larenz* Schuldrecht I § 15 II (209-211) jeweils m.w.N.

[3] *Gernhuber* § 13 V 3 (326-328); ebenso andeutungsweise *Larenz* Schuldrecht I § 15 II (211).

[4] *Vollkommer* in: FS Larenz 703, 712 f. [allerdings scheint *Vollkommer* in einem Beitrag zum VerbrKrG in FS Merz 595, 606 f. und Fußn. 62 das Leitbild eines dreiseitigen Vertrages zugunsten der Lehre vom »rechtlichen Verbund« – siehe hierzu nachfolgend Teil I, 3. Abschnitt, I. 3. (72-75) – aufgegeben zu haben]; zustimmend *Fikentscher* § 72 Rdn. 774 (470).

[5] Ähnlich der vom Rechtsausschuß des Deutschen Bundestages vorgeschlagene § 1c (BT-Drucks. 7/1398 vom 11. 12. 1973) zu dem vom Bundesrat am 21. 5. 1973 vorgelegten Entwurf eines Zweiten Gesetzes zur Änderung des Abzahlungsgesetzes (BT-Drucks. 7/598 vom 21. 5. 1973): »Dient ein Kreditvertrag mit Wissen des Darlehensgebers und des Verkäufers der Abwicklung eines bestimmten Kaufvertrages, so sind der Kreditvertrag und der Kaufvertrag für die Anwendung dieses Gesetzes wie ein einheitlicher Vertrag zu behandeln.« Dieser Vorschlag wurde indes bei der späteren Änderung des Abzahlungsgesetzes nicht berücksichtigt. Vgl. hierzu ausführlich *Dürbeck* 17-19 m.w.N.

Die Beschränkung dieses gedanklichen Entwurfs auf B-Geschäfte greift zu kurz, präsentiert sich doch die rechtliche Problematik bei den übrigen finanzierten Abzahlungsgeschäften und auch beim Finanzierungsleasing in ganz ähnlicher Weise. Gleichwohl können sowohl B-Geschäfte als auch die sonstigen drittfinanzierten Erwerbsgeschäfte kaum als dreiseitige Verträge eingestuft werden, weil diese sich in der Rechtswirklichkeit im allgemeinen lediglich als Vertragsfiktionen darstellen würden[6]. Bei dreiseitigen Verträgen müßte der Wille der drei Parteien in einander entsprechenden Geltungserklärungen, die jeweils für die übrigen Vertragspartner erkennbar sind, seinen Ausdruck gefunden haben. Demnach erfordert ein dreiseitiger Vertrag Willenserklärungen der drei Parteien, die hinsichtlich des Inhalts der vertraglichen Regelung übereinstimmen und allesamt auf *eine* rechtsgestaltende, zwischen den Parteien wirkende Vereinbarung gerichtet sind. Solche Voraussetzungen lassen sich aber bei drittfinanzierten Erwerbsgeschäften gerade nicht nachweisen, vielmehr ist bei diesen der Wille der Beteiligten regelmäßig auf den Abschluß von mindestens zwei bilateralen Austauschverträgen[7] gerichtet.

Die Kritik an der Vorbildfunktion des dreiseitigen Vertrages für finanzierte Abzahlungskäufe setzt nicht nur bei der Vertragsentstehung, sondern daneben auch bei den rechtlichen Folgewirkungen des Modells an. So hat Müller-Laube[8] darauf hingewiesen, daß sich jede Leistungsstörung unmittelbar auf das gesamte dreiseitige Verhältnis auswirken würde und Willensmängel bei einem Beteiligten das Gesamtgeschäft hinfällig machen könnten. Diese wechselseitige Abhängigkeit sei schon deshalb nicht erwünscht, weil sich die Leistungen nur dann wertmäßig entsprächen, wenn sie erbracht worden seien. Im Abwicklungsstadium seien sie hingegen, auch resultierend aus der ungleichen Finanzkraft der Beteiligten, mit unterschiedlichen Risiken behaftet, auf die sich insbesondere der Geldgeber nicht einlassen könne.

Die Skepsis, mit der Müller-Laube dem Modell des dreiseitigen Vertrages sowie dem damit verbundenen Rechtsfolgenkatalog begegnet, beruht damit maßgeblich auf der ungewissen Akzeptanz dieses Vertragstyps in der Wirtschaftspraxis. Es trifft zu, daß das BGB keine dreiseitigen Austauschverträge kennt[9]. Das Fehlen eines gesetzlichen Leitbildes für trilaterale oder multilatera-

---

[6] Insbesondere auf diesen Aspekt stützen *Canaris* Bankvertragsrecht Rdn. 1397 und *Hopt/Mülbert* Vorbem zu §§ 607ff. Rdn. 405 ihre ablehnende Haltung gegenüber *Vollkommers* Gedankenmodell; kritisch auch *Gernhuber* § 31 II 5 (716) [»Wunschgebilde, das dem geltenden Recht nicht entspricht«]; *Gundlach* 166; *Oechsler* 380f.

[7] Von drei Vertragsverhältnissen ist auszugehen, sofern auch zwischen Warenanbieter und Finanzierer eine vertragliche Verbindung etwa in Form von Rahmenverträgen (B-Geschäft, ggf. herstellernahes Finanzierungsleasing) oder Akquisitionsverträgen (Kreditkartengeschäft) besteht.

[8] *Müller-Laube* 39, 47; ähnliche Bedenken äußert *Canaris* Bankvertragsrecht Rdn. 1397.

[9] *Müller-Laube* 47. Vgl. auch den zutreffenden Hinweis von *Oechsler* 348, daß sich die Kautelarpraxis in Ermangelung judikativer Präzedenzen kaum auf formularmäßige dreigliedrige Parteivereinbarungen einlassen, sondern weiterhin »risikoscheu an den tradierten Typus des bipolaren Austauschvertrages anlehnen« werde.

le Verträge spricht im Prinzip aber nicht gegen die Wirksamkeit derartiger Vertragskonstellationen. Sicherlich ist bei der Vertragsabwicklung den zwischen den Beteiligten ungleich verteilten Risiken Rechnung zu tragen, die zudem durch Abschluß entsprechender Versicherungen aneinander angeglichen werden könnten. Bislang hat sich im Wirtschaftsverkehr noch kein trilateraler Vertrag dauerhaft durchsetzen und etablieren können, bei dem die von den Parteien zu erbringenden Leistungen ungleichartig sind. Sollte jedoch ein solches Bedürfnis entstehen, würden sich für die einzelnen Leistungen alsbald neue Marktpreise ergeben, die von den Preisen entsprechender Leistungen in bilateralen Vertragsverhältnissen abwichen. Im Ergebnis bieten die Ungewißheiten hinsichtlich der Durchführungs- und Abwicklungsmodalitäten dreiseitiger Austauschverträge keine Grundlage für durchgreifende Zweifel an deren rechtlicher Zulässigkeit. Daß die in der Wirtschaftspraxis üblichen drittfinanzierten Erwerbsgeschäfte letztlich regelmäßig nicht als trilaterale Verträge angesehen werden können, ist damit vorrangig auf das Fehlen der für den Vertragsabschluß erforderlichen, aufeinander bezogenen und übereinstimmenden Willenserklärungen der drei Beteiligten zurückzuführen.

Hingegen vertritt Pfister[10] die Ansicht, eine derart ausgeprägte Kongruenz der Willenserklärungen, jeweils gerichtet auf *einen* Vertragsabschluß, sei insbesondere im Rahmen des B-Geschäfts bei Willensbildung und -äußerung der Beteiligten gegeben. Zu diesem Ergebnis gelangt er durch folgende Überlegung: Aufgrund der Parteiautonomie sei es den Parteien gestattet, die synallagmatische Verbindung von Leistungsversprechen und Leistungen auch für mehrgliedrige Austauschverhältnisse zu wählen. Bei einem dreiseitigen Austauschvertrag müsse nach den Intentionen aller Beteiligten ein Geschäft gewollt sein, das durch die Kurzform *do ut des ut det* gekennzeichnet sei. Jede Partei suche den Gegenwert für ihre Leistung dadurch zu erhalten, daß sie den Empfänger durch ihre Leistung zu einer Leistung an denjenigen veranlasse, der ihr deshalb die erhoffte Leistung, d.h. den Gegenwert der eigenen Leistung, erbringe. Alle Leistungen müßten vom Standpunkt jeder Partei aus tatsächlich kausal und final verknüpft sein[11]. Auf dieses zwischen drei Parteien bestehende Synallagma wendet Pfister u.a. die §§ 320ff. BGB an, wobei wegen des Zuschnitts dieser Vorschriften auf das zweiseitige Synallagma Modifikationen erforderlich seien[12]. Aufbauend auf diesen Überlegungen, ordnet Pfister hernach B-Geschäfte zumindest in Fällen einer Zusammenarbeit von Finanzierungsinstitut und Verkäufer als dreiseitige Austauschverträge ein, da objektiv von den Parteien die Konstellation eines *do ut des ut det* geschaffen werde[13].

[10] *Pfister* JZ 1971, 284-286.

[11] *Pfister* JZ 1971, 284 (r.Sp.).

[12] Siehe zu diesem gedanklichen Ansatz, der jedoch einer weiterführenden detaillierten Analyse entbehrt, *Pfister* JZ 1971, 284, 285 (l.Sp.).

[13] *Pfister* JZ 1971, 284, 284 (r.Sp.).

Dieser außergewöhnliche Ansatz zur rechtlichen Erfassung des finanzierten Abzahlungskaufs hat in der Rechtswissenschaft keine Gefolgschaft gefunden[14], sondern ist den bereits erwähnten Einwänden ausgesetzt, die gegen die rechtliche Einstufung drittfinanzierter Erwerbsgeschäfte als trilaterale Verträge sprechen. Hinzu kommt, daß Pfister bei der Anwendung des *do ut des ut det*-Konzepts auf das B-Geschäft gedankliche Unstimmigkeiten nicht vermeiden kann. So bleibt offen, worin die im Rahmen des Synallagmas vom Finanzierer an den Verkäufer zu erbringende Leistung zu erblicken sein soll. Denn einerseits wird eine – die Rechtstatsächlichkeit mißachtende – Auszahlung des Darlehens vom Kreditgeber an den Käufer unterstellt, wohingegen im Rahmen einer Darlehensrückabwicklung von Ansprüchen des Finanzierers gegen den Verkäufer ausgegangen wird[15], deren Ursprung jedoch im dunkeln bleibt und bei Unterstellung einer unmittelbaren Darlehensvalutierung im Deckungsverhältnis auch im dunkeln bleiben muß. Mag sich Pfister somit bei Darlegung seines Ansatzes in Widersprüche verwickeln, so hat er doch durch Rückgriff auf das Prinzip der synallagmatischen Leistungsverknüpfung und seine Fortentwicklung zu einem Austausch im Sinne eines *do ut des ut det* zwei für den Fortgang der Untersuchung maßgeblich Aspekte herausgearbeitet: Einerseits hat er die zentrale Bedeutung des Synallagmagedankens bei Austauschgeschäften offengelegt, andererseits hat er angedeutet, daß diese bislang nur auf den zweiseitigen Kontrakt angewendete Strukturdeterminante möglicherweise flexibel genug ist, um die Leistungsbeziehungen innerhalb von B-Geschäften auf eine neue rechtliche Basis zu stellen.

2. Gesellschaftsrechtliche Ansätze

Zur dogmatisch-konstruktiven Einstufung des finanzierten Abzahlungskaufs haben sich Emmerich[16] und – daran anknüpfend – später auch Nöcker[17] und Otto[18] an das Gesellschaftsrecht angelehnt. Ausgangspunkt ist die Annahme, daß sich Finanzierungsinstitut und Verkäufer zu einer Gesellschaft bürgerlichen Rechts zusammenschließen und damit die Durchführung eines Abzahlungsgeschäfts[19], eine gemeinsame Gewinnmaximierung[20] oder den gewinnbringenden Absatz eines durchkalkulierten, individualisierbaren Produktbündels[21]

[14] Überraschenderweise spricht auch *Gundlach* 128 im Hinblick auf B-Geschäfte von »einem kausalrechtlichen Vertragsgefüge nach dem Prinzip »do, ut des, ut det««. In diesem Sinne äußert sich auch *Hörter* 203-208. Mit Ausnahme dieser eher beiläufigen gedanklichen Parallelen weichen die jeweiligen Ansätze im übrigen deutlich von *Pfisters* Gedankenmodell ab.

[15] *Pfister* JZ 1971, 284, 286 (l.Sp.).

[16] *Emmerich* JuS 1971, 273, 279 f.

[17] *Nöcker* DB 1972, 370, 371 f.

[18] *Otto* 109-116.

[19] So *Emmerich* JuS 1971, 273, 280 (l.Sp.).

[20] *Nöcker* DB 1972, 370, 372 Fußn. 24.

[21] In diesem Sinne *Otto* 112.

bezwecken. Gegen eine Übertragung gesellschaftsrechtlicher Wertungen haben sich vor Erlaß des VerbrKrG kritische Stimmen[22] erhoben, die sich entweder bereits gegen die Annahme einer aus Finanzierer und Verkäufer bestehenden Gesellschaft wenden[23] oder die Praktikabilität sowie den zusätzlichen Nutzen einer Übertragung der §§ 705 ff. BGB auf diese personelle Verbindung bezweifeln[24].

Man wird sich kaum der Einsicht entziehen können, daß um die Konstruktion einer aus Verkäufer und Finanzierer bestehenden Gesellschaft der Hauch des Artifiziellen und der Ergebnisorientiertheit weht. Es ist müßig, bei der Kritik an der Rechtsfolgenseite anzusetzen, wenn bereits die gesellschaftsrechtliche Basis brüchig ist. Die beschriebene Klassifikation ist offensichtlich durch das Bestreben gekennzeichnet, das für drittfinanzierte Erwerbsgeschäfte typische Dreiecksverhältnis Warenanbieter-Erwerber-Finanzierer auf eine zweiseitige synallagmatische Rechtsbeziehung zu reduzieren[25] und damit in altbewährte dogmatische Strukturen überzuleiten. Zu diesem Zweck müssen zwei der drei Beteiligten zu einer Vertragspartei verschmolzen werden, wobei sich die Frage aufdrängt, weshalb etwa beim B-Geschäft gerade Warenanbieter und Finanzierer zu einem Verband zusammengefaßt werden sollen. Tatsächlich läßt sich dieser Ansatz kaum rechtfertigen, tragen doch alle drei Beteiligten in gleichem Maße zur Ermöglichung des finanzierten Abzahlungskaufs bei. Kommt es nämlich zum Aus- oder Wegfall eines beliebigen Beteiligten, könnte das Erwerbsgeschäft im Wege der gewählten Drittfinanzierungsvariante nicht mehr realisiert werden. Im Hinblick darauf erscheint die Annahme eines Gesellschaftsverhältnisses allein in einer der drei bilateralen Rechtsbeziehungen arbiträr. Um drittfinanzierte Erwerbsgeschäfte auf ein zweiseitig-synallagmatisches Austauschverhältnis zurückzuführen, könnte man nämlich ebensogut – oder besser: ebenso unpassend – Abzahlungskäufer und Verkäufer zu einer Gesellschaft zusammenfassen, deren Zweck im Innenverhältnis in der Realisierung eines Erwerbsgeschäfts sowie im Außenverhältnis in der Ermöglichung einer Absatzfinanzierung durch die Bank zu sehen wäre. Theoretisch denkbar wäre zudem ein aus Abzahlungskäufer und Finanzierer bestehender Verband, der im Innenverhältnis auf eine Kreditverschaffung sowie im Außenverhältnis auf die Durchführung eines Erwerbsgeschäfts gerichtet wäre. Als Zwischenergebnis läßt sich festhalten, daß die gesellschaftsrechtliche Anknüpfung, soweit

---

[22] Von Kritik in Polemik übergehend *Gernhuber* in: FS Larenz 455, 468 [»Ausdruck eines fast schon quälerischen Bemühens um einen rational faßbaren Rahmen für das mehr irrational als richtig Empfundene«].

[23] *Gundlach* 162; *Möllers* NJW 1955, 1421, 1422 (l.Sp.u.); *Neumayer* in: IX. Int. Kongress für Rechtsvergleichung 28, 51; *Tscheuschner* 59 f., der auf 60 ff. aber das Zusammenwirken von Bank und Verkäufer wenig überzeugend durch das Rechtsinstitut der Interessengemeinschaft in den Griff zu bekommen versucht; modifizierend *Gernhuber* in: FS Larenz 455, 468 [»jedenfalls nur eine Innengesellschaft«].

[24] *Canaris* Bankvertragsrecht Rdn. 1396.

[25] In diesem Sinne ausdrücklich *Otto* 112.

sie sich lediglich auf zwei Beteiligte an einem drittfinanzierten Erwerbsgeschäft erstreckt, wegen der willkürlichen und einseitigen Überbetonung eines der drei bilateralen Rechtsverhältnisse nicht zu überzeugen vermag.

Damit liegt aber die bislang in der Rechtswissenschaft noch nicht diskutierte Frage nahe, ob das Zusammenwirken sämtlicher an einem drittfinanzierten Erwerbsgeschäft beteiligten Parteien die Annahme einer aus diesen Personen bestehenden Gesellschaft rechtfertigt. Gegen das Vorliegen eines dann erforderlichen Gesellschaftsvertrages sprechen zunächst diejenigen Gründe, die zur Ablehnung eines Vertragsgebildes sui generis im Sinne eines dreiseitigen (Austausch-)Vertrages geführt haben[26], d.h. es mangelt regelmäßig an den insoweit erforderlichen, einander entsprechenden und aufeinander bezogenen Geltungserklärungen der »Gesellschafter«. Selbst wenn man glaubt, ein Vertragsabschluß zwischen den drei Parteien sei nachweisbar, trägt das Geflecht der Vertragsleistungen letztlich jedoch eher den Charakter eines *Austausch*vertrages als denjenigen eines *Gesellschafts*vertrages in sich.

Bei einer Gesellschaft handelt es sich um ein Schuldverhältnis, welches auf der wechselseitigen Verpflichtung der Vertragspartner beruht und in dem alle Gesellschafter gleichrangig und grundsätzlich auch gleichmäßig zur Förderung des gemeinsamen Zwecks beizutragen haben. Allerdings sind in Gesellschaften die wechselseitigen Verpflichtungen anders als in (mehrseitig-)gegenseitigen Austauschverträgen nicht durch eine synallagmatische Verknüpfung gekennzeichnet. Während das RG das Gesellschaftsverhältnis unter Hinweis auf den Wortlaut und die systematische Stellung des § 705 BGB noch den gegenseitigen Verträgen zurechnete[27], hat der BGH später diese Grundsatzfrage offengelassen[28]. In der neueren rechtswissenschaftlichen Diskussion wird der Gesellschaftsvertrag zwar als mehrseitiger, indes nicht als gegenseitiger Vertrag aufgefaßt[29]. Diese Ansicht überzeugt, da in einem Gesellschaftsvertrag die jeweiligen Leistungen nicht um der von den Mitgesellschaftern zugesagten Leistungen willen versprochen werden, sondern im Interesse des vereinbarten gemeinsamen Zwecks. Der grundsätzliche Unterschied zwischen Austausch- und Gesellschaftsverträgen wird auch durch die Wechselseitigkeit der übernommenen Verpflichtungen nicht berührt[30]. Anders als in Austauschverträgen ist der Gewinn in Gesellschaften zudem Ausdruck der im Gesellschaftsverhältnis begründeten

---

[26] Siehe oben Teil I, 3. Abschnitt, I. 1. (67-69).

[27] So RG Urt. v. 29. 4. 1911, RGZ 76, 276, 279; Urt. v. 21. 2. 1912, RGZ 78, 303, 305.

[28] BGH Urt. v. 13. 5. 1953, BGHZ 10, 44 ff.; Urt. v. 6. 11. 1958, WM 1959, 53, 54 (r.Sp.u.); Urt. v. 4. 3. 1982, NJW 1983, 1188, 1189.

[29] *G. Hueck* Gesellschaftsrecht § 6 II 3 (47-49); *Larenz* Schuldrecht II/1 § 60 I b (373-375); MünchKomm-*Ulmer* § 705 Rdn. 137 ff.; *Wiedemann* § 3 II 1 (164) jeweils m.w.N.; ähnlich Erman-*Westermann* § 705 Rdn. 41; a.A. *Weitnauer* in: FS Hauß 373, 393.

[30] MünchKomm-*Ulmer* § 705 Rdn. 138; ebenso *Larenz* Schuldrecht II/1 § 60 I b (373 f.); a.A. jedoch *Gernhuber* § 13 I 3 b (311 f.) unter Hinweis darauf, daß die Person des Leistungsempfängers nicht wesentlich sei.

Erfolgsbeteiligung und nicht etwa Gegenleistung der Gesellschaft für die investierten Beiträge der Mitglieder[31].

Überträgt man diese Abgrenzungskriterien auf drittfinanzierte Erwerbsgeschäfte, weisen die entgegengesetzten Interessen der Beteiligten (einerseits Erzielung eines unmittelbaren finanziellen Gewinns, andererseits Erwerb einer Ware) sowie der Umstand, daß sie sich in verschiedenen Rollen (Verkäufer, Finanzierer, Erwerber) gegenüberstehen, eher Charakteristika eines trilateralen Austauschvertrages als einer Gesellschaft auf. Zudem hat sich der Gesetzgeber nunmehr in § 9 Abs.1 VerbrKrG bei der rechtlichen Qualifizierung des finanzierten Abzahlungskaufs für ein sog. verbundenes Geschäft – und damit stillschweigend gegen die Annahme einer Gesellschaft – ausgesprochen.

Im Ergebnis lassen sich drittfinanzierter Erwerbsgeschäfte damit weder als reine dreiseitige Austauschverträge noch als typische Gesellschaftsverträge einordnen. Deshalb liegt es nahe, eine zwischen den Polen *Vertrag* und *Gesellschaft* angesiedelte Rechtsfigur zur dogmatischen Grundlage drittfinanzierter Rechtsgeschäfte zu machen.

3. Lehre vom rechtsgeschäftlichen Verbund

Die Lehre vom rechtsgeschäftlichen Verbund ist untrennbar mit dem Namen ihres Begründers Gernhuber verbunden[32]. Dieses im Hinblick auf die rechtliche Einordnung des finanzierten Abzahlungskaufs entwickelte Konzept soll sich dadurch von mehrseitigen, mit Ringgeschäften gleichzusetzenden Austauschverträgen unterscheiden, daß nur bei letzteren ein »in den Willenserklärungen aller beteiligten Parteien fixierte(r) Finalnexus« vorliege[33]. Finanzierte Geschäfte seien hingegen als finale Verknüpfung zweier synallagmatischer Schuldverhältnisse einzustufen. Das Modell ist geprägt von dem Bestreben, neben den bislang die Schuldrechtsdogmatik beherrschenden zweiseitigen (Austausch-) Schuldverhältnissen zunächst für B-Geschäfte[34] eine neue Kategorie zu etablieren, die die juristische Trennung in zwei Rechtsgeschäfte relativiert und letztere in einer Vertragseinheit höherer Ordnung zusammenfaßt. Nach der Grundidee Gernhubers wird dabei der Finalnexus, in dem Darlehens- und Kaufvertrag stünden, weil sie inhaltlich zur Verwirklichung eines bestimmten Zwecks wechselseitig aufeinander bezogen seien, in einer rechtlich formierten Zweckstruktur mit zwingenden und dispositiven Rechtssätzen entfaltet[35]. Dieser Finalnexus strahle auch auf das für die Vertragsverbindung typische Leistungsgeflecht

---

[31] So die Abgrenzung von Soergel-*Wiedemann* Vor § 320 Rdn. 23.

[32] Grundlegend *Gernhuber* in: FS Larenz 455 ff.; *ders.* § 31 (insbes. 729 ff.).

[33] *Gernhuber* § 13 V 1 (326).

[34] Hernach wird das Konzept auf andere finanzierte Käufe, den Erwerb von Beteiligungen, Verträge über Werk- und Dienstleistungen sowie – unter bestimmten Umständen – auf Finanzierungsleasinggeschäfte übertragen; siehe *Gernhuber* § 31 VI 2-5 (743-746).

[35] *Gernhuber* § 31 II 13 h (729 f.).

aus[36]: die Leistung im rechtsgeschäftlichen Verbund sei stets Leistung an den Empfänger der Zuwendung, der damit auch zum Schuldner einer nachfolgenden Leistungskondiktion werde; beim finanzierten Abzahlungskauf sei die Auszahlung der Darlehensvaluta mithin *allein* eine Leistung der Bank an den Verkäufer im Vollzugsverhältnis, nicht hingegen ein Akt, mit dem simultan zwei Leistungen im Valuta- und Deckungsverhältnis erbracht würden.

Aufbauend auf diesen Grundüberlegungen, entwickelt Gernhuber Leitlinien des genetischen, konditionellen und funktionellen Verbunds[37]. Diese lassen sich auf die allgemeine These reduzieren, daß sich Störungen des einen Schuldverhältnisses auch unmittelbar auf das andere auswirken. Das sei beispielhaft anhand des Standardproblems der mangelhaften Lieferung[38] erläutert: So sollen Mängel des Erwerbsgegenstandes sowie die daraus ableitbaren Rechtsfolgen im gesamten Verbund Wirkungen entfalten. Der Käufer sei berechtigt, weitere Ratenzahlungen an das Finanzierungsinstitut zu verweigern; mit dem Vollzug der Wandelung werde auch das Darlehensverhältnis in ein Rückgewährschuldverhältnis umgewandelt, wobei der Finanzierer die Darlehensvaluta beim Verkäufer, letzterer das Erwerbsobjekt beim Käufer und dieser seine bereits erbrachten Darlehensraten beim Kreditinstitut kondizieren könne.

Das Gedankenmodell hat zwar in seiner Gesamtheit keine ausdrückliche Zustimmung, jedoch bisweilen hinsichtlich einzelner Aspekte Sympathiebekundungen erfahren[39], ist letztlich aber überwiegend auf Ablehnung gestoßen[40]. Die zur Untermauerung der Kritik vorgebrachten Gründe vermögen nur teilweise zu überzeugen.

Sicherlich setzt man sich bei der Begründung des rechtsgeschäftlichen Verbunds über den auf den Abschluß zweier verschiedener Verträge gerichteten Parteiwillen hinweg[41]. Allerdings haben Verkäufer und Kreditgeber auch schon in der Vergangenheit die Vorzüge der von ihnen beabsichtigten rechtlichen

---

[36] Siehe zum folgenden *Gernhuber* § 31 II 13 h (730).

[37] Zu den Einzelheiten vgl. *Gernhuber* § 31 III und IV (731-740).

[38] *Gernhuber* § 31 IV 4 (738 f.).

[39] *Baudenbacher* JZ 1985, 661, 664 (r.Sp.) bezüglich des Rückforderungsdurchgriffs; *Joerges* Verbraucherschutz 66-68 hinsichtlich des Bereicherungsausgleichs; *Larenz* Schuldrecht II/1 § 63 I a (446) im Hinblick auf die von ihm befürwortete Anwendung des § 273 BGB als Rechtsgrundlage für den Einwendungsdurchgriff; *Löhr/Simon* 75 f. hinsichtlich des Einwendungsdurchgriffs; *Sannwald* 90 f. bezüglich der Übertragbarkeit auf das Leasinggeschäft; *Schwark* Rechtstheorie 1978, 73, 89 im Hinblick auf die Besserstellung des Abzahlungskäufers im Fall des Konkurses des Verkäufers beim B-Geschäft im Vergleich zum einfachen Abzahlungskauf. *Vollkommer* in: FS Merz 595, 606 f. und insbes. Fußn. 62 vertritt die These, durch § 9 Abs.1 VerbrKrG werde *Gernhubers* Lehre vom »rechtlichen Verbund« anerkannt; ebenfalls in diese Richtung weisend *Oechsler* 371. Entgegengesetzt argumentiert hinsichtlich der im Vergleich zur Lehre vom rechtsgeschäftlichen Verbund enger gefaßten Absätze 2 und 3 des § 9 VerbrKrG *Coester* Jura 1992, 617, 618 (l.Sp.); i.E. ebenso *Franz* 223-251 (insbes. 223 f., 237, 240 f., 250).

[40] Siehe etwa *Canaris* Bankvertragsrecht Rdn. 1397; *Coester* Jura 1992, 617, 618 (l.Sp.); *Gundlach* 166-168; *Lebek* 97 f.; *Reifner* Wirtschaftsrecht 182 f.

[41] So *Canaris* Bankvertragsrecht Rdn. 1397.

Trennung zwischen Kauf- und Darlehensvertrag nicht genießen können, ohne zugleich in den »sauren Apfel« des durch die rechtliche Verflechtung bedingten, zunächst von der Rechtsprechung entwickelten und nunmehr in § 9 Abs.2 und 3 VerbrKrG verankerten Käuferschutzes beißen zu müssen. Da das Modell des rechtsgeschäftlichen Verbunds diesen Wertungen lediglich eine rechtsdogmatische Grundlage verleihen will, kann das Konzept unter Hinweis auf einen entgegenstehenden Parteiwillen kaum erschüttert werden. Soweit eingewendet wird, der rechtsgeschäftliche Verbund löse sich vom gesicherten Bestand dogmatischer Figuren[42], wird durch diesen Hinweis die Problematik in mißverständlicher Weise verkürzt sowie die Notwendigkeit einer Neuorientierung verkannt. Verschwiegen wird nämlich, daß weder durch die Judikatur noch seitens der Rechtswissenschaft ein überzeugendes und allgemein anerkanntes Modell zur Erfassung von multilateralen Rechtsgeschäften, die im Spannungsfeld von Vertrag und Organisation angesiedelt sind, zur Verfügung gestellt worden ist.

Weiterhin wird beanstandet, das Konzept sei im Hinblick auf seine Rechtsfolgen sehr bedenklich, weil es weniger flexibel als die bislang vorherrschende Ansicht sei, die auf § 242 BGB sowie die Geschäftsgrundlagen- oder Zweckverfehlungslehre zurückgreifen könne[43]. Im Gegensatz dazu steht der Einwand, die Lehre vom rechtsgeschäftlichen Verbund führe zu einer Befreiung des Richters von der Bindung an das positive Recht und verschärfe damit den richterlichen Subjektivismus[44]. Trotz ihrer kontradiktorischen Wertungen verdeutlichen beide Einschätzungen eine Unzulänglichkeit des kritisierten Konzepts: Der für die Annahme eines rechtsgeschäftlichen Verbunds postulierte Finalnexus zwischen Kauf- und Darlehensvertrag weist bislang zu undeutliche, kaum greifbare Konturen auf, als daß er als zuverlässiges Abgrenzungskriterium dienen könnte[45]. Jedoch hat Gernhuber für den finanzierten Abzahlungskauf den wirklichen Charakter der schon oft konstatierten Interdependenz zwischen Kauf- und Kreditgeschäft offengelegt: Diese Vertragsverhältnisse und die daraus hervorgehenden Leistungspflichten stehen nämlich in einem *finalen* Gegenseitigkeitsverhältnis, so daß insoweit die dogmatische Anknüpfung konkreter ist als die undifferenzierte Anwendung der Geschäftsgrundlagenlehre oder der Rückgriff auf Treu und Glauben (§ 242 BGB).

Letztlich kann zwar auch das Modell des rechtsgeschäftlichen Verbunds nicht das rechtliche Vakuum, das für multilaterale, weder vertragliche noch verbandsrechtliche Personenverbindungen konstatiert worden ist, vollständig ausfüllen. Hingegen hat die Konzeption die Richtung für weitere lohnenswerte Erwägungen vorgegeben und wichtige, im Fortgang der Untersuchung wieder

[42] In diesem Sinne *Canaris* Bankvertragsrecht Rdn. 1397; *Joerges* Verbraucherschutz 67; *Löhr/Simon* 75 f.

[43] *Canaris* Bankvertragsrecht Rdn. 1397.

[44] *Gundlach* 168.

[45] Ähnlich *Pietzcker* 52.

aufzugreifende[46] Eckpunkte gesetzt: Eine rechtsdogmatische Erfassung und Kategorisierung drittfinanzierter Erwerbsgeschäfte hat an vertragsrechtliche Denkstrukturen und dabei insbersondere an das Konzept der finalen Gegenseitigkeitsbindung anzuknüpfen.

4. Lehre von den Vertragsnetzwerken

Die deutsche Zivilrechtsdogmatik wird, wie die vorangehenden Abschnitte belegt haben, noch immer von einem dichotomischen Denken beherrscht, das an der Zweiteilung in Vertrag und Verband festhält: *tertium non datur*, so scheint die Maxime zu lauten. Demgegenüber sind mit der Ausbreitung der arbeitsteiligen Produktion sowie der damit einhergehenden zunehmenden Verknüpfung verschiedener bilateraler Vertragsbeziehungen zu einem Rechtsgeschäft mit übergeordnetem Gesamtzweck die Unvollkommenheit und unzureichende Flexibilität der vorherrschenden Klassifizierung immer deutlicher hervorgetreten. Angesichts dieses Mißstandes hat es nach Gernhubers Vorstellung seiner Lehre vom rechtsgeschäftlichen Verbund nicht an weiteren Bemühungen gefehlt, unter Lösung von der bisherigen Zweispurigkeit des Rechtsdenkens mittels neuer Kategorien den wachsenden Interdependenzen moderner rechtsgeschäftlicher Abläufe, die mehr als zwei Personen einbeziehen, Rechnung zu tragen.

Im Hinblick auf den Untersuchungsgegenstand rückt dabei vornehmlich das im deutschen Rechtskreis in der zweiten Hälfte der achtziger Jahre von Möschel[47] entwickelte Konzept der Vertragsnetzwerke ins Blickfeld, welches er insbesondere auf den mehrgliedrigen bargeldlosen Zahlungsverkehr angewendet hat. Die Grundgedanken dieses Konzepts lassen sich folgendermaßen skizzieren: Auf der Basis sozio-ökonomischer Strukturanalysen werden Dauerschuldverhältnisse, gesellschaftsähnliche Rechtsverhältnisse und Vertragsverbindungen in ein Vertragsorganisationsrecht integriert. Durch teilweise oder vollständige Durchbrechung der Relativität der einzelnen Verträge wird in Form eines Vertragsnetzwerkes eine rechtliche Bindung zwischen ihnen geschaffen, die unabhängig vom Willen der einzelnen Parteien ist. Dabei bildet die Koordinierung des im Regelfall disparaten Zweckstrebens innerhalb bipolarer Verträge zu einem zumindest begrenzten gemeinsamen Nutzen (insbesondere Kostensenkung) den einheitlichen Vertragszweck. Die zusätzlichen, nur im Verbund erreichbaren Vorteile für alle Beteiligten werden in einer Art »Sekundärtransaktion« – dem Netzvertrag – rechtlich zusammengefaßt. Soweit also die zugrundeliegenden Transaktionen den Profit des Vertragsnetzwerks und des jeweiligen Akteurs steigern sollen, wird das Handeln sowohl dem Kollektiv (»Netzwerk«) als auch den einzelnen Individuen (»Knoten«) zuge-

---

[46] Siehe Teil II, 3. Abschnitt (138 ff.) und 4. Abschnitt (162 ff.).

[47] Grundlegend *Möschel* AcP 186 (1986), 187, 211 ff. Dieser Ansatz wird in der demnächst erscheinenden Monographie von *Rohe* mit dem Titel »Netzverträge« aufgegriffen und vertieft werden.

rechnet. Diese Doppelbezüglichkeit mündet in das Modell einer kombinierten Haftung von Netzwerk und dem tatsächlich betroffenen Knoten. So soll etwa beim mehrgliedrigen Zahlungsverkehr jedes Glied den bei ihm angefallenen Schaden unmittelbar beim Schädiger liquidieren können.

Anknüpfend an Möschels Überlegungen sowie das organisationssoziologische Schrifttum ist der Anwendungsbereich der Vertragsnetzwerke hernach von Teubner[48] auf Franchising-Systeme erstreckt worden. Damit sind in rechtstheoretischer Hinsicht die Möglichkeiten des Konzepts freilich keineswegs ausgeschöpft, auch eine Einbeziehung drittfinanzierter Erwerbsgeschäfte ist durchaus denkbar[49].

Der Ansatz ist verbreitet auf Kritik gestoßen[50]. Zunächst wird darauf hingewiesen, daß das juristische Denk- und Argumentationsmodell mit seiner Proklamation einer Netzwerkhaftung für die Beteiligten an vielgliedrigen Vertragssystemen außerhalb jedes Subsumtionszusammenhangs stehe[51]. In der Tat sind bislang weder die Voraussetzungen noch die daraus abzuleitenden Rechtsfolgen der sog. Vertragsnetzwerke detailliert herausgearbeitet worden[52], so daß das Konzept eher einem rechtsfreien Wertungstorso ähnelt, der fast nach Belieben

---

[48] Siehe *Teubner* ZHR 154 (1990), 295, 305 ff. (= deutschsprachige Fassung seiner Abhandlung in: *Joerges* Franchising and the Law 105 ff.); *dens.* KritV 1993, 367 ff. jeweils m.w.N. Siehe zuvor bereits – anknüpfend an *Luhmann* Funktion und Folgen formaler Organisation – AK-*Teubner* vor §§ 705 ff. Rdn. 25 [»Die adäquate Formalisierung von kooperativen Sozialsystemen dagegen ist nicht der Vertrag, sondern die formale Organisation durch die Mitgliedschaftsrolle.«]. Hernach hat *Kirchner* in: *Ott/Schäfer* Ökonomische Analyse des Unternehmensrechts 196-215 die bei der Institutionenwahl zwischen Unternehmensorganisation und Vertragsnetz maßgeblichen rechtlichen Bedingungen untersucht.

[49] Ebenso *Rohe* in seiner demnächst erscheinenden Monographie zu Netzverträgen, der insoweit von »kleinen Netzen« spricht.

[50] Gegen den Ansatz *Möschels* wenden sich u.a. *Hüffer* ZHR 151 (1987), 93, 106-108; *Koller* in: *Köndgen* 21, 25; *Köndgen* in: *Köndgen* 133, 144 f.; Palandt-*Heinrichs* vor § 305 Rdn. 16 a.E.; *K. Schmidt* Handelsrecht § 35 III (1045); *Schröter* ZHR 151 (1987), 118, 126-128; *Schürmann* 206-211 m.w.N. in Fußn. 58; *Schwark* ZHR 151 (1987), 325, 339; *Staub/Canaris* Rdn. 393 (253 f.); einschränkend *Oechsler* 353-355 und 384-386, der sich insbesondere gegen den Nutzen des dem Netzvertrag zugeordneten Leitbildcharakters ausspricht. Gegen die Kategorisierung *Teubners* sprechen sich aus *Buxbaum* 149 JITE 698-705 (1993); *Martinek* Vertragstypen Bd.III § 30 II 4 (382); *ders.* RabelsZ 57 (1993), 577, 583, 588; *Oechsler* RabelsZ 60 (1996), 91, 102 f. und *ders.* 381-383.

[51] *Martinek* Vertragstypen Bd.III § 30 II 4 (382); ebenso *Hüffer* ZHR 151 (1987), 93, 108 [»... der Vertragstatbestand ist also nicht greifbar. Dem entspricht die Unklarheit des Vertragsinhalts.«]; *Schröter* ZHR 151 (1987), 118, 127 [»Woraus sich aber das ... unterstellte »Verbundsystem« mit der Folge der wechselseitigen Haftung jedes an einem Zahlungsvorgang beteiligten Institutes für Fehler jedes anderen Institutes ergeben soll, bleibt ungeklärt.«]; *Schürmann* 206 [»rein ergebnisorientierte Rechtsschöpfung«].

[52] In diesem Sinne auch *Hüffer* ZHR 151 (1987), 93, 108 [»willensunabhängige Haftung im Gewand einer Vertragsfiktion«]; *Köndgen* in: *Köndgen* 133, 145 [»Das Ganze ist entweder blanke Fiktion, oder man muß zu ... gewagten Konstruktionen Zuflucht suchen ...«]; *Staub/Canaris* Rdn. 393 (253 f.) [»... Konstruktion, die fatal an die überwundene Lehre vom »faktischen« Vertrag erinnert, im objektiven Erklärungswert des Parteiverhaltens keine Stütze findet, sondern fiktiv und hypertroph ist.«].

ergänzt werden kann. Darüber hinaus erscheint es zweifelhaft, ob etwa beim mehrgliedrigen bargeldlosen Zahlungsverkehr die Willenserklärungen der daran Beteiligten regelmäßig übereinstimmend auf den Abschluß eines übergeordneten Netzvertrages mit den dargestellten weitreichenden Rechts- und insbesondere Haftungsfolgen gerichtet sind[53]. Schließlich wird die Befürchtung geäußert, die Theorie des Netzvertrages sei der Versuchung erlegen, »Vertragsverhältnisse zu dem einzigen Behufe der Begründung von *Schadensersatzpflichten* zu postulieren«[54]. Im Ergebnis stellt das Modell bislang unter rechtspolitischen Gesichtspunkten zwar oftmals beifallswürdige, *de lege lata* jedoch kaum belegbare programmatische Forderungen auf[55]. Der Kritik am neuen Ansatz würde viel, wenn nicht sogar jeglicher Wind aus den Segeln genommen, wenn es gelänge, den Netzvertrag überzeugend zu strukturieren, einen entsprechenden Vertragsabschluß trotz Fehlens ausdrücklich darauf gerichteter Willenserklärungen der lediglich in bipolare Vertragsverhältnisse eingebundenen Parteien, d.h. der einzelnen »Knoten«, nachzuweisen sowie schließlich den multilateralen Vertrag in die allgemeine Rechtsgeschäftslehre, das Leistungsstörungs- und das Bereichererungsrecht, die sich jeweils am zweiseitigen Schuldverhältnis orientieren, einzugliedern. Bis dahin wird die unkonventionelle Konzeption weiterhin bei mehrgliedrigen, interdependenten, vertraglichen Austauschgeschäften deren »irritierendes Oszillieren zwischen Vertrag und Organisation«[56] offenlegen und dadurch die Rechtsdiskussion bereichern.

II. Ansätze in der U.S.-amerikanischen Zivilrechtsdogmatik

Jenseits der bereits dargestellten *close-connection doctrine* und der aus ihr hervorgegangenen normativen Ansätze[57] hat sich die U.S.-amerikanische Zivilrechtsdogmatik nicht gezielt mit drittfinanzierten Erwerbsgeschäften und ihrer rechtlichen Kategorisierung auseinandergesetzt. Das wissenschaftliche Interesse hat sich stattdessen seit dem Ende des 19. Jahrhunderts auf das Vertragsrecht in seiner Gesamtheit gerichtet[58]. Beispielhaft sei genannt die *economic analysis of law*[59],

---

[53] *Koller* in: *Köndgen* 21, 25 weist nach, daß das Vertragsrecht – theoretisch – die nötige Flexibilität aufweist, um der Vorstellung von einem Netzvertrag Rechnung zu tragen.

[54] So *Koller* in: *Köndgen* 21, 25.

[55] Zu Recht weist *Hüffer* ZHR 151 (1987), 93, 107 etwa darauf hin, das geltende Recht kenne eine vertragliche, die einzelnen Glieder der Girokette überspringende Vernetzung nicht; ebenso *K. Schmidt* Handelsrecht § 35 III (1045) [»... rechtsdogmatisch zweifellos faszinierend, mit dem geltenden Vertragsrecht allerdings schwer in Einklang zu bringen.«].

[56] Dieser Ausdruck geht auf *Teubner* ZHR 154 (1990), 295, 296 zurück.

[57] Siehe Teil I, 2. Abschnitt, II. (57-64).

[58] Für einen Überblick über die *contract theory* siehe *Farnsworth* 43-49; *Feinman* 58 Cin. L. Rev. 1283-1318 (1990); *Hillman* 67 Tex. L. Rev. 103-136 (1988); *Shell* 81 Cal. L. Rev. 431, 495-503 (1993); *Murphy/Speidel* 9-15, 88-95 jeweils m.w.N.; ausführlich zu den in den achtziger Jahren entwickelten Ansätzen *Minda* 50 Ohio St. L.J. 599 ff. (1989).

[59] Vgl. zu diesem Ansatz das Standardwerk von *Posner* Economic Analysis of Law mit einer Darstellung der Grundlagen in Ch.1+2 (3-27) sowie die wegweisenden Studien von

die von der Annahme ausgeht, daß sich die eigentliche Logik rechtlicher Regelung erst mit den Ansätzen der Ökonomie aufspüren lasse. Dabei dient der Grundsatz der sog. Allokationseffizienz als Rationalitäts- und Legitimitätskriterium bei der Bewertung rechtlicher Entscheidungen oder Theorien – eine Anknüpfung, die als ökonomische Analyse des Rechts in begrenztem Maße[60] auch das deutsche Rechtsdenken beeinflußt hat[61]. Zwar bietet dieser Ansatz kein Konzept, um die zwischen Verband und Vertrag angesiedelten Verbindungen verschiedener interdependenter bilateraler Austauschgeschäfte zu einem drittfinanzierten Erwerbsvorgang dogmatisch zu erfassen. Im Hinblick auf das verfolgte Erkenntnisinteresse vermag indes die *relational contract theory*, die im Vergleich zu den übrigen gedanklichen Ansätzen der U.S.-amerikanischen *contract theory* die größte Affinität zum Untersuchungsgegenstand aufweist, weiterführende gedankliche Anstöße zu vermitteln.

1. Relational Contract Theory

Für die Zivilrechtstheorie in den Vereinigten Staaten – aber auch in Deutschland – sind noch immer die auf einen einmaligen punktuellen Güteraustausch gerichteten, sämtliche Abwicklungsmodalitäten regelnden Schuldvertragstypen systembestimmend, während die Wirtschaftspraxis von geschäftlichen Dauerbeziehungen beherrscht wird, die ihrerseits nur Teilstücke eines weitreichenden sozialen und wirtschaftlichen Beziehungsgeflechts darstellen. Diese Dauerverbindungen gehen aus der zunehmenden Arbeits- und Funktionsteilung im Wirtschaftsverkehr hervor, zielen auf einen langfristigen Leistungsaustausch ab, sind oftmals bewußt lückenhaft ausgestaltet und bedürfen daher bei der Ab-

---

Calabresi 70 Yale L.J. 499-553 (1961) und *Coase* 3 J.L. & Econ. 1 ff. (1960). Zur Anwendung der Theorie auf das Vertragsrecht siehe *Posner* aaO Ch.4 (89-134) sowie *Polinsky* Ch.5 jeweils m.w.N. und außerdem die einschlägigen Abhandlungen von *Goldberg* (Ed.) Readings in the Economics of Contract Law; *Kronman/Posner* (Eds.) The Economics of Contract Law. Zur Kritik an der *economic analysis of law* siehe stellvertretend *Baker* 5 Philosophy & Public Affairs 3, 4-41 (1975) und *Kronman* 9 J. of Legal Studies 227 ff. (1980), der die Hypothese der *wealth maximization* bezweifelt.

[60] Zum geringen Einfluß der ökonomischen Analyse des Rechts auf die deutsche Judikatur und Legislative und den Gründen für die im Vergleich zum kontinentaleuropäischen Recht überaus breite Rezeption des theoretischen Ansatzes in den U.S.A. siehe *Behrens* 149 JITE 142-147 (1993); *Eidenmüller* 404-411, 467 ff.; *Kirchner* 11 Int. Rev. of L. & Economics 277, 284-286 (1991); *Taupitz* AcP 196 (1996), 114, 120-122, 128-134.

[61] Siehe stellvertretend zu den ökonomischen Grundlagen des Rechts die Monographien von *Behrens* und *Eidenmüller* sowie das Lehrbuch von *Schäfer/Ott* mit einer ökonomischen Analyse des Vertragsrechts in den Kapiteln 10-16 (321-452); außerdem sprechen sich beispielsweise – freilich mit unterschiedlichen Nuancierungen – für eine zumindest teilweise Übertragung des Ansatzes in das deutsche Recht aus *Esser/Schmidt* Tb.1 § 2 IV (38-44); *Horn* AcP 176 (1976), 307 ff.; *Köhler* ZHR 144 (1980), 589 ff.; *Kübler* in: FS Steindorff 687 ff.; *Magoulas* in: *Ott/Schäfer* Allokationseffizienz 70 ff.; *Reimann* 247-251; *Sefrin* 28 f.; *Wehrt* KritV 1992, 358 ff. Kritisch hingegen *Fezer* JZ 1986, 817 ff.; *ders.* JZ 1988, 223 ff.; *Oechsler* 133-138; *R.H. Weber* in: FS Meier-Hayoz 419 ff. jeweils m.w.N.

wicklung noch weiterer Konkretisierungen. Dieses Phänomen ist bereits in den sechziger Jahren in einer wegweisenden empirischen Studie von Macaulay[62] angedeutet worden[63]. In seiner im Bundesstaat Wisconsin vorgenommenen Untersuchung kam er zu dem Ergebnis, daß im Wirtschaftsverkehr rechtliche Schritte zur Durchsetzung von Verträgen regelmäßig erst dann ergriffen werden, wenn die Klagesumme die entstehenden Kosten und die kaum exakt ermittelbaren geschäftlichen Nachteile aufwiegt. Für die übrigen Fälle wurde das typische Vorgehen von einer der befragten Geschäftspersonen folgendermaßen umschrieben:

»You can settle any dispute if you keep the lawyers and accountants out of it. They just do not understand the give-and-take needed in business.«[64]

In den siebziger Jahren hat Macneil[65] sodann die soziologischen Befunde aus der rechtstheoretischen Perspektive als Lehre von den *relational contracts* herausgearbeitet und den das klassische Vertragsrecht beherrschenden *discrete transactions/contracts* gegenübergestellt[66]. Grundlegend für sein Modell ist die Feststellung, daß sich das klassische, die vertraglichen Vereinbarungen in den Mittelpunkt der rechtlichen Wertungen rückende *contract law* in dem Sozialverhalten der Parteien bei der Vertragsabwicklung kaum widerspiegele. Daraus fol-

---

[62] Grundlegend *Macaulay* 28 A. Soc. Rev. 55 ff. (1963); siehe hernach etwa *dens.* 1985 Wis. L. Rev. 465-482; *dens.* in: *Joerges* Franchising and the Law 179 ff.; siehe zu diesem Ansatz im deutschsprachigen Schrifttum zuletzt die konzise Darstellung von *Oechsler* RabelsZ 60 (1996), 91, 96-98.

[63] Zu den hierzu nachfolgend veröffentlichten empirischen Studien siehe *Crystal* 1988 Ann. Surv. Am. L. 293, 295 in Fußn. 11-17; *Weintraub* 1992 Wis. L. Rev. 1 ff. sowie in Fußn. 10.

[64] *Macaulay* 28. Soc. Rev. 55, 61 (1963).

[65] Grundlegend *Macneil* 47 S. Cal. L. Rev. 691 ff. (1974); *ders.* 72 Nw. U. L. Rev. 854 ff. (1978); *ders.* The New Social Contract: An Inquiry into Modern Contractual Relations, 1980; *ders.* 1985 Wis. L. Rev. 483 ff.; siehe zu diesem Ansatz im deutschsprachigen Schrifttum zuletzt den Überblick bei *Oechsler* RabelsZ 60 (1996), 91, 93-96. Anläßlich eines Symposiums zu komplexen Langzeitverträgen im Jahre 1986 in Heidelberg hat *Macneil* in: *Nicklisch* 31-49 die im amerikanischen Rechtsdenken vorhandenen Zugangsschranken zur Problematik, im wesentlichen begründet in dem starren Festhalten an bilateralen Rechtsverhältnissen, ausführlich dargelegt. Diese Überlegungen lassen sich im wesentlichen auf das hierzulande vorherrschende *legal thinking* übertragen, wenngleich *Macneil* aaO 34 Fußn. 8 im Hinblick auf das deutsche Rechtssystem einräumt: »... the Germans are far ahead of us in thinking about this subject.«

[66] Zu den Auswirkungen dieses gedanklichen Ansatzes auf das U.S.-amerikanische Vertragsrecht siehe stellvertretend *Whitford* 1985 Wis. L. Rev. 545, 548 [»These developments reflect the degree to which legal academics have accepted Macneil's observations about the nature of agreement in most relational contracts. In this sense, relational contract theory is now mainstream contract theory.«]; *Linzer* 1988 Ann. Surv. Am. L. 139, 140 [»... courts have been following the approach more than we (or the courts themselves) realize«] sowie ausführlich 181-188, 195-198 m.w.N. Damit hat sich die bereits im Jahre 1983 geäußerte Einschätzung von *Schmid* 136 ff., die *relational contract theory* habe nur einen äußerst geringen Einfluß auf die U.S.-amerikanische Rechtsprechung gehabt, als voreilig erwiesen. Kritik an dem Ansatz *Macneils* wird selten geäußert, vgl. aber *Barnett* 78 Va. L. Rev. 1175 ff. (1992).

gert er, daß dem abstrakten, alle Einzelfragen im Vertrag regelnden Güteraustausch (*discrete transaction*) ein Modell für vertragliche Dauerbeziehungen (*relational transactions*) gegenüberzustellen sei, bei dem darüber hinaus das aus den Sozialbeziehungen hervorgehende Verhalten (*relational contractual behavior*) bei der Ausräumung rechtlicher Konflikte Berücksichtigung zu finden habe. Als Beispiel einer *discrete transaction* erwähnt Macneil wiederholt den einmaligen Kauf von Kraftstoff an einer vom Wohnort entfernt gelegenen Tankstelle, während er das Eheversprechen als typisches Vorbild einer *relational transaction* ansieht. Bei einer solchen beruhe die Bereitschaft zur Konfliktlösung auf der engen sozialen, auf Fortsetzung ausgerichteten Beziehung zwischen den Vertragsparteien. Vor diesem Hintergrund komme den vertraglich fixierten Abmachungen nicht die ihnen vom klassischen Vertragsrecht beigemessene ausschlaggebende Bedeutung zu, vielmehr würde die Ausgestaltung der Leistungspflichten im Laufe der Vertragsabwicklung ständig angepaßt oder weiterentwickelt werden. Im Ergebnis räumt Macneil somit der dem Erhalt der Sozialbeziehung dienenden Streitbeilegung den prinzipiellen Vorrang vor einem strikten Festhalten an den vertraglichen Vereinbarungen ein.

Im Hinblick auf den Untersuchungsgegenstand drängt sich damit nunmehr die Frage auf, ob auch drittfinanzierte Erwerbsgeschäfte in das Modell der *relational contracts* eingegliedert werden können. Macneils grundlegende Studie aus dem Jahre 1974[67] legt einen solchen Rückschluß nahe, wenngleich in der Folge die neue Kategorisierung in der Rechtswissenschaft soweit ersichtlich nicht auf die im Zentrum der Untersuchung stehenden Vertragskonstellationen angewendet worden ist. In seinen einleitenden Ausführungen zieht Macneil folgenden Schluß:

»Direct bilateral exchange is, however, by no means essential. Exchange can equally well support specialization when it occurs in cycles in which no benefactor ever receives return benefits from the one upon whom he confers benefits; the first beneficiary may confer benefits on a different beneficiary, who in return confers benefits on another, and so on until the original benefactor receives »return« from someone in the cycle, but not a return directly traceable to the original beneficiary.«[68]

Allerdings ergibt sich aus dem Kontext, daß Macneil damit zyklische Austauschverhältnisse im Sinne der vom Arbeiter bis zum Endabnehmer verlaufenden Herstellungs- und Warenkette erfassen wollte, während ihm ein ringförmiger Warenaustausch im Sinne eines *do ut des ut det* offensichtlich nicht unmittelbar vorgeschwebt zu haben scheint. Gleichwohl soll die Einbeziehung weiterer Beteiligter in eine zweiseitige Vertragsbeziehung diese mehr in die Nähe der *relational contracts* rücken, während zugleich die typischen Merkmale der *discrete transactions* in den Hintergrund treten.

»There are but two parties to the purest of transactions. The presence of additional

[67] *Macneil* 47 S. Cal. L. Rev. 691, 738-740 [Auflistung der maßgeblichen Abgrenzungsmerkmale], 744-805 [detaillierte Analyse derselben] (1974).

[68] *Macneil* 47 S. Cal. L. Rev. 691, 697 (1974).

parties automatically begins to create circumstances generative of relational characteristics ...

Without being more specific, it can nonetheless accurately be stated that the presence of large numbers of poles of interest in the form of additional participants tend to effect virtually every transactional-relational axis of behavior, pushing always in the direction of relation.«[69]

Als Zwischenergebnis kann somit festgehalten werden, daß Vertragsbeziehungen umso stärker von *relational characteristics* geprägt werden, je mehr abwicklungstechnische und personelle Interdependenzen dem Rechtsverhältnis innewohnen. Die Lehre von den *relational contracts* kann damit keine scharfe Grenzlinie zu den *discrete transactions/contracts* ziehen. Es liegt die Folgerung nahe, daß bei Vorliegen der genannten Abhängigkeitskriterien auch drittfinanzierte Erwerbsgeschäfte in den Anwendungsbereich der von Macneil begründeten Lehre fallen. Letztlich hat diese Kategorisierung also dazu geführt, daß insbesondere bei dauerhaften komplexen Vertragskonstellationen das *neoclassical contract law* in Frage gestellt und nach neuen Lösungswegen gesucht wird[70].

Wie aber sieht der Regelungskatalog für *relational contracts* aus? Wer auf diese Frage detaillierte Vorgaben, möglicherweise gar fest umrissene Tatbestandsvoraussetzungen mit der Anordnung ebenso präziser Rechtsfolgen erwartet, wird trotz der vieljährigen Auseinandersetzung mit dieser Problematik in der U.S.-amerikanischen Rechtswissenschaft enttäuscht[71]. Freilich hat Macneil die Zielrichtung für die erforderlichen Analysen und Modifikationen des bestehenden Rechts vorgegeben und eine Ausrichtung an den allgemeinen, das gesamte Vertragsrecht beherrschenden Grundlagen und Prinzipien

(1) reciprocity;
(2) role effectuation;
(3) limited freedom of exercise of choice;
(4) effectuation of planning; and
(5) harmonizing of contracts with their internal and external social matrices

vorgeschlagen[72]. Bei der gedanklichen Auseinandersetzung mit diesem theoretischen Modell hat man jedoch stets Rechnung zu tragen »Macneil's style of presentation, which usually does not observe the style of traditional legal scholarship«[73]. Deshalb wäre es beispielsweise verfehlt, den Terminus »reciprocity« in Macneils Ausführungen mit der in der amerikanischen Vertragsrechtsdogmatik

[69] *Macneil* 47 S. Cal. L. Rev. 691, 792 (1974).

[70] Siehe hierzu in neuerer Zeit stellvertretend *Speidel* 26 Loy. L.A. L. Rev. 789, 792-809 (1993).

[71] So stellt *Whitford* 1985 Wis. L. Rev. 545, 551 f. treffend fest: »... Macneil rarely indicates how courts should decide particular cases before them and express support for reasonably particularistic legislation.«

[72] *Macneil* 47 S. Cal. L. Rev. 691, 808 (1974). Später hat *ders.* The New Social Contract 39-59 diesen Ansatz nochmals aufgegriffen und weiter verfeinert; siehe hierzu auch *Feinman* 3 S. Cal. Interdis. L.J. 43, 56 f. (1993).

[73] *Feinman* 58 Cin. L. Rev. 1283, 1299 (1990).

vorherrschenden und auf einen gegenseitigen Leistungsaustausch abzielenden Definition gleichzusetzen; vielmehr mißt Macneil diesem Begriff die Bedeutung des Gebens und Nehmens im weiteren Sinne bei, so daß »reciprocity« nicht nur bei gegenseitig-verpflichtenden Verträgen, sondern etwa auch innerhalb eines vielgliedrigen Herstellungsprozesses vorliegen kann.

Aufbauend auf Macneils Gedankenmodell, ist im Laufe der Zeit ein Patchwork unterschiedlicher und heterogener Ansätze entstanden, die jeweils nur eine oder wenige Konstellationen relationaler Vertragsgestaltung zum Gegenstand haben[74]. Angesichts dieser Entwicklung gibt nachfolgendes Zitat eine von den Vertretern der Lehre von den *relational contracts* weithin geteilte Einschätzung wieder:

»In all probability, development of the principles and policies of relational theory will be the most important challenge and accomplishment of twenty-first century contract law.«[75]

2. Auswirkungen auf die deutsche Vertragsrechtstheorie

Dieser Denkansatz ist in der deutschen Rechtswissenschaft nur vereinzelt aufgegriffen[76] und allgemein als Lehre von den Relationalkontrakten[77] sowie – darauf aufbauend – von Nicklisch[78] als Theorie des komplexen Langzeitvertrages und von Schanze[79] zur Charakterisierung von Vertragsbeziehungen innerhalb organisatorischer Hierarchien in Unternehmungen und Konzernen als Theorie der symbiotischen Verträge fruchtbar gemacht worden. Die auf der Basis der *relational contract theory* gewonnenen Erkenntnisse sollen letztendlich dazu führen, daß in Deutschland die als unpassend erachteten Normen des Allge-

[74] *Feinman* 3 S. Cal. Interdis. L.J. 43, 48 ff. (1993) [default rules]; *Hadfield* 42 Stan. L. Rev. 927, 984-990 (1990) [franchising]; *Speidel* 67 B.U. L. Rev. 9, 37-57 (1987) [manufacturer's liability to a remote buyer, with whom he had no contract, for economic loss caused by unmerchantable goods]; *ders.* 26 Loy. L.A. L. Rev. 789 ff. (1993) [relational sales]; kritisch hingegen *Craswell* 3 S. Cal. Interdis. L.J. 91 ff. (1993).

[75] *Speidel* 26 Loy. L.A. L. Rev. 789, 808 (1993).

[76] Zu den Auswirkungen dieser Kategorisierung auf das deutsche Recht siehe *Martinek* Vertragstypen Bd.III § 30 II 1 (365-371); *Schmid* 101-113; *Sefrin* 52-54; kritisch zum Nutzen der Lehre von den *relational contracts Kötz* § 1 V (22); *Martinek* RabelsZ 57 (1993), 577, 581, 588; *Oechsler* RabelsZ 60 (1996), 91, 101-103, 107-109. Bereits vor *Macneils* Veröffentlichungen zur *relational contract theory* hatte sich *Müller-Graff* in einer umfassenden Studie mit der rechtlichen Bedeutung der längeren Geschäftsverbindung im amerikanischen Recht (10 ff.) und sodann rechtsvergleichend im deutschen Recht (129 ff.) auseinandergesetzt.

[77] Vgl. *Joerges* in: FS Wassermann 697 ff.; *dens.* 1985 Wis. L. Rev. 581, 602-622; *Köndgen* Selbstbindung ohne Vertrag 129; *Schäfer/Ott* 521 f.

[78] Allgemein *Nicklisch* in: *Nicklisch* 17-24; *ders.* JZ 1984, 757, 759-765 [im Hinblick auf eine Neukonzeption des Werkvertragsrechts]; *ders.* NJW 1985, 2361-2370 [im Hinblick auf den Subunternehmervertrag]. Vgl. in diesem Zusamenhang zuletzt auch die allerdings nicht auf der *relational contract theory*, sondern auf einer institutionen-ökonomischen Grundlage aufbauende Monographie von *Jickeli* über den sog. langfristigen Vertrag.

[79] *Schanze* in: *Joerges* Franchising and the Law 67-103; *ders.* 149 JITE 691-697 (1993).

meinen Schuldrechts durch ein den Besonderheiten der komplexen Langzeitverträge Rechnung tragendes Regelungsprogramm ersetzt werden[80]. Bislang ist es jedoch nicht gelungen, die sachlichen Eingriffsvoraussetzungen der *relational contracts* klar und überzeugend abzugrenzen[81] sowie auf der Rechtsfolgenseite den rechtspolitischen Postulaten – erhöhte Treuepflichten, Möglichkeiten zur Vertragsanpassung und fristlosen Kündigung – juristisch verwertbare Konturen zu verleihen[82]. Darüber hinaus weist das U.S.-amerikanische *contract law* – worauf zuletzt Oechsler[83] zutreffend aufmerksam gemacht hat – im Vergleich zur deutschen Zivilrechtsdogmatik konzeptionelle Abweichungen auf (etwa Schriftformerfordernis für Austauschverträge über $ 500 gem. UCC § 2-201, *consideration*-Lehre[84]), die die Notwendigkeit für eine Doktrin der *relational contracts* allenfalls in den Vereinigten Staaten zu begründen vermögen. Schließlich beschränkt sich auch in Deutschland die Lehre von den relationalen Verträgen auf die konzeptionelle Analyse zweiseitiger Austauschverträge, während im Zentrum dieser Untersuchung drittfinanzierte Erwerbsgeschäfte stehen, die sich aus mindestens zwei interdependenten bilateralen Vertragsbeziehungen zusammensetzen.

[80] In diesem Sinne *Nicklisch* in: *Nicklisch* 17, 24.

[81] Siehe etwa die Auflistung von typischen Strukturelementen bei *Nicklisch* JZ 1984, 757, 762-764

[82] Kritisch auch *Joerges* ZHR 152 (1987), 195, 211-213, nach dessen Ansicht sich aus der rechtlichen Qualifikation des Franchising als Relationalvertrag »keine definitiven positiven Konsequenzen für dessen Regelung« ableiten lassen; siehe zudem *Martinek* Vertragstypen Bd.III § 30 II 4 (385), der im Hinblick auf die Diskussion der Relationalverträge von einer »derzeit noch *juristisch unfruchtbaren Esoterik*« spricht, sowie *Oechsler* 102-104.

[83] *Oechsler* RabelsZ 60 (1996), 91, 109-114.

[84] Siehe zur *consideration doctrine* zuletzt ausführlich die Monographie von *Fromholzer*; vgl. daneben instruktiv *Becker* in: FS zum 41.DJT, 1-50; *Hay* 71-75; *von Hippel* Kontrolle 62-84 (m.w.N. auf S.161 f.); *Kessler* in: FS Rabel Bd.1, 251-277; *Reimann* 27-30; *Rheinstein* 55-121; *Zweigert/Kötz* § 29 II (384-390) m.w.N.

4. Abschnitt

Bilanz

Zum Abschluß des ersten Teils lassen sich für den deutschen Rechtskreis die Ergebnisse in der resignativen These zusammenfassen: Ebensowenig wie Legislative und Judikatur ist die Rechtstheorie in der Lage gewesen, multilaterale Leistungsbeziehungen, die sich weder in das Vertrags- noch in das Organisationsrecht reibungslos und widerspruchsfrei eingliedern lassen, überzeugend zu strukturieren und hierfür einen rechtlichen Rahmen zur Verfügung zu stellen. Man könnte also in den namhaften Chor derer einstimmen, die seit Beginn der siebziger Jahre diesen Mißstand beklagt haben. Schon im Jahr 1973 stellte Gernhuber fest:

»Merklich irritiert steht die Rechtstheorie der Rechtspraxis dort gegenüber, wo diese die Grenzen eines Denkens in isolierten Schuldverträgen zugunsten eines Denkens in vertraglichen Bezügen zu sprengen beginnt.«[1]

Im darauffolgenden Jahr stimmte auch Medicus ähnliche Töne an:

»Die im Schuldverhältnis angelegte Isolation auf G[läubiger] und S[chuldner], die Abkapselung gegenüber »dem Rest der Welt«, befriedigt heute nicht mehr überall.«[2]

Und auch Ende der achtziger Jahr konnte Gernhuber noch keine grundlegende Wende konstatieren:

»Auch heute noch fehlt eine Theorie der Vertragsverbindungen, an welcher die Legislative sich orientieren könnte. Wir verfügen noch nicht einmal über eine Morphologie der Vertragsverbindungen. ... Es gibt nicht nur eine Sperrwirkung der rechtlichen terra incognita für die Legislative, sondern auch eine nicht minder wirksame für die Rechtstheorie.«[3]

Zwischenzeitlich hatte Larenz mit Bezug auf finanzierte Abzahlungsgeschäfte den Stand der Rechtsdiskussion folgendermaßen umschrieben:

»Die Probleme, die sich aus der Aufspaltung eines wirtschaftlich einheitlichen Geschäfts in zwei äußerlich getrennte, aber durch ihre Zwecke aufeinander bezogene und in der Vorstellung der Parteien zusammengehörende Verträge mit – auf einer Seite – verschiedenen Partnern ergeben, bedürfen einer grundsätzlichen Lösung, von der wir aber zur Zeit noch weit entfernt sind.«[4]

---

[1] *Gernhuber* in: FS Larenz 455.
[2] *Medicus* JuS 1974, 613, 622.
[3] *Gernhuber* § 31 I 5 (712).
[4] *Larenz* Schuldrecht II/1 § 63 I (448).

Schließlich hat Martinek zu Beginn der neunziger Jahre seine Analyse moderner Vertragstypen, die neben anderen Vertragskonstellationen auch finanzierte Abzahlungskäufe, Finanzierungsleasinggeschäfte, Factoring- sowie Kreditkartengeschäfte umfaßt, folgendermaßen bewertet und zugleich die Richtung weiterer wissenschaftlicher Bestrebungen gewiesen:

»Vor allem stehen wir nach der Einzelbetrachtung der wichtigsten der modernen Vertragstypen vor dem Befund, daß die einzelnen Vertragsformen rechtsstrukturell und rechtsdogmatisch eher unvermittelt nebeneinander stehen und die funktionale Heterogenität den Blick für die Gemeinsamkeiten zu verstellen droht, die mindestens im Methodenproblem der Umwandlung empirisch-realer Gestalttypen in normative Rechtsstrukturtypen gesucht werden muß.«[5]

Sicherlich ist die Rechtstheorie wegen der starken Orientierung an jeweils einzelnen Vertragsgestaltungen von einem Gesamtkonzept – man könnte auch sagen: einem Allgemeinen Teil – der drittfinanzierten Erwerbsgeschäfte noch weit entfernt. Nur zu leicht kann man sich im Labyrinth des Ideenreichtums juristischer Konstruktionen hoffnungslos verirren. Die fehlende Abstimmung der verschiedenen Entwicklungen ist zwar beklagenswert, sollte aber nicht den Blick auf die bisher gewonnenen Erkenntnisse versperren:

– Drittfinanzierte Erwerbsgeschäfte setzen sich aus mindestens zwei bilateralen Verträgen zusammen. Die zugrundeliegenden Austauschverhältnisse sind in unterschiedlichem Umfang voneinander abhängig, wobei die festgestellten Interdependenzen von einer vollständigen rechtlichen Isolierung bis zu einer engen rechtlichen Verknüpfung reichen. Charakteristisch für das deutsche Zivilrecht ist das Bestreben, bei drittfinanzierten Erwerbsgeschäften die zugrundeliegenden bilateralen Verträge unabhängig vom Ausmaß ihrer rechtlichen Verknüpfung einer isolierenden Betrachtungsweise zu unterziehen[6]. Ausschlaggebend für diese Entwicklung sind die noch immer beherrschenden »rational-sezierenden Methoden wissenschaftlichen Denkens«[7], durch die selbst komplexe Verknüpfungen von Verträgen, an denen insgesamt drei oder mehr Parteien beteiligt sind, jeweils in bekannte – und damit auch ebenso vertraute wie bewährte – Segmente aufgegliedert werden. Die Zweckmäßigkeit und Angemessenheit dieses Ansatzes nimmt allerdings in dem Umfang ab, in dem im Rahmen des drittfinanzierten Erwerbsgeschäfts die Intensität der Interdependenzen zunimmt.

– Die bisherigen Ansätze zur Bestimmung der Grenzlinie zwischen vertraglichen Konstellationen, bei denen eine isolierte rechtliche Bewertung der zweiseitigen Austauschverhältnisse angemessen ist, und denjenigen, die einer verschmelzenden Betrachtungsweise bedürfen, können nicht überzeugen. Das gilt insbesondere für das von Judikatur und Legislative als maßgeblich erachtete Kriterium der wirtschaftlichen Einheit, das seinerseits rechtsdogmatisch und

[5] *Martinek* Vertragstypen Bd.III § 30 I (365).
[6] Kritisch zu diesem Denkansatz auch *Oechsler* 2, 340 f., 386-388.
[7] Diese Formulierung geht auf *Brecher* in: FS H. Lange 123, 133 zurück.

-systematisch zweifelbehaftet, darüber hinaus auslegungsbedürftig und insgesamt zu unbestimmt ist.

– Jenseits der bislang nur annäherungsweise bestimmbaren Grenze läßt sich eine multilaterale vertragliche Verflechtung weder als bloße Addition von zwei bilateralen Verträgen noch als mehrgliedriger Austauschvertrag oder Verband einordnen. Zur rechtlichen Einstufung und Zuordnung drittfinanzierter Erwerbsgeschäfte bedarf es, losgelöst vom dichotomen Denken in den Kategorien des Kontrakts und der Organisation, einer neuen Rechtsfigur, deren exakte Abgrenzung und überzeugende Integration bislang weder im deutschen noch im U.S.-amerikanischen Rechtssystem gelungen ist. Metaphorische Umschreibungen für diese multilateralen Rechtsgeschäfte – z.B. Netzwerke[8], qualitative/wirtschaftliche Synthese/Symbiose[9], symbiotische Verträge[10], *relational contracts*[11], *distinctive triangular relationship*[12], intersubjektive Funktionsgemeinschaft[13], Hybride, organisatorische Gemeinschaften, strategische Allianzen, vielköpfige Hydren, quasikorporative Einheiten, Vertragsorganisationen[14] – dienen im wesentlichen allein der Veranschaulichung des Rechtsproblems. Darüber hinaus sind diese mehr oder weniger griffigen Formulierungen allenfalls von begrenztem Nutzen bei der Entwicklung eines Normenkatalogs für die neue rechtliche Kategorie.

Es überrascht, daß die angedeuteten rechtsdogmatischen Unstimmigkeiten seitens der Rechtswissenschaft nur vereinzelt aufgegriffen und von der Judikative – wie das Festhalten am sog. Schlechterstellungsverbot belegt – beharrlich verdrängt werden. Soweit seit Beginn der neunziger Jahre eine Reform des Schuldrechts – insbesondere hinsichtlich des Leistungsstörungsrechts und der Mängelhaftung beim Kauf- und Werkvertrag sowie des Rechts der Verjährung – erörtert wird[15], sind substantielle Neuorientierungen der Zivilrechtsdogmatik

---

[8] Siehe hierzu oben Teil I, 3. Abschnitt, I. 4. (75-77) m.w.N.

[9] Diese Formulierungen wählt *Sefrin* 18, 51, 159 zur Charakterisierung von Finanzierungsleasinggeschäften, bei denen zuvor bereits *E.-G. Koch* 72f. eine »rechtliche »Symbiose« der drei Beteiligten« verwirklicht sah.

[10] Diesen Terminus verwendet *Schanze* in: *Joerges* Franchising and the Law 67, 68, 95ff., 102f.; *ders.* 149 JITE 691-697 (1993), anknüpfend an Vorüberlegungen von *Williamson* 4 Journal of Law, Economics, & Organization 65ff. (1988), *Powell* 12 Research in Organizational Behavior 295ff. (1990) und *Teubner* ZHR 154 (1990), 295, 305ff. (= deutschsprachige Fassung seiner Abhandlung in: *Joerges* Franchising and the Law 105ff.). Allerdings erwähnt *Schanze* im Zusammenhang mit dieser Kategorie nur unternehmens- und konzernrechtliche Vertragsgestaltungen, Franchiseverträge, Just-in-time-Verträge sowie Joint-Venture-Verträge, hingegen nicht drittfinanzierte Erwerbsgeschäfte.

[11] Siehe hierzu Teil I, 3. Abschnitt, II. (78-83) m.w.N.

[12] Präambel der Finanzierungsleasing-Konvention.

[13] Siehe hierzu *Brecher* in: FS H. Lange 123, 134, 143.

[14] Die letztgenannten Termini sind entnommen der Abhandlung von *Teubner* KritV 1993, 367ff. m.w.N.

[15] Siehe zusammenfassend die Beschlüsse des 60.DJT zur Schuldrechtsreform, abgedr. u.a. in ZIP 1994, 1573f.; zum Einfluß des amerikanischen Rechts auf diese Reform siehe *G. Hager* in: *Drobnig/Rehbinder* (Hrsg.) 243-264.

im Bereich drittfinanzierter Erwerbsgeschäfte zumindest für die nähere Zukunft nicht zu erwarten. Nachdem nunmehr der Gesetzgeber die Kategorie der verbundenen Geschäfte anhand des wenig geeigneten Kriteriums der wirtschaftlichen Einheit abgegrenzt und einer gesonderten Regelung unterworfen hat, ist mit einer grundlegenden Kurskorrektur – sei es durch die Judikatur, sei es durch die Legislative – in naher Zukunft kaum zu rechnen. Es ist zu vermuten, daß angesichts dieser nunmehr vermeintlich gesicherten Rechtslage die Rechtswissenschaft in noch geringerem Maße als bisher Neigung zur gedanklichen Konfrontation zeigen wird. Eine verbreitete Grundeinstellung scheint dahin zu tendieren, daß die Judikatur in einem langjährigen Entwicklungsprozeß – wenngleich ohne überzeugendes dogmatisches Fundament – im Hinblick auf drittfinanzierte Erwerbsgeschäfte inzwischen zu praktikablen und zufriedenstellenden Rechtsfolgeergebnissen gelangt sei, die es zu gegebener Zeit zu kodifizieren gelte[16]. Selbst wenn man – im Gegensatz zur hier vertretenen Auffassung – die letztgenannte Einschätzung teilen sollte, sind weder eine gefestigte Rechtsprechung noch die darauf aufbauende Gesetzgebung jemals der Frage nach ihrer Überzeugungskraft entrückt. Vielmehr verbleibt der Wissenschaft die Aufgabe der gedanklichen Erfassung und systematischen Einordnung, ohne die die gefundenen Ergebnisse einer begründeten Lösung im tieferen Sinne entbehren.

Hat demgegenüber der rechtsvergleichende Blick auf U.S.-amerikanische und übernationale Rechtsentwicklungen zu Erkenntnissen geführt, die für den Untersuchungsgegenstand nutzbar gemacht werden können? Sicherlich weisen die vorgestellten Ansätze, die anders als im deutschen Rechtssystem weniger auf rechtsdogmatischen als vielmehr auf praxisbezogenen Erwägungen beruhen, vielfach deutliche Parallelwertungen auf. Das könnte allein als gegenseitige Bestätigung für die Richtigkeit des eingeschlagenen Weges (miß)verstanden werden; eine solche – verkürzende – Bewertung ließe außer Betracht, daß drittfinanzierte Erwerbsgeschäfte in den Vereinigten Staaten sowie auf der Basis der UNIDROIT-Konventionen teilweise deutlicher und konsequenter als im deutschen Recht als eigenständige, multilaterale und zweckbezogene Verbindungen von bilateralen Verträgen aufgefaßt werden. So knüpft die UNIDROIT-Konvention über Internationales Factoring in seinem Art. 1 zwar lediglich an den Factoringvertrag, indes nicht an das gesamte, mindestens drei Beteiligte umfassende Rechtsgeschäft an. Allerdings wird die Vorbildfunktion der multilateralen Rechtsbeziehung in der Präambel der Konvention[17] unterstrichen. Mit Blick auf *purchase money loans* und *credit card transactions* läßt sich resümierend feststellen, daß in den Vereinigten Staaten die Bereitschaft größer ist, diese

---

[16] Siehe etwa im Hinblick auf das Finanzierungsleasinggeschäft *Sefrin* 76-81 und *Leible* 427 ff. sowie allgemein im Hinblick auf Innominatverträge *Kramer* in: *Kramer* 23, 42-44.

[17] Abgedr. bspw. in RabelsZ 53 (1989), 733 (l.Sp.): »... to provide a legal framework that will facilitate international factoring, while maintaining a fair balance of interests between the different parties involved in factoring transactions, ...«

multilateralen vertraglichen Verflechtungen vom zu engen rechtlichen Korsett bilateraler Vertragsverhältnisse zu befreien. Dieses höhere Maß an Flexibilität ist jedoch nicht Ausdruck der Überlegenheit der amerikanischen Rechtstheorie, sondern findet seine Ursache in dem Umstand, daß jene in deutlich geringerem Maße von der Pandektenwissenschaft geprägt ist als das deutsche Rechtsdenken. Damit ist zugleich die Schwelle, die es beim Verlassen der vom *classical contract law* bestimmten Wertungsbahnen zu überwinden gilt, deutlich niedriger, so daß Drittinteressen bei der Auslegung und Anwendung bilateraler Verträge relativ problemlos integriert werden konnten. Deshalb ist es letztlich im amerikanischen Rechtskreis im Hinblick auf *purchase money loans* und *credit card transactions* auch nicht erforderlich gewesen, eine jeweils die gesamte trilaterale Transaktion erfassende überzeugende Rechtsfigur zu entwickeln. Anders als bei diesen Vertragskonstellationen hat die U.S.-amerikanische und übernationale Rechtsentwicklung im Bereich des Finanzierungsleasings durch den Erlaß des Art. 2A UCC sowie der UNIDROIT-Konvention über das internationale Finanzierungsleasing einen konzeptionellen Neuanfang gesucht. Diese Regelwerke basieren zwar weiterhin auf der Vorstellung, daß sich das gesamte Finanzierungsleasinggeschäft aus zwei bilateralen Vertragsverhältnissen zusammensetzt, sie tragen aber zugleich der symbiotischen und interdependenten Vertragsgestaltung Rechnung. Der Rechtscharakter der übergeordneten Einheit wird hingegen nicht näher bestimmt. Den offiziellen Erläuterungen zu UCC § 2A-103 (1)(g)[18] sowie der Präambel der UNIDROIT-Konvention zum internationalen Finanzierungsleasing[19] lassen sich hingegen Andeutungen dafür entnehmen, daß den Normgebern eher dem Vertragsrecht zuzuordnende Konzepte vorschwebten.

Es ist zu vermuten, daß in Deutschland die vorherrschende Rechtsauffassung weiterhin versuchen wird, die im Zusammenhang mit modernen multilateralen Verknüpfungen verschiedener Austauschverträge auftretenden Konflikte mit einem rechtlichen Instrumentarium zu lösen, das bereits seit Jahrzehnten einer Generalüberholung bedarf. Bei den in diese Untersuchung einbezogenen drittfinanzierten Erwerbsgeschäften hat sich das an den Grundsatz der Relativität von Schuldverhältnissen klammernde Rechtsdenken als Auslaufmodell erwiesen, das abgesehen von Fällen, in denen der Erwerber eigenständig einen Kredit aufnimmt und in seiner Dispositionsbefugnis darüber nicht beschränkt ist, den Herausforderungen der zunehmend arbeitsteiligen Wirtschaftspraxis immer weniger gewachsen ist.

Der kontinuierliche Aufschwung, den in Deutschland die kooperative Finanzierung von Erwerbsgeschäften durch Warenanbieter und Geldgeber trotz wiederholter konjunktureller Schwankungen in den zurückliegenden Jahrzehn-

---

[18] UCC § 2A-103 (1)(g) Official Comment: »A finance lease is the product of a three party transaction.«

[19] Abgedr. bspw. in RabelsZ 51 (1987), 736 (l.Sp.): »distinctive triangular relationship«.

ten sowohl im privaten als auch im gewerblichen Sektor genommen hat[20], wird sich fortsetzen. In den letzten Jahren hat sich in Deutschland zudem die Einstellung zur Kreditaufnahme insbesondere auf der Verbraucherseite gewandelt. Gründe hierfür waren eine langjährige, bis in die neunziger Jahre hineinreichende günstige Konjunkturentwicklung, eine damit einhergehende Verbesserung der Haushaltseinkommen, positive Zukunftserwartungen und die in immer kürzeren Intervallen erfolgenden und damit Kaufsehnsüchte weckenden technischen Neuerungen. Wie im gewerblichen Sektor bei Investitionsmaßnahmen längst geschehen, beginnt sich allmählich auch auf der Konsumentenseite die Grundüberzeugung durchzusetzen, daß eine Kreditnutzung für den jeweils notwendigen Erwerb zu einer Optimierung der Verfügbarkeit des Einkommens sowie zu größerer Handlungsfreiheit und ökonomischem Nutzen führen kann. Gefördert wird dieser vorgezogene Konsum zukünftigen Einkommens zusätzlich durch überaus günstige Kreditangebote der mit den Herstellern zusammenarbeitenden Banken. In der Automobil-Branche sind sogar verbreitet in Tochtergesellschaften ausgegliederte Kreditbanken gegründet worden, deren oftmals deutlich unter den marktüblichen Sätzen der übrigen Banken liegenden Zinssätze zum Kauf oder Leasing eines Fahrzeugs anregen sollen. Die Gründe für eine Drittfinanzierung können also vielfältig sein, der in Deutschland dynamisch expandierende Markt für Finanzierungshilfen ist jedoch kein Zeichen der Verarmung[21]; vielmehr hat sich in der Vergangenheit herausgestellt, daß die Bereitschaft zur Kreditaufnahme in dem Maße zunimmt, in dem auch die wirtschaftliche Konjunktur einen Aufschwung verzeichnet. Daneben werden in den kommenden Jahren, in denen in einem bislang unbekannten Ausmaß Vermögen von einer Generation auf die nächste übertragen werden, weitere belebende Impulse auf den Kreditmarkt ausstrahlen[22]; denn auch die sog. Generation der Erben wird in der Erwartung zukünftiger Vermögenssteigerungen dazu neigen, aktuelle Konsumwünsche oder geplante Investitionsvorhaben mittels Drittfinanzierung zeitlich vorzuziehen. Letztlich bedeutet aber eine derartige Hinwendung zur Kreditaufnahme noch keinen Übergang zu einer *credit society* U.S.-amerikanischen Ausmaßes, von der uns noch weit mehr als der »große Teich« trennt.

---

[20] Interessantes Datenmaterial liefern die Auszüge aus den Jahresberichten des Bankenfachverbandes e.V., vgl. FLF 1989, 84, 84-86; 1990, 91, 91-93.; 1991, 160, 160-162; 1992, 127, 128 f.; 1993, 143-145; 1994, 126-129; 1995, 128-130; 1996, 160 f. Vgl. darüber hinaus die wirtschaftswissenschaftlich ausgerichtete Untersuchung von *Beier/Jacob* sowie die vom Bundesministerium der Justiz im Jahre 1978 in Auftrag gegebene empirische Untersuchung zum Konsumentenkredit von *Holzscheck/Hörmann/Daviter*; vgl. hierzu auch *Holzscheck* in: *Hörmann* (Hrsg.) 66-85 sowie *Hörmann* 25-63; siehe außerdem *Auge* FLF 1990, 94 ff.; *Franz* 60-65; *Gundel* FLF 1989, 86 ff.; *Reifner* Kreditrecht § 1 Rdn. 4-6; *von Rottenburg* ZHR 153 (1989), 162, 163.

[21] Diese Einschätzung teilen *Gundel* FLF 1989, 86 ff.; *Reifner* Kreditrecht § 1 Rdn. 6.

[22] Siehe hierzu bspw. FAZ vom 26. 4. 1995 auf S.16 (»In den kommenden Jahren ist eine riesige Erbschaftswelle zu erwarten«).

Wie wird die Vertragspraxis auf diese Herausforderungen reagieren? Im Hinblick auf drittfinanzierte Erwerbsgeschäfte sind bereits jetzt deutliche Anzeichen für eine Partikularisierung bei der Aufstellung rechtlicher Rahmenbedingungen festzustellen[23]. Diese Transaktionen werden zunehmend von dem Einsatz standardisierter Vertragsbedingungen insbesondere durch die Drittfinanzierer beherrscht, wodurch nicht nur dem Massengeschäft begegnet wird, sondern auch der Anfälligkeit der ebenso komplexen wie differenzierten Wirtschaftsabläufe im produzierenden Gewerbe für eine Vielzahl denkbarer Störungen. Weitere Gründe für die Schaffung eines durch Allgemeine Geschäftsbedingungen geprägten Vertragsrechts neben den schuldrechtlichen Gesetzesvorschriften sind darin zu sehen, daß dadurch die Verwender die Durchsetzbarkeit ihrer Verträge unabhängig von der bei Drei-Parteien-Beziehungen unbestimmten Gesetzeslage regeln, die Organisation vereinfachen, Risiken weitgehend ausschalten und damit ihre Kosten minimieren können. Diese »Tendenz zur typischen Gestaltung«[24] verdeutlicht, daß der Wirtschaftsverkehr bislang überwiegend im Rahmen der Vertragsgestaltung auf die Unfähigkeit der Rechtstheorie und des Gesetzgebers reagiert hat, mit dem Aufkommen neuer, drei oder mehr Personen einbeziehender Rechtsgeschäfte Schritt zu halten. Letztlich bewirkt die Vielzahl der unterschiedlichen Allgemeinen Geschäftsbedingungen allerdings eine Rechtszersplitterung, die über die hierfür bereits angeführten Gründe hinaus die Herausbildung einheitlicher rechtlicher Standards wünschenswert erscheinen läßt.

[23] Siehe zu den nachfolgenden Überlegungen auch *Schmid* 96-101, 210-213; *Sefrin* 47-49. Vgl. allgemein zur zunehmenden Ausdifferenzierung der Zivilrechtsdogmatik, dem Überhandnehmen der Kasuistik und Spezialisierung sowie der Ausbreitung des Sonderprivatrechts *Zöllner* AcP 188 (1988), 85, 86-91 m.w.N.

[24] So *Wieacker* in: FS 100 Jahre DJT (Bd.II) 1, 10.

Teil II

Neuer Ansatz

1. Abschnitt

Vorbemerkung

Die Überlegungen in Teil I der Untersuchung haben gezeigt, daß bei zahlreichen drittfinanzierten Erwerbsgeschäften die isolierende Betrachtungsweise, d.h. die Zusammensetzung von mindestens zwei synallagmatischen, rechtlich freilich voneinander weitgehend unabhängigen Verträgen zu einer Dreiecksbeziehung, in rechtsdogmatischer Hinsicht kaum zu überzeugen vermag. An dieser Stelle wird nachfolgend der Hebel ansetzen. Ziel dieses Teils ist es, eine neue, gleichwohl dem deutschen Zivilrecht immanente rechtsdogmatische Grundlage für die Kategorisierung dreiseitiger vertraglicher Leistungsgeflechte zu entwickeln, mittels derer das vielfach unangemessene Trennungsdenken überwunden werden kann, das sich mit seinen verschiedenen nicht aufeinander abgestimmten Durchbrechungen selbst in Frage stellt. Zur Annäherung an das markierte Ziel bedarf es verschiedener Zwischenschritte:

– Zunächst ist es erforderlich, die tatsächliche Geschäftsabwicklung der hinsichtlich ihrer rechtsdogmatischen Erfassung bereits als problematisch herausgefilterten Vertragsverknüpfungen zu analysieren. Nachfolgend werden deshalb für die verschiedenen Austauschgeschäfte mit Drittbeteiligung, die sich nicht allein als Summe rechtlich isolierter Austauschverträge darstellen, die zwischen den Beteiligten bestehenden Leistungsbeziehungen genauer untersucht werden (Teil II, 2. Abschnitt). Den Ausgangspunkt hierfür bildet der Leistungsbegriff des Allgemeinen Schuldrechts, d.h. das Verständnis der Leistung in einem rein tatsächlichen Sinn. Für die in Teil II erfolgende Entwicklung des neuen Ansatzes ist unter *Leistung* folgendes zu verstehen: eine auf einer vertraglichen Verpflichtung beruhende, gewollte und unmittelbare wirtschaftliche Vermögenszuwendung oder -verschiebung vom Schuldner zum Gläubiger. Ob und inwieweit dieser Leistungsbegriff mit dem insbesondere bei Dreiecksverhältnissen höchst umstrittenen modernen, bereicherungsrechtlichen Leistungsbegriff[1] in Konflikt gerät, wird hingegen erst im weiteren Verlauf der Untersuchung bei der Darstellung der Rückabwicklung drittfinanzierter Erwerbsgeschäfte zu klären sein[2].

[1] Siehe zum modernen Leistungsbegriff und der damit verbundenen Diskussion stellvertretend MünchKomm-*Lieb* § 812 Rdn. 23-27b m.w.N.

[2] Siehe unten Teil III, 4. Abschnitt (245 ff.).

– Im Vordergrund der Erörterung werden zunächst finanzierte Abzahlungskäufe sowie Finanzierungsleasinggeschäfte stehen (Teil II, 2. Abschnitt, I.-V.), insbesondere die rechtlich problematischen Verbindungen zwischen denjenigen Beteiligten, die entweder nach vorherrschender Ansicht keine eigenen vertraglichen Beziehungen aufweisen (Leasingnehmer und Lieferant) oder allenfalls durch einen Rahmenvertrag miteinander verbunden sind (Bank und Verkäufer). In diesen Personenverhältnissen können vielfach im Wege der Vertragsauslegung, d.h. der Auslegung des in der vertraglichen Gestaltung zum Ausdruck kommenden Beteiligtenwillens, Leistungsverpflichtungen nachgewiesen werden, die einen Synchronismus von Wertverschiebung und entsprechender unmittelbarer Leistung bewirken. Daraus resultiert bei diesen Geschäftstypen sodann ein übers Dreieck verlaufender ringförmiger Leistungsaustausch.

– Hernach wird die Frage vertieft werden, ob dieses Phänomen für die übrigen drittfinanzierten Erwerbsgeschäfte charakteristisch ist (Teil II, 2. Abschnitt, VI.-VII.).

– Aufbauend auf den gewonnenen Erkenntnissen wird in einem weiteren Schritt ermittelt werden, inwieweit auch sonstige Fälle der Ausweitung zweiseitiger Schuldbeziehungen auf Dritte – Zessionen, berechtigende Verträge zugunsten Dritter, befreiende Schuldübernahmen – durch eine übers Dreieck verlaufende Kette von Leistungsverpflichtungen gekennzeichnet sind (Teil II, 2. Abschnitt, VIII.-IX.).

– In sämtlichen Konstellationen läßt sich unter näher zu bestimmenden Voraussetzungen ein ringförmiger Leistungsaustausch im Sinne eines *do ut des ut det* belegen. Ob ein solches Leistungsprogramm insbesondere beim finanzierten Abzahlungskauf und Finanzierungsleasinggeschäft letztlich dem *wahren* Parteiwillen entspricht und zu sach- und interessengerechten Problemlösungen führt, hängt entscheidend von den daraus resultierenden Rechtsfolgen und ihren Abweichungen von den bislang vorherrschenden Rechtsauffasungen ab. Deshalb wird in den anschließenden Abschnitten (Teil II, 3. Abschnitt und 4. Abschnitt) – zunächst hypothetisch – ein abstraktes Rechtsfolgenmodell entwickelt werden, welches in Teil III der Untersuchung in Beziehung zur Diskussion zentraler und für Dreiecksverhältnisse typischer Rechtsprobleme sowie zu den Interessen der Beteiligten gesetzt werden soll. Erst danach kann eine endgültige Positionsbestimmung für den nachfolgend zu entwickelnden Ansatz im gegenwärtigen Schuldrechtssystem vorgenommen werden.

– Aufbauend auf der sich an den synchron verlaufenden Zuwendungs- und Leistungsverhältnissen orientierenden strukturellen Bestandsaufnahme wird mit der Figur des trilateralen Synallagmas ein neuartiges rechtsdogmatisches Paradigma zur Kategorisierung plurilateraler, auf einen ringförmigen Leistungsaustausch gerichteter Vertragsgeflechte entwickelt werden (Teil II, 3. Abschnitt).

– Den Abschluß von Teil II bildet schließlich die bereits angesprochene Ableitung eines allgemeinen Rechtsfolgenmodells aus dem neuen Ansatz (Teil II, 4. Abschnitt).

– In Teil III werden hernach die rechtlichen Konsequenzen des neuen Denkansatzes am Beispiel zentraler Rechtsfragen ausgelotet, den Ergebnissen der vorherrrschenden isolierenden Betrachtungsweise gegenübergestellt, interessenjuristisch untermauert und abschließend bewertet werden.

2. Abschnitt

Vom bilateralen Leistungsaustausch (*do ut des*) zum trilateralen, sich übers Dreieck erstreckenden Leistungsaustausch (*do ut des ut det*)

I. Ausgangsüberlegungen

Typische drittfinanzierte Erwerbsgeschäfte sind das Resultat einer Symbiose von mindestens zwei bilateralen Verträgen, die einerseits den Austausch der Ware und andererseits die Finanzierung dieses Vorgangs zum Gegenstand haben[1]. Beide Verträge sind regelmäßig durch eine synallagmatische Struktur gekennzeichnet, d.h. die vertraglichen Verpflichtungen stehen in einem Verhältnis der Wechselseitigkeit. Die Reziprozität der Leistungspflichten korrespondiert in den Grundkonstellationen eines Kauf- oder Darlehensvertrages mit wechselseitigen Leistungshandlungen. Der Verkäufer verschafft das Eigentum am Kaufgegenstand und übergibt diesen, der Käufer zahlt im Gegenzug den Kaufpreis. Wenn man beim entgeltlichen Darlehen mit der vorherrschenden Ansicht von einem Konsensualvertrag ausgeht[2], so verschafft der Darlehensgeber die Kapitalnutzungsmöglichkeit durch Hingabe und Belassung der Valuta[3] und erhält im Gegenzug die vereinbarten Zinsen vom Darlehensnehmer, während die diesen treffende Rückerstattungspflicht als reine Abwicklungspflicht nicht im Austauschverhältnis steht[4]. Auf der Basis des sich weiter-

[1] Die Fälle, in denen der Finanzierer die Geldmittel ohne Gegenleistung zuwendet, sind untypisch. Sofern hingegen der Erwerbsgegenstand unentgeltlich zugewendet wird, erübrigt sich die Einschaltung eines Finanzierers.

[2] Siehe zum hier zu vernachlässigenden Streit um die Konsensualvertrags- und Realkontrakttheorie *Larenz* Schuldrecht II/1 § 51 I (298 f.), MünchKomm-*Westermann* Vor § 607 Rdn. 5 sowie zuletzt ausführlich *Mülbert* AcP 192 (1992), 447 ff. jeweils m.w.N.

[3] In diesem Sinne etwa *Esser/Weyers* § 26 II 2 (215); Jauernig-*Vollkommer* § 607 Anm.2 c; *Mülbert* AcP 192 (1992), 447, 455-458; Palandt-*Putzo* Einf v § 607 Rdn. 2; demgegenüber wird von anderen der synallagmatische Charakter der Pflicht zur Hingabe des Darlehens geleugnet, vgl. etwa *Canaris* Bankvertragsrecht Rdn. 1282; *Derleder* JZ 1989, 165, 168 (r.Sp.); *Köndgen* Kredite 77; *Larenz* Schuldrecht II/1 § 51 I (298); *K. Schmidt* JZ 1976, 756, 757 f.

[4] RG Urt. v. 30. 6. 1939, RGZ 161, 52, 56; BGH Urt. v. 12. 3. 1981, BGHZ 80, 153, 161; Urt. v. 28. 4. 1988, BGHZ 104, 337, 338; aus dem Schrifttum vgl. etwa *Canaris* Bankvertragsrecht Rdn. 1282, 1322; *Hopt/Mülbert* § 607 Rdn. 18 f.; MünchKomm-*Westermann* Vor § 607 Rdn. 6; *Kümpel* Rdn. 5.118; *Mülbert* AcP 192 (1992), 447, 504 ff.; *Schlechtriem* Schuldrecht AT Rdn. 17; a.A. *Reifner* Wirtschaftsrecht 228-230, der mit zweifelbehafteter, auf einer »sozialen Auslegung« beruhender Begründung auch die Rückerstattungspflicht in das Gegenseitigkeitsverhältnis mit einbezieht.

hin an der dualistischen Obligationenkonzeption orientierenden Rechtsdenkens wäre es deshalb naheliegend, daß die einzelnen, drittfinanzierten Erwerbsgeschäften zugrundeliegenden bilateralen Rechtsverhältnisse diese synallagmatische Verknüpfung der Leistungsverpflichtungen und das hierfür charakteristische Hin und Her von Leistung und Gegenleistung regelmäßig widerspiegeln. Diese Regel kommt indes nur bei einzelnen Konstellationen wie beispielsweise dem Personalkredit deutlich zum Ausdruck. Bei anderen Vertragsgestaltungen hingegen, genannt seien etwa das B-Geschäft oder das Finanzierungsleasinggeschäft, wird die strikte und abschließende synallagmatische Verknüfpung der Leistungspflichten im Zwei-Personen-Verhältnis üblicherweise durch Einschaltung des dritten Beteiligten aufgeweicht. Diese Erweiterung des Personenverbundes führt dazu, daß anders als bei der rein bilateralen Vertragsabwicklung die Zuwendungen, d.h. die willentlichen, tatsächlichen und unmittelbaren Wertverschiebungen zwischen zwei Beteiligten, nicht mehr in jedem Fall dekkungsgleich mit den einzelnen Vertragsbeziehungen sind. Diese Diskrepanzen haben sich inzwischen etwa beim B-Geschäft hinsichtlich der Darlehensauszahlung sowie beim Finanzierungsleasinggeschäft bezüglich der Lieferung verfestigt. Dadurch werden in dem die deutsche Zivilrechtsdogmatik noch immer beherrschenden Relativitätsdogma die bereits im ersten Kapitel konstatierten Spannungen erzeugt, die daraus hervorgegangenen Risse im rechtlichen Gefüge lassen sich nicht länger verbergen. Die Statik des auf der bilateralen Vertragsbeziehung errichteten Gedankengebäudes sollte angesichts der im 20. Jahrhundert mit der Verbreitung plurilateraler Vertragsverbindungen aufgetretenen Herausforderungen neu berechnet werden. Im Hinblick darauf erscheint es zweckmäßig, zunächst die Tragfähigkeit des gedanklichen Fundaments zu überprüfen und die Leistungsbeziehungen innerhalb drittfinanzierter Erwerbsgeschäfte nochmals zu beleuchten.

II. B-Geschäft und C-Geschäft

Die Ausführungen dieses Abschnitts orientieren sich vorrangig am B-Geschäft, was weniger auf dessen größerer Praxisrelevanz als vielmehr auf dem Umstand beruht, daß sich das C-Geschäft als ein finanzierter Abzahlungskauf mit zusätzlicher Absicherung der Ratenzahlungspflicht durch abstrakte, vom Verkäufer an Order des Finanzierers ausgestellte und vom Abzahlungskäufer akzeptierte Wechsel darstellt. Deshalb treffen die rechtlichen Wertungen beide Gestaltungsformen des finanzierten Abzahlungsgeschäfts in gleichem Maße.

Die unmittelbaren Wertverschiebungen beim B-Geschäft erfolgen im Verhältnis Verkäufer-Käufer (Verschaffung von Eigentum und Besitz am Kaufobjekt), im Verhältnis Kreditnehmer/Käufer-Finanzierer (Zahlung des Darlehenszinses und Rückzahlung der Darlehenssumme) sowie regelmäßig im Verhältnis Finanzierer-Verkäufer (Auszahlung der Darlehensvaluta). Auf der Basis der vorherrschenden Trennungslehre[5] entspricht allein der letztgenannten Wertverschiebung *keine* originäre vertragliche Leistungspflicht gegenüber dem Zuwendungsempfänger, vielmehr soll die Grundlage für diese Zuwendung in einer entsprechenden Anweisung (im weiteren Sinne)[6] des Darlehensnehmers an das Finanzierungsinstitut liegen[7]. Folglich wird in der Auszahlung der Valuta keine Leistung des Kreditinstituts an den Verkäufer, sondern an den Darlehensnehmer/Käufer gesehen und daneben eine indirekte Leistung des letzteren an den Verkäufer angenommen[8]. Die unmittelbare Vermögensverschiebung zwischen dem Finanzierer und dem Verkäufer basiert also nach vorherrschender Ansicht auf Simultanleistungen in den Beziehungen zwischen dem Finanzierer und dem Darlehensnehmer/Käufer sowie zwischen letzterem und dem Verkäufer.

Der Umstand, daß durch diesen das B-Geschäft kennzeichnenden Rechtsmechanismus das Trennungstheorem erschüttert und zugleich die für die zugrundeliegenden bilateralen Verträge charakteristische Parallelität von Leistung und Zuwendung nicht nur im Einzelfall, sondern nahezu ausnahmslos[9] abgeändert wird, sollte Anlaß zu einem Überdenken der von der herrschenden Meinung favorisierten rechtlichen Bewertung geben. Die bislang kaum in Frage gestellte rechtliche Wertung, die die unmittelbare Vermögenszuwendung einerseits und die korrespondierenden Leistungen andererseits zwangsläufig in entgegengesetzter Richtung verlaufen läßt, ist durchaus angreifbar, wie die nachfolgenden Ausführungen zeigen werden.

1. Vorherrschende Rechtsansicht

Die Problematik ist in der Rechtswissenschaft bislang lediglich vereinzelt behandelt worden. Zwar ist man sich einig, daß die fehlende Dispositionsbefugnis des Abzahlungskäufers über die Valuta sowie die Unabänderlichkeit der

---

[5] Siehe hierzu oben Teil I, 1. Abschnitt, VIII. 1. (30) m.w.N.

[6] Zur Abgrenzung von einer Anweisung i.S.d. §§ 783 ff. BGB vgl. etwa MünchKomm-*Hüffer* § 783 Rdn. 7 f.

[7] Aus der Kommentarliteratur siehe *Baumbach/Hopt* (7) BankGesch G/44-46; *Hopt/Mülbert* Vorbem zu §§ 607 ff. Rdn. 456, 543; MünchKomm-*Habersack* § 9 VerbrKrG Rdn. 107; Soergel-*Hönn* Anh § 6 AbzG Rdn. 69. Darüber hinaus in diesem Sinne *Gundlach* 125 f.; *Krauss* 27 f.; *Mark* 63-66; *Marschall von Bieberstein* Abzahlungsgeschäft 30 f.; *Möllers* 12; *Müller-Laube* 157 f.; *Reiß* 5 Fußn. 27; *H. Weber* ZRP 1982, 305, 306 (r.Sp.). Die letztgenannten Autoren weisen darauf hin, daß die Anweisung regelmäßig »unwiderruflich« erteilt wird.

[8] So die h.M., vgl. etwa MünchKomm-*Lieb* § 812 Rdn. 30 f., 132 m.w.N.; in diesem Sinne auch *Pfister* JZ 1971, 284, 286 (l.Sp.), was im Hinblick auf den von ihm verfolgten *do ut des ut det*-Ansatz (siehe hierzu oben Teil I, 3. Abschnitt, I. 1. (68 f.)) überraschen muß; a.A. jedoch *Marschall von Bieberstein* Abzahlungsgeschäft 116 ff., 133 ff.

[9] Vgl. aber BGH Urt. v. 8. 2. 1979, NJW 1979, 1597; in dem genannten Fall ist der Kredit an den Abzahlungskäufer/Darlehensnehmer direkt ausgezahlt worden.

Auszahlungsrichtung charakteristisch für das B-Geschäft sind[10], gleichwohl wird aus diesem Umstand im allgemeinen kein Auszahlungsanspruch des Verkäufers abgeleitet. Dieses Ergebnis überrascht nicht, kann doch ein eigener Anspruch des Verkäufers gegen den Finanzierer auf Auszahlung der Darlehensvaluta regelmäßig nicht vorliegen, wenn man mit der traditionellen Auffassung eine Anweisung (im weiteren Sinn) des Abzahlungskäufers an den Finanzierer zur Auszahlung der Darlehensvaluta an den Verkäufer unterstellt[11]. Etwas anderes würde gelten, wenn man von einer Annahme der Anweisung durch das Finanzierungsinstitut gem. § 784 Abs.1 BGB ausgehen könnte, indessen wären hierfür ein entsprechender schriftlicher Vermerk auf der Anweisungsurkunde nebst ihrer nachfolgenden Aushändigung an den Verkäufer erforderlich – Voraussetzungen, die beim B-Geschäft regelmäßig nicht erfüllt werden. Letztlich ist die vorherrschende, auf einer Anweisungskonstruktion beruhende Meinung aber praktisch und theoretisch weit weniger abgesichert, als die oftmals recht apodiktischen Bekenntnisse zu ihr vermuten lassen.

Eine Interessenanalyse des finanzierten Abzahlungskaufs zeigt, daß die von der bisherigen Doktrin unterstellte Anweisungslage zumindest in Fällen eines kooperativen Zusammenwirkens von Finanzierer und Verkäufer kaum mit dem nach außen hervorgetretenen Willen der Beteiligten zu vereinbaren ist. Keine der Parteien erwartet oder wünscht, daß die Darlehensvaluta zu irgendeinem Zeitpunkt unmittelbar an den Abzahlungskäufer und Darlehensnehmer ausgezahlt wird. Vielmehr wollen der Kreditgeber und der Verkäufer die sich aus der Zwischenschaltung des Käufers ergebende Risikoerhöhung bewußt ausschließen; dieser ist hingegen vorrangig an der Erfüllung seiner Pflicht zur Zahlung des Kaufpreises und weniger an einer Auszahlung der Valuta an sich selbst interessiert[12]. Auch der Gesetzgeber ist bei Erlaß des VerbrKrG davon ausgegangen, daß der Abzahlungskäufer grundsätzlich seines Anspruchs auf Valutierung des Darlehens beraubt ist. Im Falle eines Widerrufs von Darlehensverträgen hängt dessen Wirksamkeit davon ab, daß der Verbraucher das Darlehen fristgerecht zurückzahlt (§ 7 Abs.3 VerbrKrG). Zur Wirksamkeit des Widerrufs im Falle verbundener Geschäfte bedarf es hingegen nicht der Darlehensrückzahlung durch den Verbraucher (§ 9 Abs.2 S.3 VerbrKrG)[13]. Der Grund für diese

[10] Siehe stellvertretend *Müller-Laube* 125 f., 157 f. Bei den *Verhandlungen des 53. DJT* K 218 ff., 258 (Beschluß IX.1.d) wurde die Zulässigkeit des Einwendungsdurchgriffs u.a. auch von der dem Darlehensnehmer fehlenden Dispositionsbefugnis über die Kreditvaluta abhängig gemacht. Vgl. schließlich die interessante Analyse der Rspr. bei *W.F. Schmitz* 14 f.

[11] Siehe hierzu Teil II, 2. Abschnitt, II. (97) m.w.N.

[12] Deutlich AK-*Joerges* § 812 Rdn. 34: »Der ökonomischen Funktion des Finanzierungsgeschäfts würde es entsprechen, die Darlehensgewährung als Leistung der Bank an den Verkäufer anzusehen.« Kritisch zur Anweisungskonstruktion auch *Canaris* in: FS Larenz 799, 839.

[13] Vgl. hierzu MünchKomm-*Habersack* § 9 VerbrKrG Rdn. 59 f., der eine teleologische Reduktion der Vorschrift des Abs.2 S.3 fordert, falls die Darlehensvaluta – ausnahmsweise – dem Verbraucher zur freien Disposition ausgezahlt wurde.

Ausnahme kann nur darin liegen, daß der Verbraucher die Valuta regelmäßig nicht zur freien Verfügung erhält, so daß eine Rückzahlungsverpflichtung kaum praktikabel wäre. Der Abzahlungskäufer steht gerade nicht in der typischen Situation des Anweisenden, der in freier Disposition über den Anweisungsbetrag verfügt und deshalb auch das Risiko der Verfehlung der eigenen Zweckbestimmung trägt. Das Finanzierungsinstitut zahlt wegen des eigenen Interesses an der vereinbarten Darlehensverwendung, d.h. letztlich aus Gründen der Kreditsicherung, die Valuta in der Regel nicht zweckneutral wie ein Angewiesener an den Verkäufer aus. Gegen die Anweisungskonstruktion spricht zudem der für Anweisungslagen untypische Umstand, daß Angewiesener (Finanzierer) und Anweisungsempfänger (Verkäufer) bereits zuvor in vertraglicher oder vertragsähnlicher Beziehung standen und damit regelmäßig nicht erstmalig zusammenwirken. Allerdings kommt letztgenanntem Aspekt lediglich indizielle, jedoch keineswegs ausschlaggebende Bedeutung zu, da vorherige vertragliche Verbindungen zwischen Angewiesenem und Anweisungsempfänger auch nicht gänzlich ungewöhnlich sind, wie die Giroüberweisung an einen anderen Kunden der angewiesenen Bank verdeutlicht. Darüber hinaus vermag die hinsichtlich der Darlehensvalutierung im Vollzugsverhältnis von der vorherrschenden Ansicht unterstellte Simultanleistung des Kreditinstituts an den Darlehensnehmer/Käufer und daneben des letzteren an den Verkäufer den wirtschaftlichen Abläufen sowie den Interessen der an einem B-Geschäft Beteiligten nicht gerecht zu werden. Regelmäßig gehen Finanzierer sowie Verkäufer davon aus und sind Darlehensnehmer/Käufer damit einverstanden, daß die Valuta unmittelbar an den Verkäufer ausgezahlt wird. Diese direkte Vermögensverschiebung ist ein beherrschendes – wenngleich nicht zwingendes – Element finanzierter Abzahlungskäufe und läßt die Annahme indirekter Simultanleistungen unnatürlich und gezwungen erscheinen. In ihrer Gesamtheit deuten die angesprochenen Aspekte also darauf hin, daß die Rechtsposition des Verkäufers beim Abzahlungskauf im Vergleich zu derjenigen eines Anweisungsempfängers wesentlich stärker ist und nach den Vereinbarungen der Parteien auch sein soll.

In den Vereinigten Staaten von Amerika stellt sich die rechtliche Ausgangslage ähnlich wie in Deutschland dar. Die normativen Regelungen mit Bezug zu *purchase money loans* befassen sich nicht ausdrücklich mit den Auszahlungsmodalitäten. Wenn 16. C.F.R. § 433.1 (d)[14] ein derartiges Darlehen definiert als »cash advance which is received by a consumer«, so bestimmt das verwendete Partizip »received« nicht die an der Zuwendung unmittelbar Beteiligten. Indes legen die auf einer umfassenden Fallanalyse basierenden offiziellen Erläuterungen der FTC *Regulations*[15] die Vermutung nahe, daß die Darlehensvaluta üblicherweise direkt in den Verfügungsbereich des Verkäufers gelangt.

[14] Siehe oben Teil I, 2. Abschnitt, II. Fußn. 43 (59).

[15] Siehe 40 Fed.Reg. 53506, 53508 m.Sp.u. (18. Nov. 1975): After a buyer selects an item for purchase and requests credit terms, the seller may refer the buyer to a local loan outlet. Referral can and does include accompanying the buyer to the loan office, remaining

2. Stellungnahme

Die typische vertragliche Gestaltung des gesamten B-Geschäfts entzieht dem Abzahlungskäufer die ihm nach der gesetzlichen Grundkonzeption als Darlehensnehmer zustehende Dispositionsbefugnis über die Kreditsumme. Die vorherrschende Ansicht beruht auf der Annahme einer vom Darlehensnehmer an die Bank erteilten Anweisung, obgleich typusbestimmende Merkmale der Anweisung regelmäßig abbedungen werden. Eine vom Wortlaut der vertraglichen Gestaltung (»unwiderrufliche *Anweisung*«) abstrahierende Auslegung führt aber nicht notwendigerweise zu dieser rechtlichen Bewertung. Denn es ist durchaus denkbar, daß entweder der Abschluß des Darlehensvertrages zugleich eine *Vorausabtretung des Auszahlungsanspruchs* an den Verkäufer umfaßt oder aber die Kreditvereinbarung als *echter* oder *berechtigender Vertrag zugunsten Dritter*[16] ausgestaltet ist[17]. Die Entscheidung ist im Einzelfall davon abhängig zu machen, ob die Parteien des Darlehensvertrages den Verkäufer zum alleinigen Gläubiger des Auszahlungsanspruchs machen wollten oder nicht. Im erstgenannten Fall würden die Umstände auf eine Zession hindeuten. Sofern dem Abzahlungskäufer als Versprechensempfänger hingegen ein Anspruch aus § 335 BGB verbliebe, läge ein echter Vertrag zugunsten Dritter vor.

Unabhängig von der umstrittenen Frage, ob eine Abtretung zugunsten eines Dritten als Verfügung zugunsten Dritter wirksam ist[18], lassen sich der bisherigen Praxis keine Anhaltspunkte dafür entnehmen, daß Abzahlungskäufer zugleich

present while applications are processed and accepting a loan proceeds check endorsed to both seller and buyer. Siehe hernach bspw. die Fallschilderung in *In re Brown v. Courtesy Consumer Discount Co.*, 134 B.R. 134, 138 (U.S. Bankruptcy Ct. 1991).

[16] Im Anschluß an die grundlegende Monographie von *Hellwig* »Die Verträge auf Leistung an Dritte« wird nachfolgend der anspruchsbegründende drittbegünstigende Vertrag i.S.d. § 328 Abs.1 BGB als *berechtigender Vertrag zugunsten Dritter* bezeichnet. Demgegenüber gibt etwa *Hadding* – Bereicherungsausgleich 9 – der ebenfalls gebräuchlichen Bezeichnung *Vertrag zu Rechten Dritter* den Vorzug, während beispielsweise MünchKomm-*Gottwald* § 328 Rdn. 1 den gleichfalls verbreiteten Terminus *echter Vertrag zugunsten Dritter* favorisiert.

[17] In diesem Sinne auch *Crisolli/Ostler* § 6 Rdn. 94; *Krauss* 28f.; *Möllers* 12f. Die Möglichkeit anerkennend, einen Darlehensvertrag als Vertrag zugunsten Dritter auszugestalten, RG Urt. v. 7. 10. 1907, RGZ 66, 359, 361f.; im Hinblick auf das B-Geschäft ausdrücklich *Schnauder* 243f. Ablehnend gegenüber der Annahme eines Vertrages zugunsten Dritter *Esser* in: FS Kern 87, 105; *Hörter* 160; *Marschall von Bieberstein* Abzahlungsgeschäft 30f.; *Reifner* Wirtschaftsrecht 177f.; *Walther* 16, weil eine solche Verpflichtung bereits dem Rahmenvertrag zu entnehmen sei; a.A. auch *Köster* 24-26, weil in einem solchen Fall der Dritte eine andere Leistung erhalte, als der Leistende als Versprechender dem Versprechensempfänger zu leisten verpflichtet sei. Der BGH hat bislang noch keine Gelegenheit gehabt, sich zu dieser Rechtsfrage zu äußern. In einer für das B-Geschäft atypischen Konstellation hat er jedoch den Kaufvertrag als einen berechtigenden Vertrag zugunsten Dritter angesehen, durch den das Finanzierungsinstitut einen unmittelbaren Anspruch auf den ratenweise zu entrichtenden Restkaufpreis erwerben konnte; vgl. BGH Urt. v. 28. 11. 1973, WM 1974, 14, 15.

[18] Siehe hierzu ausführlich *Bayer* 194-208; *Gernhuber* § 20 I 6 (471-475); Staudinger-*Jagmann* Vorbem zu §§ 328ff. Rdn. 82ff. und § 328 Rdn. 7ff. jeweils m.w.N. zum Meinungsstand.

mit dem Abschluß ihrer Darlehensverträge eine Vorausabtretung der entsprechenden Auszahlungsansprüche zugunsten der Verkäufer vornehmen. Näher liegt hingegen die Annahme eines berechtigenden Vertrages zugunsten Dritter. Wie im vorangehenden Unterabschnitt dargestellt, ist die Unterstellung einer Anweisungslage zweifelbehaftet und ignoriert die wirtschaftlichen Belange. Auch wenn die Parteien des Darlehensvertrages die Auszahlungsmodalitäten mittels einer – regelmäßig unwiderruflichen – »Anweisung« bestimmen, so ist diese Bezeichnung letztlich nicht ausschlaggebend für den Rechtscharakter des Vorgangs. Die Beteiligten können durch die Benennung die Rechtsnatur eines Rechtsgeschäfts nicht festlegen, diese ist vielmehr im Wege der Auslegung zu ermitteln.

Die »unwiderrufliche Anweisung« sowie der besondere Umstand, daß oftmals zwischen Verkäufer und Finanzierer bereits vertragliche, vielfach auch die unmittelbare Darlehensauszahlung an den Verkäufer betreffende Abmachungen bestehen, deuten auf einen berechtigenden Vertrag zugunsten Dritter hin[19]. Denn das Interesse des Kreditnehmers und Abzahlungskäufers (Versprechensempfänger, Promissar) geht dahin, dem Verkäufer (Dritten, Destinatär) eine vom Belieben des Kreditgebers (Versprechender, Promittent) unabhängige Rechtsposition einzuräumen; anderenfalls hätte der Abzahlungskäufer kaum eine »unwiderrufliche Anweisung« abgegeben. Darüber hinaus legen die typischen Umstände der Auszahlungsregelungen in Rahmenverträgen einen entsprechenden Verpflichtungswillen des Kreditgebers nahe, wie er für einen Vertragsschluß zwischen letzterem und dem Darlehensnehmer zugunsten des Verkäufers erforderlich ist. Schließlich stellt auch der Umstand, daß der Verkäufer dem Finanzierungsinstitut in der Regel als Drittbegünstigter nicht aufoktroyiert wird, sondern zwischen diesen beiden Beteiligten oftmals bereits geschäftliche Kontakte bestehen, im Hinblick auf die Möglichkeiten zur Umdeutung der »unwiderruflichen Anweisung« ein bedeutsames Indiz dar. Das RG[20] hatte in einem bankrechtlichen Fall argumentiert, ein Überweisungsauftrag begründe keinen Vertrag des Auftraggebers zugunsten seines Gläubigers, damit die angegangene Bank nicht der Gefahr ausgesetzt werde, »Prozesse gegen ihr völlig unbekannte und geschäftsfremde Personen führen zu müssen«. Diese Gefahr realisiert sich aber gewöhnlich nicht, wenn man bei B-Geschäften einen den Verkäufer begünstigenden Darlehensvertrag annimmt.

Gegen die Heranziehung der §§ 328 ff. BGB spricht nicht die Auslegungsregel des § 329 BGB, wonach bei einer Erfüllungsübernahme »im Zweifel« anzunehmen ist, daß es sich lediglich um einen ermächtigenden Vertrag zugunsten Dritter handelt. Neben dieser Vorschrift bleibt weiterhin die allgemeine Ausle-

[19] Ähnlich gelagert ist der Fall der Umdeutung einer – unwirksamen – Anweisungsannahme in einen berechtigenden Vertrag zugunsten Dritter, vgl. hierzu BGH Urt. v. 12. 11. 1981, WM 1982, 155, 156 (r.Sp.); OLG Koblenz Urt. v. 4. 10. 1988, NJW-RR 1989, 505, 506.

[20] RG Urt. v. 25. 2. 1921, RGZ 102, 65, 68.

gungsregel des § 328 Abs.2 BGB insoweit bestehen, als auch bei einer Erfüllungsübernahme »aus den Umständen, insbesondere aus dem Zweck des Vertrages, zu entnehmen« sein kann, daß die Vermutung des § 329 BGB widerlegt ist[21]. Dabei ist umstritten, ob im Rahmen dieses Auslegungsprozesses auch Erklärungen gegenüber Personen, die nicht am Vertragsschluß beteiligt sind, herangezogen werden können[22]. Oftmals werden auch diese Erklärungen wichtige Rückschlüsse auf die Motivation der Parteien zulassen, so daß sie zu berücksichtigen sind, sofern sie vor dem Vertragsabschluß abgegeben worden sind. Ausschlaggebende Bedeutung darf ihnen allerdings nicht beigemessen werden. Verschiedentlich wird betont, ein berechtigender Vertrag zugunsten Dritter liege insbesondere dann vor, wenn vorrangig der Dritte an der Leistung interessiert sei[23]. Diese Annäherung an die Auslegungsproblematik erweckt Zweifel, vor allem wenn sie apodiktisch als maßgebliches Abgrenzungskriterium in den Vordergrund gerückt wird[24]. Denn es ist nicht nach zuverlässigen und objektiven Maßstäben feststellbar, ob im Einzelfall die Interessen des Promissars an der Leistung oder diejenigen des Destinatärs schwerer wiegen. Selbst wenn im Valutaverhältnis zwischen Promissar und Destinatär wie etwa bei einer Schenkung keine Rechtspflicht zur Leistung besteht, so kann doch der Versprechensempfänger aus moralischen oder ähnlichen Gründen weit stärker an der Leistung interessiert sein als der letztlich allein berechtigte Drittbegünstige, der vielleicht sogar im Zeitpunkt des Vertragsabschlusses im Deckungsverhältnis noch gar keine Kenntnis von seinem daraus hervorgehenden Leistungsanspruch hat. Und wenn sowohl dem Deckungs- als auch dem Valutaverhältnis gegenseitige entgeltliche Austauschverträge zugrundeliegen, kann der Destinatär im Hinblick auf die mit der Leistung verbundenen Gewinnerwartungen durchaus ein in finanzieller Hinsicht größeres Interesse als der Promissar haben[25]. Deshalb sollte im Rahmen des Auslegungsprozesses nach §§ 329, 328 Abs.2 BGB der Aspekt des vorrangigen Interesses als allgemeine Leitlinie vernachlässigt werden.

Im Lichte der Auslegungsregelungen in §§ 329, 328 Abs.2 BGB stellt sich damit die Rechtslage bei B-Geschäften regelmäßig folgendermaßen dar: Die beschriebenen vertraglichen Vorkehrungen – »unwiderrufliche Anweisung« im Darlehensvertrag, zudem oftmals Festlegung des Verkäufers als unmittelbarer Empfänger der Darlehensvaluta im Rahmenvertrag – sind insgesamt auf eine Direktauszahlung der Valuta an den an dieser Zuwendung unmittelbar interessierten Verkäufer gerichtet und bezwecken die Stärkung seiner rechtlichen

---

[21] So etwa *Bayer* 131; Soergel-*Hadding* § 329 Rdn. 4.

[22] Dafür MünchKomm-*Gottwald* § 328 Rdn. 27; Soergel-*Hadding* § 328 Rdn. 70; dagegen *Bayer* 134.

[23] BGH Urt. v. 20. 3. 1956, WM 1956, 1265, 1266 (r.Sp.); *Bayer* 135; MünchKomm-*Gottwald* § 328 Rdn. 27; Staudinger-*Jagmann* § 328 Rdn. 38.

[24] Siehe insbesondere *Bayer* 135-138.

[25] A.A. hingegen *Bayer* 136.

Position. Sein funktionales Zusammenwirken mit dem Finanzierer bezweckt eine *alle* Beteiligten befriedigende Abwicklung des B-Geschäfts, wobei der Aspekt der finanziellen Absicherung im Vordergrund steht. Es soll verhindert werden, daß der als »Unsicherheitsfaktor« einzustufende Abzahlungskäufer die Kreditsumme zweckfremd einsetzt. Dieses Ziel läßt sich am sichersten dadurch erreichen, daß seine Rechte am Kredit beschnitten werden und zugleich die Valuta der personellen Funktionsgemeinschaft von Finanzierer und Verkäufer erhalten bleibt. Diese beiden Beteiligten stehen – bildlich gesprochen – in einem Lager und wollen ihre Umsatzgeschäfte so weit wie möglich von Einflüssen des Abzahlungskäufers freihalten. Wenn zu diesem Zweck aber der Auszahlungsanspruch des Darlehensnehmers verkürzt wird, müssen die entsprechenden Rechte einem anderen – beim B-Geschäft: dem Verkäufer – zuwachsen. Die gesamten Umstände sprechen im Ergebnis für das Vorliegen eines berechtigenden – und nicht lediglich ermächtigenden – Vertrages zugunsten Dritter.

Daneben wird verschiedentlich sogar den Vereinbarungen in einem zwischen Verkäufer und Finanzierer bestehenden Rahmenvertrag[26] eine Pflicht des Kreditgebers zur Direktauszahlung der Darlehensvaluta an den Verkäufer entnommen[27]. Der Ursprung einer solchen Verpflichtung kann aber allein im Darlehensvertrag liegen[28], da der Rahmenvertrag ansonsten in die Nähe eines unzulässigen Vertrages zu Lasten Dritter[29], d.h. zu Lasten des Abzahlungskäufers und Darlehensnehmers, gerückt würde. Die Klausel der Rahmenvereinbarung stellt neben der Festlegung des Darlehensbegünstigten im Kreditvertrag lediglich eine ergänzende Absicherung für das Ziel dar, die Valuta ohne vorherige Auszahlung an den Kreditnehmer direkt dem Konto des Verkäufers gutzuschreiben. Letztlich stützen damit auch diese typischen vertraglichen Abmachungen bei der Würdigung der Gesamtumstände die Einordnung des Darlehensvertrages als berechtigenden Vertrag zugunsten des Verkäufers.

Des weiteren kann – so der Ansatz von Schnauder[30] – der Finanzierer mit dem Verkäufer eine *Erfüllungszweckvereinbarung* abschließen. Dabei soll die Zahlungsverpflichtung des Käufers durch Zweckbestimmung zwischen Bank und Verkäufer sowie die nachfolgende, mit Zustimmung des Abzahlungskäufers erfolgende Direktauszahlung der Valuta an den Verkäufer zum Erlöschen gebracht werden (§§ 267, 362 Abs.2 BGB). Denkbar ist auch, daß das Finanzierungsinstitut mit dem Abzahlungskäufer eine Erfüllungszweckvereinbarung

---

[26] Siehe zum Rahmenvertrag ausführlich *Canaris* Bankvertragsrecht Rdn. 1507 ff.; *Gundlach* 129-132.

[27] In diesem Sinne *Canaris* Bankvertragsrecht Rdn. 1508 f.; *Hopt/Mülbert* Vorbem zu §§ 607 ff. Rdn. 399, 574; *Hörter* 131, 160; *Larenz* in: FS Michaelis 193, 206; *Marschall von Bieberstein* Abzahlungsgeschäft 24 f., 31; *Logothetis* in: *Chiotellis/Fikentscher* 209, 215.

[28] I.E. ebenso *Müller-Laube* 165.

[29] Zur »Evidenz« des Grundsatzes der Unwirksamkeit von Verträgen zu Lasten Dritter siehe *Martens* AcP 177 (1977), 113, 139, m.w.N.; vgl. auch *Gernhuber* § 20 I 7 (475-477).

[30] Zu den Einzelheiten dieses Ansatzes siehe *Schnauder* 241 f.; vgl. auch BGH Urt. v. 17. 11. 1960, BGHZ 33, 302, 307; Urt. v. 18. 1. 1973, BGHZ 60, 108, 110.

trifft. In diesem Falle wendet die Bank dem Darlehensnehmer/Käufer statt der unmittelbaren Erfüllung des Darlehensauszahlungsanspruchs die Befreiung von seiner Kaufpreisschuld zu (§§ 267, 364 Abs.1 BGB). Schließlich besteht die Möglichkeit, daß die Bank nur hinsichtlich ihrer eigenen Darlehensvalutierungspflicht gem. § 362 Abs.2 BGB eine Erfüllungszweckvereinbarung mit dem Verkäufer trifft, wobei der Abzahlungskäufer dieser Abrede bereits im Darlehensvertrag zugestimmt hat (§ 185 BGB). Indes erlangt der Verkäufer in den genannten Fällen nur dann einen Anspruch gegen das Finanzierungsinstitut auf Auszahlung der Darlehensvaluta, wenn ihm zuvor ein eigenes Gläubigerrecht etwa durch Zession oder im Wege eines berechtigenden Vertrages zugunsten Dritter eingeräumt worden ist. Fraglich erscheint im Hinblick auf die Rechtspraxis schließlich, ob im Einzelfall die vertraglichen Vereinbarungen der am finanzierten Abzahlungskauf Beteiligten den Rückschluß auf eine der beschriebenen Erfüllungszweckvereinbarungen zulassen.

Weiterhin vertritt Müller-Laube die Ansicht[31], die im Verhältnis Finanzierungsinstitut-Abzahlungskäufer vereinbarte Erfüllungsübernahme werde im Außenverhältnis Finanzierungsinstitut-Verkäufer zur *Schuldübernahme*, indem der Verkäufer als Gläubiger die Freistellung des Abzahlungskäufers »genehmige«. Das gesamte B-Geschäft sei somit als »antezipierte Schuldübernahme« konstituiert. Es erfolgt aber keine Abgrenzung der von Müller-Laube favorisierten Schuldübernahme zwischen dem Abzahlungskäufer als Schuldner und dem Finanzierungsinstitut als Übernehmer (§ 415 BGB) von einer Schuldübernahme zwischen letzterem und dem Verkäufer als Gläubiger (§ 414 BGB) sowie einer rechtsgeschäftlich begründeten Schuldmitübernahme, d.h. einem durch Vertrag zwischen Beitretendem und Gläubiger oder durch Vertrag zwischen Urschuldner und Beitretendem begründeten Schuldbeitritt[32]. Allerdings nimmt Müller-Laube eine Abgrenzung der Schuldübernahme nach § 415 BGB von einer entgeltlichen Erfüllungsübernahme vor[33] und weist darauf hin, daß nur der äußere Vorgang der Zahlungen – wenn die Bank in Erfüllung des Vertrages den geschuldeten Betrag tatsächlich überweise – dem Ablauf eines Geschäftes entspreche, das die Auszahlung der Valuta an einen Drittgläubiger des Darlehensnehmers zum Gegenstand habe, nicht hingegen der kausale Unterbau, auf dem die Abwicklung basiere.

Diese Rechtsansicht, die – soweit ersichtlich – in der Rechtswissenschaft nur ein schwaches Echo hervorgerufen hat[34], weist argumentative Defizite auf. Überraschen muß zunächst, daß Müller-Laube die weithin konsentierte rechtliche Klassifikation der Beziehung zwischen Abzahlungskäufer und Finanzierer

[31] Ausführlich *Müller-Laube* 160-168, siehe ebd. insbesondere auch Fußn. 371; ähnlich auch *Neumayer* in: IX. Int. Kongress für Rechtsvergleichung 28, 56.

[32] Vgl. insoweit z.B. MünchKomm-*Möschel* vor § 414 Rdn. 9-16; § 414 Rdn. 1 ff.; § 415 Rdn. 1 ff.

[33] *Müller-Laube* 160; siehe auch MünchKomm-*Möschel* vor § 414 Rdn. 21.

[34] Ablehnend *Lebek* 99; *Schnauder* 239 f.

als Darlehensvertrag zugunsten einer Schuldübernahme aufgibt. Konsequenterweise muß er annehmen, daß der Verkäufer im Umsatzgeschäft erkläre, den Käufer nicht auf Zahlung in Anspruch zu nehmen, was als Erteilung der Zustimmung gedeutet werden könne, so daß eine Mitteilung gem. § 415 Abs.1 S.2 BGB überflüssig sei. Mag die rechtliche Konsequenz durchaus vertretbar und zutreffend anmuten, so ist doch zweifelhaft, ob in der Praxis einerseits die Willenserklärungen von Abzahlungskäufern und Finanzierern regelmäßig die Annahme einer Schuldübernahme zu rechtfertigen vermögen und andererseits Verkäufer generell *ausdrücklich* auf jegliche Inanspruchnahme des Abzahlungskäufers verzichten und damit der Schuldübernahme im voraus zustimmen wollen. Dabei kann im Hinblick auf die Zustimmungsfiktion – ebenso wie beim zuvor erörterten Vertrag zugunsten Dritter – die Tatsache fruchtbar gemacht werden, daß zwischen Finanzierer und Verkäufer, d.h. zwischen dem potentiellen Übernehmer der Schuld und dem Gläubiger, eine personelle und finale Gegenseitigkeitsbindung besteht. Bei einer solchen Konstellation spricht eine Vermutung dafür, daß eine vorherige Einwilligung des Gläubigers, d.h. Verkäufers, i.S.d. § 183 BGB vorliegt, die eine Mitteilung gem. § 415 Abs.1 S.2 BGB entbehrlich macht. Damit bleibt es letztlich eine Frage der Bewertung im Einzelfall, ob die vertraglichen Abweichungen von der Grundkonstellation eines Darlehens die rechtliche Bewertung des Vertragsverhältnisses als Schuldübernahme zu stützen vermögen. Darüber hinaus erscheint es in Einzelfällen vorstellbar, einem zwischen Verkäufer und Finanzierungsinstitut bestehenden Rahmenvertrag den Rechtscharakter eines Schuldübernahmevertrages zwischen Gläubiger und Übernehmer i.S.d. § 414 BGB beizumessen, der auf Auszahlung der Darlehensvaluta gerichtet ist und nicht der Genehmigung durch die dritte Partei, d.h. durch den Abzahlungskäufer, bedarf. Einer solchen Schuldübernahme steht nicht entgegen, daß sie sich auf eine künftige Kaufpreisforderung bezieht[35].

Wiederum einen anderen Ansatz vertritt Kupisch[36], wonach sich in der Auszahlung des Darlehens an den Verkäufer wertungsmäßig eine *Bürgschaft des Finanzierers* für die Schuld des Abzahlungskäufers realisiere. Zwar ist eine solche rechtliche Konstruktion durchaus denkbar, wird sich aber regelmäßig bei einer Bewertung der Willenserklärungen und wirtschaftlichen Abläufe kaum nachweisen lassen. Deshalb verwundert es nicht, daß Kupisch sich zur Stützung seiner These weniger auf die Voraussetzungen einer Bürgschaft[37] als vielmehr auf die Vereinfachung der Rechtsfolgenproblematik beim B-Geschäft bezieht. Diese ergebnisorientierte Argumentation ist wenig überzeugend; denn

[35] Vgl. zu diesem Aspekt MünchKomm-*Möschel* § 414 Rdn. 1 m.w.N. in Fußn. 1.

[36] *Kupisch* 90-95; ablehnend hingegen *Lebek* 98; *Schnauder* 238 f.

[37] Nach Darstellung des typischen Ablaufs eines B-Geschäfts begnügt sich *Kupisch* 91 insoweit mit dem schlichten Hinweis: »Mir scheint, daß der Wertungsgehalt dieser Lage am besten von der Bürgschaft her erfaßt werden kann.«

was nützt die logische Konsequenz im Hinblick auf die Behandlung der Rechtsfolgen, wenn sich bereits die rechtliche Basis als nicht tragfähig erweist?

Die letztgenannten Ansätze zur rechtlichen Einordnung der vertraglichen Beziehung zwischen Käufer und Finanzierer – Schuldübernahme und Bürgschaft – lassen sich somit zwar nicht als rechtlich unhaltbar abstempeln, wirken jedoch im Hinblick auf die übliche Vertragsgestaltung überaus artifiziell. Die Wirtschaftspraxis geht in diesem Rechtsverhältnis vielmehr von dem Abschluß eines Darlehensvertrages aus, so daß insoweit für die Gegenansichten eine tiefgreifende Auseinandersetzung mit den tatsächlichen, ökonomischen und rechtlichen Abläufen erforderlich gewesen wäre. Es mutet allerdings zweifelhaft an, daß auf diesem Wege die unzureichende Überzeugungskraft der gekünstelt wirkenden abweichenden Auffassungen hätte behoben werden können.

3. Zusammenfassung

Sowohl beim B-Geschäft als auch beim C-Geschäft stellt die Hingabe und Belassung des Darlehens durch das Kreditinstitut zugunsten des Verkäufers regelmäßig eine unmittelbare und direkte Leistung im Sinne des Allgemeinen Schuldrechts dar. Die *causa* für diese Vermögensverschiebung liegt aber nicht im Zuwendungsverhältnis, sondern im Deckungs- oder Valutaverhältnis. Die *Leistungspflicht* des Finanzierers zur Zahlung des Kaufpreises unmittelbar an den Verkäufer kann auf verschiedenen Wegen begründet werden:

a) Auslegung des Darlehensvertrages zwischen Abzahlungskäufer und Finanzierer als berechtigender Vertrag zugunsten des Verkäufers;
b) Schuldübernahme durch das Finanzierungsinstitut;
c) Bürgschaft des Finanzierers für die Kaufpreiszahlungspflicht;
d) Vorausabtretung des Auszahlungsanspruchs an den Verkäufer.

Es läßt sich nicht generalisierend festlegen, welche dieser Konstruktionen unter rechtsdogmatischen Gesichtspunken den Vorzug verdient, da jede einzelne tatsächlich vorstellbar und auch rechtlich möglich ist. Stattdessen ist auf die Umstände des Einzelfalles abzustellen. Dabei wird sich in der Mehrzahl der Fälle, in denen sich der Käufer im Darlehensvertrag mittels einer »unwiderruflichen Anweisung« mit der Auszahlung der Valuta an den Verkäufer einverstanden erklärt und das Finanzierungsinstitut im Rahmenvertrag zugleich entsprechend verpflichtet wird, die Konstruktion eines berechtigenden Darlehensvertrages zugunsten des Verkäufers nachweisen lassen.

III. A-Geschäft

Da sich das A-Geschäft im Hinblick auf seine Abwicklungsmodalitäten deutlich vom B-Geschäft unterscheidet, gleichwohl jedoch der Familie der finanzierten Abzahlungsgeschäfte zuzurechnen ist, liegt die Annahme nahe, daß sich die Wertungen des vorangehenden Abschnitts auf das Königsberger System übertragen lassen. Das gilt in besonderem Maße auch für die rechtliche Kategorisierung der vertraglichen Beziehung zwischen Abzahlungskäufer/Kreditnehmer und Finanzierer als Darlehensvertrag zugunsten eines Verkäufers. Die wirtschaftliche Ausgangssituation gleicht derjenigen beim B-Geschäft, allein der Verkäufer, an den letztlich die Kreditsumme insgesamt oder auch teilweise ausgezahlt werden soll, ist bei Abschluß des Darlehensvertrages noch unbestimmt, allerdings aufgrund der begrenzten Zahl der mit dem Finanzierungsinstitut kooperierenden Händler bestimmbar. Der Umstand, daß der Destinatär noch nicht persönlich feststeht, aber nach persönlichen und sachlichen Kriterien bestimmt werden kann, steht der Annahme eines (Darlehens-)Vertrages zugunsten Dritter nicht entgegen[38].

Wie beim finanzierten Abzahlungskauf sind Darlehens- und Rahmenverträge so ausgestaltet, daß die Darlehensvaluta direkt den an dem System teilnehmenden Verkäufern gutgeschrieben wird – ein Umstand, der auch beim A-Geschäft eine Auslegung des Darlehensvertrages als echten Vertrag zugunsten Dritter nahelegt. Diese Interessenlage spiegelt sich in der rechtlichen Bewertung des A-Geschäfts durch die vorherrschende Ansicht nur unvollkommen wider. Es muß verwundern, wenn sich trotz der eingeschränkten Zahl der Auszahlungsberechtigten, trotz Unabänderlichkeit der Valutierung an einen begrenzten Kreis von Verkäufern und der entsprechenden Beschneidung der Rechte des Darlehensnehmers sowie trotz der dadurch bewirkten Stärkung der Verkäuferposition die rechtliche Diskussion beim A-Geschäft etwa um die Frage dreht, ob die Hingabe der Warenschecks an den Abzahlungskäufer als Leistung an Erfüllungs Statt, Leistung erfüllungshalber[39] oder echte Erfüllung[40] anzusehen sei. Dem Abzahlungskäufer kommt es darauf an, daß der Finanzierer letztlich den Kaufpreisanspruch des Verkäufers erfüllt, für diesen steht die Erlangung der entsprechenden Geldmittel im Vordergrund, zu deren Auszahlung sich der Finanzierer in den Rahmenverträgen verpflichtet hat. Deshalb kann die Erfüllungshandlung des Kreditinstituts erst in der Einlösung derjenigen Warenschecks liegen, die von den am Finanzierungssystem teilnehmenden Verkäufern eingereicht werden[41]. Damit korrespondiert die aus dem berechtigenden Darlehensvertrag zugunsten des Verkäufers hervorgehende Zahlungsverpflichtung des Promittenten, d.h. des Finanzierers.

Mit dieser rechtlichen Bewertung harmoniert schließlich auch die Bestimmung des Rechtscharakters der Warenschecks als hinkenden Inhaberpapieren

---

[38] Vgl. RG Urt. v. 23. 11. 1922, RGZ 106, 120, 126; Urt. v. 25. 5. 1927, RGZ 117, 143, 149; *Gernhuber* § 20 III 3 a (481); MünchKomm-*Gottwald* § 328 Rdn. 19.

[39] So *Mark* 38 f.

[40] Im letztgenannten Sinne *Hopt/Mülbert* Vorbem zu §§ 607 ff. Rdn. 592; *Schönle* § 11 III 3 a (153).

[41] I.E. ebenso *Möllers* 25; *Müller-Laube* 251.

i.S.d. § 808 BGB[42]. Dabei ist es unerheblich, daß nach § 808 Abs.1 S.2 BGB die Inhaber der Papiere, d.h. hier die am Königsberger System beteiligten Verkäufer, nicht berechtigt sind, die Leistung zu verlangen; denn die entsprechenden Zahlungsansprüche ergeben sich bereits aus der Rechtsbeziehung des Kreditnehmers zum Finanzierer, bei der es sich um einen Darlehensvertrag zugunsten des jeweiligen, hernach vom Abzahlungskäufer ausgewählten Verkäufers handelt.

Ebenso wie beim B-Geschäft sind die Auslegungsregeln der §§ 328 Abs.2, 329 BGB zu beachten[43]. Selbst wenn die Drittbegünstigung nicht ausdrücklich im Darlehensvertrag angeordnet wird, ergibt sie sich doch regelmäßig aus dem von den Beteiligten verfolgten Vertragszweck und den Umständen des Einzelfalls. Bei deren Bewertung ist schließlich auch den für das A-Geschäft charakteristischen Warenschecks Rechnung zu tragen. Diese setzen für die Auszahlung an den Drittbegünstigten nach § 328 Abs.2 BGB zulässige Bedingungen und Befristungen fest, indem die Einlösung lediglich gegenüber den an dem Verkaufssystem teilnehmenden Verkäufern erfolgt, sofern diese die Warenschecks innerhalb der jeweiligen Gültigkeitsfristen dem Finanzierer vorlegen.

Damit findet die eingangs aufgestellte Hypothese, die von einer Übertragbarkeit der Wertungen zum finanzierten Abzahlungskauf auf das A-Geschäft ausging, im Hinblick auf die Annahme eines (Darlehens-)Vertrages zugunsten Dritter ihre Bestätigung. Gleiches gilt auch für die Anwendbarkeit der übrigen Rechtsinstitute, mittels derer beim B-Geschäft ein Anspruch des Verkäufers gegen den Finanzierer auf Zahlung des Kaufpreises begründet wurde. Sofern die Voraussetzungen im Einzelfall vorliegen, kann ein entsprechender Anspruch aus einer Schuldübernahme durch das Finanzierungsinstitut, einer Bürgschaft desselben oder einer Abtretung des Anspruchs auf Darlehensauszahlung an den Verkäufer abgeleitet werden. Im Ergebnis stellt sich somit beim Königsberger System die Struktur sämtlicher Hauptleistungspflichten genauso wie beim B-Geschäft dar.

IV. Finanzierungsleasinggeschäft

Bei diesem modernen Vertragstyp steht nachfolgend die regelmäßig im Verhältnis Lieferant-Leasingnehmer erfolgende Übergabe des Leasinggegenstandes im Zentrum der Überlegungen, mit der nach vorherrschender Ansicht keine entsprechende vertragliche Leistungsverpflichtung des Lieferanten im Zuwendungsverhältnis korrespondiert[44]. Grundlage hierfür ist die Annahme, daß der Lieferant das Leasinggut als Erfüllungsgehilfe des Leasinggebers auf dessen

[42] Siehe oben Teil I, 1. Abschnitt, VII. (26).

[43] Siehe dazu Teil II, 2. Abschnitt, II. 2. (101-103).

[44] Anders hingegen beim *sale-and-lease-back*-Verfahren.

Geheiß unmittelbar dem Leasingnehmer übergibt[45]. Danach trifft den Lieferanten eine kaufvertragliche Lieferpflicht nur im Verhältnis zum Käufer/Leasinggeber, während allein dieser zur Besitzverschaffung und Gebrauchsüberlassung des Leasingobjekts an den Leasingnehmer verpflichtet ist. Nur der Leasinggeber soll also eine vertragliche Pflicht zur Verschaffung des Leasinggegenstandes übernehmen, die er durch Einschaltung seines anderen Vertragspartners, d.h. des Lieferanten, und dessen Direktauslieferung an den Leasingnehmer erfüllt. Nun ist es durchaus üblich, vertragliche Lieferpflichten durch entsprechende Beauftragung Dritter zu erfüllen. Wenn diese Liefermodalität aber wie beim Finanzierungsleasinggeschäft zum Regelfall wird, erscheint es durchaus gerechtfertigt, die von der vorherrschenden Ansicht unterstellten Leistungspflichten in Frage zu stellen.

1. Vorherrschende Rechtsansicht

Die Problematik ist in der Rechtswissenschaft bislang allenfalls beiläufig erörtert worden, da die Pflicht zur Verschaffung des Besitzes am Leasingobjekt auf der Grundlage der verschiedenen Ansätze zur Bestimmung der Rechtsnatur des Leasingvertrages überwiegend beim Leasinggeber angesiedelt wird, ohne daß man sich mit einer gleichwohl denkbaren Lieferpflicht des Lieferanten auseinandersetzt[46]. Vorherrschend ist die Rechtsansicht, der Leasinggeber bediene sich des Lieferanten als seines Erfüllungsgehilfen, wobei das Leasingobjekt auf Geheiß des Leasinggebers unmittelbar vom Lieferanten dem Leasingnehmer übergeben werde[47]. Lediglich vereinzelt wird angedeutet, daß den Leasinggeber nicht zwangsläufig eine Pflicht zur Verschaffung des Besitzes am Leasinggegenstand treffe[48].

Fraglich ist, ob den wirtschaftlichen Interessen der am Finanzierungsleasinggeschäft Beteiligten sowie den – nicht zu vernachlässigenden – geschäftlichen Abläufen tatsächlich eine Lieferpflicht des Leasinggebers entspricht. Dabei hat man sich zunächst zu vergegenwärtigen, daß ein Leasinggeber zumindest bis zum Ablauf des Leasingvertrages den unmittelbaren Besitz am Leasinggut regel-

[45] Aus der Rspr. siehe bspw. BGH Urt. v. 30. 9. 1987, NJW 1988, 198, 199; Urt. v. 27. 4. 1988, WM 1988, 979, 983; Urt. v. 15. 6. 1988, BGHZ 104, 392, 397; im Schrifttum in diesem Sinne *Leible* 140-142; *Martinek* Vertragstypen Bd.I § 6 III 3 (128); MünchKomm-*Habersack* Leasing Rdn. 56; *Graf von Westphalen* Leasingvertrag Rz. 235 f. (117 f.); krit. zu diesem Ansatz *Canaris* AcP 190 (1990), 410, 432 f.; *Larenz/Canaris* Schuldrecht II/2 § 66 IV 5 a (121).

[46] Siehe insoweit stellvertretend MünchKomm-*Habersack* Leasing Rdn. 1: »... keine unmittelbaren rechtlichen Beziehungen zwischen dem Lieferanten und dem Leasingnehmer bestehen, es vielmehr allein der Leasinggeber ist, der in vertraglicher Beziehung zum Lieferanten steht.« Vgl. zu den rechtlichen Beziehungen zwischen dem Leasingnehmer und dem Lieferanten aber auch *Oechsler* 348 f. [»Vertrauensverhältnis«], 401 [»Sonderrechtsverbindung«].

[47] Siehe die Nachweise in Fußn. 45.

[48] Siehe etwa *Canaris* Bankvertragsrecht Rdn. 1736, 1796a-1798.

mäßig weder anstrebt noch erlangt. Er hält sich vielmehr so weit wie möglich aus der Abwicklung des Kaufvertrages heraus und ist aus steuerrechtlichen Gründen allein an der Stellung eines rechtlichen und – im Hinblick auf § 39 AO[49] – wirtschaftlichen Eigentümers, indes nicht an der Innehabung des unmittelbaren Besitzes interessiert. Demgemäß beschränkt sich der Leasinggeber darauf, die Transaktion zu finanzieren und in seiner Rolle als Eigentümer des Leasingobjekts den unmittelbaren Besitz daran dem Leasingnehmer zu belassen. Die begrenzte Funktion des Leasinggebers wird zudem durch den Umstand untermauert, daß typischerweise zunächst der Leasingnehmer mit dem Lieferanten bis zur Vertragsreife verhandelt und erst danach der Leasinggeber ein- bzw. zwischengeschaltet wird[50]. Diese vertragstypischen Abwicklungsmodalitäten führen letztlich dazu, daß der Leasinggeber entgegen der ihm von der vorherrschenden Rechtsansicht auferlegten Lieferpflicht hinsichtlich des Leasingobjekts in der Regel überhaupt nicht unmittelbar an der betreffenden Wertverschiebung beteiligt ist. Die üblicherweise eher als Ausnahme zu bewertende personelle Inkongruenz von Leistungs- und Vollzugsverhältnis soll also beim Finanzierungsleasinggeschäft den Regelfall darstellen – ein Ergebnis, welches *prima facie* Zweifel erweckt und deshalb eine Analyse sowohl der Gründe für diese Entwicklung als auch der rechtlichen Grundlagen nahelegt.

Die Annahme originärer vertraglicher Erfüllungsansprüche des Leasingnehmers gegen den Lieferanten scheint dem deutschen Recht fremd zu sein, stellt aber eine tragende Säule U.S.-amerikanischer und internationaler Leasingkodifikationen dar. Im amerikanischen Recht wird in der unabdingbaren Vorschrift des UCC § 2A-209 (1) der Leasingnehmer als *third party beneficiary* angesehen, der durch gesetzliche Anordnung zum (Dritt-)Begünstigten der aus dem Liefervertrag ableitbaren vertraglichen und gewährleistungsrechtlichen Verpflichtungen des Lieferanten wird, wobei freilich eine Ausnahme für das Recht zur Eigentumsübertragung gilt[51]. Damit wird einem für die Leasingpraxis typischen Umstand Rechnung getragen: »The function performed by the lessor in a finance lease is extremely limited.«[52] In vergleichbarer Weise wird bei internationalen Finanzierungsleasingtransaktionen durch Art. 10 Finanzierungsleasing-Konvention der UNIDROIT der Leasingnehmer so gestellt, als ob er selbst mit dem Lieferanten kontrahiert hätte[53]. Die beiden Vorschriften knüpfen also an die tatsächliche Zuwendung an, d.h. an die direkte Auslieferung des Leasingobjekts an den Leasingnehmer, lösen den Liefervorgang nebst der entsprechen-

---

[49] Siehe hierzu Teil I, 1. Abschnitt, XI. 1. (40).

[50] Siehe stellvertretend *Larenz/Canaris* Schuldrecht II/2 § 66 I 1 a (100) und IV 4 (120); vgl. auch *Stolterfoht* in: Münchener Vertragshandbuch Bd.3, II.1. Anm.3 (148) [»... der LG hat kein Sachinteresse«].

[51] Vgl. hierzu Teil I, 1. Abschnitt, XI. 2. (44 f.) sowie den Wortlaut der Vorschrift des UCC § 2A-209 ebd. in Fußn. 160.

[52] Siehe UCC § 2A-209 Official Comment (1.).

[53] Vgl. hierzu Teil I, 1. Abschnitt, XI. 3. (46 f.) sowie den Wortlaut der Vorschrift des Art. 10 Finanzierungsleasing-Konvention ebd. in Fußn. 173.

den Sachmängelgewährleistungsrechte aus der kaufvertraglichen Beziehung des Händlers zum Leasinggeber und implementieren sie in ein fingiertes Schuldverhältnis zwischen dem Leasingnehmer und Lieferanten. Daneben wird zwischen den ursprünglichen Parteien des Kaufvertrages im wesentlichen nur noch der Eigentumsübergang gegen Zahlung des Kaufpreises vollzogen.

2. Stellungnahme

Soweit die Übergabe des Leasingobjekts regelmäßig in dem Verhältnis des Lieferanten zum Leasingnehmer erfolgt, kommt als rechtliche Grundlage hierfür nicht allein der Finanzierungsleasingvertrag in Betracht, sondern auch das Vertragsverhältnis, an dem der *in persona* Zuwendende, d.h. der Lieferant, beteiligt ist. Damit wird der Blick auf den in der Diskussion oftmals vernachlässigten[54] Kaufvertrag zwischen dem Lieferanten des Leasingobjekts und dem Leasinggeber gelenkt. Der Kaufgegenstand wird üblicherweise nicht dem Käufer/Leasinggeber zum unmittelbaren Besitz überlassen, sondern dieser wird vielmehr einem Dritten, dem Leasingnehmer, eingeräumt. Der Rechtsgrund hierfür kann zwar im Finanzierungsleasingvertrag verankert sein, könnte aber auch in einem drittbegünstigenden Vertragsverhältnis zwischen dem Leasinggeber/Käufer und dem Lieferanten/Verkäufer, m.a.W. in einem *berechtigenden Kaufvertrag zugunsten des Leasingnehmers*, liegen[55]. Die Überzeugungskraft beider Ansätze steht im Mittelpunkt der nachfolgenden Vertragsauslegung.

Will man einerseits dem Leasingnehmer mit Hilfe eines berechtigenden Vertrages zugunsten Dritter einen auf Lieferung, d.h. auf Verschaffung des unmittelbaren Besitzes, gerichteten Vertragsanspruch einräumen, erscheint es inkonsequent und widersprüchlich, wenn andererseits in der Praxis der Leasinggeber den Leasingnehmer zur Ausübung der kaufrechtlichen Gewährleistungsrechte lediglich ermächtigt oder diese ausdrücklich abtritt. Die Parteien wählen im Hinblick auf Sekundärrechte also bewußt den Weg übers Dreieck. Damit drän-

[54] Siehe jedoch *Lieb* WM-Sonderbeilage 6/1992, 7 ff.; kritisch hierzu *Graf von Westphalen* DB 1993, 921 ff.

[55] Für *de lege ferenda* »überlegenswert« erachtet einen solchen Ansatz *Leible* 430 f.; eine solche rechtliche Anknüpfung wird vereinzelt auch in der japanischen Zivilrechtswissenschaft vertreten, worauf *Tsche* 171 m.w.N. in Fußn. 95 hinweist. Ablehnend jedoch bezüglich der Annahme eines Vertrages zugunsten Dritter i.S.d. § 328 BGB BGH Urt. v. 23. 2. 1977, WM 1977, 390, 391 (r.Sp.) hinsichtlich der Sachmängelansprüche; allgemein gegen die Annahme eines Vertrages zugunsten Dritter *Bayer* 136 in Fußn. 38 auf der Basis einer wenig überzeugenden – vgl. zuvor Teil II, 2. Abschnitt, II. 2. (102) – Auslegung des § 328 Abs.2 BGB; ebenfalls ablehnend *Berthold* 68; *Canaris* Bankvertragsrecht Rdn. 1797; *Görgens* im Rahmen einer Diskussionsveranstaltung, siehe *Gotthardt* in: *Marschall von Bieberstein* Leasingverträge 117, 125; *Hiddemann* WM 1978, 834, 839 (r.Sp.); *E.-G. Koch* 81; *Krause* 40; *Leible* 385 (»de lege lata«); *Reich* in: *Gitter/Huhn* u.a. 49, 70; *Stolterfoht* in: Münchener Vertragshandbuch Bd.3, II.1. Anm.9 (153); *Tsche* 187 f., der indes einräumt, daß »das aus der Konstruktion resultierende Ergebnis den Interessenlagen des Finanzierungsleasingvertrages besser entsprechen würde«.

gen sich die Fragen auf, ob zwingende rechtliche Gründe generell diesen (Um-)Weg bedingen und sich gegen die Annahme eines drittbegünstigenden Kaufvertrages richten.

Den Ausgangspunkt bildet die ablehnende Haltung, mit der der BGH[56] einem eigenen Recht des Leasingnehmers auf Geltendmachung von Sachmängelansprüchen auf der Basis eines Kaufvertrages zugunsten Dritter begegnet, da Leasinggeber derartige Ansprüche »mindestens kontrollieren« wollten und eine solche Vereinbarung zudem nicht dem Willen der Kaufvertragsparteien entspreche. Diese Argumentation vermag nur zu überzeugen, wenn die von der Rechtsprechung bei Sekundärrechten für zulässig erachteten und in der Praxis gebräuchlichen Abtretungs- und Ermächtigungskonstruktionen Leasingnehmern eine im Vergleich zu einem Drittbegünstigten schwächere Rechtsposition einräumen. Die Kontrolle über den Umfang der zu übertragenden Sekundärrechte ist in jedem Fall allein dem Käufer/Leasinggeber überlassen, so daß dieser Aspekt nicht gegen die Annahme eines Kaufvertrages zugunsten Dritter spricht. Stellt man nunmehr den rechtlichen Status des Leasingnehmers als Zessionar der Gewährleistungsrechte neben denjenigen eines Drittbegünstigten, so erlangt der Leasingnehmer in beiden Fällen eine Gläubigerstellung; ein Unterschied ergibt sich aber aus dem Umstand, daß neben dem Destinatär im Zweifel der Versprechensempfänger berechtigt bleibt, die Leistung an den Dritten zu fordern (§ 335 BGB)[57], während der Zessionar in der Regel alleiniger Gläubiger wird. Im Gegensatz hierzu ist die rechtliche Stellung eines lediglich zur Ausübung von Gewährleistungsrechten Ermächtigten deutlich schwächer als diejenige eines Drittbegünstigten, da der Schuldner nur dem letztgenannten gegenüber zur Leistung verpflichtet ist[58]. Insgesamt ist also, jeweils verglichen mit der Rechtsposition eines Destinatärs, die Stellung des Zesssionars als geringfügig stärker, diejenige des Ausübungsermächtigten hingegen als schwächer einzuschätzen. Somit müßte mit Hinweis auf die erwünschten Kontrollmöglichkeiten des Leasinggebers bezüglich der Sekundärrechte an sich auch die sog. Abtretungskonstruktion auf rechtliche Bedenken der Judikatur stoßen. Wenn der BGH jedoch entgegen dieser Erwartung Abtretungsklauseln für zulässig erachtet[59], entzieht er seiner Begründung, mit der er die Annahme berechtigender Verträge zugunsten Dritter ablehnt, die argumentative Grundlage.

Nunmehr ist in einem weiteren Zwischenschritt zu klären, welche Gründe in der Praxis für die Wahl zwischen Abtretungs- oder Ermächtigungskonstruktion ausschlaggebend sind und ob diese die Aufnahme einer Drittbegünstigung i.S.d. §§ 328 ff. BGB in den Kaufvertrag ausschließen. Da die Motivation für die eine oder andere Variante der üblichen Drittverweisungsklauseln naturge-

---

[56] BGH Urt. v. 23. 2. 1977, WM 1977, 390, 391 (r.Sp.).

[57] Vgl. hierzu MünchKomm-*Gottwald* § 328 Rdn. 9; Soergel-*Hadding* § 328 Rdn. 24.

[58] MünchKomm-*Gottwald* § 328 Rdn. 10; Soergel-*Hadding* § 328 Rdn. 25.

[59] Siehe stellvertretend BGH Urt. v. 16. 9. 1981, WM 1981, 1219, 1220 (r.Sp.).

mäß im dunkeln bleibt, ist man insoweit auf Vermutungen angewiesen. Maßgeblich dürfte zunächst der Umstand sein, daß die einzelnen Klauselgestaltungen in Finanzierungsleasingverträgen einer Wirksamkeitskontrolle nach § 9 Abs.2 Nr.1 AGBG standhalten. In diesem Zusammenhang hat der BGH darauf hingewiesen, daß sowohl die Abtretungs- als auch die Ermächtigungskonstruktion zu einer nicht zu beanstandenden Freizeichnung des Leasinggebers von seiner Eigenhaftung führen, sofern die Vertragsgestaltungen etwa bei Mangelhaftigkeit des Leasingguts die Rechtlosstellung des Leasingnehmers verhindern[60]. Beide Varianten genügen gleichermaßen den Anforderungen der Judikatur, wobei der Abtretungskonstruktion die größere Praxisrelevanz zuzukommen scheint[61]. Leasinggeber verfolgen letztlich vorrangig finanzielle Interessen, während die rechtlichen Konstruktionsmöglichkeiten zur Erreichung dieses Ziels zweitrangig erscheinen. Neben der Abtretungs- und Ermächtigungskonstruktion würden Leasinggeber ihre Gewährleistungsansprüche den Leasingnehmern daher vermutlich auch im Wege eines berechtigenden Vertrages zugunsten Dritter i.S.d. § 328 BGB zuwenden.

Den letztgenannten Weg hält Canaris[62] jedoch allenfalls bei »besonderen Anhaltspunkten für einen entsprechenden Parteiwillen« für gangbar. Denn *erstens* hätten die Parteien nun einmal den Weg übers Dreieck gewählt, was folgerichtig auch bei Sekundärrechten respektiert werden sollte; *zweitens* zeige die typische Ausgestaltung der Drittverweisungsklauseln, daß der Leasinggeber nicht von einem eigenen Anspruch des Leasingnehmers gegen den Dritten, sondern von der Notwendigkeit einer Abtretung ausgehe; schließlich könne der Leasinggeber *drittens* durchaus ein Interesse daran haben, daß nur ihm der Anspruch gegen den Dritten zustehe. Diese Gründe vermögen die grundsätzliche Ablehnung von Drittbegünstigungsklauseln im Kaufvertrag nicht zu rechtfertigen. Denn *erstens* pflegen Leasinggeber aus Gründen der Rechtssicherheit die leasingrechtlichen Vorgaben der Judikatur – wie etwa bezüglich der Abtretungs- oder Ermächtigungskonstruktion – gehorsam und oftmals sogar wortgetreu zu befolgen; *zweitens* folgt aus diesem Umstand, daß Leasinggeber sich sodann zur Übertragung der Gewährleistungsansprüche regelmäßig der Abtretung oder Ermächtigung bedienen und allein *deshalb* von dem Abschluß drittbegünstigender Kaufverträge absehen; wenn ein Leasinggeber nunmehr gleichwohl die letztgenannte Variante favorisieren sollte, könnte er *drittens* ebenso wie bei den üblichen Drittverweisungsklauseln den Umfang der Begünstigung je nach Interessenlage ausgestalten und damit den Umfang der dem Leasingnehmer einzuräumenden Rechte kontrollieren.

Als Zwischenergebnis ist festzuhalten, daß Leasingnehmern sowohl unter rechtlichen Aspekten als auch bei Berücksichtigung der wirtschaftlichen Inter-

[60] Siehe stellvertretend BGH Urt. v. 17. 12. 1986, ZIP 1987, 240, 241.
[61] *Martinek* Vertragstypen I § 7 II 3 b (160); *Graf von Westphalen* Leasingvertrag Rz. 212.
[62] *Canaris* Bankvertragsrecht Rdn. 1797.

essen der Beteiligten die Sachmängelgewährleistungsrechte nicht notwendigerweise im Wege der Abtretung oder Ausübungsermächtigung durch den Leasinggeber eingeräumt werden müssen, sondern diesbezüglich auch der Kaufvertrag zwischen dem Lieferanten und dem Leasinggeber eine entsprechende Drittbegünstigung i.S.d. § 328 Abs.1 BGB enthalten kann. Nunmehr ist in einem weiteren Schritt zu untersuchen, ob eine solche Drittbegünstigung auch den Anspruch des Leasinggebers auf Verschaffung des unmittelbaren Besitzes am Leasingobjekt umfassen kann. Unter rechtlichen Aspekten sprächen keine Gründe gegen eine solche Konstruktion. Zwar ist die Trennung der Besitzverschaffungs- und Gestaltungsrechte von dem Anspruch auf Verschaffung des Eigentums ungewöhnlich, allerdings wäre diese Abspaltung von einem Konsens sämtlicher am Finanzierungsleasinggeschäft Beteiligten getragen und unter diesen Umständen als Ausfluß des Grundsatzes der Privatautonomie zulässig.

Dieses Ergebnis findet seine Bestätigung in U.S.-amerikanischen und internationalen Leasingkodifikationen, die sich weniger von rechtsdogmatischem Konstruktivismus als vielmehr von den ökonomisch-motivierten Parteiinteressen leiten lassen. Sowohl in UCC § 2A-209 (1) als auch in Art. 10 Finanzierungsleasing-Konvention der UNIDROIT[63] wird der Leasingnehmer im Wege gesetzlicher Fiktion mit Ausnahme des Anspruchs auf Eigentumsverschaffung so behandelt, als habe er selbst anstelle des Leasinggebers den Kaufvertrag mit dem Lieferanten abgeschlossen. Eine derart pragmatische Annäherung an neuartige Vertragsgestaltungen ist dem deutschen Rechtsdenken fremd, die Fiktion eines vertraglichen Schuldverhältnisses zur Begründung originärer Vertragsansprüche sieht die *lex lata* nicht vor[64]. Indessen kann weitgehend der gleiche Effekt durch berechtigende Verträge zugunsten Dritter i.S.d. §§ 328ff. BGB erzielt werden, die anders als gesetzlich fingierte Vertragsbeziehungen den Übergang von Gläubigerrechten vom erklärten Willen des Versprechenden sowie des Versprechensempfängers abhängig machen. Dabei ist umstritten, ob der Drittbegünstigte eine echte Gläubigerstellung im Sinne einer Vertragspartei erhält[65], oder ob er aufgrund seiner beschränkten Rechtsstellung lediglich ein vertragsähnliches Verhältnis zum Schuldner unterhält[66] – ein Aspekt, der in die-

[63] Vgl. Teil I, 1. Abschnitt, XI. 2. Fußn. 160 (44) und Teil I, 1. Abschnitt, XI. 3. Fußn. 173 (46).

[64] Allerdings werden von der Rspr. und h.L. sog. Verträge mit Schutzwirkung für Dritte (grundlegend BGH Urt. v. 15. 5. 1959, NJW 1959, 1676f.; Urt. v. 22. 1. 1968, BGHZ 49, 350; siehe auch *Bayer* 182-194; *Larenz* Schuldrecht I § 17 II; MünchKomm-*Gottwald* § 328 Rdn. 78ff.) sowie Schuldverhältnisse aus geschäftlichem Kontakt mit Schutzwirkung für Dritte (grundlegend BGH Urt. v. 28. 1. 1976, BGHZ 66, 51, 58; vgl. auch *Larenz* aaO § 17 III; MünchKomm-*Gottwald* § 328 Rdn. 82-84) anerkannt, aus denen zugunsten des Dritten *Sekundär*ansprüche abgeleitet werden können.

[65] So die im Vordringen befindliche Lehre, vgl. *Dörner* 172; Soergel-*Hadding* § 328 Rdn. 14.

[66] So die Rspr., siehe stellvertretend BGH Urt. v. 9. 4. 1970, BGHZ 54, 145, 147; ebenso MünchKomm-*Gottwald* § 328 Rdn. 24 jeweils m.w.N.

sem Zusammenhang dahingestellt bleiben kann, auf den aber im weiteren Verlauf der Untersuchung zurückzukommen sein wird[67].

Damit sprechen die überwiegenden Gründe dafür, daß die auf den Leasinggegenstand bezogenen Besitzverschaffungs- und Gewährleistungsrechte im Wege eines begünstigenden Vertrages zugunsten Dritter auf den Leasingnehmer übertragen werden *können*. Dies bedeutet natürlich nicht, daß in der Leasingpraxis die auf den Kaufvertragsabschluß gerichteten Willenserklärungen des Leasinggebers und des Lieferanten bei einer an den §§ 328 Abs.2, 329 BGB orientierten Auslegung[68] in jedem Fall den Rückschluß auf einen echten Vertrag zugunsten Dritter zulassen. Der geäußerte Parteiwille ist zu respektieren und darf bei der rechtlichen Würdigung der Vertragserklärungen nicht übergangen werden. Bei Auslegung der leasingtypischen Drittverweisungsklauseln wird der Wille der Beteiligten wegen der deutlichen Anlehnung an die Vorgaben der Judikatur regelmäßig auf eine Abtretung der Gewährleistungsrechte oder eine Ermächtigung zu deren Ausübung hindeuten. Die Kaufverträge zwischen Leasinggebern und Lieferanten erwähnen üblicherweise nicht die Möglichkeit einer Ausübung der Gewährleistungsrechte durch Leasingnehmer, sondern gehen vielmehr von einer Übertragung dieser Rechte durch den Käufer/Leasinggeber aus. Die gesamten Umstände werden deshalb im allgemeinen keinen Anknüpfungspunkt dafür bieten, den Kaufvertrag hinsichtlich der Sekundärrechte als berechtigenden Vertrag zugunsten Dritter auszulegen.

Weit weniger eindeutig stellt sich die Rechtslage hingegen beim Anspruch des Leasingnehmers auf Verschaffung des unmittelbaren Besitzes am Leasingobjekt dar. Geht man – wie etwa der BGH – ganz im Banne einer mietrechtlichen Einordnung des Finanzierungsleasingvertrages von einer Gebrauchsüberlassungspflicht des Leasinggebers aus[69], liegt es zunächst nahe, bei diesem Beteiligten die Lieferverpflichtung anzusiedeln. Abgesehen davon, daß die mietvertragliche Qualifizierung des Finanzierungsleasingvertrages in der Rechtswissenschaft höchst umstritten ist[70], sprechen jedoch sowohl die wirtschaftlichen Belange der Parteien als auch die vertraglichen Abwicklungsmodalitäten gegen eine solche Lieferpflicht des Leasinggebers. Der spätere Leasingnehmer ist es, der in der Regel den Leasinggegenstand ebenso wie den entsprechenden Lieferanten aussucht, der mit diesem auf das Erwerbsobjekt bezogene Absprachen trifft, der ein unmittelbares Eigeninteresse an der Lieferung hat, die zur Befriedigung seiner Bedürfnisse zu dienen bestimmt ist, und der insgesamt den Kaufvertrag bis zur Abschlußreife vorbereitet. Lieferant und Leasingnehmer nehmen also bereits vor Abschluß des Kaufvertrages einen intensiven

[67] Siehe unten Teil II, 3. Abschnitt, II. (144 f.).

[68] Vgl. zu den Leitlinien einer solchen Auslegung bereits die Ausführungen zu Teil II, 2. Abschnitt, II. 2. (101 f.) m.w.N.

[69] So etwa BGH Urt. v. 9. 10. 1985, BGHZ 96, 103, 107, 109 f.

[70] Siehe oben Teil I, 1. Abschnitt, XI. 1. Fußn. 135 (39) mit Darstellung des Meinungsstands.

geschäftlichen Kontakt auf und gewinnen im Rahmen der Verhandlungen ein Bild von der Leistungsfähigkeit und -bereitschaft des jeweils anderen Beteiligten. Der Leasinggeber wird zumeist erst nach Beendigung dieses vorbereitenden Stadiums zum Kaufvertragsabschluß eingeschaltet und beschränkt sich in der Folge darauf, die Transaktion zu finanzieren und als Eigentümer des Leasingobjekts dem Leasingnehmer das Recht zu belassen, den in seinem unmittelbaren Besitz befindlichen Gegenstand zu nutzen. Dazu bedarf es aus steuerrechtlichen Gründen allein der Übertragung des Eigentums auf den Leasinggeber, wohingegen die übrigen auf den Kaufgegenstand bezogenen Rechte (einschließlich des Lieferanspruchs) und Verpflichtungen mit Ausnahme der Kaufpreiszahlungspflicht zumeist möglichst umfassend auf den Leasingnehmer übergehen sollen[71]. Während die Gewährleistungsrechte in der Praxis, wie zuvor dargelegt, im Wege der Abtretung oder Ausübungsermächtigung auf den Leasingnehmer übertragen werden, stellen die Leasinggeber die Erlangung des unmittelbaren Besitzes durch den Leasingnehmer auf folgende Arten sicher: entweder weisen die Leasinggeber den Verkäufer/Lieferanten im Kaufvertrag an, die Sache an den Leasingnehmer auszuliefern und zu übergeben, oder sie treten ihren Lieferanspruch aus dem Kaufvertrag an den Leasingnehmer ab und überlassen es diesem, sich den Besitz vom Verkäufer zu verschaffen[72]. In diesen Konstellationen vollzieht sich die Übereignung des Leasingobjekts an den Leasinggeber nach § 929 S.1 BGB durch Lieferung des Gegenstandes an den Leasingnehmer als antizipierten Besitzmittler des Leasinggebers (§ 868 BGB); bis zur Beendigung des Leasingvertrages wird der Leasingnehmer damit zum unmittelbaren Fremdbesitzer und der Leasinggeber zum mittelbaren Eigenbesitzer des Leasinggegenstandes.

Demgegenüber wird von der Judikatur der Finanzierungsleasingvertrag als atypischer Mietvertrag charakterisiert, dem in Anlehnung an §§ 535, 536 BGB eine Hauptpflicht des Leasinggebers zur Gebrauchsüberlassung an den Leasingnehmer innewohnt, die durch Einschaltung des Lieferanten als Erfüllungsgehilfen zu erfüllen ist. Unabhängig von der rechtlichen Qualifizierung des Finanzierungsleasingvertrages belegt jedoch die auf die Besitzverschaffung gerichtete typische Vertragsgestaltung, daß die Beteiligten selbst der rechtlichen Bewertung durch die Rechtsprechung die Grundlage weitgehend entzogen haben. Denn zum einen braucht der Anweisende den Angewiesenen nicht mehr als Erfüllungsgehilfen einzusetzen. Zum anderen entfällt nach einer Zession des

---

[71] Insoweit typisch der Mustervertrag bei *Stolterfoht* in: Münchener Vertragshandbuch Bd.3, II.1., dessen § 7 Abs.1 S.1 folgenden Wortlaut hat: »Der Vermieter tritt hiermit seine gegenwärtigen und zukünftigen Ansprüche gegen den Lieferanten und gegen die bei der Lieferung eingeschalteten Personen aus dem dem Mietvertrag zugrunde liegenden Lieferverhältnis sowie gegenüber sonstigen Dritten an den Mieter ab, der diese Abtretung annimmt.«

[72] *M. Wolf* in: *Wolf/Horn/Lindacher* § 9 Rdn. L 35. Siehe hierzu auch BGH Urt. v. 7. 10. 1992, NJW 1993, 122, 124 (l.Sp.), der die Frage offenläßt, ob die Abtretung des kaufrechtlichen Erfüllungsanspruchs zulässig ist.

Lieferanspruchs durch den Leasinggeber dessen Pflicht zur Gebrauchsüberlassung, sofern der Leasingnehmer den zedierten Anspruch an Erfüllungs Statt annimmt. Von letzterem kann regelmäßig ausgegangen werden, obgleich der Leasinggeber eine neue Verbindlichkeit übernimmt und diese Leistung gegenüber dem Leasingnehmer damit im Zweifel nur erfüllungshalber erfolgt (§ 364 Abs.2 BGB). Denn es wird grundsätzlich nicht dem Interesse der Leasinggeber entsprechen, den Lieferanspruch lediglich erfüllungshalber abzutreten, da damit ihre ursprüngliche Gebrauchsverschaffungsschuld aus dem Leasingvertrag bestehen bliebe, so daß sie im eigenen wirtschaftlichen Interesse auf eine Annahme an Erfüllungs Statt drängen werden. Die Erfüllungsgehilfen-Konstruktion basiert damit auf einer – von den Parteien regelmäßig nicht gewollten – originären Besitzverschaffungspflicht des Leasinggebers gegenüber dem Leasingnehmer. Das Interesse der Leasinggeber ist hingegen regelmäßig darauf gerichtet, möglichst umfassend von den mit dem Leasinggegenstand verknüpften Rechtspflichten freigestellt zu werden. Wenn zumindest ein Teil von ihnen ausdrücklich zur Zession der Lieferansprüche an den Leasingnehmer bereit ist – sei es an Erfüllungs Statt, sei es erfüllungshalber -, hätte es an sich auch nahe gelegen, diese Ansprüche schon zuvor durch berechtigende (Kauf-)Verträge zugunsten Dritter in der Person des Leasingnehmers entstehen zu lassen. Von dieser Gestaltungsmöglichkeit ist in den üblichen Kaufvertragsformularen bislang – zumindest ausdrücklich – kein Gebrauch gemacht worden, obgleich sie einerseits den Belangen der Parteien des Leasingvertrages entgegenkäme und es andererseits dem Lieferanten im Hinblick auf sein alleiniges Absatzinteresse regelmäßig gleichgültig sein wird, wer Gläubiger des Lieferanspruches ist.

Trägt man diesem Interessendiagramm bei der rechtlichen Einordnung der in der Praxis entwickelten Möglichkeiten zur Übertragung des Lieferanspruchs vom Leasinggeber auf den Leasingnehmer Rechnung, ergibt sich ein von der vorherrschenden Rechtsansicht abweichendes Bild. Soweit Leasinggeber ihren Besitzverschaffungsanspruch den Leasingnehmern abtreten, wollen sie letzteren unter Wegfall der eigenen leasingvertraglichen Gebrauchsverschaffungspflicht eine entsprechende Gläubigerposition verschaffen. Etwas anderes gilt, wenn man die in die Kaufverträge mit den Lieferanten aufgenommenen »Anweisungen« zur Auslieferung des Leasingobjekts an den Leasingnehmer als Anweisungen im weiteren Sinne[73] auffaßt, da solche dem Anweisungsempfänger gerade keine eigenen Ansprüche einräumen. Sofern sich aber aus den Umständen, insbesondere aus dem Zweck des Vertrages ergibt, daß der Leasingnehmer den Lieferanspruch erwerben sollte, ist der Kaufvertrag insoweit als berechtigender Vertrag zugunsten Dritter i.S.d. § 328 BGB anzusehen. Wie zuvor bereits wiederholt erwähnt, legen die Gesamtumstände des typischen Finanzierungsleasinggeschäfts eine solche Deutung nahe. Sofern Leasinggeber nunmehr ihren Lieferanspruch aus dem Kaufvertrag entweder an den Leasingnehmer

[73] Siehe hierzu etwa MünchKomm-*Hüffer* § 783 Rdn. 7 f.

abtreten oder diesem insoweit durch einen berechtigenden Kaufvertrag zugunsten Dritter eine Gläubigerstellung einräumen, wirkt sich diese rechtliche Wertung auch auf die Sekundärrechte aus. Die dabei auftretende Frage, ob die auf den Liefervorgang bezogenen Leistungsstörungsrechte vom Zedenten oder Zessionar bzw. vom Versprechensempfänger oder Dritten ausgeübt werden können, braucht in diesem Zusammenhang nicht vertieft zu werden[74].

Neben diesen an der Leasingpraxis orientierten Möglichkeiten, eine Verpflichtung des Lieferanten zur Direktlieferung und Übergabe des Leasinggegenstandes an den Leasingnehmer zu begründen, sind noch weitere zum gleichen Ergebnis führende Wege zumindest theoretisch vorstellbar. Dabei können diejenigen rechtlichen Gestaltungsmöglichkeiten fruchtbar gemacht werden, aus denen bereits im Zusammenhang mit finanzierten Abzahlungskäufen eine Verpflichtung des Finanzierungsinstituts zur Direktauszahlung der Darlehensvaluta an den Verkäufer abgeleitet wurde[75]. So kann man sich bei entsprechender Anwendung des von Müller-Laube entwickelten Ansatzes[76] fragen, ob hinsichtlich der Gebrauchsüberlassung des Leasinggegenstandes zwischen dem Leasinggeber und dem Lieferanten eine *Schuldübernahme* i.S.d. § 415 BGB vorliegt. Wiederum ist der Aspekt des Zustimmungserfordernisses nach § 415 Abs.1 S.2 BGB zu problematisieren. Unsicher ist, ob der Leasingnehmer in irgendeiner Form sein Einverständnis mit einer Lieferung und Gebrauchsverschaffung durch den Lieferanten anstelle des Leasinggebers zu verstehen gegeben hat. Davon wird man jedoch ausgehen können, wenn man sich die wirtschaftlichen Interessen der beteiligten Parteien vergegenwärtigt. Darüber hinaus ist auch bei Finanzierungsleasingtransaktionen zumindest theoretisch denkbar, den regelmäßig nur der Vorbereitung der Transaktion dienenden Verhandlungen zwischen Leasingnehmern und Lieferanten den Rechtscharakter antezipierter, auf die Lieferung des Leasinggegenstandes gerichteter *Schuldübernahmeverträge* zwischen Gläubiger und Übernehmer nach § 414 BGB beizumessen, die nicht der Genehmigung durch die dritte Partei, d.h. durch den Leasinggeber, bedürfen. Im Ergebnis erscheinen die angedeuteten Schuldübernahmekonstruktionen freilich überaus wirklichkeitsfremd, so daß sie eher als akademisches Gedankenspiel denn als Vorbild für die Wirtschaftspraxis anzusehen sind.

3. Zusammenfassung

Abschließend kann festgestellt werden, daß die Vertragsgestaltungen der Leasingpraxis unter Berücksichtigung der Umstände des Einzelfalls vielfach auf

[74] Allerdings wird die komplexe Problematik in einem späteren Abschnitt der Untersuchung wieder aufgegriffen werden; siehe nachfolgend Teil III, 2. Abschnitt, I. (203 f.) hinsichtlich des Finanzierungsleasings sowie Teil III, 2. Abschnitt, II. (204-209) bezüglich Zessionen und berechtigenden Verträgen zugunsten Dritter.

[75] Vgl. oben Teil II, 2. Abschnitt, II. 2. (100-106) m.w.N.

[76] Siehe oben Teil II, 2. Abschnitt, II. 2. Fußn. 31 (104).

eine Lieferpflicht des Verkäufers/Lieferanten gegenüber dem Leasingnehmer, d.h. auf eine Pflicht zur Verschaffung des unmittelbaren Besitzes am Leasingobjekt, hindeuten. Dabei kommen je nach Vertragsgestaltung insbesondere eine Zession des entsprechenden Anspruchs durch den Leasinggeber/Käufer im Leasingvertrag oder eine Einräumung des Rechts durch einen Kaufvertrag zugunsten des Leasingnehmers in Betracht. Von der letztgenannten Variante kann unter Berücksichtigung der Umstände des Einzelfalls ausgegangen werden, wenn der Kaufvertrag zwischen Leasinggeber und Verkäufer eine Klausel enthält, die diesen zur Lieferung des Erwerbsobjekts an den Leasingnehmer anweist. Daneben ist die Annahme eines Schuldübernahmevertrages eher theoretischer Natur. In den beschriebenen Fallkonstellationen stellt die Verschaffung des unmittelbaren Besitzes am Leasingobjekt durch den Lieferanten zugunsten des Leasingnehmers als unmittelbare Vermögensverschiebung eine Leistung im Sinne des Allgemeinen Schuldrechts dar. Deren causa liegt aber nicht im Zuwendungsverhältnis, sondern im Falle einer Zession des Lieferanspruchs im Verhältnis Leasinggeber-Leasingnehmer sowie bei der Annahme eines berechtigenden Kaufvertrages zugunsten des Leasingnehmers im Verhältnis Lieferant-Leasinggeber.

V. Erste Zwischenbilanz

Bislang ist für finanzierte Abzahlungsgeschäfte im Wege der Vertragsauslegung bezüglich der Hauptleistungspflichten ein vollständiger Synchronismus zwischen den Zuwendungen und den entsprechenden Leistungen im Sinne des Allgemeinen Schuldrechts nachgewiesen worden. Bei Finanzierungsleasinggeschäften läßt sich unter den zuvor beschriebenen Voraussetzungen in vielen Fällen das gleiche Phänomen aufzeigen. Die hieraus ableitbaren rechtlichen Konsequenzen sind hingegen noch nicht beleuchtet worden. Bevor auf die übrigen drittfinanzierten Erwerbsgeschäfte sowie sonstige Ausweitungen intersubjektiver Rechtsbeziehungen auf Dritte einzugehen ist, sollen die bisherigen Erkenntnisse ausgewertet und systematisch erfaßt werden, um damit die Problemstellung der nachfolgenden Analysen zu konkretisieren.

Austauschverträge sind auf der Grundlage der deutschen Schuldrechtsdogmatik dadurch gekennzeichnet, daß sich eine jede von zwei Vertragsparteien zu einer Leistung verpflichtet, um dadurch die andere zu einer Gegenleistung zu verpflichten. Charakteristisch ist also ein Hin und Her von Leistung und Gegenleistung, d.h. die Reziprozität von vertraglichen Ansprüchen oder Leistungsverpflichtungen. Die Systematik sämtlicher Austauschverträge, bei denen wenigstens einzelne der beiderseitigen Leistungspflichten im Verhältnis von Leistung und Gegenleistung stehen, läßt sich auf das Grundschema *do ut des*[77]

[77] Ich gebe, damit du gibst. – Diese heute geläufige Formel hat ihren Ursprung im römischen Recht. Der spätklassische Jurist *Paulus* (Dig. 19, 5, 5 pr., näher ausgeführt in §§ 1-5)

reduzieren, wobei man diese wechselseitige Verknüpfung seit dem 19. Jahrhundert in der deutschen Rechtsterminologie als Synallagma[78] bezeichnet.

Dieses Modell ist auf den zweiseitigen Kontrakt zugeschnitten. Sind wie bei finanzierten Abzahlungskäufen oder Finanzierungsleasinggeschäften drei Parteien an dem Austauschvorgang beteiligt, wird von der vorherrschenden Auffassung weiterhin am Prinzip *do ut des* festgehalten. Besonders deutlich ist diese Entwicklung an dem Leugnen von Leistungsbeziehungen außerhalb der zugrundeliegenden bilateralen Erwerbs- und Kreditgeschäfte abzulesen. Diese Vorgehensweise ist zunächst nachvollziehbar, weil sich finanzierte Abzahlungsgeschäfte sowie Finanzierungsleasinggeschäfte aus zwei oder drei bilateralen, gegenseitig verpflichtenden Verträgen zusammensetzen. Die einzelnen zweiseitigen Kontrakte stehen aber – wie auch die Vertragsauslegung gezeigt hat – nicht durchweg selbständig nebeneinander; vielmehr weisen sie einen gegenseitigen Bezug auf, der in Judikatur und Lehre zwar oft konstatiert worden ist, indes nicht überzeugend in die bekannten dogmatischen Kategorien hat integriert werden können.

Vergleichbar der finalen Gegenseitigkeitsbindung beim zweiseitigen Austauschvertrag, lassen sich nunmehr beim B-Geschäft sowie bei zahlreichen Finanzierungsleasinggeschäften auf der Basis der bislang in diesem Abschnitt gewonnenen Ergebnisse übers Dreieck erstreckende Ketten von Leistungsverpflichtungen nachweisen, die durch das Prinzip *do ut des ut det*[79] treffend charakterisiert werden. Typisch für diese Konstellationen ist folgender Geschäftsablauf: Jeder Beteiligte sucht einen Gegenwert für seine Leistung dadurch zu erhalten, daß er den Empfänger durch seine Leistung zu einer Leistung an denjenigen veranlaßt, der ihm selbst deshalb die erhoffte Leistung, d.h. den der eigenen Leistung entsprechenden Gegenwert, erbringt[80]; dabei beruhen sämtliche Leistungen auf Verpflichtungen, die aus den zugrundeliegenden bilateralen Vertragsverhältnissen abgeleitet sind und denen entsprechende Ansprüche der Empfänger gegenüberstehen.

---

verwendete diese Phrase, um die nicht klagbaren Innominatverträge systematisch zu erfassen. Vgl. dazu ausführlich *Kaser* Privatrecht II § 269 (420); *Liebs* 255 f.; siehe zuvor bereits *List* 35 f.

[78] Siehe hierzu stellvertretend *Gernhuber* § 13 (309 ff.); *G. Hager* in: Zum Deutschen und Internationalen Schuldrecht 26 ff.; *Larenz* Schuldrecht I § 15 I (202-209) jeweils m.w.N. Zur Geschichte der Rechtsfigur des Synallagmas siehe unten Teil II, 3. Abschnitt, II. (141).

[79] *Larenz* Schuldrecht I § 15 II (210, Fußn. 22) hat zum besseren Verständnis die Kurzform ergänzt: »Do ut (tertio) des ut (tertius mihi) det.« [Ich gebe, damit du (einem Dritten) gibst, und damit er (mir) gibt.] Die *do ut des ut det*-Formel stellt damit eine Fortentwicklung des römischen Rechtssatzes *do ut des* dar, die in dieser erweiterten Fassung anscheinend erstmalig von *Pfister* JZ 1971, 284 (r.Sp.) für die deutsche Rechtsdogmatik entwickelt worden ist.

[80] So *Pfister* JZ 1971, 284 (r.Sp.).

In der Theorie stellt sich ein *do ut des ut det*-Rechtsverhältnis folgendermaßen dar: A verpflichtet sich gegenüber B zur Erbringung der Leistung a, *damit* letzterer sich sodann seinerseits gegenüber C zur Durchführung von Leistung b verpflichtet und *damit* C durch Leistung c seiner vertraglichen Verpflichtung im Verhältnis zu A nachkommt. Dadurch schließt sich eine übers Dreieck erstreckende Kette von Leistungsverpflichtungen. Im Erfüllungsstadium befindet sich jeder der an dem dreiseitigen Rechtsverhältnis Beteiligten in der Doppelrolle eines Gebers *und* Nehmers. Der Abwicklungsmodus des dreiseitigen Rechtsgeschäfts läßt sich jedoch nur aus der Perspektive des A mit den Worten zusammenfassen: *do ut tertio des ut tertius mihi det.* B hingegen verpflichtet sich zur Erbringung von Leistung b, *weil* er bereits von A Leistung a erhalten oder letzterer sich zu deren Erfüllung verpflichtet hat und *damit* C den Gegenwert der Leistung a, d.h. die Leistung c, an A erbringt oder sich entsprechend verpflichtet (*do quod tertius mihi dedit ut tertio des*). C erbringt schließlich die Leistung c, *weil* bereits A an B und dieser an C geleistet haben oder entsprechende vertragliche Verpflichtungen eingegangen worden sind (*do quod tertio dedisti et tertius mihi dedit*).

Diese Zusammenhänge müssen für die Beteiligten erkennbar sein, wobei es freilich nicht auf den Zeitpunkt der Eingehung der vertraglichen Verpflichtung ankommen kann. Denn ein *do ut des ut det*-Rechtsverhältnis geht nicht zwangsläufig – wie etwa beim B-Geschäft – aus zwei oder drei von Beginn an aufeinander bezogenen Vertragsverhältnissen hervor, vielmehr kann es auch nachträglich zur personellen Erweiterung eines ursprünglich zweiseitigen Schuldverhältnisses und damit zu Verschiebungen innerhalb des zwischen den verschiedenen Leistungsverpflichtungen bestehenden Abhängigkeitsverhältnisses kommen. Zur Veranschaulichung sei auf das sog. Eintrittsmodell bei Finanzierungsleasinggeschäften hingewiesen. Dabei schließt der Lieferant zunächst einen Kaufvertrag mit dem späteren Leasingnehmer ab, an dessen Stelle sodann der Leasinggeber in das Vertragsverhältnis eintritt. Hat der Lieferant zuvor bereits das Kauf-/Leasingobjekt dem späteren Leasingnehmer übergeben, der seinerseits regelmäßig seine geschuldete Gegenleistung noch nicht erbracht hat, verändert sich nach dem Eintritt des Leasinggebers die mit der erfolgten Lieferung verbundene Zweckrichtung – das ursprünglich zweiseitige *do ut des*-Rechtsverhältnis wird erweitert. Dem Lieferanten kann ohne sein Mitwirken oder seine Zustimmung kein neuer Vetragspartner aufoktroyiert werden, vielmehr weiß er, daß sich der Leasinggeber nur um des Leasingnehmers Gegenleistung willen zum Eintritt bereitfindet. Letztlich hat er also das Leasingobjekt an den späteren Leasingnehmer ausgeliefert, damit dieser durch die Übernahme der vertraglichen Verpflichtung zur Zahlung von Leasingraten den Leasinggeber zum Ausgleich der noch nicht erfüllten Käuferpflichten, d.h. insbesondere zur Zahlung des Kaufpreises, veranlaßt. Dieses Beispiel belegt zweierlei: Zum einen kann die mit einer Leistung verfolgte final-kausale Gegenseitigkeitsbindung bis zu dem Zeitpunkt, in dem die Gegenleistung tatsächlich zugewendet wird, abgeändert werden, damit kann zum anderen ein zweiseitiges *do ut des*-Austauschverhältnis bis zur Erbringung der Gegenleistung zu einem *do ut des ut det*-Leistungsaustausch erweitert werden. Deshalb müssen noch nicht im Moment der aus der jeweiligen Vertragspflicht abgeleiteten unmittelbaren Zuwendung, sondern bis zu dem Zeitpunkt, in dem die Gegenleistung tatsächlich zugewendet wird, die beschriebenen final-kausalen Verbindungselemente für den jeweiligen Beteiligten ersichtlich sowie für sein Handeln bestimmend sein.

Diese Überlegungen lassen sich allgemein auf die Grundformen sowohl des B-Geschäfts als auch des Finanzierungsleasinggeschäfts übertragen. Erkennt man bei *finanzierten Abzahlungsgeschäften* die beschriebene Valutierungspflicht des Kreditinstituts im Verhältnis zum Verkäufer an, stellt sich das Geflecht der verschiedenen Leistungsverpflichtungen insgesamt folgendermaßen dar:

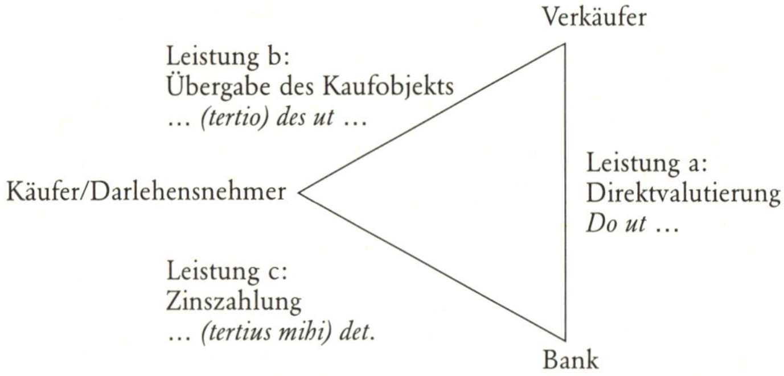

Abb. 1. Finanzierte Abzahlungsgeschäfte:
Do ut des ut det-Leistungsverpflichtungen aus der Perspektive der Bank

Das Kreditinstitut verpflichtet sich gegenüber dem regelmäßig vorleistungspflichtigen Verkäufer, nach dessen ordnungsgemäßer Lieferung im Valutaverhältnis das Darlehen zum Ausgleich des Kaufpreisanspruchs direkt auszuzahlen (Leistung a), damit der Verkäufer aufgrund dieser Zahlungszusage in Erfüllung seiner kaufvertraglichen Verpflichtungen das Kaufobjekt an den Käufer übergibt (Leistung b) und letzterer die Kreditzinsen zahlt (Leistung c) sowie das Darlehen tilgt. Der Verkäufer liefert das Kaufobjekt (Leistung b), weil er die Zahlungszusage des Finanzierers erhalten hat (Leistung a) und damit der Käufer die Kreditzinsen zahlt (Leistung c) sowie das Darlehen tilgt. Diese Leistungen erbringt der Käufer/Kreditnehmer, weil zuvor sowohl die Valutierung des Darlehens (Leistung a) als auch die Auslieferung (Leistung b) erfolgt sind. Für das *C-Geschäft*, das sich als Sonderformen des finanzierten Abzahlungskaufs darstellt, gelten die vorangehenden Ausführungen entsprechend.

Sofern man bei *Finanzierungsleasinggeschäften* durch Vertragsauslegung im Einzelfall eine Lieferpflicht des Händlers im Verhältnis zum Leasingnehmer nachweisen kann, stehen die verschiedenen Leistungsverpflichtungen in folgender Beziehung zueinander:

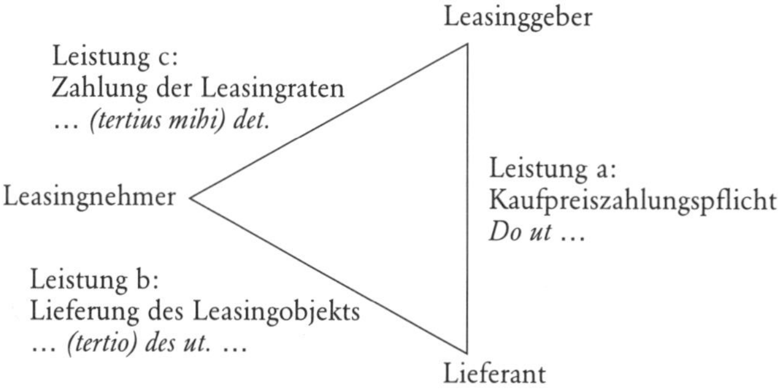

Abb. 2. Finanzierungsleasinggeschäfte:
Do ut des ut det-Leistungsverpflichtungen aus der Perspektive des Leasinggebers

Zunächst verpflichtet sich der Leasinggeber zur Zahlung des Kaufpreises an den Lieferanten (Leistung a), damit dieser aufgrund des Zahlungsversprechens einerseits den Leasinggegenstand in Erfüllung eines entsprechenden vertraglichen Anspruchs des Leasignehmers direkt an letzteren ausliefert (Leistung b) und andererseits dem Leasinggeber das Eigentum am Leasinggegenstand verschafft. Nach Abnahme des Leasingobjekts und Ausstellung einer entsprechenden Übernahmebestätigung durch den Leasingnehmer sowie nach zwischenzeitlicher Zahlung des Kaufpreises durch den Leasinggeber soll dadurch letztlich im Valutaverhältnis die Verpflichtung des Leasingnehmers zur Zahlung der Leasingraten sowie der Amortisationsdifferenz – der Restwert, der Veräußerungserlös des Leasingobjekts oder eine »Abschlußzahlung« als Differenzbetrag – (Leistung c) begründet werden. Die Lieferung des Leasingobjekts erfolgt direkt vom Händler an den Leasingnehmer (Leistung b), weil sich der Leasinggeber zur Erbringung der Gegenleistung, d.h. zur Zahlung des Kaufpreises (Leistung a) verpflichtet hat. Daneben bezweckt der Lieferant zugleich, die Verpflichtung des Leasingnehmers zur Zahlung der Leasingraten sowie der Amortisationsdifferenz (Leistung c) entstehen zu lassen. Diese beiden Beteiligten hatten die Verhandlungen über das spätere Leasingobjekt bis zur Vertragsreife geführt und erst danach den Leasinggeber zur Finanzierung eingeschaltet. Daher ist davon auszugehen, daß der Händler mit seiner Lieferung zugleich die für die Finanzierung des Gesamtgeschäfts unerläßliche Zahlung der Leasingraten durch den Empfänger beabsichtigt. Letztlich sind die Gründe für die Aufnahme der Leasingratenzahlungen durch den Leasingnehmer (Leistung c) darin zu erblicken, daß einerseits der Leasinggeber bereits den Kaufpreis für das Leasingobjekt entrichtet bzw. sich zur Zahlung verpflichtet hat (Leistung a) sowie andererseits der Händler den Gegenstand direkt ausgeliefert hat (Leistung b).

Handelt es sich nunmehr bei dem für finanzierte Abzahlungsgeschäfte und Finanzierungsleasinggeschäfte ermittelten, übers Dreieck verlaufenden Leistungsaustausch mit final-kausaler Gegenseitigkeitsbindung um ein auf diese Vertragstypen beschränktes Phänomen oder aber ein rechtliches Charakteristikum, das weiteren, vielleicht sogar sämtlichen drittfinanzierten Erwerbsgeschäften immanent ist?

VI. Die übrigen drittfinanzierten Erwerbsgeschäfte mit Kreditfunktion

1. Absicherung der Kaufpreisforderung durch Wechsel oder durch sonstige abstrakte Verbindlichkeiten

Bei der Absicherung der Kaufpreisforderung durch Wechsel verpflichtet sich der Finanzierer in einem Krediteröffnungsvertrag, bei Vorliegen bestimmter Voraussetzungen vom Verkäufer eingereichte Wechsel zu diskontieren und gegebenenfalls ein Darlehen zu gewähren. Es fragt sich, ob in derartigen Konstellationen ein *do ut des ut det*-Rechtsverhältnis nachgewiesen werden kann. Das Kreditinstitut verpflichtet sich zur Darlehensgewährung nach Wechseleinreichung (Leistung a), damit der Verkäufer in Erfüllung seiner kaufvertraglichen Verpflichtungen die Ware an den Käufer übergibt (Leistung b). Zugleich bezweckt der Refinanzierer, der sich aufgrund vertraglicher Vereinbarung mit dem Verkäufer vorrangig aus den Wechseln befriedigen soll, daß der Käufer die Wechselforderungen bei Fälligkeit ausgleicht (Leistung c).

Eine übers Dreieck verlaufende Kette von Leistungsverpflichtungen ist also gegeben, sofern sich die Bank bereits *vor* Abschluß des Erwerbsgeschäfts in einem Diskontkrediteröffnungsvertrag zur Diskontierung von Wechseln verpflichtet hat. Man mag einwenden, mit dieser Leistung a verfolge die Bank wegen der Abstraktheit der Wechselforderung gegenüber dem zugrundeliegenden Rechtsgeschäft nicht den Zweck, daß der Einreicher entsprechend abgesicherte Umsatzgeschäfte bei gleichzeitiger Kreditierung oder Stundung der daraus hervorgegangenen Forderungen durchführen und die Waren dem Käufer übergeben kann. Gleichwohl führt die Abstraktheit des Wechsels in diesem Fall nicht zu einer Unterbrechung der Leistungskette. Denn eine Bank, die mit einem Verkäufer einen Diskontkrediteröffnungsvertrag abgeschlossen hat, weiß, daß den diskontierten Wechseln regelmäßig gestundete oder kreditierte Forderungen aus Umsatzgeschäften des Einreichers zugrunde liegen. Die schenkweise Hingabe eines Wechsels spielt dagegen in der Wirtschaftspraxis keine Rolle und ist deshalb bei der Ermittlung der für den Refinanzierer mit dem Abschluß des Krediteröffnungsvertrages verknüpften Motivation zu vernachlässigen. Sollte gleichwohl einmal ein solcher Ausnahmefall gegeben sein, kann in Ermangelung eines Bindeglieds (*ut des*) keine übers Dreieck verlaufende Kette von Leistungsverpflichtungen vorliegen. Die Durchführung der mit der Wechselbegebung verknüpften Kausalgeschäfte ist somit grundsätzlich auch vom Finanzierungsinstitut zumindest mittelbar beabsichtigt, so daß das gesamte trilaterale Geschäft von einer sich übers Dreieck erstreckenden Kette von Leistungsverpflichtungen im Sinne eines *do ut des ut det* geprägt ist. Der Verkäufer liefert und übereignet in Erfüllung seiner kaufvertraglichen Verpflichtungen den Kaufgegenstand (Leistung b), weil der Finanzierer die Diskontierungszusage erteilt hat (Leistung a) und damit der Käufer bei Fälligkeit des Wechsels seiner Zahlungsverpflichtung gegenüber dem Zweiterwerber nachkommt (Leistung c). Diese Zahlung erfolgt schließlich, weil zuvor die Leistungen a und b erbracht worden sind.

Wenn der Verkäufer erst *nach* Abschluß des Kaufvertrages und erfolgter Warenlieferung *erstmalig* geschäftlichen Kontakt zum Refinanzierer aufnimmt und diesen in den Erwerbsvorgang einschaltet, vermag die Diskontierung des Wechsels nicht mehr die Übergabe des Kaufgegenstandes zu bezwecken. Gleichwohl liegen auch in dieser Konstellation die Voraussetzungen eines *do ut des ut det*-Leistungsaustauschs vor. Die Ausgangsleistung besteht in der Verschaffung von Eigentum und Besitz am Kaufgegenstand (Leistung a). Wenn der Verkäufer nunmehr vor dem maßgeblichen Zeitpunkt[81], in dem sein Anspruch auf Zahlung des Kaufpreises erfüllt wird, die zu dessen Absicherung begebenen Wechsel zum Diskont weiterreicht, gibt er Leistung a eine neue Zweckrichtung. Durch diese soll nämlich eine Zahlungspflicht des Käufers gegenüber dem Refinanzierer begründet werden (Leistung b), damit dieser die eingereichten Wechsel diskontiert (Leistung c).

2. Abtretungskonstruktion

Falls sich ein Kreditinstitut gegenüber dem Verkäufer *vor* dessen Anbahnung von Abzahlungsgeschäften in einem Krediteröffnungsvertrag zur Darlehensgewährung gegen Abtretung von Kaufpreisforderungen (Leistung a) verpflichtet, bezweckt es damit zugleich die Erfüllung der Verkäuferpflichten aus den hernach abgeschlossenen Kaufverträgen, insbesondere auch die Übergabe des Kaufgegenstandes an den Erwerber (Leistung b), sowie in seiner Funktion als Zessionar die Kaufpreiszahlung in das eigene Vermögen (Leistung c). Der Ver-

[81] Vgl. zu diesem Aspekt Teil II, 2. Abschnitt, V. (121 f.).

käufer liefert das Kaufobjekt (Leistung b), weil der Zessionar eine Darlehenszusage erteilt hat (Leistung a) und damit der Drittschuldner den Kaufpreis bei Fälligkeit zahlt (Leistung c). Diese Zahlung wiederum erfolgt, weil zuvor von den beiden übrigen Beteiligten die Leistungen a und b erbracht worden sind.

Sofern der Refinanzierer *ohne* vorherige vertragliche Vereinbarung erst *nach* Abschluß eines Abzahlungskaufvertrages in das Erwerbsgeschäft eingeschaltet wird, wohnt der Abtretungskonstruktion gleichwohl eine sich übers Dreieck erstreckende Kette von Leistungspflichten inne. Die Ausgangsleistung besteht in der Verschaffung von Eigentum und Besitz am Kaufgegenstand (Leistung a). Wenn der Verkäufer nunmehr vor dem maßgeblichen Zeitpunkt[82], in dem der gestundete Kaufpreisanspruch erfüllt wird, denselben zur eigenen Refinanzierung abtritt, gibt er Leistung a eine neue Zweckrichtung. Durch diese soll nämlich eine Zahlungspflicht des Käufers gegenüber dem Zessionar begründet werden (Leistung b), damit dieser dem Verkäufer den finanziellen Gegenwert für die abgetretene Kaufpreisforderung zuwendet (Leistung c).

3. Factoring

Die Möglichkeiten zur Gestaltung des Factoringgeschäfts sind zahlreich, indes in ihrer Gesamtheit durch eine übers Dreieck verlaufende Kette von Leistungsverpflichtungen gekennzeichnet. Im Factoringvertrag verpflichtet sich der Factor zum Ankauf noch nicht fälliger Forderungen aus Kauf-, Dienst- oder Werkverträgen seiner Klienten (Leistung a). Die korrespondierende Anspruchsgrundlage der Factoringgeber wird durch die Position im Meinungsstreit um die Rechtsnatur der Factoringkausalverträge[83] vorbestimmt, so daß vorbehaltlich des für jeden Drittschuldner festgesetzten Kauflimits und der Bonitätsprüfung der Anspruch eines Anschlußkunden entweder aus Kauf- oder aus Darlehensrecht abzuleiten ist. Der Factor bezweckt mit seiner Leistung a auch die vorangehenden Erfüllungsleistungen seiner Klienten (Leistung b). Die entsprechenden Austauschgeschäfte bilden die Basis für den Geschäftsbetrieb des Factors und hätten in Ermangelung finanzieller Rücklagen der Klienten oftmals ohne die zugesagte Bevorschussung nicht durchgeführt werden können. Beim Factoringgeschäft entspricht es schließlich der Zielsetzung des Factors, daß die Drittschuldner die Forderungen bei ihm ausgleichen (Leistung c). Der Klient sieht sich durch die Zusage des Factors (Leistung a) in die Lage gesetzt, Dritten Waren oder Dienstleistungen unter Verzicht auf deren sofortige Bezahlung zu verschaffen (Leistung b). Sofern von den Vereinbarungen des Factoringvertrages die Forderung des Klienten aus einem Umsatzgeschäft erfaßt wird, verzichtet letzterer auf die Geltendmachung des Anspruchs, bezweckt den Forderungsübergang auf den Factor und damit zugleich dessen Gläubigerstellung gegen-

[82] Vgl. hierzu Teil II, 2. Abschnitt, V. (121 f.).

[83] Siehe zum Meinungsstand Teil I, 1. Abschnitt, VI. 1. Fußn. 57 f. (23).

über dem Drittschuldner. Aus dessen Perspektive ist der Grund für seine Zahlungsverpflichtung gegenüber dem Factor (Leistung c) darin zu erblicken, daß auf diesen nach ordnungsgemäßer Lieferung des Erwerbsobjekts die inzwischen fällige Forderung übergegangen ist.

Beim *echten offenen Factoring* ist das *do ut des ut det*-Rechtsverhältnis besonders deutlich ausgeprägt, weil sich zum einen der Factor zum endgültigen Ankauf der Forderungen verpflichtet und zum anderen die Drittschuldner bereits bei Eingehung ihrer Verbindlichkeiten auf die Zession der entsprechenden Forderungsrechte an den Neugläubiger/Factor hingewiesen werden. Behält sich der Factor ein Recht zur Rückbelastung seiner Klienten vor, handelt es sich um sog. *unechte Factoringgeschäfte*. Trotz der Ungewißheit, ob es zum Regreß beim Factoringgeber kommt, liegt eine Leistungskette vor, für die jedoch im Factoringvertrag bei unzureichender Bonität der übertragenen Forderungen spezielle Rückabwicklungsregelungen getroffen werden. Dem *do ut des ut det*-Rechtscharakter des Factoringgeschäfts steht schließlich auch nicht der Umstand entgegen, daß beim *verdeckten Factoring* dem Drittschuldner die Abtretung der Forderung nicht angezeigt wird; denn auch in diesem Fall erfolgt dessen Zahlung an den Factor letztlich, weil zuvor die Leistungen a und b bewirkt worden sind.

4. Kreditkartengeschäft

Auch das Kreditkartengeschäft ist regelmäßig von einer übers Dreieck verlaufenden Kette von Leistungsverpflichtungen geprägt. Zunächst verpflichtet sich die Kartengesellschaft im Akquisitionsvertrag, den Gesamtbetrag der mittels Kreditkarteneinsatzes beglichenen Forderungen seinen Vertragsunternehmen abzüglich der vereinbarten Gebühren zu vergüten (Leistung a). Die korrespondierenden Ansprüche der Vertragsunternehmen sind je nach Rechtsnatur des Akquisitionsvertrages aus einem Forderungskauf oder einem Schuldversprechen nach § 780 BGB abzuleiten[84]. Mit dieser Verpflichtung bezweckt das Kartenunternehmen, daß die Vertragsunternehmen die kauf-, werk- oder dienstvertraglichen Ansprüche der Karteninhaber erfüllen (Leistung b) und letztere die bei Einsatz der Kreditkarte gestundeten oder sogar kreditierten Beträge beim Kartenherausgeber in Erfüllung ihrer Verpflichtung aus dem Emissionsvertrag ausgleichen (Leistung c). Die am Kreditkartensystem teilnehmenden Händler erbringen ihre Leistungen, weil sich die Kartengesellschaft zum Ausgleich der aus dem Kreditkarteneinsatz hervorgegangenen Forderungen (Leistung a) verpflichtet hat und damit die Karteninhaber ihrerseits die auf Kreditkarteneinsatz beruhenden Umsätze dem Kartenherausgeber vergüten (Leistung c). Die letztgenannte Leistung erfolgt schließlich, weil zuvor das Vertragsunternehmen und auch die Kreditkartengesellschaft ihre Leistungsverpflichtungen erfüllt haben.

[84] Siehe zum Meinungsstand Teil I, 1. Abschnitt, X. 1. Fußn. 99 (33).

5. Kreditbeschaffung durch den Erwerber

Bei den einschlägigen Vertragskonstellationen – *persönlicher Kleinkredit, Kontokorrent-, Dispositions- und Überziehungskredit, Anschaffungsdarlehen, Realkredit und Bauspardarlehen* – läßt sich grundsätzlich keine übers Dreieck erstreckende Kette von Leistungspflichten im Sinne eines *do ut des ut det* nachweisen, weil es regelmäßig an einer Rechtspflicht der Kreditinstitute zur Auszahlung der Darlehensvaluta an die Verkäufer und korrespondierenden Ansprüchen derselben mangelt. Der Grund hierfür ist darin zu erblicken, daß die Banken personell und sachlich noch unbestimmte Rechtsgeschäfte der Erwerber durch Bereitstellung oder Auszahlung der Valuta unmittelbar zu deren Gunsten vorfinanzieren, so daß sich bereits im Hinblick auf die tatsächliche Geschäftsabwicklung die Frage einer Direktvalutierung an die Verkäufer überhaupt nicht stellen kann. Soweit der Darlehensvertrag eine Zweckbindung beinhaltet, vermag diese allein keinen Anspruch des Verkäufers auf Auszahlung der Kreditsumme begründen.

Eine Ausnahme von diesem Grundsatz gilt allenfalls in bestimmten Fällen des *Anschaffungsdarlehens*, sofern der Darlehensvertrag die unmittelbare Auszahlung der Valuta an einen bereits bestimmten Verkäufer zur Erfüllung einer (zukünftigen) Kaufpreisverbindlichkeit des Käufers/Darlehensnehmers anordnet[85]. Nunmehr ist es eine Frage der Einzelfallbewertung, wie in derartigen Konstellationen diese Auszahlungsmodifikation rechtlich einzuordnen ist. Entscheidungserheblich ist insbesondere, in welchem Maße zwischen Verkäufern und Finanzierern bereits geschäftliche Verknüpfungen oder sogar vertragliche Beziehungen in Form von Rahmenverträgen bestanden haben[86]. Bei Würdigung der Gesamtumstände kann die Klausel im Kreditvertrag im Falle allenfalls schwach ausgeprägter sonstiger Verbindungselemente als Anweisung im weiteren Sinn[87] zu bewerten sein, wodurch kein Auszahlungsanspruch des Verkäufers begründet wird. Bei zunehmender Intensität der Kooperation zwischen Finanzierer und Verkäufer nähert sich die gesamte Transaktion hingegen deutlich einem finanzierten Abzahlungskauf an, bei dem – wie bereits dargelegt worden ist[88] – regelmäßig eine Pflicht zur unmittelbaren Gutschrift der Valuta zugunsten des Verkäufers besteht.

Im Ergebnis entsteht in Fällen der eigenständigen Kreditbeschaffung durch den Erwerber, abgesehen von den beschriebenen Vertragsgestaltungen beim Anschaffungsdarlehen, keine vertragliche Verpflichtung des Finanzierungsinsti-

---

[85] Vgl. zu den denkbaren Ausgestaltungen eines Anschaffungsdarlehens bereits zuvor Teil I, 1. Abschnitt, III. (14 f.).

[86] Zur Abgrenzung des B-Geschäfts vom Anschaffungsdarlehen siehe auch *Oechsler* 367-370, der demgegenüber im Wege der von ihm favorisierten »nachschaffenden Interpretation« auf einen beim Kunden geschaffenen Vertrauenstatbestand abstellt

[87] Zur Abgrenzung von einer Anweisung i.S.d. §§ 783 ff. BGB siehe etwa MünchKomm-*Hüffer* § 783 Rdn. 7 f.

[88] Vgl. Teil II, 2. Abschnitt, II. 2. (100-106).

tuts, das Darlehen unmittelbar an den insoweit anspruchsberechtigten Verkäufer auszuzahlen. Damit fehlt es zwischen diesen beiden Beteiligten an einer *obligatio* und zugleich an einem Gliedstück einer sich übers Dreieck erstreckenden Kette von Leistungsverpflichtungen, so daß auch keine final-kausale Gegenseitigkeitsbindung im Sinne eines *do ut des ut det* vorliegen kann.

VII. Zweite Zwischenbilanz

Anknüpfend an die erste Zwischenbilanz[89], lassen sich die bisherigen Ergebnisse in drei Aussagen zusammenfassen:

1. Die final-kausale Gegenseitigkeitsbindung im Sinne eines *do ut tertio des ut tertius mihi det* ist nicht nur für B-Geschäfte und zahlreiche Finanzierungsleasinggeschäfte, sondern für die Mehrzahl der in diese Untersuchung einbezogenen drittfinanzierten Erwerbsgeschäfte – Absicherung der Kaufpreisforderung durch Wechsel, Abtretungskonstruktion, Factoring, Kreditkartengeschäft – typusprägend.
2. Während sich bei finanzierten Abzahlungsgeschäften und Finanzierungsleasinggeschäften die hierfür erforderliche, übers Dreieck verlaufende Kette von Leistungsverpflichtungen erst aufgrund einer von der vorherrschenden Auffassung abweichenden Vertragsauslegung nachweisen ließ, ist den übrigen Vertragsgestaltungen ein *do ut des ut det*-Leistungsaustausch bereits auf der Basis der bisherigen Zuweisung von Leistungspflichten im Dreiecksverhältnis immanent gewesen.
3. Bei einer eigenständigen Kreditverschaffung durch den Erwerber fehlt es hingegen grundsätzlich an einer final-kausalen Gegenseitigkeitsbindung im Sinne eines *do ut des ut det*. Eine Ausnahme gilt für Vertragsgestaltungen beim Anschaffungsdarlehen, die eine Verpflichtung des Finanzierers zur unmittelbaren Darlehensauszahlung an den insoweit anspruchsberechtigten Verkäufer begründen.

Es hat sich gezeigt, daß drittfinanzierte Erwerbsgeschäfte einen *do ut des ut det*-Leistungsaustausch aufweisen können, wenn drei Kausalverhältnisse – wie etwa beim Kreditkartengeschäft – die Beteiligten miteinander verknüpfen. Aber auch auf der Basis zweier bilateraler Austauschverträge kann – wie etwa beim B-Geschäft oder Finanzierungsleasing – ein übers Dreieck verlaufender Leistungsaustausch mit final-kausaler Gegenseitigkeitsbindung nachgewiesen werden, wenn es in einer der zweiseitigen Schuldbeziehungen zu einer (teilweisen) Sukzession auf der Gläubigerseite (beispielsweise infolge einer Zession oder eines berechtigenden Vertrages zugunsten Dritter) oder auf der Schuldnerseite (etwa durch eine befreiende Schuldübernahme) kommt. Derartige Ausweitungen eines Schuldverhältnisses auf einen dritten Beteiligten in Verbindung mit

[89] Siehe Teil II, 2. Abschnitt, V. (119-124).

dem weiteren Austauschvertrag zwischen dem Sukzessor und der anderen Partei des ersten Schuldverhältnisses resultieren bei drittfinanzierten Erwerbsgeschäften regelmäßig in einem *do ut des ut det*-Rechtsverhältnis. Damit drängt sich die nachfolgend zu vertiefende allgemeine Frage auf, unter welchen Voraussetzungen bei Zessionen, echten Verträgen zugunsten Dritter oder befreienden Schuldübernahmen dreiseitige Schuldverhältnisse im weiteren Sinne entstehen, die durch einen Leistungsaustausch in Form eines *do ut des ut det* geprägt sind.

VIII. *Ausweitung zweiseitiger Schuldbeziehungen auf Dritte*

1. Zession

Zunächst sind diejenigen Zessionsfälle auszuklammern, in denen kein ringförmiger Leistungsaustausch im Sinne eines *do ut des ut det* vorliegen kann. So fehlt ein Gliedstück in der sich übers Dreieck erstreckenden Kette von Leistungsverpflichtungen, sofern es – etwa aufgrund eines Schenkungsvertrages – im Deckungsverhältnis an einer Leistungspflicht des Zedenten gegenüber dem Schuldner mangelt. Entsprechendes gilt, wenn im Valutaverhältnis dem Zedenten kein Gegenanspruch zusteht. Zessionsfälle sind hingegen durch einen ringförmigen Leistungsaustausch mit final-kausaler Gegenseitigkeitsbindung gekennzeichnet, sofern sowohl dem Deckungs- als auch dem Valutaverhältnis gegenseitig-verpflichtende Verträge zugrundeliegen. Dabei ist es unerheblich, daß die Leistungspflichten im Deckungsverhältnis zwischen Zedent und Schuldner zeitlich regelmäßig vor denjenigen im Valutaverhältnis zwischen Zedent und Zessionar, d.h. vor der Abtretungsvereinbarung, entstehen. Zwar ist im Deckungsverhältnis die Leistungspflicht des Gläubigers, d.h. des späteren Zedenten, gegenüber dem Schuldner zunächst allein mit dessen Gegenleistungspflicht verknüpft. Diese Gegenseitigkeitsbindung wird indes durch eine spätere Einbeziehung des Zessionars in das Schuldverhältnis aufgespalten, so daß zusammen mit der aus dem Valutaverhältnis hervorgehenden vertraglichen Verpflichtung des Zessionars eine übers Dreieck verlaufende Kette von Leistungspflichten entsteht. Dabei verpflichtet sich der Zedent im Deckungsverhältnis zur Erbringung der Leistung a an den Schuldner. Noch vor dem maßgeblichen Zeitpunkt der tatsächlichen Zuwendung der Gegenleistung durch den Schuldner[90] und nach Begründung der vertraglichen Pflichten im Valutaverhältnis wird die mit der Leistung a verfolgte Zwecksetzung abgeändert. Diese Leistung zielt nunmehr darauf ab, daß der Schuldner auf die abgetretene Forderung an den Zessionar zahlt (Leistung b), damit letzterer im Valutaverhältnis seine vertraglichen Pflichten erfüllt (Leistung c).

[90] Siehe hierzu Teil II, 2. Abschnitt, V. (121 f.).

2. Berechtigender Vertrag zugunsten Dritter

Auch bei den Verträgen zugunsten Dritter werden vorab diejenigen Vertragsgestaltungen ausgegrenzt, in denen sich kein *do ut des ut det*-Rechtsverhältnis nachweisen läßt. Eine übers Dreieck verlaufende Kette von Leistungsverpflichtungen kann zunächst nur vorliegen, wenn der begünstigte Dritte eine Forderung auf die Leistung des Versprechenden erwerben soll, wenn also die Voraussetzungen eines *berechtigenden Vertrages zugunsten Dritter* i.S.d. § 328 Abs.1 BGB gegeben sind. Zudem ist erforderlich, daß der Destinatär sein Zurückweisungsrecht aus § 333 BGB, einem Gestaltungsrecht mit gesetzlicher Rückwirkung[91], nicht ausübt, da andernfalls der *do ut des ut det*-Leistungsaustausch auf ein einfaches *do ut des*-Austauschverhältnis reduziert wird[92]. Unter diesen Voraussetzungen fehlt gleichwohl ein Gliedstück in der Leistungskette, sofern dem Valutaverhältnis zwischen Versprechensempfänger und Drittbegünstigtem kein gegenseitig-verpflichtender Vertrag zugrundeliegt. Eine solche Konstellation liegt beispielsweise bei Lebensversicherungs- und Leibrentenverträgen i.S.d. § 330 S.1 BGB vor, bei denen ein berechtigender Vertrag zugunsten Dritter zu Versorgungszwecken verwendet wird und der Versprechensempfänger dem Begünstigten die Leistung letztlich unentgeltlich zukommen läßt. Entsprechendes gilt, wenn sich der Versprechende gegenüber dem Dritten zu einer Leistung verpflichtet, ohne daß der Versprechensempfänger im Deckungsverhältnis zu einer Gegenleistung verpflichtet ist.

In den übrigen Fällen berechtigender Verträge zugunsten Dritter i.S.d. §§ 328ff. BGB verpflichtet sich der spätere Destinatär im Valutaverhältnis gegenüber dem Promissar zur Erfüllung der Leistung a, damit letzterer seine Gegenleistung – und sei es auf der Grundlage eines drittbegünstigenden Vertrages mit einem Promittenten – erbringt. Nach Abschluß des berechtigenden Vertrages zugunsten des Dritten im Deckungsverhältnis verändert sich die final-kausale Stoßrichtung der Leistung a. Nunmehr bezweckt der Destinatär hiermit, daß der Promissar sich gegenüber dem Promittenten zur Erfüllung von Leistung b verpflichtet, damit dieser ihm selbst im Vollzugsverhältnis den Gegenwert für Leistung a zuwendet (Leistung c).

Im Ergebnis kann also beim berechtigenden Vertrag zugunsten Dritter – ebenso wie in den Zessionsfällen – das dreiseitige Schuldverhältnis nur dann durch einen *do ut des ut det*-Leistungsaustausch gekennzeichnet sein, wenn dem Deckungs- und Valutaverhältnis gegenseitig-verpflichtende Verträge zugrundeliegen.

[91] In diesem Sinne etwa *Bayer* 222; *Gernhuber* § 20 IV 2 (493); Staudinger-*Jagmann* § 333 Rdn. 6; a.A. allein *Hadding* in: FS Zajtay 185, 201-214 sowie Soergel-*Hadding* Vor § 328 Rdn. 13ff., § 328 Rdn. 14, 36, der für den Forderungserwerb eine rechtsgeschäftliche Mitwirkung in Form einer Annahme verlangt und deshalb der Zurückweisung nur die Wirkung einer Feststellung beimißt.

[92] Zu den praktischen Konsequenzen, die sich ergeben, wenn der Drittbegünstigte in Kenntnis seines Rechtserwerbs diesen nicht nach § 333 BGB zurückweist, siehe instruktiv *Bayer* 349-351.

3. Befreiende Schuldübernahme

Abschließend ist zu klären, in welchen Fällen der befreienden Schuldübernahme ein *do ut des ut det*-Rechtsverhältnis vorliegt. In diesem Zusammenhang steht der Annahme einer durchgängigen Kette von Leistungsverpflichtungen nicht entgegen, daß die Vertragspflichten im Verhältnis zwischen Alt- und Neuschuldner (415 BGB) oder zwischen Gläubiger und Übernehmer (§ 414 BGB) in zeitlicher Hinsicht regelmäßig erst nach dem Vertragsabschluß zwischen dem Gläubiger und dem Altschuldner entstehen. Zwar sind zunächst allein in dieser bilateralen Beziehung die Hauptleistungspflichten durch eine Gegenseitigkeitsbindung gekennzeichnet. Bis zu dem Zeitpunkt, in dem der Altschuldner seine Gegenleistung erbracht hat, kann der Gläubiger die mit seiner Leistung verbundene Zweckbestimmung jedoch noch ändern[93]. Zudem kann es ohne seine Mitwirkung oder Zustimmung nicht zu einer wirksamen Schuldübernahme kommen. Wird die ursprüngliche Leistungsverknüpfung zwischen Gläubiger und Altschuldner also durch die spätere Einbeziehung des Neuschuldners in das Schuldverhältnis aufgespalten, entsteht durch die zusätzliche Einbeziehung der Leistungspflicht des Altschuldners gegenüber dem Neuschuldner in den gesamten Leistungsaustausch eine ununterbrochene Kette von aufeinander bezogenen Leistungsverpflichtungen. Nunmehr hat sich der Gläubiger gegenüber dem Altschuldner zur Erfüllung seiner vertraglichen Verbindlichkeiten verpflichtet oder die entsprechende Leistung bereits erbracht (Leistung a), damit dieser durch seine auf Vertrag oder §§ 677 f., 812 f. BGB[94] beruhende Ausgleichspflicht gegenüber dem Neuschuldner (Leistung b) letzteren zur Erfüllung der Urschuld (Leistung c), d.h. der ursprünglichen Gegenleistung für Leistung a, veranlaßt. Eine derartige *do ut des ut det*-Leistungsverknüpfung ist somit letztlich nur gegeben, wenn der Altschuldner einen Gegenanspruch gegenüber dem Gläubiger sowie der Schuldübernehmer einen Ausgleichsanspruch gegenüber dem Altschuldner besitzt, den entsprechenden Beziehungen mithin gegenseitig-verpflichtende Verträge zugrundeliegen.

IX. Dritte Zwischenbilanz

Im Anschluß an die zweite Zwischenbilanz[95] und die dort aufgeworfene Fragestellung kann nunmehr festgestellt werden, daß auch Ausweitungen zweiseitiger Schuldverhältnisse auf Dritte – berechtigender Vertrag zugunsten Dritter, Zession, befreiende Schuldübernahme – ein final-kausaler Leistungsaus-

---

[93] Siehe Teil II, 2. Abschnitt, V. (121 f.).

[94] Auf die genannten Anspruchsgrundlagen stützt sich in diesem Zusammenhang MünchKomm-*Möschel* § 414 Rdn. 7.

[95] Siehe Teil II, 2. Abschnitt, VII. (129 f.).

tausch im Sinne eines *do ut des ut det* zugrundeliegen kann. Davon ist auszugehen, wenn bei berechtigenden Verträgen zugunsten Dritter und Zessionen sowohl das Deckungs- als auch das Valutaverhältnis sowie bei befreienden Schuldübernahmen die Rechtsverhältnisse des Altschuldners zum Gläubiger und zum Neuschuldner auf gegenseitig-verpflichtenden Verträgen beruhen.

X. Ergebnis

Die vorangehenden Ausführungen haben gezeigt, daß die zweiseitig-finale Gegenseitigkeitsbindung im Sinne eines *do ut des*, Ausfluß eines an der Relativität von Schuldverhältnissen orientierten Rechtsdenkens, bei drittfinanzierten Erwerbsgeschäften die wirtschaftlichen Zusammenhänge und die im Rahmen der Vertragsgestaltung zum Ausdruck gekommenen Beteiligteninteressen nur dann widerspiegelt, wenn die von den Erwerbern abzuschließenden Kauf- und Kreditverträge rechtlich völlig unabhängig voneinander sind. Wichtige Indizien hierfür sind eine eigenständige, auf eigene Faust erfolgende Kreditverschaffung durch den Erwerber sowie eine Auszahlung der Darlehenssumme zu dessen freier Verfügung.

Im Gegensatz dazu sind bei den übrigen drittfinanzierten Erwerbsgeschäften unabhängig davon, ob sie sich aus zwei oder drei bilateralen Austauschverträgen zusammensetzen, die davon erfaßten vertraglichen Leistungspflichten unter den im einzelnen beschriebenen Voraussetzungen durch finale und – aus der Perspektive des Zweit- und Drittverpflichteten – auch kausale Bindeglieder miteinander verknüpft. Der sich übers Dreieck erstreckende und alle Beteiligten einbeziehende Leistungsaustausch läßt sich in der Kurzform zusammenfassen: *Do ut des ut det.*

Diese *do ut des ut det*-Verknüpfung ist aber nicht nur für die genannten drittfinanzierten Erwerbsgeschäfte charakteristisch, sondern prägt allgemein Drei-Parteien-Konstellationen, die aus einer Ausweitung einer intersubjektiven Schuldbeziehung auf Dritte – Zession, berechtigender Vertrag zugunsten Dritter oder befreiende Schuldübernahme – hervorgegangen sind. Ausnahmen gelten nur, sofern im Deckungs- oder Valutaverhältnis keine zweiseitig-verpflichtenden (Austausch-)Verträge vorliegen.

Resümierend ist festzuhalten: Die auf der Angebotsseite vorhandene wirtschaftliche und personelle Funktionsdifferenzierung in Verkauf und Finanzierung sowie das arbeitsteilige Zusammenwirken dieser Anbieter erfordern ein Umdenken. Der auf dem dualistischen Obligationensystem beruhende synallagmatische Leistungsaustausch (*do ut des*) vermag diejenigen dreiseitigen Erwerbsgeschäfte nicht widerspruchsfrei zu erfassen, die aus der planmäßigen Zusammenfügung mehrerer bilateraler Vertragsbeziehungen hervorgegangen und durch einen übers Dreieck verlaufenden Leistungsaustausch im Sinne eines *do ut des ut det* gekennzeichnet sind. Die hierfür erfoderliche Verzahnung der zugrundeliegenden bilateralen Austauschverträge geht entweder aus der gegenseitigen Bezugnahme dreier Vertragsverhältnisse im Valuta-, Deckungs- und Vollzugsverhältnis hervor oder erfolgt durch personelle Ausdehnung eines der Schuldverhältnisse auf einen Dritten (Zession, berechtigender Vertrag zugunsten Dritter, befreiende Schuldübernahme). Für die an dem gesamten Rechtsvorgang Beteiligten A, B und C muß sich die final-kausale Gegenseitigkeitsbindung der Leistungsverpflichtungen aus der jeweiligen Perspektive spätestens bis zum Zeitpunkt, zu dem der Leistungsempfänger seine eigene Leistung gegenüber dem Dritten erbringt, folgendermaßen darstellen[96]:

- A: *Do ut tertio des ut tertius mihi det.*
- B: *Do quod tertius mihi dedit ut tertio des.*
- C: *Do quod tertio dedisti et tertius mihi dedit.*

XI. Exkurs: Sonstige Erwerbsgeschäfte mit do ut des ut det-Leistungsaustausch

Die final-kausale Gegenseitigkeitsbindung, die in einem ringförmigen Leistungsaustausch nach der Maxime *do ut des ut det* ihren Ausdruck findet, prägt nicht nur die Mehrzahl drittfinanzierter Erwerbsgeschäfte, sondern wohnt noch zahlreichen weiteren Drei-Personen-Konstellationen inne. Einige von ihnen, die bei der Durchführung von Erwerbsgeschäften praktische Relevanz erlangt haben, werden nachfolgend kurz beleuchtet, um den potentiellen Anwendungsbereich der neuen Strukturdeterminante zu umreißen.

1. Bürgschaft und (Bank-)Garantie

Sofern ein durch einen Bürgschafts- oder Garantievertrag abgesicherter Veräußerer gegen die zur Absicherung der Finanzierung eingeschaltete Partei vorgeht, wird eine zuvor entstandene und sich übers Dreieck erstreckende Kette von Leistungspflichten ins Erfüllungsstadium übergeleitet. Der Bürge/Garant hat sich anfangs im Deckungsverhältnis gegenüber dem Verkäufer verpflichtet, unter vertraglich festgelegten Bedingungen für die Zahlungsverpflichtung des Erwerbers im Valutaverhältnis einzustehen (Leistung a). Damit hat er zum einen bezweckt, daß der Verkäufer seine vertraglichen Pflichten erfüllt und dem Erwerber Eigentum und Besitz am Erwerbsobjekt verschafft (Leistung b). Des weiteren hat der Bürge/Garant darauf abgezielt, daß nach seiner eigenen Inanspruchnahme aus dem Bürgschafts-/Garantievertrag der Erwerber ihm gegenüber Ausgleich leistet, indem er den verauslagten Betrag erstattet (Leistung c). Diese Verpflichtung ergibt sich im Falle der Inanspruchnahme aus einer Bürgschaft aus einer *cessio legis* gem. § 774 BGB sowie nach weisungsgemäßer Durch-

[96] Siehe hierzu bereits ausführlich oben Teil II, 2. Abschnitt, V. (120-124).

führung eines Garantieauftrags aus §§ 675, 670 BGB. Der Verkäufer hat Leistung b wegen der zuvor vom Bürgen/Garanten übernommenen finanziellen Absicherung des Kaufpreisanspruchs (Leistung a) erbracht. Zugleich hat er damit als Begünstigter des Bürgschafts-/Garantievertrages zumindest mittelbar bezweckt, daß der Käufer dem Bürgen/Garanten nach dessen Inanspruchnahme Ausgleich leistet (Leistung c). Diese Leistung erfolgt schließlich, weil zuvor sowohl der Verkäufer als auch der Bürge/Garant ihre Leistungen a und b erfüllt haben.

2. Scheck, Euroscheck, POS- und POZ-System

Durch die Bezahlung mittels eines Schecks kommt zwischen dem Aussteller, dem Scheckinhaber und der Bank regelmäßig kein *do ut des ut det*-Leistungsaustausch zustande, weil keine Leistungsverpflichtung im Verhältnis der Bank zum Schecknehmer entsteht. Denn dieser erhält mit dem Scheck nur eine Anweisung und damit lediglich eine Chance, Zahlung zu erhalten. Ein die Bank verpflichtender Anspruch auf Zahlung entsteht anders als bei der angenommenen Anweisung i.S.d. § 784 Abs.1 BGB oder bei einem vom Bezogenen angenommenen Wechsel gerade nicht, da ein Scheck nicht angenommen werden kann und ein auf den Scheck gesetzter Annahmevermerk als nicht geschrieben gilt (Art.4 ScheckG).

Hingegen führt das Euroscheckverfahren stets zu einer sich übers Dreieck erstreckenden Kette von Leistungspflichten. Sofern die Voraussetzungen des Scheckkartenverfahrens erfüllt sind[97], ist die Bank – unabhängig von der Diskussion zur Art[98] sowie zum Zustandekommen[99] des Verpflichtungstatbestandes – dem Schecknehmer gegenüber grundsätzlich zur Einlösung des Scheckbetrags (Leistung a) verpflichtet. Mit dieser finanziellen Absicherung bezweckt das Kreditinstitut, daß der Schecknehmer im Valutaverhältnis seine vertragliche

---

[97] Vgl. hierzu Nr.4 und 5 der Bedingungen für eurocheque-Karten: Erforderlich sind insbesondere: Scheckausstellung bis zu 400 DM oder bis zu dem im jeweiligen Land geltenden ec-Garantiehöchstbetrag; Übereinstimmung von dem Namen des Kreditinstituts, der Konto- und Kartennummer sowie der Unterschrift auf ec-Scheck und ec-Karte; Vorlage eines Inlandsschecks binnen 8 Tagen sowie eines Auslandsschecks binnen 20 Tagen ab Ausstellungsdatum.

[98] Die h.L. nimmt insofern beim Euroscheckverfahren einen Garantievertrag an, vgl. stellvertretend *Baumbach/Hopt* (7) BankGesch F/1; *Baumbach/Hefermehl* Anh. Art.4 ScheckG Rdn. 6; *Bülow* Art.4 ScheckG Rdn. 10-13; *Hueck/Canaris* § 21 II 2 (189); Staub/*Canaris* Rdn. 834 jeweils m.w.N. zum Meinungsstand; für ein abstraktes Schuldversprechen hingegen insbesondere *Zöllner* § 26 IV 1 b (165); *ders.* DB 1968, 559, 562 f.

[99] Verbreitet wird der Scheckaussteller als Stellvertreter der Bank angesehen, vgl. etwa OLG Nürnberg Urt. v. 8. 6. 1978, NJW 1978, 2513, 2514 (l.Sp.); OLG Düsseldorf Urt. v. 3. 3. 1975, WM 1975, 504, 507 (l.Sp.); *Baumbach/Hopt* (7) BankGesch F/1; *Baumbach/Hefermehl* Anh. Art.4 ScheckG Rdn. 7; *Hueck/Canaris* § 21 II 1 (188); Staub/*Canaris* Rdn. 831; einen Vertrag zugunsten Dritter favorisieren *Bayer* 162 m.w.N. in Fußn. 187; *Bülow* Art.4 ScheckG Rdn. 14-17; *Zöllner* § 26 IV 1 c (166); *ders.* DB 1968, 559, 560 f.

Gegenleistung b erbringt und daß der Aussteller nach Nr.6 Satz 3 der Bedingungen für eurocheque-Karten Ersatz aller Aufwendungen leistet (Leistung c). Der Schecknehmer erbringt seine Leistung b, weil sich die Bank zur Scheckeinlösung (Leistung a) verpflichtet hat und damit der Aussteller Aufwendungsersatz leistet (Leistung c). Diese Leistung wird schließlich erbracht, weil zuvor bereits die Leistungen a und b erfüllt worden sind.

Zudem bewirkt das POS-System – anders als das POZ-System – regelmäßig einen ähnlichen sich übers Dreieck erstreckenden Leistungsaustausch. Nach Ziffer 7.3. der Bedingungen für den ec-Service verpflichtet sich das kartenausgebende Kreditinstitut gegenüber den Betreibern von POS-Kassen, die Beträge zu vergüten, über die unter Verwendung der dem Karteninhaber ausgegebenen ec-Karte verfügt worden ist[100] (Leistung a). Eine derartige Zahlungsgarantie geben die Kartenemittenten beim POZ-System hingegen nicht ab. Der am POS-System teilnehmende Händler erbringt im Hinblick auf diese Zahlungssicherheit seine gegenüber dem Karteninhaber geschuldete Leistung (Leistung b) und bezweckt damit zugleich, daß der Empfänger den in Ziffer 8.1. statuierten Anspruch des Emittenten auf Ersatz aller durch Verwendung der Karte entstandenen Aufwendungen ausgleicht[101] (Leistung c).

3. Akkreditiv

Schließlich kommt auch beim Akkreditivgeschäft regelmäßig eine sich übers Dreieck erstreckende Kette von Leistungsverpflichtungen zur Entstehung, die den Austauschbeziehungen bei der Bankgarantie funktionell vergleichbar ist. Dabei wird von der dreigliedrigen Grundform des Akkreditivgeschäfts ausgegangen, obgleich bei der üblichen Einschaltung einer Korrespondenzbank im Lande des Begünstigten aus dem Dreiecks- unweigerlich ein Vierecksverhältnis wird. Die Akkreditivbank ist dem Begünstigten – unabhängig von der wissenschaftlichen Kontroverse bezüglich des maßgeblichen Vertragstyps[102] – zur unmittelbaren Zahlung auf dessen im Valutaverhältnis entstandenen Anspruch verpflichtet (Leistung a). Aufgrund dieser Zahlungszusage erfüllt der Begünstigte gegenüber seinem Vertragspartner, dem Akkreditivauftraggeber, seine (kauf-)

[100] *Brockmeier* 71 f.; *Harbeke* WM-Sonderbeilage 1/1994, 9; *Ikas* 68 f.; *Martinek* Vertragstypen Bd.III § 23 VI 2 (137); *Reiser* WM-Sonderbeilage 3/1989, 8 f. werten diese Verpflichtung als abstraktes Schuldversprechen gem. § 780 BGB; demgegenüber gehen *Baumbach/Hopt* (7) BankGeschF/8; *Bertrams* ZIP 1985, 963, 966 f.; *Petring* 67 von einem Garantievertrag aus.

[101] Dieser Anspruch des Finanzierungsinstituts ergibt sich zudem aus §§ 675, 670 BGB, vgl. etwa *Ikas* 105-108; *Reiser* WM-Sonderbeilage 3/1989, 12.

[102] Die h.M sieht in dem durch die Akkreditiveröffnung oder -bestätigung entstandenen Vertrag ein abstraktes Schuldversprechen i.S.d. § 780 BGB, vgl. etwa RG Urt. v. 16. 2. 1923, RGZ 106, 304, 307; Urt. v. 12. 3. 1934, RGZ 144, 133, 136; BGH Urt. v. 21. 3. 1973, BGHZ 60, 262, 264; Staub/*Canaris* Rdn. 984 m.w.N.; demgegenüber geht *Kübler* 190 von einer »stereotypisierten Zahlungsgarantie« aus.

vertraglichen Verpflichtungen, indem er letzterem Eigentum und Besitz am Erwerbsgegenstand verschafft (Leistung b). Zugleich bezweckt die Akkreditivbank mit ihrer Leistung a, daß ihr der Akkreditivauftraggeber gem. §§ 675, 631 BGB eine Akkreditivprovision zahlt sowie den Akkreditivbetrag gem. §§ 675, 670 BGB erstattet. Der Begünstige erbringt seine Leistung b wegen der Zahlungszusage der Akkreditivbank (Leistung a) und bezweckt damit zugleich zumindest mittelbar, daß der Erwerber im Deckungsverhältnis Leistung c erbringt.

3. Abschnitt

Vom bilateral-synallagmatischen Vertrag zum trilateral-synallagmatischen Rechtsgeschäft

Es ist offensichtlich, daß sich die Austauschmodalitäten innerhalb drittfinanzierter Erwerbsgeschäfte, die durch eine übers Dreieck verlaufende Kette von Leistungsverpflichtungen geprägt sind, grundlegend von denjenigen bilateraler Austauschverhältnisse unterscheiden. Gemeinsam ist beiden Konstellationen zunächst das auf einen Leistungsaustausch gerichtete Ziel sowie die final-kausale Gegenseitigkeitsbindung der betreffenden Leistungsverpflichtungen. Die unterschiedliche Zahl der an dem Austauschvorgang Beteiligten resultiert indes in ebenso divergenten Beteiligteninteressen. Während eine Vertragspartei beim bilateralen Austausch die Leistungskraft, Zuverlässigkeit sowie Vertrauenswürdigkeit allein hinsichtlich ihres Vertragspartners einzuschätzen hat, richtet sich der Blick eines Beteiligten an einem *do ut des ut det*-Leistungsaustausch insoweit sowohl auf den Empfänger der eigenen Leistung als auch den dritten Partner, der die hierfür erwartete Gegenleistung schuldet.

Wie können diese deutlich divergierenden Abwicklungs- und Risikostrukturen in rechtlicher Hinsicht systemkonform in die *lex lata* eingeordnet werden? Es liegt auf der Hand, daß der für zweiseitig-gegenseitige, mithin synallagmatische Vertragsverhältnisse entwickelte Rechtsfolgenkatalog einem dreiseitigen Austauschverhältnis im Sinne eines *do ut des ut det* allenfalls bei modifizierender Betrachtungsweise gerecht zu werden vermag. Letztlich weisen beide Konstellationen aber eine gewisse Verwandtschaft auf, stellt doch ein *do ut des ut det*-Leistungsaustausch lediglich eine Fortentwicklung des klassischen *do ut des*-Austauschmodells dar. Deshalb liegt folgende Hypothese nahe:

Drittfinanzierte Erwerbsgeschäfte mit einer übers Dreieck verlaufenden Kette von Leistungsverpflichtungen stellen dreiseitige *Rechtsgeschäfte* dar, die durch ein *trilaterales Synallagma* geprägt sind.

Tragfähigkeit und Sinn dieser Aussage sollen nachfolgend analysiert werden, wobei zum Zwecke der Veranschaulichung insbesondere auf B-Geschäfte und Finanzierungsleasinggeschäfte Bezug genommen werden wird.

I. Do ut des ut det-Austauschbeziehung als dreiseitiges Rechtsgeschäft

Der bisherige Gang der Untersuchung hat ergeben, daß ein ringförmiger Leistungsaustausch im Sinne eines *do ut des ut det* durch die Symbiose von mindestens zwei bilateralen, zur Durchführung eines Erwerbsvorgangs miteinander verknüpften Verträgen zustandekommt. Dieses vertragliche Konglomerat läßt sich nicht durch die klassischen Rechtsfiguren des dreiseitigen Vertrages[1] oder des Verbandes[2] erfassen, auch die daneben entwickelten Theorien der Vertragsnetzwerke und der Relationalverträge[3] haben sich als wenig geeignet zur rechtlichen Einordnung multilateraler Austauschbeziehungen erwiesen. Demgegenüber tragen die durch § 9 VerbrKrG in das deutsche Rechtssystem eingefügte Kategorie des verbundenen Geschäfts sowie die auf Gernhuber zurückgehende Lehre vom rechtsgeschäftlichen Verbund[4] der Zusammenfügung von Kauf- und Darlehensvertrag zu einem drittfinanzierten Erwerbsgeschäft zwar Rechnung, können das maßgebliche Abgrenzungskriterium aber nur annäherungsweise umschreiben (»wirtschaftliche Einheit«, »Finalnexus«).

Es bedarf damit des Rückgriffs auf eine bestehende oder der Entwicklung einer neuen Rechtsfigur, die zwischen den Polen *Vertrag* und *Verband* angesiedelt ist. Diesen Weg sind auch die Lehren von den *Vertrags*netzwerken, vom *rechtsgeschäftlichen* Verbund sowie von den Relational*verträgen* gegangen, die ebenso wie der Gesetzgeber mit der Figur des *geschäftlichen* Verbundes die Nähe zu dem die deutsche Schuldrechtsdogmatik beherrschenden Vertragskonzept gesucht haben. Eine solche gedankliche Kategorie ist naheliegend, gehen doch *do ut des ut det*-Rechtsverhältnisse stets aus der symbiotischen Verknüpfung von mindestens zwei bilateralen Austauschverträgen hervor. Gleichwohl entsteht dadurch kein einheitlicher multilateraler Austauschvertrag, weil die gesamte Transaktion nicht auf einem einzigen alle Modalitäten umfassenden Vertragsabschluß zwischen drei oder mehr Beteiligten beruht. Stattdessen sind Leistungsbeziehungen im Sinne eines *do ut des ut det* – im gedanklichen Ansatz mit dem *rechtsgeschäftlichen* Verbund im Sinne Gernhubers oder dem verbundenen *Geschäft* im Sinne des § 9 VerbrKrG übereinstimmend – als *Rechtsgeschäft*[5] einzuordnen. Darunter wird eine Handlung oder auch eine Mehrzahl zusammenhängender Handlungen einer oder mehrerer Personen verstanden, deren Zweck es ist, eine privatrechtliche Rechtsfolge, d.h. eine Änderung in den interpersonellen rechtlichen Beziehungen, herbeizuführen. *Do ut des ut det*-Leistungsbeziehungen stellen derartige Rechtsgeschäfte dar: Die Mehrzahl zusammenhängender Handlungen besteht in dem Abschluß von mindestens zwei, mit unterschiedlicher Intensität aufeinander bezogenen bilateralen Verträgen. Die durch deren Zusammenspiel bezweckten Rechtsänderungen sind etwa bei drittfinanzierten Erwerbsgeschäften in den Vermögensverschiebungen zu erblicken, die mit den mehrgliedrigen Transaktionen verbunden sind. Diese verkörpern somit

---

[1] Siehe Teil I, 3. Abschnitt, I. 1. (65-69).

[2] Siehe Teil I, 3. Abschnitt, I. 2. (69-72).

[3] Siehe Teil I, 3. Abschnitt, I. 4. (75-77) und II. (78-83).

[4] Siehe Teil I, 2. Abschnitt, I. 1. (50-56) und Teil I, 3. Abschnitt, I. 3. (72-75).

[5] Vgl. zu diesem Rechtsbegriff *Flume* § 2, 1+2 (23-25); *Larenz/Wolf* AT § 22 II Rdn. 3 f. jeweils m.w.N.

finale, auf die Herbeiführung eines bestimmten Rechtserfolgs zweckhaft gerichtete, mehrgliedrige Akte, mithin trilaterale *Rechtsgeschäfte*.

II. Das trilaterale Synallagma

Im Hinblick auf die eingangs aufgestellte Hypothese – *do ut des ut det*-Austauschbeziehungen sind Rechtsgeschäfte mit trilateral-synallagmatischer Leistungsverknüpfung – stellt sich nunmehr folgende Frage: Gibt es neben der zweiseitigen vertraglichen Reziprozität von Leistungsbeziehungen (*do ut des*), einer gemeinhin als Synallagma bezeichneten Strukturdeterminante des deutschen Schuldrechts, Raum für ein trilaterales Synallagma?[6]

Den Rechtsbegriff Synallagma umgeben ebenso wie seine adjektivischen und attributiven sprachlichen Abwandlungen sowohl Mystik als auch Faszination, was auf zwei Apsekten zu beruhen scheint: Einerseits beeindruckt bereits der keinen Zweifeln ausgesetzte Kern des synallagmatischen Konzepts – die wechselseitige Abhängigkeit von Leistungen innerhalb gegenseitig verpflichtender Austauschverträge – durch seine klare und stringente Gedankenführung; andererseits ist der Terminus nicht aus sich heraus verständlich, sondern sein Inhalt bedarf der Deutung und Erklärung. Dabei haben sich in weiten Bereichen der Diskussion keine einheitlichen rechtlichen Standards oder Leitlinien herausgebildet, so daß Grundlagen und Einzelheiten des Prinzips insoweit keineswegs als gesichert angesehen werden können. Kurzum: Der hohe praktische Nutzen der Denkfigur der synallagmatischen Verknüpfung für das deutsche Rechtsdenken kontrastiert mit Defiziten in der gedanklichen Durchdringung. Trotzdem besteht aber kein Anlaß, die einstmalige Aufforderung[7]

> »Das nicht erklärende, sondern verdunkelnde Fremdwort »synallagmatische« Verträge wird besser vermieden.«

zu befolgen. Zu verwurzelt ist der juristische Fachbegriff im deutschen Rechtsdenken, wenngleich er weder in den Gesetzesmaterialien zum BGB noch in dessen Text ausdrückliche Erwähnung gefunden hat. Zutreffend erscheint vielmehr die von Esser geäußerte Einschätzung[8]:

---

[6] Es liegt nahe, zur Strukturierung komplexer Vertragskonstellationen bei den dogmatischen Grundlagen anzusetzen. So hat auch *Macneil* zur rechtlichen Erfassung umfassender *relational contracts* eine Rückbesinnung auf die dem Vertragsrecht zugrundeliegenden Prinzipien sowie deren Anpassung an die Besonderheiten langfristiger – allerdings nur zweiseitiger – Vertragsbeziehungen gefordert. Dabei hat er dem mit dem Synallagmaprinzip verwandten Merkmal der *reciprocity* eine hervorgehobene Stellung eingeräumt; vgl. *Macneil* 47 S. Cal. L. Rev. 691, 808 (1974); *dens.* The New Social Contract 39-59, siehe auch den Überblick in Teil I, 3. Abschnitt, II. 1. (81 f.).

[7] *Enneccerus/Lehmann* § 32 Fußn. 2 (139).

[8] *Esser* Grundsatz und Norm 357.

»Die *Lehre* vom Synallagma ist nichts Endgültiges, aber das von ihr erfaßte Prinzip gehört zu den Realien jeden Schuldrechts.«

Deshalb wird der Terminus auch dieser Untersuchung zugrundegelegt – freilich erst, nachdem zu diesem Zweck die Reichweite der Wortbedeutung festgelegt und eine begriffliche Abgrenzung im Hinblick auf den Untersuchungsgegenstand vorgenommen worden ist. Zugleich werden die beiden nachfolgenden, für den hier verfolgten rechtsdogmatischen Ansatz im Vordergrund stehenden Fragen Einfluß auf die Schwerpunktsetzung der Ausführungen haben:

– Ist die synallagmatische Struktur allein auf gegenseitig-verpflichtende Austausch*verträge* zugeschnitten?

– Erfaßt die synallagmatische Struktur lediglich *zweiseitige* Rechtsbeziehungen?

Denn wäre auch nur eine der Fragen zu bejahen, ständen der Entwicklung der Rechtsfigur des trilateralen Synallagmas zur rechtsdogmatischen Einordnung von *do ut des ut det*-Rechtsgeschäften erhebliche Hindernisse entgegen.

Dies ist nicht der Ort, die Ursprünge der Rechtsfigur des Synallagmas im Detail nachzuzeichnen[9]. Nach vorherrschender Ansicht[10] ist weder in den griechischen noch in den römischen Quellen der Terminus Synallagma mit den gegenseitigen, wechselseitige Ansprüche begründenden Verträgen gleichgesetzt worden. Im altdeutschen Recht beanspruchte das Synallagma zwar Geltung für gegenseitige Verträge, indes fehlte es an einer systematischen Erfassung des zugrundeliegenden Prinzips[11]. Vielmehr bildete sich dieses erst in einem etwa vom 15. Jahrhundert bis zum Erlaß des Allgemeinen Deutschen Handelsgesetzbuches sowie des Bürgerlichen Gesetzbuches andauernden Prozeß allmählich heraus[12]. Die Triebfeder für die Strukturierung der Figur des Synallagmas war dabei in erster Linie das Bedürfnis des Handelsverkehrs nach einfachen Rückabwicklungsmechanismen, falls bei der Geschäftsdurchführung Vertragsstörungen aufgetreten waren. Allerdings sind trotz – oder vielleicht auch: wegen – der fundamentalen Bedeutung der Lehre von den synallagmatischen Verträgen für das geltende vertragliche Schuldrecht Wesen und Struktur des Synallagmas Gegenstand einer bis in die Gegenwart kontrovers geführten Diskussion geblieben[13].

[9] Zur Bedeutung dieses Rechtsbegriffs bei den griechischen und römischen Autoren siehe die eingehende Analyse von *Benöhr* 8-16 mit zahlreichen Nachw. zum Meinungsstand.

[10] *Benöhr* 10-19; *A. Blomeyer* in: Rechtsvergl. Handwörterbuch (»Schuldverhältnis«, 325 r.Sp.u.); *Kaden* in: Rechtsgeschichtliches Institut (Partsch) 3, 7-32; *Kaser* Privatrecht I § 123 III (529) m.w.N. zum Meinungsstand in Fußn. 16; *Krahmer* 11.

[11] Vgl. *von Gierke* Privatrecht III 294 Fußn. 63 und *Krahmer* 10-19 zu den Ursprüngen des gegenseitigen Vertrages im deutschen Recht.

[12] Siehe hierzu den knappen, auch andere Rechtssysteme erfassenden Abriß bei *G. Hager* in: Zum Deutschen und Internationalen Schuldrecht 26, 28-31 m.w.N.

[13] Vgl. insbesondere *A. Blomeyer* 104-120; *van den Daele* 15-53; *Esser/Schmidt* Tb.1 § 12 III 1 (218); *Gernhuber* § 13 II (312-319); *Klinke passim; Larenz* Schuldrecht I § 15 I (202-209); *Rittner* in: FS H. Lange 213 ff.; *Schmidt-Rimpler* 52 ff.; Staudinger-*Otto* Vorbem. zu §§ 320-322 Rdn. 14-16; *M. Wolf* JurA 1969, 119-129 jeweils m.w.N.

Basierend auf der normativen Gestalt, die das Synallagma in den §§ 320-327 BGB erfahren hat, wird es heute überwiegend als finale Gegenseitigkeitsbindung *zweier primärer vertraglicher* Leistungspflichten verstanden[14]. Trotz anderer gedanklicher Anknüpfungspunkte gründen auch die übrigen Ansätze zur Strukturierung des Synallagmas – wenngleich oftmals nicht ausdrücklich, so doch zumindest stillschweigend – auf der Vorstellung, daß sich diese Rechtsfigur nur auf *zweiseitige vertragliche* Rechtverhältnisse beziehe[15]. Die verschiedenen Theorien lassen sich wegen ihrer teilweise fließenden Übergänge weder exakt gegeneinander abgrenzen noch werden sie stets isoliert nebeneinandergestellt, stattdessen werden vielfach ihre einzelnen Elemente miteinander verschmolzen. Eine Lehre knüpft an den Leistungsaustausch an und erhebt die wechselseitige Koppelung der beiderseitigen Leistungspflichten zum Inhalt der vertraglichen Regelung[16], während sich andere dafür aussprechen, die synallagmatische Verbindung als Teil der Geschäftsgrundlage anzusehen[17]. Eine weitere Ansicht hebt hervor, daß sich die Verpflichtungen im gegenseitigen Vertrag wechselseitig bedingen[18]. Diesen Theorienstreit ignorierend, hat der BGH[19] in einem frühen Urteil ohne ausdrückliche Bezugnahme auf den Begriff des Synallagmas gegenseitige Verträge als solche beschrieben, »bei denen jede Leistung deshalb geschuldet wird, *weil* die andere geschuldet wird (...). Es muß die Leistung des einen Teils nach dem Willen der Parteien die Gegenleistung, das Entgelt, für die des anderen darstellen (...). Es sollen Leistung und Gegenleistung gegeneinander ausgetauscht werden, derart, daß jede Partei für ihre Leistung einen Ersatz in der Gegenleistung findet (...).« In einem späteren Urteil hat der BGH[20] den Terminus Synallagma schlicht als die »für gegenseitige Verträge typische[n] Abhängigkeit der gegenseitigen Verpflichtungen« definiert. Einer Bewertung der unterschiedlichen Ansätze bedarf es in diesem Zusammenhang nicht[21], da sich die neuartige Figur des trilateralen Synallagmas als

[14] Vgl. stellvertretend *van den Daele* 53; *Esser/Schmidt* Tb.1 § 12 III (218); *Gernhuber* § 13 II 1 (312); *Schlechtriem* Schuldrecht AT Rdn. 16; Soergel-*Wiedemann* Vor § 320 Rdn. 14.

[15] Typisch, wenngleich deutlich an den üblichen Vertragsstrukturen orientiert, ist etwa die Folgerung von *Rittner* in: FS H. Lange 213, 216: »Die Zweiseitigkeit, also das Synallagma ...«.

[16] In diesem Sinne *Esser/Schmidt* Tb.1 § 12 III (218); *Heck* Schuldrecht § 42 Anm.3 (127); *Kirn* JZ 1969, 325, 326; *Larenz* Schuldrecht I § 15 I (202-209); *Leonhard* 338; *Teubner* 21 f.; *M. Wolf* JurA 1969, 119, 124 f.

[17] So insbesondere *Schmidt-Rimpler* 59-63; zustimmend *Rittner* in: FS H. Lange 213, 238; *M. Wolf* JurA 1969, 119, 124 f.

[18] In diesem Sinne bereits *Bechmann* 542; vgl. auch *A. Blomeyer* 104-120; *F. Bydlinski* in: FS Steinwenter 140, 142; *Hoeniger* 240 f.; *Kress* § 4 (41 f.); *Ri. Koch* 24.

[19] BGH Urt. v. 21. 10. 1954, BGHZ 15, 102, 105.

[20] BGH Urt. v. 12. 6. 1980, BGHZ 77, 359, 363.

[21] Siehe aber stellvertretend die ausführlichen Auseinandersetzungen mit den Theorien des Synallagmas bei *van den Daele* 15-53 und *Klinke* 103-120 (mit eigenem eigenwilligen Lösungsanstz). Wie der Titel seines Beitrages »Prinzipien-Platonismus« bereits andeutet, steht *Dubischar* in: FS L. Raiser 99-118 diesem Theorienstreit kritisch gegenüber und schlägt seinerseits (115) den Aspekt der Entgeltlichkeit als maßgeblichen Anknüpfungspunkt vor.

Strukturmerkmal für *do ut des ut det*-Rechtsgeschäfte offenbar mit keiner der auf dem zweiseitigen Austauschvertrag basierenden Synallagma-Theorien vereinbaren läßt.

Steht damit das deutsche Zivilrecht der Konstruktion eines trilateralen Synallagmas ablehnend gegenüber? Entbehrt die Denkfigur letztlich jeglicher rechtlichen Grundlage und kann sie deshalb nicht als Gerüst für die Kategorisierung drittfinanzierter Erwerbsgeschäfte dienen? Vor einer übereilten Bejahung dieser Fragen gilt es, noch weitere Aspekte in die Überlegungen mit einzubeziehen.

Im Kern zutreffend ist in diesem Zusammenhang sicherlich die Feststellung, die Ausgestaltung des Synallagmas im einzelnen sei allein Sache des Gesetzgebers[22]. Freilich birgt diese Zuständigkeitsverteilung die Gefahr, daß die das Synallagma betreffenden gesetzlichen Rahmenbedingungen mit Weiterentwicklungen des vertraglichen Leistungsaustauschs wie etwa der final-kausalen Verbindung interdependenter Austauschverträge nicht Schritt zu halten vermögen. So spiegeln die §§ 320-327 BGB in erster Linie diejenigen vertraglichen Gestaltungsformen wider, die dem historischen Gesetzgeber im ausgehenden 19. Jahrhundert bekannt waren. Dazu gehörten indessen nicht die verschiedenen Varianten drittfinanzierter Erwerbsgeschäfte, die den Gegenstand dieser Untersuchung bilden und allesamt erst später im Laufe des 20. Jahrhunderts entwickelt worden sind. Man mag einwenden, zumindest die Absicherung einer Kaufpreisforderung durch Wechsel sei bereits im letzten Jahrhundert vorstellbar, wenn nicht sogar verbreitet gewesen. Allerdings bestand für den Gesetzgeber insoweit kein zusätzlicher Handlungsbedarf, durfte er doch davon ausgehen, daß den mit dieser vertraglichen Konstellation für den Käufer als Wechselakzeptanten verbundenen Gefahren durch Art. 17 WG in ausreichendem Maße begegnet worden sei. Daneben sah das BGB von Beginn an verschiedene Möglichkeiten der Ausdehnung zweiseitiger Schuldbeziehungen auf Dritte durch Abspaltung eines Leistungsanspruchs (Zession, berechtigender Vertrag zugunsten Dritter) oder durch Sukzession auf der Schuldnerseite (befreiende Schuldübernahme) vor. Diese vertraglichen Gestaltungsformen mit drei Beteiligten glaubt man auch heute noch – wie bereits hier im Vorgriff auf spätere Ausführungen angedeutet werden soll – selbst dann in einzelne zweiseitige Austauschbeziehungen mit gegebenenfalls synallagmatischer Leistungsverknüpfung im Sinne eines *do ut des* aufgliedern zu können, wenn sich die gesamte Transaktion als ein *do ut des ut det*-Rechtsgeschäft darstellt. Ausgehend von einem solchen gedanklichen Ansatz ist es durchaus nachvollziehbar, daß bei den genannten vertraglichen Konstellationen noch immer an der zweiseitigen Obligationenkonzeption und auch an der Figur des bilateralen Synallagmas festgehalten wird.

---

[22] So ausdrücklich *van den Daele* 53; MünchKomm-*Emmerich* Vor § 320 Rdn. 13.

Damit stellt sich die Frage, ob und in welcher Form das Prinzip des Synallagmas auf andere Geschäftsformen als den zweiseitigen Austauschvertrag angewendet werden kann. Ausgangspunkt der Überlegungen ist der bereits angedeutete Umstand, daß die historischen Quellen lediglich einen begrenzten Erkenntniswert besitzen, da sie eine Momentaufnahme darstellen. Die Möglichkeiten des mehrgliedrigen Leistungsaustauschs im Sinne eines *do ut des ut det* wie bei den drittfinanzierten Erwerbsgeschäften waren damals noch nicht verbreitet oder wie bei der Erstreckung zweiseitiger Schuldbeziehungen auf Dritte noch nicht erkannt worden. Angesichts der für die Verfasser des BGB absehbaren oder zumindest zu erwartenden rechtsgeschäftlichen Fortentwicklungen erscheint es fernliegend, daß man sich beim Aufstellen synallagmatischer Strukturen in den §§ 320-327 BGB endgültig und unabänderlich auf ein Vorbild für sämtliche gegenseitig-verpflichtenden Austauschbeziehungen festlegen wollte.

In der Folge ist die Bipolarität gegenseitiger Leistungsbeziehungen schließlich auch nicht zu einem unumstößlichen Dogma geworden. Vielmehr ist im Hinblick auf mehrseitige Verträge in Form eines sog. Ringtauschs[23] die entsprechende Anwendbarkeit der §§ 320-327 BGB allgemein anerkannt[24]. Darüber hinaus ist zu Recht darauf hingewiesen worden, daß die Gegenseitigkeit eine Frage der Vereinbarung sei und die Parteien verschiedenartige Rechtsgeschäfte zu einem ganzen zusammenfügen könnten[25]. Daneben darf nicht übersehen werden, daß auch die Rechtsprechung die Möglichkeit anerkennt, Schuldverhältnisse ohne vertragliche Grundlage den §§ 320 ff. BGB in analoger Anwendung zu unterwerfen, sofern wechselseitige, aufeinander bezogene Leistungspflichten begründet worden sind. Eine solche Situation sah das RG in einem Fall als gegeben an, in dem ein Vertreter einen gegenseitigen Vertrag ohne Vertretungsmacht abgeschlossen hatte[26]. Keine Grundlage für eine analoge Anwendung der §§ 320 ff. BGB sah der BGH hingegen im Verhältnis eines Erbteilerwerbers zu einem Miterben, der nach Übertragung des Erbteils sein Vorkaufsrecht (§ 2035 BGB) ausübte[27]. In einer späteren Entscheidung hat der BGH zu erkennen gegeben, daß durchaus auch am Vertragsschluß unbeteiligte Dritte vom Synallagma erfaßt werden können[28]. So wurde im Rahmen eines Vertrages

---

[23] Siehe hierzu bereits oben Teil I, 3. Abschnitt, I. 1. (66) m.w.N.

[24] *Gernhuber* § 13 V 3 (326-328); *Larenz* Schuldrecht I § 15 II (210 f.); MünchKomm-*Emmerich* Vor § 320 Rdn. 18; Soergel-*Wiedemann* Vor § 320 Rdn. 29.

[25] Staudinger-*Otto* Vorbem zu §§ 320-322 Rdn. 26; vgl. auch *Gernhuber* § 13 I 1 (309 f.); *Pfister* JZ 1971, 284, 285 (l.Sp.).

[26] RG Urt. v. 6. 2. 1928, RGZ 120, 126, 129 m.w.N.; i.E. ebenso etwa MünchKomm-*Schramm* § 179 Rdn. 28; Soergel-*Leptien* § 179 Rdn. 16; Staudinger-*Otto* Vorbem zu §§ 320-322 Rdn. 29.

[27] BGH Urt. v. 21. 10. 1954, BGHZ 15, 102, 104-106; ebenso MünchKomm-*Dütz* § 2035 Rdn. 3; Soergel-*M. Wolf* § 2035 Rdn. 4; Staudinger-*Otto* Vorbem zu §§ 320-322 Rdn. 29.

[28] BGH Urt. v. 17. 1. 1985, BGHZ 93, 271 ff. In dieser Entscheidung hat das Gericht einen Chartervertrag zwischen einem Reiseveranstalter und einer Fluggesellschaft als berechtigenden Vertrag zugunsten Dritter im Sinne der §§ 328 ff. BGB eigestuft; a.A. indes *Gansfort* 168-210 m.w.N.

zugunsten Dritter dem Drittbegünstigten gegenüber dem Versprechenden nach dessen zu Unrecht erfolgter Leistungsverweigerung ein Schadensersatzanspruch gemäß § 325 BGB – und nicht wie nach der bislang vorherrschenden Ansicht gemäß § 280 Abs.1 BGB – zugesprochen[29]. Dieses Urteil ist in zweierlei Hinsicht bemerkenswert: Zum einen wird – wenngleich nicht ausdrücklich angesprochen – vorausgesetzt, daß der Destinatär beim berechtigenden Vertrag zugunsten Dritter als Vertragspartei an dem Schuldverhältnis teilnimmt, so daß die rechtliche Charakterisierung des Drittverhältnisses als »vertragsähnlich«[30] nicht länger haltbar erscheint[31]; zum anderen wird eine Spaltung des Synallagmas, d.h. eine Aufgabe der Vorstellung vom zwangsläufigen Hin und Her synallagmatisch verknüpfter Leistungspflichten, für zulässig erachtet.

Eine Zwischenbilanz der bisherigen Entwicklung macht deutlich, daß in zwei Richtungen Aufweichungen der traditionellen Auffassung, die den Anwendungsbereich der Figur des Synallagmas auf zweiseitige Austauschverträge beschränkt, festzustellen sind: Einerseits wird eine vertragliche Grundlage nicht notwendigerweise vorausgesetzt, andererseits kann es durch Beteiligung Dritter zur Aufspaltung einer synallagmatischen Leistungsverknüpfung im Sinne eines *do ut tertio des* kommen. Vor diesem rechtlichen Hintergrund bedarf es nur noch eines weiteren gedanklichen Schrittes, um das Synallagma-Konzept auf *do ut des ut det*-Rechtsgeschäfte erstrecken zu können. Dazu hat man sich zu vergegenwärtigen, daß dieser Leistungsaustausch zwischen drei Beteiligten im Ergebnis auf einer Symbiose von mindestens zwei ihrerseits synallagmatisch-strukturierten Austauschverträgen beruht. Deshalb stellt es eine systemimmanente Erweiterung dar, wenn man an die synallagmatische *do ut tertio des*-Leistungsbeziehung die daran sowohl wirtschaftlich als auch rechtlich gekoppelte Leistungspflicht des Dritten anbindet und insgesamt in einem *do ut tertio des ut tertius mihi det*-Rechtsgeschäft mit trilateral-synallagmatischer Leistungsverknüpfung zusammenfaßt. Ein solches Vorgehen ist nicht zuletzt auch deshalb gerechtfertigt, weil das deutsche Rechtssystem sich allgemein als offen, unvollendet und unvollendbar, gleichwohl aber entwicklungsfähig und modifizierbar darstellt[32]. Während Gesellschafts- und Wirtschaftssysteme einem ständigen Wandel unterworfen sind, der neue Schutzbedürfnisse hervorbringt, bislang unbekannte Vertragsgestaltungen entstehen und von der Rechtswirklichkeit überholte Vorschriften obsolet werden läßt, hat die Rechtsordnung auf diese Entwicklung durch behutsame Anpassungsprozesse zu reagieren[33].

---

[29] BGH Urt. v. 17. 1. 1985, BGHZ 93, 271, 277; zustimmend *Hadding* in: FS Gernhuber 153 ff.; Staudinger-*Jagmann* § 335 Rdn. 12; in diesem Sinne auch *Dörner* 305; a.A. *Gernhuber* § 20 IV 1 e (492) jeweils m.w.N. zum Meinungsstand.

[30] So die Rspr., siehe stellvertretend BGH Urt. v. 9. 4. 1970, BGHZ 54, 145, 147; ebenso MünchKomm-*Gottwald* § 328 Rdn. 24 jeweils m.w.N

[31] Zutreffend in diesem Sinne Soergel-*Hadding* § 328 Rdn. 14 (Fußn. 12) sowie Rdn. 17.

[32] *Canaris* Systemdenken 61, 63 f.; *Esser* Grundsatz und Norm 44, 239; kritisch *E. Wolf* AT Vorwort IX-XV; *ders.* Schuldrecht I Vorwort V-IX.

[33] *Esser* Grundsatz und Norm 52-68; *Wieacker* in: FS 100 Jahre DJT (Bd.II) 1, 6 f., 16-18

Damit ist die Denkfigur des trilateralen Synallagmas ebenso wie die des zweiseitigen Synallagmas der Rechtsordnung sowie dem Rechtsdenken auch ohne ausdrückliche Erwähnung im Gesetz immanent oder stellt sich zumindest als systemimmanente Fortentwicklung dar. Zugleich können durch den für das trilaterale Synallagma typischen Leistungsaustausch im Sinne eines *do ut des ut det* die bislang zu unbestimmten Definitionsversuche für verbundene Geschäfte im Sinne des § 9 Abs.1 VerbrKrG (»wirtschaftliche Einheit«) sowie für den rechtsgeschäftlichen Verbund im Sinne Gernhubers (»Finalnexus«) konkretisiert und auf eine einheitliche und objektiv nachweisbare Basis gestellt werden. Darüber hinaus ist es sogar möglich, den Gedanken der ringförmigen synallagmatischen Verknüpfung auf eine unbestimmte Zahl von Leistungspflichten und -verpflichteten zu erweitern. Dieser Aspekt ist nicht nur theoretischer Natur, wie beispielsweise der Blick auf das typische, mindestens vier Beteiligte voraussetzende Kreditkarten- oder Akkreditivgeschäft belegt. Als erweiterungsfähiges Grundmodell soll nachfolgend jedoch das trilaterale Synallagma im Zentrum der Überlegungen stehen, um daran die erforderlichen Modifikationen des sich bislang grundsätzlich am bilateralen Austauschvertrag orientierenden Synallagma-Konzepts zu demonstrieren. Bevor darauf eingegangen werden kann, bedarf es einer Offenlegung der gesamten Leistungsstruktur bei *do ut des ut det*-Rechtsgeschäften, da nicht das komplette Leistungsprogramm der zugrundeliegenden bilateralen Austauschverträge an der trilateral-synallagmatischen Verknüpfung teilnimmt.

III. Struktur der Leistungspflichten beim trilateral-synallagmatischen Rechtsgeschäft

Bei dreiseitigen Rechtsgeschäften mit einer *do ut des ut det*-Verknüpfung führt die Anerkennung eines trilateralen Synallagmas zu einer Zweistufigkeit der aus den zugrundeliegenden bilateralen Verträgen hervorgegangenen primären und sekundären Leistungspflichten. Die nachfolgenden Ausführungen gehen davon aus, daß trotz der Ausweitung des Schuldverhältnisses auf einen dritten Beteiligten der Gläubiger eines Primäranspruchs zugleich auch Gläubiger der korrespondierenden Sekundärrechte ist, wobei die aus deren Geltendmachung resultierende Rechtsstellung des Dritten gleichfalls beleuchtet wird. Diese Bindung von Primär- und Sekundärrechten an die Person des Gläubigers ist indes bei Zessionen, berechtigenden Verträgen zugunsten Dritter sowie befreienden Schuldübernahmen höchst umstritten, so daß die Frage, wer bei Rechtsgeschäften mit trilatral-synallagmatischer Leistungsverknüpfung zur Ausübung von Sekundärrechten berechtigt ist, im weiteren Verlauf der Untersuchung nochmals aufzugreifen und zu vertiefen ist[34].

im Hinblick auf die Zivilrechtstheorie; vgl. auch allgemein zur Rechtsfortbildung *Larenz* Methodenlehre 413-429 sowie *Larenz/Canaris* Methodenlehre 232-261.

[34] Siehe hierzu Teil III, 2. Abschnitt (201-210).

Auf der *ersten Stufe* sind die vom trilateralen Synallagma erfaßten Hauptleistungspflichten angesiedelt. Die *zweite Stufe* bilden die übrigen, nicht in das trilaterale Synallagma einzubeziehenden vertraglichen Haupt- und Nebenleistungspflichten, die in den jeweiligen bilateralen Rechtsbeziehungen erhalten bleiben. Eine solche Zweistufigkeit bedeutet keine Einteilung in Haupt- und Nebenleistungspflichten, in Primär- und Sekundärleistungspflichten oder – losgelöst von juristischen Begrifflichkeiten – in für das gesamte Rechtsgeschäft essentielle und weniger wichtige Leistungspflichten. Der gesamte Katalog an Leistungspflichten, wie er bei isolierter Betrachtung der zugrundeliegenden bilateralen Verträge bestehen würde, bleibt auch im Rahmen von *do ut des ut det*-Rechtsgeschäften erhalten und wird neu strukturiert. Soweit eine im zweiseitigen Vertragsverhältnis im Synallagma stehende Hauptleistungspflicht – wie etwa beim B-Geschäft die Verpflichtung des Verkäufers zur Verschaffung von Eigentum und Besitz am Kaufgegenstand – ein Gliedstück einer dreiseitigen *do ut des ut det*-Leistungsverknüpfung darstellt[35], wird sie zugleich vom trilateralen Synallagma als der das gesamte Rechtsgeschäft beherrschenden Kategorie erfaßt. Damit bildet das trilaterale Synallagma ein Gerüst, das das gesamte *do ut des ut det*-Rechtsgeschäft umfaßt und prägt. Daneben werden die zugrundeliegenden bilateralen Vertragsverhältnisse dadurch in das Modell eingebunden, daß einzelne ihrer Hauptleistungspflichten gleichzeitig als Gliedstücke der *do ut des ut det*-Kette von Leistungsverpflichtungen vom trilateralen Synallagma beherrscht werden. Dieses Gedankenmodell läßt sich am Beispiel des finanzierten Abzahlungskaufs folgendermaßen veranschaulichen:

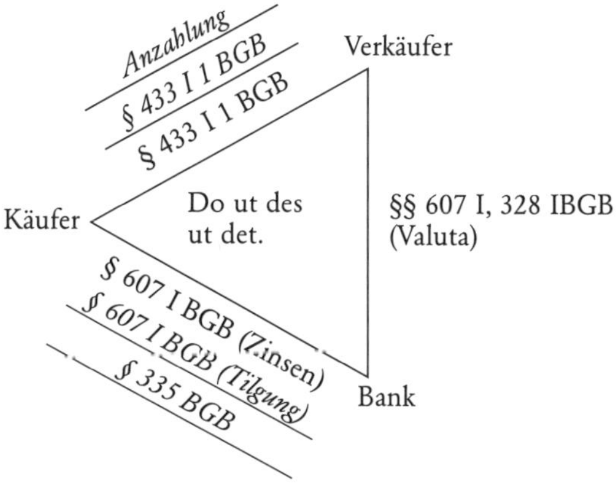

Abb. 3. Darstellung der Leistungspflichten beim typischen B-Geschäft

1. Stufe (Normaldruck): die vom trilateralen Synallagma erfaßten Leistungspflichten; *do ut des ut det*-Verknüpfung

[35] Siehe oben Teil II, 2. Abschnitt, V. (119-124).

2. Stufe (Kursivdruck): die übrigen vertraglichen Haupt- und Nebenleistungspflichten

Diese Zweistufigkeit führt also dazu, daß einzelne Hauptleistungspflichten sowohl in ein auf das gesamte Rechtsgeschäft bezogenes trilaterales Synallagma als auch in ein einzelvertragliches bilaterales Synallagma eingebunden sind. Die erste Stufe ist dabei allein insoweit hervorgehoben, als bei Störungen einer (auch) vom trilateralen Synallagma erfaßten Leistungspflicht zunächst die Auswirkungen auf das gesamte Rechtsgeschäft, d.h. auf die in einer *do ut des ut det*-Beziehung stehenden Leistungspflichten, ermittelt werden. Erst in einem zweiten Schritt sind sodann auf der Ebene der einzelnen zweiseitigen Vertragsbeziehungen die Rechtsfolgen zu ermitteln, die freilich von den auf der übergeordneten Ebene gewonnenen Ergebnissen beeinflußt werden. Die beschriebene Zweistufigkeit dient also nicht nur der Strukturierung des für *do ut des ut det*-Rechtsgeschäfte typischen interdependenten Leistungsgeflechts, sondern hat darüber hinaus greifbare rechtliche Konsequenzen. Erweisen sich vom trilateralen Synallagma erfaßte Leistungspflichten als unwirksam oder mangelbehaftet, strahlt dieser Defekt grundsätzlich auf das gesamte trilaterale Rechtsgeschäft aus. Wenn es hingegen zu Störungen innerhalb des übrigen Leistungsprogramms kommt, erfassen die rechtlichen Auswirkungen regelmäßig allein das betreffende zweiseitige Schuldverhältnis. Dieses zunächst abstrakte Modell gewinnt bei Anwendung auf verschiedene Beispielsfälle Konturen:

– Leistet der Abzahlungskäufer beim *B-Geschäft* beispielsweise eine üblicherweise vereinbarte *Anzahlung* an den Verkäufer, wird die entsprechende kaufvertragliche Leistungspflicht nicht vom trilateralen Synallagma erfaßt. Nach der Kreditzusage der eingeschalteten Bank, durch die die Restkaufpreisschuld ausgeglichen werden soll, erfüllt der Verkäufer sodann seine Pflicht zur Verschaffung des unmittelbaren Besitzes sowie des Eigentums am Kaufgegenstand. Sowohl die Valutierungspflicht der Bank gegenüber dem Verkäufer als auch die Lieferpflicht des Verkäufers werden vom trilateralen Synallagma erfaßt. Sobald die Bank die Valuta direkt an den Verkäufer ausgezahlt hat, erlischt der Kaufpreiszahlungsanspruch des Verkäufers gegen den Käufer sowie – bei Annahme eines drittbegünstigenden Darlehensvertrages – der Anspruch des Käufers gegen die Bank aus § 335 BGB.

– Beim *B-Geschäft* gewährt das Kreditinstitut dem Abzahlungskäufer/Darlehensnehmer ein Darlehen. Die *Rückerstattungspflicht* des Darlehensnehmers steht als reine Abwicklungspflicht nicht im Austauschverhältnis und wird damit nicht vom trilateralen Synallagma auf der ersten Stufe erfaßt. Im trilateralen Synallagma, d.h. im Gegenseitigkeitsverhältnis mit der Verpflichtung des Finanzierers zur Hingabe und Belassung des Darlehensbetrages zugunsten des Verkäufers sowie dessen Verpflichtung zur Übertragung von Besitz und Eigentum am Erwerbsgegenstand, steht aber die *Verzinsungspflicht* des Darlehensnehmers[36].

[36] Vgl. zu den beim verzinslichen Darlehen im Gegenseitigkeitsverhältnis stehenden Leistungspflichten bereits Teil II, 2. Abschnitt, I. (95) m.w.N.

Die Bank stellt mithin Kapital zur Verfügung, um dafür im Gegenzug ein Entgelt in Form von Zinsen zu erhalten. Zugleich ist der Darlehensnehmer gegenüber dem Kreditgeber aber auch zur Rückzahlung des Darlehensbetrages verpflichtet. Soweit die vom Kreditnehmer geschuldeten Darlehensraten regelmäßig auch einen Tilgungsbestandteil enthalten, nimmt dieser weder an der bilateral- noch an der trilateral-synallagmatischen Leistungsverknüpfung teil, sondern stellt auf der Ebene der zweiten Stufe eine sonstige Pflicht in Gestalt einer vertraglichen Rückabwicklungspflicht dar.

– Beim *Finanzierungsleasing* von Kraftfahrzeugen liegt es im Interesse der Hersteller, möglichst viele Finanzierungen über die »hauseigene« Finanzierungsbank, vielfach ein 100%iges Tochterunternehmen, abzuwickeln[37]. Zu diesem Zweck wird regelmäßig versucht, Händler zu einer ausschließlichen Akquisitions- und Agenturtätigkeit für die Hausbank vertraglich zu verpflichten[38]. Handelt nunmehr ein Vertragshändler seiner vertraglichen Verpflichtung zuwider, Leasinginteressenten an die Hausbank weiterzuleiten, betrifft dieser Vorgang die Verletzung einer allein zwischen diesen beiden Beteiligten des dreiseitigen Austauschverhältnisses wirkenden Leistungspflicht, die keine Gegenseitigkeitsbindung zu den im trilateralen Synallagma stehenden Leistungsverpflichtungen aufweist und unabhängig von diesen abgewickelt wird.

– Daneben ist es typisch für das *Finanzierungsleasinggeschäft*, daß der Lieferant dem Leasinggeber gegenüber zur Verschaffung des Eigentums am Leasinggegenstand verpflichtet ist und – auf der Basis des hier entwickelten Ansatzes[39] – dem Leasingnehmer gegenüber zur Verschaffung des unmittelbaren Besitzes daran verpflichtet sein kann. In derartigen Fällen steht allein die Besitzverschaffungspflicht in einem final-kausalen Gegenseitigkeitsverhältnis sowohl zu der Kaufpreiszahlungspflicht des Käufers/Leasinggebers als auch zu der Pflicht des Leasingnehmers zur Zahlung der Leasingraten[40] und unterfällt damit dem trilateralen Synallagma auf der ersten Stufe. Im Gegensatz dazu wirkt sich die Pflicht zur Verschaffung des Eigentums nur innerhalb des Deckungsverhältnisses aus und ist damit von den übrigen Leistungspflichten des trilateralen Synallagmas unabhängig.

---

[37] Zur wachsenden Bedeutung der herstellereigenen Leasinggesellschaften und Banken siehe *Tacke* DB-Beilage 8/1996, 4 f.; *Tessner* FLF 1995, 132-134 m.w.N.

[38] In diesem Zusammenhang ist durch EuGH Urt. v. 24. 10. 1995 (Rs. C-266/93, Bundeskartellamt gegen Volkswagen AG und VAG Leasing GmbH), WM 1996, 507, 510 (Abs.27) festgestellt worden, daß Art. 85 Abs.1 EWGV es verbietet, daß der führende Kraftfahrzeughersteller eines Mitgliedstaats seinen in diesem Staat ansässigen Händlern die Verpflichtung auferlegt, eine Agenturtätigkeit im Leasinggeschäft ausschließlich für Rechnung seiner eigenen Leasinggesellschaft zu entfalten.

[39] Siehe oben Teil II, 2. Abschnitt, IV. 2. (111-118).

[40] Auf der Basis der vorherrschenden Ansicht, die den Finanzierungsleasingvertrag als atypischen Mietvertrag einordnet, besteht eine synallagmatische Verknüpfung der Finanzierungs- und Überlassungsverpflichtung einerseits sowie der Zahlungsverpflichtung andererseits; vgl. etwa BGH Urt. v. 5. 4. 1978, BGHZ 71, 196, 205; Urt. v. 8. 10. 1990, BGHZ 112, 279, 287; MünchKomm-*Habersack* Leasing Rdn. 26 mit umfassenden Nachw.

Diese Zweistufigkeit der primären vertraglichen Leistungspflichten stellt sich in ihrer Gesamtheit bei den einzelnen ein trilaterales Synallagma aufweisenden drittfinanzierten Erwerbsgeschäften folgendermaßen dar:

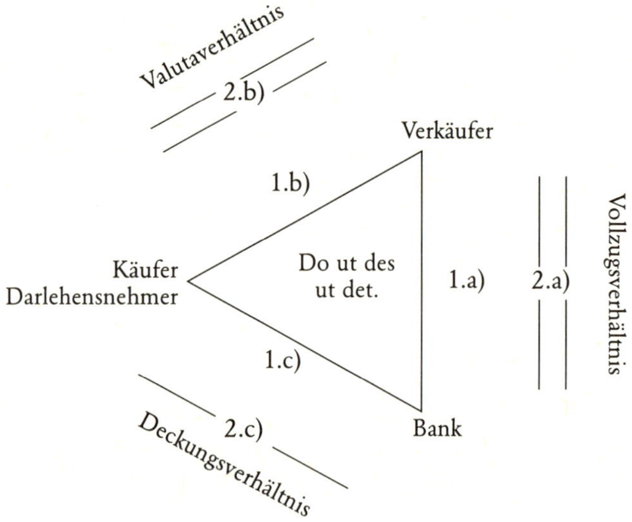

Abb. 4. Finanzierte Abzahlungskäufe

1. Stufe:

a) Vollzugsverhältnis Finanzierer-Verkäufer:
Der Finanzierer ist verpflichtet, die Darlehenssumme zum Ausgleich der Kaufpreisschuld des Käufers/Darlehensnehmers an den Verkäufer auszuzahlen[41].

b) Valutaverhältnis Verkäufer-Käufer/Darlehensnehmer:
Der Verkäufer verpflichtet sich zur Übereignung (sofern kein Eigentumsvorbehalt) und Übergabe des Erwerbsgegenstandes aufgrund der vorausgegangenen Anzahlung des Käufers und der bestehenden Valutierungsverpflichtung des Finanzierers.

c) Deckungsverhältnis Darlehensnehmer/Käufer-Finanzierer:
Den Darlehensnehmer trifft eine Pflicht zur Zahlung der Zinsen für die Darlehenssumme.

[41] Siehe hierzu ausführlich oben Teil II, 2. Abschnitt, II. 2. (100-106).

2. Stufe

a) Vollzugsverhältnis Finanzierer-Verkäufer:

Der Finanzierer gibt regelmäßig in Rahmenverträgen die verbindliche Zusage ab, Kreditbeträge aus Darlehensverträgen mit Abzahlungskäufern direkt an den Verkäufer auszuzahlen.

Der Verkäufer verpflichtet sich bei Bestehen eines Rahmenvertrages oftmals zur Weiterleitung von Abzahlungskäufern.

Daneben vereinbaren die Parteien des Rahmenvertrages zumeist weitere vertragliche Nebenabreden (Sicherheitseinbehalt, Einrichtung eines Sperrkontos etc.)

b) Valutaverhältnis Verkäufer-Käufer/Darlehensnehmer:

Den Verkäufer treffen u.U. Nebenpflichten aus dem Kaufvertrag, während seine Verpflichtung zur Verschaffung von Eigentum (sofern kein Eigentumsvorbehalt) und Besitz am Kaufgegenstand bereits vom trilateralen Synallagma der 1. Stufe erfaßt wird.

Der Käufer/Darlehensnehmer

- ist vielfach zur Anzahlung eines Teilbetrages verpflichtet;
- ist zur Zahlung des (Rest-)Kaufpreises verpflichtet, wobei diese Verpflichtung regelmäßig infolge der Direktauszahlung der Valuta vom Finanzierer an den Verkäufer erlischt (siehe 1. Stufe);
- hat sonstige im Kaufvertrag verankerte Nebenpflichten einzuhalten.

c) Deckungsverhältnis Darlehensnehmer/Käufer-Finanzierer:

Der Darlehensnehmer/Käufer

- verpflichtet sich zur Rückerstattung des Darlehens in Raten;
- hat eventuell das Kaufobjekt zur Sicherheit zu übereignen;
- ist regelmäßig zur Abgabe einer Empfangsbestätigung verpflichtet.

Den Finanzierer treffen in der Regel neben seiner Pflicht zur Hingabe und Belassung der Darlehensvaluta (siehe 1. Stufe) keine weiteren vertraglichen Pflichten.

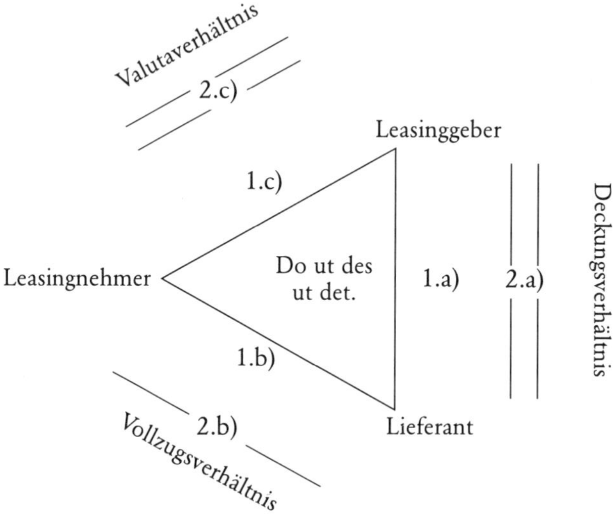

Abb. 5. Finanzierungsleasinggeschäft

1. Stufe

a) Deckungsverhältnis Leasinggeber-Lieferant:
Der Leasinggeber ist zur Zahlung des Kaufpreises verpflichtet.

b) Vollzugsverhältnis Lieferant-Leasingnehmer:
Den Lieferanten trifft eine Pflicht zur Übergabe des Kaufgegenstandes an den Leasingnehmer, d.h. zur Verschaffung des unmittelbaren Besitzes[42].

c) Valutaverhältnis Leasingnehmer-Leasinggeber:
Der Leasingnehmer ist verpflichtet, Leasingraten (einschließlich Zinsen, Kosten und Gewinnanteil) sowie ggf. die Amortisationsdifferenz (Restwert, Veräußerungserlös des Leasingobjekts oder »Abschlußzahlung«) zu zahlen. Zuvor hat er regelmäßig eine Anzahlung zu leisten.

2. Stufe

a) Deckungsverhältnis Leasinggeber-Lieferant:
Den Leasinggeber treffen Nebenpflichten oder Obliegenheiten (§§ 377, 378 HGB[43]) aus dem Kaufvertrag oder einem Rahmenvertrag.
Der Lieferant
– ist zur Übertragung des Eigentums an den Leasinggeber verpflichtet;

[42] Siehe hierzu ausführlich oben Teil II, 2. Abschnitt, IV. 2. (111-118).
[43] Siehe hierzu ausführlich Teil III, 7. Abschnitt, I. (286-289).

– hat Verpflichtungen aus einem etwaigen Rahmenvertrag einzuhalten (z.B. Weiterleitung von auf eine Drittfinanzierung angewiesenen Interessenten an den Leasinggeber).

b) Vollzugsverhältnis Lieferant-Leasingnehmer:

Neben der auf der 1. Stufe angesprochenen Lieferverpflichtung bestehen allenfalls damit verknüpfte kaufvertragliche Nebenpflichten.

c) Valutaverhältnis Leasingnehmer-Leasinggeber:

Der Leasingnehmer

– hat regelmäßig die Verpflichtung/Obliegenheit zur Abgabe einer Abnahme- und Übergabebestätigung;

– hat die – je nach Leasingmodell unterschiedlichen – Vereinbarungen bezüglich der Vertragsbeendigung einzuhalten.

Der Leasinggeber

– gibt die Finanzierungszusage hinsichtlich des der Gebrauchsüberlassung vorgeschalteten Erwerbsgeschäfts ab;

– tritt seine kaufrechtlichen Gewährleistungsrechte ab oder ermächtigt den Leasingnehmer zur Ausübung derselben;

– ist zur Belassung (nicht Verschaffung) des unmittelbaren Besitzes am Leasingobjekt verpflichtet;

– hat die – je nach Leasingmodell unterschiedlichen – Vereinbarungen bezüglich der Vertragsbeendigung zu beachten.

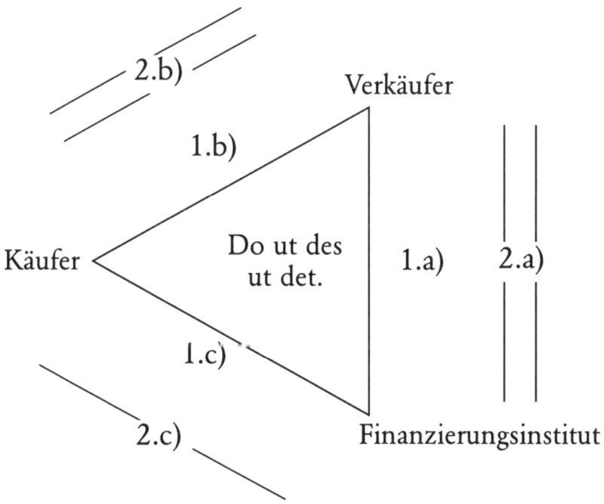

Abb. 6. Absicherung der Kaufpreisforderung durch Wechsel oder durch sonstige abstrakte Verbindlichkeiten

Es wird unterstellt, daß vor dem Abschluß des Kaufvertrages bereits ein Krediteröffnungsvertrag zwischen dem Refinanzierer und dem Verkäufer bestand.

1. Stufe

a) Verhältnis Finanzierungsinstitut-Verkäufer:
Vorbehaltlich einer Kreditwürdigkeitsprüfung verpflichtet sich die Bank, vom Verkäufer eingereichte Wechsel bis zu einer bestimmten Kreditlinie zu diskontieren und diesem einen entsprechenden Kredit zu gewähren.

b) Verhältnis Verkäufer-Käufer:
Den Verkäufer trifft die Pflicht zur Verschaffung des (unmittelbaren) Besitzes sowie des Eigentums am Kaufobjekt.

c) Verhältnis Käufer-Finanzierungsinstitut:
Der Käufer ist verpflichtet, bei Fälligkeit auf den/die Wechsel zu zahlen.

2. Stufe

a) Verhältnis Finanzierungsinstitut-Verkäufer:
Die Bank
- ist üblicherweise verpflichtet, sich zunächst, d.h. vor Geltendmachung des Darlehensrückzahlungsanspruchs gegenüber dem Verkäufer, aus dem Wechsel zu befriedigen;
- treffen sonstige Pflichten aus dem Rahmenvertrag mit dem Verkäufer (bspw. Warnpflichten hinsichtlich der Zahlungsunfähigkeit eines Akzeptanten, ordnungsgemäße Einziehung des Wechsels).

Der Verkäufer
- hat die Pflicht, den Vergütungsanspruch der Bank durch Zahlung des Diskonts, der Provision sowie der sonstigen Kosten auszugleichen;
- hat sonstige Pflichten aus dem Diskontkrediteröffnungsvertrag (etwa Einhaltung eines Kreditlimits, eigene Kreditwürdigkeitsprüfung des Käufers etc.) einzuhalten.

b) Verhältnis Verkäufer-Käufer:
Den Verkäufer treffen jeweils die vereinbarten kaufvertraglichen Nebenpflichten.
Der Käufer
- ist vielfach verpflichtet, dem Finanzierer eine Bestätigung über den Erhalt des Kaufgegenstandes in ordnungsgemäßem Zustand zukommen zu lassen;
- ist zur Zahlung der Abzahlungsraten verpflichtet, wobei diese Verpflichtung bei Zahlung auf die von der Bank geltend gemachten Wechsel erlischt.

c) Verhältnis Käufer-Finanzierungsinstitut:
Den Käufer/Akzeptanten treffen in dieser Beziehung keine weiteren als die bereits genannten Verpflichtungen.
Das Finanzierungsinstitut hat die Vorschriften einer ordnungsgemäßen Wechseleinziehung zu beachten.

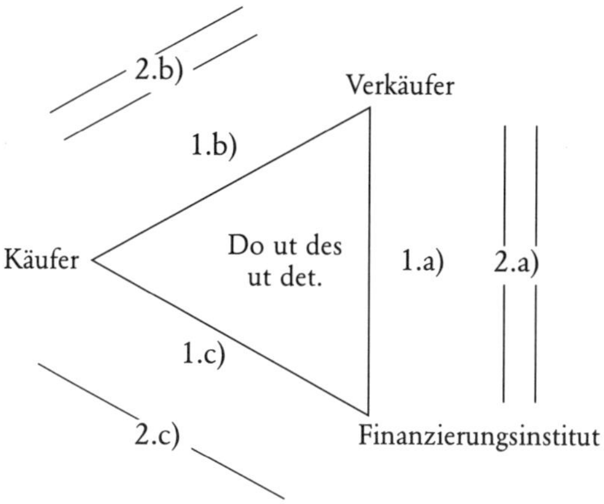

Abb. 7. Abtretungskonstruktion
Es wird unterstellt, daß vor dem Abschluß des Kaufvertrages bereits ein Krediteröffnungsvertrag zwischen dem Finanzierungsinstitut und dem Verkäufer bestand.

1. Stufe

a) Verhältnis Finanzierungsinstitut-Verkäufer:
Der Finanzierer ist verpflichtet, unter den im Rahmenvertrag festgelegten Bedingungen dem Verkäufer ein durch die zedierten Kaufpreisforderungen abgesichertes Darlehen zu gewähren.

b) Verhältnis Verkäufer-Käufer:
Den Verkäufer trifft die Pflicht zur Verschaffung des (unmittelbaren) Besitzes sowie des Eigentums am Kaufobjekt.

c) Verhältnis Käufer-Finanzierungsinstitut:
Der Käufer hat den Kaufpreis an die Bank als Zessionar zu zahlen.

2. Stufe

a) Verhältnis Finanzierungsinstitut-Verkäufer:
Die Bank ist aufgrund vertraglicher Vereinbarung oder aus Treu und Glauben verpflichtet, sich zunächst, d.h. vor Geltendmachung des Darlehensrückzahlungsanspruchs gegenüber dem Verkäufer, aus der abgetretenen Forderung zu befriedigen.
Der Verkäufer
- ist regelmäßig verpflichtet, seine gesamten obligatorischen Rechte aus dem Kaufvertrag sowie etwaige dingliche Rechte am Kaufobjekt an den Finanzierer abzutreten;
- ist zur Zahlung einer Vergütung (Provision, sonstige Kosten) verpflichtet;
- hat die im Rahmenvertrag enthaltenen Richtlinien bezüglich der Auswahl des Käufers, der Prüfung seiner Kreditwürdigkeit sowie der Ratenzahlungsmodalitäten einzuhalten.

b) Verhältnis Verkäufer-Käufer:
Der Verkäufer hat etwaige Nebenpflichten aus dem Kaufvertag (etwa schriftlicher oder mündlicher Hinweis auf die beabsichtigte Abtretung) einzuhalten.
Den Käufer trifft regelmäßig die Nebenpflicht, dem Finanzierer eine Bestätigung über den Erhalt des Kaufgegenstandes in ordnungsgemäßem Zustand zukommen zu lassen.

c) Verhältnis Käufer-Finanzierungsinstitut:
Den Käufer treffen keine weiteren als die bereits genannten kaufvertraglichen Verpflichtungen.
Das Finanzierungsinstitut hat die für die Geltendmachung des zedierten Kaufpreisanspruchs getroffenen Vereinbarungen zu beachten.

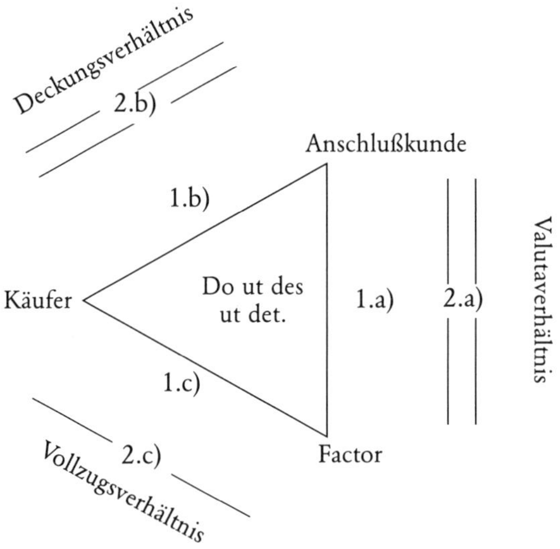

Abb. 8. Factoring

1. Stufe

a) Valutaverhältnis Factor-Anschlußkunde:
Der Factor verpflichtet sich, für die ihm zu übertragenden Kaufpreisforderungen das vereinbarte Entgelt (Forderungsbetrag abzüglich Factoringgebühr, Zinsen und ggf. Delkrederegebühr) zu zahlen.

b) Deckungsverhältnis Anschlußkunde-Käufer[44]:

[44] Dieser Rechtsbeziehung können neben dem vorliegend exemplarisch gewählten Kaufvertrag bspw. auch Werk- oder Dienstverträge zugrundeliegen.

Den Klienten trifft die Pflicht zur Verschaffung des (unmittelbaren) Besitzes sowie des Eigentums am Kaufgegenstand.

c) Vollzugsverhältnis Käufer-Factor:
Der Käufer ist verpflichtet, den Kaufpreis an den Factor zu zahlen.

2. Stufe

a) Valutaverhältnis Factor-Anschlußkunde:
Der Factor
- ist in der Regel zur Übernahme der Debitorenbuchhaltung verpflichtet;
- übernimmt beim echten Factoring nach vorausgegangener Kreditwürdigkeitsprüfung das Bonitätsrisiko für die übertragenen Forderungen;
- ist beim unechten Factoring berechtigt, bei Uneinbringlichkeit der Forderung Regreß beim Klienten zu nehmen.

Der Anschlußkunde
- ist zur Übertragung seiner Kaufpreisansprüche, d.h. zur Verschaffung der Forderungsinhaberschaft in der Person des Factors, verpflichtet;
- ist zum Nachweis der Warenübergabe oder des Warenversands sowie zur Übersendung einer Rechnungskopie verpflichtet;
- hat beim offenen Factoring dem Käufer die Zession der Kaufpreisforderung anzuzeigen.

Daneben vereinbaren die Parteien des Factoringvertrages grundsätzlich weitere vertragliche Nebenabreden (Sicherheitseinbehalt, Einrichtung eines Sperrkontos etc.).

b) Deckungsverhältnis Anschlußkunde-Käufer:
Abgesehen von kaufvertraglichen Nebenabreden und -pflichten (etwa Bestätigung der ordnungsgemäßen Lieferung), treffen die Kaufvertragsparteien keine weiteren als die auf der 1. Stufe angesiedelten Rechtspflichten.

c) Vollzugsverhältnis Käufer-Factor:
Die Beteiligten dieses Rechtsverhältnisses treffen neben der auf der 1. Stufe erwähnten Zahlungspflicht des Käufers keine weiteren gegenseitigen Rechtspflichten.

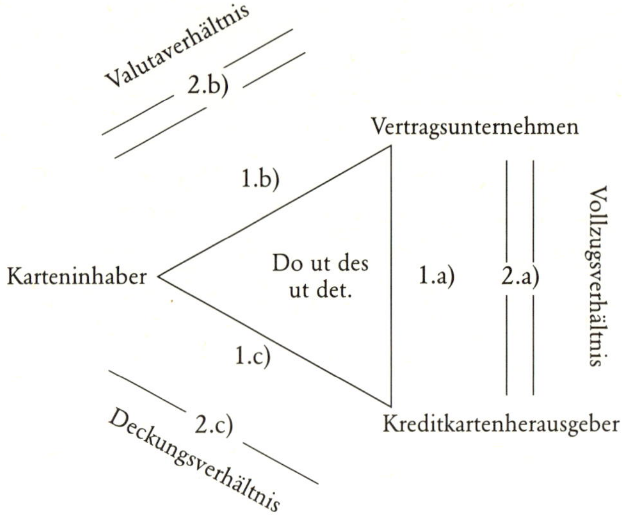

Abb. 9. Kreditkartengeschäft

1. Stufe

a) Vollzugsverhältnis Kreditkartenherausgeber-Vertragsunternehmen:
   Das Kreditkartenunternehmen verpflichtet sich, in bestimmten zeitlichen – oft wöchentlichen – Intervallen die dem Vertragsunternehmen aus dem Kreditkarteneinsatz entstandenen Forderungen zu ihrem jeweiligen Nennwert unter Abzug eines prozentualen Disagios zu vergüten.

b) Valutaverhältnis Vertragsunternehmen-Karteninhaber[45]:
   Das Vertragsunternehmen ist zur Übereignung und Übergabe des Erwerbsgegenstandes verpflichtet.

c) Deckungsverhältnis Karteninhaber-Kreditkartenherausgeber:
   Den Karteninhaber trifft die Pflicht zur gewöhnlich monatlichen Zahlung einer Geldsumme in Höhe der mittels seines Kreditkarteneinsatzes getätigten Umsätze der Vertragsunternehmen sowie ggf. zum Ausgleich der (pauschalierten) Kosten für den Auslandseinsatz der Karte.
   Im Falle einer Kreditgewährung durch das Kartenunternehmen hat der Kreditkarteninhaber/Darlehensnehmer Zinsen für die Darlehenssumme zu zahlen.

2. Stufe

a) Vollzugsverhältnis Kreditkartenherausgeber-Vertragsunternehmen:

---

[45] Diesem Rechtsverhältnis können neben dem vorliegend exemplarisch gewählten Kaufvertrag bspw. auch Miet-, Werk- oder Dienstverträge zugrundeliegen.

Der Kreditkartenherausgeber
- gibt eine Zahlungszusage für künftige auf Kreditkarteneinsatz beruhende Forderungen abzüglich des Disagios ab;
- behält sich das Recht vor, unter bestimmten Voraussetzungen das Vertragsunternehmen rückzubelasten.

Das Vertragsunternehmen
- verpflichtet sich, die Kreditkarten des Herausgebers als Zahlungsmittel zu akzeptieren;
- treffen Nebenpflichten aus dem Akquisitionsvertrag, z.B. Beachtung der Bedingungen für den Kreditkarteneinsatz, ordnungsgemäßes Ausfüllen der Belege etc.

b) Valutaverhältnis Vertragsunternehmen-Karteninhaber:

Das Vertragsunternehmen treffen etwaige Nebenpflichten aus dem Kaufvertrag.

Der Karteninhaber
- ist zur Zahlung des Kaufpreises verpflichtet, wobei diese Pflicht regelmäßig infolge der Zahlung durch den Kreditkartenherausgeber untergeht;
- ist zur Zahlung mittels Kreditkarte berechtigt;
- hat etwaige Nebenpflichten aus dem Kaufvertrag einzuhalten.

c) Deckungsverhältnis Karteninhaber-Kreditkartenherausgeber:

Der Karteninhaber
- verpflichtet sich zur Zahlung der Jahresgebühr;
- ist im Falle einer Kreditgewährung durch den Kartenherausgeber zur Rückerstattung des Darlehens in Raten verpflichtet;
- hat die aus dem Emissionsvertrag folgenden Nebenpflichten – z.B. Einhaltung eines Limits, Überprüfung der Belege und Abrechnungen etc. – zu beachten.

Den Kreditkartenherausgeber treffen – abgesehen von mit dem Kreditkarteneinsatz verbundenen Zusatzleistungen (Versicherungen etc.) – regelmäßig keine zusätzlichen vertraglichen Pflichten.

IV. Ermittlung eines Rechtsgeschäfts mit trilateralem Synallagma

Nachdem die Eigenart der Verknüpfung von Leistungspflichten bei drittfinanzierten Erwerbsgeschäften aufgedeckt und rechtlich eingeordnet worden ist, drängt sich nunmehr die Frage nach der Erkennbarkeit sowie den Voraussetzungen eines dreiseitig-gegenseitigen Rechtsgeschäfts mit trilateralem Synallagma auf. Maßgebende Bedeutung kommt dabei dem Nachweis einer final-kausalen Gegenseitigkeitsbindung der Leistungspflichten im Sinne eines *do ut des ut det* zu. Derartige Konstellationen können, wie etwa beim Ringtausch, durch den Abschluß eines einzelnen dreiseitig-gegenseitigen Vertrages entstehen. Allerdings läßt sich ein trilaterales Synallagma nicht notwendigerweise nur bei einem Kontrakt mit drei Vertragsparteien nachweisen, sondern kann – wie für die Mehrzahl der die Wirtschaftspraxis beherrschenden drittfinanzierten Erwerbsgeschäfte dargelegt – auch durch die Koppelung von mindestens zwei bilateralen Austauschverträgen begründet werden.

Im Ergebnis ist von einer trilateral-synallagmatischen Verknüpfung von Leistungsverpflichtungen auszugehen, wenn diese unter Berücksichtigung sowohl objektiver als auch subjektiver Elemente aus der Perspektive jedes Beteiligten in einem finalen und/oder kausalen gegenseitigen Abhängigkeitsverhältnis stehen. Erforderlich ist zudem, daß der jeweils durch die Leistungsverpflichtung Begünstigte über einen entsprechenden Leistungsanspruch verfügt. Eine Auslegung sämtlicher Willenserklärungen muß entweder bei der unmittelbaren eigenen Leistungserbringung oder spätestens vor der tatsächlichen Erfüllung der denklogisch nachfolgenden trilateral-synallagmatisch verknüpften Leistungspflicht[46] ergeben, daß die Leistungen a, b und c der Leistungserbringer A, B und C

- vom Standpunkt des Leistenden A durch den Rechtssatz *do ut tertio des ut tertius mihi det,*
- vom Standpunkt des Leistenden B durch den Rechtssatz *do quod tertius mihi dedit ut tertio des* und
- vom Standpunkt des Leistenden C durch den Rechtssatz *do quod tertio dedisti et tertius mihi dedit*

gekennzeichnet sind. Damit stellen sich bei der Ermittlung eines trilateralen Synallagmas ähnliche Probleme wie bei der Feststellung, ob zwei übereinstimmende, sich inhaltlich deckende und auf den gegenseitigen Leistungsaustausch gerichtete Willenserklärungen die Annahme des Abschlusses eines gegenseitigen Vertrages rechtfertigen – allein die Rechtsfolgen unterscheiden sich: einerseits Vertrag mit zwei synallagmatisch verknüpften Leistungspflichten, andererseits aus (mindestens) zwei bilateralen Austauschverträgen zusammengesetztes Rechtsgeschäft mit drei synallagmatisch verbundenen Leistungspflichten oder ausnahmsweise dreiseitiger Austauschvertrag. Die Bestimmung eines dreiseitig-gegenseitigen Rechtsgeschäfts mit trilateralem Synallagma sei anhand eines hypothetischen, realitätsfernen Falles veranschaulicht:

Im Rahmen eines Finanzierungsleasinggeschäfts behauptet der Lieferant, er habe das Leasingobjekt aufgrund einer »Anweisung« seines Käufers (des Leasinggebers) an einen Dritten (den Leasingnehmer) ausgeliefert, ohne jemals Kenntnis von einem von diesen Beteiligten abgeschlossenen Leasingvertrag erlangt zu haben; dementsprechend habe er mit seiner Auslieferung nicht die nachfolgende Zahlung der Leasingraten durch den Zuwendungsempfänger bezweckt. Die Richtigkeit dieser Äußerung unterstellt, läßt sich eine trilateral-synallagmatische Leistungsverknüpfung nicht nachweisen. Freilich müssen die gesamten Umstände in die rechtliche Bewertung mit einbezogen werden. In-

[46] Vgl. zu diesem Aspekt und seiner Begründung bereits Teil II, 2. Abschnitt, V. (121 f.).

wieweit aus der »Anweisung« eine vom trilateralen Synallagma erfaßte Lieferpflicht des Lieferanten gegenüber dem Leasingnehmer erwachsen kann, ist bereits an anderer Stelle vertieft worden[47]. Selbst wenn der spätere Leasingnehmer den hernach vom Leasinggeber erworbenen Gegenstand beim Lieferanten ausgesucht hat, kann dem Valutaverhältnis gleichwohl eine Schenkung zugrundeliegen. Die Annahme einer solchen vertraglichen Gestaltung liegt für den Lieferanten allerdings fern, soweit er den Kaufgegenstand seinem Käufer übereignet und dieser zugleich den Zuwendungsempfänger im Kaufvertrag zur Ausübung der Gewährleistungsrechte ermächtigt oder eine Zession dieser Rechte ankündigt. Denn derartige Vertragsklauseln sind für das Finanzierungsleasinggeschäft so typisch, daß der Lieferant von seiner Einschaltung in eine solche Transaktion auch ohne ausdrückliche Bezugnahme des Kaufvertrages auf einen Leasingvertrag gewußt haben muß.

Bei Rechtsgeschäften, die eine trilateral-synallagmatische Leistungsverknüpfung aufweisen, werden dem Auseinanderstreben der Gestaltungskräfte damit Grenzen gesetzt, die enger sind, als der Grundsatz der Privatautonomie vermuten läßt. *Do ut des ut det*-Rechtsgeschäfte als Rechtsfigur sowie die konkreten wirtschaftlichen Aufgaben, die mit ihnen als Struktur- und Ordnungsinstrumenten zu bewältigen sind, setzen der individuellen Willkür Schranken. Auch wenn die Beteiligten in den zugrundeliegenden Austauschverträgen jeweils deren rechtliche Unabhängigkeit von damit in Zusammenhang stehenden Verträgen festlegen, die ein Vertragspartner mit Dritten abgeschlossen hat, bleibt davon der Charakter eines Rechtsgeschäfts mit einem *do ut des ut det*-Leistungsaustausch unberührt. Damit wird sog. Trennungsklauseln – in ähnlicher Weise wie einst durch das von der Judikatur entwickelte Kriterium der wirtschaftlichen Einheit sowie nachfolgend durch § 9 Abs. 1 VerbrKrG[48] – allein durch eine tatsächlich nachweisbare Kette von sich übers Dreieck erstreckenden Leistungsverpflichtungen die rechtliche Grundlage entzogen. Der rechtlichen Einordnung als *do ut des ut det*-Rechtsgeschäft können die drei Beteiligten allerdings durch Ausschaltung des final-kausalen Gegenseitigkeitsbezugs der Leistungspflichten ausweichen, im übrigen ist das Vorliegen einer trilateral-synallagmatischen Verknüpfung von Leistungspflichten den nachfolgend zu entwickelnden Rechtsfolgen unterworfen.

---

[47] Siehe oben Teil II, 2. Abschnitt, IV. (109 ff., insbes. 116 f.).

[48] Siehe Teil I, 2. Abschnitt, I. 1. (50-56).

4. Abschnitt

Grundsätze des trilateralen Synallagmas – dargestellt am Beispiel drittfinanzierter Erwerbsgeschäfte

Nachdem die Voraussetzungen eines *do ut des ut det*-Rechtsgeschäfts mit trilateralem Synallagma herausgearbeitet und präzisiert worden sind, kann die Tatbestandsebene verlassen und das Augenmerk auf die Rechtsfolgenproblematik gelenkt werden. Da sich das trilaterale Synallagma als Fortentwicklung der im deutschen Rechtsdenken verwurzelten synallagmatischen Verknüpfung von zwei vertraglichen Leistungspflichten darstellt, liegt es nahe, hinsichtlich der Rechtsfolgen auf die §§ 320-327 BGB zu rekurrieren und auf diese Weise die für die Dreiseitigkeit erforderlichen Modifikationen abzuleiten. Diese Vorschriften sind *prima facie* auf den bipolaren gegenseitigen Vertrag zugeschnitten – ein Umstand, der einem Analogieschluß zwar keine unüberwindlichen Hürden in den Weg stellt, zuvor indessen eine Besinnung auf die Strukturen der hinter dem Synallagmakonzept stehenden Grundüberlegungen erforderlich macht. Ohne eine derartige Fundierung würden die gesetzlichen Ausprägungen des Synallagmagedankens lediglich bruchstückhaft erfaßt und ohne gedankliche Anbindung an ein allgemeines Konzept nebeneinandergestellt. Es bedarf also einer Zuwendung zu den Bindegliedern zwischen der isoliert betrachtet abstrakten Rechtsfigur des Synallagmas einerseits und dem daraus erwachsenen Normenkatalog andererseits. In diesem Zusammenhang wird bei den Konsequenzen der wechselseitigen Abhängigkeit von Leistungspflichten üblicherweise unterschieden zwischen der *Begründung*, dem *Fortbestand* sowie der *Durchsetzung* der synallagmatisch verknüpften Leistungsansprüche; dementsprechend haben sich die Termini *genetisches, konditionelles* sowie *funktionelles* Synallagma in der Rechtssprache durchgesetzt[1]. In diesen nunmehr zu vertiefenden Grundlagen des Synallagmakonzepts wurzeln letztlich die Vorschriften der §§ 320-327 BGB.

[1] Von dieser Dreiteilung gehen aus z.B. *van den Daele* 23-28; *Gernhuber* § 13 II 4-6 (315-319); MünchKomm-*Emmerich* Vor § 320 Rdn. 15-17; Palandt-*Heinrichs* Einf v § 320 Rdn. 12-15; Soergel-*Wiedemann* Vor § 320 Rdn. 14; Staudinger-*Otto* Vorbem zu §§ 320-322 Rdn. 11-13; anders hingegen *A. Blomeyer* 111 ff.; *Larenz* Schuldrecht I § 15 I (203), die nur zwischen dem genetischen und funktionellen Synallagma unterscheiden, unter letzterem Begriff jedoch Fortbestand und Durchsetzung der wechselseitigen Ansprüche zusammenfassen.

I. Das genetische Synallagma[2]

Das Prinzip des genetischen Synallagmas ist erstmalig von Bechmann[3] für die deutsche Rechtsdogmatik als »Connexität beider Forderungen hinsichtlich ihrer Entstehung« fruchtbar gemacht worden[4]. Bis zum heutigen Tag verkörpert das genetische Synallagma »die Verknüpfung der Leistungspflicht eines jeden mit der Gegenleistungspflicht des anderen im rechtsgeschäftlichen Willen der Parteien«[5]. Die Nichtigkeit lediglich einer Willenserklärung oder auch die anfängliche Unmöglichkeit einer Leistung führt zur Nichtigkeit des gesamten Rechtsgeschäfts. Die wechselseitigen Leistungsversprechen sind also nur in ihrer Gesamtheit gewollt, kommt eine Pflicht nicht zur Entstehung, so gilt das auch für die Gegenleistungspflicht(en).

Für die Lehre vom gegenseitigen Vertrag ist das genetische Synallagma als entbehrlich bezeichnet worden, da das Gesetz bereits in den Vorschriften über den Vertragsschluß und die Nichtigkeit von Rechtsgeschäften Regeln für die genannten Unwirksamkeitsfälle – sogar ohne Beschränkung auf gegenseitige Verträge – zur Verfügung gestellt habe[6]. Und es erscheint auf den ersten Blick in der Tat fraglich, ob die *lex lata* Lücken gelassen hat, zu deren Ausfüllung es des Rückgriffs auf die Grundsätze zum genetischen Synallagma bedarf, sofern man seinen Blick allein auf den zweiseitig-gegenseitigen Vertrag richtet. Da darüber hinaus auch *do ut des ut det*-Rechtsverhältnisse ein Synallagma aufweisen, welches jedoch nicht zwei-, sondern dreiseitig ist, eröffnet sich dem Prinzip des genetischen Synallagmas ein durch die bestehenden Gesetzesvorschriften nicht unmittelbar erfaßter zusätzlicher Anwendungsbereich. In einem rechtlichen Sektor wie demjenigen der *do ut des ut det*-Rechtsgeschäfte, in dem die gesetzlichen Vorschriften mit den Entwicklungen interdependenter Vertragsmehrheiten nicht haben Schritt halten können, vermag nur eine Besinnung auf die gesetzliche Grundkonzeption im Zusammenspiel mit dem bereits gesetzten Recht einen grundsätzlichen Maßstab für die Ermittlung systemkonformer Ergebnisse zu bieten. Der theoretische Wert des genetischen Synallagmas zeigt sich somit

---

[2] Siehe hierzu allgemein *Bechmann* 540-567; *Benöhr* 63 ff., 103 f. [zum römischen Recht]; *A. Blomeyer* 111-113; *van den Daele* 24 f.; *Gernhuber* § 13 II 4 (315-317); *Klinke* 94 ff.; *Larenz* Schuldrecht I § 15 I (203); MünchKomm-*Emmerich* Vor § 320 Rdn. 15; *Rittner* in: FS H. Lange 213 ff.; Staudinger-*Otto* Vorbem zu §§ 320-322 Rdn. 11; *M. Wolf* JurA 1969, 119, 125 f.

[3] *Bechmann* 541.

[4] Zum dogmengeschichtlichen Ursprung siehe auch die Ausführungen von *Rittner* in: FS H. Lange, 213, 216-220 m.w.N.

[5] So stellvertretend für inhaltlich entsprechende Aussagen die Formulierung von *Larenz* Schuldrecht I § 15 I (203). Sämtliche Umschreibungen des genetischen Synallagmas basieren auf der zuvor bereits als zu eng erkannten Vorstellung, daß das Synallagmaprinzip allein zweiseitige Austauschverträge erfassen könne (siehe oben Teil II, 3. Abschnitt, II. (141-145)).

[6] Erste kritische Anmerkungen gehen auf *Hoeniger* 226 zurück. Ausführlich hernach die Analyse von *Rittner* in: FS H. Lange 213 ff.; i.E. ebenso *G. Hager* in: Zum Deutschen und Internationalen Schuldrecht 26, 27; *Medicus* Rdn. 218; MünchKomm-*Emmerich* Vor § 320 Rdn. 15; *Schmidt-Rimpler* 58; a.A. *M. Wolf* JurA 1969, 119, 125 f.

insbesondere in den durch die *lex lata* noch nicht erschlossenen Grenzbereichen[7].

Wie wirken sich aber nunmehr die Grundüberzeugungen des genetischen Synallagmas auf *do ut des ut det*-Rechtsgeschäfte aus? Oder anders gefaßt: Welchen Einfluß hat die Unwirksamkeit einer vom trilateralen Synallagma erfaßten Leistungspflicht zunächst auf die beiden anderen Leistungspflichten und sodann auf die zugrundeliegenden zweiseitigen Verträge?

Mit diesen Fragen hat sich bereits Gernhuber auf der Basis seiner Theorie vom rechtsgeschäftlichen Verbund auseinandergesetzt und dabei Grundsätze zum sog. genetischen Verbund entwickelt[8]. Der hier verfolgte Ansatz knüpft im Gegensatz zum vorgenannten bei *do ut des ut det*-Rechtsgeschäften jedoch nicht an das zwar bildhafte, indes ungenaue Merkmal des Verbundes an, sondern an die in die deutsche Rechtsdogmatik seit langem eingebundene Figur des Synallagmas. Diesen Aspekt hat letztlich auch Gernhuber aufgegriffen, indem er sich bei der Bestimmung des genetischen, aber auch des konditionellen und funktionellen Verbunds deutlich an die Leitlinien des genetischen, konditionellen und funktionellen Synallagmas angelehnt und diese im Hinblick auf die strukturell-personelle Erweiterung fortentwickelt hat. Deshalb ist es nur konsequent, wenn die nachfolgenden Ausführungen zu den Auswirkungen des genetischen Synallagmas im Ergebnis Parallelen zu Gernhubers Gedankengängen aufweisen.

Die Konsequenzen des trilateralen genetischen Synallagmas lassen sich in fünf Grundaussagen zusammenfassen, die jeweils durch Beispiele vornehmlich aus dem Bereich des finanzierten Abzahlungskaufs sowie des Finanzierungsleasinggeschäfts veranschaulicht werden sollen:

1. Ist eine der vom trilateralen Synallagma erfaßten Leistungsverpflichtungen unwirksam, schwebend unwirksam oder kommt sie gar nicht erst zur Entstehung, so gilt dies auch für die übrigen Glieder der Leistungskette übers Dreieck.

Wenn etwa beim *B-Geschäft* der Abzahlungskäufer seine auf den Abschluß des Kaufvertrages gerichtete Willenserklärung rechtswirksam anficht, sind sämtliche trilateral-synallagmatisch verknüpften Leistungspflichten unwirksam und die daraufhin bereits erbrachten Leistungen ohne Rechtsgrund erfolgt. Sofern im Rahmen eines *Finanzierungsleasinggeschäfts* der Leasingnehmer geschäftsunfähig ist, ist nicht nur der vom Leasingnehmer abgeschlossene Leasingvertrag unwirksam, sondern die Unwirksamkeit erfaßt auch die im trilateralen Synallagma stehenden Leistungspflichten des Verkäufers/Lieferanten.

2. Ausnahmen von diesem Grundsatz gelten, wenn der Wille der jeweils Beteiligten übereinstimmend darauf gerichtet ist oder wenn sich aus Wertungen des Gesetzgebers

[7] Siehe in diesem Zusammenhang auch *Gernhuber* § 13 II 4 b (315 f.) und *dens.* in: FS Larenz 455, 476 f., der den theoretischen Wert des genetischen Synallagmas betont.

[8] Siehe hierzu bereits ausführlich Teil I, 3. Abschnitt, I. 3. (72-75).

(etwa § 417 Abs.2 BGB) ergibt, daß die übrigen Leistungspflichten von dem Mangel der unwirksamen Leistungsverpflichtung unberührt bleiben sollen.

Beim *B-Geschäft* indizieren für den Regelfall einer Konsumentenbeteiligung bereits die gesetzlichen Wertungen in § 9 VerbrKrG, daß sich die Unwirksamkeit einer im trilateralen Synallagma stehenden Leistungspflicht auf das gesamte Rechtsgeschäft erstrecken soll. Sofern aber beispielsweise der Darlehensvertrag infolge Anfechtung nichtig ist (§ 142 Abs.1 BGB), können die Kaufvertragsparteien gleichwohl übereinkommen, den zugrundeliegenden Vertrag als einfaches Abzahlungsgeschäft oder als Barkauf fortwirken zu lassen. Bei einem *berechtigenden Vertrag zugunsten Dritter* kann der Wille der Beteiligten darauf gerichtet sein, daß das Valutageschäft für den Abschluß und die Wirksamkeit des drittbegünstigenden Vertrages im Deckungsverhältnis keine Rolle spielen oder die Unwirksamkeit des Deckungsverhältnisses die Vertragsbeziehung im Valutaverhältnis nicht berühren soll. Im Falle eines *Schuldübernahmevertrages* zwischen dem Schuldner und dem Übernehmer nach § 415 BGB kann es vorkommen, daß der Übernehmer vom Altschuldner arglistig getäuscht wird, woraufhin jener nach § 123 Abs.1 BGB seine auf den Abschluß des Schuldübernahmevertrages gerichtete Willenserklärung anficht. Ob eine solche Anfechtung, die die Wirksamkeit des Kausalgeschäfts zwischen Altschuldner und Übernehmer sowie des von ihnen geschlossenen Übernahmevertrages betrifft, von letzterem dem Anspruch des Gläubigers als Einwendung entgegengehalten werden kann, ist im Hinblick auf die Wertung des § 417 Abs.2 BGB umstritten[9]. Auf diesen Aspekt wird im Zusammenhang mit der Erörterung des Bereicherungsausgleichs bei Schuldübernahmen zurückzukommen sein[10].

3. Grundsätzlich werden von der Unwirksamkeit einer im trilateralen Synallagma stehenden Leistungspflicht auch diejenigen Leistungspflichten erfaßt, die auf der Ebene der zugrundeliegenden bilateralen Austauschverträge verbleiben.

Beim *B-Geschäft* sind die Pflichten des Abzahlungskäufers/Darlehensnehmers zur Leistung einer Anzahlung an den Verkäufer sowie zur Rückerstattung der Darlehensvaluta an den Kreditgeber nicht Gegenstand der trilateral-synallagmatischen Gegenseitigkeitsbindung. Es wird unterstellt, daß der Zinsanspruch der Bank aus dem Darlehensvertrag infolge Anfechtung nichtig ist. Damit ergibt sich nach den Grundsätzen zum genetischen Synallagma dieselbe Wirkung für die übrigen vom trilateralen Synallagma erfaßten Leistungspflichten. Die Pflichten zur Leistung einer Anzahlung auf den Kaufvertrag wird – anders als die Pflicht zur Darlehensrückzahlung – von der Nichtigkeit des Darlehensvertrages hingegen nur mittelbar berührt. Infolge der Grundsätze zum genetischen Synallagma werden neben der Pflicht zur Darlehensvalutierung und Zinszahlung zunächst auch die im trilateralen Synallagma stehende Liefer-

---

[9] Siehe zum Meinungsstand MünchKomm-*Möschel* § 417 Rdn. 12f. m.w.N.

[10] Siehe unten Teil III, 4. Abschnitt, VI. (265f.).

verpflichtung des Verkäufers und sodann die damit bilateral-synallagmatisch verknüpfte Verpflichtung des Abzahlungskäufers zur Leistung einer Anzahlung unwirksam. Damit erfolgt der Bereicherungsausgleich (vgl. dazu nachfolgend Punkt 4.) hinsichtlich der bereits gezahlten Darlehensraten zwischen dem Abzahlungskäufer und dem Finanzierungsinstitut und im Hinblick auf die bereits geleistete Anzahlung zwischen den Parteien des Kaufvertrages.

4. Die bereicherungsrechtliche Rückabwicklung unwirksamer trilateral-synallagmatisch verknüpfter Leistungen, die in einem späteren Abschnitt im Wege der Gegenüberstellung von vorherrschender Auffassung und neuem Ansatz ausführlich erörtert werden wird[11]*, findet im Rahmen der jeweiligen Leistungsverhältnisse statt. Die Rückübertragung dieser Leistungen erfolgt damit in entgegengesetzter Richtung zur Leistungskette übers Dreieck, d.h. vom Leistungsempfänger an den Leistenden. Die Rückabwicklung derjenigen Leistungspflichten, die nicht vom trilateralen Synallagma erfaßt werden, erfolgt innerhalb der betreffenden zweiseitigen Schuldverhältnisse.*

Eine bedeutsame rechtliche Konsequenz der Grundsätze des genetischen Synallagmas für *do ut des ut det*-Rechtsgeschäfte ist darin zu erblicken, daß es auf der Ebene des trilateralen Synallagmas hinsichtlich jeder einzelnen davon erfaßten Leistung jeweils nur einen Leistenden sowie einen Leistungsempfänger gibt, zwischen denen konsequenterweise auch die bereicherungsrechtliche Rückabwicklung erfolgt. So kann etwa das Finanzierungsinstitut beim *B-Geschäft* auf der Basis der Grundsätze zum genetischen Synallagma das valutierte Darlehen beim Empfänger der Zuwendung, d.h. beim Verkäufer, kondizieren. Beim *Finanzierungsleasinggeschäft* kommt nach dem hier favorisierten Denkmodell auf der Ebene des trilateralen Synallagmas vielfach allein der Leasingnehmer als Begünstigter des Lieferanspruchs in Betracht. Wenn es sodann etwa im Fall der Unwirksamkeit des Kaufvertrages zur Rückabwicklung des gesamten Finanzierungsleasinggeschäfts kommt, folgt aus den Grundsätzen zum genetischen Synallagma, daß der Lieferant das Leasingobjekt nur beim Leasingnehmer kondizieren kann. Dadurch erlangt der Lieferant indes nur den unmittelbaren Besitz am Leasinggegenstand, während er sich wegen seines Anspruch auf Wiedereinräumung des Eigentums an den Leasinggeber halten und diesen etwa im Falle des Kfz-Leasings gegebenenfalls auf Herausgabe des Fahrzeugbriefs verklagen muß.

5. Diese Rechtsfolgen treten mit Ausnahme der der Privatautonomie überlassenen Modifikationsmöglichkeiten unabhängig vom Willen der Beteiligten ein.

Die genannten rechtlichen Konsequenzen sind für die ganz im Banne des Relativitätsdogmas stehenden Rechtsauffassungen keineswegs zwangsläufig, wenngleich oftmals erwünscht. Die Praxis behilft sich insoweit vielfach mit der Aufnahme von Bedingungen in die einzelnen interdependenten Verträge. So ist beim *Finanzierungsleasinggeschäft* der Leasingvertrag nach den Parteivereinbarungen zunächst aufschiebend bedingt und wird regelmäßig erst in Vollzug

[11] Siehe hierzu ausführlich Teil III, 4. Abschnitt (245 ff.).

gesetzt, wenn der Leasingnehmer dem Leasinggeber eine ordnungsgemäße Abnahme- und Übernahmebestätigung hat zukommen lassen. Dadurch soll die Wirksamkeit des Leasingvertrages von der ordnungsgemäßen Lieferung des Leasingobjekts abhängig gemacht werden. Beim *B-Geschäft* ist allgemein anerkannt, daß eine rechtliche Anbindung des Kreditvertrages an den Kaufvertrag in Form eines sog. Entstehungszusammenhangs gegeben ist[12], wonach die Unwirksamkeit des Darlehensvertrages nach dem mutmaßlichen Parteiwillen auch zur Unwirksamkeit des Kaufvertrages führt. Umstritten ist jedoch, ob es sich dabei um eine auflösende[13] oder aufschiebende[14] Bedingung handelt. Daneben sucht man den Entstehungszusammenhang durch die Annahme einer nachträglichen Unmöglichkeit der Erfüllung[15] oder den Rückgriff auf die Geschäftsgrundlagenlehre zu begründen[16]. Gerade die letztgenannten Erklärungsvarianten sind allenfalls Verlegenheitslösungen, mit denen man auch bei fehlender Willensäußerung der Parteien das als richtig empfundene Ergebnis zu untermauern versucht. Auf der Basis der Grundsätze zum trilateralen Synallagma ist dieser Entstehungszusammenhang dem dreiseitig-gegenseitigen Rechtsgeschäft hingegen auch ohne ausdrückliche oder stillschweigende Vereinbarung immanent.

Diese aus dem Prinzip des trilateralen genetischen Synallagmas abgeleiteten Rechtsfolgen stehen – ebenso wie beim bilateralen Synallagma – nur in dem dargestellten beschränkten Ausmaß zur Disposition der Beteiligten. Zunächst sind die Parteien jedoch frei in der Entscheidung, ob sie wie beim persönlichen Kleinkredit isolierte Verträge abschließen wollen oder verschiedene Verträge in einer Weise miteinander verzahnen, daß die gesamte Transaktion den Charakter eines *do ut des ut det*-Rechtsgeschäfts aufweist. Die Beteiligten können sich also den dargestellten rechtlichen Konsequenzen im Vorfeld dadurch entziehen[17], daß sie entweder objektiv die Voraussetzungen eines *do ut des ut det*-Leistungsaustauschs vermeiden oder aber bezüglich der Rechtsfolgen modifizierende Vereinbarungen treffen. Sind indessen ohne derartige Vorkehrungen die einzelnen Leistungsverpflichtungen im Sinne eines *do ut des ut det* miteinander

[12] Siehe hierzu die umfassende Darstellung der denkbaren Fallgestaltungen bei *Canaris* Bankvertragsrecht Rdn. 1518f.; *Hopt/Mülbert* Vorbem zu §§ 607ff. Rdn. 477-483; MünchKomm-*Habersack* § 9 VerbrKrG Rdn. 80-87; aus der Rspr. siehe nach Inkrafttreten des VerbrKrG LG Gießen Urt. v. 18. 9. 1996, BB 1997, 960, 961.

[13] *Esser* in: FS Kern 87, 104; *Hörter* 155; *Mark* 97; *Marschall von Bieberstein* Abzahlungsgeschäft 27.

[14] *Neumayer* in: IX. Int. Kongress für Rechtsvergleichung 28, 57.

[15] Diesen Ansatz verfolgt – wenngleich nicht mit letzter Konsequenz – *Müller-Laube* 181ff.

[16] *Canaris* Bankvertragsrecht Rdn. 1518; MünchKomm-*Habersack* § 9 VerbrKrG Rdn. 77 m.w.N. in Fußn. 222; *Schoreit* 12, 70 f., 84f.; in diesem Sinne auch *Ott* in: *Bruchner/Ott/Wagner-Wieduwilt* § 9 VerbrKrG Rdn. 130-132 sowie im Anschluß daran *Pietzcker* 70-74 auf der Basis einer Parallelwertung zu Finanzierungsleasinggeschäften.

[17] Zu den Umgehungsgeschäften und den Grenzen der Abdingbarkeit siehe unten ausführlich Teil III, 8. Abschnitt (292ff.).

verknüpft worden, können die in den drittfinanzierten Erwerbsvorgang eingebundenen Parteien auf die aus dem trilateralen genetischen Synallagma ableitbaren Folgerungen nur noch durch übereinstimmende, den Regelungsmechanismus modifizierende Willensäußerungen Einfluß nehmen. Dabei eröffnet sich ihnen beispielsweise die Möglichkeit, die wirtschaftlichen Folgen des fehlgeschlagenen *do ut des ut det*-Rechtsgeschäfts unter Fortfall eines Beteiligten durch Aufrechterhaltung eines isolierten bilateralen Vertrages zu erzielen.

II. Das konditionelle Synallagma[18]

1. Allgemeines

Unter dem konditionellen Synallagma versteht man die Abhängigkeit der ausgetauschten Leistungen in ihrem Fortbestand. Es handelt sich also um eine Verschiebung des genetischen Synallagmas in die Phase nach dem Entstehen des Schuldverhältnisses[19]. Die Grundsätze zum trilateralen konditionellen Synallagma besagen folgendes: Wenn die Leistungspflichten eines bilateralen Vertragsverhältnisses, das dem *do ut des ut det*-Rechtsgeschäft zugrundeliegt, entfallen, fallen zugleich die beiden anderen trilateral-synallagmatisch verknüpften und letztlich auch alle übrigen Leistungspflichten des gesamten dreiseitig-gegenseitigen Rechtsgeschäfts fort. Der nachträgliche Fortfall eines Gliedstücks der sich übers Dreieck erstreckenden Kette von Leistungsverpflichtungen bewirkt also ein Erlöschen sämtlicher im drei- oder zweiseitigen Synallagma stehenden Leistungspflichten. Modifikationen dieses Abwicklungsmechanismus können sich allein aus abweichenden gesetzlichen Wertungen, die im Zentrum der nachfolgenden Abschnitte stehen werden, oder vertraglichen Vereinbarungen ergeben.

Die Vorstellungen des Gesetzgebers haben in den allgemeinen, sich am zweiseitig-gegenseitigen Vertrag orientierenden Regeln der §§ 323-327 BGB über Unmöglichkeit und Verzug ihren Ausdruck gefunden. Nachfolgend wird deshalb zu analysieren sein, mit welchen Modifikationen die genannten Vorschriften auch auf Rechtsgeschäfte mit einem trilateralen Synallagma übertragen werden können. Daneben gibt es zahlreiche Spezialvorschriften, die es einer Partei ermöglichen, vertragliche Leistungspflichten zum Erlöschen zu bringen. Eine bei drittfinanzierten Erwerbsgeschäften häufig auftretende Konfliktsituation

[18] Siehe hierzu allgemein *Benöhr* 104-108; *van den Daele* 26; *Dubischar* in: FS L. Raiser 99, 101, 109; *Gernhuber* § 13 II 5 (317f.); MünchKomm-*Emmerich* Vor § 320 Rdn. 16; Staudinger-*Otto* Vorbem zu §§ 320-322 Rdn. 12.

[19] In diesem Sinne die in der vorangehenden Fußn. genannten Autoren. Von einem »konditionalen Synallagma« spricht hingegen *A. Blomeyer* 105, der damit jedoch sein auf der Bedingungslehre basierendes Verständnis von der Struktur des Synallagmas umschreibt [»wenn eine Leistung »unter der Bedingung der Gegenleistung erfolgt«, jene Gegenleistung aber nicht geschuldet ist«].

liegt vor, wenn es infolge Lieferung eines mangelbehafteten Erwerbsobjekts zum Vollzug der Wandelung im Kaufvertragsverhältnis kommt. Die damit einhergehenden, ebenso intrikaten wie kontrovers diskutierten Rechtsprobleme werden in einem gesonderten Abschnitt vertieft werden[20].

Vor einer Analyse der Problematik sei darauf hingewiesen, daß der Zugang zu einer entsprechenden Anwendbarkeit[21] der §§ 323-327 BGB bei Rechtsgeschäften mit trilateralem Synallagma oft erst in einem späten Stadium der Geschäftsabwicklung eröffnet wird, da das Wirksamwerden der verschiedenen vertraglichen Verpflichtungen in der Praxis vielfach an Bedingungen geknüpft ist. So wird beim B-Geschäft der Darlehensvertrag erst bei Vorliegen einer Empfangsbestätigung des Abzahlungskäufers[22] sowie bei Finanzierungsleasinggeschäften der Leasingvertrag erst nach Abgabe einer Abnahme- und Übernahmebestätigung durch den Leasingnehmer[23] in Vollzug gesetzt. Diese Verträge können sodann bei Fehlen der genannten Bestätigungen, was regelmäßig auf eine nicht erfolgte Auslieferung oder die Zurückweisung eines erfüllungsuntauglichen Erwerbsgegenstandes hindeutet, durch Rücktritt in ein Rückgewährschuldverhältnis übergeleitet werden. Die Rückabwicklung bereitet nur geringe praktische Schwierigkeiten, da mit Ausnahme von Anzahlungen sonstige Leistungen zumeist noch nicht erfolgt sind. Wird der Liefernachweis indes erbracht, können die Fälle der Unmöglichkeit der Lieferung des Erwerbsgegenstandes sowie des Lieferverzuges, abgesehen von unzutreffenden Abnahme- und Übernahmebestätigungen[24], regelmäßig überhaupt nicht mehr auftreten. Aufgrund dieser geschäftstypischen Vertragsgestaltungen werden finanzierte Abzahlungskäufe sowie Finanzierungsleasinggeschäfte bei Störungen des Liefervorgangs weitgehend dem Anwendungsbereich des konditionellen Synallagmas entzogen. Da im Hinblick auf die Wertungen des § 279 BGB die Leistung einer Geldsumme im Regelfall nicht unmöglich werden kann[25], kommt aus der breiten Palette der denkbaren Unmöglichkeits- und Verzugsfälle im wesentlichen nur dem Zahlungsverzug auf seiten des Käufers Praxisrelevanz zu.

Dieser Aspekt sollte bei den nachfolgenden Ausführungen zur entsprechenden Anwendung der §§ 323-327 BGB im Auge behalten werden. Die sich dabei

[20] Siehe nachfolgend Teil III, 4. Abschnitt, I.–III. (245-258).

[21] Siehe hierzu bereits ausführlich Teil II, 3. Abschnitt, II. (140-146) m.w.N.

[22] Siehe hierzu bspw. *Canaris* Bankvertragsrecht Rdn. 1423, 1440.

[23] Siehe hierzu stellvertretend *Eckert* ZIP 1987, 1510 f. m.w.N. der Rspr. sowie die §§ 1 Abs.2, 3 Abs.1+4 des Mustervertrages bei *Stolterfoht* in: Münchener Vertragshandbuch Bd.3, II.1. (138 f.).

[24] Eine unrichtige Übernahmeerklärung kann zu einem Schadensersatzanspruch des Leasinggebers gegen den Leasingnehmer führen, vgl. hierzu OLG Düsseldorf Urt. v. 12. 6. 1996, BB 1997, 544 f.

[25] So im Grundsatz die vorherrschende Ansicht, siehe stellvertretend *Medicus* AcP 188 (1988), 489 ff. mit überzeugender Widerlegung der wenigen Gegenstimmen (493-501) sowie Überlegungen zu denkbaren, auf § 138 I BGB, eine Analogie zu § 310 BGB, ein Verschulden bei Vertragsverhandlungen oder die Lehre von Störungen der Geschäftsgrundlage gestützten Ausnahmen (501-510).

ergebenden Besonderheiten werden in ihren Grundzügen stellvertretend für sämtliche drittfinanzierten Erwerbsgeschäfte mit trilateralem Synallagma am Beispiel der typischen Leistungsstörungen des Liefervorgangs sowohl beim B-Geschäft als auch beim Finanzierungsleasinggeschäft veranschaulicht. Auf die übrigen *do ut des ut det*-Rechtsgeschäfte lassen sich die Überlegungen übertragen, so daß zur Vermeidung von Wiederholungen von einer gesonderten Darstellung abgesehen werden kann. Der finanzierte Abzahlungskauf repräsentiert nachfolgend diejenigen drittfinanzierten Erwerbsgeschäfte, in denen der Liefervorgang zwischen den beiden Parteien des Kauf- oder Werk(lieferungs)vertrages stattfindet, während beim Finanzierungsleasinggeschäft der Leasingnehmer üblicherweise[26] nicht originäre Partei des Kaufvertrages ist. Beim Finanzierungsleasing kann der Leasingnehmer zudem – anders als der Abzahlungskäufer beim B-Geschäft – Sekundärrechte in der Praxis erst infolge einer entsprechenden Abtretung oder Ermächtigung seitens des Leasinggebers geltend machen. Die sich daraus ergebenden zusätzlichen Probleme bei der Ausübung sekundärer Gläubigerrechte werden später in einem gesonderten Abschnitt vertieft werden[27], während im Rahmen der allgemeinen Ausführungen zum konditionellen Synallagma davon ausgegangen wird, daß der Leasingnehmer zur Ausübung sämtlicher sich aus den §§ 323-326 BGB ergebenden Sekundärrechte ohne jegliche Einschränkungen berechtigt ist. Überdies wird unterstellt, daß die am Rechtsgeschäft Beteiligten keine vertraglichen Abmachungen hinsichtlich derjenigen Rechtsfolgen getroffen haben, die auf Unmöglichkeit und Verzug beruhen. Schließlich wird in Einzelfällen auf typische Vertragsmodifikationen eingegangen.

2. Von keinem Beteiligten zu vertretende Unmöglichkeit

Denkbar ist zunächst, daß eine der trilateral-synallagmatisch verknüpften Leistungspflichten – nachfolgend soll dies die Verpflichtung zur Lieferung des Erwerbsgegenstandes sein – aufgrund eines Umstandes unmöglich wird, der von keinem Beteiligten zu vertreten ist. In einem solchen Fall gilt, wie die Vorschrift des § 323 BGB zum Ausdruck bringt, daß Leistungsstörungen hinsichtlich einer Leistungspflicht stets zugleich Auswirkungen auf die andere(n) Gegenleistungspflicht(en) zeitigen.

In einem solchen Fall kann beim *finanzierten Abzahlungskauf* der Käufer als unmittelbar betroffene Partei des Kaufvertrages nach dem Freiwerden des Verkäufers von seiner Leistungspflicht (§ 275 Abs.1 BGB) zwischen mehreren Möglichkeiten wählen: Einerseits kann er von seiner eigenen im trilateralen Synallagma stehenden Leistungspflicht, d.h. der Rückzahlungspflicht gegenüber dem Finanzierer, freiwerden und bereits erbrachte Darlehensraten kondi-

[26] Anders indes beim sog. Eintrittsmodell.
[27] Siehe Teil III, 2. Abschnitt, I. (202-204).

zieren (§ 323 Abs.1+3 BGB analog); allerdings hat ein Abzahlungskäufer vor der Lieferung des Erwerbsgegenstandes regelmäßig noch nicht mit der Rückzahlung des Darlehens begonnen. Alternativ kann er gegen den Verkäufer einen Anspruch auf das stellvertretende *commodum* geltend machen (§§ 281, 323 Abs.2 BGB analog). Sofern der Käufer die letztgenannte Variante wählt, wird das dreiseitig-gegenseitige Rechtsverhältnis mit Ausnahme einer sich eventuell aus § 323 Abs.2 2.Halbsatz BGB ergebenden Minderung, die der Verkäufer der Bank zu vergüten und letztere bei der Bemessung der Darlehensraten entsprechend zu berücksichtigen hat, wie anfangs geplant abgewickelt[28]. Sofern der Abzahlungskäufer die erste Variante, d.h. das Freiwerden von der Rückzahlungspflicht gegenüber der Bank, wählt, stellt sich die Frage, welche rechtlichen Konsequenzen sich daraus für das Finanzierungsinstitut ergeben. Probleme treten insbesondere auf, wenn es seine im trilateralen Synallagma stehende Leistungspflicht, Darlehensvalutierung zugunsten des Verkäufers, bereits erfüllt hat, während die Bank andernfalls noch ihre Leistung zurückhalten kann. Diese Umstände zeigen, daß das zunächst vom Abzahlungskäufer ausgeübte Wahlrecht unmittelbar auch auf den dritten Beteiligten ausstrahlt. Es liegt deshalb in der Konsequenz der Rechtsfigur des trilateralen Synallagmas, daß auch der Finanzierer als von der Leistungsstörung zunächst nur mittelbar Betroffener ein Sekundärrecht auswählen kann, nachdem der Abzahlungskäufer seine Wahl getroffen hat. Für die Bank erscheint allein ein Vorgehen nach § 323 Abs.1+3 BGB analog, d.h. ein Freiwerden von der Darlehensvalutierungspflicht und eine Kondiktion bereits erbrachter Leistungen, sinnvoll, da sie regelmäßig kein Interesse an einem Ersatz für die unmöglich gewordene Lieferung des Verkäufers haben wird. Sollte die Bank vom Verkäufer aufgrund außergewöhnlicher Umstände etwa infolge eines besonderen Interesses an der Erlangung des stellvertretenden *commodum* dessen Besitz und Eigentum fordern, würden in einer solchen Situation durch die Wahl des Finanzierers dessen rechtliche Beziehungen zum Verkäufer in ein kaufvertragsähnliches Verhältnis umgewandelt. Letzterer wäre sodann nach § 323 Abs.2 BGB zur Herausgabe des Ersatzgegenstandes an das Finanzierungsinstitut verpflichtet. Ein von der Bank bereits ausgezahlter oder noch auszuzahlender Geldbetrag diente dann nicht mehr der Valutierung einer Darlehenssumme, sondern der Erfüllung einer vertraglichen Verpflichtung zur Zahlung des Gegenwertes für den Ersatzgegenstand. In dieser Ausnahmekonstellation wird das auf den Ersatzgegenstand gerichtete Erwerbsgeschäft also unabhängig vom ursprünglichen Abzahlungskäufer allein zwischen Finanzierer und Verkäufer durchgeführt.

Die beschriebenen Zusammenhänge verdeutlichen, daß sich beim B-Geschäft die Unmöglichkeit der Warenlieferung nicht nur auf die Leistungspflich-

[28] Zu pauschal deshalb die Hinweise bei *Gernhuber* § 13 V 3 (327) und MünchKomm-*Emmerich* Vor § 320 Rdn. 30, unter den Voraussetzungen des § 323 BGB entfielen beim Ringgeschäft sämtliche Leistungs- und Gegenleistungspflichten.

ten des Kaufgeschäfts, sondern auch auf das Pflichtenprogramm des Kreditgeschäfts unmittelbar auswirkt. Diesem Umstand kann durch das trilaterale Synallagma mit seiner final-kausalen Gegenseitigkeitsbindung der einbezogenen Leistungspflichten wesentlich einfacher Rechnung getragen werden als nach der herkömmlichen, aus dem Trennungsprinzip abgeleiteten isolierenden Betrachtungsweise, die insoweit auf Hilfskonstruktionen (Unterstellung von Bedingungszusammenhängen, Geschäftsgrundlage) rekurrieren muß.

Wird bei einem *Finanzierungsleasinggeschäft* die Lieferung des Leasingobjekts ohne Verschulden eines Beteiligten nachträglich unmöglich, kann zunächst der Leasingnehmer als Begünstigter der im trilateralen Synallagma stehenden Lieferpflicht zwischen mehreren Rechtsfolgen wählen: Einerseits kann er sich nach dem Freiwerden des Lieferanten von dessen Lieferpflicht (§ 275 Abs.1 BGB) seinerseits von der eigenen Pflicht gegenüber dem Leasinggeber zur Zahlung der Leasingraten lösen und eine bereits erbrachte Anzahlung kondizieren (§ 323 Abs.1+3 BGB analog); alternativ kann er gegen den Lieferanten einen Anspruch auf das stellvertretende *commodum* geltend machen (§§ 281, 323 Abs.2 BGB analog). Wählt der Leasingnehmer die erste Variante, bleibt nunmehr dem Leasinggeber die Wahl, nach welcher der beiden genannten Möglichkeiten er gegen den Lieferanten vorgeht. Wählt der Leasingnehmer hingegen die zweite Variante, wird das dreiseitig-gegenseitige Rechtsverhältnis mit Ausnahme der sich aus § 323 Abs.2 2.Halbsatz BGB ergebenden Minderung wie anfangs geplant abgewickelt. Wenn die Ersatzherausgabe durch den Lieferanten also nicht den Wert der ursprünglich zu erbringenden Leistung erreicht, mindert sich entsprechend die Kaufpreiszahlungspflicht des Leasinggebers und damit auch die Berechnungsbasis für die gesamten vom Leasingnehmer zu zahlenden Leasingraten.

Da somit sowohl Leasingnehmern als auch Leasinggebern bei Unmöglichkeit der Lieferung des Leasingobjekts ihre Rechte aus § 323 BGB erhalten bleiben, ist es letztlich grundsätzlich unerheblich, ob – wie eingangs unterstellt[29] – zunächst der Leasingnehmer oder der Leasinggeber ein entsprechendes Sekundärrecht ausübt. Eine Ausnahme gilt nur für die Geltendmachung des stellvertretenden *commodum* durch den zuerst Ausübungsberechtigten, weil er dadurch das Wahlrecht des dritten Beteiligten abschneidet.

Es widerspricht letztlich nicht dem Wortlaut des § 323 BGB, bei Rechtsgeschäften mit trilateralem Synallagma zwei Beteiligten die Rechte aus der genannten Vorschrift in der beschriebenen Weise zuzuordnen. Die Formulierung »der andere Teil« läßt offen, ob es sich dabei um eine oder mehrere Personen handelt – wenngleich dem historischen Gesetzgeber ein zweiseitig-gegenseitiger Vertrag vorgeschwebt haben mag. Sofern man der final-kausalen Gegenseitigkeitsbindung der trilateral-synallagmatisch verknüpften Leistungspflichten Rechnung trägt, läßt sich § 323 BGB mit den beschriebenen, auf der personel-

[29] Siehe zuvor Teil II, 4. Abschnitt, II. 1. (170).

len Erweiterung beruhenden Modifikationen auch auf dreiseitig-gegenseitige Rechtsgeschäfte anwenden. Dabei ist dem Umstand Rechnung zu tragen, daß der nach den vertraglichen Vereinbarungen vorgesehene Empfänger der unmöglich gewordenen Leistung als Inhaber eines entsprechenden im trilateralen Synallagma stehenden Anspruchs grundsätzlich *zuerst* von seinem Wahlrecht i.R.d. § 323 BGB Gebrauch zu machen hat.

3. Vom Schuldner zu vertretendes Unmöglichwerden

Anknüpfend an die Eingangsüberlegungen[30] ist zu konstatieren, daß der denkbare Anwendungsbereich sich im wesentlichen auf die seltenen Situationen beschränkt, in denen die Leistung einer nicht-monetären Verbindlichkeit dem Verschaffer nachträglich schuldhaft unmöglich wird. In diesen Fällen des vom Schuldner, »dem einen Teile«, zu vertretenden Unmöglichwerdens ergeben sich für »den anderen Teil«, ausgehend von einer analogen Anwendung der Vorschrift des § 325 BGB, folgende Möglichkeiten:

1. Geltendmachung von Schadensersatz wegen Nichterfüllung (§ 325 Abs.1 S.1 1.Alt. BGB analog), wobei die Berechnung
a) nach der Surrogationstheorie[31] oder
b) nach der Differenztheorie[32]
   erfolgt[33]; da dem Schadensersatz wegen Nichterfüllung ein Surrogatcharakter innewohnt, umfaßt dieser Anspruch den *Eigen*schaden des jeweiligen Gläubigers;
2. Rücktritt (§§ 325 Abs.1 S.1 2.Alt. i.V.m. 327 S.1, 346 ff. BGB analog);
3. Verlust des Anspruchs auf die Gegenleistung, Kondiktion des bereits Geleisteten (§§ 325 Abs.1 S.3 i.V.m. 323 Abs. 1+3 BGB analog);
4. Geltendmachung eines Anspruchs auf das stellvertretende *commodum* (§§ 325 Abs.1 S.3 i.V.m. 281, 323 Abs.2 BGB analog).

Ausgangspunkt der Überlegungen ist der Fall, daß der Verkäufer bei einem *finanzierten Abzahlungskauf* die (nachträgliche) Unmöglichkeit der Lieferung zu

[30] Siehe Teil II, 4. Abschnitt, II. 1. (169 f.).

[31] Zur Abgrenzung von der Differenztheorie siehe *Larenz* Schuldrecht I § 22 II b (340-343); MünchKomm-*Emmerich* § 325 Rdn. 66-77 jeweils m.w.N.

[32] Für die weitere Darstellung wird im Anschluß an die st. Rspr. und h.L. – siehe stellvertretend RG Urt. v. 11. 4. 1902, RGZ 50, 255, 262; Urt. v. 30. 10. 1935, RGZ 149, 135, 136; BGH Urt. v. 9. 5. 1956, BGHZ 20, 338, 343; *Medicus* Rdn. 286 f.; MünchKomm-*Emmerich* § 325 Rdn. 72 m.w.N. in Fußn. 144 – von der abgeschwächten Differenztheorie ausgegangen, wonach die Berechnung des Nichterfüllungsschadens vorrangig nach der Differenztheorie zu erfolgen hat, der Gläubiger allerdings berechtigt bleibt, seine eigene Leistung gegen Zahlung vollen Wertersatzes anzubieten, wenn ihm ein solches Vorgehen vorteilhafter erscheint. Für die Differenztheorie wird jedoch kein Raum gesehen, wenn der Gläubiger seinerseits bereits geleistet hat; vgl. RG Urt. v. 15. 1. 1931, JW 1931, 1183, 1184 (r.Sp.); zustimmend u.a. *Larenz* Schuldrecht I § 22 II b (341 f.) m.w.N.; ablehnend jedoch MünchKomm-*Emmerich* § 325 Rdn. 76.

[33] Nach RG Urt. v. 5. 6. 1923, RGZ 108, 184, 186 kann der Gläubiger auch gem. § 281 BGB in Anrechnung auf die Entschädigung das stellvertretende *commodum* verlangen.

vertreten hat. Die zugrundeliegende Leistungspflicht wird vom trilateralen Synallagma erfaßt. Zunächst ist festzustellen, daß »der andere Teil« i.S.d. § 325 BGB jeweils diejenigen am trilateral-synallagmatischen Leistungsaustausch Beteiligten sind, die die Unmöglichkeit nicht zu vertreten haben, hier also sowohl der Abzahlungskäufer als auch das Finanzierungsinstitut. Dabei hat der Käufer seine Rechte aus § 325 BGB *zuerst* auszuüben, da er als Partei des Kaufvertrages hinsichtlich der Lieferung selbst anspruchsberechtigt gewesen wäre. Seine Wahl einer Rechtsfolge hat direkte Auswirkungen auf das noch verbleibende Wahlrecht des nur mittelbar betroffenen Finanzierers. Die denkbaren Konstellationen stellen sich unter Anknüpfung an die zuvor aufgelisteten Wahlmöglichkeiten des Käufers wie folgt dar:

1.a) Da der Käufer regelmäßig bis zum Zeitpunkt des Unmöglichwerdens der Lieferung seinerseits noch keine Leistungen an die Bank erbracht hat und zudem bei Geldschulden ein besonderes Interesse des Gläubigers, d.h. des Abzahlungskäufers, an der eigenen Leistungserbringung nicht erkennbar ist, wird ein Schadensersatzanspruch wegen Nichterfüllung nach der Austausch- und Surrogationstheorie grundsätzlich nicht den Gläubigerinteressen entsprechen. Kommt es gleichwohl zu einem vollen Schadensersatz wegen Nichterfüllung i.S.d. Austauschtheorie, wird das gesamte drittfinanzierte Abzahlungsgeschäft im übrigen plangemäß abgewickelt, d.h. der Abzahlungskäufer bleibt im Deckungsverhältnis dem Finanzierungsinstitut zur Darlehensrückzahlung verpflichtet.

1.b) Der Abzahlungskäufer braucht das Darlehen nicht an die Bank zurückzuzahlen und kann vom Verkäufer den Mehrwert der unmöglich gewordenen Leistung gegenüber der eigenen ersparten Leistung als Schadensersatz ersetzt verlangen. Zugunsten des Abzahlungskäufers wird sich in der Praxis der finanzierten Abzahlungskäufe kaum einmal eine positive Differenz ergeben, es sei denn, er könnte einen erheblichen entgangenen Gewinn geltend machen und nachweisen. Allerdings soll auch dieser Fall zur Darstellung der Geschlossenheit sowie der Schlüssigkeit des hier entwickelten Ansatzes gedanklich »durchgespielt« werden. Nach Geltendmachung des Schadensersatzanspruchs durch den Abzahlungskäufer ist der Finanzierer sodann frei in seiner Wahl, welche Rechte er in analoger Anwendung des § 325 BGB gegenüber dem Verkäufer ausübt. Dabei kann die Bank mangels eigener vertraglicher Gläubigerstellung im Verhältnis zum Verkäufer ein Rücktrittsrecht jedoch nicht ausüben. Andernfalls würde das Finanzierungsinstitut durch seinen Rücktritt infolge der Grundsätze zum konditionellenen Synallagma das gesamte B-Geschäft und damit auch das Rechtsverhältnis des Abzahlungskäufers zum Verkäufer in ein Rückgewährschuldverhältnis überleiten. Nach Auffassung des Gesetzgebers sollen Rücktritt und Schadensersatz wegen Nichterfüllung vom Gläubiger indes lediglich alternativ, nicht kumulativ geltend gemacht werden können[34]. Freilich

[34] Deutlich *Larenz* Schuldrecht I § 22 II a (339); vgl. ausführlich zu den Ursprüngen der strengen Alternativität von Rücktritt und Schadensersatz *Leser* 138-142 m.w.N., der eine

können sich die Beteiligten durch eine abweichende ausdrückliche Vereinbarung über diese Wertung hinwegsetzen und einen im Hinblick auf seine Rechtswirkungen auf eine einzelne Leistungsverpflichtung begrenzten Rücktritt herbeiführen. Aber auch ohne Ausübung eines Rücktrittrechts entsteht der Bank grundsätzlich kein Nachteil, da im Rahmen eines gegen den Verkäufer gerichteten Schadensersatzanspruchs ein bereits valutiertes Darlehen berücksichtigt und damit eine dem Rücktritt wirtschaftlich vergleichbare Rechtsfolge erzielt werden kann.

2. Tritt der Käufer vom Kaufvertrag zurück, wird nach den Grundsätzen zum konditionellen Synallagma auch der Kreditvertrag in ein Rückgewährschuldverhältnis umgewandelt (§§ 325 Abs.1 S.1 2.Alt. i.V.m. 327 S.1, 346 ff. BGB analog). Daher kann der Käufer über § 346 BGB bereits an den Finanzierer gezahlte Darlehensraten zurückfordern. Dieser hat hernach bei analoger Anwendung des § 325 BGB ein freies Wahlrecht hinsichtlich der sich aus dieser Vorschrift gegenüber dem Verkäufer ergebenden Ansprüche. Ein Rücktrittsrecht gegenüber dem Verkäufer braucht nicht (nochmals) ausgeübt zu werden, da bereits der Rücktritt des Abzahlungskäufers vom Kaufvertrag das gesamte B-Geschäft in ein Rückgewährschuldverhältnis umgewandelt hat. Selbst wenn der Käufer dadurch auf die Geltendmachung eines Schadensersatzanspruchs verzichtet haben sollte, kann die Bank stattdessen ihrerseits den eigenen Nichterfüllungsschaden gegenüber dem Verkäufer geltend machen und ist nicht an die vom Käufer veranlaßte Rückabwicklung gebunden; Voraussetzung hierfür ist allerdings, daß der Finanzierer zugleich ausdrücklich auf seine Ansprüche aus dem infolge des Rücktritts entstandenen Rückgewährschuldverhältnis verzichtet. Andernfalls hätte es der Käufer in der Hand, durch Ausübung seines Wahlrechts dem Finanzierer die Geltendmachung eines Eigenschadens abzuschneiden. Dieses Ergebnis wäre letztlich mit der gleichberechtigten Stellung sämtlicher am trilateralen Synallagma Beteiligten unvereinbar.

3. und 4. Die Rechtsfolgen entsprechen denjenigen im Falle des von keinem Beteiligten verschuldeten nachträglichen Unmöglichwerdens der Leistung[35]. Dabei wird der Käufer nur selten ein Vorgehen nach §§ 325 Abs.1 S.3 i.V.m. 323 Abs.1+3 BGB analog in Betracht ziehen, weil er damit auf sekundäre Rechte gegen den Verkäufer (Schadensersatz wegen Nichterfüllung, Ersatzherausgabe) verzichten würde. Darüber hinaus ist die Ausübung des Rücktrittsrechts durch den Finanzierer grundsätzlich unzulässig, da er hinsichtlich der vom trilateralen Synallagma erfaßten Pflichten keine Gläubigerstellung gegenüber dem Verkäufer besitzt; andernfalls könnte die Bank das gesamte B-Geschäft entgegen dem Willen des Abzahlungskäufers in ein Rückgewährschuldverhältnis überleiten. Letztlich entstehen ihr aus dieser Beschränkung

neue Konzeption der wechselseitigen Beziehung zwischen den beiden Rechtsbehelfen entwickelt (142-149).

[35] Siehe Teil II, 4. Abschnitt, II. 2. (170-172).

wegen der verbleibenden Möglichkeit zur Geltendmachung des Nichterfüllungsschadens keine Nachteile.

Wenn bei einem *Finanzierungsleasinggeschäft* dem Händler schuldhaft die Verschaffung von Eigentum und Besitz am Leasingobjekt nachträglich unmöglich wird, hat auf der Basis der eingangs aufgestellten Annahme[36] zunächst der Leasingnehmer als Begünstigter des im trilateralen Synallagma stehenden Lieferanspruchs allein von seinen auf den Leasinggegenstand bezogenen sekundären Gläubigerrechten Gebrauch und diese gegebenenfalls im Wege der Klage geltend zu machen. Hernach hängen die dem Leasinggeber gegenüber dem Lieferanten verbleibenden rechtlichen Möglichkeiten von der Wahl des Leasingnehmers ab. Die bei entsprechender Anwendung des § 325 BGB denkbaren Konstellationen stellen sich unter Anknüpfung an die zuvor aufgelisteten Wahlmöglichkeiten des »anderen Teils« wie folgt dar:

1.a) Da der Leasingnehmer als Gläubiger des Lieferanspruchs in der Regel bis zum Erhalt des Leasingobjekts sowie bis zur Abgabe einer Übernahmebestätigung seine vom trilateralen Synallagma erfaßte Leistung an den Leasinggeber noch nicht erbracht hat und darüber hinaus ein besonderes Interesse an der Leistung der Geldschulden nicht erkennbar ist, scheidet eine Schadensberechnung nach der Austausch- oder Surrogationstheorie grundsätzlich aus. In den – theoretischen – Ausnahmefällen wird das gesamte Finanzierungsleasinggeschäft im Deckungs- und Valutaverhältnis plangemäß abgewickelt, d.h. die Verpflichtungen des Leasingnehmers zur Zahlung der Leasingraten sowie des Leasinggebers zur Zahlung des Kaufpreises bleiben unberührt.

1.b) Nach dem Erlöschen des Lieferanspruchs ist der Leasingnehmer nicht länger zur Zahlung von Leasingraten an den Leasinggeber verpflichtet und kann seinen Schaden, d.h. den Mehrwert der unmöglich gewordenen Leistung im Vergleich zur eigenen ersparten Leistung, gegenüber dem Lieferanten geltend machen. Freilich wird sich auch beim Finanzierungsleasing – ähnlich wie beim B-Geschäft – nur selten eine positive Differenz zugunsten des Leasingnehmers ergeben. Der Leasinggeber ist sodann frei in seiner Wahl, welche Rechte er in analoger Anwendung des § 325 BGB gegenüber dem Lieferanten ausübt. Wählt er gleichfalls einen Schadensersatzanspruch, bemißt sich dieser nach den allgemeinen Grundsätzen. Man wird dem Leasinggeber indes trotz seiner Stellung als Eigentümer des Leasingobjekts die Möglichkeit zur Ausübung eines Rücktrittrechts vom Kaufvertrag regelmäßig verwehren müssen, wenn nicht ausdrücklich von den Beteiligten ein auf die Leistungsverpflichtung des Leasinggebers beschränkter Rücktritt unter Ausschluß jeglicher Schadensersatzansprüche vereinbart worden ist; andernfalls könnte ein einzelner Gläubiger, d.h. der Leasingnehmer, gegenüber dem Lieferanten, d.h. dem Schuldner der unmöglich gewordenen Leistung, entgegen der Intention des Gesetzgebers sowohl aus einem Rückgewährschuldverhältnis abgeleitete

[36] Siehe zuvor Teil II, 4. Abschnitt, II. 1. (170).

Ansprüche als auch Schadensersatzansprüche geltend machen. Sofern der Leasinggeber anstelle des Rücktritts einen Schadensersatzanspruch wählt, entsteht ihm dadurch in der Regel in wirtschaftlicher Hinsicht kein Nachteil, da er auch den bereits gezahlten Kaufpreis als Schadensersatz wegen Nichterfüllung geltend machen kann.

2. Tritt der Leasingnehmer vom Kaufvertrag zurück, wird nach den Grundsätzen zum konditionellen Synallagma auch der Finanzierungsleasingvertrag in ein Rückgewährschuldverhältnis umgewandelt (§§ 325 Abs.1 S.1 2.Alt. i.V.m. 327 S.1, 346 ff. BGB analog). In der Folge kann der Leasingnehmer über § 346 BGB eine ausnahmsweise bereits geleistete Anzahlung vom Leasinggeber zurückfordern. Dieser hat hernach bei analoger Anwendung des § 325 BGB ein freies Wahlrecht hinsichtlich seiner sich aus dieser Vorschrift gegenüber dem Lieferanten ergebenden Ansprüche. Insbesondere bleibt dem Leasinggeber die Möglichkeit zur Geltendmachung des Eigenschadens erhalten, soweit er ausdrücklich auf die ihm aus dem Rückgewährschuldverhältnis zustehenden Ansprüche verzichtet. Wollte man anders entscheiden, wäre der Lieferant entgegen der Intention des Gesetzgebers Ansprüchen des Leasinggebers aus Rücktritt und Schadensersatz wegen Nichterfüllung ausgesetzt. Zudem hätte es der Leasingnehmer in der Hand, durch Ausübung seines Wahlrechts dem Leasinggeber die Geltendmachung seines Eigenschadens abzuschneiden – ein Ergebnis, das wiederum mit der gleichberechtigten Stellung sämtlicher am trilateralen Synallagma Beteiligten unvereinbar wäre.

3. und 4. Die Rechtsfolgen sind wiederum die gleichen wie im Falle des von keinem Beteiligten verschuldeten nachträglichen Unmöglichwerdens der Leistung[37]. Dabei wird ein Leasingnehmer nur selten die dritte Möglichkeit nach §§ 325 Abs.1 S.3 i.V.m. 323 Abs. 1+3 BGB analog wählen, weil er damit auf sekundäre Rechte gegen den Lieferanten (Schadensersatz wegen Nichterfüllung, Ersatzherausgabe) verzichtet. Der Leasinggeber ist hernach mit den bereits im Zusammenhang mit B-Geschäften aufgezeigten Einschränkungen frei im Hinblick auf seine Wahlmöglichkeiten aus § 325 BGB analog.

Da somit sowohl Leasingnehmern als auch Leasinggebern bei einer vom Lieferanten verschuldeten Unmöglichkeit der Lieferung des Leasingobjekts ihre Rechte aus § 325 BGB erhalten bleiben, ist es grundsätzlich unerheblich, ob zunächst der Leasingnehmer oder aber der Leasinggeber ein entsprechendes Sekundärrecht ausübt. Ausnahmen sind allein für die Geltendmachung des stellvertretenden *commodum* sowie für die Ausübung des Rücktrittsrechts zu machen, weil dadurch das Wahlrecht des dritten Beteiligten systemimmanent in der beschriebenen Weise partiell eingeschränkt wird.

[37] Siehe Teil II, 4. Abschnitt, II. 2. (172).

4. Vom Gläubiger zu vertretendes Unmöglichwerden

Es wurde bereits zu Beginn der vorangehenden Abschnitte darauf hingewiesen, daß sich der Anwendungsbereich der Regelungen bezüglich der Unmöglichkeit der Leistung bei drittfinanzierten Erwerbsgeschäften mit einem *do ut des ut det*-Leistungsaustausch im wesentlichen auf die Unmöglichkeit der Warenlieferung beschränkt. Obgleich die Situationen, in denen der Erwerber oder die zur Finanzierung eingeschaltete Partei als der »andere Teil« die Unmöglichkeit der Lieferung des Erwerbsgegenstands zu vertreten haben, praxisfremd anmuten, soll auch diese Konstellation gedanklich »durchgespielt« werden, um die Modifikationen zu demonstrieren, die bei der entsprechenden Anwendung des § 324 BGB auf Rechtsgeschäfte mit trilateralem Synallagma erforderlich sind.

Wenn beim *finanzierten Abzahlungskauf* der Käufer die Unmöglichkeit der Lieferung durch den Verkäufer zu vertreten hat, wird letzterer von seiner Lieferpflicht frei (§ 275 Abs.1 BGB analog), behält aber seinen Anspruch auf die Gegenleistung, d.h. auf die vom Finanzierer direkt auszuzahlende Kreditsumme, abzüglich ersparter Aufwendungen (§ 324 Abs.1 S.1 und 2 BGB analog). Der Käufer hat das valutierte Darlehen sodann ratenweise an die Bank zurückzuzahlen. Zu diesem Ergebnis gelangt man bei einer an Sinn und Zweck orientierten Auslegung der Vorschrift des § 324 BGB[38], die den Schuldner einer durch das Verschulden des Gläubigers unmöglich gewordenen Leistung so behandelt, als hätte er seine Leistungsverpflichtungen erfüllt. Sofern hingegen der Finanzierer die Unmöglichkeit der Lieferung zu vertreten hat, behält der Verkäufer – vorbehaltlich der Anrechnung ersparter Aufwendungen – auch in dieser Konstellation seinen Anspruch auf die Gegenleistung, d.h. das Finanzierungsinstitut muß den Darlehensbetrag an den Verkäufer auszahlen. Im Hinblick auf die Ratio des § 324 BGB und das Verbot des *venire contra factum proprium* muß der Anspruch der Bank gegen den Käufer auf Rückzahlung des Darlehens hingegen erlöschen.

Beim *Finanzierungsleasinggeschäft* ist es gleichfalls denkbar, daß entweder der Leasinggeber oder der Leasingnehmer die Unmöglichkeit der Warenlieferung zu vertreten haben. Wiederum sind Sinn und Zweck der Vorschrift des § 324 BGB zu berücksichtigen. Deshalb wird der Lieferant in beiden Konstellationen von seiner Verpflichtung zur Lieferung frei (§ 275 Abs.1 BGB analog) und behält seinen Anspruch auf die Gegenleistung, d.h. auf den vom Leasinggeber zu entrichtenden Kaufpreis abzüglich ersparter Aufwendungen (§ 324 Abs.1 S.1 und 2 BGB analog). Hat der Leasinggeber die Unmöglichkeit zu vertreten, erlischt dadurch automatisch wegen des Verbots des *venire contra factum proprium* auch dessen Anspruch gegen den Leasingnehmer auf Zahlung der Leasingraten, der ihm hingegen erhalten bleibt, sofern allein der Leasingnehmer die Unmöglichkeit der Lieferung zu vertreten hat.

---

[38] Siehe zum Zweck der Vorschrift stellvertretend MünchKomm-*Emmerich* § 324 Rdn. 1 f.

Aus dem schuldhaften Handeln des Gläubigers kann den beiden übrigen Beteiligten ein weiterer, insbesondere enttäuschte Gewinnerwartungen umfassender Schaden entstehen, der vom Rechtsfolgenkatalog des § 324 BGB nicht umfaßt ist. Ob und unter welchen Voraussetzungen die Geschädigten innerhalb von *do ut des ut det*-Rechtsgeschäften hierfür Ausgleich verlangen können, wird in einem späteren Abschnitt zu beleuchten sein[39].

5. Verzug des Schuldners

Während bei einem Leistungsaustausch im Sinne eines *do ut des ut det* die Unmöglichkeit der Leistung im wesentlichen nur bezüglich der Lieferpflicht des Warenanbieters denkbar ist, kann praktisch jeder der an dem Rechtsgeschäft Beteiligten mit seiner vom trilateralen Synallagma erfaßten Hauptpflicht, die für das Äquivalenzverhältnis von Leistung und Gegenleistung von einiger Bedeutung ist[40], in Verzug geraten und dadurch den Rechtsfolgenkatalog des § 326 BGB auslösen. Da das Gesetz neben dieser Norm zahlreiche Sondervorschriften aufweist, die hinsichtlich der Voraussetzungen und Rechtsfolgen des Schuldnerverzugs abweichende Regelungen enthalten, ist nach der Art der Leistung und ihrer vertraglichen Grundlage zu differenzieren. Vor einem Vertiefen der bei der analogen Anwendung des § 326 BGB zu beachtenden Einzelheiten sei darauf hingewiesen, daß sich für die Geschäftsabwicklung keine Besonderheiten ergeben, sofern innerhalb der gesetzten Nachfrist erfüllt wird. Der Schuldner ist in diesem Fall gem. § 286 Abs.1 BGB zum Ersatz des Verzugsschadens verpflichtet, im übrigen wird das Rechtsgeschäft aber vereinbarungsgemäß abgewickelt. Komplizierter gestaltet sich die Rechtslage, wenn der Gläubiger nach Fristsetzung mit gleichzeitiger Ablehnungsandrohung sowie einem erfolglosen Ablauf der Nachfrist wegen des nunmehr ausgeschlossenen Erfüllungsanspruchs nach § 326 Abs.1 S.2 BGB analog vom Vertrag zurücktritt oder Ersatz des positiven Interesses verlangt.

Beim *finanzierten Abzahlungskauf* kann zunächst der Verkäufer mit seiner Lieferpflicht in Verzug geraten. Sodann obliegt es dem Käufer als dem Begünstigten dieses Anspruchs, eine für den Verzug gegebenenfalls erforderliche Mahnung (§ 284 Abs.1 S.1 BGB) auszusprechen sowie eine Fristsetzung mit Androhung der Leistungsablehnung vorzunehmen (§ 326 Abs.1 S.1 BGB analog). Nach dem erfolglosen Ablauf der Frist kann der Abzahlungskäufer Schadensersatz wegen Nichterfüllung verlangen (§ 326 Abs.1 S.2 1.Alt. BGB analog), der regelmäßig nach der Differenztheorie zu berechnen sein wird. Die Konstellationen, in denen der Gläubiger seinerseits bereits geleistet hat und sich ihm dadurch die Möglichkeit der Schadensberechnung nach der

[39] Siehe Teil III, 6. Abschnitt (280-285).

[40] Siehe zu dieser Einschränkung im Hinblick auf die Anwendbarkeit des § 326 BGB RG Urt. v. 29. 10. 1927, RGZ 118, 288, 293; vertiefend *Larenz* Schuldrecht I § 23 II b (359 f.); MünchKomm-*Emmerich* § 326 Rdn. 28.

Austausch- oder Surrogationstheorie eröffnet[41], beschränken sich allenfalls auf Teilleistungen und sind eher theoretischer Natur. Alternativ kann der Käufer zur Wiedererlangung des bereits Geleisteten sein Rücktrittsrecht ausüben (§§ 326 Abs.1 S.2 2.Alt. i.V.m. 327 S.1, 346 ff. BGB). Die Ausführungen zu dem vom Verkäufer zu vertretenden Unmöglichwerden der Lieferung[42] gelten entsprechend für das Verhältnis des Rücktrittsrechts zum Anspruch auf Geltendmachung des Erfüllungsschadens sowie für die Auswirkungen des vom Käufer auszuübenden Wahlrechts auf die Rechte des Finanzierungsinstituts.

Weiterhin ist vorstellbar, daß die Bank mit der Auszahlung des Darlehens an den Verkäufer in Verzug gerät. In diesem Fall ergeben sich die Sekundärrechte des Gläubigers – nach der hier vertretenen Auffassung also die Rechte des Verkäufers[43] – aus der entsprechend anwendbaren Vorschrift des § 326 BGB, während hernach der Käufer auf eine vom Verkäufer eingeleitete Rückabwicklung infolge Rücktritts oder alternativ auf die Geltendmachung seines Eigenschadens bei gleichzeitigem Verzicht auf seine Ansprüche aus dem Rückgewährschuldverhältnis beschränkt ist.

Modifikationen ergeben sich, sofern der Abzahlungskäufer/Darlehensnehmer gegenüber dem Finanzierungsinstitut mit der Rückzahlung des Kredits in Verzug gerät. In diesem Fall hat man nach der Rechtsstellung des Darlehensnehmers zu differenzieren. Handelt es sich bei dem Kreditnehmer nicht um einen Verbraucher, so kann der Darlehensvertrag vom Kreditgeber gem. § 609 BGB oder spezieller vertraglicher Vorschriften, die nach dem Zeitpunkt der Darlehensgewährung jeweils § 326 BGB verdrängen, gekündigt werden. Eine solche Kündigung wirkt für die Zukunft und führt zur Fälligkeit sämtlicher noch ausstehender Darlehensraten. Im übrigen wird das Rechtsgeschäft vereinbarungsgemäß abgewickelt, insbesondere wird die Wirksamkeit des Kaufvertrages durch die Kündigung nicht berührt. Wenn als Darlehensnehmer hingegen ein Verbraucher auftritt, greifen die Sondervorschriften des Verbraucherkreditgesetzes ein (§§ 11-14 VerbrKrG). Der Darlehensvertrag kann bei Vorliegen der Voraussetzungen des § 12 Abs.1 VerbrKrG gekündigt werden. Sofern der Verbraucher infolge der Kündigung den fälligen Restbetrag zahlt, bleibt die Abwicklung des Kaufvertrages vom Zahlungsverzug unberührt. Daneben schränkt die Vorschrift des § 13 VerbrKrG das Rücktrittsrecht des Kreditgebers bei B-Geschäften ein. In diesen vertraglichen Konstellationen, in denen Kauf- und Darlehensvertrag grundsätzlich zu einer wirtschaftlichen Einheit i.S.d. § 9 Abs.1 VerbrKrG verbunden werden, setzt § 13 Abs.3 S.2 VerbrKrG die gesetzlichen Rahmenbedingungen für einen Rücktritt des Kreditgebers[44]. Wenn der

[41] Zu den Einzelheiten siehe bspw. *Larenz* Schuldrecht I § 23 II b (356-358) m.w.N.

[42] Siehe oben Teil II, 4. Abschnitt, II. 3. (173-176).

[43] Siehe hierzu oben Teil II, 2. Abschnitt, II. 2. (100-106); zu den umstrittenen Problemen der Verteilung der Sekundärrechte zwischen Versprechensempfänger und Drittbegünstigtem vgl. nachfolgend Teil III, 2. Abschnitt, II. (204-209).

[44] Vgl. hierzu stellvertretend MünchKomm-*Habersack* § 13 VerbrKrG Rdn. 64 ff. m.w.N.

Konsument den Besitz am Erwerbsobjekt auf Veranlassung des Kreditgebers verliert, entfällt seine Pflicht zur Weiterzahlung der Kreditraten. Allerdings wird nach § 13 Abs.3 VerbrKrG infolge der Wegnahme die Rücktrittserklärung des Kreditgebers nur fingiert, wenn darüber hinaus die für die Annahme eines wirksamen Rücktritts erforderlichen Voraussetzungen der §§ 13 Abs.1, 12 Abs.1 VerbrKrG erfüllt sind[45]. Das Finanzierungsinstitut hat daraufhin zwei Optionen: Entweder einigt es sich bei eigenem Interesse an der Verwertung des Kaufobjekts mit dem Verbraucher, diesem den gewöhnlichen Verkaufswert im Zeitpunkt der Wegnahme zu vergüten, oder aber es kommt zur Rückabwicklung von Darlehens- und Kaufvertrag. Die Besonderheit der sich sodann ergebenden, hier jedoch nicht zu vertiefenden Rücktrittsmodalitäten[46] ist darin zu erblicken, daß sich der Verbraucher gem. § 13 Abs.3 S.3 i.V.m. Abs.2 S.2 VerbrKrG nur mit dem Kreditgeber auseinanderzusetzen braucht. Daneben steht dem Kreditgeber die Möglichkeit eines vom Zugriff auf den Kaufgegenstand unabhängigen Rücktritts nach § 13 Abs.1 BGB nicht offen[47].

Beim *Finanzierungsleasinggeschäft* können die drei Beteiligten gleichfalls mit ihren vom trilateralen Synallagma erfaßten Leistungen in Verzug geraten. Zuerst sind die Rechtsfolgen eines Verzugs des Lieferanten mit der Auslieferung des Leasingobjekts an den Leasingnehmer zu untersuchen. Sofern der Leasingnehmer – wie eingangs unterstellt[48] – zur Ausübung der Rechte aus § 326 BGB infolge Abtretung oder Ermächtigung berechtigt ist, obliegt es ihm, eine den Verzug herbeiführende Mahnung (§ 284 Abs.1 S.1 BGB) sowie eine Fristsetzung mit Ablehnungsandrohung (§ 326 Abs.1 S.1 BGB analog) auszusprechen. Nach dem erfolglosen Ablauf der Frist kann der Leasingnehmer als Begünstigter des im trilateralen Synallagma stehenden Lieferanspruchs Schadensersatz wegen Nichterfüllung verlangen (§ 326 Abs.1 S.2 1.Alt. BGB analog) oder den Rücktritt vom Kaufvertrag erklären (§§ 326 Abs.1 S.2 2.Alt. i.V.m. 327 S.1, 346 ff. BGB). Im letztgenannten Fall werden der Kaufvertrag und infolge der Grundsätze zum konditionellen Synallagma auch der Leasingvertrag in Rückgewährschuldverhältnisse umgewandelt. Hinsichtlich der Rückabwicklungsmodalitäten – insbesondere für das Verhältnis des Rücktrittsrechts zum Anspruch auf Geltendmachung des Erfüllungsschadens sowie im Hinblick auf die Auswirkungen des vom Leasingnehmer auszuübenden Wahlrechts auf die Rechte des Leasinggebers – gelten die Ausführungen zu dem vom Lieferanten zu vertretenden Unmöglichwerden der Lieferung entsprechend[49]. Da bei einem

[45] OLG Oldenburg Urt. v. 30. 8. 1995, WM 1996, 19 f.; *Emmerich* in: *Graf von Westphalen/Emmerich/von Rottenburg* § 13 Rdn. 55; *Ott* in: *Bruchner/Ott/Wagner-Wieduwilt* § 13 VerbrKrG Rdn. 31 ff.; *Scholz* Rdn. 637; *Seibert* § 13 Rdn. 9.

[46] Siehe hierzu ausführlich *Emmerich* in: *Graf von Westphalen/Emmerich/von Rottenburg* § 13 Rdn. 69 ff.; MünchKomm-*Habersack* § 13 VerbrKrG Rdn. 66 f., § 9 VerbrKrG Rdn. 70 ff. und 136 ff. jeweils m.w.N.

[47] So MünchKomm-*Habersack* § 13 VerbrKrG Rdn. 7 a.E., 64.

[48] Siehe oben Teil II, 4. Abschnitt, II. 1. (170).

[49] Siehe oben Teil II, 4. Abschnitt, II. 3. (176 f.).

Verzug des Lieferanten Leasingnehmern und Leasinggebern ihre Rechte aus § 326 BGB erhalten bleiben, ist es im Grundsatz unerheblich, ob zunächst der Leasingnehmer oder aber der Leasinggeber die entsprechenden Sekundärrechte ausübt. Eine Ausnahme ist allein für die Ausübung des Rücktrittsrechts zu machen, weil dadurch das Wahlrecht des dritten Beteiligten in der bereits zuvor beschriebenen Weise partiell eingeschränkt wird.

Sofern der Käufer/Leasinggeber mit der Zahlung des Kaufpreises in Verzug gerät, ergeben sich bei erfolglosem Ablauf der Nachfrist die Sekundärrechte des »anderen Teils«, d.h. zunächst des Lieferanten als unmittelbarem Vertragspartner und sodann des Leasingnehmers, gleichfalls aus der entsprechend anwendbaren Vorschrift des § 326 BGB. Während der Lieferant damit zwischen Geltendmachung des positiven Interesses und Rücktritt vom Kaufvertrag wählen kann, ist der Leasingnehmer letztlich an eine vom Lieferanten veranlaßte Überleitung des gesamten Rechtsgeschäfts in ein Rückgewährschuldverhältnis gebunden, kann allerdings alternativ unter Verzicht aus seine Ansprüche aus dem Rückgewährschuldverhältnis seinen Eigenschaden geltend machen.

Besonderheiten ergeben sich im Falle eines Verzugs des Leasingnehmers mit der Zahlung der Leasingraten. Die Finanzierungsleasingverträge enthalten regelmäßig auch auf den Zahlungsverzug zugeschnittene Kündigungsklauseln, die oftmals mit der Vereinbarung von Schadensersatzansprüchen des Leasinggebers für den Fall einer fristlosen Kündigung einhergehen[50]. Es ist naheliegend, die Rechtmäßigkeit dieser Klauseln hinsichtlich der zur Kündigung berechtigenden Umstände an der mietrechtlichen Vorschrift des § 554 BGB sowie im Hinblick auf die Schadensersatzansprüche der Leasinggeber an dem Wertgehalt des § 326 BGB zu messen. Hingegen gelten beim Finanzierungsleasing, sofern Verbraucher als Leasingnehmer auftreten und man eine Anwendbarkeit des VerbrKrG auf Finanzierungsleasingverträge befürwortet[51], spezielle Rückabwicklungsregelungen[52]. Nach § 12 Abs.1 VerbrKrG kann bei Vorliegen der in der Vorschrift genannten Voraussetzungen der Leasinggeber den Leasingvertrag kündigen[53]. Diese Kündigung wirkt für die Zukunft und beeinträchtigt damit nicht die Wirksamkeit des Kaufvertrages zwischen Händler und Leasinggeber. Da sich die in § 3 Abs.2 Nr.1 VerbrKrG für Finanzierungsleasingverträge enthaltenen Ausnahmen nur auf § 13 Abs.3 VerbrKrG beziehen, sind

---

[50] Siehe hierzu ausführlich *Martinek* Vertragstypen I § 8 II (203-210) m.w.N.

[51] In diesem Sinne BGH Urt. v. 24. 4. 1996, ZIP 1996, 1170, 1171 f. mit ausführlicher Begründung und Auseinandersetzung mit den Gegenstimmen der Literatur; i.E. ebenso BGH Urt. v. 12. 6. 1996, ZIP 1996, 1336, 1337 (r.Sp.).

[52] Zu den bei der Rückabwicklung von Finanzierungsleasinggeschäften auftretenden Rechtsproblemen insbesondere auch im Hinblick auf die Anwendbarkeit des VerbrKrG siehe ausführlich Teil III, 4. Abschnitt, II. (253-255).

[53] Vgl. zur Diskussion um die Abgrenzung des verzugsrelevanten Leistungsvolumens nach § 12 Abs.1 S.1 Nr.1 VerbrKrG beim Finanzierungsleasing *Martinek/Oechsler* ZBB 1993, 97 ff.; MünchKomm-*Habersack* § 12 VerbrKrG Rdn. 14 jeweils m.w.N.

bei wortgetreuer Auslegung die ersten beiden Absätze der Vorschrift anwendbar, so daß der Leasinggeber zwischen Kündigung gem. § 12 VerbrKrG und Rücktritt nach § 13 Abs.1 und 2 VerbrKrG wählen kann[54]. Von der Gegenmeinung wird im Hinblick auf die rechtliche Einordnung des Finanzierungsleasingvertrages als ein auf Gebrauchsüberlassung gerichtetes Dauerschuldverhältnis die Möglichkeit des Rücktritts nur dann für zulässig erachtet, wenn der Leasingvertrag noch nicht in Vollzug gesetzt worden ist[55] oder der Leasingvertrag auf einen Eigentumserwerb des Leasingnehmers abzielt[56]. Hält man einen Rücktritt für zulässig, wird dadurch auf der Basis der Grundsätze zum konditionellen Synallagma vorbehaltlich abweichender gesetzlicher Wertungen oder vertraglicher Regelungen nicht nur der Finanzierungsleasingvertrag, sondern auch der damit durch das trilaterale Synallagma verknüpfte Kaufvertrag zwischen Lieferant und Leasinggeber in ein Rückgewährschuldverhältnis umgewandelt.

6. Verzug des Gläubigers

Zum Abschluß des Überblicks über die Auswirkungen des allgemeinen Leistungsstörungsrechts auf drittfinanzierte Erwerbsgeschäfte mit trilateralem Synallagma ist auf diejenigen Fälle einzugehen, in denen einer der Beteiligten mit der Annahme einer Leistung in Verzug gerät. Da der Gläubigerverzug[57] nach den Vorstellungen des Gesetzgebers keine Pflichtverletzung, sondern eher die Verletzung einer Obliegenheit darstellt, lassen sich daraus im Grundsatz weder eine Schadensersatzpflicht des Gläubigers noch ein Recht des Schuldners zur Vertragsauflösung ableiten. Eine andere Beurteilung ist indes geboten, wenn nach dem Vertragsinhalt oder infolge des Grundsatzes von Treu und Glauben (§ 242 BGB) den Gläubiger ausnahmsweise eine Pflicht zur Mitwirkung trifft. In diesen Fällen hat man danach zu differenzieren, ob die Mitwirkungspflicht des Gläubigers eine (einklagbare) Leistungspflicht darstellt, so daß er im Falle der Säumnis auch in Schuldnerverzug geraten kann, oder ob sie zumindest eine Loyalitätspflicht verkörpert, deren Verletzung in einem Anspruch des Schuldners aus positiver Forderungsverletzung resultiert. Eine derartige Mitwirkungspflicht des Gläubigers stellt grundsätzlich keine in das trilaterale Synallagma einzubeziehende Hauptleistungspflicht dar, so daß sich die Rechtsfolgen allein im zweiseitigen Verhältnis der jeweils beteiligten Parteien auswir-

[54] So *Godefroid* BB-Beilage 8/1993, 15, 19 (l.Sp.); *Groß* FLF 1993, 132, 136 (r.Sp.); *Münstermann/Hannes* Rdn. 685.

[55] So *Graf von Westphalen* in: *Graf von Westphalen/Emmerich/von Rottenburg* § 3 Rdn. 78 f., der andernfalls das Rücktrittsrecht durch ein Kündigungsrecht nach § 542 BGB ersetzen will.

[56] In diesem Sinne MünchKomm-*Habersack* § 13 VerbrKrG Rdn. 8.

[57] Zu den Voraussetzungen des Gläubigerverzugs vgl. stellvertretend *Emmerich* Leistungsstörungen § 25 (272 ff.); *Larenz* Schuldrecht I § 25 I (388-394); MünchKomm-*Thode* § 293 Rdn. 2 ff. jeweils m.w.N.

ken. Natürlich kann im Einzelfall im Vertrag mit dem Schuldner vereinbart werden, daß sich die Schadensersatzpflicht des in Annahmeverzug befindlichen Gläubigers auch auf den dritten Beteiligten erstreckt. Abgesehen von diesen besonderen Gestaltungsvarianten, ergeben sich beim Gläubigerverzug allein zugunsten des Schuldners die allgemeinen gesetzlichen Erleichterungen[58], etwa Haftungsminderung gem. § 300 Abs.1 BGB sowie Modifikationen beim Übergang der Sach- und Preisgefahr (§§ 300 Abs.2, 324 Abs.2 BGB). Schließlich kann der Schuldner vom Gläubiger Ersatz der Mehraufwendungen verlangen (§ 304 BGB). Da sich aus einem Annahmeverzug des Gläubigers damit regelmäßig keine über das jeweilige zweiseitige Vertragsverhältnis hinausreichenden Besonderheiten für dreiseitig-gegenseitige Rechtsgeschäfte mit trilateralem Synallagma ergeben, wird von einer weiteren Vertiefung der Problematik abgesehen.

III. Das funktionelle Synallagma[59]

1. Allgemeines

Unter dem funktionellen Synallagma versteht man im allgemeinen[60] die wechselseitige Abhängigkeit der im Austauschverhältnis stehenden Leistungspflichten bei deren Geltendmachung und Durchsetzung[61]. Die damit in Zusammenhang stehenden Fragen sind in den sich am zweiseitig-gegenseitigen Kontrakt orientierenden Vorschriften der §§ 320-322 BGB geregelt. Diese Normen können, wie nachfolgend wieder am Beispiel finanzierter Abzahlungskäufe und Finanzierungsleasinggeschäfte darzulegen sein wird, mit Modifikationen auf sämtliche dreiseitig-gegenseitigen Rechtsgeschäfte mit *do ut des ut det*-Charakter entsprechend angewendet werden.

2. Einrede des nichterfüllten Vertrages

Die Einrede des nichterfüllten Vertrages i.S.d. § 320 BGB[62] beruht auf dem einfachen Prinzip, daß eine Vertragspartei eine im Gegenseitigkeitsverhältnis ste-

---

[58] Zu den Rechtsfolgen des Gläubigerverzugs siehe ausführlich *Emmerich* Leistungsstörungen § 26 (298 ff.); *Larenz* Schuldrecht I § 25 II (394-399) m.w.N.

[59] Siehe hierzu allgemein *Bechmann* 568-615; *van den Daele* 26 f.; *Gernhuber* § 13 II 6 (318 f.); *Larenz* Schuldrecht I § 15 I (203); MünchKomm-*Emmerich* Vor §§ 320-322 Rdn. 17; Staudinger-*Otto* Vorbem zu §§ 320-322 Rdn. 13; *M. Wolf* JurA 1969, 119, 126 sowie darüber hinaus *Benöhr* 49-55, 98-103 zum römischen Recht.

[60] *Larenz* Schuldrecht I § 15 I (203) bezieht in den Begriff auch die Auswirkungen des konditionellen Synallagmas – siehe zuvor Teil II, 4. Abschnitt, II. (168-184) – mit ein.

[61] Modifizierend hingegen *M. Wolf* JurA 1969, 119, 126 [»Abhängigkeit der beiderseitigen Leistungspflichten bei der Erfüllung«].

[62] Zu den hier zu vernachlässigenden Folgen der Geltendmachung dieser dilatorischen Einrede vgl. etwa *Larenz* Schuldrecht I § 15 I (205-207) m.w.N.

hende Vertragspflicht solange verweigern kann, wie der Vertragspartner seine Gegenleistung nicht bewirkt. Der Leistungsaustausch hat mithin Zug um Zug zu erfolgen, so daß jeder Vertragspartei ein Druckmittel zur Durchsetzung der Gegenleistung zur Verfügung steht. Eine entsprechende Anwendung[63] dieser Grundidee auf *do ut des ut det*-Rechtsgeschäfte bedeutet, daß jeder der drei Beteiligten als Schuldner einer vom trilateralen Synallagma erfaßten Leistung deren Erbringung gegenüber dem jeweiligen Gläubiger davon abhängig machen kann, daß der dritte Beteiligte die geschuldete Leistung bewirkt; im Rahmen der sich übers Dreieck erstreckenden Leistungskette braucht A seine Leistung gegenüber B also nur zu erfüllen, wenn zugleich C an A seine Gegenleistung Zug um Zug erbringt. Damit steht grundsätzlich jedem Beteiligten an einem *do ut des ut det*-Rechtsgeschäft im Hinblick auf die trilateral-synallagmatisch verknüpften Leistungspflichten in entsprechender Anwendung des § 320 BGB die Einrede des nichterfüllten Vertrages zu, »wenn zwar gefordert, jedoch nicht geboten wird«[64]. Allein diese Sichtweise wird den Interessen der Beteiligten an einem *do ut des ut det*-Rechtsverhältnis gerecht, indem sie die Gleichstufigkeit der vom trilateralen Synallagma erfaßten Leistungsverpflichtungen anerkennt. Naturgemäß ist der ganz im Banne des Grundsatzes der Relativität von Schuldverhältnissen stehenden traditionellen Rechtsauffassung die Möglichkeit versperrt, in entsprechender Weise bei der Durchsetzung der Leistungspflichten zweier Vertragsparteien die Leistungsdefizite einer außerhalb dieses Vertragsverhältnisses stehenden, aber gleichwohl in den Erwerbsvorgang integrierten dritten Partei zu berücksichtigen.

Dieser auf der Gleichberechtigung sämtlicher Beteiligten an einem dreiseitig-gegenseitigen Rechtsgeschäft beruhende Abwicklungsmechanismus kann durch gesetzliche Anordnung[65] oder auch vertragliche Vereinbarung[66] von Vorleistungspflichten zu Lasten eines Beteiligten abgeändert werden (§ 320 Abs.1 S.1 zweiter Halbsatz BGB). Gerade von der letztgenannten Gestaltungsmöglichkeit, Ausfluß des Grundsatzes der Privatautonomie, wird bei finanzierten Abzahlungs- und Finanzierungsleasinggeschäften nahezu ausnahmslos Gebrauch gemacht. Bei diesen Geschäftsformen zielen die vertraglichen Vereinbarungen, wie bereits in anderem Zusammenhang dargelegt wurde[67], auf eine Vorleistungspflicht des Verkäufers beim B-Geschäft sowie des Lieferanten beim Finanzie-

---

[63] Siehe zur analogen Anwendung der §§ 320-327 BGB auf das trilaterale Synallagma ausführlich oben Teil II, 3. Abschnitt, II. (140-146).

[64] So die Formulierung von *Gernhuber* § 31 IV 3 a (736) auf der Basis seiner Theorie vom rechtsgeschäftlichen Verbund.

[65] Vgl. etwa §§ 551, 614, 641 BGB.

[66] Im Hinblick auf §§ 11 Nr.2a und 9 AGBG sind die Möglichkeiten, das Leistungsverweigerungsrecht des § 320 BGB in Allgemeinen Geschäftsbedingungen einzuschränken, sehr begrenzt und beschränken sich im wesentlichen auf den Rechtsverkehr unter Kaufleuten; siehe im einzelnen *M. Wolf* in: *Wolf/Horn/Lindacher* § 11 Nr.2 Rdn. 1 ff., insbes. Rdn. 28-30 sowie § 9 Rdn. V81-V98 m.w.N.

[67] Siehe oben Teil II, 4. Abschnitt, II. 1. (169).

rungsleasing. Erst nach deren ordnungsgemäßer Lieferung werden die vertraglichen Zahlungsverpflichtungen der beiden übrigen Beteiligten in Vollzug gesetzt. In deren Verhältnis zueinander sind regelmäßig die Finanzierer vorleistungspflichtig, da sowohl Abzahlungskäufer als auch Leasingnehmer wiederkehrende Leistungen zu erbringen haben.

Im Ergebnis kann der jeweilige Schuldner einer trilateral-synallagmatisch verknüpften Leistungsverpflichtung gegenüber seinem Gläubiger die Einrede des nichterfüllten Vertrages in entsprechender Anwendung des § 320 BGB geltend machen, wenn der dritte Beteiligte ihm gegenüber seine Zug-um-Zug(-um-Zug) zu erbringende Leistung noch nicht bewirkt hat. Aber auch sonstige dauerhafte, zeitweilige oder anspruchsbeschränkende Einreden, die in einem bipolaren Vertragsverhältnis einem Anspruch entgegengesetzt werden können (beispielsweise Erlaß, Stundung, Verjährung), bleiben im trilateralen Synallagma dem jeweiligen Schuldner erhalten.

3. Vermögensverschlechterung bei einem Beteiligten

Übernimmt ein Vertragspartner die Vorleistungspflicht, so bringt er dadurch dem anderen besonderes Vertrauen entgegen. Wird dieses enttäuscht, indem nach dem Vertragsabschluß in den Vermögensverhältnissen des »anderen Teiles« eine wesentliche Verschlechterung eintritt[68], kann »der eine Teil«, d.h. der Vorleistungspflichtige, die ihm obliegende Leistung verweigern, bis die Gegenleistung bewirkt oder Sicherheit für sie geleistet wird (§ 321 BGB). Aufbauend auf den bisherigen Überlegungen, steht im Hinblick auf dreiseitige Rechtsgeschäfte mit trilateral-synallagmatischer Verknüpfung der Hauptleistungspflichten außer Frage, daß es sich bei »dem anderen Teile« in entsprechender Anwendung des § 321 BGB um die beiden übrigen nicht zur Vorleistung verpflichteten Beteiligten handelt.

Das sei erneut am Beispiel des typischen B-Geschäfts oder Finanzierungsleasinggeschäfts verdeutlicht: Ist etwa nach Vertragsschluß Zahlungsunfähigkeit des vorleistungsberechtigten Abzahlungskäufers eingetreten, können sich auch nach der vorherrschenden Doktrin dessen Vertragspartner, d.h. der Verkäufer und das Finanzierungsinstitut, auf das Leistungsverweigerungsrecht nach § 321 BGB berufen. Zu unterschiedlichen Ergebnissen kommen hingegen die am Prinzip der Relativität von Schuldverhältnissen festhaltende Rechtsansicht und der hier verfolgte Ansatz, sofern vor[69] der Auslieferung des Leasingobjekts eine Verschlechterung in den Vermögensverhältnissen des Leasingnehmers eintritt. Jene Auffassung vermag in diesem Fall allein ein Leistungsverweigerungsrecht zugunsten des Leasinggebers zu begründen[70], der damit zunächst seine leasing-

---

[68] Siehe zu dieser Voraussetzung MünchKomm-*Emmerich* § 321 Rdn. 9-17.

[69] Ist die Vorleistungspflicht hingegen bereits erfüllt, ist kein Raum mehr für die Anwendung des § 321 BGB; vgl. z.B. MünchKomm-*Emmerich* § 321 Rdn. 4.

[70] Siehe etwa *Graf von Westphalen* Leasingvertrag Rz. 859.

vertraglichen Verpflichtungen verweigern kann. Ein Leistungsverweigerungsrecht des Lieferanten muß indes daran scheitern, daß vertragliche Beziehungen zwischen Lieferant und Leasingnehmer geleugnet werden. Erkennt man hingegen den für viele Finanzierungsleasinggeschäfte typischen trilateral-synallagmatischen Leistungsaustausch an, steht auch dem Lieferanten in entsprechender Anwendung des § 321 BGB ein Leistungsverweigerungsrecht zu. Dieses Ergebnis reflektiert nicht nur die gegenseitige Abhängigkeit der im trilateralen Synallagma stehenden Leistungspflichten, sondern auch die den Beteiligten zukommende gleichwertige Rechtsstellung. Letztlich ist es sinnvoll, daß im Falle eines nach Vertragsschluß insolvent gewordenen Leasingnehmers bereits der Lieferant unabhängig vom Willen und/oder von entsprechenden Weisungen des Käufers/Leasinggebers die Auslieferung des Leasingobjekts stoppen kann, da auch er im Hinblick auf seine Einbindung in ein *do ut des ut det*-Rechtsgeschäft in seinen eigenen Vermögensinteressen von der zwischenzeitlich beim Leasingnehmer eingetretenen Vermögensverschlechterung unmittelbar betroffen ist. Diese Überlegungen lassen sich schließlich auf diejenigen Fälle entsprechend anwenden, in denen es zu Vermögensverschlechterungen beim Verkäufer oder Finanzierer sowie beim Lieferanten oder Leasinggeber kommt.

4. Prozessuale Probleme

Wie die vorangehenden Überlegungen gezeigt haben, läßt sich die Rechtsfigur des trilateralen Synallagmas durchaus mit den materiellrechtlichen, am zweiseitigen Austauschverhältnis ausgerichteten Vorschriften in Einklang bringen, so daß sich die Frage anschließt, ob sich das deutsche Prozeßrecht als ebenso flexibel und anpassungsfähig erweist. Dieses kennt nur das zweiseitige Prozeßrechtsverhältnis, während bei dreiseitig-gegenseitigen Rechtsgeschäften Störungen, die im Rahmen der trilateral-synallagmatisch verknüpften Leistungsverpflichtungen auftreten, regelmäßig auch rechtliche Auswirkungen auf den dritten Beteiligten haben. Die *lex lata* stellt zwar keine prozeßrechtlichen Regelungen zur Verfügung, die unmittelbar auf trilaterale Austauschverhältnisse im Sinne eines *do ut des ut det* zugeschnitten wären, gleichwohl ist die hierfür erforderliche Einbeziehung von Drittinteressen in ein zweiseitiges Prozeßrechtsverhältnis dem deutschen Rechtssystem nicht unbekannt. Das soll nachfolgend am Beispiel der entsprechenden Anwendung der §§ 320, 322 BGB auf drittfinanzierte Erwerbsgeschäfte mit trilateralem Synallagma dargestellt werden.

a) Analoge Anwendung des § 320 BGB

Eine seit langem bekannte, in ihrer prozeßrechtlichen Bewertung gleichwohl noch weitgehend ungeklärte Konfliktsituation kann sich etwa bei finanzierten Abzahlungskäufen daraus ergeben, daß der Kreditgeber vom Abzahlungskäufer Zahlung der vereinbarten Kreditraten verlangt, obgleich das Kaufobjekt nach dem Vorbringen des Erwerbers noch nicht in erfüllungstauglichem Zustand vom Verkäufer ausgeliefert worden ist. Entsprechendes gilt bei einem Zahlungsverlangen des Leasinggebers gegenüber einem Leasingnehmer, der die Einrede des nichterfüllten Vertrages geltend macht[71]. Da der Verkäufer der Ware in den beschriebenen Situationen regelmäßig vorleistungspflichtig ist[72], können nach dem zuvor entwickelten Ansatz Abzahlungskäufer und Leasingnehmer die von ihnen geforderte Geldleistung bis zum ordnungsgemäßen Erhalt der Ware in entsprechender Anwendung des § 320 BGB verweigern[73]. In der von der Kautelarjurisprudenz beherrschten Praxis der finanzierten Abzahlungs- und Finanzierungsleasinggeschäfte tauchen die angedeuteten Probleme hingegen regelmäßig nicht auf, weil Darlehens- und Leasinggeber die finanziellen Mittel erst zur Verfügung stellen, nachdem Abzahlungskäufer oder Leasingnehmer den Erhalt des Erwerbsobjekts in ordnungsgemäßem Zustand bestätigt haben.

Die nachfolgenden Ausführungen – wiederum illustriert am Beispiel des finanzierten Abzahlungskaufs und des Finanzierungsleasings – fußen daher auf der Annahme, daß die Beteiligten eines *do ut des ut det*-Rechtsgeschäfts einen derartigen Bestätigungsmechanismus nicht vertraglich vereinbart haben. Mag ein solches Unterlassen bei den der Veranschaulichung dienenden Vertragstypen auch die Ausnahme bilden, wird es etwa bei berechtigenden drittbegünstigenden Verträgen i.S.d. § 328 BGB, denen sowohl im Deckungs- als auch Valutaverhältnis gegenseitig-verpflichtende Kausalverhältnisse zugrunde liegen, bereits öfter auftreten. Überhaupt stellt sich generell die Frage, wie bei trilateral-synallagmatisch verknüpften Leistungspflichten die rechtsgeschäftlichen Durchführungsmodalitäten prozeßrechtlich abgesichert sind. Wenn das Problem aufgrund der Vertragspraxis deshalb vielfach nur akademischer Natur sein mag, bildet es doch einen Prüfstein für das hier verfolgte rechtsdogmatische Denkmuster. Darüber hinaus bedarf es einer Besinnung auf die gesetzlichen Grundlagen zur Ausfüllung etwaiger Lücken im Vertrag sowie bei der Zulässigkeitsprüfung von prozeßrechtlichen Klauseln in Allgemeinen Geschäftsbedingungen.

Fehlt es also an der vertraglichen Verpflichtung des Abzahlungskäufers/Leasingnehmers zur Ausstellung einer Abnahme- oder Übernahmebestätigung, ist die prozeßrechtliche Situation für den auf Leistung der Raten klagenden Kredit-/Leasinggeber mißlich, sofern er den Verkäufer/Händler bereits befriedigt hat. Denn der Kläger hat nicht unmittelbar selbst an den Beklagten die Ware zu liefern, sein Erfüllungsanspruch hängt vielmehr von Leistungsvermö-

[71] Zum allgemein anerkannten Leistungsverweigerungsrecht des Leasinggebers gem. § 320 BGB wegen unvollständiger Nachbesserung des dem Leasingnehmer gelieferten Leasingobjekts siehe zuletzt BGH Urt. v. 10. 10. 1994, WM 1995, 111, 112 m.w.N.

[72] Siehe Teil II, 4. Abschnitt, III. 2. (185 f.).

[73] Zu den Einzelheiten sowie insbesondere zur ergänzenden analogen Anwendung des § 273 BGB bei der dogmatischen Begründung des Rechts zum Einwendungsdurchgriff beim B-Geschäft siehe ausführlich Teil III, 3. Abschnitt, V. (230-235).

gen und -bereitschaft eines Dritten, d.h. des Verkäufers/Lieferanten, ab. Ein Abzahlungskäufer/Leasingnehmer kann somit durch die einfache Behauptung einer noch nicht erbrachten Erfüllungshandlung seine Ratenzahlungen verweigern, während deren designierter Empfänger auf die ordnungsgemäße Warenlieferung keinen unmittelbaren Einfluß auszuüben vermag[74]. In dem Maße, in dem dadurch die rechtliche Position des Abzahlungskäufers/Leasingnehmers gestärkt wird, wird diejenige des Finanzierers durch dessen Abhängigkeit von der Leistungsbereitschaft eines Dritten geschwächt. Denn abweichend von der in § 320 BGB vorgenommenen Risikoverteilung, die auf der Verantwortlichkeit jedes Beteiligten für die von ihm vertraglich übernommenen Verpflichtungen aufbaut, hat der Finanzierer im Falle der Geltendmachung der Einrede des nichterfüllten Vertrages durch den Abzahlungskäufer/Leasingnehmer hingegen nicht nur für seine eigene, sondern zusätzlich für die Leistungsbereitschaft des Warenlieferanten einzustehen.

Dieser drohenden Verschiebung des Risikogleichgewichts bei drittfinanzierten Erwerbsgeschäften gilt es entgegenzuwirken. Dabei hat man zu berücksichtigen, daß *do ut des ut det*-Rechtsgeschäfte den Gesetzesverfassern des § 320 BGB unbekannt waren und auch hernach noch nicht an dieser Vorschrift gemessen worden sind. Deshalb wird nunmehr juristisches Neuland betreten, auf dessen noch unerforschten Boden die Fortbewegung um so sicherer gelingt, je intensiver man sich an den grundsätzlichen Wertentscheidungen der in Frage stehenden Norm orientiert. Diese lassen sich dahingehend zusammenfassen, daß der Gläubiger seinen Anspruch auf eine im Austauschverhältnis stehende Leistung, die keiner Vorleistungspflicht unterliegt, ohne Angebot seiner eigenen Gegenleistung nicht durchsetzen kann. Dabei trägt der Gläubiger im Prozeß die Beweislast hinsichtlich der anspruchsbegründenden Tatsachen. Zu beweisen hat er also die Erfüllungswirkung seiner Gegenleistung oder die Vorleistungspflicht des Schuldners[75], mithin Tatsachen, die seinem Einflußbereich zuzurechnen sind.

Damit stellt sich die Frage, wie in den beschriebenen Konfliktsituationen eine prozeßrechtliche Lösung gefunden werden kann, die den Interessen sämtlicher am drittfinanzierten Erwerbsgeschäft Beteiligten gerecht wird. Unter prozeßökonomischen Gesichtspunkten[76] erscheint es dabei erstrebenswert, die widerstreitenden Interessen der Beteiligten an *do ut des ut det*-Rechtsgeschäften

[74] Allenfalls beim Finanzierungsleasinggeschäft kann der Leasinggeber auf den Liefervorgang unmittelbar rechtlichen Einfluß nehmen. Sofern man auf der Basis des hier vertretenen Ansatzes den Kaufvertrag zwischen Leasinggeber und Lieferant hinsichtlich der Verschaffung des unmittelbaren Besitzes am Leasingobjekt als berechtigenden Vertrag zugunsten des Leasingnehmers auffassen kann, kann der Leasinggeber einen Anspruch nach § 335 BGB auf Auslieferung des Leasingobjekts an den Drittbegünstigten, d.h. den Leasingnehmer, geltend machen.

[75] So die h.M., vgl. stellvertretend MünchKomm-*Emmerich* § 320 Rdn. 77.

[76] Vgl. allgemein zum Begriff der Prozeßökonomie *Lüke* 235-246 m.w.N.

möglichst in einem einzigen Rechtstreit mit umfassender Rechtskrafterstrekkung auszuräumen.

Im Ausgangsfall für die nachfolgenden Überlegungen macht der beklagte Abzahlungskäufer/Leasingnehmer gegenüber dem Zahlungsanspruch des klagenden Finanzierers/Leasinggebers ein Leistungsverweigerungsrecht mit dem Hinweis geltend, der Verkäufer/Lieferant habe noch nicht erfüllt. Die Möglichkeiten zu dessen prozessualer Eingliederung in einen zwischen den Hauptparteien geführten Rechtsstreit stellen sich folgendermaßen dar:

– Ist eine Klage des Finanzierers/Leasinggebers gegen den Abzahlungskäufer/Leasingnehmer auf Zahlung der vertraglich vereinbarten Raten anhängig, liegen die nach § 72 ZPO für eine *Streitverkündung durch den Beklagten* erforderlichen Voraussetzungen vor, da dieser bei einem für ihn ungünstigen Ausgang dieses Prozesses, d.h. bei Obsiegen des Klägers, in einem weiteren Rechtsstreit seinen Lieferanspruch gegen den Dritten geltend machen könnte. Eine im ersten Urteil inzident getroffene Feststellung, der Verkäufer/Lieferant habe seine Leistungspflicht erfüllt, erwächst nur zwischen den Prozeßparteien in Rechtskraft erwachsen und steht damit einem auf Leistung gerichteten weiteren Prozeß des Abzahlungskäufers/Leasingnehmers gegen den Verkäufer/Lieferanten, der nunmehr einen anderen Streitgegenstand als der Erstprozeß aufweist, nicht entgegen. Zudem greift nach der ständigen Rechtsprechung[77] die Interventionswirkung nicht zulasten der Hauptpartei, d.h. des im Erstprozeß beklagten Leasingnehmers, ein.

– Rechtlich zulässig ist außerdem eine *Streitverkündung durch den Kläger* nach §§ 72 ff. ZPO. Im Fall eines dem Kläger ungünstigen Ausgangs des Rechtsstreits, d.h. bei Durchgreifen der Einrede des Beklagten, erscheint ein jenem zustehender Anspruch auf Schadloshaltung gegen den Streitverkündungsgegner nicht unrealistisch[78]. Zudem kann dieser am besten die erfüllende Wirkung seiner Leistung an den Beklagten des Ausgangsprozesses nachweisen – freilich nur, sofern er das Erwerbsobjekt tatsächlich in vertragsgemäßem Zustand ausgeliefert hat. Unterstellt man nunmehr ein obsiegendes Urteil, tritt die Interventionswirkung nach §§ 72 i.V.m. 68 ZPO nur zwischen dem Streitverkündungsgegner und der von ihr unterstützten Hauptpartei ein, hingegen nicht im Verhältnis zur Gegenpartei[79]. Das bedeutet, daß der Abzahlungskäufer/Leasingnehmer in einem Folgeprozeß den Verkäufer/Lieferanten unabhängig vom Ausgang des Vorprozesses auf Erfüllung verklagen könnte. Die gleichen rechtlichen Konsequenzen ergeben sich, wenn der Verkäufer/Lieferant als Ne-

---

[77] RG Urt. v. 5. 2. 1937, RGZ 153, 271, 274; BGH Urt. v. 26. 3. 1987 (VII ZR 122/86), BGHZ 100, 257, 260-263 mit überzeugender Widerlegung der Gegenansicht; BGH Urt. v. 26. 3. 1987 (IX ZR 69/86), JZ 1987, 1035, 1036; aus dem Schrifttum siehe stellvertretend MünchKomm-*Schilken* § 68 ZPO Rdn. 9 m.w.N.; kritisch zuletzt mit beachtlichen Gründen *Lüke* 341-345.

[78] Siehe hierzu nachfolgend ausführlich Teil III, 6. Abschnitt (280-285).

[79] So die h.M., siehe stellvertretend MünchKomm-*Schilken* § 68 ZPO Rdn. 7 f. m.w.N.

benintervenient dem klagenden Finanzierer/Leasinggeber nach §§ 66 ff. ZPO zum Zwecke der Unterstützung beitritt. Im Ergebnis steht ein obsiegendes Urteil im Erstprozeß also einem von dem unterlegenen Beklagten angestrengten und auf Erfüllung gerichteten Folgeprozeß gegen den Lieferanten nicht entgegen.

– Unter den vorgenannten Umständen ist zudem eine rechtlich zulässige *Doppelstreitverkündung* sowohl durch den klagenden Finanzierer/Leasinggeber als auch den beklagten Abzahlungskäufer/Leasingnehmer denkbar, bei der der Streitverkündungsgegner allerdings nur einer Prozeßpartei beitreten könnte[80]. In einer solchen Situation kommt es nicht zu einer doppelten – sich im Ergebnis aufhebenden – Interventionswirkung, vielmehr treten die Rechtsfolgen der §§ 74 i.V.m. 68 ZPO nur im Verhältnis zur unterlegenen Partei unabhängig davon ein, ob der Streitverkündungsgegner ihr beigetreten ist[81]. Dabei kann der Umfang der Nebeninterventionswirkung gem. §§ 62 2.Halbs. i.V.m. 67 ZPO beschränkt sein. Aus den zuvor im Zusammenhang mit einer Streitverkündung durch den Kläger oder Beklagten genannten Gründen kann auch eine Doppelstreitverkündung die Gefahr eines Folgeprozesses mit einem unter Umständen sogar widersprüchlichen Urteil nicht bannen.

– Eine geringere Intensität der prozessualen Eingliederung des Verkäufers/Lieferanten in einen vom Finanzierer/Leasinggeber gegen den Abzahlungskäufer/Leasingnehmer betriebenen Prozeß läßt sich erzielen, wenn der Kläger die beiden übrigen am drittfinanzierten Erwerbsgeschäft Beteiligten als *Streitgenossen* verklagt (§§ 59, 60 ZPO). Würde im Rahmen der Zahlungsklage gegen den Abzahlungskäufer/Leasingnehmer inzident die Nichterfüllung durch den Verkäufer/Lieferanten festgestellt, könnte der unterlegene Kreditgeber/Leasinggeber sodann versuchen, klageweise gegen den anderen Streitgenossen, d.h. gegen den Verkäufer/Lieferanten, einen Regreßanspruch auf Rückzahlung des bereits ausgezahlten Darlehens/Kaufpreises oder einen Schadensersatzanspruch durchzusetzen; darüber hinaus könnte der Leasinggeber eventuell einen auf § 335 BGB gestützten Erfüllungsanspruch gegenüber dem Lieferanten geltend machen. Freilich ist ein Vorgehen des Finanzierers gegen Erwerber und Verkäufer als Streitgenossen mit Unwägbarkeiten verknüpft. Die einfache Streitgenossenschaft nach §§ 59, 60 ZPO bezweckt bei einem einheitlichen Lebenssachverhalt die prozeßökonomische Zusammenfassung mehrerer möglicher Prozesse, um Wiederholungen zu vermeiden sowie eine umfassende Beurteilung der Streitpunkte, eine Erhöhung der Rechtssicherheit und Kostenein-

[80] Zur Problematik der Doppelstreitverkündung siehe allgemein *Eibner* 107-110; *Lüke* 332-336; MünchKomm-*Schilken* § 72 ZPO Rdn. 19; *Werres* NJW 1984, 208, 210 (l.Sp.); Zöller-*Vollkommer* § 72 Rdn. 11. Im Hinblick auf das B-Geschäft »empfiehlt« *Reinking* FLF 1993, 174, 178 (m.Sp.) eine Streitverkündung an den Verkäufer sowohl durch den Kreditgeber als auch den Abzahlungskäufer, ohne jedoch auf die erwähnten prozeßrechtlichen Schwierigkeiten einzugehen.

[81] So die h.M., vgl. *Eibner* 107-110; MünchKomm-*Schilken* § 74 ZPO Rdn. 9; Zöller-*Vollkommer* § 72 Rdn. 11; a.A. *Werres* NJW 1984, 208, 210 (l.Sp.).

sparungen zu ermöglichen[82]. Dabei haben die Vorschriften insbesondere unter dem Eindruck von Zweckmäßigkeitserwägungen eine extensive Auslegung erfahren[83], so daß in der beschriebenen Situation eine Zulässigkeit der Streitgenossenschaft nicht ausgeschlossen erscheint. Gleichwohl werden die vermeintlichen Vorteile eines solchen Vorgehens durch andere Aspekte deutlich relativiert. Bei einer Streitgenossenschaft tritt die formelle Rechtskraft für jeden Prozeß gesondert ein, wobei auch die materielle Rechtskraft den anderen Streitgenossen nicht erfaßt[84]. Daraus folgt, daß nach einem Prozeß des klagenden Finanzierers/Leasinggebers gegen den Abzahlungskäufer/Leasingnehmer, in dem inzident die Nichterfüllung durch den Verkäufer/Lieferanten festgestellt wird, eine anschließend gegen letzteren gerichteten Klage auf Erfüllung, Schadensersatz oder Rückzahlung nicht zwangsläufig begründet ist. Schließlich läßt sich die beabsichtigte Streitgenossenschaft angesichts der Tatsache, daß entweder nur die eine oder aber die andere Klage begründet sein kann, lediglich durch eine *eventuelle* oder *bedingte subjektive Klagenhäufung* erreichen. Gegen eine solche Konstruktion bestehen erhebliche Bedenken[85]. Kommt es nicht zur bedingten Klage, wird dem betroffenen Beklagten ein Sachurteil vorenthalten und es droht eine spätere Klage gleichen Inhalts; im Rechtsmittelzug ergeben sich im Falle einer anderen rechtlichen Beurteilung als im erstinstanzlichen Urteil erhebliche praktische Schwierigkeiten; die Kostenentscheidungen gestalten sich kompliziert[86]. Insbesondere die Gefahr einander widersprechender Urteile in den verschiedenen Instanzen birgt ein hohes Maß an Konfliktpotential, bewirkt eine wegen der Dauer eines jeden Prozesses fortwährende Rechtsunsicherheit und zwingt den klagenden Finanzierer möglicherweise dazu, nacheinander mehrere kosten- und zeitaufwendige Prozesse zu betreiben, ohne daß die Gewähr für ein Obsiegen in einem der Prozesse besteht.

– Eine prozessuale Einbeziehung des Verkäufers/Lieferanten in den Prozeß zwischen dem klagenden Finanzierer/Leasinggeber und dem beklagten Abzahlungskäufer/Leasingnehmer ließe sich zudem auf indirektem Wege dadurch erreichen, daß der Beklagte des Ausgangsverfahrens in einem weiteren Prozeß den Verkäufer/Lieferanten auf Leistung verklagt. Unter diesen Umständen wäre

---

[82] In diesem Sinne bereits *Motive* 79.

[83] Siehe stellvertretend *Thomas/Putzo* §§ 59, 60 Rdn. 1; einschränkend und die Zulässigkeitsvoraussetzungen betonend hingegen AK-*H. Koch* §§ 59, 60 ZPO Rdn. 6; MünchKomm-*Schilken* § 60 ZPO Rdn. 3; *Rosenberg/Schwab* § 48 II 1 (245 f.).

[84] Vgl. etwa MünchKomm-*Schilken* § 61 ZPO Rdn. 6.

[85] Ablehnend etwa BGH Urt. v. 17. 3. 1989, WM 1989, 997, 998 (l.Sp.); Urt. v. 25. 9. 1972, NJW 1972, 2302, 2302 f.; RG Urt. v. 6. 6. 1904, RGZ 58, 248, 249 f.; LG Berlin Urt. v. 14. 11. 1957, NJW 1958, 833; *Baumbach/Lauterbach/Albers/Hartmann* § 59 Rdn. 2; *Lüke* 308-311, 349; MünchKomm-*Schilken* § 59 ZPO Rdn. 11; *Rosenberg/Schwab* § 65 IV 3 b (358 f.); Stein/Jonas-*Bork* vor § 59 I Rdn. 4a; *Thomas/Putzo* §§ 59, 60 Rdn. 5; Zöller-*Vollkommer* §§ 59, 60 Rdn. 10.

[86] Grundlegend mit weiteren Ausführungen Stein/Jonas-*Bork* vor § 59 I Rdn. 4a; zustimmend MünchKomm-*Schilken* § 59 ZPO Rdn. 11; a.A hingegen AK-*H. Koch* §§ 59, 60 ZPO Rdn. 7; *Baumgärtel* 130 f.

keine Streitgenossenschaft zwischen den beiden Beklagten gegeben. Dann käme bei Vorliegen der Voraussetzungen des § 148 ZPO – Präjudizialität und Anhängigkeit des zweiten Prozesses[87] – für das Ausgangsverfahren bis zur Entscheidung des Folgerechtsstreits eine *Aussetzung wegen Vorgreiflichkeit* in Betracht. Allerdings werden die beklagten Abzahlungskäufer/Leasingnehmer regelmäßig das Risiko und insbesondere die Kosten eines zusätzlichen Prozesses gegen die Verkäufer/Lieferanten scheuen.

– Sollten gleichwohl einmal in einem Ausnahmefall die beiden Prozesse bei dem gleichen Gericht[88] anhängig sein, ist letztlich noch die Möglichkeit der *Prozeßverbindung* nach § 147 ZPO denkbar. Dadurch würden die verbundenen Prozesse, das Vorliegen des erforderlichen rechtlichen Zusammenhangs unterstellt, ihre Selbständigkeit verlieren und zu einem einzigen Verfahren mit einheitlicher Verhandlung, Beweisaufnahme und Entscheidung zusammengefaßt.

Sämtliche dargestellten Varianten ermöglichen im Ergebnis eine mehr oder weniger starke Einbeziehung des Verkäufers/Lieferanten in den auf Zahlung gerichteten Prozeß des Finanzierers/Leasinggebers gegen den sich auf ein Leistungsverweigerungsrecht nach § 320 BGB analog stützenden Abzahlungskäufer/Leasingnehmer. Dabei vermögen unter verfahrensökonomischen Gesichtspunkten allenfalls die Streitverkündung und Nebenintervention wegen der Interventionswirkung nach § 68 ZPO ansatzweise zu überzeugen.

Die Problematik der begrenzten Rechtskrafterstreckung glaubt der BGH im Hinblick auf Finanzierungsleasinggeschäfte mittels einer am zweiseitigen Kontrakt und Prozeßrechtsverhältnis festhaltenden Hilfskonstruktion umgehen zu können. Nach seiner Ansicht habe der Leasinggeber, der unter Freizeichnung von eigener Mängelhaftung seine kaufrechtlichen Gewährleistungsansprüche an den Leasingnehmer abgetreten habe, grundsätzlich das Ergebnis eines zwischen diesem und dem Lieferanten geführten Gewährleistungsprozesses als für sich verbindlich hinzunehmen. Dabei bestehe eine vertragliche Nebenpflicht des Leasingnehmers, den Leasinggeber rechtzeitig über Mängel und über den beginnenden Gewährleistungsprozeß zu unterrichten[89]. Mag die vom BGH konzipierte Quasi-Rechtskrafterstreckung[90] auf vertraglicher Basis auch zu interessengerechten Ergebnissen führen, so entbehrt dieser Ansatz doch einer nachvollziehbaren prozeßrechtlichen Grundlage. Vielmehr leitet er das Ergeb-

[87] Siehe hierzu stellvertretend MünchKomm-*Peters* § 148 ZPO Rdn. 6-11.

[88] Die Frage, ob die »verbindungswürdigen« Sachen auch vor demselben Spruchkörper anhängig sein müssen, wird überwiegend verneint; siehe stellvertretend *Lüke* 403-413 m.w.N. zum Meinungsstand.

[89] BGH Urt. v. 16. 9. 1981, BGHZ 81, 298, 304-306; Urt. v. 13. 3. 1991, BGHZ 114, 57, 63, 65. Vgl. zur Problematik auch MünchKomm-*Habersack* Leasing Rdn. 77-79; *Graf von Westphalen* Leasingvertrag Rz. 448-453, 483-485.

[90] Allgemein zur Diskussion von Ausnahmen zur begrenzten Rechtskraftwirkung, insbesondere einer Rechtskrafterstreckung *extra legem*, siehe den Überblick bei *Lüke* 99-115 m.w.N.

nis aus der im Leasingvertrag verankerten Übertragung der Gewährleistungsrechte auf den Leasingnehmer oder aus der entsprechenden Ausübungsermächtigung ab und kann deshalb lediglich als eine der Verallgemeinerung unzugängliche Notlösung für die Leasingpraxis angesehen werden[91].

Die Wurzeln des dargestellten Dilemmas liegen in dem Umstand, daß der historische Gesetzgeber *do ut des ut det*-Rechtsgeschäften sowohl in materiell- als auch in verfahrensrechtlicher Hinsicht keine Leitbildfunktion zuerkannt, sondern sich vielmehr an bipolaren Vertrags- und Prozeßrechtsverhältnissen orientiert hat. Im Schrifttum werden schließlich zwei Wege zur materiell- und verfahrensrechtlich effektiv(er)en Einbeziehung des Dritten gewiesen:

– Einerseits wird die Empfehlung ausgesprochen, derzufolge im Fall eines Rechtsstreits die beiden Prozeßparteien dem Dritten nach §§ 72 ff. ZPO den Streit zu verkünden haben[92]. Die Rechtsfolgen entsprechen denjenigen der Doppelstreitverkündung.

– Andererseits hält man einen Beteiligten, der eine dilatorische Einrede aus einem Drittverhältnis geltend macht, für verpflichtet, gleichzeitig in diesem Verhältnis einen Aktivprozeß zu betreiben[93].

Bieten diese Ansätze aber wirklich einen gangbaren Ausweg aus der verfahrenen Situation?

Auf der einen Seite sind ausdrücklich vereinbarte einzelvertragliche (Neben)-

---

[91] Ähnlich die Einschätzung von *Oechsler* 397 (»Die Fiktionalität dieser dem Leasinggeber untergeschobenen Verpflichtungserklärung verrät teleologische Unsicherheit.«).

[92] *Reinking* FLF 1993, 174, 178 »empfiehlt« im Hinblick auf einen finanzierten Abzahlungskauf, daß der einen Einwendungsdurchgriff geltend machende Verbraucher sowie zugleich der Kreditgeber dem Verkäufer den Streit verkünden sollten; in diese Richtung weisen auch Überlegungen von *Coester* Jura 1992, 617, 623 in Fußn. 83; *Franz* 343 f.; *Pietzcker* 28 f.; *Scholz* Rdn. 390. Demgegenüber glaubt *Franz* 349 f., 356-362 – anknüpfend an *Scholz* Rdn. 389 und Erman-*Klingsporn/Rebmann* § 9 VerbrKrG Rdn. 20 – den Konflikt beim B-Geschäft dadurch lösen zu können, daß er eine aus § 242 BGB folgende Nebenpflicht des Verbrauchers annimmt, seine ihm gegenüber dem Verkäufer zustehenden Rechte an den Kreditgeber abzutreten, wenn er sie nicht selbst geltend macht. Dieser Weg erscheint gangbar, setzt indes eine entsprechende vertragliche Vereinbarung voraus, die sich in der derzeitigen Geschäftspraxis beim finanzierten Abzahlungsgeschäft nicht nachweisen läßt und die im Hinblick auf den Grundsatz der Privatautonomie auch nicht unterstellt sowie als unvertretbare Handlung nur im zeitaufwendigen Verfahren nach § 888 ZPO eingeklagt werden kann. Deshalb ist es naheliegend, daß der Kreditgeber im Falle der Zahlungseinstellung durch den Kreditnehmer/Käufer seine darlehensvertraglichen Ansprüche im Wege einer gegen den Verbraucher gerichteten Leistungsklage durchzusetzen versucht.

[93] In diese Richtung weisen Überlegungen von *Dauner-Lieb* WM-Sonderbeilage 6/1991, 27 f.; *Heise* JA 1993, 65, 70; *Lieb* WM 1991, 1533, 1538 f.; *Reinking/Nießen* ZIP 1991, 634, 636 (l.Sp.); *Scholz* Rdn. 371, die sich freilich auf die vom Gesetzgeber ungeklärte Frage der Rückabwicklung nach Geltendmachung eines Einwendungsdurchgriffs gem. § 9 Abs.3 VerbrKrG beziehen; zuvor bereits in diesem Sinne unter Geltung des AbzG *Böckmann* 216; modifizierend MünchKomm-*Habersack* § 9 VerbrKrG Rdn. 120, 123; dagegen indes *Dürbeck* 102-105; *Franz* 340 ff.; *Ma. Lehmann* 93 f.; *Reinicke/Tiedtke* Rdn. 1451 f. jeweils m.w.N.

Pflichten zur Beteiligung eines Dritten am Rechtsstreit – sei es im Wege einer Streitverkündung, sei es durch eine weitere Klageerhebung – der deutschen Rechtspraxis fremd und deshalb allenfalls theoretisch vorstellbar. Zudem erreicht auch eine Doppelstreitverkündung – wie dargelegt – wegen der weiterhin bestehenden Gefahr eines Folgeprozesses nicht das Ziel, die im Dreiecksverhältnis aufgetretenen Rechtsprobleme endgültig in einem einzigen Prozeß zu klären. Auf der anderen Seite widerspricht es *prima facie* dem Charakter eines gesetzlich eingeräumten, auf die Nichterfüllung der Vertragspflichten durch den Verkäufer oder Lieferanten gestützten Rechts zur vorübergehenden Leistungsverweigerung, wenn dieses von einem damit einhergehenden prozessualen Vorgehen gegen den Dritten abhängig gemacht wird; denn durch diese Koppelung eines reinen Verteidigungsmittels an eine aktive Einbeziehung des dritten Beteiligten in den Prozeß würden dilatorische Einreden in ihrer Wirkung ausgehöhlt[94].

Darüber hinaus erscheint es fraglich, ob eine in den Allgemeinen Geschäftsbedingungen verankerte Klausel, die eine mit der Geltendmachung des Leistungsverweigerungsrechts verbundene Verpflichtung des Beklagten zur Klageerhebung gegenüber dem dritten Beteiligten statuiert, einer rechtlichen Kontrolle standhielte. Das Klauselverbot des § 11 Nr.2 AGBG kann auf *do ut des ut det*-Rechtsgeschäfte nicht direkt angewendet werden, da die Vorschrift einen grundlegenden Gerechtigkeitsgehalt für das Zurückbehaltungsrecht nur insoweit als gegeben ansieht, als es sich um Leistungen aus demselben Vertragsverhältnis handelt[95]. Orientiert man sich hingegen an den Wertungen des § 11 Nr.2 AGBG und wendet diese Vorschrift entsprechend auf *do ut des ut det*-Rechtsgeschäfte an, scheint sich das Klageerfordernis als unzulässige Einschränkung des Leistungsverweigerungsrechts darzustellen, weil die Einrede nach § 320 BGB als rechtliches Druck- und Verteidigungsmittel einer nicht zur Vorleistung verpflichteten Partei die Einleitung prozeßrechtlicher Angriffsschritte gerade ersparen soll.

Resümierend bleibt festzuhalten, daß im Hinblick auf einen Rechtsstreit zwischen dem klagenden Finanzierer/Leasinggeber gegen den Abzahlungskäufer/ Leasingnehmer die *lex lata* keine Wege zur effektiven, einen Folgeprozeß vermeidenden prozeßrechtlichen Einbeziehung des dritten Beteiligten, d.h. des Verkaufers/Lieferanten, zur Verfügung stellt. Prozeßökonomische Lösungen

---

[94] Freilich kann es für den sich auf sein Leistungsverweigerungsrecht berufenden Beklagten zur Vermeidung eigener Rechtsnachteile, etwa der drohenden Verjährung gewährleistungsrechtlicher Ansprüche, geboten sein, einen Aktivprozeß anzustrengen oder gemäß § 478 Abs.1 S.1 BGB eine Mängelanzeige zu machen. Im Hinblick auf das Finanzierungsleasinggeschäft weist *Bender* in: *Bender* 101, 129 im Rahmen einer rechtssoziologischen Studie darauf hin, daß rechtsungewandte Leasingnehmer »in aller Regel« nach Geltendmachung der Mängeleinrede i.S.d. § 478 BGB die sechsmonatige Klagefrist (§ 477 BGB) versäumen.

[95] Vgl. zu dieser Tatbestandsvoraussetzung etwa *M. Wolf* in: *Wolf/Horn/Lindacher* § 11 Nr.2 Rdn. 1.

lassen sich derzeit allein im Wege der Privatautonomie erreichen[96]. Daneben bleibt nur der Ruf nach dem Gesetzgeber. Insoweit wäre eine Vorschrift vorstellbar, die – vergleichbar den aktienrechtlichen Vorschriften zur Anfechtungs- oder Nichtigkeitsklage (§§ 248 Abs.1, 249 Abs.1 AktG) – die Voraussetzungen einer Rechtskrafterstreckung auf nicht am Prozeß Beteiligte anordnet.

b) Analoge Anwendung des § 322 BGB

Für diese auf *do ut des ut det*-Rechtsgeschäfte entsprechend anwendbare Vorschrift ergibt sich bei drittfinanzierten Erwerbsgeschäften nur ein sehr begrenzter Anwendungsraum, da aufgrund der vertraglichen Vereinbarungen zwischen den Beteiligten zunächst den Verkäufer/Lieferanten und sodann den Finanzierer/Leasinggeber Vorleistungspflichten treffen, so daß im Rahmen der Vertragsabwicklung eine Verurteilung zur Leistung Zug um Zug grundsätzlich nicht in Betracht kommt.

Etwas anderes gilt indes, wenn ein dreiseitig-gegenseitiges Rechtsgeschäft durch Rücktritt in ein Rückgewährschuldverhältnis umgewandelt wird, welches sich infolge der Grundsätze zum konditionellen Synallagma[97] auf sämtliche vom trilateralen Synallagma erfaßten Leistungen erstreckt. Diese sind nunmehr in entsprechender Anwendung der §§ 348 i.V.m. 322 BGB »Zug um Zug um Zug« rückabzuwickeln. Dabei stellt sich die schwierige Frage nach den prozeßrechtlichen Konsequenzen. Ein Rechtsstreit wird regelmäßig nur zwischen zwei der am drittfinanzierten Erwerbsgeschäft Beteiligten geführt, so daß dieser Umstand bei der Tenorierung zu berücksichtigen ist. Wird etwa in einem Prozeß zwischen A und B das gesamte Rechtsgeschäft, bei dem alle in einem trilateralen Synallagma stehenden Leistungen zumindest schon teilweise erbracht worden sind, in ein Rückgewährschuldverhältnis umgewandelt, steht im Ergebnis außer Zweifel, daß in den Beziehungen A-B, B-C und C-A die bereits erfolgten Leistungen »Zug um Zug um Zug« rückabzuwickeln sind.

Vergleichbare Probleme sind bislang lediglich bei Ringgeschäften im Hinblick auf eine entsprechende Anwendung des § 322 BGB erörtert worden. Dabei wird einerseits eine Verurteilung des Beklagten zur Leistung an den Kläger *Zug um Zug* gegen die vom Dritten an den Beklagten zu erbringende Leistung befürwortet[98], während von anderer Seite einer Verurteilung des Beklagten zur Leistung an den Kläger *unter der Bedingung*, daß jener die ihm zustehende Leistung vom Dritten erhält, der Vorzug gegeben wird[99].

Beide Ansichten erscheinen praktikabel, vernachlässigen indes die auch beim Ringgeschäft im Verhältnis der wechselseitigen Abhängigkeit stehende Leistung

[96] Siehe etwa den für das Finanzierungsleasinggeschäft beschrittenen Sonderweg; vgl. oben Teil II, 4. Abschnitt, III. 4. a) (193 f.).
[97] Siehe oben Teil II, 4. Abschnitt, II. 1. (168-170).
[98] *Gernhuber* § 13 V 3 (327).
[99] *Larenz* Schuldrecht I § 15 II (210 f.).

des Klägers an den Dritten. Deshalb sind bei einem Prozeß, in dem der an einem dreiseitig-gegenseitigen Rechtsgeschäft beteiligte A nach seinem Rücktritt eine bereits an B erbrachte Leistung zurückfordert und in dem sämtliche im trilateralen Synallagma stehenden Leistungsverpflichtungen zumindest teilweise erfüllt worden sind, zwei Möglichkeiten der Verurteilung denkbar:

a) Verurteilung des B zur Leistung an A *Zug um Zug* gegen Leistung des C an B sowie *Zug um Zug* gegen Leistung des A an C;
b) Verurteilung des B zur Leistung an A *unter der Bedingung*, daß C an B sowie A an C leistet.

Wenn eine der vertraglichen Hauptleistungspflichten lediglich in einem bilateral-synallagmatischen Austauschverhältnis gestanden hat – etwa die Pflicht zur Übertragung des Eigentums vom Lieferanten auf den Leasinggeber beim Finanzierungsleasinggeschäft –, ist diesem Umstand bei der Tenorierung zusätzlich Rechnung zu tragen. In der ersten Variante erfolgt die Vollstreckung durch entsprechende Anwendung der §§ 726 Abs.2, 756, 765 ZPO, wobei allein der mit der Klage geltend gemachte Anspruch den Streitgegenstand bildet, der jedoch nicht die Gegenforderungen erfaßt. Bei der zweiten Variante richtet sich die Vollstreckung nach der entsprechend anwendbaren Vorschrift des § 726 Abs.1 ZPO.

Teil III

Auswirkungen des neuen Ansatzes

1. Abschnitt

Vorbemerkung

Nach der Darstellung der Grundsätze des trilateralen Synallagmas soll diese Rechtsfigur nunmehr gleichsam auf den Prüfstand gestellt werden. Die das Rechtsdenken maßgeblich beherrschende dualistische Obligationenkonzeption des BGB hat bei denjenigen Rechtsgeschäften, die durch einen *do ut des ut det*-Leistungsaustausch gekennzeichnet sind, eine Lawine von Folgeproblemen ausgelöst. In diesem Teil der Untersuchung wird nachgewiesen werden, daß das Strukturmodell des trilateralen Synallagmas nicht nur Frucht der bisherigen Analysen, sondern zugleich auch Same für die methodisch abgesicherte Einordnung zahlreicher Rechtsprobleme ist, die den Rahmen des Denkens in bipolaren Leistungsbeziehungen bei drittfinanzierten Erwerbsgeschäften, aber auch in Zessionsfällen, bei berechtigenden Verträgen zugunsten Dritter oder bei befreienden Schuldübernahmen sprengen. In einer abschließenden Bewertung werden die Auswirkungen des neuen Ansatzes den Ergebnissen der vorherrschenden Ansicht gegenübergestellt und insbesondere die Fälle voneinander abweichender Beurteilungen im Überblick erörtert werden. Auf dieser Basis, die sowohl die in Teil II erfolgte dogmatische Ableitung des trilateralen Synallagmas als auch die daraus in diesem Teil deduzierten Rechtsfolgen einbezieht, kann letztlich in einer kritischen Würdigung der Nutzen des Gedankenmodells für die Schuldrechtsdogmatik und die Vertragspraxis bestimmt werden.

Es ist nachfolgend keine umfassende Analyse der deutschen und amerikanischen Rechtsentwicklungen zu sämtlichen drittfinanzierten Erwerbsgeschäften angestrebt, insoweit mag sich der Leser insbesondere der Kommentarliteratur anvertrauen. Dem Zweck dieses Abschnitts entsprechend, werden grundlegende Rechtsprobleme aufgegriffen und am Beispiel einiger zentraler *do ut des ut det*-Rechtsgeschäfte konkretisiert. Dabei wird jeweils eine einleitende Analyse des Meinungsstandes in Rechtsprechung und Lehre zu den Ergebnissen in Beziehung gesetzt, die sich auf der Grundlage der zuvor entwickelten Lehre vom trilateralen Synallagma ergeben. Ziel ist es, auf diesem dogmatischen Fundament einen Rohbau zu errichten, in den nicht nur die bei den übrigen *do ut des ut det*-Rechtsgeschäften auftretenden Parallelprobleme, sondern auch weitere, im Rahmen dieser Untersuchung unberücksichtigte Spezialprobleme eingefügt werden können.

2. Abschnitt

Verteilung der Sekundärrechte im Verhältnis von Zuwendendem und Zuwendungsempfänger bei *do ut des ut det*-Rechtsgeschäften

Rechtsgeschäfte mit einem trilateralen Synallagma, d.h. mit einer übers Dreieck verlaufenden Kette von Leistungsverpflichtungen, gehen aus mindestens zwei bilateralen Austauschverhältnissen hervor. Dabei kommt es regelmäßig in einem der Vertragsverhältnisse dadurch zu einer Ausweitung desselben auf den dritten Beteiligten, daß die synallagmatisch verknüpften Leistungspflichten im Wege der Zession, eines Vertrages zugunsten Dritter oder einer befreienden Schuldübernahme aufgespalten werden. Erinnert sei in diesem Zusammenhang an die im Rahmen dieser Untersuchung entwickelten Begründungen für die Valutierungspflicht des Finanzierungsinstituts zugunsten des Verkäufers beim B-Geschäft sowie für die Pflicht des Lieferanten zur unmittelbaren Auslieferung des Leasingobjekts an den Leasingnehmer beim Finanzierungsleasinggeschäft[1].

Es liegt auf der Hand, daß die in zweiseitigen Vertragsverhältnissen unproblematische Verteilung der Sekundärrechte auf Gläubiger und Schuldner durch die Einbeziehung eines dritten Beteiligten und die gleichzeitige Schaffung eines dreiseitigen Schuldverhältnisses i.w.S. Modifikationen erfahren muß. Dabei wird von der in der modernen Zivilrechtsdogmatik nicht mehr in Zweifel gezogenen Prämisse ausgegangen, daß es der Disposition der Vertragsparteien überlassen ist, Gestaltungsrechte – sei es in Verbindung mit der Zession einer einzelnen Forderung, sei es unter Loslösung aus einem bilateralen Vertragsverhältnis[2] – auf einen dritten Beteiligten zu übertragen. Nachdem hinsichtlich der Geltendmachung von Sekundärrechten im Rahmen von *do ut des ut det*-Rechtsgeschäften bislang allgemein von einer Berechtigung desjenigen ausgegangen worden ist, der auch Gläubiger der primären Leistungspflicht des Schuldners ist[3], soll diese Unterstellung nunmehr überprüft und gegebenenfalls modifiziert werden.

Zu diesem Zweck werden zunächst die Auswirkungen des neuen Ansatzes auf drittfinanzierte Erwerbsgeschäfte am Beispiel des finanzierten Abzahlungs-

[1] Siehe Teil II, 2. Abschnitt, II. 2. (100-106) und IV. 2. (111-118).

[2] Vgl. zur Zulässigkeit der isolierten Übertragung von Gestaltungsrechten zuletzt ausführlich *Steinbeck* 94-112 m.w.N.

[3] So die Ausgangshypothese in Teil II, 3. Abschnitt, III. (146).

kaufs und Finanzierungsleasinggeschäfts dargestellt. Besonders problematisch und umstritten ist jedoch nach wie vor die Verteilung der Sekundärrechte im Verhältnis von Zuwendendem und Zuwendungsempfänger bei Zessionen und Verträgen zugunsten Dritter, nicht hingegen bei befreienden Schuldübernahmen. In einem ersten Schritt werden die jeweiligen – teilweise widersprüchlichen – argumentativen Grundströmungen nachgezeichnet, um sodann auf dieser Basis die bisherigen Rechtsansichten zu umstrittenen Einzelproblemen anhand der aus dem neuen Ansatz ableitbaren Erkenntnisse kritisch zu beleuchten. Sofern die genannten Drei-Parteien-Beziehungen *do ut des ut det*-Rechtsgeschäfte verkörpern[4], lassen sich schließlich aus den Grundsätzen zum trilateralen Synallagma einheitliche Leitlinien zur Verteilung der Sekundärrechte ableiten.

I. Auswirkungen des neuen Ansatzes auf drittfinanzierte Erwerbsgeschäfte, dargestellt am Beispiel des finanzierten Abzahlungskaufs und des Finanzierungsleasinggeschäfts

Beim *B-Geschäft* ist nach der hier verfolgten Konzeption der Darlehensvertrag regelmäßig als berechtigender Vertrag zugunsten des Verkäufers einzuordnen; zudem ist die Vorausabtretung des Auszahlungsanspruchs an den Verkäufer denkbar. Im Hinblick auf diese Ausweitung eines ursprünglich zweiseitigen Schuldverhältnisses scheinen von den möglichen Sekundärrechten allenfalls Anfechtungsrechte getäuschter, im Irrtum befindlicher oder übervorteilter Darlehensnehmer Praxisrelevanz zu haben. Dabei wird der Anfechtungsgrund regelmäßig nicht an die Umstände der Valutierung, sondern an die Modalitäten der Ratenzahlungspflicht des Darlehensnehmers/Abzahlungskäufers anknüpfen. Fraglich ist nunmehr, ob der Abzahlungskäufer (Promissar) oder der Verkäufer (Destinatär) anfechtungsberechtigt ist.

Auszugehen ist von dem Grundsatz, daß eine bipolar-synallagmatische Leistungspflicht ihre Identität bewahrt, wenn sie infolge Ausdehnung einer zweiseitigen Schuldbeziehung auf Dritte zum Glied einer übers Dreieck verlaufenden Kette von Leistungsverpflichtungen im Sinne eines *do ut des ut det* wird. Die an die betreffende Leistungsverpflichtung anknüpfenden Sekundärrechte stehen im Rahmen eines trilateral-synallagmatischen Rechtsgeschäfts nach erfolgter Sukzession grundsätzlich dem jeweiligen Nachfolger zu. Ein Übergang auf diesen findet hingegen nicht statt, soweit Sekundärrechte – wie z.B. höchstpersönliche Rechte – unmittelbar an die Person des ursprünglich Ausübungsberechtigten gebunden sind. Wenn sich der Anfechtungsgrund also auf die darlehensvertraglichen Pflichten des Abzahlungskäufers bezieht, unterliegt allein er

[4] Siehe hierzu bereits ausführlich Teil II, 2. Abschnitt, VIII. (130-132).

einem Willensmangel und erleidet dadurch gegebenenfalls einen Schaden. Daher ist allein der Abzahlungskäufer zur Anfechtung gegenüber dem Finanzierungsinstitut berechtigt.

Auf *Finanzierungsleasinggeschäfte* lassen sich die zuvor entwickelten Leitlinien zur Verteilung von Sekundärrechten im Prinzip übertragen, wenn sich die gesamte Transaktion als ein *do ut des ut det*-Rechtsgeschäft darstellt. Dabei stellt sich indes die Frage, ob und in welchem Umfang Sekundärrechte zusammen mit dem Anspruch auf Verschaffung des unmittelbaren Besitzes am Leasinggegenstand – sei es durch Zession, sei es durch berechtigenden Vertrag zugunsten Dritter – auf den Leasingnehmer übertragen werden können. In diesem Zusammenhang sind die Gründe zu berücksichtigen, auf denen die für das Finanzierungsleasinggeschäft charakteristische Trennung zwischen unmittelbarem Besitz am Leasinggegenstand zugunsten des Leasingnehmers einerseits und der Eigentumszuweisung an den Leasinggeber andererseits beruht. Beide Parteien des Leasingvertrages haben ein – wenngleich unterschiedlich ausgestaltetes – wirtschaftliches Interesse am Leasingobjekt sowie an der Aufrechterhaltung und vertragsgemäßen Durchführung des gesamten Finanzierungsleasinggeschäfts. Sämtliche kaufvertraglichen Ansprüche sind dabei zunächst unmittelbar in der Rechtsposition des Käufers gebündelt, der seine Primäransprüche im Hinblick auf steuerrechtliche Folgewirkungen sodann nur teilweise, d.h. allein hinsichtlich der Verschaffung des unmittelbaren Besitzes, aber nicht bezüglich der Eigentumsverschaffung, auf den Leasingnehmer übergehen läßt. Dieses rechtliche Band zwischen Leasinggeber und Leasingobjekt vermag im Ergebnis trotz der Transformation der kaufvertraglichen Verpflichtung zur Besitzverschaffung in eine vom trilateralen Synallagma erfaßte Leistungspflicht einen automatischen Übergang der Gewährleistungsrechte auf den Leasingnehmer nicht zu rechtfertigen. Vielmehr räumen die Parteien des Leasingvertrages der dem Leasinggeber verbleibenden Eigentümerstellung Vorrang ein, wie die entweder für erforderlich erachtete Zession der kaufrechtlichen Gewährleistungsrechte oder auch Rücktrittsrechte nach §§ 325, 326 BGB[5] oder die Einräumung einer entsprechenden Ausübungsermächtigung verdeutlichen. Auch auf der Basis des hier entwickelten Ansatzes zur dogmatisch-konstruktiven Erfassung drittfinanzierter Erwerbsgeschäfte genießt der Wille der Parteien Priorität, so daß der Leasinggeber im Ergebnis die eigene Freizeichnung von der Haftung für Lieferung und Zustand des Leasingobjekts, dessen Eigentümer er geblieben ist, nur durch Übertragung der entsprechenden Sekundärrechte im Wege der Zession, Ausübungsermächtigung oder eines drittbegünstigenden Vertrages bewirken kann. Im Einzelfall kann der Umfang der dem

[5] Vgl. hierzu auch OLG Köln Urt. v. 8. 12. 1995, CR 1996, 346, 346 f.; in einer weiteren Entscheidung macht das OLG Köln Urt. v. 3. 11. 1995, NJW-RR 1996, 559, 560 (r.Sp.) deutlich, daß im Rahmen der Gewährleistungsregelung die Abtretungskonstruktion Ansprüche wegen Verzuges gem. §§ 284 ff., 326 BGB nicht erfasse.

Leasingnehmer zustehenden Sekundärrechte demnach allein durch Auslegung der Parteivereinbarungen ermittelt werden[6]. So macht etwa die Klausel, der Leasinggeber trete seine Gewährleistungsansprüche mit Ausnahme der daraus entstehenden Zahlungsansprüche an den Leasingnehmer ab, deutlich, daß letzterem allein das Recht *auf* Wandelung, hingegen nicht den Anspruch *aus* vollzogener Wandelung zustehen oder aber die Geltendmachung eines Eigenschadens ausgeschlossen sein soll.

II. Auswirkungen des neuen Ansatzes auf Zessionen, berechtigende Verträge zugunsten Dritter und befreiende Schuldübernahmen

Bei den Fällen der *Zession* stehen die Fragen im Mittelpunkt der Diskussion, ob dem Zessionar nur der unmittelbare Leistungsanspruch zusteht oder ob und – bejahendenfalls – in welchem Umfang er bei Leistungsstörungen auf Seiten des Schuldners auch zur Ausübung sekundärer Gläubigerrechte berechtigt ist[7]. Die denkbaren Möglichkeiten zur Lösung dieser Problematik sind vielgestaltig und umfassen nicht nur die Alleinberechtigung des Zedenten einerseits oder des Zessionars andererseits, sondern auch zwischen diesen Extrempolen angesiedelte modifizierende Auffassungen[8]. In Ermangelung eines klarstellenden Hinweises durch den Gesetzgeber – § 404 BGB stellt lediglich zugunsten des Schuldners den Erhalt von dessen Einwendungen aus dem Deckungsverhältnis sicher – sowie dogmatischer Strukturen mit Leitbildfunktion ist man bei der Frage der sachgerechten Verteilung von Sekundärrechten in Zessionsfällen noch weit von einem allgemeinen Konsens entfernt.

Durchaus vergleichbar heterogen und damit unübersichtlich stellt sich die Diskussion zur Verteilung der Gläubigerrechte bei *berechtigenden Verträgen zugunsten Dritter* dar. Auch in diesem Zusammenhang ist insbesondere bei Leistungsstörungen auf seiten des Versprechenden die sachgerechte Verteilung der Gläubigerrechte zwischen dem Promissar und dem Destinatär lebhaft umstritten[9]. Das Meinungsspektrum reicht von der jeweils alleinigen Ausübungsberechtigung des Versprechensempfängers oder des Drittbegünstigten über verschiedene Arten der Aufteilung der Sekundärrechte zwischen diesen beiden

[6] Siehe hierzu etwa MünchKomm-*Habersack* Leasing Rdn. 70-72; *Martinek* Vertragstypen Bd.I § 7 II 3 b (159 f.); *Reinicke/Tiedtke* Rdn. 1558-1561 jeweils m.w.N.

[7] Siehe stellvertretend die ausführlichen Auseinandersetzungen mit dieser Problematik bei *Dörner* 294-327; *Gernhuber* in: FS L.Raiser 57 ff.; *Schwenzer* AcP 182 (1982), 214 ff.; *Seetzen* AcP 169 (1969), 352 ff.

[8] Vgl. die Nachweise bei den in der vorangehenden Fußnote genannten Autoren sowie insbesondere die Übersichten bei *Schwenzer* AcP 182 (1982), 214, 217 in Fußn. 7-9 sowie MünchKomm-*Roth* § 398 Rdn. 94.

[9] Siehe hierzu stellvertretend die Darstellungen bei *Bayer* 339-346; *Dörner* 294-327; *Gernhuber* § 20 IV 4 und 5 (496-502); *Schmalzbauer* 51-59; *Schwenzer* AcP 182 (1982), 214, 217 in Fußn. 7-9; Soergel-*Hadding* § 328 Rdn. 41-63; Staudinger-*Jagmann* § 335 Rdn. 7-15.

Beteiligten bis hin zu diversen Varianten ihres Zusammenwirkens. Wiederum fehlt es an Vorgaben des Gesetzgebers sowie an dogmatischen Strukturen zur Verteilung von Sekundärrechten bei Aufspaltung der synallagmatisch verknüpften Hauptpflichten im Rahmen eines begünstigenden Vertrages zugunsten Dritter; § 334 BGB stellt lediglich klar, daß dem Promittenten die Einwendungen aus dem Deckungsverhältnis auch gegenüber dem Drittbegünstigten zustehen.

Schließlich tendiert man bei *befreienden Schuldübernahmen* dazu, die Ausübung der Sekundärrechte zwischen Alt- oder Neuschuldnern aufzuteilen[10]. Dabei wird im wesentlichen danach unterschieden, ob die Gestaltungsrechte die Rechtsposition des Urschuldners als Vertragspartei oder aber lediglich die übernommene Verbindlichkeit betreffen. Nur im letztgenannten Fall wird der Übernehmer der Schuld als ausübungsberechtigt angesehen.

Welche Auswirkungen ergeben sich nunmehr, wenn den angesprochenen Gestaltungsformen *do ut des ut det*-Rechtsgeschäfte zugrundeliegen? Am Beispiel ebenso zentraler wie umstrittener Einzelprobleme sollen in Ergänzung zu den bereits im vorangehenden Abschnitt gewonnenen Erkenntnissen einheitliche Leitlinien zur Verteilung von Sekundärrechten bei Rechtsgeschäften mit trilateral-synallagmatischer Leistungsverknüpfung abgeleitet werden.

In Fällen der *Zession* hat sich inzwischen die Ansicht durchgesetzt, daß dem Sukzessor – also dem Zessionar – anstelle des ursprünglichen Erfüllungsanspruchs ein Anspruch auf *Schadensersatz wegen Nichterfüllung* aus §§ 325 Abs.1 S.1 oder 326 Abs.1 S.2 BGB zusteht[11], während beim *berechtigenden Vertrag zugunsten Dritter* dieses Äquivalent für die entgangene Leistung nicht dem Destinatär, sondern überwiegend dem Promissar – teils mit, teils ohne Erfordernis der Zustimmung des Drittbegünstigten – zugesprochen wird[12]. Soweit in beiden Konstellationen ein trilateral-synallagmatischer Leistungsaustausch vorliegt, ist diese unterschiedliche Wertung nicht nachvollziehbar. In beiden Fällen ist der Anspruch des Drittschuldners/Promittenten im Deckungsverhältnis mit dem Anspruch des Zessionars/Destinatärs im Vollzugsverhältnis synallagmatisch verbunden[13]; in beiden Fällen wird dieses gespaltene zweiseitige Synallagma

---

[10] Siehe etwa *Dörner* 302, 304, 312, 315, 317, 321, 323 f.; MünchKomm-*Möschel* § 417 Rdn. 4. jeweils m.w.N.

[11] RG Urt. v. 21. 10. 1903, RGZ 55, 402, 404; Urt. v. 19. 2. 1930, RGZ 127, 245, 249; *Esser/Schmidt* Tb.2 § 37 I 3 b (290); *Gernhuber* in: FS L. Raiser 57, 88 f.; *Larenz* Schuldrecht I § 34 I (578); MünchKomm-*Emmerich* § 325 Rdn. 14; Palandt-*Heinrichs* § 398 Rdn. 18 f.; *Schwenzer* AcP 182 (1982), 214, 241 f.; *Seetzen* AcP 169 (1969), 352, 363-368; *Steinbeck* 88.

[12] *Gernhuber* § 20 IV 5 b (500); *Hassold* 302; *Larenz* Schuldrecht I § 17 I b (223); Palandt-*Heinrichs* § 328 Rdn. 6; MünchKomm-*Gottwald* § 335 Rdn. 6; *Schlechtriem* Schuldrecht AT Rdn. 543; Staudinger-*Jagmann* § 335 Rdn. 11-13; modifizierend *Bayer* 342-345; a.A. indes *Dörner* 305 f.; *Esser/Schmidt* Tb.2 § 36 III 1 (277); Soergel-*Hadding* § 328 Rdn. 45.

[13] Diesen Aspekt für den berechtigenden Vertrag zugunsten Dritter betonend *Dörner* 305; Soergel-*Hadding* § 328 Rdn. 42.

durch das Hinzutreten des dem Zedenten/Promissar im Valutaverhältnis zustehenden Anspruchs in einen dreiseitig-gegenseitigen Leistungsaustausch eingebettet. Bei einer solchen trilateral-synallagmatischen Leistungsverknüpfung geht ein mit dem Erfüllungsanspruch verknüpftes Sekundärrecht, welches in einem rein zweiseitigen Austauschverhältnis dem Gläubiger (dem späteren Zedenten/Promissar) zugestanden hätte, grundsätzlich auf den Sukzessor (Zessionar/Destinatär) über. Dieses Ergebnis gilt nicht nur für einen Anspruch auf Schadensersatz wegen Nichterfüllung i.S.d. §§ 325, 326 BGB, sondern auch für das sich aus diesen Vorschriften ergebende *Rücktrittsrecht*[14]. Wird dieses nunmehr vom Zessionar/Destinatär ausgeübt, sind die daraus ableitbaren Rechtsfolgen in den Zessionsfällen und bei berechtigenden Verträgen zugunsten Dritter nicht notwendigerweise identisch, sondern es sind die Umstände des Einzelfalles zu berücksichtigen. Es sei der in der Praxis häufig auftretende Fall unterstellt, daß im Deckungsverhältnis ein echter Vertrag zugunsten Dritter abgeschlossen wurde, um dem Destinatär neben seinem Leistungsanspruch gegen den Promissar im Valutaverhältnis erfüllungshalber einen zusätzlichen Anspruch gegen den Promittenten zu verschaffen. Erklärt der Begünstigte nunmehr nach §§ 325 Abs.1 S.1 oder 326 Abs.1 S.2 BGB gegenüber dem Versprechenden den Rücktritt, wird nach dem Willen der Parteien lediglich das im Deckungsverhältnis abgeschlossene Vertragsverhältnis wegen seiner zusätzlichen Sicherungsfunktion in ein Rückgewährschuldverhältnis umgewandelt, während das Valutaverhältnis von dem Rücktritt unberührt bleibt. Anders sind die Interessen der Beteiligten hingegen in der Mehrzahl der Zessionsfälle zu bewerten. Sofern hierbei der Zedent die ursprünglich im Deckungsverhältnis bestehende Forderung zur Erfüllung seiner Leistungspflicht im Valutaverhältnis an den Zessionar abtritt, werden sämtliche in den zugrundeliegenden bilateralen Vertragsverhältnissen bestehenden Hauptleistungspflichten in eine trilateral-synallagmatische Leistungskette eingebunden. Treffen die Beteiligten nunmehr keine abweichenden Vereinbarungen, leitet ein vom Zessionar ausgeübtes Rücktrittsrecht im Zweifel das gesamte dreiseitig-gegenseitige Schuldverhältnis in ein Rückgewährschuldverhältnis über – ein Ergebnis, das dem Zedenten bei besonderem Interesse am Bestand des Valuta- und/oder Deckungsverhältnisses vielfach nicht willkommen sein wird, das jedoch durch vertragliche Vereinbarung einer erfüllungshalber erfolgenden Forderungsabtretung und/oder eines Rückgriffsrechts des Zessionars gegenüber dem Zedenten verhindert werden kann.

[14] I.E. ebenso *Bayer* 345 f. [aber nur, wenn die Leistungen »an der Person des Dritten zu erbringen sind ... oder in seiner persönlichen Sphäre stattfinden«]; *Dörner* 308 f.; im Hinblick auf den Forderungskauf *Schwenzer* AcP 182 (1982), 214, 244 f. sowie *Steinbeck* 88-90; hinsichtlich berechtigender Verträge zugunsten Dritter Soergel-*Hadding* § 328 Rdn. 45, 47, 56 jeweils m.w.N. zur bislang noch vorherrschenden Gegenansicht.

Gleichfalls kontrovers diskutiert wird die Frage, ob nach der *Zession* einer Forderung das *Anfechtungsrecht* dem Zedenten zusteht[15] oder zwischen diesem und dem Zessionar aufzuteilen ist[16]. Soweit die zedierte Forderung in ein *do ut des ut det*-Rechtsgeschäft integriert ist, gilt der Grundsatz, daß die im bilateralen Austauschgeschäft an eine Leistungsverpflichtung anknüpfenden Sekundärrechte den Gläubigern und Schuldnern erhalten bleiben oder – sofern nicht an deren Person unmittelbar gebunden – im Rahmen eines trilateral-synallagmatischen Leistungsaustauschs auf den jeweiligen Sukzessor übergehen. Es sei im ersten Beispielsfall unterstellt, daß der Zedent im Deckungsverhältnis ein Objekt, dessen Wert 20 beträgt, aufgrund Irrtums über einen wertbildenden Faktor zum Preis von 100 erwirbt und seinen Lieferanspruch hernach an den Zessionar zu einem Gegenwert von 110 abtritt. Im zweiten Beispielsfall sei davon ausgegangen, daß der Zedent ein Objekt, dessen Wert 100 beträgt, im Deckungsverhältnis aufgrund Irrtums über eine Sacheigenschaft zum Preis von 20 an den Schuldner veräußert und die Kaufpreisforderung hernach an den Zessionar abtritt.

Nach der hier vertretenen Ansicht steht im ersten Fall das Anfechtungsrecht dem Zessionar als dem Gläubiger der abgetretenen Sachforderung innerhalb des *do ut des ut det*-Rechtsgeschäfts zu, sofern er sich ebenso wie der Zedent im Irrtum über einen wertbildenden Faktor befindet[17]. Obgleich sich also sowohl der Zedent als auch der Zessionar im gleichen Irrtum befunden haben, ist nur der Zessionar anfechtungsberechtigt, da mit der irrtumsbehafteten Forderung auch die darauf bezogenen – unteilbaren – Sekundärrechte im Wege der Sukzession auf ihn übergegangen sind, zumal allein er durch die irrtümlich falsch bewertete Sachforderung und die daran geknüpfte sowie zu hoch angesetzte Gegenleistung einen wirtschaftlichen Nachteil erleidet[18]. Sollte der in Aussicht genommene Zessionar hingegen den Irrtum des Zedenten erkennen, wird er sich im Valutaverhältnis verständlicherweise nicht auf das Geschäft – Objekt mit Wert von 20 zum Preis von 110 – einlassen, so daß kein *do ut des ut det*-Rechtsgeschäft zur Entstehung gelangt und demgemäß das Anfechtungsrecht beim verhinderten Zedenten verbleibt. Im zweiten Beispielsfall bezieht sich der

---

[15] In diesem Sinne wohl *Esser/Schmidt* Tb.2 § 37 I 3 b (290); *Larenz* Schuldrecht I § 34 VI (601); vgl. auch *Brügmann* 38 f., der die Zustimmung des Zessionars fordert.

[16] Vgl. *Dörner* 319-322 und – im Anschluß daran – *Steinbeck* 92-94, die zwischen der »forderungsbezogenen Anfechtung« (durch den Zessionar) und der »verpflichtungsbezogenen Anfechtung« (durch den Zedenten) unterscheiden; siehe auch *Schwenzer* AcP 182 (1982), 214, 248-252, die – ebenso wie nachfolgend *P. Bydlinski* 61 ff. – zwischen Zessionen von Sach- und Geldforderungen differenziert, wobei im ersten Fall das Anfechtungsrecht auf den Zessionar übergehen und im zweiten Fall beim Zedenten verbleiben soll.

[17] I.E. ebenso *Dörner* 321 f. und *Steinbeck* 93 f. unter Hinweis auf den forderungsbezogenen Charakter des Anfechtungsrechts sowie *Schwenzer* AcP 182 (1982), 214, 250 f. und *P. Bydlinski* 70, weil eine Sachforderung Gegenstand der Zession ist.

[18] Auf den letztgenannten Aspekt stellt *Schwenzer* AcP 182 (1982), 214, 251 ab und verweist zudem auf die funktionelle Austauschbarkeit von Rücktritts- und Anfechtungsrecht.

Irrtum hingegen auf die vom trilateralen Synallagma erfaßte Leistungspflicht im Deckungsverhältnis – Verschaffung von Eigentum und Besitz an einem Objekt mit einem irrtümlich nicht erkannten Wert von 100 – und steht deshalb allein dem betreffenden Schuldner, d.h. dem Zedenten der Gegenforderung, zu[19]; denn der Zessionar befand sich bei Abschluß des Vertrages im Valutaverhältnis weder in einem Irrtum noch hat er infolge fehlender Äquivalenz von Leistung und Gegenleistung einen finanziellen Nachteil erlitten. Sofern der Zedent anficht, hat er im Valutaverhältnis eine zunächst noch existente, sodann aber durch Anfechtung nach § 142 Abs.1 BGB *ex tunc* nichtige Forderung abgetreten, so daß er zum Regreß nach § 437 BGB verpflichtet ist[20].

Die Schwierigkeiten, die bei Verteilung der Sekundärrechte des allgemeinen Leistungsstörungsrechts auf den Zuwendenden und den Zuwendungsempfänger auftreten, finden ihre Entsprechung, wenn das für die einzelnen Vertragstypen geregelte *Gewährleistungsrecht* auf *Zessionen* und *berechtigende Verträge zugunsten Dritter* angewendet werden soll. Beispielhaft herausgegriffen sei die umstrittene Frage, wem bei mangelhafter Lieferung an den Zessionar/Destinatär das Recht auf Wandelung zustehen soll[21]. Legt man in diesem Zusammenhang wiederum die Grundsätze des trilateralen Synallagmas zugrunde, folgt daraus grundsätzlich ein Wandelungsrecht zugunsten des Gläubigers der jeweils in das trilaterale Synallagma eingebundenen Leistungsverpflichtung. Ist also die vom Schuldner/Promittenten zu erbringende Leistung mangelhaft, ist allein der Zessionar/Destinatär als wandelungsberechtigt anzusehen.

In jüngster Zeit ist die Frage aufgeworfen worden, ob bei *berechtigenden Verträgen zugunsten Dritter* – vergleichbar der Rechtslage bei *Zessionen* (§ 406 BGB) – der Versprechende im Vollzugsverhältnis gegenüber dem Drittbegünstigten

---

[19] Ebenso *Dörner* 323 f. und *Steinbeck* 93 f. wegen der Verpflichtungsbezogenheit des Anfechtungsrechts sowie *Schwenzer* AcP 182 (1982), 214, 252 und *P. Bydlinski* 68, da eine Geldforderung zediert worden ist.

[20] So auch *Schwenzer* AcP 182 (1982), 214, 252 Fußn. 150; anders hingegen *Dörner* 323 f., der sich für einen Schadensersatzanspruch aus positiver Vertragsverletzung ausspricht. Die Anknüpfung an § 437 BGB erscheint vorzugswürdig, weil sie einen einschlägigen gesetzlichen Anspruchstatbestand darstellt, der zudem nicht nur den Ersatz des positiven Interesses, sondern darüber hinaus die übrigen aus §§ 440 Abs.1 i.V.m. 320-327 BGB ableitbaren Rechte gewährt.

[21] Für ein Wandelungsrecht zugunsten des Zedenten, ggf. gemeinsam mit dem Zessionar: *Brügmann* 46-48; *Enneccerus/Lehmann* 317; MünchKomm-*Roth* § 398 Rdn. 94; *Seetzen* AcP 169 (1969), 352, 370; ein Wandelungsrecht zugunsten des Zessionars favorisieren hingegen: *Dörner* 312 f.; *Esser/Schmidt* Tb.2 § 37 I 3 b (290); Palandt-*Heinrichs* § 398 Rdn. 18 f.; *Schwenzer* AcP 182 (1982), 214, 244-246. Demgegenüber für ein Wandelungsrecht zugunsten des Promissars, evtl. zusammen mit dem Destinatär: *Bayer* 345 f. [sofern die Leistungen nicht »an der Person des Dritten zu erbringen sind ... oder in seiner persönlichen Sphäre stattfinden«]; *Enneccerus/Lehmann* 154 f.; *Gernhuber* § 20 IV 5 b (501); MünchKomm-*Gottwald* § 335 Rdn. 6; Palandt-*Heinrichs* § 328 Rdn. 6; *Papanikolaou* 79; *Schlechtriem* Schuldrecht AT Rdn. 543; Staudinger-*Jagmann* § 335 Rdn. 14; ein Wandelungsrecht des Destinatärs befürworten hingegen: *Esser/Schmidt* Tb.2 § 36 III 1 (277); *Dörner* 313; Soergel-*Hadding* § 328 Rdn. 58.

mit einer Forderung aufrechnen kann, die er im Deckungsverhältnis gegenüber dem Versprechensempfänger hätte geltend machen können[22]. Auf der Basis des hier vertretenen Ansatzes bleiben dem Schuldner Rechte, die er in einem zweiseitigen Austauschverhältnis dem Gläubiger hätte entgegensetzen können, im Rahmen eines trilateralen Leistungsaustauschs gegenüber dem Sukzessor erhalten. Freilich sind dabei die durch § 334 BGB gesetzten Rahmenbedingungen zu beachten, wonach es sich um »Einwendungen [des Versprechenden] aus dem Vertrage« im Deckungsverhältnis handeln muß. Bei sinnentsprechender Anwendung dieser Vorschrift auf die Grundsätze zum trilateralen Synallagma bedeutet dies, daß der Promittent gegenüber dem Anspruch des Destinatärs nur mit solchen gegen den Promissar gerichteten Forderungen aufrechnen kann, die in einem sachlichen Zusammenhang mit dem Vertrag zugunsten Dritter stehen. Damit kann ein Schuldner innerhalb eines *do ut des ut det*-Rechtsgeschäfts anders als bei einem zweiseitigen Austauschvertrag nicht nur mit einer gerade gegen seinen Gläubiger gerichteten, sondern prinzipiell, d.h. in Ermangelung eines gesetzlichen oder vertraglichen Einwendungsausschlusses oder einer entsprechenden Modifikation (etwa §§ 406, 417 Abs.2 BGB), auch mit einer gegen den dritten Beteiligten gerichteten Forderung aufrechnen.

III. Zusammenfassung

Vielfach wird bei der Ausdehnung eines zweiseitigen Vertragsverhältnisses auf einen Dritten versäumt, ausdrückliche Regelungen über das Schicksal der Gestaltungsrechte zu treffen, so daß der Weg der ergänzenden Vertragsauslegung zu beschreiten ist. Sofern den aus Zessionen, berechtigenden Verträgen zugunsten Dritter oder befreienden Schuldübernahmen hervorgegangenen Dreiecksbeziehungen *do ut des ut det*-Rechtsgeschäfte zugrundeliegen, kann man die – wie dargelegt – höchst umstrittene Verteilung der Sekundärrechte aus der Figur des trilateralen Synallagmas ableiten und damit auf ein einheitliches dogmatisches Fundament stellen[23]. Die Ergebnisse der vorangegangenen Überlegungen lassen sich folgendermaßen zusammenfassen:

– Eine bipolar-synallagmatische Leistungspflicht bewahrt ihre Identität, wenn sie infolge Ausweitung einer zweiseitigen Schuldbeziehung auf Dritte zu einem Gliedstück einer übers Dreieck verlaufenden Kette von Leistungsverpflichtungen im Sinne eines *do ut des ut det* wird.

[22] Ablehnend die h.M., vgl. BGH Urt. v. 27. 2. 1961, MDR 1961, 481; Erman-*Westermann* § 334 Rdn. 1; *Schlechtriem* Schuldrecht AT Rdn. 541; Soergel-*Hadding* § 334 Rdn. 3; Staudinger-*Jagmann* § 334 Rdn. 8; a.A. indes *Dörner* 231 f., 235 f., sofern bei der Übertragung bereits eine Aufrechnungslage bestand, sowie im Anschluß daran *Bayer* 336 m.w.N. in Fußn. 680 zur entsprechenden Rechtslage in Österreich.

[23] *Dörner* 299 sieht hingegen keine Möglichkeit, unter Rückgriff auf das dispositive Gesetzesrecht die Ausübungsbefugnis von Sekundärrechten zu ermitteln.

– Die an die betreffende Leistungsverpflichtung anknüpfenden Sekundärrechte stehen im Rahmen eines trilateral-synallagmatischen Rechtsgeschäfts weiterhin den ursprünglich ausübungsberechtigten Gläubigern und Schuldnern[24] sowie im Falle einer Sukzession grundsätzlich ihren jeweiligen Nachfolgern zu.

– Ein Übergang auf den Sukzessor findet indes nicht statt, soweit Sekundärrechte unmittelbar an die Person des ursprünglich Ausübungsberechtigten gebunden sind (wie z.B. bei höchstpersönlichen Rechten), ferner wenn sich aus gesetzlichen Vorschriften (etwa § 417 Abs.2 BGB, Art. 17 WG) oder einer Vereinbarung der Beteiligten[25] (etwa einem Einwendungsverzicht) ergibt, daß eine (oder mehrere) im trilateralen Synallagma stehende Leistungspflicht(en) abstrakt und damit vom rechtlichen Schicksal der übrigen unabhängig sein soll(en).

– Wenn ein Leistungsanspruch nur teilweise auf einen Dritten übertragen wird (wie etwa beim Finanzierungsleasinggeschäft), ist in Ermangelung ausdrücklicher Regelungen im Wege der Auslegung zu ermitteln, ob und inwieweit die Sekundärrechte vom ursprünglichen Gläubiger/Schuldner einer Primärleistungspflicht auf den jeweiligen Sukzessor übergehen sollen.

[24] Insoweit stellen die gesetzlichen Regelungen in §§ 334 und 404 BGB im Hinblick auf die Erhaltung von Einwendungen bei der Überleitung einer Verbindlichkeit in ein Rechtsgeschäft mit trilateralem Synallagma lediglich Klarstellungen dar.

[25] Dem Parteiwillen bei der Verteilung von Sekundärrechten gleichfalls Priorität einräumend *Dörner* 299; *Schwenzer* AcP 182 (1982), 214, 221.

3. Abschnitt

Einwendungsdurchgriff bei *do ut des ut det*-Rechtsgeschäften

I. Allgemeines

Dem Erwerber können im Rahmen drittfinanzierter Erwerbsgeschäfte Rechtsnachteile aus der Aufspaltung des ursprünglich einheitlichen, allein zwei Parteien einbeziehenden Austauschgeschäfts in ein Kauf- sowie ein Kreditgeschäft dadurch entstehen, daß er die nicht vom Kaufrecht erfaßten Darlehens- oder Leasingforderungen ohne institutionell verankerte Rücksicht auf Einwendungen tilgen muß, die auf Mängeln in der Entstehung und Erfüllung des Kaufgeschäfts beruhen. Die entscheidende Frage lautet, ob der Erwerber nunmehr gegenüber dem Zahlungsbegehren des Finanzierers im Wege der Einwendung etwa die Mangelhaftigkeit des Erwerbsgegenstandes geltend machen und damit weitere Ratenzahlungen verweigern kann. Die Voraussetzungen eines solchen Einwendungsdurchgriffs haben Rechtsprechung und Lehre schon seit langem beschäftigt. Auch die erstmalige gesetzliche Verankerung dieses Rechtsinstituts in der Vorschrift des § 9 Abs.3 VerbrKrG, wonach Verbrauchern bei verbundenen Geschäften i.S.d. § 9 Abs.1 VerbrKrG das Recht zum Einwendungsdurchgriff eingeräumt wird, hat nur eine begrenzte Zahl der bislang kontrovers diskutierten Rechtsfragen beantwortet, während viele Aspekte unberührt gelassen sowie zahlreiche neue Abgrenzungsprobleme aufgeworfen worden sind. Nicht sämtliche Gesichtspunkte der komplexen Problematik können nachfolgend angesprochen werden[1]. Ziel ist es vielmehr, die aktuelle Rechtslage zum drittfinanzierten Abzahlungskauf, Finanzierungsleasing- sowie Kreditkartengeschäft zu skizzieren, dieser jeweils den U.S.-amerikanischen Ansatz gegenüberzustellen, um anschließend die Ergebnisse an den Erkenntnissen des neuen Modells zu messen.

[1] Insoweit mag sich der Leser der Kommentarliteratur zu § 9 Abs.3 VerbrKrG oder den umfassenden Monographien speziell zu dieser Vorschrift von *Dürbeck*, *Franz* und *Melsheimer* anvertrauen.

II. B-Geschäft

1. Deutschland

Schon lange ist nach Wegen gesucht worden, die für gerecht erachtete Abhängigkeit des Darlehensrückzahlungsanspruchs von der ordnungsgemäßen Erbringung der finanzierten Leistung dogmatisch zu untermauern und damit zugleich die Durchbrechung des Grundsatzes von der Unbeachtlichkeit einer *exceptio ex iure tertii*[2] zu rechtfertigen. Die zum sog. Einwendungsdurchgriff geführte Diskussion hat zu einem Irrgarten des Ideenreichtums juristischer Konstruktionen geführt, dessen Umrisse hier nur angedeutet zu werden brauchen. Als Rechtsgrundlage oder auch nur gedankliches Fundament dieses Rechtsinstituts sind im Schrifttum vor dem Inkrafttreten des VerbrKrG folgende Ansätze entwickelt worden[3]: analoge Anwendung von § 139 BGB[4], § 242 BGB[5], § 273 BGB[6] oder von § 404 BGB[7]; unmittelbare Anwendung von § 320 BGB[8]; Rahmenvertrag zwischen Verkäufer und Bank als Vertrag mit Schutzwirkung für Dritte[9], Rückgriff auf die Lehre von der Geschäftsgrundlage[10], die Lehre von der Zweckverfehlung[11], die Akzessorietätslehre[12] oder die *causa*-Lehre[13]; Deutung des Einwendungsdurchgriffs als Sanktion eines berufsrollenwidrigen Verhaltens des Kreditgebers[14], Gedanke des *venire contra factum proprium*[15]; Aus-

---

[2] Zu den Ursprüngen dieses Rechtssatzes siehe die Darlegungen und Nachweise bei *Henke* 45 ff.; *Rappaport* 12-16.

[3] Diese Aufzählung erhebt keinen Anspruch auf Vollzähligkeit, siehe insofern ergänzend die überblickartigen, zugleich aber kritischen Darstellungen des Meinungsstands bei *Canaris* Bankvertragsrecht Rdn. 1418 ff.; *Dürbeck* 147-151; *Franz* 41-45; *Gernhuber* § 31 II 11-13 (724-729); *Ma. Lehmann* 30 ff., 79-83, 88-96; *Reifner* Wirtschaftsrecht 175-187.

[4] So *Fikentscher* § 71 V 6b bis zur 4.Aufl.

[5] Bspw. *Möllers* NJW 1955, 1421, 1423 (r.Sp.); *Schoreit* 89-96.

[6] *Larenz* in: FS Michaelis 193, 202-214; *ders.* Schuldrecht II/1 § 63 I a (446); MünchKomm-*Keller* § 273 Rdn. 17; ähnlich *Vollkommer* in: FS Larenz 703, 713 f.

[7] *Marschall von Bieberstein* Abzahlungsgeschäft 113-116, 118-120, 133-139, 151-155.

[8] Zu diesem Ergebnis gelangt *Reifner* Wirtschaftsrecht 226-264 (insbes. 246) auf der Basis eines eigenwilligen und rechtsdogmatisch zweifelbehafteten Ansatzes: Die Pflicht des Kreditgebers zur Überlassung und Belassung der Darlehensvaluta stehe im synallagmatischen Gegenseitigkeitsverhältnis zur Zahlung von Zinsen und Gebühren und – insoweit im Gegensatz zur vorherrschenden Ansicht – zur Pflicht des Kreditnehmers zur Rückzahlung der Darleghensvaluta; darüber hinaus bestehe eine synallagmatisch verknüpfte Leistungspflicht des Kreditgebers, durch eine zeitweise Gewährung von Kaufkraft den Prozeß einer individuellen Konsumtion wertmäßig zu gewährleisten!

[9] *Mück* 43-63.

[10] *Canaris* Bankvertragsrecht Rdn. 1420; *Ma. Lehmann* 46 ff.; *Möllers* 67.

[11] *Esser* in: FS Kern 87, 108 f.; *Esser/Weyers* § 9 III 3 (110).

[12] *H. Weber* ZRP 1982, 305, 310 f.

[13] *Gundlach* 203-233.

[14] *Hopt* in: FS Stimpel 265, 284 ff.; *Hopt/Mülbert* Vorbem zu §§ 607 ff. Rdn. 429 ff.

[15] *von Reinersdorff* 28 f., 97 f, 113, 118 f.; zustimmend *Hopt/Mülbert* Vorbem zu §§ 607 ff. Rdn. 432; in diese Richtung weisen auch BGH Urt. v. 12. 7. 1979, NJW 1980, 41, 43 (l.Sp.) sowie zuletzt *Oechsler* 364, 370 f.

fluß des wirtschaftlichen Funktionszusammenhangs[16]; Integration in die allgemeine Lehre von der Vertrauenshaftung[17]. Vereinzelt blieben indes Stimmen, die eine sachgerechte Lösung allein im Einschreiten des Gesetzgebers sahen[18]. Die Rechtsprechung des BGH eröffnete zunächst nicht die Möglichkeit zum Einwendungsdurchgriff, sondern gewährte dem Abzahlungskäufer Schutz durch einen gegen das Finanzierungsinstitut zu richtenden Schadensersatzanspruch aus *culpa in contrahendo* wegen Verletzung von Aufklärungs- und Warnpflichten insbesondere über die Risiken der Geschäftsaufspaltung[19]. Hernach rückte man hiervon ab und begann, das Recht zum Einwendungsdurchgriff aus dem Grundsatz von Treu und Glauben (§ 242 BGB) abzuleiten[20].

Der für die Rechtspraxis bis zu Beginn der neunziger Jahre maßgebliche Ansatz des BGH (*culpa in contrahendo*, § 242 BGB) hat im Zusammenspiel mit der Rechtswissenschaft zur Entwicklung verschiedener Prinzipien geführt, die schließlich zumindest teilweise ihren Niederschlag im VerbrKrG gefunden haben. Zunächst kam es zu einer intensiven Auseinandersetzung mit den Aufklärungs- und Warnpflichten, die den Finanzierungsinstituten bei Beteiligung an finanzierten Abzahlungsgeschäften durch die Rechtsprechung auferlegt worden waren[21]. Nachdem die Judikatur zu einer Ableitung des Einwendungsdurchgriffs aus § 242 BGB übergegangen war, wurden Maximen zur Ausfüllung dieser Generalklausel entwickelt. Dabei wies der BGH im Jahre 1962 darauf hin, daß die Aufspaltung des als wirtschaftlich einheitlichen Vorgang anzusehenden Abzahlungsgeschäfts in einen Kauf- und einen Darlehensvertrag dem Abzahlungskäufer im Vergleich zum einfachen Abzahlungskauf nicht zum Nachteil oder zumindest nicht zu einer wesentlichen Schlechterstellung gereichen dürfe. Von dem – wie bereits ausführlich dargelegt[22] – wenig überzeugenden gedanklichen Modell des Schlechterstellungsverbots ist die Judikatur bis heute nicht abgerückt. Seit dem Jahre 1967 hat der BGH[23] zudem die Annahme eines B-Geschäfts, der damit einhergehenden Aufklärungspflichten des Finan-

---

[16] *Th. Raiser* RabelsZ 33 (1969), 457, 473 f.; ähnlich *Gilles* JZ 1975, 305, 310-312.

[17] *Abeltshauser* ZIP 1990, 698 ff.; in diese Richtung tendierend auch *Oechsler* 364, 370 f.

[18] *Logothetis* in: *Chiotellis/Fikentscher* 209, 229-233

[19] So die Judikatur seit BGH Urt. v. 17. 11. 1960, BGHZ 33, 293, 298; zuletzt BGH Urt. v. 5. 5. 1992, WM 1992, 1355, 1358 (r.Sp.); weitere Nachweise der Rspr. bei *Franz* 33 f.; *Hopt/Mülbert* Vorbem zu §§ 607 ff. Rdn. 412; *M. Wolf* in: *Wolf/Horn/Lindacher* § 9 Rdn. F 26-27. Zu der vorangegangenen, im vorliegenden Zusammenhang indes zu vernachlässigenden Entwicklung der Rechtsprechung siehe den Überblick bei *Reifner* Wirtschaftsrecht 187-192.

[20] Siehe etwa BGH Urt. v. 25. 3. 1982, BGHZ 83, 301, 303 f.; Urt. v. 19. 9. 1985, BGHZ 95, 350, 352; weitere Nachweise der Rspr. bei *Franz* 34 f.; *Hopt/Mülbert* Vorbem zu §§ 607 ff. Rdn. 417.

[21] Vgl. im Hinblick auf das B-Geschäft die detaillierten Analysen der Rspr. bei *Dauner-Lieb* 83 ff.; *Hopt/Mülbert* Vorbem zu §§ 607 ff. Rdn. 503 ff.; *W.F. Schmitz* 54-98; allgemein zu diesen Pflichten *Hopt* Kapitalanlegerschutz 235 ff., 413 ff.

[22] Siehe hierzu bereits ausführlich Teil I, 2. Abschnitt, I. 1. (53-55).

[23] BGH Urt. v. 20. 2. 1967, BGHZ 47, 253, 255.

zierungsinstituts sowie der Einwendungsdurchgriffsrechte des Käufers davon abhängig gemacht, daß das drittfinanzierte Erwerbsgeschäft und das Darlehen »wirtschaftlich eine auf ein Ziel ausgerichtete Einheit bilden oder sich zu einer solchen Einheit ergänzen«. Die weitere Entwicklung dieses Ansatzes, die schließlich in der Legaldefinition der wirtschaftlichen Einheit in § 9 Abs.1 S.2 VerbrKrG ihren vorläufigen Abschluß gefunden hat, ist bereits zuvor beschrieben worden[24].

Die schillernde Rechtsfigur des Einwendungsdurchgriffs ist nunmehr in § 9 Abs.3 VerbrKrG verankert, wodurch das Finanzierungsinstitut gleichsam »in die Schuhe« des Verkäufers gestellt wird, wenn es gegen den Abzahlungskäufer/Darlehensnehmer vorgeht und der finanzierte Kaufpreis DM 400,– überschreitet. Die mit dem Erlaß der Vorschrift verbundene Hoffnung auf Lösung zahlreicher streitiger Einzelfragen zu den Voraussetzungen des Einwendungsdurchgriffs hat sich im wesentlichen nicht erfüllt, vielmehr sind neue Rechtsprobleme hinzugekommen. Im Vordergrund steht wiederum die Frage, wie in Fällen der Abweichung der neuen von der bisherigen Rechtslage zu verfahren ist. Bislang wurde der geschützte Personenkreis vom BGH in Analogie zu § 8 AbzG bestimmt[25], wodurch insbesondere den im Handelsregister eingetragenen Kaufleuten das Recht zum Einwendungsdurchgriff versagt blieb[26]. Nach Erlaß des VerbrKrG ist nunmehr umstritten, ob beim B-Geschäft die *exceptio ex iure tertii* allein Verbrauchern – und damit nicht länger Gewerbetreibenden und Minderkaufleuten – vorbehalten sein soll[27]. Darüber hinaus wurde vor Inkrafttreten des VerbrKrG zwischen Einwendungen unterschieden, die einen unmittelbaren Einwendungsdurchgriff rechtfertigten (z.B. Sittenwidrigkeit des finanzierten Geschäfts i.S.d. § 138 Abs.1 BGB)[28], ein subsidiäres – d.h. ein erst nach erfolgloser oder unzumutbarer Inanspruchnahme des Verkäufers realisierbares – Einwendungsdurchgriffsrecht gewährten (z.B. Gewährleistungsansprüche nach §§ 434 ff., 459 ff. BGB)[29] oder aber keinen Einwendungsdurchgriff zulassen sollten (insbesondere dilatorische Einwendungen und Einreden nach

[24] Siehe Teil I, 2. Abschnitt, I. 1. (50-56).

[25] BGH Urt. v. 5. 4. 1962, BGHZ 37, 94, 101 f.; Urt. v. 25. 3. 1982, BGHZ 83, 301, 303 f.

[26] Kritisch gegenüber der Rspr. deshalb u.a. *Canaris* Bankvertragsrecht Rdn. 1446 f.; Soergel-*Hönn* Anh. § 6 AbzG Rdn. 48.

[27] In diesem Sinne *Lieb* WM 1991, 1533, 1540-1542; MünchKomm-*Habersack* § 9 VerbrKrG Rdn. 79; a.A. *Emmerich* in: *Hadding/Hopt* 67, 73 f.; *Reinking* FLF 1993, 174, 175 (l.Sp.); *M. Wolf* in: *Wolf/Horn/Lindacher* § 9 Rdn. F 24; modifizierend *Dürbeck* 105-115; *Ma. Lehmann* 124 f.; vgl. zum Meinungsstand außerdem *Franz* 68 f. in Fußn. 26, der die umstrittene Frage indes nicht vertieft.

[28] Siehe hierzu aus der Rspr. etwa BGH Urt. v. 7. 2. 1980, NJW 1980, 1155 ff.; vgl. auch *Hopt/Mülbert* Vorbem zu §§ 607 ff. Rdn. 486 f. m.w.N.

[29] Aus der Rspr. vgl. bspw. BGH Urt. v. 9. 2. 1978, NJW 1978, 1427 ff.; siehe zudem *Hopt/Mülbert* Vorbem zu §§ 607 ff. Rdn. 488 f.

§§ 273, 320 BGB)[30]. Diese Differenzierung[31] ist zwischenzeitlich zumindest für den Anwendungsbereich des VerbrKrG durch dessen § 9 Abs.3 S.1+3 obsolet geworden. Nach Satz 1 kann der Verbraucher gegenüber dem Kreditgeber die Rückzahlung des Kredits ablehnen, soweit ihn Einwendungen aus dem verbundenen Kaufvertrag – seien sie rechtsleugnenden, rechtsvernichtenden oder rechtshemmenden Charakters – gegenüber dem Verkäufer zur Verweigerung seiner Leistung berechtigen würden. Zudem führt Satz 3 mit Ausnahme des Falles, daß bei Mangelhaftigkeit der Sache oder der finanzierten Leistung (Abs.4) eine vom Verbraucher verlangte Nachbesserung oder Ersatzlieferung fehlschlägt, zur grundsätzlichen Aufgabe des bisherigen Subsidiaritätsprinzips[32]. Da gem. § 18 S.1 VerbrKrG von den Vorschriften des Gesetzes nicht rechtswirksam zum Nachteil der Verbraucher abgewichen werden kann, kommt nur noch bei gewerblichen oder kaufmännischen Abzahlungskäufern der kontrovers diskutierten Frage Bedeutung zu, ob und unter welchen Voraussetzungen auf das Recht zum Einwendungsdurchgriff in AGB-Klauseln verzichtet werden kann[33].

2. U.S.A.

Die rechtliche Grundlage für das Recht des Abzahlungskäufers zum Einwendungsdurchgriff bilden in erster Linie FTC-*Regulations*, während einzelstaatliche Vorschriften einen höheren Schutzstandard gewähren können. Der für den deutschen Rechtsanwender ungewöhnliche Ansatz wird erst bei Kenntnis seiner Entstehungsgeschichte verständlich. Das Vorgehen der FTC war von dem Bemühen geprägt, eine von Gesichtspunkten der ökonomischen Effizienz geprägte Regelung ohne die Unwägbarkeiten eines mühsamen Gesetzgebungsver-

[30] Die Freistellung der Finanzierungsinstitute von derartigen Einwendungen wurde von der Rspr. nicht nachvollzogen, sondern allein in der Rechtswissenschaft postuliert; vgl. *Canaris* Bankvertragsrecht Rdn. 1422, 1436; *Esser* in: FS Kern 87, 115 [wo die tendenziöse Umschreibung »dilatorischer Kleinkrieg« erstmals auftaucht]; *Hopt/Mülbert* Vorbem zu §§ 607 ff. Rdn. 490; *Hörter* 246; *Koller* 357; a.A. hingegen bspw. *König* Konsumentenkredit 62; *Larenz* in: FS Michaelis 193, 210

[31] Zur bisherigen Rechtslage vgl. außerdem die zusammenfassenden Darstellungen bei *Gundlach* 233-235; *Löhr/Simon* 91-94; *Melsheimer* 159 f.

[32] Ausführlich hierzu etwa *Dürbeck* 96-100; *Franz* 166-193, *Melsheimer* 210-222; MünchKomm-*Habersack* § 9 VerbrKrG Rdn. 99-104; *Seibert* § 9 VerbrKrG Rdn. 14; modifizierend, aber wenig überzeugend *Dauner-Lieb* WM-Sonderbeilage 6/1991, 28 f.; *M. Wolf* in: FS Heinsius 967, 976-978 geht hingegen aufgrund der unmittelbaren Wirkung von Art. 11 Abs.2 lit.e) Verbraucherkredit-Richtlinie für das deutsche Recht weiterhin von der Subsidiarität des Einwendungsdurchgriffs aus, da eine andere Beurteilung eine nach Art.5 EGV unzulässige Beeinträchtigung der Dienstleistungsfreiheit bedeute; zustimmend *Habersack* DStR 1994, 1853, 1857 (l.Sp.).

[33] Siehe zu dieser Problematik *Canaris* Bankvertragsrecht Rdn. 1428 f., 1431, 1484; *Hopt/Mülbert* Vorbem zu §§ 607 ff. Rdn. 497 f.; *Knauth* Die Bank 1982, 31, 34 f.; *Logothetis* in: *Chiotellis/Fikentscher* 209, 225 f.; *M. Wolf* in: *Wolf/Horn/Lindacher* § 9 Rdn. F 25 jeweils m.w.N.

fahrens in Kraft zu setzen. Dabei sollten diejenigen Kosten, die bei der Beteiligung von Verbrauchern an finanzierten Abzahlungsgeschäften durch Verfehlungen des Verkäufers verursacht werden, auf die finanzierende Partei verlagert werden, um auf diese Weise einen optimalen Ausgleich auf dem Markt für Verbraucherkredite herzustellen[34]. Hierzu verfolgte die FTC einen verblüffenden Ansatz. Die FTC *Holder-In-Due-Course Regulations* (16 C.F.R. §§ 433.1-433.3) ordnen an, daß der Verkäufer, der als Kaufpreis die Valuta eines *purchase money loan*[35] entgegennimmt, dafür zu sorgen hat, daß in den zugrundeliegenden *consumer credit contract*[36] eine obligatorische Aufklärungs- und Belehrungsformel aufgenommen wird[37]. Einer entsprechenden Verpflichtung ist der Kreditgeber überraschenderweise nicht unterworfen[38]. Die maßgebliche Vorschrift des § 433.2 (b), über deren Einhaltung allein die FTC wacht[39], hat folgenden Wortlaut:

In connection with any sale or lease of goods or services to consumers, or in affecting commerce as »commerce« is defined in the Federal Trade Commission Act, it is an

---

[34] Siehe 40 Fed.Reg. 53506, 53523 (18. Nov. 1975). *Geva* 31 Case W. Res. L. Rev. 51, 54-73 (1980) und *Greenhalgh* 25 UCLA L. Rev. 821, 853-861 (1978) untersuchen die Frage, inwieweit die FTC-*Regulations* diesen Zielsetzungen ihrer Verfasser gerecht geworden sind, wobei nach Ansicht der Autoren das Ziel zumindest teilweise verfehlt wurde. Die Effizienzerwägungen der FTC kritisiert interessanterweise auch *Posner* Economic Analysis of Law 115 f. [»It is not obviously wiser for the consumer to decide to pay more for a product than to decide to give up one of his legal remedies against the seller«]. Vgl. allgemein zu den rechtlichen und insbesondere auch rechtspolitischen Überlegungen, die die Diskussion um eine sachgerechte Risikoverteilung bei drittfinanzierten Erwerbsgeschäften (teilweise bereits vor Erlaß der *FTC-Regulations*) bestimmt haben, *Littlefield* 1973 Wis. L.Rev. 471, 492-502; *Note* 85 Harv. L. Rev. 1409, 1411-1417, 1438 (1972); *Note* 11 Val. U. L. Rev. 263, 275 f., 288-294 (1977); *Rohner* 60 Cornell L. Rev. 503, 551-566 (1975); *Tanner* 31 Sw. L.J. 1097, 1118-1123 (1977) sowie zuletzt die konzise Darstellung von *M.B. White* 66 Temple L. Rev. 661, 668 f. (1993).

[35] Dieser Rechtsbegriff wird definiert in 16 C.F.R. § 433.1 (d), vgl. Teil I, 2. Abschnitt, II. Fußn. 43 (59).

[36] § 433.1 (i) hat folgenden Wortlaut: Consumer credit contract. Any instrument which evidences or embodies a debt arising from a »Purchase Money Loan« transaction ...

[37] Zu den damit verbundenen praktischen Schwierigkeiten siehe *Sovern* 6 Ann. Rev. Banking L. 119, 148 f. (1987).

[38] Zu den vergeblichen Bemühungen der FTC, den Anwendungsbereich der Vorschrift auch auf *creditor* zu erstrecken, siehe *Alperin/Chase* 334 f.; *Note* 11 Val. L. Rev. 263, 286 (1977); *Sovern* 6 Ann. Rev. Banking L. 119, 140-142 (1987); *M.B. White* 66 Temple L. Rev. 661, 666 (1993) jeweils m.w.N.

[39] Das für den Gerichtsbezirk Washington, D.C. und die dort ansässige FTC zuständige Gericht hat eine Klagebefugnis der Verbraucher gegenüber Verkäufern, die gegen die Anordnungen des § 433.2 der FTC-*Regulations* verstoßen, abgelehnt; siehe *Holloway in Bott v. Holiday Universal, Inc*, 45 U.S.L.W. 2071 (D.C.Cir. 1976); vgl. zur Problematik außerdem *Alperin/Chase* 337-339; *Banks* 44 Mont. L. Rev. 113, 121-124 (1983); *Fonseca* 519 f.; *Note* 11 Val. U. L. Rev. 263, 300-307 (1977); *Sovern* 6 Ann. Rev. Banking L. 119, 137 f. (1987) jeweils m.w.N. Hingegen a.A. *M.B White* 66 Temple L. Rev. 661, 669-696 (1993), der die Auffassung vertritt, nach der von ihm entwickelten »contractual incorporation theory« könnte in einen unter Verstoß gegen 16 C.F.R.§ 433.2 zustandegekommenen Vertrag die fehlende *Notice* gleichsam hineingelesen oder -interpretiert werden.

unfair or deceptive act or practice within the meaning of Section 5 of that Act for a seller, directly or indirectly, to:

(a) ...

(b) Accept, as full or partial payment for such sale or lease, the proceeds of any purchase money loan (as purchase money loan is defined herein), unless any consumer credit contract made in connection with such purchase money loan contains the following provision in at least ten point, bold face, type:

NOTICE
ANY HOLDER OF THIS CONSUMER CREDIT CONTRACT IS SUBJECT TO ALL CLAIMS AND DEFENSES WHICH THE DEBTOR COULD ASSERT AGAINST THE SELLER OF GOODS OR SERVICES OBTAINED WITH THE PROCEEDS HEREOF. RECOVERY HEREUNDER BY THE DEBTOR SHALL NOT EXCEED AMOUNTS PAID BY THE DEBTOR HEREUNDER.

Bevor diese Vorschrift gewürdigt werden kann, ist ihr Anwendungsbereich abzustecken[40]. Drittfinanzierte Erwerbsgeschäfte mit kommerziellen Zielsetzungen werden von der Vorschrift nicht erfaßt, sondern es ist lediglich der Schutz von Verbrauchern[41] beabsichtigt[42]. Sofern die Belehrungsformel irrtümlich in Verträge mit Gewerbetreibenden oder Kaufleuten aufgenommen wird, können indes auch diese Gruppen die von der FTC ursprünglich lediglich zum Verbraucherschutz eingeführten Durchgriffsrechte gegenüber ihren Drittfinanzierern geltend machen. Der sachliche Anwendungsbereich erstreckt sich nur auf den Erwerb von *goods or services*, so daß der Immobilienerwerb von der Vorschrift nicht abgedeckt wird. Schließlich ist zu beachten, daß die FTC-*Regulations* keine Anwendung finden, soweit die in dem zugrundeliegenden Vertrag benannte Summe $ 25.000 übersteigt[43].

Im Rahmen des U.C.C.C. ergibt sich das Recht des Abzahlungskäufers zum Einwendungsdurchgriff aus § 3.405 (2)[44], während im Bundesstaat Wisconsin

[40] Vgl. hierzu auch die Ausführungen in *Note* 11 Val. U. L. Rev. 263, 278-284 (1977) sowie bei *White/Summers* Vol.2 § 17-9 (183-186).

[41] § 433.1 (b) grenzt Verbraucher folgendermaßen ab: Consumer. A natural person who seeks or acquires goods or services for personal, family, or household use. Siehe ergänzend *Greenhalgh* 25 UCLA L. Rev. 821, 836-838 (1978); *Note* 11 Val. U. L. Rev. 263, 284 f. (1977).

[42] Mehrfach hat sich die FTC mit der Frage der Ausdehnung seiner *Holder-In-Due-Course Regulations* auch auf kleinere Unternehmen oder Gewerbetreibende auseinandergesetzt – vgl. 40 Fed.Reg. 53506, 53527 f. (18. Nov. 1975), 53 Fed.Reg. 44456-44458 (3. Nov. 1988) und 57 Fed.Reg. 28814-28816 (29. Juni 1992); die Bundesbehörde hat letztlich aber an der Beschränkung des persönlichen Anwendungsbereichs auf Verbraucher festgehalten.

[43] Diese Einschränkung folgt nicht unmittelbar aus dem Wortlaut der Verordnung, sondern indirekt aus deren Bezugnahme auf Definitionen des *Truth in Lending Act.*; siehe hierzu *Alperin/Chase* 328 m.w.N. in Fußn. 9; *Note* 11 Val. U. L. Rev. 263, 284 (1977); vgl. auch 41 Fed.Reg. 20022, 20024 (14. Mai 1976).

[44] U.C.C.C. § 3.405 (2): A claim or defense of a consumer specified in subsection (1) may be asserted against the lender under this section only if the consumer has made a good faith attempt to obtain satisfaction from the seller or lessor with respect to the claim or defense and then only to the extent of the amount owing to the lender with respect to the

die Vorschriften des im März 1973 in Kraft getretenen *Wisconsin Consumer Act* – § 422.408 (1) und (4) der *Wisconsin Statutes*[45]– maßgeblich sind. Diese Normen weisen Ähnlichkeiten sowohl mit den Mustervorschriften des U.C.C.C. als auch mit denen der FTC-*Regulation* § 433.2 auf. Obgleich die Verbraucherschutzvorschriften Wisconsins fast genauso weitreichend wie die der bundesstaatlichen Verordnung sind, muß man den einzelstaatlichen Ansatz jedoch als völlig eigenständig ansehen, da die zuvor erörterte FTC-Verordnung erst drei Jahre später in Kraft trat.

Diese Ansätze sind aus der von der Judikatur entwickelten *close-connection doctrine*[46] hervorgegangen, deren Anwendungsbereich teilweise auf Abzahlungsgeschäfte mit Verbrauchern beschränkt[47], teilweise aber auch auf rein kommerzielle Transaktionen ausgedehnt wird[48]. Demgegenüber bezwecken sowohl die FTC-*Regulations* als auch die einschlägigen Vorschriften des U.C.C.C. und des *Wisconsin Consumer Act* allein den Schutz von Konsumenten. Die genannten Gesetzeswerke enthalten hinsichtlich des Rechts zum Einwendungsdurchgriff keine sich an der Höhe des Kaufpreises orientierenden Einschränkungen, während die FTC-*Regulations* sich lediglich auf finanzierte Abzahlungskäufe bis zu

sale or lease of the property or services as to which the claim or defense arose at the time the lender has notice of the claim or defense. Notice of the claim or defense may be given before the attempt specified in this subsection. Oral notice is effective unless the lender requests written confirmation when or promptly after oral notice is given and the consumer fails to give the lender written confirmation within the period of time, not less than 14 days, stated to the consumer when written confirmation is requested.

[45] Wis.Stat. § 422.408 (1) + (4): (1) The lender in an interlocking consumer loan is subject to the claims and defenses the consumer may have against the seller or lessor in the consumer transaction for which the proceeds of the loan are used subject to sub. (3). (4) To the extent that a lender under an interlocking consumer loan is subject to claims or defenses of the customer against a merchant under this section, the lender's liability is limited to claims or defenses arising from the consumer transaction financed by the proceeds of the loan, and may not exceed that portion of the unpaid balance of the loan at the time the lender has notice of the claim or defense, which the proceeds used to pay all or part of the customer's obligation on which the claim is based bears to the entire amount financed of the loan, unless the customer has obtained a judgment against the merchant and execution thereon has been returned unsatisfied, in which event the lender shall in addition be liable in a similar manner for the proportionate amount paid by the customer to the lender with respect to the interlocking consumer loan before the lender received notice of the claim or defense of the customer.

[46] Siehe hierzu bereits Teil I, 2. Abschnitt, II. (57-64).

[47] Vgl. *Leasing Service Corp. v. River City Constr., Inc.*, 743 F.2d 871, 39 UCC 1054 (11 Cir. 1984); *Christinson v. Venturi Constr. Co.*, 109 Ill.App.3d 34, 64 Ill.Dec.674, 440 N.E.2d 226, 34 UCC 1604 (1982); *Orix Credit Alliance v. Bell Realty, Inc.*, 1995 U.S. Dist.Lexis 12255.

[48] Vgl. *St. James v. Diversified Commercial Finance Corp.*, 714 P.2d 179, 1 UCC2d 121 (Nev. 1986); *Allis-Chalmers Credit Corp. v. Herbolt*, 17 Ohio App.3d 230, 479 N.E.2d 293, 41 UCC 485 (1984); *Arcanum National Bank v. Hessler*, 69 Ohio St.2d 549, 433 N.E.2d 204, 33 UCC 604 (1982); *Security Nat. Bank v. Williams*, 52 Ohio App.2d 175, 368 N.E.2d 1264, 22 UCC 1196 (1976).

einer Höchstgrenze von $ 25.000 erstrecken[49]. Zudem sehen sämtliche Vorschriften keine speziellen Ausschlußfristen für die Geltendmachung des Einwendungsdurchgriffsrechts vor; ein darauf gerichteter Vorschlag war im Rahmen der Beratungen zu den FTC-*Regulations* ausdrücklich abgelehnt worden[50]. Der *Wisconsin Consumer Act* stellt an die Geltendmachung des Rechts zum Einwendungsdurchgriff daneben keine weiteren Vorbedingungen. Der U.C.C.C. schreibt hingegen vor, daß Verbraucher zuvor in *good faith* den Versuch unternommen haben müssen, den Verkäufer zu einer Erfüllung seiner kaufvertraglichen Leistungspflichten zu bewegen. Auch im Rahmen der dem Erlaß der FTC-Vorschrift § 433.2 vorangegangenen Beratungen war die Frage diskutiert worden, ob Verbraucher vor einer Zahlungseinstellung verpflichtet sein sollten, vom Verkäufer schriftlich die ordnungsgemäße Vertragserfüllung zu verlangen. Letztlich wurde die Frage mit folgender Begründung verneint[51]:

»In most cases a consumer will attempt to resolve complaints with the seller before stopping payment. Specifying in the rule the manner in which such consumer/seller negotiation must take place would introduce unnecessary formality into the procedure. The format of such efforts should remain flexible. The Commission is also concerned that formalistic requirements upon the consumer would serve to create other problems, especially of proof – e.g., did the seller in fact receive notice?«

Zusammenfassend ist festzustellen, daß die von den U.S.-amerikanischen Normgebern bei der inhaltlichen Ausgestaltung der *exceptio ex iure tertii* getroffenen Grundsatzentscheidungen denjenigen des deutschen Gesetzgebers gleichen: alleinige Begünstigung von Verbrauchern; Erstreckung des Rechts zum Einwendungsdurchgriff auf sämtliche Einwendungen, die der Käufer gegenüber dem Verkäufer geltend machen kann; weitgehende Aufgabe des Subsidiaritätsprinzips.

III. Finanzierungsleasinggeschäft

1. Deutschland

Dem Aspekt des Einwendungsdurchgriffs beim Finanzierungsleasinggeschäft wird in der Rechtswissenschaft erst seit Inkrafttreten der Vorschrift des § 9 Abs.3 VerbrKrG wieder Beachtung geschenkt. Zuvor hatte der BGH neben seiner überaus leasingnehmerfreundlichen »Geschäftsgrundlagen«-Rechtsprechung[52] keine Notwendigkeit gesehen, Leasingnehmern zusätzlich noch das

---

[49] Diese Begrenzung spiegelt indes nicht den Willen der FTC wider, der sich ausdrücklich gegen eine finanzielle Höchstgrenze richtete (40 Fed.Reg. 53506, 53527 (18. Nov. 1975)), sondern ist vielmehr auf gesetzgebungstechnische Notwendigkeiten zurückzuführen.

[50] 40 Fed.Reg. 53506, 53527 (18. Nov. 1975).

[51] 40 Fed.Reg. 53506, 53528 (18. Nov. 1975).

[52] Siehe hierzu ausführlich nachfolgend Teil III, 4. Abschnitt, II. 1. (253 f.) m.w.N.

Recht zum Einwendungsdurchgriff zu gewähren[53]. Danach führt die Wandelung des Kaufvertrages zum Wegfall der Geschäftsgrundlage des Finanzierungsleasingvertrages mit *ex-tunc*-Wirkung, wodurch der Leasingnehmer begünstigt wird, da er nach erfolgter Wandelung von der Pflicht zur weiteren Rückzahlung der Leasingraten befreit und ihm darüber hinaus auch die Rückforderung der bereits gezahlten Leasingraten gestattet wird.

Nach Inkrafttreten des VerbrkrG herrscht nunmehr Unklarheit darüber, wie die bislang alle Leasingnehmer, d.h. Verbraucher *und* sonstige Rechtsteilnehmer, gleichermaßen begünstigende Rechtslage mit dem in § 9 Abs.3 VerbrKrG gewährten Recht zum Einwendungsdurchgriff in Einklang zu bringen ist. Zunächst ist umstritten, ob überhaupt der Zugang zum VerbrKrG eröffnet ist, d.h. ob es sich bei einem Finanzierungsleasinggeschäft überhaupt um ein verbundenes Geschäft i.S.d. § 9 Abs.1 VerbrKrG handeln kann[54]. Überwiegend wird argumentiert[55], § 9 VerbrKrG knüpfe an die Aufspaltung eines wirtschaftlich einheitlichen Vorgangs in zwei vom Verbraucher geschlossene Verträge an. Kauf- und Leasingvertrag könnten kein verbundenes Geschäft i.S.d. § 9 Abs.1 VerbrKrG sein, da der Verbraucher selbst nur den Leasingvertrag, nicht aber den Kaufvertrag abschließe. Darüber hinaus wird vielfach die Ansicht vertre-

---

[53] In diesem Sinne BGH Urt. v. 28. 10. 1981, WM 1982, 7, 8 (r.Sp.), der damit von BGH Urt. v. 23. 2. 1977, BGHZ 68, 118, 122 abrückte. In dieser Entscheidung hatte das Gericht einen Einwendungsdurchgriff *obiter* noch für denkbar und zulässig erachtet; i.E. ebenso *Baumgarte* 99-102 und *Jung* 71 unter Bezugnahme auf Entscheidungen von Instanzgerichten sowie *Hiddemann* WM 1978, 834, 840; für Zulassung des Einwendungsdurchgriffs bei absatzförderndem Leasing, das durch eine enge Zusammenarbeit zwischen Leasinggeber und Lieferant gekennzeichnet ist, *Canaris* Bankvertragsrecht Rdn. 1428 f.; *ders.* NJW 1982, 305, 309; *Papapostolou* 57 ff., 70 ff.; *Roth* AcP 190 (1990), 293, 303 f.

[54] Für eine *direkte* Anwendbarkeit des § 9 VerbrKrG *Canaris* ZIP 1993, 401, 406 f.; *Emmerich* in: *Graf von Westphalen/Emmerich/von Rottenburg* § 9 Rdn. 207 f.; Erman-*Klingsporn/Rebmann* § 9 VerbrKrG Rdn. 7; *Kümpel* Rdn. 5.85; *M. Wolf* in: *Wolf/Horn/Lindacher* § 9 Rdn. L 30; ebenso wohl auch *Stolterfoht* in: Münchener Vertragshandbuch Bd.3, II.1. Anm.7 (152) und *Graf von Westphalen* Leasingvertrag Rz. 1281-1285 (587 f.); einschränkend OLG Rostock Urt. v. 13. 2. 1996, DZWir 1996, 425, 426 [zumindest für das sog. Eintrittsmodell] mit insoweit zust. Anm. von *Franz*; ähnlich *Larenz/Canaris* Schuldrecht II/2 § 66 IV 3 a, b (116 f.) [für das absatzfördernde und lieferantennahe Finanzierungsleasing]; ablehnend hingegen *Lieb* WM 1991, 1533 ff.; *ders.* WM-Sonderbeilage 6/1992, 15 [zumindest für das reine Finanzierungsleasing]; *Marloth-Sauerwein* 108-110; *Reinicke/Tiedtke* ZIP 1992, 217, 227 f.; *Seifert* Der langfristige Kredit 1991, 144, 145 f. [anders allenfalls beim Eintrittsmodell]; *Wolf/Eckert* Rdn. 2175-2178. Für eine zumindest *analoge* Anwendung *Lieb* WM-Sonderbeilage 6/1992, 15 [hinsichtlich des Hersteller- und Vertriebsleasings]; *Marloth-Sauerwein* 111 ff. [insbes. 120 f., 132 bezüglich des absatzfördernden Finanzierungsleasings und des indirekten Herstellerleasings]; *Michalski/Schmitt* Rdn. 93.

[55] Siehe etwa *Bülow* § 9 VerbrKrG Rdn. 26, 61; *Habersack* ZHR 156 (1992), 45, 60 f.; *Leible* 125; *Lieb* WM 1991, 1533, 1535 f.; *Martinek* Vertragstypen Bd.I § 7 IV 2 (189, 191); *Medicus* Rdn. 776a; *Michalski/Schmitt* Rdn. 93; *Peters* WM 1992, 1797, 1804; *Lwowski/Peters/Gössmann* 168, 171 f.; MünchKomm-*Habersack* Leasing Rdn. 32 und § 9 VerbrKrG Rdn. 143; *Reinicke/Tiedtke* Rdn. 1644; *Schwintowski/Schäfer* § 8 Rdn. 102; *Slama* WM 1991, 569, 572 f.; *Tiedtke* JZ 1991, 907, 910; *Zahn* DB 1991, 81, 83 (r.Sp.); a.A. jedoch *Canaris* ZIP 1993, 401, 406 f.; *Emmerich* in: *Hadding/Hopt* 67, 85 f.

ten, daß sich mangels einer Regelungslücke eine analoge Anwendung von § 9 Abs.3 VerbrKrG erübrige[56]. Von anderen wird vorgeschlagen, die »Geschäftsgrundlagen«-Lösung sei durch § 9 Abs.3 VerbrKrG zu ersetzen, was zugleich zu einer Versagung des Rückforderungsdurchgriffs führe[57]; ob dabei der Einwendungsdurchgriff auch Nicht-Verbrauchern zugute kommen soll, ist umstritten[58]. Schließlich wird vereinzelt die Anwendbarkeit der »Geschäftsgrundlagen«-Rechtsprechung neben § 9 Abs.3 VerbrKrG befürwortet, woraus folge, daß die Vorteile zugunsten der zu privaten Zwecken handelnden Leasingnehmer zu kumulieren seien[59].

2. U.S.A.

Durch die unmittelbar geltende Vorschrift des UCC § 2A-407[60], einen normativen Grundpfeiler der gesetzlichen Regelungen zum Finanzierungsleasing, wird sichergestellt, daß nach der Annahme des Leasingobjekts durch den Leasingnehmer der Leasinggeber seinen Anspruch auf Zahlung der Leasingraten in jedem Fall durchsetzen kann[61]. Dazu bedarf es nicht mehr der Aufnahme der bislang gebräuchlichen und auch weiterhin zulässigen sog. *hell or high water*-Klauseln[62] in den Leasingvertrag. Mit der Annahme des Leasinggegenstandes wird die Zahlungsverpflichtung des Leasingnehmers unabhängig von der Vertragserfüllung durch den Lieferanten oder den Leasinggeber. Letzterer kann

[56] *Drescher* Rdn. 265; *Dürbeck* 125-130; *Leible* 1125-127; *Lieb* WM 1991, 1533, 1536-1539; MünchKomm-*Habersack* § 9 VerbrKrG m.w.N. in Fußn. 395; *Reinicke/Tiedtke* ZIP 1992, 217, 228; *Schwintowski/Schäfer* § 8 Rdn. 104; in diese Richtung tendiert auch *M. Wolf* in: *Wolf/Horn/Lindacher* § 9 Rdn. L 30, L 60.

[57] *Larenz/Canaris* Schuldrecht II/2 § 66 IV 3 c, d (117-120); *Marloth-Sauerwein* 123-138; in diesem Sinne wohl auch Erman-*Klingsporn/Rebmann* § 9 VerbrKrG Rdn. 36.

[58] In diesem Sinne *Larenz/Canaris* Schuldrecht II/2 § 66 IV 3 e (120); a.A. MünchKomm-*Habersack* § 9 VerbrKrG Rdn. 79 m.w.N. zum Meinungsstand in Fußn. 231.

[59] *Emmerich* in: *Graf von Westphalen/Emmerich/von Rottenburg* § 9 Rdn. 218; *Ma. Lehmann* 126-131; *Ott* in: *Bruchner/Ott/Wagner-Wieduwilt* § 9 VerbrKrG Rdn. 156; *Peters* WM 1992, 1797, 1805; *Seibert* § 9 VerbrKrG Rdn. 12.; diesen Ansatz bezeichnet *Canaris* treffend als »Rosinentheorie«, vgl. *Larenz/Canaris* Schuldrecht II/2 § 66 IV 3 c (118).

[60] UCC § 2A-407: (1) In the case of a finance lease that is not a consumer lease the lessee's promises under the lease contract become irrevocable and independent upon the lessee's acceptance of the goods. (2) A promise that has become irrevocable and independent under subsection (1): (a) is effective and enforceable between the parties, and by or against third parties including assignees of the parties; and (b) is not subject to cancellation, termination, modification, repudation, excuse, or substitution without the consent of the party to whom the promise runs. (3) This section does not affect the validity under any other law of a covenant in any lease contract making the lessee's promises irrevocable and independent upon the lessee's acceptance of the goods.

[61] Vgl. zu den Auswirkungen dieser Vorschrift *Girsberger* Rdn. 157 und ebd. Fußn.256; *Heermann* ZVglRWiss 92 (1993), 326, 340 f.; *dens.* 15 Loy. L.A. Int'l & Comp. L.J. 307, 324 (1993); *W. Müller* 147-151; *Tsche* 196-199 jeweils m.w.N.

[62] Siehe etwa *American Computer v. Jack Farrell Implement*, 763 F.Supp. 1473, 1484 (D.Minn. 1991).

also selbst dann seinen Anspruch auf Leistung der Leasingraten weiterhin erfolgreich durchsetzen, wenn sich der Leasinggegenstand nachträglich als mangelbehaftet erweist[63].

Die seit langem gebräuchlichen *hell or high water clauses* und die damit verbundene großzügige rechtliche Absicherung hat für die amerikanische Leasingpraxis stets den wesentlichen Anreiz, ja eine praktisch unabdingbare Voraussetzung für die Beteiligung an Finanzierungsleasinggeschäften dargestellt[64]. Im Ergebnis führt die gesetzliche Konzeption dazu, daß sich die Rückabwicklung nach vollzogener Wandelung regelmäßig allein auf die rechtliche Beziehung zwischen dem Leasingnehmer und dem Lieferanten auswirkt. Dennoch können Leasingnehmer gegenüber dem Zahlungsbegehren des Leasinggebers in wenigen Ausnahmefällen Einwendungen geltend machen, die in dem kaufvertraglichen Verhältnis zwischen dem Leasinggeber und dem Lieferanten begründet sind[65]. Dies gilt, wenn

- der Leasinggeber ausdrücklich auf den Leasinggegenstand bezogene Zusagen gemacht (UCC § 2A-210) oder etwaige Rechtsmängel zu vertreten hat (UCC § 2A-211 (1)),
- der Leasinggeber den Leasingnehmer zur Annahme eines nicht vertragsgemäßen Leasingobjekts veranlaßt hat, so daß dieser seine Annahme gem. UCC § 2A-517 (1)(b) 1.Alt. rückgängig machen kann,
- der Leasingnehmer im Rahmen der Vertragsfreiheit weitere zum Widerruf berechtigende Gründe in den Leasingvertrag hat aufnehmen können (UCC § 2A-517 (3)),
- Leasinggeber und Lieferanten aufgrund personeller und finanzieller Verflechtungen eine wirtschaftliche Einheit darstellen und die Lieferanten ihre vertraglichen Pflichten gegenüber Leasingnehmern, die Verbraucher sind, verletzen[66].

Darüber hinaus kann der Leasingnehmer von der Pflicht zur Zahlung der Leasingraten im Einzelfall befreit werden, wenn

[63] *Quinn* § 2A-407 [A][4] macht deutlich, daß die Gesetzesverfasser das Verhältnis zwischen Leasingnehmer und Leasinggeber nicht im Sinne eines »pay first and dispute later« verstanden wissen wollten. *Strauss* 43 Mercer L. Rev. 853, 864 f. (1992) vertritt die Ansicht, UCC § 2A-407 sei eine Falle für den unerfahrenen Leasingnehmer, und gibt deshalb der Beibehaltung der bisherigen »hell or high water«-Klauseln gegenüber einer Verabschiedung der Mustervorschrift den Vorzug.

[64] Diese Zielsetzung der Leasinggesellschaften ist nicht nur von der Legislative durch Erlaß von UCC § 2A-407, sondern auch von der Judikatur ausdrücklich gebilligt worden; vgl. etwa *Colorado Interstate Corp. v. CIT Group/Equipment Fin.* 993 F.2d 743, 749 Fußn. 6 (U.S.App. 10th Cir. 1993).

[65] Siehe hierzu *Heermann* ZVglRWiss 92 (1993), 326, 341; *dens.* 15 Loy. L.A. Int'l & Comp. L.J. 307, 325, 329 (1993); *W. Müller* 150 f.; *Tsche* 197-199 jeweils m.w.N.

[66] So bspw. *Freemann v. Hubco Leasing Inc.*, 253 Ga. 698, 324 S.E. 2d 462, 40 UCC 408 (1985).

- ein Gericht den Leasingvertrag oder einzelne seiner Klauseln als *unconscionable* – diesem Terminus kommt im deutschen Recht die Sittenwidrigkeit i.S.d. § 138 BGB am nächsten – erachtet oder feststellt, daß der Leasinggeber bei der Vertragsanbahnung oder -abwicklung gegenüber einem Leasingnehmer, der Verbraucher ist, in entsprechender Weise gehandelt hat (UCC § 2A-108[67]);
- Leasinggeber die gem. UCC §§ 2A-103 (3), 2-103 (1), 1-203 auch ihnen obliegende Pflicht zum geschäftlichen Handeln in *good faith* verletzt haben.

Da die Vorschrift des UCC § 2A-407 (1) ausdrücklich *consumer leases* von ihren strengen Rechtsfolgen ausnimmt, scheint in Fällen der Verbraucherbeteiligung der Leasinggeber Einwendungen des Leasingnehmers ausgesetzt zu sein. Es ist indes voreilig, in der gesetzlichen Regelung eine nachdrückliche Stärkung des zu privaten Zwecken handelnden Leasingnehmers zu sehen[68]. Denn zum einen ist die offizielle Kommentierung zur personellen Reichweite des mit der Vorschrift beabsichtigten Verbraucherschutzes widersprüchlich[69], zum anderen

[67] UCC § 2A-108 (1)+(2): (1) If the court as a matter of law finds a lease contract or any clause of a lease contract to have been unconscionable at the time it was made the court may refuse to enforce the lease contract, or it may enforce the remainder of the lease contract without the unconscionable clause, or it may so limit the application of any unconscionable clause as to avoid any unconscionable result. (2) With respect to a consumer lease, if the court as a matter of law finds that a lease contract or any clause of a lease contract has been induced by unconscionable conduct or that unconscionable conduct has occured in the collection of a claim arising from a lease contract, the court may grant appropriate relief. Zu dieser auf das Finanzierungsleasing zugeschnittenen Generalklausel siehe ausführlich *White/Summers* Vol.2 § 13-4 (16-18); krit. *Heckman* 13 Bridgeport L. Rev. 503, 520-523 (1993). Seitens der Judikatur werden *hell or high water clauses* nicht als *unconscionable* angesehen, solange die Umstände des Einzelfalles bei einem Leasingvertrag zwischen Kaufleuten nicht auf ein Verhandlungsungleichgewicht hindeuten oder die Klausel kein »element of unfair surprise« darstellt, vgl. *Emlee Equipment Leasing Corp. v. Waterbury Transmission, Inc.* 31 Conn.App. 455, 473; 626 A.2d 307, 316 (1993). Darüber hinaus stellt der nicht fest umrissene Begriff *unconscionability* allgemein insbesondere im Kaufrecht – vgl. UCC § 2-302 (Unconscionable Contract or Clause) – ein generalklauselartiges Einfallstor zur Überprüfung der Rechtmäßigkeit von Vertragsklauseln dar; einen Überblick über die *Unconscionability Doctrine* bieten *White/Summers* Vol.1 § 4 (206-244) sowie im deutschsprachigen Schrifttum *Munz* 34-109.

[68] Siehe hierzu ausführlich *Heermann* ZVglRWiss 92 (1993), 326, 346 sowie *W. Müller* 159 f.; *Hawkland/Miller* Vol.3 § 2A-407:02; *White/Summers* Vol.2 § 13-3 (12 f.) sowie § 13-4 (20-23) jeweils m.w.N.

[69] Siehe einerseits UCC § 2A-407 Official Comment, sechster Absatz: »This section does not address whether a »hell or high water clause« ... is enforceable if included in a finance lease that is a consumer lease ... That issue will continue to be determined by the facts of each case and other law which this section does not affect.« Demgegenüber wird im zweiten Absatz der Kommentierung festgestellt: »... this section excludes a finance lease that is a consumer lease. That a consumer be obligated to pay notwithstanding defective goods or the like is a principle that is not tenable under case law, state statute, or federal statute.«

genießt der Grundsatz der Vertragsfreiheit eine Vorrangstellung[70], so daß UCC § 2A-407 (1) auch bei Verbraucherbeteiligung durch eine einzelvertragliche *hell or high water clause* verdrängt und/oder abbedungen werden kann. Es bleibt abzuwarten, ob die Judikatur die drohende Gleichbehandlung von privaten und kommerziellen Leasingnehmern billigen wird[71]. Insgesamt ist damit die rechtliche Stellung amerikanischer Leasinggeber im Vergleich zur deutschen Rechtslage als überaus stark anzusehen.

IV. Kreditkartengeschäft

In Ergänzung zu den ansonsten im Vordergrund der Untersuchung stehenden finanzierten Abzahlungskäufen und Finanzierungsleasinggeschäften sollen nachfolgend auch die Möglichkeiten eines Kreditkarteninhabers zum Einwendungsdurchgriff und später[72] die Rechtsfolgen, die sich bei Wandelung eines mittels Kreditkarteneinsatzes getätigten Erwerbsgeschäfts ergeben, erörtert werden. Verschiedene Gründe rechtfertigen dieses Vorgehen: Zunächst handelt es sich bei der Grundkonstellation eines Drei-Parteien-Kreditkartengeschäfts um ein *do ut des ut det*-Rechtsgeschäft, dessen Bedeutung im Wirtschaftsverkehr auch weiterhin ständig zunehmen wird. Des weiteren sind die angesprochenen Rechtsprobleme in Deutschland seit Beginn der neunziger Jahre in steigendem Maße Gegenstand widersprüchlicher Gerichtsentscheidungen gewesen – eine Entwicklung, deren Ursache sicherlich auch in dem Fehlen speziell auf das Kreditkartengeschäft zugeschnittener legislativer Vorgaben zu suchen ist. Demgegenüber verfügt das Rechtssystem im Mutterland des Kreditkartengeschäfts über einen ebenso umfassenden wie detaillierten Normenkatalog, der in Anbetracht der gegenwärtigen Rechtsunsicherheit für den deutschen Rechtsanwender besonders aufschlußreich ist. Gleichwohl wird nachfolgend – zumindest hinsichtlich der zu vertiefenden Rechtsfragen – nicht das Postulat nach einem Tätigwerden des Gesetzgebers aufgestellt, sondern vielmehr wird dargelegt werden, daß sich bereits aus den Grundsätzen des trilateralen Synallagmas Problemlösungen ableiten lassen, die den Wertungen des amerikanischen

[70] Vgl. UCC §§ 2A-103 (4), 1-102 (3); siehe außerdem *Quinn* § 2A-407 [A][1]; *White/Summers* Vol.2 § 13-3a (5 f.) m.w.N.

[71] Erste Prognosen wagen *Burke/Cannel* 28 Harv. J. on Legis. 115, 118 (1991); *Heckman* 36 St.Louis U. L.J. 309, 341 (1992); *Miller* 39 Ala. L. Rev. 957, 962 f., 970 f. (1988); *Schoenfeld* 1989 Ann. Surv. Am. L. 565 bei Fußn. 101; *White/Summers* Vol.2 § 13-4 (22 f.). In der Entscheidung *Emlee Equipment Leasing Corp. v. Waterbury Transmission, Inc.* 31 Conn.App. 455, 465; 626 A.2d 307, 313 (1993) hat sich das Gericht *obiter* dafür ausgesprochen, daß einzelvertragliche *hell or high water clauses* bei Verbraucherbeteiligung eher als bei alleiniger Beteiligung von Kaufleuten als *unconscionable* – übertragen auf das deutsche Rechtssystem ist dieser Terminus etwa mit der Sittenwidrigkeit i.S.d. § 138 BGB vergleichbar – angesehen werden können und damit letztlich an strengeren Maßstäben zu messen sind.

[72] Siehe Teil III, 4. Abschnitt, III. (256-258).

Gesetzgebers und – in geringerem Ausmaß – der deutschen Kautelarpraxis entsprechen.

1. Deutschland

Die Verteilung der Vertragspflichten im Emissions- und Akquisitionsvertrag führt zu rechtlichen Folgeproblemen, die im Anschluß an die Diskussion zur Rechtsnatur dieser beiden Verträge erhebliche praktische Auswirkungen haben. Die Vorleistungspflicht erweist sich für das Kreditkartenunternehmen als mißlich, wenn der Karteninhaber bis zur Fälligkeit seiner monatlichen Abrechnung auf einwendungsbegründende Umstände aufmerksam wird und unter Hinweis auf diese keine oder nur teilweise Zahlungen an den Kartenherausgeber erbringt. Bei dieser klassischen Problemkonstellation ist in rechtlicher Hinsicht noch nicht abschließend geklärt, ob das zugrundeliegende Kreditkartengeschäft in dem ohnehin begrenzten Anwendungsbereich des VerbrKrG – Barzahlungspreis von mehr als 400,– DM, Zahlungsaufschub von mehr als drei Monaten (§ 3 Abs.1 Nr.1+3 VerbrKrG) – als verbundenes Geschäft i.S.d. § 9 Abs.1 VerbrKrG angesehen werden kann[73]. Daneben wird die Zulässigkeit des Einwendungsdurchgriffs in Rechtsprechung und Schrifttum unterschiedlich bewertet[74].

In der Praxis steht hingegen nicht der Aspekt des Einwendungsdurchgriffs, sondern vielmehr die Frage im Vordergrund, ob dem Karteninhaber bereits

[73] Für das Vorliegen eines verbundenen Geschäfts i.S.d. § 9 Abs.1 VerbrKrG *Metz* NJW 1991, 2804, 2812; *Reifner* Kreditrecht § 44 Rdn. 3f.; *Schöchle* 316; *M. Wolf* in: *Wolf/Horn/Lindacher* § 9 Rdn. K 51; wohl auch *Vortmann* § 9 VerbrKrG Rdn. 6; einschränkend *Taupitz* 82 [wenn eine kapitalmäßige Verflechtung zwischen dem Handelsunternehmen und der Bank besteht oder letztere als Serviceunternehmen des Verkäufers auftritt]. Dagegen u.a. *Bülow* § 9 VerbrKrG Rdn. 27a; *Emmerich* in: *Graf von Westphalen/Emmerich/von Rottenburg* § 9 Rdn. 69; Erman-*Klingsporn/Rebmann* § 9 VerbrKrG Rdn. 8; *Martinek* Vertragstypen Bd.III § 23 II 2 c (80f.), § 23 II 4 c (92f.); MünchKomm-*Habersack* § 9 VerbrKrG Rdn. 43; *Seibert* DB 1991, 429, 431; *von Usslar/von Morgen* 64f., 84.

[74] Für ein Recht zum Einwendungsdurchgriff *Metz* NJW 1991, 2804, 2808, 2812 [»zumindest bei Kartenverträgen, die eindeutig bzw. wahlweise eine Kreditfinanzierung ermöglichen«]; *Reifner* Kreditrecht § 44 Rdn. 3; *Schöchle* 316; modifizierend *Martinek* Vertragstypen Bd.III § § 23 II 2 d-e (81-85), der den Einwendungsdurchgriff ausnahmsweise aufgrund der Treuepflicht des Kreditkartenunternehmens und bei strittiger Weisungserteilung zulassen will; *Schwintowski/Schäfer* § 6 Rdn. 61 gehen von der Anwendbarkeit des § 9 Abs.3 VerbrKrG bei Inanspruchnahme eines Kontokorrentkredits aus. Gegen ein Einwendungsdurchgriffsrecht jedoch u.a. *Canaris* Bankvertragsrecht Rdn. 1633; *Eckert* WM 1987, 161, 165f.; *Hadding* Gutachten 327; *ders.* in: FS Pleyer 17, 39 (Fußn. 81); Heymann-*Horn* Anh § 372 Rdn. 150f.; *Horn* ZBB 1995, 273, 276; *Kümpel* Rdn. 4.317; *Martinek* Vertragstypen Bd.III § 23 II 2 c (80f.); MünchKomm²-*Westermann* § 6 AbzG Rdn. 27; *Sandkühler* 113f.; *Seibert* DB 1991, 429, 431; Soergel-*Hönn* Anh. zu § 6 AbzG Rdn. 10; *Taupitz* 67, 82 [Ausnahme bei enger Verflechtung]; vgl. auch OLG Schleswig Urt. v. 29. 11. 1990, WM 1991, 453 sowie LG Berlin Urt. v. 30. 10. 1985, NJW 1986, 1939, 1941, wonach ein Einwendungsausschluß in den Allgemeinen Geschäftsbedingungen des Kreditkartenunternehmens nicht gegen §§ 3 oder 9 Abs.1 AGBG verstößt.

zuvor gegenüber dem Kreditkartenunternehmen ein Widerrufsrecht zusteht[75]. Dessen rechtliche Zulässigkeit hängt davon ab, ob man den Akt der Unterzeichnung des Leistungsbelegs als eine geschäftsbesorgungsvertragliche Weisung gem. § 665 BGB erachtet[76], bei der das Widerrufsrecht endet, sobald der Geschäftsbesorger – hier: das Kartenunternehmen – eine irreversible Disposition getroffen hat[77]: Insoweit halten einige die Unterzeichnung des Leistungsbelegs für maßgeblich[78]; während andere auf die Leistung des Kreditkartenherausgebers an das Vertragsunternehmen abstellen[79]. Vielfach wird auch die Ansicht vertreten, die Unwiderruflichkeit der Weisung ergebe sich bereits aus der Natur des Kreditkartenverfahrens und sei deshalb verfahrensbedingt[80]. Die Gegenansicht bewertet den Leistungsbeleg als eine Anweisung nach § 783 BGB[81], bei der gem. § 790 Satz 1 BGB das Widerrufsrecht erst mit der Annahme durch den Angewiesenen oder mit der Bewirkung der Leistung endet. Auf der Grundlage der letztgenannten Ansicht ist also ein Widerrufsrecht noch bis zur Abrechnung zwischen dem Kreditkarten- und dem Vertragsunternehmen möglich, sofern das Kreditkartenunternehmen die Anweisung zwischenzeitlich nicht angenommen hat[82]. Überzeugender erscheint es hingegen, überhaupt keine irreversible Bindung im Verhältnis zwischen Kreditkarten- und Vertragsunternehmen anzunehmen, soweit sich die Kreditkartenunternehmen durch die Vereinbarung sog. Rückforderungsklauseln[83] das Recht vorbehalten, eine bereits an

---

[75] Siehe hierzu zuletzt ablehnend *Bitter* ZBB 1996, 104, 105-113 und *dens.* BB 1997, 480 ff. mit ausführlicher Darstellung des Meinungsstandes.

[76] BGH Urt. v. 17. 5. 1984, BGHZ 91, 221, 224; KG Urt. v. 8. 6. 1993, WM 1993, 2044, 2045 (l.Sp.); OLG Schleswig Urt. v. 29. 11. 1990, WM 1991, 453, 454; *Bitter* ZBB 1996, 104,106 (l.Sp.); *Böttger* 43; *Custodis* 48; *Eckert* WM 1987, 161, 165; *Hammann* 34; *Kümpel* Rdn. 4.314; *Martinek* Vertragstypen III § 23 II 2 b (77 ff.); *Schwintowski/Schäfer* § 6 Rdn. 22; *Weller* 114 f.

[77] *Etzkorn* Die Bank 1993, 28, 29; *Martinek* Vertragstypen Bd.III § 23 II 2 b (78 f.); i.E. zustimmend *Häde* ZBB 1994, 33, 35 (r.Sp.).

[78] *Beck* 140 f.; *Hammann* 172; *Martinek* Vertragstypen Bd.III § 23 II 2 b (79).

[79] *Kenntner* BB 1995, 2281, 2281 f.; MünchKomm-*Hüffer* § 783 Rdn. 80i; Palandt-*Thomas* § 675 Rdn. 6; *Schwintowski/Schäfer* § 6 Rdn. 44; *Taupitz* 92 f.

[80] Siehe etwa OLG Schleswig Urt. v. 29. 11. 1990, WM 1991, 453, 454; LG Frankfurt Urt. v. 19. 1. 1993, WM 1994, 111, 113 (r.Sp.); AG Frankfurt Urt. v. 6. 5. 1994, NJW-RR 1994, 1010; *Hadding* in: FS Pleyer 17, 37; *Hammann* 171 ff.; *Horn* ZBB 1995, 273, 277 (l.Sp.); *Meder* NJW 1993, 3245, 3246 f.; *Pütthoff* 176; *Weller* 115, 156; i.E. übereinstimmend *Bitter* ZBB 1996, 104, 109-113 auf der Basis von Überlegungen zur ökonomischen Analyse des Rechts; kritisch hierzu *Kenntner* BB 1995, 2281, 2282 f.; a.A. hingegen bspw. LG Tübingen Urt. v. 16. 2. 1995, NJW-RR 1995, 746; AG Berlin-Charlottenburg Urt. v. 5. 2. 1996, VuR 1997, 17, 18 (r.Sp.); *Taupitz* 95-98 mit ausführlicher Begründung.

[81] OLG Karlsruhe Urt. v. 28. 11. 1990, NJW-RR 1991, 237, 238 (r.Sp.); LG Berlin Urt. v. 30. 10. 1985, NJW 1986, 1939, 1941; AG Berlin-Charlottenburg Urt. v. 5. 2. 1996, VuR 1997, 17, 18 (r.Sp.); vgl. in diesem Zusammenhang auch *Canaris* Bankvertragsrecht Rdn. 1624, 1634.

[82] Davon geht für den Regelfall *Meder* NJW 1993, 3245, 3246 (l.Sp.) und NJW 1994, 2597, 2598 (l.Sp.) aus.

[83] Siehe hierzu ausführlich unten Teil III, 4. Abschnitt, III. (256-258).

das Vertragsunternehmen erbrachte Leistung wieder zurückzufordern[84]. Wenn man schließlich von der Anwendbarkeit des VerbrKrG und dem Vorliegen eines verbundenen Geschäfts i.S.d. § 9 Abs.1 ausgeht[85], ergibt sich bei Beteiligung eines Verbrauchers das Widerrufsrecht aus §§ 9 Abs.2, 7 VerbrKrG. Letztlich wird dem Karteninhaber unabhängig von der Zulässigkeit eines Rechts zum Widerruf oder Einwendungsdurchgriff in der Praxis weiterer Schutz dadurch gewährt, daß er bei schweren, offensichtlichen und liquide beweisbaren Störungen oder Mängeln im Valutaverhältnis der auf das Kreditkartenunternehmen übergegangenen Forderung widersprechen oder den Einwand des Rechtsmißbrauchs erheben kann[86].

2. U.S.A.

In den Vereinigten Staaten sind im Rahmen der Verbraucherschutzbewegung zahlreiche detaillierte Vorschriften zur Regelung des Kreditkartengeschäfts verabschiedet worden[87]. Im Vordergrund stehen dabei der auf Bundesebene erlassene *Truth-in-Lending Act*, zugleich *Title I* des *Consumer Credit Protection Act* (15. U.S.C. §§ 1601-1693r), sowie die zur Ergänzung vom *Board of Governors of the Federal Reserve System* erlassenen *Regulations Z* und *E*. Anders als im deutschen Recht bei der Diskussion des sachlichen Anwendungsbereichs von § 9 Abs.1 und 3 VerbrKrG ist in den Vereinigten Staaten nicht umstritten, daß durch die Gesetzesvorschrift 15 U.S.C. § 1666i[88] zu privaten Zwecken handelnden Kar-

[84] So LG Tübingen Urt. v. 16. 2. 1995, NJW-RR 1995, 746, 746 (r.Sp.o.).

[85] Siehe zuvor die Nachweise in Fußn. 73.

[86] Siehe hierzu etwa OLG Schleswig Urt. v. 29. 11. 1990, WM 1991, 453, 454; LG Aachen Urt. v. 26. 1. 1993, NJW-RR 1994, 1009, 1010; LG Frankfurt Urt. v. 19. 1. 1993, WM 1994, 111, 113 (r.Sp.); AG Frankfurt/Main Urt. v. 6. 5. 1994, NJW-RR 1994, 1010; *Horn* ZBB 1995, 273, 277; *Martinek* Vertragstypen Bd.III § 23 II 2 d (81 f.); *Meder* NJW 1994, 2597, 2598; *Schwintowski/Schäfer* § 6 Rdn. 57-59; *Taupitz* 77-80. Zur Zulässigkeit eines entsprechenden Einwendungsverzichts in Allgemeinen Geschäftsbedingungen siehe *M. Wolf* in: *Wolf/Horn/Lindacher* § 9 Rdn. K 54.

[87] Einen Überblick über das bundes- und einzelstaatliche Recht bietet *Merkel* 40-50.

[88] 15 U.S.C. § 1666i: (a) Subject to the limitation contained in subsection (b), a card issuer who has issued a credit card to a cardholder pursuant to an open end consumer credit plan shall be subject to all claims (other than tort claims) and defenses arising out of any transaction in which the credit card is used as a method of payment or extension of credit if (1) the obligor has made a good faith attempt to obtain satisfactory resolution of a disagreement or problem relative to the transaction from the person honoring the credit card; (2) the amount of the initial transaction exceeds $50; and (3) the place where the initial transaction occured was in the same State as the mailing address previously provided by the cardholder or was within 100 miles from such address, except that the limitations set forth in clauses (2) and (3) with respect to an obligor's right to assert claims and defenses against a card issuer shall not be applicable to any transaction in which the person honoring the credit card (A) is the same person as the card issuer, (B) is controlled by the card issuer, (C) is under direct or indirect common control with the card issuer, (D) is a franchised dealer in the card issuer's products or services, or (E) has obtained the order for such transaction through a mail solicitation made by or participated in by the card issuer in which the cardholder is solicited to enter into such transaction by using the credit card issued by

teninhabern ein Recht zum Einwendungsdurchgriff eingeräumt wird[89]. Ob die jeweilige Einwendung materiell-rechtlich wirksam ist, bestimmt sich jedoch nach einzelstaatlichem Recht.

Die Voraussetzungen des Einwendungsdurchgriffs sind fest umrissen. Zunächst muß ein Verbrauchergeschäft vorliegen, bei dem mittels Kreditkarteneinsatzes Waren oder Dienstleistungen zu einem $ 50 übersteigenden Betrag erworben werden. Daneben ist der Einwendungsdurchgriff nur zulässig, sofern das betreffende Geschäft in dem Bundesstaat, in dem der Karteninhaber seine Postanschrift hat, oder im Umkreis bis zu 100 Meilen davon stattgefunden hat. Dadurch soll der Kreditkartenherausgeber davor bewahrt werden, in unzumutbarer Weise in rechtliche Auseinandersetzungen mit in unbegrenzter Distanz angesiedelten Vertragsunternehmen hineingezogen zu werden. Die betragsmäßige und geographische Beschränkung gilt indes nicht, wenn die Kreditkartengesellschaft und das Vertragsunternehmen ausnahmsweise eng miteinander verbunden sind. Die maßgeblichen Tatbestände sind in 15 U.S.C. § 1666i (a) (A)-(E) abschließend aufgezählt und umfassen etwa Fälle der Personenidentität sowie der unmittelbaren oder mittelbaren Beherrschung. Des weiteren muß ein Kredit gewährt worden sein. Wie sich aus dem Gesetzeswortlaut (*credit card; open end consumer credit plan*[90]) sowie den Erläuterungen zu 15 U.S.C. § 1666i ergibt[91], liegt beim Einsatz einer Debitkarte, für die eine Überziehungskreditvereinbarung getroffen wurde, kein Verbraucher*kredit*geschäft vor. Zulässig sind sämtliche aus dem Kauf- oder Dienstleistungsvertrag ableitbaren Einwendungen oder Gegenansprüche mit Ausnahme deliktischer Ansprüche. Erforderlich

---

the card issuer. (b) The amount of claims or defenses asserted by the cardholder may not exceed the amount of credit outstanding with respect to such transaction at the time the cardholder first notifies the card issuer or the person honoring the credit card of such claim or defense. For the purpose of determining the amount of credit outstanding in the preceding sentence, payments and credits to the cardholder's account are deemed to have been applied, in the order indicated, to the payment of: (1) late charges in the order of their entry to the account; (2) finance charges in order of their entry to the account; and (3) debits to the account other than those set forth above, in the order in which each debit entry to the account was made.

[89] Siehe hierzu die ausführlichen Darstellungen von *Clark/Clark* § 15.07 [2] (15-40 bis 15-43); *Merkel* 111-123 jeweils m.w.N.

[90] 15 U.S.C. § 1602 (k): The term »credit card« means any card, plate, coupon book or other credit device existing for the purpose of obtaining money, property, labor, or services on credit.

15 U.S.C. § 1602 (h): The adjective »consumer«, used with reference to a credit transaction, characterizes the transaction as one in which the party to whom credit is offered or extended is a natural person, and the money, property, or services which are the subject of the transaction are primarily for personal, family, or household purposes.

15 U.S.C. § 1602 (i): The term »open credit plan« means a plan under which the creditor reasonably contemplates repeated transactions, which prescribes the terms of such transactions, and which provides for a finance charge which may be computed from time to time on the outstanding unpaid balance. ...

[91] Vgl. Reg. Z § 226.12 (c) Fußn. 24 (»This paragraph does not apply to the use of ... a debit card in connection with an overdraft credit plan ...«). Zu den Gründen siehe *Clark/Clark* § 15.07 [2] (15-41 f.).

ist zudem, daß der Karteninhaber zuvor gegenüber dem Vertragsunternehmen einen ernsthaften Versuch der Streiterledigung unternommen hat. Gerade die letztgenannte Voraussetzung fehlt in der einschlägigen Vorschrift des *Wisconsin Consumer Act*[92], während die betragsmäßigen und geographischen Begrenzungen strikter sind und darüber hinaus Einwendungen binnen Jahresfrist geltend gemacht werden müssen[93]. Wenn man nunmehr die vergleichbare Mustervorschrift des U.C.C.C.[94] analysiert, wird deren Vorbildcharakter für die dargestellte Regelung im Bundesstaat Wisconsin deutlich: sie enthält gleichfalls die Voraussetzung eines *good faith attempt*, wenngleich die betragsmäßigen und geographischen Limitierungen noch etwas enger sind und die Festlegung einer

[92] Aus Wis.Stat. § 422.408.(1) – siehe Teil III, 3. Abschnitt, II. 2. Fußn. 45 (218) – ergibt sich das Recht des Abzahlungskäufers zum Einwendungsdurchgriff im Rahmen eines *interlocking consumer loan*, welches nach Wis.Stat. § 422.408 (3)(f) auch Kreditkartengeschäfte umfaßt: (3) For purpose of this section, a consumer loan transaction is an »interlocking consumer loan« if the creditor knows or has reason to know that all or a meaningful part of the proceeds of the loan are used to pay all or part of the customer's obligations to the seller or lessor under a consumer sale or lease and if: (f) The loan exceeds $ 100, is disbursed directly to the seller or the lessor and is made pursuant to a credit card to finance a purchase from a seller's or lessor's place of business in this state, if the seller or lessor has a direct or indirect contractual relationship with the issuer permitting the seller or lessor to honor the credit card.

[93] Wis.Stat. § 422.408 (5): (5) With respect to a loan which constitutes an interlocking consumer loan solely by reason of sub.(3)(f), the lender shall be liable as provided in sub.(4) only if he receives notice of the customer's claim or defense within 12 months after the transaction is charged against the customer's account ...

[94] U.C.C.C. § 3.403 (1)-(3): (1) This section neither limits the liability of nor imposes liability on a card issuer as a manufacturer, supplier, seller, or lessor of property or services sold or leased pursuant to the credit card. This section may subject a card issuer to claims and defenses of a cardholder against a seller or lessor arising from sales or leases made pursuant to the credit card. (2) A card issuer is subject to claims and defenses of a cardholder against the seller or lessor arising from the sale or lease of property or services by a seller or lessor licensed, franchised, or permitted by the card issuer or a person related to the card issuer to do business under the trade name or designation of the card issuer or a person related to the card issuer, to the extent of the original amount owing to the card issuer with respect to the sale or lease of the property or services as to which the claim or defense arose. (3) Except as otherwise provided in this section, a card issuer, including a lender credit card issuer, is subject to all claims and defenses of a cardholder against the seller or lessor arising from the sale or lease of property or services pursuant to the credit card: (a) if the original amount owing to the card issuer with respect to the sale or lease of the property or services as to which the claim or defense arose exceeds $ 50; (b) if the residence of the cardholder and the place where the sale or lease occured are [in the same state or] within 100 miles of each other; (c) if the card holder has made a good faith attempt to obtain satisfaction from the seller or lessor with respect to the claim or defense; and (d) to the extent of the amount owing to the card issuer with respect to the sale or lease of the property or services as to which the claim or defense arose at the time the card issuer has notice of the claim or defense. Notice of the claim or defense may be given before the attempt specified in paragraph (c). Oral notice is effective unless the card issuer requests written confirmation when or promptly after oral notice is given and the cardholder fails to give the card issuer written confirmation within the period of time, not less than 14 days, stated to the cardholder when written confirmation is requested. ...

Ausschlußfrist für die Geltendmachung von Einwendungen fehlt. Das einzelstaatliche Recht kann gem. 15 U.S.C. § 1666j das eingangs dargestellte bundesstaatliche Recht nur verdrängen, wenn es insgesamt, d.h. bei einer Gesamtbewertung der betreffenden Vorschriften, den Verbrauchern umfassenderen Schutz gewährt. Davon wird man indes im Hinblick auf den *Wisconsin Consumer Act* wegen dessen überwiegend strengeren Voraussetzungen für ein Einwendungsdurchgriffsrecht des Karteninhabers nicht ausgehen können.

V. Neuer Ansatz

Die ungewöhnliche Vielzahl der gedanklichen Ansätze zur Begründung der Rechtsfigur des Einwendungsdurchgriffs sowie zu deren Einordnung in das bestehende deutsche Rechtssystem legen zwei Folgerungen nahe: zum einen besteht ein unabweisbares Bedürfnis dafür, in bestimmten Fällen der Vertragsverknüpfung aus dem Kaufvertrag herrührende Einwendungen auch im Kreditverhältnis geltend machen zu können; zum anderen können die meisten, wenn nicht sogar sämtliche Begründungsversuche, die den Anspruch auf rechtsdogmatische Erfassung der Problematik stellen, ebenso schnell und einfach widerlegt werden, wie sie vorgebracht worden sind[95]. Der Grund für diese *prima vista* gegensätzlichen, gleichwohl jeweils zutreffenden Aussagen läßt sich, ausgehend von den aus dieser Untersuchung hervorgegangenen Erkenntnissen, leicht ermitteln. Solange eine überzeugende rechtsdogmatische Basis zur Strukturierung der Interdependenzen innerhalb drittfinanzierter Erwerbsgeschäfte sowie sonstiger final-kausaler Vertragsverknüpfungen fehlt, mangelt es zugleich an einem gedanklichen Rohbau, in den sich rechtliche Folgeprobleme wie etwa der Aspekt des Einwendungsdurchgriffs einfügen ließen. Mag auch beispielsweise im Hinblick auf B-Geschäfte dieses Recht kollektiv-intuitiv für erforderlich erachtet werden, kann allein dieser Umstand die bislang fehlende – oder besser: unerkannte – rechtliche Grundlage nicht ersetzen. Letztlich stellten bis zum Erlaß von § 9 Abs.3 VerbrKrG sämtliche Begründungsvarianten nur Versuche dar, mit untauglichen Mitteln Nähe zum Gesetz zu suggerieren. Aber auch die seit 1991 im Bereich des Verbraucherkredits einschlägige Vorschrift wirft zahlreiche ungeklärte Folgeprobleme auf[96], so daß sich trotz des legislativen Eingriffs die Frage nach der dogmatischen Einordnung des Rechts zum Einwendungsdurchgriff noch nicht erübrigt hat[97].

Amerika, Du hast es besser – so könnte man mit Blick auf die gesetzliche Absicherung der Rechtsposition des in ein drittfinanziertes Erwerbsgeschäft

[95] Siehe insofern stellvertretend *Canaris* Bankvertragsrecht Rdn. 1418 ff. und *Gernhuber* § 31 II 11-13 (724-729).

[96] Siehe Teil III, 3. Abschnitt, II. 1. (214 f.) m.w.N.

[97] So auch MünchKomm-*Habersack* § 9 VerbrKrG Rdn. 75; a.A. indes *Coester* Jura 1992, 617, 622; *Dauner-Lieb* WM-Sonderbeilage 6/1991, 7; *Franz* 120 f.; *Seibert* § 9 VerbrKrG Rdn. 9.

eingebundenen und zu privaten Zwecken handelnden Käufers ausrufen. Freilich kann es in Anbetracht der eher pragmatischen, jeweils aufgetretene Mißstände aufgreifenden U.S.-amerikanischen Herangehensweise nicht überraschen, daß die seit den siebziger Jahren erlassenen Vorschriften ein einheitliches Konzept vermissen lassen. So wird in den Vereinigten Staaten ein Schutz des Konsumenten durch Einräumung des Rechts zum Einwendungsdurchgriff nicht nur bei finanzierten Abzahlungskäufen, sondern auch bei Kreditkartengeschäften für erforderlich erachtet, während beim Finanzierungsleasing die weitere Entwicklung noch unklar erscheint. Dabei läßt aber das sich allein an einer Vielzahl von Einzelfällen orientierende und auf Gerechtigkeitswertungen basierende Patchwork von heterogenen Vorschriften eine dogmatische Rechtfertigung für das Recht zum Einwendungsdurchgriff nicht erkennen.

Wenn man hingegen bei den beschriebenen Vertragskonstellationen deren charakteristischen *do ut des ut det*-Leistungsaustausch zum Anknüpfungspunkt für die Entwicklung der Rechtsfigur des trilateralen Synallagmas und die daraus ableitbaren Grundsätze zum genetischen, konditionellen und funktionellen Synallagma nimmt, läßt sich die Problematik des Einwendungsdurchgriffs ohne rechtliche Kunstgriffe in das bestehende Normensystem integrieren. Das soll nunmehr an den Beispielen des finanzierten Abzahlungskaufs, des Finanzierungsleasing- sowie des Kreditkartengeschäfts, denen jeweils mangelbehaftete Lieferungen zugrundeliegen, veranschaulicht werden.

In diesen Fällen liegt es nahe, daß der Käufer oder Leasingnehmer dem Zahlungsbegehren des Finanzierungsinstituts, des Kreditkartenherausgebers oder des Leasinggebers die Mängeleinrede[98] entgegensetzt. Diese stellt ebenso wie das Leistungsverweigerungsrecht nach § 320 BGB eine dilatorische Einrede dar, die den Käufer – oder bei Übertragung der kaufrechtlichen Gewährleistungsansprüche vom Leasinggeber auf den Leasingnehmer auch letzteren – entsprechend den Grundsätzen zum funktionellen Synallagma berechtigt, die eigene im trilateralen Synallagma stehende Leistungserbringung gegenüber dem Finanzierer/Leasinggeber davon abhängig zu machen, daß gleichzeitig der Verkäufer/Lieferant ihm gegenüber die trilateral-synallagmatisch verknüpfte Leistung ordnungsgemäß erbringt[99]. Erweist sich nunmehr ein Kauf- oder Leasingobjekt nachträglich als mangelbehaftet, können Käufer oder Leasingnehmer nach Geltendmachung der Mängeleinrede[100] weitere im dreiseitigen Gegenseitigkeitsverhältnis stehende Zahlungen an das Finanzierungsinstitut, den Leasinggeber oder die Kreditkartengesellschaft verweigern[101], es sei denn, die Betei-

[98] Vgl. zur Mängeleinrede BGH Urt. v. 18. 1. 1991, BGHZ 113, 232, 235 sowie Soergel-*Huber* § 478 Rdn. 3-5 jeweils m.w.N.

[99] Siehe hierzu ausführlich Teil II, 4. Abschnitt, III. 1. und 2. (184-186).

[100] Der BGH hat bislang die Frage offengelassen, ob schon das bloße Bestehen einer Mängeleinrede oder erst ihre Geltendmachung dem Gläubiger gegenüber die Wirkungen eines etwaigen Verzuges ausschließt; vgl. BGH Urt. v. 18. 1. 1991, BGHZ 113, 232, 236.

[101] Im Ansatz vergleichbar, wenngleich allein auf das B-Geschäft bezogen und mit abweichender Begründung *Gernhuber* in: FS Larenz 455, 484-486; *ders.* § 31 IV 4 (738) [Lehre

ligten bringen durch ihren erklärten oder mutmaßlichen Willen übereinstimmend zum Ausdruck, daß die Ausgleichspflicht des Erwerbers gegenüber dem Finanzierer abstrakt und vom Zustand des Erwerbsobjekts vollkommen unabhängig sein soll.

Die konsequente Anwendung dieses Ansatzes scheint nunmehr beim B-Geschäft zu dem merkwürdigen Ergebnis zu führen, daß der Abzahlungskäufer nach Erhebung der Mängeleinrede zwar die in den Darlehensraten enthaltenen und vom trilateralen Synallagma erfaßten Zinsanteile, hingegen nicht die Tilgungsanteile zurückhalten kann[102]. Indes ließe diese Sichtweise außer Betracht, daß auch die anteiligen Tilgungsraten des Kreditnehmers letztlich essentielle Bestandteile des sich übers Dreieck erstreckenden ringförmigen Leistungsaustauschs darstellen – allein die *synallagmatische* Verknüpfung mit der Pflicht des Finanziers zur Hingabe und Belassung der Darlehensvaluta beim Verkäufer und dessen Pflicht zur Verschaffung von Eigentum und Besitz am Kaufgegenstand fehlt. Sofern aber vertragliche Pflichten nicht in einem synallagmatischen Abhängigkeitsverhältnis stehen, kann sich ein Zurückbehaltungsrecht aus der allgemeinen Regel des § 273 BGB ergeben[103]. Insoweit kommt es für eine entsprechende Anwendung der Vorschrift auf die beschriebene Problemkonstellation entscheidend darauf an, ob sich die mit den genannten Leistungspflichten korrespondierenden Ansprüche und Gegenansprüche »aus demselben rechtlichen Verhältnis« i.S.d. § 273 Abs.1 BGB ableiten lassen. Nach der von der Rechtsprechung entwickelten Formel genügt es hierfür, wenn ein innerlich zusammengehörendes einheitliches Lebensverhältnis besteht, das es als wider Treu und Glauben verstoßend erscheinen läßt, wenn der eine Anspruch ohne Rücksicht auf den anderen geltend gemacht und verwirklicht werden soll[104], wobei nach vorherrschender Auffassung im Schrifttum bei der Bestimmung einer derartigen Konnexität eine weite Auslegung geboten ist[105]. Ein drittfinanziertes Abzahlungsgeschäft bildet nach der vorliegend verfolgten Konzeption ein klassisches Beispiel für die als eigenständige Kategorie entwickelten *do ut des ut det*-Rechtsgeschäfte, die ihrerseits durch eine typische final-kausale Interdependenz der einzelvertraglichen Leistungspflichten sowie der entsprechenden Ansprüche gekennzeichnet sind. Unter diesen Umständen erscheint es sach-

---

vom rechtsgeschäftlichen Verbund]; *Gundlach* 232; *Larenz* in: FS Michaelis, 193, 211 [§ 273 BGB analog]; *Vollkommer* in: FS Larenz 703, 713-715.

[102] Siehe zu dieser Unterscheidung bereits ausführlich Teil II, 3. Abschnitt, III. (147-151) mit der Entwicklung einer zweistufigen Struktur von Leistungspflichten im Rahmen trilateral-synallagmatischer Rechtsgeschäfte; vgl. zudem Teil II, 2. Abschnitt, I. (95 f.) zu den beim verzinslichen Darlehen im Gegenseitigkeitsverhältnis stehenden Leistungspflichten.

[103] Zum Konkurrenzverhältnis von § 320 BGB und § 273 BGB siehe stellvertretend MünchKomm-*Keller* § 273 Rdn. 13; Staudinger-*Otto* Vorbem zu §§ 320-322 Rdn. 36.

[104] Siehe etwa BGH Urt. v. 22. 2. 1967, BGHZ 47, 157, 167; Urt. v. 17. 3. 1975, BGHZ 64, 122, 125; Urt. v. 27. 9. 1984, BGHZ 92, 194, 196.

[105] Vgl. stellvertretend MünchKomm-*Keller* § 273 Rdn. 14; Palandt-*Heinrichs* § 273 Rdn. 9.

und interessengerecht, dem Abzahlungskäufer nach Erhebung der Mängeleinrede auch hinsichtlich seiner nicht unmittelbar vom synallagmatischen Leistungsgeflecht erfaßten Pflicht zur Tilgung des Darlehens ein Zurückbehaltungsrecht aus der auf diese Dreieckskonstellation entsprechend anwendbaren Vorschrift des § 273 Abs.1 BGB einzuräumen.

Die dargestellten, sich aus der Geltendmachung dilatorischer Einreden ergebenden Rechtsfolgen sind Konsequenz der *do ut des ut det*-Verknüpfung von Leistungspflichten und sind deshalb nicht auf diejenigen Fälle beschränkt, in denen es sich bei dem Erwerber um einen Verbraucher handelt. Wenn einem Gliedstück der Leistungskette übers Dreieck ein Mangel anhaftet, hat dies zwangsläufig auch Auswirkungen auf die übrigen Glieder. Die *exceptio ex iure tertii* erweist sich damit in konsequenter Anwendung der Grundsätze zum funktionellen Synallagma als Geltendmachung der durch Gesetz gewährten Leistungsverweigerungsrechte in einem dreiseitig-gegenseitigen Rechtsgeschäft mit trilateralem Synallagma. Nach der hier verfolgten Konzeption steht somit im Prinzip sämtlichen Rechtsteilnehmern, die in ein *do ut des ut det*-Rechtsgeschäft eingebunden sind, die Möglichkeit zum sog. Einwendungsdurchgriff offen.

Konsequenterweise wird nunmehr der Finanzierer in einen »dilatorischen Kleinkrieg« mit dem Käufer verwickelt, der – so die vielzitierte Einschätzung von Esser[106] – im Hinblick auf finanzierte Abzahlungskäufe voreilig und insgesamt zu vermeiden sei. Hinweise auf Funktion und Interessen der Bank, die einem Recht des Abzahlungskäufers zur Geltendmachung von dilatorischen Einreden und Einwendungen gegenüber dem Darlehensrückzahlungsanspruch entgegenstehen sollen[107], überzeugen nicht. Denn zum einen eröffnen sich Kreditinstituten bei ihrer Einschaltung in drittfinanzierte Erwerbsgeschäfte mit trilateralem Synallagma Marktchancen, die sie ansonsten nicht hätten nutzen können; zum anderen sind den Banken die Umstände bekannt, die die finale Gegenseitigkeitsbindung der Leistungsverpflichteten und -verpflichtungen begründen. Die prozessuale Situation stellt sich im Ergebnis genauso dar, wie bei der bereits zuvor erörterten Geltendmachung des Leistungsverweigerungsrechts nach § 320 BGB[108].

Diese Rechtsfolgen sind für in B-Geschäfte eingeschaltete Banken, Leasinggeber oder Kreditkartenherausgeber nicht unausweichlich, vielmehr können sie zwei Strategien entweder zur Modifikation oder möglicherweise gar Ausschaltung des Einwendungsdurchgriffsrechts verfolgen:

– Sollen die Rechtsfolgen lediglich abgeändert werden, so läßt sich dies durch AGB-Klauseln oder durch einzelvertragliche Vereinbarungen erzielen, die die durch §§ 9 Abs.3, 18 VerbrKrG und/oder §§ 11 Nr.2 b), 9 Abs.2 Nr.1 AGBG

[106] *Esser* in: FS Kern 87, 115.

[107] In diesem Sinne äußern sich unter ausführlicher Darlegung rechtspolitischer Erwägungen z.B. *Canaris* Bankvertragsrecht Rdn. 1420 a.E., 1422 [m.w.N. zum Meinungsstand in Fußn. 62], 1430, 1442; *Hopt/Mülbert* Vorbem zu §§ 607 ff. Rdn. 490.

[108] Siehe oben Teil II, 4. Abschnitt, III. 4. a) (187-196).

gesetzten Grenzen nicht überschreiten. Dabei stellen die in § 9 Abs.3 VerbrKrG eingeräumten Rechte einen Mindeststandard dar, der auch einzelvertraglich zu Lasten von Verbrauchern nicht unterschritten werden kann. Danach wären also bei Kreditkartengeschäften AGB-Klauseln in Emissionsverträgen unwirksam, die hinsichtlich des Rechts zum Einwendungsdurchgriff von Verbrauchern eine geographische Beschränkung entsprechend den U.S.-amerikanischen Vorschriften enthielten. Im übrigen repräsentieren die Grundsätze zum trilateralen Synallagma die wesentlichen Grundgedanken der gesetzlichen Regelung i.S.d. § 9 Abs.2 Nr.1 AGBG, mit denen abweichende Klauseln in Allgemeinen Geschäftsbedingungen vereinbar sein müssen. Beim Recht zum Einwendungsdurchgriff sind damit durchaus Abstufungen zwischen Kaufleuten, sonstigen Gewerbetreibenden und Freiberuflern sowie schließlich Verbrauchern denkbar, die etwa auf die Subsidiarität des Einwendungsdurchgriffs oder vergleichbare rechtliche Zugangsschranken gerichtet sein können.

– Zumindest in der Praxis des Kreditkartengeschäfts sind zudem Regelungen in den Akquisitionsverträgen zwischen den Kartenherausgebern und Vertragsunternehmen anzutreffen, in denen sich jene einen Rückzahlungsanspruch für diejenigen Fälle vorbehalten, in denen es zu Reklamationen seitens der Karteninhaber kommt oder sich Erwerbsobjekte als mangelhaft erweisen[109]. Nimmt die Kartengesellschaft nach Eintritt einer solchen auflösenden Bedingung auf diese Weise Regreß, wird den Karteninhabern durch die Rückführung des zuvor dreiseitigen Kreditkartengeschäfts auf ein zweiseitiges Austauschgeschäft das Recht zum Einwendungsdurchgriff abgeschnitten. Gleichzeitig erhalten sie aber bereits geleistete Ratenzahlungen zurück und befinden sich in einer vergleichsweise starken Verhandlungsposition gegenüber den Vertragshändlern. Die Kartenherausgeber hingegen können durch ihren einseitigen Ausstieg aus dem dreiseitig-gegenseitigen Rechtsgeschäft ihre Gewinnerwartungen nicht mehr verwirklichen[110]. Dies ist der Preis, den sie dafür zu entrichten haben, daß sie sich von den bei trilateral-synallagmatischen Rechtsgeschäften eintretenden gewährleistungsrechtlichen Folgen abkapseln können.

Abschließend sei darauf hingewiesen, daß der hier verfolgte Ansatz den Anwendungsbereich des § 9 Abs.3 VerbrKrG sowohl einengt als auch ausdehnt. Einerseits bedarf es bei konsequenter Anwendung der Grundsätze zum trilateralen Synallagma nicht notwendigerweise des Rückgriffs auf die Vorschrift des § 9 Abs.3 VerbrKrG zur Einräumung eines Rechts zum Einwendungsdurchgriff, die ihrerseits jedoch Mindeststandards festlegt, von denen zu Lasten von Kon-

[109] Siehe nachfolgend Teil III, 4. Abschnitt, III. (256-258) mit Darstellung entsprechender Rückgriffsvorbehalte und Ausführungen zur (wandelungsbedingten) Rückabwicklung von Kreditkartengeschäften sowie Teil III, 8. Abschnitt, I. 3. (296-298) mit einer Analyse der rechtlichen Grenzen dieser Klauseln auf der Basis der Theorie des trilateralen Synallagmas.

[110] Siehe hingegen zu den enttäuschten Gewinnerwartungen der Finanzierer bei *do ut des ut det*-Rechtsgeschäften, die infolge einer Wandelung des Kaufvertrages durch den Käufer in ein Rückgewährschuldverhältnis umgewandelt werden, nachfolgend Teil III, 6. Abschnitt ().

sumenten nicht abgewichen werden kann (§ 18 S.1 VerbrKrG). Andererseits ist der sachliche Anwendungsbereich der Norm nicht nur auf die klassischen Fälle drittfinanzierter Abzahlungsgeschäfte beschränkt, sondern erstreckt sich auf sämtliche *do ut des ut det*-Rechtsgeschäfte, die sich aus einem Kauf- und Kreditgeschäft zusammensetzen. Dabei macht der neue Ansatz deutlich, daß die Ablehnung einer Anwendung des § 9 VebrKrG auf Finanzierungsleasinggeschäfte nicht dadurch gerechtfertigt werden kann, daß ein Abzahlungskäufer zwei Verträge, ein Leasingnehmer hingegen nur einen Vertrag abzuschließen habe[111]. Anstatt zur Bestimmung eines verbundenen Geschäfts i.S.d. § 9 Abs.1 VerbrKrG auf ein rein formaljuristisch anmutendes und zumeist ergebnisorientiertes Kriterium abzustellen, hätte man bei der Ermittlung einer *wirtschaftlichen* Einheit durchaus eine intensivere Auseinandersetzung mit den *ökonomischen* Grundlagen des B-Geschäfts sowie des Finanzierungsleasings erwarten dürfen. So legt denn das hier entwickelte Denkmodell in Abkehr von dem zweifelbehafteten Merkmal der wirtschaftlichen Einheit nicht nur den *do ut des ut det*-Charakter des Leistungsaustauschs offen, der beide Vertragskonstellationen prägt, sondern gewährleistet auch auf der Rechtsfolgenseite eine wertmäßige Gleichbehandlung.

VI. Auswirkungen des neuen Ansatzes auf die Diskussion des Rechts zum Einwendungsdurchgriff bei anderen drittfinanzierten Erwerbsgeschäften

Die Problematik der *exceptio ex iure tertii* ist nicht auf finanzierte Abzahlungskäufe, Finanzierungsleasing- und Kreditkartengeschäfte beschränkt, sondern stellt sich im Prinzip bei sämtlichen drittfinanzierten Erwerbsgeschäften. Nachfolgend soll nunmehr der Meinungsstand für weitere typische Gestaltungsformen skizziert und sodann in Beziehung zu den Folgerungen aus der Lehre vom trilateralen Synallagma gesetzt werden.

1. Absicherung der Kaufpreisforderung durch Wechsel und C-Geschäft

a) Deutschland

Im Hinblick auf die Absicherung der Kaufpreisforderung durch Wechsel ist umstritten, ob und – bejahendenfalls – unter welchen Voraussetzungen die zugunsten des gutgläubigen Zweiterwerbers eines Wechsels bestehende Abschirmung vor Einwendungen des Käufers/Wechselausstellers aus dem der Wechselbegebung zugrundeliegenden Kausalverhältnis (Art.17 WG) durchbrochen werden kann[112]. Dieser Verlust der Einwendungen entfällt nach dem

[111] Siehe Teil III, 3. Abschnitt, III. 1. (220) m.w.N.

[112] Beim echten Factoring steht nach BGH Beschl. v. 12. 10. 1993, WM 1993, 2120 f. der Anwendung des Art. 17 WG nicht die Tatsache entgegen, daß neben dem Wechsel auch die ihm zugrundeliegende Forderung übertragen wird.

Wortlaut des Gesetzes nur dann, wenn »der Inhaber bei dem Erwerb des Wechsels bewußt zum Nachteil des Schuldners gehandelt hat«. Es werden unterschiedliche Wege beschritten, um ein Recht des Ausstellers zum Einwendungsdurchgriff gegenüber dem Zweiterwerber eines Wechsels zu begründen.

Ohne unmittelbare Anknüpfung an den Gesetzeswortlaut wird einerseits argumentiert, daß es an der Schutzwürdigkeit der zur Refinanzierung eingeschalteten Bank mangeln könne. Der BGH[113] vertritt die Ansicht, Art. 17 WG greife nicht ein, wenn der Geschäftsbetrieb des Finanzierungsinstituts auf die Refinanzierung zugeschnitten sei und dieses im Rahmen eines planmäßigen Zusammenwirkens dem Verkäufer zum Zwecke der Durchführung von Teilzahlungsgeschäften Kundenwechsel diskontiere. Auch wenn eine Bank sich nicht ganz oder überwiegend auf die Finanzierung oder Refinanzierung von Abzahlungsgeschäften eingestellt habe, müsse sie sich Einwendungen aus dem zugrunde liegenden Abzahlungsgeschäft entgegenhalten lassen, wenn sie sich bewußt in das Geschäft derart eingeschaltet habe, daß der vom Gesetz gewollte Schutz des Käufers die Behandlung des Verkäufers und der Bank als Einheit erfordere. In diesen Fällen fehle es letztlich an einem Verkehrsgeschäft[114]. Gegen diesen Ansatz wird vorgebracht[115], dadurch würde die Natur des Wechsels als Mittel verstärkender Rechtsübertragung aufgehoben; gleichwohl solle Art. 17 WG durchgreifen, wenn die Diskontbank zahlreiche Wechsel aus solchen Geschäften mit der Vorstellung erworben habe, es könnten Einwendungen bestehen, und diese »in Kauf genommen« habe. Von anderer Seite[116] wird darauf verwiesen, das Kriterium des Verkehrsgeschäfts sei nicht im Hinblick auf Art. 17 WG, sondern als eine allgemeine Voraussetzung für den Gutglaubenserwerb entwickelt worden, so daß seine Heranziehung zu Wertungswidersprüchen und methodisch problematischen Mischungen mit Schutzwürdigkeitselementen führe. Vorzugswürdig sei demgegenüber eine Anknüpfung an die Rollenwidrigkeit des Finanzierungsverhaltens der Bank. Aber auch dieser Lösungsweg ist letztlich nicht präziser gefaßt als die Merkmale des planmäßigen Zusammenwirkens von Verkäufer und Refinanzierungsbank oder des Fehlens eines Verkehrsgeschäfts. Sämtliche Ansätze haben zweierlei gemeinsam: Einerseits lassen sie sich von – in Einzelfällen sicherlich berechtigten – Schutzerwägungen zugunsten des Käufers leiten, der zur Sicherung einer ratenweise rückzahlbaren Kaufpreisforderung Wechsel ausstellt. Andererseits können sie nicht unmittelbar unter den Wortlaut des einschränkenden Zusatzes in Art. 17 WG (»bewußt zum Nachteil des Schuldners gehandelt«) subsumiert werden.

---

[113] BGH Urt. v. 18. 11. 1968, BGHZ 51, 69, 77 f.

[114] So nunmehr ausdrücklich BGH Urt. v. 23. 6. 1986, ZIP 1986, 1174, 1177 (l.Sp.o.); in diesem Sinne auch *Baumbach/Hefermehl* Art.17 WG Rdn. 82, 83b; *Canaris* Bankvertragsrecht Rdn. 1473 f., 1469; *ders.* ZHR 151 (1987), 517, 561-563; MünchKomm-*Habersack* § 10 VerbrKrG Rdn. 19; i.E. ebenso, wenngleich mit modifiziertem Ansatz *Bülow* Art. 17 WG Rdn. 110.

[115] *Liesecke* WM 1969, 1366, 1370; zustimmend *Kraft* JurA 1970, 479, 490 f.

[116] *Hopt/Mülbert* Vorbem zu §§ 607 ff. Rdn. 599, 583 f.

Die Verdoppelung der Pflichten des Abzahlungskäufers beim C-Geschäft führt zu Rechtsproblemen, die denjenigen bei der Absicherung der Kaufpreisforderung durch Wechsel vergleichbar sind. Wiederum steht die Frage im Mittelpunkt, inwieweit bei Weiterbegebung des Wechsels zur Refinanzierung über Art. 17 WG das Recht des Wechselschuldners zum Einwendungsdurchgriff abgeschnitten werden kann. Für die Beurteilung dieser Rechtsfrage ist es letztlich unerheblich, ob der Wechsel durch den Verkäufer – so bei der wechselrechtlichen Absicherung der Kaufpreisforderung – oder durch das Finanzierungsinstitut – so beim C-Geschäft – an einen Zweiterwerber weiterbegeben wird. Deshalb hat der BGH[117] im Hinblick auf das C-Geschäft ebenfalls darauf hingewiesen, daß der Käufer/Darlehensnehmer Einwendungen, die sich auf sein Verhältnis zur Bank gründen, auch einer zweiten Bank entgegenhalten könne, wenn deren Geschäftsbetrieb auf die Refinanzierung von finanzierten Abzahlungskäufen gegen Abtretung der Darlehensansprüche und gegebenenfalls Aushändigung der Kundenwechsel zugeschnitten sei und sie zu diesem Zweck planmäßig mit der ersten Bank zusammenarbeite. Es liegt nahe, daß diese Ähnlichkeit der argumentativen Ansätze in der Rechtsprechung auch auf die Stellungnahmen des wissenschaftlichen Schrifttums ausstrahlt[118].

Eine Änderung hat die Rechtslage durch das Inkrafttreten des § 10 Abs.2 S.1 VerbrKrG erfahren. Danach dürfen Verbraucher nicht verpflichtet werden, für Ansprüche des Kreditgebers aus dem Kreditvertrag Wechselverbindlichkeiten einzugehen. Diese Vorschrift erfaßt, obgleich insbesondere auf eine Aufhebung der heutzutage ohnehin kaum noch praktizierten C-Geschäfte gerichtet[119], auch Wechsel, die der Absicherung kreditierter oder gestundeter Kaufpreisforderungen dienen[120]. Dadurch sollte den bereits geschilderten, mit Wechselbegebungen verbundenen Risiken Rechnung getragen werden. Allerdings wird dieses Regelungsziel durch § 3 Abs.1 Nr.3 VerbrKrG unterlaufen[121]. Danach findet das Gesetz keine Anwendung auf Kreditverträge, durch die dem Verbraucher ein Zahlungsaufschub von nicht mehr als drei Monaten eingeräumt wird. Da das Drei-Monats- oder 90-Tage-Akzept die gebräuchlichste Wechselform darstellt, fällt bei seiner Koppelung an innerhalb des genannten Zeitraums fällig wer-

---

[117] BGH Urt. v. 25. 2. 1965, BGHZ 43, 258 (Leitsatz). Diese Argumentation wurde ohne ausdrückliche Bezugnahme auf vorgenannte Entscheidung vom BGH wieder aufgegriffen, als er sich mit der Anwendbarkeit des Art. 17 WG in Fällen der Absicherung der Kaufpreisforderung durch Wechsel auseinanderzusetzen hatte; vgl. BGH Urt. v. 18. 11. 1968, BGHZ 51, 69, 77 f.

[118] Vgl. *Canaris* Bankvertragsrecht Rdn. 1468-1470; *Hopt/Mülbert* Vorbem zu §§ 607 ff. Rdn. 582-586; MünchKomm-*Habersack* § 10 VerbrKrG Rdn. 18-20.

[119] In diesem Sinne auch *Emmerich* in: *Graf von Westphalen/Emmerich/von Rottenburg* § 10 Rdn. 15; *Hopt/Mülbert* Vorbem zu §§ 607 ff. Rdn. 634; *Seibert* § 10 VerbrKrG Rdn. 2.

[120] Davon geht bspw. auch MünchKomm-*Habersack* § 10 VerbrKrG Rdn. 18-20 aus. Bei dem Verkäufer handelt es sich insoweit um einen Kreditgeber i.S.d. § 1 Abs.1 VerbrKrG, während das Darlehen oder der Zahlungsaufschub des Verkäufers jeweils einen Kreditvertrag i.S.d. § 1 Abs.2 VerbrKrG darstellen.

[121] Ebenso *Baumbach/Hefermehl* Einl. WG Rdn. 75 d; *G. Müller* WM 1991, 1781, 1782.

dende Kredit- oder Kaufpreisforderungen im Ergebnis ein wesentlicher Teil der Wechselakzepte aus dem Anwendungsbereich des VerbrKrG heraus[122]. Man mag bezweifeln, ob dieser Zusammenhang dem Gesetzgeber bewußt gewesen ist[123]. Dieser wollte in § 3 Abs.1 Nr.3 VerbrKrG solche Kreditverträge vom Schutzbereich des Gesetzes ausnehmen, bei denen die für das Kreditgeschäft wesentlichen laufzeitabhängigen Belastungen kein besonderes Gewicht erlangen können[124]. Die Gefahren, vor denen die Vorschrift des § 10 Abs.2 VerbrKrG die Verbraucher schützen will, sind bei den genannten kurzfristigen Zahlungsaufschüben aber ebenfalls gegeben. Deshalb wird teilweise eine teleologische Reduktion der Ausnahmevorschrift § 3 Abs.1 Nr.3 VerbrKrG in Erwägung gezogen[125]. Daneben wird die Ansicht vertreten, die zuvor skizzierten, von Rechtsprechung und Lehre entwickelten Ansätze könnten übertragen werden, um einen in seinen tatsächlichen Wirkungen angemessenen Schutz des einen Wechsel ausstellenden Verbrauchers sicherzustellen, da die Mitgliedstaaten nach den Vorgaben des Art. 10 der Verbraucherkredit-Richtlinie zu mehr nicht verpflichtet seien[126]. Im Zusammenhang mit der Vorschrift des § 10 Abs.2 S.1 VerbrKrG ist schließlich in Anbetracht ihres lückenhaften Wortlautes umstritten, ob eine Absicherung der Kaufpreisforderung durch Wechsel dadurch erzielt werden kann, daß der Verbraucher den Wechsel dem Kreditgeber *anbietet*[127].

b) U.S.A.

Die das U.S.-amerikanische Recht prägenden gesetzlichen Grundlagen sind dem Ansatz des VerbrKrG ähnlich. Die im Jahre 1974 verabschiedeten Ergänzungsvorschriften zum U.C.C.C. begegnen denjenigen Nachteilen, die Verbrauchern durch die Anwendung der *holder-in-due-course doctrine* drohen. Der Eingrenzung dieses Dogmas dient U.C.C.C. § 3.307[128]. Diese Mustervorschrift

[122] Vgl. etwa MünchKomm-*Habersack* § 10 VerbrKrG Rdn. 3.

[123] Ebenso *G. Müller* WM 1991, 1781, 1782 (r.Sp.); MünchKomm-*Habersack* § 10 VerbrKrG Rdn. 3.

[124] Begr. RegE BT-Drucks. 11/5462, 18; zuvor bereits in diesem Sinne *Marschall von Bieberstein* Gutachten, 130, 198.

[125] Dafür sprechen sich aus *Baumbach/Hefermehl* Einl. WG Rdn. 75 d; *Bülow* § 10 VerbrKrG Rdn. 5; *Emmerich* in: *Graf von Westphalen/Emmerich/von Rottenburg* § 10 Rdn. 22; MünchKomm-*Habersack* § 10 VerbrKrG Rdn. 3; a.A. *Drescher* Rdn. 287.

[126] I.E. ebenso *Hopt/Mülbert* Vorbem zu §§ 607 ff. Rdn. 634; siehe in diesem Zusammenhang auch MünchKomm-*Habersack* § 10 VerbrKrG Rdn. 4; *Reinicke/Tiedtke* ZIP 1992, 217, 221 f.

[127] In diesem Sinne *Bülow* Art.17 WG Rdn. 96; *ders.* § 10 VerbrKrG Rdn. 9; *Emmerich* in: *Graf von Westphalen/Emmerich/von Rottenburg* § 10 Rdn. 24; *Münstermann/Hannes* Rdn. 571; dagegen indes *Baumbach/Hefermehl* Einl. WG Rdn. 75f; *G. Müller* WM 1991, 1781, 1784; MünchKomm-*Habersack* § 10 VerbrKrG Rdn. 14.

[128] U.C.C.C. § 3.307 hat folgenden Inhalt: With respect to a consumer credit sale or consumer lease, [except a sale primarily for an agricultural purpose,] the creditor may not take a negotiable instrument other than a check dated not later than ten days after its issuance as evidence of the obligation of the consumer.

untersagt Gläubigern, im Zusammenhang mit Kauf-, Miet- oder Leasinggeschäften unter Beteiligung von Verbrauchern andere *negotiable instruments*, d.h. übertragbare Wertpapiere, als Schecks anzunehmen. Der Kommentar zu dieser Vorschrift stellt den Grundsatz auf,

»that the holder in due course doctrine should be abrogated in consumer cases. Whatever beneficial effects this doctrine may have in promoting the currency of paper is greatly outweighed by the harshness of its consequences in denying consumers the right to raise valid defenses arising out of credit transactions.«[129]

Falls diesem Verbot zuwidergehandelt wird, wird der neue Gläubiger gem. U.C.C.C. § 3.404 (1) wie ein Zessionar (*assignee*) behandelt[130]. In vergleichbarer Weise wird in Wis.Stat. § 422.406[131] die *holder-in-due-course doctrine* begrenzt.

Eine andere Konzeption verfolgt hingegen § 433.2 (a) der FTC *Holder-In-Due-Course Regulations*:

In connection with any sale or lease of goods or services to consumers, or in affecting commerce as »commerce« is defined in the Federal Trade Commission Act, it is an unfair or deceptive act or practice within the meaning of Section 5 of that Act for a seller, directly or indirectly, to:
(a) Take or receive a consumer credit contract which fails to contain the following provision in at least ten point, bold face, type:

NOTICE
ANY HOLDER OF THIS CONSUMER CREDIT CONTRACT IS SUBJECT TO ALL CLAIMS AND DEFENSES WHICH THE DEBTOR COULD ASSERT AGAINST THE SELLER OF GOODS OR SERVICES OBTAINED PURSUANT HERETO OR WITH THE PROCEEDS HEREOF. RECOVERY HEREUNDER BY THE DEBTOR SHALL NOT EXCEED AMOUNTS PAID BY THE DEBTOR HEREUNDER.

Diese Klausel ist in Schuldurkunden aufzunehmen und bewahrt Käufern auf diese Weise bei Eingehung abstrakter Verbindlichkeiten auch gegenüber dem neuen Gläubiger diejenigen Einwendungen, die sie gegenüber dem Verkäufer hätten geltend machen können[132]. Nach dem Ansatz der FTC wird der Einsatz

[129] U.C.C.C. § 3.307, Comment (= offizieller Kommentar zu der besagten Vorschrift).

[130] Siehe hierzu nachfolgend Teil III, 3. Abschnitt, VI. 2. b) (242-244).

[131] Wis.Stat. § 422.406: (1) In a consumer credit sale or lease transaction, no seller or lessor shall take a negotiable instrument (...), other than a check, as evidence of the obligation of the customer. (2) In a consumer loan transaction which constitutes an interlocking loan (...), no creditor shall take a negotiable instrument (...), other than a check as evidence of the obligation of the customer. (3) The holder to whom an instrument issued in violation of this section is negotiated, notwithstanding that the holder may otherwise be a holder in due course of such instrument, is subject to all claims and defenses of the customer against the payee, subject to sub. (4). (4) Such holder's liability under this section is limited to: (a) The amount owing to the holder on such instrument at the time the holder receives notice of a claim or defense of the customer against such payee; ... Siehe zu dieser Vorschrift auch *Heiser* 57 Marq. L. Rev. 389, 434-436 (1974).

[132] Aus den Definitionen i.R.d. § 433.1 geht hervor, daß auch Wechsel *consumer credit contracts* i.S.d. § 433.2 darstellen. § 433.1 (i) hat folgenden Wortlaut: Consumer credit con-

von *negotiable instruments* im Rahmen drittfinanzierter Erwerbsgeschäfte mit Verbraucherbeteiligung also nicht generell untersagt. Vielmehr haben die Verkäufer dafür Sorge zu tragen, daß die erwähnte, ein Recht zum Einwendungsdurchgriff einräumende *notice* in die begebbaren Wertpapiere wie beispielsweise die vielfach verwendeten *promissory notes* mit aufgenommen wird.

c) Neuer Ansatz

Auf der Basis des hier entwickelten Differenzierungsmerkmals kommt bei der Absicherung einer Kaufpreisforderung durch Wechsel sowie beim C-Geschäft dem Vorliegen eines *do ut des ut det*-Leistungsaustauschs besondere Bedeutung zu[133]. In diesen Konstellationen folgt das Recht zum Einwendungsdurchgriff aus den Grundsätzen zum funktionellen Synallagma, wobei sich freilich die Frage stellt, ob dieser Rechtsfolge nicht Sinn und Zweck des Art. 17 WG entgegenstehen. Denn es ist keineswegs zwingend, daß die Situationen, in denen »der Inhaber bei dem Erwerb des Wechsels bewußt zum Nachteil des Schuldners gehandelt hat«, mit den Fällen gleichzusetzen sind, in denen die Bank bei der Wechseldiskontierung in ein *do ut des ut det*-Rechtsgeschäft eingebunden ist. Jedoch hat man sich in diesem Zusammenhang auch die unterschiedlichen Bestrebungen zur extensiven Auslegung der erwähnten Tatbestandsvoraussetzung in Art. 17 WG zu vergegenwärtigen, die zu einer weitgehenden Aushöhlung des Einwendungsausschlusses bei planmäßiger Einbeziehung des Refinanzierers in den Erwerbsvorgang geführt haben[134]. Unter diesen Umständen wird man kaum davon ausgehen können, daß die Wertungen des Art. 17 WG eine allgemeine Ausnahme von der grundsätzlichen Zulässigkeit des Einwendungsdurchgriffs bei Vorliegen eines *do ut des ut det*-Leistungsaustauschs rechtfertigen.

In diesem Zusammenhang verkörpern schließlich die in ihrer Zielrichtung den amerikanischen Vorschriften vergleichbaren §§ 10 Abs.2, 3 Abs.1 Nr.3, 18 S.2 VerbrKrG im Ergebnis einen zusätzlichen, bereits im Vorfeld angesiedelten Schutzmechanismus zugunsten von Verbrauchern. Dieser ist auf die völlige Ausschaltung derjenigen Gefahren gerichtet, die Käufern aus der Eingehung von Wechselverbindlichkeiten für Ansprüche eines Kreditgebers drohen. Dieser Ansatz verdeutlicht zudem, daß die mit einem *do ut des ut det*-Leistungsaustausch einhergehenden Rechtsgrundsätze zu Lasten von zu kommerziellen Zwecken handelnden Wechselausstellern modifiziert werden können.

---

tract. Any instrument which evidences or embodies a debt arising from ... a »financed sale« as defined in paragraph[s] ...(e). § 433.1 (e) lautet: Financing a sale. Extending credit to a consumer in connection with a »Credit Sale« ...

[133] Siehe Teil II, 2. Abschnitt, II. (96 ff.) und VI. 1. (124 f.).

[134] Siehe hierzu oben Teil III, 3. Abschnitt, VI. 1. a) (236).

2. Abtretungskonstruktion

a) Deutschland

Das Problem des Einwendungsdurchgriffs stellt sich bei der Abtretungskonstruktion nicht unmittelbar, da die Rechtsstellung des Abzahlungskäufers gem. §§ 404, 406 BGB von der Zession der Kaufpreisforderung unberührt bleibt. Hingegen war unter Geltung des AbzG umstritten, ob und in welchem Umfang die Wirkungen der §§ 404, 406 BGB durch vertragliche Vereinbarung zwischen Käufer und Verkäufer ausgeschaltet werden konnten. Prinzipiell ist eine Abbedingung dieser Vorschriften zulässig[135], wobei in den Ausnahmefällen eines abstrakten Schuldversprechens oder Schuldanerkenntnisses die Formvorschriften der §§ 780-782 BGB, 350 f. HGB zu beachten sind. Indes wurde bis zum Inkrafttreten des VerbrKrG im Jahre 1991 ein vertraglich vereinbarter Verzicht[136] auf Einwendungen aus dem AbzG wegen dessen zwingenden Charakters für unwirksam erachtet[137], wohingegen bei sonstigen Einwendungen und Einreden überwiegend im entgegengesetzten Sinn entschieden wurde[138]. Kontrovers wurde weiterhin diskutiert, ob entsprechende Vereinbarungen zwischen dem Käufer und der Bank zu einer weitergehenden Abbedingung der §§ 404, 406 BGB führen konnten[139] und ob ein zusätzlicher Schutz des Abzahlungskäufers dadurch bewirkt werden konnte, daß man der Bank eine Pflicht zur Warnung und Aufklärung des Käufers über die mit dem Einwendungsverzicht verknüpften Gefahren auferlegte[140].

Für weitgehende Klarheit hat nunmehr die Vorschrift des § 10 Abs.1 VerbrKrG gesorgt. Die von Art. 9 Verbraucherkredit-Richtlinie aufgestellten Vorgaben umsetzend[141], werden Vereinbarungen[142] für unwirksam erklärt, durch die Verbraucher auf das Recht verzichten, ihnen gegenüber einem Zedenten zustehende Einwendungen dem Zessionar entgegenzusetzen (§ 404 BGB) oder

---

[135] MünchKomm-*Roth* § 404 Rdn. 17 ff. und 406 Rdn. 16 m.w.N. der Rspr.

[136] Zu den Besonderheiten bei Aufnahme des Verzichts in Allgemeine Geschäftsbedingungen siehe *Canaris* Bankvertragsrecht Rdn. 1487; *Hopt/Mülbert* Vorbem zu §§ 607 ff. Rdn. 597.*

[137] *Canaris* Bankvertragsrecht Rdn. 1487; *Hörter* 101-105; *Marschall von Bieberstein* Abzahlungsgeschäft 142 f.

[138] *Canaris* Bankvertragsrecht Rdn. 1487; *Hörter* 106-108; *Müller-Laube* 87 f.; a.A. *Marschall von Bieberstein* Abzahlungsgeschäft 142-151.

[139] In diesem Sinne *Canaris* Bankvertragsrecht Rdn. 1490; a.A. *Hopt/Mülbert* Vorbem zu §§ 607 ff. Rdn. 598; *M. Wolf* in: *Wolf/Horn/Lindacher* § 9 Rdn. E 103.

[140] In diesem Sinne *Canaris* Bankvertragsrecht Rdn. 1488; ablehnend *Hopt/Mülbert* Vorbem zu §§ 607 ff. Rdn. 597.

[141] Siehe hierzu MünchKomm-*Habersack* § 10 VerbrKrG Rdn. 4.

[142] Da das Gesetz aus Gründen des Verbraucherschutzes jegliche Dispositionsmöglichkeit hinsichtlich der Rechte aus §§ 404, 406 BGB einschränken wollte, erfaßt § 10 Abs. 1 VerbrKrG – insbesondere auch im Hinblick auf das Umgehungsverbot des § 18 S. 2 VerbrKrG – zudem den seltenen Fall eines einseitigen Verzichts; ebenso *Emmerich* in: *Graf von Westphalen/Emmerich/von Rottenburg* § 10 Rdn. 9; MünchKomm-*Habersack* § 10 VerbrKrG Rdn. 8; a.A. *Münstermann/Hannes* Rdn. 566.

mit einer ihnen gegen den Zedenten zustehenden Forderung gegenüber dem Zessionar aufzurechnen (§ 406 BGB). Inwieweit auf die genannten Rechte verzichtet werden kann, sofern es sich bei dem Schuldner der abgetretenen Forderung aus einem Abzahlungskauf *nicht* um einen Verbraucher handelt, ist noch nicht endgültig geklärt. Allerdings ist davon auszugehen, daß derartige Verzichtsvereinbarungen – abgesehen von einer Inhaltskontrolle nach §§ 11 Nr.2+3, 9 AGBG bei Verwendung Allgemeiner Geschäftsbedingungen – in weitem Umfang zulässig sind[143].

b) U.S.A.

Auch nach U.S.-amerikanischem Recht bleiben Schuldnern gegenüber Zessionaren im Grundsatz diejenigen Einwendungen erhalten, die ihnen im Zeitpunkt der Abtretung im Deckungsverhältnis gegenüber dem Zedenten zugestanden hatten[144]. Fraglich ist allein, in welchem Umfang durch sog. *waiver of defense clauses* auf diese Rechte wirksam verzichtet werden kann. Hierbei hat sich zugunsten von Verbrauchern ein hoher Schutzstandard herausgebildet. Die bereits erläuterte Vorschrift § 433.2. der FTC-*Holder-In-Due-Course Regulations*[145] verpflichtet Verkäufer, bei der Zession einer gegen einen Verbraucher gerichteten Kaufpreisforderung in den Abtretungsvertrag mit dem Zessionar den in der Vorschrift erwähnten Hinweis aufzunehmen, der die Undurchsetzbarkeit etwaiger *waiver of defense clauses* bewirkt.

Zudem bewirken der *Uniform Consumer Credit Code* sowie der *Wisconsin Consumer Act* zum Schutz von Verbrauchern eine weitgehende Eindämmung der *waiver of defense clauses*. Innerhalb des Mustergesetzes ist insoweit die Vorschrift des U.C.C.C. § 3.404 (1)+(2)[146] maßgeblich. Danach ist ein Zessionar

---

[143] Zu den Einzelheiten siehe etwa MünchKomm-*Roth* § 404 Rdn. 17 ff. und 406 Rdn. 16.

[144] Siehe bereits Teil I, 1. Abschnitt, V. 2. (21 f.) m.w.N.

[145] Siehe oben Teil III, 3. Abschnitt, VI. 1. b) (239).

[146] U.C.C.C. § 3.404 (1)+(2): (1) With respect to a consumer credit sale or consumer lease [,except one primarily for an agricultural purpose], an assignee of the rights of the seller or lessor is subject to all claims and defenses of the consumer against the seller or lessor arising from the sale or lease of property or services, notwithstanding that the assignee is a holder in due course of a negotiable instrument issued in violation of the provisions prohibiting certain negotiable instruments (Section 3.307). (2) A claim or defense of a consumer specified in subsection (1) may be asserted against the assignee under this section only if the consumer has made a good faith attempt to obtain satisfaction from the seller or lessor with respect to the claim or defense and then only to the extent of the amount owing to the assignee with respect to the sale or lease of the property or services as to which the claim or defense arose at the time the assignee has notice of the claim or defense. Notice of the claim or defense may be given before the attempt specified in this subsection. Oral notice is effective unless the assignee requests written confirmation when or promptly after oral notice is given and the consumer fails to give the assignee written confirmation within the period of time, not less than 14 days, stated to the consumer when written confirmation is requested.

selbst dann Ansprüchen und Einwendungen des Verbrauchers aus dem zugrundeliegenden Rechtsgeschäft ausgesetzt, wenn er unter Verstoß gegen U.C.C.C. § 3.307 nach Übertragung eines *negotiable instrument* die Rechtsstellung eines *holder in due course* bekleiden sollte. Die Vorschrift wird von zwei Überlegungen bestimmt: einerseits sollen Verbraucher vor den Auswirkungen der *holder-in-due-course doctrine* geschützt werden, andererseits sollen Finanzierungsinstitute in ihrer Rolle als Zessionar von Kaufpreisforderungen veranlaßt werden, die rechtlichen Beziehungen zu unzuverlässigen – weil entgegen U.C.C.C. § 3.307 *negotiable instruments* verwendenden – Verkäufern zu überdenken[147]. Voraussetzung für die Geltendmachung von Ansprüchen und Einwendungen durch Verbraucher ist jedoch, daß sie zuvor in *good faith* den Versuch unternommen haben, Verkäufer oder Vermieter zu einer Befriedigung ihres Begehrens zu bewegen. Für den Anwendungsbereich des *Wisconsin Consumer Act* stellt Wis.Stat. § 422.407 (1) den Grundsatz auf, daß in einer *consumer credit transaction*[148] der Zessionar auch im Falle einer anderslautenden Vereinbarung allen Ansprüchen und Einwendungen des Verbrauchers aus dem ursprünglichen Vertragsverhältnis ausgesetzt ist[149]. Dieses Prinzip wird sodann in § 422.407 (2)[150] eingeschränkt. Danach können *waiver of defense clauses* von einem Zessionar (*assignee*) wirksam geltend gemacht werden, wenn er die folgenden – auf das Wesentliche zusammengefaßten – vier Voraussetzungen erfüllt[151]:

1. keine Verbindung zum Zedenten/Verkäufer;

[147] U.C.C.C. § 3.404, Comment 1.

[148] Siehe zu diesem Begriff die Definition in Wis.Stat. § 421.301 (10): ... consumer transaction between a merchant and a customer in which real or personal property, services or money is acquired on credit. ... The term includes consumer credit sales, consumer loans, consumer leases and transactions pursuant to open-end credit plans. Siehe zu dieser Begriffsbestimmung auch *Heiser* 57 Marq. L. Rev. 389, 392-394 (1974).

[149] Wis.Stat. § 422.407 (1) lautet: With respect to a consumer credit transaction other than a consumer loan which is not an interlocking consumer loan (s. 422.408), an assignee of the rights of a creditor is subject to all claims and defenses of the customer against the assignor arising out of the transaction notwithstanding an agreement to the contrary, subject to sub. (2).

[150] Wis.Stat. § 422.407 (2) lautet: An agreement by the customer not to assert against an assignee a claim or defense arising from a consumer credit transaction is enforceable only by an assignee not related to the assignor who acquires the customer's contract in good faith and for value, who gives the customer notice of the assignment ... and who, within 12 months after the mailing of the notice of assignment, has not received notice of the customer's claim or defense. In the event that such assignee further assigns the customer's obligation to another party not related to the original assignor, in good faith and for value, such party may enforce an agreement by the customer not to assert claims or defenses, only to the extent that that party's assignor could do so under this section, and any notice by the customer to the original or subsequent assignees is effectivc as to such party. ...

[151] Eine ausführliche Auseinandersetzung mit der Vorschrift bieten *Heiser* 57 Marq. L. Rev. 389, 438 f. (1974); *Littlefield* 1973 Wis. L. Rev. 471, 486 f.; vgl. auch *Davis* 72 Minn. L. Rev. 1, 15-18 (1973), der zusätzlich die Entstehungsgeschichte der Vorschrift beleuchtet.

2. Gutgläubigkeit[152] und Erwerb des Vertrages/Anspruchs gegen volle Bezahlung;
3. Mitteilung an den Verbraucher von der Rechtsnachfolge;
4. keine Kenntnis von etwaigen Ansprüchen oder Einwendungen des Verbrauchers, wobei seit der Mitteilung der Rechtsnachfolge zwölf Monate (!) abzuwarten sind.

c) Neuer Ansatz

Nach der Lehre von den *do ut des ut det*-Rechtsgeschäften ergeben sich in Fällen der Abtretungskonstruktion mit trilateral-synallagmatischem Leistungsaustausch[153] die in §§ 404, 406 BGB angeordneten Rechtsfolgen bereits aus den Grundsätzen zum funktionellen Synallagma. Daneben bilden die Vorschriften §§ 10 Abs.1, 18 VerbrKrG sowie §§ 11 Nr.2+3, 9 AGBG den rechtlichen Rahmen, jenseits dessen von den Grundsätzen des funktionellen Synallagmas etwa durch Vereinbarung eines Einwendungsverzichts abgewichen werden kann.

---

[152] Der Begriff *good faith* wird in Wis.Stat. § 421.108 definiert als »honesty in fact in the conduct or transaction concerned and the observance of reasonable commercial standards of fair dealing«.

[153] Vgl. hierzu bereits Teil II, 2. Abschnitt, VI. 2. (125 f.).

4. Abschnitt

Rückabwicklungsprobleme bei *do ut des ut det*-Rechtsgeschäften

Der Bereicherungsausgleich im Drei-Personen-Verhältnis sowie die Rückabwicklung drittfinanzierter Erwerbsgeschäfte nach Wandelung des Kaufvertrages gehören gegenwärtig zu den umstrittensten Rechtsproblemen des deutschen Schuldrechts. In Dreiecksverhältnissen erweist sich der bereicherungsrechtliche Ausgleich als besonders problematisch, wenn das Deckungs- und/oder Valutaverhältnis unwirksam sind. Dabei erstreckt sich die Diskussion insbesondere auf die Fälle der Zession, des berechtigenden Vertrages zugunsten Dritter und der befreienden Schuldübernahme. Die entsprechenden Probleme stellen sich hingegen seltener bei drittfinanzierten Erwerbsgeschäften wie dem finanzierten Abzahlungskauf und dem Finanzierungsleasinggeschäft, weil bei diesen regelmäßig durch vertragliche Sondervereinbarungen Sorge dafür getroffen wird, daß es im Fall der Unwirksamkeit eines der zugrundeliegenden Vertragsverhältnisse gar nicht erst zum Leistungsaustausch kommt[1]. Hingegen ergeben sich gerade bei den letztgenannten Geschäftstypen höchst intrikate Rechtsprobleme, wenn der zugrundeliegende Kaufvertrag durch den Vollzug der Wandelung in ein Rückgewährschuldverhältnis übergeleitet wird.

Für jede der angesprochenen Konfliktsituationen wird nachfolgend der Meinungsstand in Rechtsprechung und Lehre den aus dem neuen Ansatz ableitbaren Erkenntnissen gegenübergestellt werden, wobei im Hinblick auf die im Zentrum der Untersuchung stehenden drittfinanzierten Erwerbsgeschäfte zugleich ein Blick auf die U.S.-amerikanische Rechtslage geworfen werden wird. Dabei wird sich zeigen, daß hierzulande die Diskussion maßgeblich von der Auseinandersetzung um die Tauglichkeit des modernen bereicherungsrechtlichen Leistungsbegriffs (bewußte, zweckgerichtete Mehrung fremden Vermögens) in Anweisungsfällen beherrscht wird[2]. Hier soll in dieser mit ihren zahlreichen argumentativen Verästelungen kaum mehr überschaubaren Kontroverse nicht Partei ergriffen werden für die eine oder andere Theorie zum

[1] Zu den Auswirkungen der Unwirksamkeit eines oder mehrerer der zugrundeliegenden Austauschverträge beim finanzierten Abzahlungskauf und Finanzierungsleasinggeschäft im Lichte der Grundsätze zum trilateralen genetischen Synallagma siehe bereits Teil II, 4. Abschnitt, I. (164-167) mit Beispielsfällen.

[2] Siehe stellvertretend zur Kritik am bereicherungsrechtlichen Leistungsbegriff *Larenz/Canaris* § 70 (197 ff.); MünchKomm-*Lieb* § 812 Rdn. 27a, 30 ff.; zuletzt *Kupisch* JZ 1997, 213 ff. jeweils m.w.N. zum Meinungsstand.

Bereicherungsausgleich in Dreiecksverhältnissen. Vielmehr wird das Paradigma des trilateralen Synallagmas, d.h. der Verknüpfung von Leistungspflichten im Sinne eines *do ut des ut det*, als Ausgangspunkt für eine neuartige Annäherung an die komplexe Problematik genommen. Die Leitbildfunktion des umstrittenen bereicherungsrechtlichen Leistungsbegriffs wird also zugunsten eines Ansatzes aufgegeben, der aus der für die hier zu untersuchenden Dreieckskonstellationen typischen final-kausalen Gegenseitigkeitsbindung hervorgegangen ist. Danach repräsentieren die aufgrund der trilateral-synallagmatisch verknüpften Leistungspflichten erfolgenden unmittelbaren Vermögensverschiebungen stets Leistungen im Sinne des Allgemeinen Schuldrechts, deren Rückabwicklung ebenso wie bei zweiseitig-gegenseitigen Austauschverhältnissen infolge der Grundsätze zum genetischen und konditionellen Synallagma unmittelbar zwischen den Parteien des Zuwendungsverhältnisses erfolgt. Auf dieser Grundlage bleibt bei einem Leistungsaustausch im Dreieck für den bereicherungsrechtlichen Leistungsbegriff nur noch Raum, wenn sich eine trilateral-synallagmatische Verbindung von Leistungspflichten nicht nachweisen läßt, wie beispielsweise bei Anweisungen, die vom Angewiesenen nicht nach § 784 Abs.1 BGB angenommen worden sind, oder bei Zessionen sowie berechtigenden Verträgen zugunsten Dritter, denen im Deckungs- und/oder im Valutaverhältnis keine gegenseitig-verpflichtenden Austauschverträge zugrundeliegen. Der hier verfolgte Ansatz kommt damit – freilich auf neuer rechtsdogmatischer Basis – zwangsläufig zu Ergebnissen, wie sie auch bereits in der bisherigen Diskussion vertreten worden sind.

I. Rückabwicklung beim B-Geschäft insbesondere nach Wandelung des Kaufvertrages

1. Deutsches Recht

Die Vorschrift § 9 Abs.3 S.3 VerbrKrG läßt – abgesehen von der hier zu vernachlässigenden Frage des Widerrufs (§§ 9 Abs.2, 7 VerbrKrG)[3] – wider Erwarten den Aspekt der Rückabwicklung gestörter Vertragsverhältnisse unberührt. Die rechtliche Bewertung der Auszahlungsmodalitäten beim B-Geschäft als Anweisung im weiteren Sinne[4] konsequent weiterführend, lehnt sich die vorherrschende Ansicht[5] auch bei der bereicherungsrechtlichen Rückabwicklung finanzierter Abzahlungskäufe an die zum Ausgleich in Anweisungsfällen entwickel-

[3] Zum Meinungsstand bezüglich der Rückabwicklung nach Widerruf siehe zuletzt ausführlich *Lebek* 28 ff.

[4] Siehe oben Teil II, 2. Abschnitt, II. (97 f.) m.w.N.

[5] Vgl. etwa *Hopt/Mülbert* Vorbem zu §§ 607 ff. Rdn. 543 ff.; MünchKomm-*Habersack* § 9 VerbrKrG Rdn. 107 ff.; MünchKomm-*Lieb* § 812 Rdn. 132-135d; *Reuter/Martinek* § 12 XI 3 b (503-508); Staudinger-*Lorenz* § 812 Rdn. 58 jeweils m.w.N. Modifizierend *Lebek* 69 ff., der nach umfassender Darstellung des Meinungsstands bei Doppelmängeln eine (analoge) Anwendung des § 9 Abs.2 S.4 VerbrKrG in Betracht zieht.

ten Grundsätze[6] an. Dabei wird in der Auszahlung des Kredits im Falle der üblichen Direktüberweisung vom Finanzierer/Angewiesenen an den Verkäufer/Anweisungsempfänger eine Simultanleistung sowohl in dem zwischen Abzahlungskäufer/Anweisendem und Verkäufer/Anweisungsempfänger bestehenden Valutaverhältnis als auch im Deckungsverhältnis zwischen Finanzierungsinstitut/Angewiesenem und Abzahlungskäufer/Anweisendem gesehen, weil nur in diesen Beziehungen Leistungszwecke verfolgt würden[7]. Grundsätzlich wird daher der Bereicherungsausgleich bei Fehlerhaftigkeit eines der Kausalverhältnisse zwischen den daran beteiligten Parteien vollzogen. Das bedeutet, daß etwa bei Nichtigkeit des Kaufvertrages der Verkäufer das Kaufobjekt vom Abzahlungskäufer zurückverlangen kann und an diesen seinerseits den Kaufpreis zurückzuzahlen hat. Die um die bereits erbrachten Tilgungsraten gekürzte Darlehensvaluta hat der Abzahlungskäufer sodann an das Finanzierungsinstitut weiterzuleiten[8]. Selbst bei einem sog. Doppelmangel, d.h. der Fehlerhaftigkeit beider Kausalverhältnisse, soll die Rückabwicklung übers Dreieck erfolgen. In Ausnahmefällen soll indes eine Direktkondiktion des Angewiesenen beim Anweisungsempfänger zulässig sein, wenn etwa die Voraussetzungen des § 822 BGB gegeben sind, d.h. das Deckungsverhältnis unwirksam und im Valutaverhältnis eine unentgeltliche Zuwendung erfolgt ist, oder wenn es an einer wirksamen Anweisung fehlt. Im übrigen ist umstritten, ob und unter welchen Voraussetzungen weitere Abweichungen vom Grundsatz der Rückabwicklung übers Dreieck zuzulassen sind.

Die wandelungsbedingte Rückabwicklung erfolgt im Grundsatz in enger Anlehnung an den Bereicherungsausgleich in Anweisungslagen, der – wie geschildert – auf B-Geschäfte übertragen worden ist. Gleichwohl bestehen einige Streitpunkte[9], von denen hier die Diskussion zur rechtlichen Zulässigkeit des sog. Rückforderungsdurchgriffs hervorgehoben sei. Dabei handelt es sich um die Frage, ob und – bejahendenfalls – unter welchen Voraussetzungen der Abzahlungskäufer unmittelbar vom Kreditgeber die bereits geleisteten Darlehens-

[6] Siehe hierzu stellvertretend *Loewenheim* 35 ff.; *U. Meyer* 15-138; MünchKomm-*Lieb* § 812 Rdn. 30 ff.; *Reuter/Martinek* § 11 (407 ff.) jeweils m.w.N. zum Meinungsstand.

[7] Zur Kritik an diesem gedanklichen Ansatz siehe bereits Teil II, 2. Abschnitt, I. 1. (98 f.).

[8] Eine im Vordringen befindliche Ansicht beschränkt den Anspruch des Finanzierungsinstituts gegenüber dem Verbraucher hingegen auf eine Kondiktion der Kondiktion; siehe *Emmerich* in: *Graf von Westphalen/Emmerich/von Rottenburg* § 9 VerbrKrG Rdn. 160-162, 170; MünchKomm-*Habersack* § 9 VerbrKrG Rdn. 107 f.; MünchKomm-*Lieb* § 812 Rdn. 134; *Ott* in: *Bruchner/Ott/Wagner-Wieduwilt* § 9 VerbrKrG Rdn. 134 f.; *Pietzcker* 121-127 jeweils m.w.N.

[9] Siehe hierzu vor Inkrafttreten des VerbrKrG *Canaris* Bankvertragsrecht Rdn. 1450-1464; *dens.* in: FS Larenz 799, 838 ff.; *Hörter* 214 ff.; *Joerges* Verbraucherschutz 59-76; *Kupisch* 90-95; *von Reinersdorff* 121-127; *Reuter/Martinek* § 12 IX (499-508); *W.F. Schmitz* 98-105; *Schnauder* 234 ff., insbes. 242-247. Vgl. nach Inkrafttreten des VerbrKrG *Coester* Jura 1992, 617, 623 f.; *Dauner-Lieb* WM-Sonderbeilage 6/1991, 22-28; *Emmerich* in: *Hadding/Hopt* 67, 80 ff.; *dens.* in: *Graf von Westphalen/Emmerich/von Rottenburg* § 9 Rdn. 182 ff.; *Melsheimer* 200 ff.; MünchKomm-*Habersack* § 9 VerbrKrG Rdn. 106-138; *Vortmann* Rechtsfragen Rdn. 238-253 (103-109).

raten zurückverlangen kann[10]. Von Fällen der Unwirksamkeit des Kauf- *und* Darlehensvertrages abgesehen, wird im übrigen – also insbesondere auch nach Vollzug der Wandelung des Kaufvertrages – ein solcher Rückforderungsdurchgriff überwiegend abgelehnt[11], während ihn einige für zulässig oder zumindest erstrebenswert erachten[12]. Demgegenüber herrscht weitgehend Einigkeit darüber, daß der Abzahlungskäufer eine an den Verkäufer geleistete Anzahlung nur von diesem und nicht vom Finanzierer zurückverlangen kann[13].

2. U.S.-Recht

Anders als das deutsche Rechtssystem stellt das amerikanische einige normative Eckpunkte zur Verfügung, die speziell auf die wandelungsbedingte Rückabwicklung drittfinanzierter Abzahlungskäufe zugeschnitten sind. Die rechtlichen Grundlagen für den Anspruch des Abzahlungskäufers auf Rückzahlung

---

[10] Zur Verdeutlichung ist dieses rechtliche Phänomen auch als »ex tunc wirkender Einwendungsdurchgriff« – *Reinking/Nießen* ZIP 1991, 79, 84 in Fußn. 30 – oder als »Verlängerung des Einwendungsdurchgriffs« – *Vollkommer* in: FS Merz 595, 597 – bezeichnet worden. Die Ungenauigkeit des Begriffs *Rückforderungsdurchgriff* beklagt auch *Franz* 212 f.

[11] Vor Inkrafttreten des VerbrKrG in diesem Sinne BGH Urt. v. 8. 2. 1979, NJW 1979, 1597, 1598 f.; Urt. v. 7. 2. 1980, NJW 1980, 1155, 1157 f.; Urt. v. 10. 7. 1980, NJW 1980, 2301, 2302 f.; *W. Baur* NJW 1975, 2008, 2009; *Böckmann* 217-222; *Canaris* Bankvertragsrecht Rdn. 1450-1453; *ders.* ZIP 1980, 709, 721 f.; *Hopt/Mülbert* Vorbem zu §§ 607 ff. Rdn. 550 ff.; *Scholz* Rdn. 372-374 (177 f.); *Schröder* JZ 1989, 717, 723-725; Soergel-*Hönn* Anh § 6 AbzG Rdn. 72; siehe zudem die ausführliche Analyse der Rspr. des BGH und der Instanzgerichte bei *Dürbeck* 133-135; *Franz* 267-269; *Melsheimer* 167-173; *Pietzcker* 35-40. Nach dem Inkrafttreten des VerbrKrG LG Hagen Urt. v. 23. 7. 1993, NJW-RR 1994, 1260; *Bülow* § 9 VerbrKrG Rdn. 59; *Dauner-Lieb* WM-Sonderbeilage 6/1991, 22 (r.Sp.); *Drescher* Rdn. 272; Erman-*Klingsporn/Rebmann* § 9 VerbrKrG Rdn. 21; *Franz* 260-290; *Habersack* DStR 1994, 1853, 1856 (r.Sp.); *Heise* JA 1993, 65, 70 f.; MünchKomm-*Habersack* § 9 VerbrKrG Rdn. 131-134; MünchKomm-*Lieb* § 812 Rdn. 134; Palandt-*Putzo* § 9 VerbrKrG Rdn. 15 [»zweifelhaft«]; *Reinicke/Tiedtke* Rdn. 1453-1458; *dies.* ZIP 1992, 217, 223-225; *Reinking* FLF 1993, 174, 175-177; *Reinking/Nießen* ZIP 1991, 79, 84; *dies.* ZIP 1991, 634, 636 (r.Sp.); *Scholz* Rdn. 374 (178); modifizierend hingegen *Dürbeck* 135-146.

[12] Vor Inkrafttreten des VerbrKrG *Denck* MDR 1980, 709 ff.; *Gailus* 79-85; *Rehberg passim* [auf S.69 Rückforderungsdurchgriff bereits *de lege lata* für zulässig erachtend, wobei gesetzliche Regelung indes wünschenswert sei]; gleichfalls in diese Richtung tendierend *Franzmann* 144-146 [in der Erwartung einer Ausweitung der Rspr.]; *Joerges* Verbraucherschutz 59-76; *Löhr/Simon* 107-110 [*de lege ferenda*]. Nach Inkrafttreten des VerbrKrG LG Braunschweig Urt. v. 16. 6. 1994, NJW 1994, 2701; im Schrifttum mit erheblichen Abweichungen in der dogmatischen Begründung *Emmerich* in: *Hadding/Hopt* 67, 82 f.; *ders.* in: *Graf von Westphalen/Emmerich/von Rottenburg* § 9 Rdn. 184 f.; *Lebek* 167-219; *Ma. Lehmann* 61-74, 99-112; *Ott* in: *Bruchner/Ott/Wagner-Wieduwilt* § 9 Rdn. 128-132; *Pietzcker* 45-105; *Schwintowski/Schäfer* § 8 Rdn. 119; *Vollkommer* in: FS Merz 595 ff.

[13] Soweit ersichtlich, befürworten allein *Bülow* § 9 VerbrKrG § 53b und *Denck* MDR 1980, 709, 712 einen solchen »Anzahlungsdurchgriff«; dagegen die h.M., vgl. *Canaris* Bankvertragsrecht Rdn. 1450; *Hopt/Mülbert* Vorbem zu §§ 607 ff. Rdn. 545; *Lebek* 116, 124; MünchKomm-*Habersack* § 9 VerbrKrG Rdn. 110; *Pietzcker* 105-110.

der bereits auf *purchase money loans* oder *interlocking consumer loans* erbrachten Darlehensraten sind bereits dargelegt worden[14].

Der für eine wandelungsbedingte Rückabwicklung wesentliche Abschnitt der Notice lautet:
RECOVERY HEREUNDER BY THE DEBTOR SHALL NOT EXCEED AMOUNTS PAID BY THE DEBTOR HEREUNDER.

Die Auswirkungen dieser Formel auf die Rückabwicklung finanzierter Abzahlungsgeschäfte werden in den *Guidelines on Trade Regulation Rule Concerning Preservation of Consumers' Claims and Defenses* ausführlich dargelegt[15]. Der Rückerstattungsanspruch des Verbrauchers ist auf den Betrag begrenzt, den er bereits im Rahmen der Vertragsverbindung gezahlt hat[16]. Ein Verbraucher kann also im Wege eines Klagebegehrens oder einer Einwendung seine Rechte in der Form geltend machen, daß er die dem Finanzierungsinstitut noch geschuldeten Kreditraten einbehält, während ein etwaiges Rückzahlungsbegehren auf die Erstattung der bisher geleisteten Zahlungen begrenzt ist[17]. Folgeschäden, die dem Verbraucher im Verhältnis zum Verkäufer zustehen, kann er gegenüber der Bank hingegen nicht geltend machen[18]. Darüber hinaus wird ein gegen den Finanzierer gerichteter Anspruch auf Rückerstattung einer unmittelbar an den

[14] Siehe allgemein Teil I, 2. Abschnitt, II. (57-64) mit Darstellung der rechtlichen Voraussetzungen für die Annahme eines finanzierten Abzahlungskaufs und Teil III, 3. Abschnitt, II. 2. (215-219) mit Erörterung der rechtlichen Grundlagen des Rechts zum Einwendungsdurchgriff – vgl. § 433.2 FTC-*Regulation*, U.C.C.C. § 3.405 (1)+(2), Wis.Stat. § 422.408 (1)+(4).

[15] Siehe 41 Fed.Reg. 20023, 20023 f. (14. Mai 1976); vgl. außerdem zum Verhältnis der FTC-*Regulations* zum *holder-in-due-course*-Status nach Art. 3 UCC die kritische Würdigung von *Sturley* 68 N.C. L. Rev. 953-978 (1990) m.w.N. zum Meinungsstand.

[16] Dieses Recht stellt nach Ansicht von *Fonseca* 78 den wichtigsten neuen Ansatzpunkt der *Rule* dar; vgl. auch die kritische Würdigung bei *Geva* 31 Case W. Res. L. Rev. 51, 70-73 (1980); aus der Judikatur siehe hierzu *Thomas v. Ford Motor Credit Co.*, 48 Md.App. 617, 429 A.2d 277, 282 (1981); *Aillet v. Century Finance Company*, 391 So.2d 895, 897 (La.App. 1980); *Eachen v. Scott Housing Systems, Inc.*, 630 f.Supp. 162, 164 f. (M.D.Ala. 1986).

[17] *Fonseca* 83 und *Greenhalgh* 25 UCLA L. Rev. 821, 855 f. (1978) haben die Befürchtung geäußert, daß diese finanzielle Begrenzung Verbraucher von der Geltendmachung der ihnen gegenüber Drittfinanzierern zustehenden Rechte abhalten werde, da von dem geltend gemachten Betrag der Verbraucher letztlich auch seine Anwaltsgebühren zu begleichen habe. *Fonseca* schlägt vor, erfolgreich klagenden Verbrauchern zusätzlich die Anwaltsgebühren zu erstatten. Ein solcher Anspruch auf Ausgleich der Anwaltsgebühren kann sich indes aus gesetzlichen Vorschriften des betreffenden Bundesstaates ergeben. So wurde Verbrauchern in dem Rechtsstreit *De La Fuente v. Home Sav. Assoc.*, 669 S.W.2d 137, 146 (Tex.App. 1984) neben den aus der FTC-*Notice* abgeleiteten Rechten ein Anspruch auf Erstattung der Anwaltsgebühren nach den einschlägigen Vorschriften des *Texas Home Solicitation Sales Act* zugesprochen. Siehe zu dieser Problematik außerdem *Note* 13 Hous. L. Rev. 789, 796 f., 799 (1976).

[18] So auch *Saporita v. Delco Corp.*, 104 Misc.2d 527, 528 f., 428 N.Y.S.2d 581, 583 (1980), anders hingegen noch *Connor v. Great Western Savings & Loan Asso.*, 69 Cal.2d 850, 73 Cal.Rptr 369, 447 P.2d 609, 39 ALR3d (1968).

Verkäufer geleisteten Anzahlung auf den Kaufpreis für durchsetzbar erachtet[19]. Da die Worte »recovery hereunder« sich allein auf den infolge der Notice zurückzuerstattenden Betrag beziehen, schließt diese Begrenzung des Rückerstattungsanspruchs nicht sonstige Rechte aus, die dem Verbraucher aufgrund anderer einzel- oder bundesstaatlicher Gesetze zustehen[20].

Die FTC-*Regulations* lassen ebensowenig wie die hierzu ergangenen *Guidelines*[21] erkennen, ob die Ausübung der beschriebenen Verbraucherrechte von einem vorherigen Versuch der Inanspruchnahme des Verkäufers – sei es außergerichtlich oder im Wege der Klageerhebung – abhängig ist. Diese Frage ist nach dem Recht der jeweiligen Einzelstaaten zu entscheiden. In sämtlichen bislang zitierten Rechtsfällen hatten die Abzahlungskäufer zunächst versucht, gegen den Verkäufer vorzugehen, und waren dabei aus den unterschiedlichsten Gründen – Insolvenz, Geschäftsauflösung, mangelnde Bereitschaft oder Fähigkeit zur Fehlerbeseitigung – ganz oder teilweise erfolglos geblieben. Es liegt auf der Hand, daß der Rückforderungsdurchgriff ein Gegenrecht in den Händen der Abzahlungskäufer darstellt, das durch seine *prima facie* nahezu schrankenlose Einsatzmöglichkeit zu Verschiebungen bei den von den Beteiligten übernommenen vertraglichen Risiken führen kann. Deshalb erstaunt der Umstand, daß erst dreizehn Jahre nach Erlaß der FTC-*Regulations* ein Gericht sich mit der Frage auseinandersetzte, unter welchen Voraussetzungen § 433.2 Verbrauchern einen Rückforderungsanspruch (*affirmative recovery*) gewährt. Dabei ging der Supreme Judicial Court of Massachusetts[22] von der Feststellung aus, daß die FTC durch Erlaß dieser Vorschrift den Verbrauchern neben der Zahlungseinstellung in bestimmten Fällen auch einen Rückforderungsanspruch gegen den Finanzierer eingeräumt habe[23]. Indes habe die FTC zugleich deutlich gemacht[24], daß ein

---

[19] Für *Fonseca* 82 legt der Wortlaut der Auslegungsrichtlinien ein solches Recht nahe. In dem Rechtsstreit *General Motors Acceptance Corp. v. Grady*, 27 Ohio App.3d 321, 325, 501 NE.2d 68, 72 f. (1985) sprach das Gericht unter Hinweis auf die im Abzahlungskaufvertrag enthaltene *Notice* der Käuferin den Anspruch zu, vom Zessionar des Kaufpreisanspruchs nicht nur eine an diesen geleistete erste Rate, sondern auch eine an den Verkäufer erbrachte Anzahlung zurückzufordern.

[20] Vgl. hierzu auch *Fonseca* 76; *Marsh* 45 Ala. L. Rev. 1, 45-52 (1993); siehe in diesem Zusammenhang außerdem *Home Savings Asso. v. Guerra*, 733 S.W.2d 134, 135 f. (Tex. 1987); *Saporita v. Delco Corp.*, 104 Misc.2d 527, 529 f., 428 N.Y.S.2d 581, 583 f. (1980); *Hempstead Bank v. Babcock*, 115 Misc.2d 97, 99, 453 N.Y.S.2d, 557, 559 (1982).

[21] 41 Fed.Reg. 20022, 20023 f. (14. Mai 1976).

[22] *Ford Motor Credit Co. v. Morgan*, 404 Mass. 537, 541 f., 536 NE.2d 587, 589 f. (Mass. 1989); später bestätigt durch *Felde v. Chrysler Credit Corp.*, 580 N.E.2d 191, 195 f. (Ill.App. 2dDist. 1991).

[23] Dabei verweist das Gericht auf 40 Fed.Reg. 53506, 53524 (18. Nov. 1975): »(A) consumer can (1) defend a creditor suit for payment of an obligation by raising a valid claim against a seller as a set-off, and (2) maintain an affirmative action against a creditor who has received payments for a return of monies paid on account.«

[24] Vgl. zu den folgenden Ausführungen 40 Fed.Reg. 53506, 53524 (18. Nov. 1975): »The latter alternative will only be available where a seller's breach is so substantial that a court is persuaded that rescission and restitution are justified. The most typical example of such

solcher Anspruch nur dann zulässig sein solle, wenn die Vertragsverletzung des Verkäufers so erheblich sei, daß sie eine Aufhebung des Kaufvertrags sowie eine Rückerstattung rechtfertige; ein typisches Beispiel sei die nicht durchgeführte Lieferung des Kaufgegenstandes trotz bereits erfolgter Ratenzahlung. Im Anschluß daran wies das Gericht in Anlehnung an eine weitere Stellungnahme der FTC[25] darauf hin, daß Verbraucher einen Rückforderungsanspruch hinsichtlich bereits erbrachter Ratenzahlungen gegen den Finanzierer lediglich dann geltend machen könnten, wenn sie tatsächlich ihre Zahlungen eingestellt sowie einen geringen oder überhaupt keinen Gegenwert vom Verkäufer erhalten hätten[26]. Nur wenn keine Lieferung erfolgt, die Leistung des Verkäufers völlig unzureichend oder ein ähnlicher Fall gegeben sei, könne dem Verbraucher ein Rückforderungsanspruch zustehen. Schließlich vertrat das Gericht unter Hinweis auf eine weitere Äußerung der FTC[27] die Ansicht, daß es Aufgabe der Richter sei, das dem Kaufvertrag zugrundeliegende Billigkeitsrecht (*equities*) zu würdigen; die FTC habe letztlich nicht beabsichtigt, Verbrauchern generell einen Rückforderungsanspruch zuteil werden zu lassen.

Im Rahmen des U.C.C.C.[28] gestaltet sich die wandelungsbedingte Rückabwicklung von Kauf- und Darlehensvertrag im wesentlichen genauso wie nach den FTC-*Regulations* – freilich mit zwei Abweichungen: Verbraucher können zwar auch Einwendungen und Gegenansprüche, die sich aus dem Kaufvertrag ergeben, gegenüber Drittfinanzierern geltend machen, jedoch nur bis zur Höhe der noch geschuldeten Abzahlungsraten. Zudem ist die Geltendmachung dieser Rechte davon abhängig, daß die Verbraucher zuvor in *good faith* den Versuch unternommen haben, Verkäufer (oder Vermieter) zur Abhilfe zu bewegen. Allerdings kann ein Verbraucher bis zur Höhe des gesamten Kreditbetrages Rückforderungsansprüche gegenüber einem Drittfinanzierer geltend machen, sofern dieser vor Erhalt einer ersten Ratenzahlung durch den Verbraucher wußte, daß letzterem Einwendungen oder Ansprüche im Rahmen des Abzahlungskaufvertrages zustehen[29]. In diesen Fällen hat ein Kreditgeber, der den Käufer

---

a case would involve non-delivery, where delivery was scheduled after the date payments to a creditor commenced.«

[25] Siehe hierzu 40 Fed.Reg. 53506, 53527 (18. Nov. 1975): »Consumers will not be in a position to obtain an affirmative recovery from a creditor, unless they have actually commenced payments and received little or nothing of value from the seller. In a case of non delivery, total failure of performance, or the like, we believe the consumer is entitled to a refund of monies paid on account.«

[26] Ebenso *In re Hillsborough Holdings Corp.*, 146 Bankr. 1015, 1021 (U.S. Bankr. D.Fla. 1992); *Mardis v. Ford Motor Credit Co.*, 642 So.2d 701, 703 (Sup.Ct.Ala. 1994); *Maberry v. Sameer Said, S.A.*, 911 F.Supp. 1393 (D.Kan. 1995).

[27] Siehe 40 Fed.Reg. 53506, 53524 (18. Nov. 1975): »The courts will remain the final arbiters of equities between a seller and a consumer.«

[28] Siehe oben Teil III, 3. Abschnitt, II. 2. Fußn. 44 (217 f.) mit dem Wortlaut der maßgeblichen Vorschrift des U.C.C.C. § 3.405 (2).

[29] Dieser Punkt wird im offiziellen Kommentar zu U.C.C.C. §§ 3.404, 3.405 (jeweils Comment 2.) betont.

zur Zahlung auffordert, keinen *holder in due course*-Status, da er nicht sämtliche Voraussetzungen (insbesondere Gutgläubigkeit) der Vorschrift UCC § 3-302 (a)[30] erfüllt. Von diesen Ausnahmesituationen abgesehen, haben Verbraucher nach der Wandelung eines drittfinanzierten Kaufvertrages gegen den Kreditgeber also keinen Anspruch auf Rückzahlung bereits geleisteter Darlehensraten.

Nach § 422.408 (1) und (4) der *Wisconsin Statutes*[31] sind Drittfinanzierer den aus dem Abzahlungskaufvertrag abgeleiteten Ansprüchen und Einwendungen der Verbraucher nur bis zur Höhe der noch nicht ausgeglichenen Kreditraten ausgesetzt. Darüber hinaus können Kreditgeber gegebenenfalls bis zur Höhe der gesamten von ihnen finanzierten Kreditsumme (einschließlich Finanzierungsgebühren) haftbar gemacht werden, wenn die Verbraucher ein obsiegendes Urteil gegen den Verkäufer erstritten haben, welches nicht vollstreckt werden kann[32]. Durch diese Regelung soll die wandelungsbedingte Rückabwicklung zunächst auf die zwischen den Kaufvertragsparteien bestehende Rechtsbeziehung beschränkt werden. Die Vorschriften des *Wisconsin Consumer Act* bezwecken wiederum allein die Verbesserung der Rechtsposition von Verbrauchern und können deshalb nur im Wege einzelvertraglicher Vereinbarungen Eingang in Abzahlungskaufverträge finden, die sich auf kommerziell genutzte Kaufobjekte beziehen.

3. Neuer Ansatz

Wenn man drittfinanzierte Abzahlungskäufe als *do ut des ut det*-Rechtsgeschäfte mit trilateral-synallagmatischem Leistungsaustausch ansieht, richtet sich die bereicherungsrechtliche Rückabwicklung nach den bereits dargelegten[33] Grundsätzen zum genetischen Synallagma. Ist ein Gliedstück der Leistungskette übers Dreieck unwirksam, gilt das auch für die übrigen beiden trilateral-synallagmatisch verknüpften Leistungspflichten. Zum Bereicherungsausgleich werden grundsätzlich die insoweit bereits erbrachten Leistungen mit umgekehrten Vorzeichen versehen, d.h. die Rückübertragung erfolgt in entgegengesetzter Richtung zur Leistungskette übers Dreieck. Eine bedeutsame Abweichung von der vorherrschenden Ansicht ergibt sich insbesondere bei der bereicherungsrechtlichen Rückabwicklung des valutierten Darlehens, die direkt zwischen Zuwen-

---

[30] Siehe hierzu Teil I, 1. Abschnitt, IV. 2. (18-20).

[31] Siehe oben Teil III, 3. Abschnitt, II. 2. Fußn. 45 (218).

[32] *Littlefield* 1973 Wis. L. Rev. 471, 485 hatte kurz nach Erlaß dieser bereits recht weitgehenden Vorschriften die Hoffnung gehegt, die Gerichte würden diese Regelung auch dann anwenden, wenn die Erwirkung eines Urteils mit nachfolgender Zwangsvollstreckung offensichtlich nutzlos sei, etwa wenn der Schuldner flüchtig sei. Dem Verfasser ist indes keine Gerichtsentscheidung bekannt geworden, die *Littlefields* Hoffnungen entsprochen hätte.

[33] Siehe hierzu bereits ausführlich Teil II, 4. Abschnitt, I. (163-168).

dendem/Finanzierer und dem unmittelbaren Zuwendungsempfänger/Verkäufer erfolgt[34].

Sofern das B-Geschäft indes entstanden und in Vollzug gesetzt worden ist, erfolgt die Rückabwicklung nach Wandelung des Kaufvertrages auf der Basis der Grundsätze zum konditionellen Synallagma[35]. Der finanzierte Abzahlungskauf wird in ein Rückgewährschuldverhältnis umgewandelt, in dem die bislang trilateral-synallagmatisch verknüpften Leistungspflichten wiederum mit umgekehrten Vorzeichen versehen werden. Demzufolge erfolgt die Rückabwicklung des bereits valutierten Darlehens zwischen Bank und Verkäufer, die Rückabwicklung des Kaufobjekts zwischen Verkäufer und Abzahlungskäufer sowie die Rückabwicklung der bereits geleisteten Darlehensraten zwischen letzterem und dem Finanzierungsinstitut[36]. Im Gegensatz zur in Deutschland vorherrschenden Ansicht und in Erweiterung des Ansatzes der FTC ist diese Rückforderung des Abzahlungskäufers grundsätzlich auch zugunsten zu kommerziellen Zwecken handelnder Käufer zulässig, weil sie sich als Konsequenz der allgemein gültigen Grundsätze zum konditionellen Synallagma – und damit nicht als allenfalls aus Gründen des Verbraucherschutzes zulässiger Rückforderungs*durchgriff* – darstellt[37]. Sofern der Käufer eine Anzahlung auf den Kaufpreis an den Verkäufer erbracht hat, wird diese Leistung hingegen nicht vom trilateralen Synallagma erfaßt und der Ausgleich findet ohne Beteiligung des Finanzierers allein zwischen den Kaufvertragsparteien statt. Die Grundsätze zum konditionellen Synallagma stellen letztlich die wesentlichen Grundgedanken der gesetzlichen Regelung i.S.d. § 9 Abs.2 Nr.1 AGBG dar, mit denen abweichende AGB-Klauseln vereinbar sein müssen. Daher kann das Recht zum Rückforderungsdurchgriff beispielsweise nicht – wie im U.S.-amerikanischen Recht – allein auf Verbraucher beschränkt und damit zugleich sonstigen Abzahlungskäufern vorenthalten werden.

II. Rückabwicklung beim Finanzierungsleasinggeschäft insbesondere nach Wandelung des Kaufvertrages

1. Deutsches Recht

Nach Ansicht des BGH führt die Wandelung des Kaufvertrages zum Wegfall der Geschäftsgrundlage des Finanzierungsleasingvertrages mit *ex-tunc*-Wir-

---

[34] So bereits *Schoreit* 85, der diese Rechtsfolge indes aus einer von ihm favorisierten Geschäftsgrundlagenlösung ableitete.

[35] Siehe hierzu bereits Teil II, 4. Abschnitt, II. 1. (168-170).

[36] I.E. ebenso *Gernhuber* § 31 IV a (738) auf der Basis seiner Theorie vom rechtsgeschäftlichen Verbund.

[37] Zur Frage, inwieweit dieser Grundsatz etwa durch Rückbelastungsvorbehalte wie etwa beim Kreditkartengeschäft vertraglich modifiziert werden kann, vgl. nachfolgend Teil III, 8. Abschnitt, I. 3. (296-298).

kung[38] und damit zu einer Ersetzung der mietrechtlichen durch eine kaufrechtliche Gewährleistungshaftung des Leasinggebers[39]. Dadurch wird der Leasingnehmer begünstigt, da er nach erfolgter Wandelung nicht nur von der Pflicht zur weiteren Rückzahlung der Leasingraten befreit, sondern ihm, abgesehen von einer Nutzungsentschädigung[40], auch die Rückforderung der bereits gezahlten Leasingraten gestattet wird. In der Folge hat die Judikatur darauf hingewiesen, daß auch das vom Leasingnehmer nach Abschluß einer Umtauschvereinbarung nicht zu vertretende Unterbleiben der Lieferung des Leasingobjekts oder die Sittenwidrigkeit des Kaufvertrages zwischen Leasinggeber und Lieferant die für die Wandelung anerkannten Rechtsfolgen auslösen[41]. Gegen diesen Ansatz ist eingewendet worden, er entbehre einer dogmatisch-konstruktiven Fundierung und gewähre Leasingnehmern etwa im Vergleich zu Abzahlungskäufern eine ungerechtfertigt starke Rechtsposition, indem er die Leasinggeber einseitig belaste[42]. Nach dem Inkrafttreten des VerbrKrG wird im Schrifttum erneut der Versuch unternommen, eine grundlegende Kurskorrektur der Rechtsprechung herbeizuführen. Aber selbst wenn man § 9 VerbrKrG auch bei Finanzierungsleasinggeschäften für anwendbar erachtet[43], bleibt unklar, wie sich diese Vorschrift, die keine Regelungen für die wandelungsbedingte Rückabwicklung von verbundenen Geschäften enthält, auf die bisherige bereits überaus leasingnehmerfreundliche Rechtsprechung auswirkt[44].

---

[38] Siehe BGH Urt. v. 23. 2. 1977, WM 1977, 447, 449 (l.Sp.u.); Urt. v. 13. 3. 1991, BGHZ 114, 57, 67 f.; dem BGH folgend *Baumbach/Hopt* (7) BankGesch P/2; *Brunotte* DRiZ 1990, 396, 400; *Koblitz* 162-167, insbes. 166; *Reinicke/Tiedtke* Rdn. 1538-1549; *Graf von Westphalen* Leasingvertrag Rz. 503-507; *ders.* BB-Beilage 6/1994, 11 ff.; *E. Wolf/Kämmerling* in: FS Merz 627, 629; ebenfalls i.E. zustimmend MünchKomm-*Habersack* Leasing Rdn. 84-87; Staudinger-*Emmerich* Vorbem zu §§ 535, 536 Rdn. 117, der allerdings die Anwendung der §§ 323, 325 BGB für vorzugswürdig erachtet.

[39] In diesem Sinne ausdrücklich BGH Urt. v. 13. 3. 1991, BGHZ 114, 57, 68.

[40] BGH Urt. v. 5. 12. 1984, WM 1985, 226, 228; Urt. v. 25. 10. 1989, ZIP 1990, 175, 178 (l.Sp.); Urt. v. 10. 11. 1993, ZIP 1993, 1876, 1879; MünchKomm-*Habersack* Leasing Rdn. 87; Staudinger-*Emmerich* Vorbem zu §§ 535, 536 Rdn. 119; *Graf von Westphalen* Leasingvertrag Rz. 513 f.; *M. Wolf* in: *Wolf/Horn/Lindacher* § 9 Rdn. L 56; diesen Aspekt übersieht indes *Gebhard* 292, 310.

[41] Vgl. einerseits BGH Urt. v. 30.7.1997, DB 1997, 1970, 1971 und andererseits OLG Nürnberg Urt. v. 4. 7. 1995, ZIP 1996, 497, 499 (r.Sp.u.).

[42] Kritisch bspw. *Bernstein* 216-225; *J. Blomeyer* NJW 1978, 973, 974; *P. Bydlinski* 172 f.; *Canaris* AcP 190 (1990), 410, 426 f.; *Flume* DB 1991, 265, 268 f.; *J. Hager* AcP 190 (1990), 324, 336 ff.; *Jürgens* 73-80; *E.-G. Koch* 120 f.; *Larenz/Canaris* Schuldrecht II/2 § 66 IV 2 (113-115); *Lehmann* 231-236; *Leible* 167 ff.; *Lieb* JZ 1982, 561, 562-564; *ders.* DB 1988, 2495, 2497 (l.Sp.); *ders.* WM-Sonderbeilage 6/1992, 3 f.; *Martinek* Vertragstypen Bd.I § 7 III 1 c (168 ff.); *Mömken* 189 ff.; *Oechsler* 325 f., 402-406; *Papapostolou* 90-92; *Schröder* JZ 1989, 717 ff.; *Sefrin* 202, 236-239.

[43] Siehe zum Meinungsstand ausführlich Teil III, 3. Abschnitt, III. 1. (220 f.) m.w.N.

[44] Siehe hierzu ausführlich Teil III, 3. Abschnitt, III. 1. (220 f.) m.w.N.

2. U.S.-Recht

Es ist bereits dargestellt worden[45], in welcher Weise UCC § 2A-407 im Rahmen von Finanzierungsleasinggeschäften die Rechtsposition amerikanischer Leasinggeber gestärkt hat, selbst wenn Verbraucher als Leasingnehmer auftreten. Kommt es nach Wandelung des Kaufvertrages infolge Mangelhaftigkeit des Leasingobjekts zur Rückabwicklung, ist die rechtliche Position der Leasinggeber in den U.S.A. deutlich stärker als in Deutschland, da sie im Regelfall weiterhin Zahlung der Leasingraten verlangen können. Von der beschriebenen weitreichenden Haftung des Leasingnehmers werden nur wenige gesetzliche Ausnahmen zugelassen, die bereits an anderer Stelle dargestellt worden sind[46].

3. Neuer Ansatz

Setzt man Finanzierungsleasinggeschäfte mit Rechtsgeschäften gleich, die durch einen trilateral-synallagmatischen Leistungsaustausch gekennzeichnet sind, weisen die wandelungsbedingte Rückabwicklung auf der Basis der Grundsätze zum konditionellen Synallagma sowie die bereicherungsrechtliche Rückabwicklung nach den Grundsätzen zum genetischen Synallagma im Ergebnis deutliche Ähnlichkeit mit dem Ansatz des BGH auf. Durch die vom Leasingnehmer herbeigeführte Wandelung oder etwa Anfechtung des Kaufvertrages wird nicht nur der Kaufvertrag im Deckungsverhältnis, sondern das gesamte Finanzierungsleasinggeschäft in ein Rückgewährschuldverhältnis umgewandelt. Anders als nach dem amerikanischen Rechtskonzept führen der *do ut des ut det*-Charakter des Leistungsaustauschs im allgemeinen und die Grundsätze des konditionellen und genetischen trilateralen Synallagmas im besonderen dazu, daß das Erlöschen der kaufvertraglichen Leistungspflichten grundsätzlich auch den Wegfall der leasingvertraglichen Pflichten nach sich zieht. Demzufolge erfolgt die Rückabwicklung hinsichtlich des bereits gezahlten Kaufpreises zwischen Leasinggeber und Lieferant, bezüglich des unmittelbaren Besitzes am Leasingobjekt zwischen Leasingnehmer und Lieferant[47] sowie hinsichtlich der bereits geleisteten Leasingraten zwischen den Parteien des Leasingvertrages. Dieses der final-kausalen Gegenseitigkeitsbindung Rechnung tragende Ergebnis ist eine systemimmanente Konsequenz der Lehre vom trilateralen Synallagma, so daß sich daneben die von der Judikatur favorisierte, indessen auf eine argumentative Verlegenheit hindeutende und dogmatisch-konstruktiv kaum überzeugende Bezugnahme auf die »Geschäftsgrundlagen«-Lösung erübrigt.

---

[45] Siehe Teil III, 3. Abschnitt, III. 2. (221-224).

[46] Siehe oben Teil III, 3. Abschnitt, III. 2. (222-224).

[47] Zu den Besonderheiten, die sich beim Finanzierungsleasing aus der Aufspaltung von Eigentum und unmittelbarem Besitz an dem Leasingobjekt ergeben, siehe bereits oben Teil II, 4. Abschnitt, I. (166).

III. Rückabwicklung beim Kreditkartengeschäft insbesondere nach Wandelung des Kauf-, Werk- oder Dienstleistungsvertrages

1. Deutsches Recht

Kreditkartenunternehmen behalten sich in ihren Allgemeinen Geschäftsbedingungen in Form sog. Rückforderungsklauseln oftmals das Recht vor, eine bereits an das Vertragsunternehmen erbrachte Zahlung zurückzufordern, wenn ein Karteninhaber sich beim Vertragsunternehmen im Hinblick auf dessen zugesagte Leistungen beschwert oder Reklamationen geltend macht und deshalb die Zahlung gegenüber dem Kreditkartenausgeber verweigert[48]. Mittels dieser Rückforderungsklauseln wird nach verbreiteter Ansicht[49] die Zahlungspflicht des Kreditkartenherausgebers mit einer auflösenden Bedingung i.S.d. § 158 Abs.2 BGB verknüpft. Sofern also das Vertragsunternehmen nicht ordnungsgemäß erfüllt oder eine mangelbehaftete Ware liefert und der Kreditkarteninhaber daraufhin die Nichterfüllungs- oder Mängeleinrede gegenüber dem Verkäufer oder der Kartengesellschaft geltend macht, kann letztere beim Händler Regreß nehmen. Dadurch wird das ursprünglich dreiseitig-gegenseitige Rechtsgeschäft auf ein bilaterales Austauschverhältnis reduziert, d.h. die weitere gewährleistungsrechtliche Auseinandersetzung oder gar wandelungsbedingte Rückabwicklung erfolgt allein zwischen den Parteien des Kauf-, Werk- oder Dienstleistungsvertrages. Durch den Regreßvorbehalt wird nicht nur die Rechtsposition der Kartengesellschaft, sondern auch die des Karteninhabers gestärkt, da er im Valutaverhältnis gegenüber dem Vertragshändler seine gesamte Gegenleistung zurückhalten kann und noch nicht mit dessen Insolvenzrisiko belastet ist. Die rechtliche Stellung des beteiligten Vertragsunternehmens schließlich entspricht derjenigen beim Barkauf.

2. U.S.-Recht

Die beschriebenen Rückforderungsklauseln haben ihren Ursprung in den auf dem U.S.-amerikanischen Kreditkartenmarkt gebräuchlichen *merchant agreements*, die den Kartenausgebern regelmäßig ein *right to charge back* einräumen[50].

[48] Siehe zunächst *Taupitz* 68f. in Fußn. 273 mit einer Gegenüberstellung der von den vier großen Kreditkartengesellschaften verwendeten Klauseln. Nach LG Heidelberg Urt. v. 15. 12. 1987, WM 1988, 773 verstoßen derartige Klauseln nicht gegen § 9 AGBG; zustimmend *Kümpel* Rdn. 4.310; MünchKomm-*Hüffer* § 783 Rdn. 80j; *Schwintowski/Schäfer* § 6 Rdn. 51-56; *M. Wolf* in: *Wolf/Horn/Lindacher* § 9 Rdn. K 54, 67; zuvor bereits in diesem Sinne *Canaris* Bankvertragsrecht Rdn. 1642; ablehnend *Bitter* ZBB 1996, 104, 121f.; *ders.* BB 1997, 480, 483; *Etzkorn* Die Bank 1993, 28, 33; modifizierend Heymann-*Horn* Anh § 372 Rdn. 157; *Horn* ZBB 1995, 273, 278; *Martinek* Vertragstypen Bd.III § 23 III 2 (105f.) und – ausführlich – *Taupitz* 68-80, die solche Klauseln nur in Fällen des Rechtsmißbrauchs für zulässig erachten.

[49] *Böttger* 30; *Hadding* in: FS Pleyer 17, 32f.; *Hammann* 59.

[50] Aus dem deutschsprachigen Schrifttum siehe hierzu insbesondere *Merkel* 146f.

Die Gründe für diese Entwicklung sind darin zu sehen, daß Kreditkartenherausgeber bei Geltendmachung ihrer Ansprüche gegenüber den Karteninhabern in weitem Umfang Einwendungen des Käufers aus dem kaufvertraglichen Rechtsverhältnis ausgesetzt sein können[51] und – verständlicherweise – eine Einbeziehung in gewährleistungsrechtliche Auseinandersetzungen scheuen. Eine entsprechende Rückbelastungsklausel kann etwa folgenden Wortlaut haben[52]:

Unqualified Sales Slips. On demand, Merchant will pay to Bank the amount paid or credited for, and will indemnify Bank against all liability, loss, claims and demands whatsoever arising in connection with, »Unqualified Sales Slips«, i.e., Sales Slips and the Credit Slips evidenced thereby (a) which are not in all respects legible and as represented, warranted, or agreed herein; or (b) in connection with which (1) any term or condition of this Agreement has not been complied with; (2) there has been a fee adjustment with respect to the amount of a Credit Sale and a Credit Slip reflecting that adjustment has not been given to Bank; (3) the Goods have not been delivered or the Services have not been performed as agreed; (4) there is any dispute or defense (whether or not valid) between Merchant and Cardholder; (5) the person for whom the Goods were delivered or the Services were rendered was not the person whose name appears as Cardholder in a Merchant's Risk Sale; or (6) there has been any negligence, fraud or dishonesty on the part of Merchant or any employee or agent thereof which prevents Bank from collecting the amount of any Credit Sale. Bank may charge any Unqualified Sales Slip back to the Merchant from other Sales Slips deposited with Bank and Bank is authorized to debit Merchant's account for the amount thereof.

Typischerweise gibt das Vertragsunternehmen bei Einreichung der *slips* gegenüber dem Kartenherausgeber zahlreiche im *merchant agreement* aufgezählte Zusicherungen ab[53]. Wenn sich diese als unrichtig erweisen, kann die Kartengesellschaft das Rückbelastungsrecht ausüben. Derartige Klauseln werden nicht als sittenwidrig angesehen, solange die Kreditkartengesellschaft von ihrem *right to charge back* innerhalb eines angemessenen Zeitraums Gebrauch macht[54], und verstoßen auch im übrigen nicht gegen geltendes Recht. Ebenso wie in Deutschland erfolgt eine wandelungsbedingte Rückabwicklung damit letztlich grundsätzlich allein zwischen den Parteien des Kaufvertrages.

3. Neuer Ansatz

Infolge der dargestellten Rückbelastungsklauseln kann es bei Kreditkartengeschäften im allgemeinen nur noch dann zu einer wandelungsbedingten, sich an

[51] Siehe hierzu oben III, 3. Abschnitt, IV. 2. (227-230).

[52] Nachfolgende Klausel ist entnommen dem *Merchant Agreement Covering Master Charge and Visa Cards*, abgedr. bei *Merkel* 224 ff. (Klausel 12 auf S.231).

[53] Siehe zu diesen ausführlich *Merkel* 146 f.; *Clark/Clark* § 15.02 [4][b](15-9 bis 15-11).

[54] *Schorr v. Bank of New York*, 91 A.D. 2d 125, 128 f. (1983).

den Grundsätzen zum konditionellen trilateralen Synallagma orientierenden Rückabwicklung[55] kommen, sofern die Kreditkartengesellschaft etwa wegen der inzwischen eingetretenen Insolvenz des Vertragshändlers ihr vertraglich vereinbartes Sonderrecht nicht ausübt. Im übrigen läßt sich der Regreßvorbehalt ohne weiteres in den hier entwickelten Ansatz einfügen. Die Grundsätze des konditionellen Synallagmas sind nicht zwingend, sondern können durchaus von den Beteiligten modifiziert werden. Die Parteien des Akquisitionsvertrages haben durch die Vereinbarung einer Rückbelastungsklausel trotz der fehlenden unmittelbaren Beteiligung des Karteninhabers keine unzulässige Vereinbarung zu dessen Lasten getroffen. Es ist in diesem Zusammenhang zu berücksichtigen, daß die Emissionsverträge inhaltlich regelmäßig mit den Akquisitionsverträgen abgestimmt werden und der Karteninhaber deshalb nicht mit einem vorbehaltlosen und zwangsläufigen Ausgleich der auf seinem Kreditkarteneinsatz beruhenden Forderungen der Vertragshändler durch die Kartengesellschaft rechnen kann. Darüber hinaus ist es regelmäßig der Karteninhaber, der erst durch sein Einschreiten die Kartengesellschaft zur Rückbelastung veranlaßt. Spätestens damit bringt er konkludent sein Einverständnis zum Ausdruck – freilich nur, sofern er zuvor das dem Kreditkartenherausgeber zustehende Rückbelastungsrecht kannte oder hätte kennen können. Die Anforderungen an entsprechende Hinweispflichten sind umso höher anzusetzen, je mehr sich die Funktion des Karteneinsatzes vom reinen Bargeldsurrogat zum Mittel der Kreditgewährung verlagert; denn der Käufer ist bei Verwendung der Karte als Zahlungsmittel in weit geringerem Maße auf die Einschaltung gerade der Kartengesellschaft in den Erwerbsvorgang angewiesen, als wenn ihm diese dabei einen über den normalen Zahlungsaufschub hinausgehenden Kredit eingeräumt hat.

IV. Bereicherungsrechtliche Rückabwicklung bei der Zession

1. Gegenwärtige Rechtslage

Die Modalitäten der bereicherungsrechtlichen Rückabwicklung in Zessionsfällen sind seit langem Gegenstand der rechtswissenschftlichen Diskussion. Im Zentrum des Meinungsstreits steht die Frage, ob bei Mängeln der zedierten Forderung dem Putativschuldner eine Kondiktion gegen den Zedenten[56] oder

---

[55] Siehe hierzu Teil II, 4. Abschnitt, II. 1. (168-170).

[56] So die überwiegende Ansicht in Rspr. und Lit.: BGH Urt. v. 2. 11. 1988, BGHZ 105, 365, 369 [nicht verallgemeinernd, sondern auf S.372 im Hinblick auf »besondere Umstände im Einzelfall« auch einen Bereicherungsanspruch gegen den Zessionar für zulässig erachtend]; *Canaris* in FS Larenz, 799, 834-836; *Esser/Weyers* § 48 III 3 d (446); *G. Hager* in: Symposium D. König 151, 163; *König* in: Gutachten 1515, 1587, 1589 f.; *Kupisch* 83 f.; *Larenz/Canaris* Schuldrecht II/2 § 70 V 1 (237-239); *Loewenheim* 54 f.; *Lorenz* AcP 191 (1991), 279, 296-311; MünchKomm-*Lieb* § 812 Rdn. 121-123; Staudinger-*Lorenz* § 812 Rdn. 41; modifizierend *Kohler* WM 1989, 1629 ff.

gegen den Zessionar[57] zusteht. Aus der Vielzahl der Ansätze werden nachfolgend die argumentativen Hauptströmungen herausgegriffen und kritisch gewürdigt.

Verschiedentlich zieht man eine Parallele zu den Anweisungsfällen und setzt die Position des Drittschuldners mit derjenigen eines Angewiesenen gleich, um auf diese Weise eine Kondiktion beim Zedenten zu begründen[58]. Dabei übersieht oder vernachlässigt man aber die erheblichen strukturellen Unterschiede, die gegen eine solche Wertung sprechen. Allenfalls die Aushändigung einer angenommenen Anweisung i.S.d. §§ 783, 784 BGB an den Zessionar steht der Abtretung einer Forderung in ihren wirtschaftlichen Folgen nahe. Indes kommt es bei der angenommenen Anweisung zu *Simultan*leistungen des Angewiesenen in zwei Richtungen (unmittelbare Vermögenszuwendung an den Anweisungsempfänger, mittelbare Leistung an den Anweisenden), während infolge einer Forderungsabtretung der Zessionar an die Stelle des Zedenten tritt (§ 398 S.2 BGB)[59] und letzterem damit keine Leistungsansprüche mehr gegen seinen ursprünglichen Schuldner zustehen. Daneben ist die Forderung eines aus einer angenommenen Anweisung Berechtigten im Gegensatz zu derjenigen eines Zessionars abstrakt. Damit kann der Angewiesene gegenüber dem Anweisungsempfänger – anders als der Schuldner der abgetretenen Forderung gegenüber dem Zessionar – keine Einwendungen aus dem Deckungsverhältnis geltend machen. Dem Angewiesenen kann schließlich ohne sein in der Annahme der Anweisung liegendes Einverständnis kein neuer Gläubiger aufgezwungen werden, wohingegen der Schuldner bei Fehlen einer Abtretungsanzeige i.S.d. § 409 BGB an einen ihm bis zur Geltendmachung der Forderung unbekannten Zessionar zu zahlen hat, auf dessen Auswahl er zudem keinerlei Einfluß hatte.

Sprechen die dargestellten abwicklungstechnischen und rechtlichen Gründe gegen eine Vergleichbarkeit von Anweisungslagen mit Zessionsfällen, bleibt weiterhin zu klären, ob die wirtschaftliche Interessenlage eine Kondiktion des

[57] In diesem Sinne z.B. *Bayer* JuS 1990, 883, 887-889; *Dörner* NJW 1990, 473 ff.; Erman-*Westermann* § 812 Rdn. 36; *Köndgen* in: FS Esser 55, 66 f.; *Mankowski* ZIP 1993, 1214 ff.; *Medicus* Rdn. 685a; *U. Meyer* 158 f.; *Reuter/Martinek* § 12 VI 3 (489-491); vgl. auch *Canaris* in: FS Larenz 799, 835 f., der sich bei Insolvenz des Zedenten für ein Wahlrecht des Putativ-Schuldners ausspricht; zustimmend *Kellmann* JR 1988, 97, 99 (r.Sp.). Für den Fall der Abtretung eines Steuererstattungs- bzw. -vergütungsanspruchs und der Auszahlung des entsprechenden Betrages an den Zessionar entscheidet der BFH in ständiger Rechtsprechung, daß sich der Rückforderungsanspruch des Finanzamts wegen rechtsgrundloser Erstattung oder Vergütung gegen den Zessionar richtet; vgl. zuletzt BFH Urt. v. 1. 8. 1995, WM 1996, 338, 340 m.w.N.

[58] BGH Urt. v. 2. 11. 1988, BGHZ 105, 365, 372 f.; *Kupisch* 84; *Larenz/Canaris* Schuldrecht II/2 § 70 V 1 (237); MünchKomm-*Lieb* § 812 Rdn. 123 (»anweisungsähnliche Konstellation«); kritisch hingegen *Mankowski* ZIP 1993, 1214, 1218 f.; *Reuter/Martinek* § 12 VI 3 (491).

[59] Deutlich *Medicus* Rdn. 685a [»Es geht also gar nicht um ein Drei-, sondern um ein Zweipersonenverhältnis.«]

Schuldners beim Zedenten zwingend erfordert. In diesem Zusammenhang wird die Ansicht vertreten[60], eine Kondiktion des Schuldners beim Zessionar widerspreche dem Grundsatz des Zessionsrechts, daß sich die Stellung des Schuldners durch die ohne seine Mitwirkung erfolgende Zession in rechtlicher Hinsicht nicht verschlechtern dürfe; zudem solle den Parteien das Insolvenzrisiko möglichst nur hinsichtlich ihres selbst ausgewählten Vertragspartners auferlegt werden. Selbst wenn man der These zustimmt, daß dem Zessionsrecht ein grundsätzliches Verbot der Schlechterstellung des Drittschuldners immanent ist, steht sie doch einer Kondiktion des Schuldners beim Zessionar letztlich nicht entgegen. Denn ein Schuldner muß sich nach der gesetzlichen Konzeption stets einen Austausch seines Gläubigers und die damit einhergehende Risikoveränderung[61], die nicht notwendigerweise zu einer Risikosteigerung führt, gefallen lassen, sofern er nicht vertraglich einen Abtretungsausschluß nach § 399 BGB vereinbart hat[62]. Darüber hinaus ist er gegen eine etwaige Verschlechterung seiner Rechtsposition nach dem Willen des Gesetzgebers nur im Hinblick auf die in den §§ 404, 406-410 BGB geregelten Problemlagen geschützt[63]. Sofern also der Drittschuldner etwa im Rahmen der bereicherungsrechtlichen Rückabwicklung ausnahmsweise das Risiko zu tragen hat, daß der Zessionar insolvent[64] oder unauffindbar ist oder der Kondiktion den Einwand der Entreicherung (§ 818 Abs.3 BGB) entgegenhalten kann[65], ist nicht ersichtlich, inwieweit dieses Ergebnis *de lege lata* zessionsrechtlichen Wertungen widerspricht.

2. Neuer Ansatz

Das sich damit bei kritischer Würdigung der bisherigen Diskussion abzeichnende Ergebnis – bei Mängeln der zedierten Forderung Direktkondiktion des Putativschuldners im Vollzugsverhältnis beim unmittelbaren Zuwendungsempfänger, d.h. beim Zessionar – wird durch die hier entwickelte Lehre vom trilateralen Synallagma auf ein dogmatisch tragfähiges Fundament gestellt. Sofern

[60] Zuletzt in diesem Sinne *Larenz/Canaris* Schuldrecht II/2 § 70 V 1 (237 f.); zuvor bereits *König* in: Gutachten 1515, 1587; *Kupisch* 83 f.

[61] Diesen Gesichtspunkt hervorhebend *Bayer* 360; *Dörner* NJW 1990, 473, 476; Erman-*Westermann* § 812 Rdn. 36; *von Olshausen* 52.

[62] Diesen Aspekt betonen auch *Mankowski* ZIP 1993, 1214, 1217; *Reuter/Martinek* § 12 VI 3 (490 f.). Für *Lorenz* AcP 191 (1991), 279, 310 ist der Verweis des Schuldners auf den Schutz des § 399 BGB indes »kein allgemein tauglicher Rat, sondern hat schon etwas Zynisches an sich, weil dergleichen erfahrungsgemäß nur der wirtschaftlich potentere Partner durchzusetzen vermag«.

[63] Ebenso *Mankowski* ZIP 1993, 1214, 1217; MünchKomm-*Roth* § 398 Rdn. 3.

[64] Zur Verteilung des Insolvenzrisikos im Rahmen von *do ut des ut det*-Rechtsgeschäften vgl. nachfolgend Teil III, 5. Abschnitt (267-279).

[65] So etwa die Bedenken von *Larenz/Canaris* Schuldrecht II/2 § 70 V 1 a (237).

bei Zessionsfällen ein *do ut des ut det*-Leistungsaustausch beabsichtigt ist[66], bildet die in der Zahlung auf die abgetretene Forderung liegende Wertverschiebung ein Gliedstück in einer sich übers Dreieck erstreckenden Leistungskette. Wenn Entstehungsmängel das Deckungsverhältnis des Zedenten gegenüber dem Schuldner erfassen, wirkt sich das auch auf die übrigen Gliedstücke der Leistungskette übers Dreieck aus. Dieses Ergebnis wird durch die gesetzliche Konzeption des Schuldnerschutzes bestätigt. Der Vorschrift des § 404 BGB ist die Wertung zu entnehmen, daß Einwendungen des Schuldners aus dem Deckungsverhältnis auch gegenüber dem Zessionar erhalten bleiben sollen oder – anders gewendet – daß die zedierte Forderung zumindest im Hinblick auf das Deckungsverhältnis nicht abstrakt und selbständig sein soll. Wenn sich nunmehr das Deckungsverhältnis als nichtig erweist, richtet sich die bereicherungsrechtliche Rückabwicklung nach den Grundsätzen des genetischen Synallagmas. Danach führt die Unwirksamkeit des Deckungsverhältnisses vorbehaltlich abweichender vertraglicher Vereinbarungen grundsätzlich zur Unwirksamkeit der übrigen Vertragsbeziehungen im Valuta- und Vollzugsverhältnis. Die Rückabwicklung im Leistungsdreieck erfolgt sodann entgegengesetzt zur Richtung der erbrachten Leistungen, woraus sich zwanglos eine Direktkondiktion des Schuldners beim Zessionar als dem unmittelbaren Empfänger der Leistung ableiten läßt. Selbst wenn man annimmt, daß der Leistung des Schuldners eine (Simultan-)Leistung an den Zedenten – Befreiung von dessen Schuld gegenüber dem Zessionar – innewohnt, rechtfertigt dieser Umstand nicht den Vorrang des Bereicherungsausgleichs im Deckungsverhältnis[67]. Vielmehr sind auf der Basis der Grundsätze des genetischen trilateralen Synallagmas zunächst allein die unmittelbar davon erfaßten Leistungen rückabzuwickeln; erst wenn sich dadurch die Rückabwicklung der übrigen Leistungen noch nicht erledigt haben sollte, ist diese innerhalb der bilateralen Vertragsverhältnisse vorzunehmen.

Ein anderes Ergebnis kann indes geboten sein, wenn sich in der durch eine Zession entstandenen Dreieckskonstellation kein Leistungsaustausch im Sinne eines *do ut des ut det* nachweisen läßt. Auch ein Verzicht des Schuldners auf die Geltendmachung seiner aus dem Deckungsverhältnis herrührenden Einwendungen[68] kann darauf hindeuten, daß die finale Gegenseitigkeitsbindung der Leistungspflichten des trilateralen Synallagmas gelockert oder sogar unterbrochen sein soll. Es ist sodann im Einzelfall zu entscheiden, ob und inwieweit der Wille der Beteiligten Abweichungen von den Grundsätzen des trilateralen Synallagmas rechtfertigt.

[66] Siehe hierzu Teil II, 2. Abschnitt, VIII. 1. (130).

[67] A.A. hingegen *Lorenz* AcP 191 (1991), 279, 310 f.

[68] Zur Zulässigkeit und den Möglichkeiten eines solchen Verzichts auf die Rechte aus § 404 BGB siehe stellvertretend MünchKomm-*Roth* § 404 Rdn. 17 ff. m.w.N.

V. Bereicherungsrechtliche Rückabwicklung beim berechtigenden Vertrag zugunsten Dritter

1. Gegenwärtige Rechtslage

Die bereicherungsrechtliche Rückabwicklung dieser Dreieckskonstellationen hat in Rechtsprechung und Lehre zu einer Vielzahl widersprüchlicher Ansätze geführt. Anknüpfungspunkt ist regelmäßig die Frage, ob bei Unwirksamkeit des Deckungsverhältnisses, d.h. des drittbegünstigenden Vertrages zwischen Promissar und Promittent, der Bereicherungsausgleich übers Dreieck zu erfolgen hat oder ob eine Direktkondiktion des Versprechenden beim Destinatär zulässig ist[69]. Von einer Darstellung sämtlicher Facetten des breiten Meinungsspektrums soll abgesehen und stattdesssen der Blick auf die wesentlichen Grundströmungen gerichtet werden. Überwiegend zieht man eine Parallele zu den Fällen der (angenommenen) Anweisung und gibt damit im Grundsatz einer Kondiktion des Versprechenden innerhalb des Deckungsverhältnisses den Vorzug[70]; eine Ausnahme soll jedoch gelten, wenn im Valutaverhältnis des Versprechensempfängers zum Dritten wie etwa bei Vorsorgebedürfnissen Unentgeltlichkeit vorliegt[71] oder das Forderungsrecht entgegen § 335 BGB ausschließlich dem Destinatär zusteht[72].

[69] Zum Meinungsstand siehe den Überblick etwa bei MünchKomm-*Gottwald* § 334 Rdn. 14; MünchKomm-*Lieb* § 812 Rdn. 110 ff.; Soergel-*Hadding* § 334 Rdn. 16.

[70] OLG Hamburg Urt. v. 30. 10. 1970, JZ 1971, 424, 425; *Canaris* in: FS Larenz 799, 830; *Enneccerus/Lehmann* § 35 V 3 (157); Erman-*Westermann* § 812 Rdn. 35; *Hassold* 280-288; Jauernig-*Schlechtriem* § 812 Anm.I 5 c dd; *Koppensteiner/Kramer* 45 f.; *König* in: Gutachten 1515, 1587, 1589; *Larenz/Canaris* Schuldrecht II/2 § 70 V 2 a (240 f.); *Medicus* Rdn. 681; *U. Meyer* 152 f., 162 [nur bei Verträgen zur Abkürzung des Leistungsweges]; MünchKomm-*Gottwald* § 334 Rdn. 15; MünchKomm-*Lieb* § 812 Rdn. 111-120; Palandt-*Thomas* § 812 Rdn. 52; Soergel-*Hadding* § 334 Rdn. 17 und *Hadding* Bereicherungsausgleich 81-125 [mit leichten Modifikationen]; Staudinger-*Jagmann* § 334 Rdn. 42 [nur bei »abgekürzter Leistung«]; *Wetzel* 43-58, 73-92; eine differenzierende und sich an den Besonderheiten des einzelnen Falles orientierende Betrachtungsweise postuliert BGH Urt. v. 24. 2. 1972, BGHZ 58, 184, 187-190; einen differenzierenden Ansatz verfolgen gleichfalls *Bayer* 357-62; *Loewenheim* 52 f.; *Lorenz* AcP 168 (1968), 286, 294-296 sowie Staudinger-*Lorenz* § 812 Rdn. 38-40; *Reuter/Martinek* § 12 IV 4 (483-485). Prinzipiell für eine Kondiktion des Versprechenden beim Dritten hingegen bereits *Hellwig* 275, 296; *Dörner* 342-353 mit ebenso ausführlicher wie kritischer Darstellung des Meinungsstandes; i.E. ebenso *Kupisch* 100-105.

[71] OLG Hamburg Urt. v. 30. 10. 1970, JZ 1971, 424, 426; Erman-*Westermann* § 812 Rdn. 35; *Hadding* Bereicherungsausgleich 93-96; Jauernig-*Schlechtriem* § 812 Anm.I 5 c dd; *U. Meyer* 154-162; MünchKomm-*Gottwald* § 334 Rdn. 16; Palandt-*Thomas* § 812 Rdn. 55; *Pinger* AcP 179 (1979), 301, 323; *E. Schmidt* JZ 1971, 601, 604; ebenso unter Hinweis auf § 822 BGB *Koppensteiner/Kramer* 46 f.; *Medicus* Rdn. 682; *Peters* AcP 173 (1973), 71, 89; Soergel-*Hadding* § 334 Rdn. 17; Staudinger-*Jagmann* § 334 Rdn. 43; Staudinger-*Lorenz* § 812 Rdn. 37; modifizierend *Hassold* 298 f.; *Wetzel* 55-57; dagegen jedoch MünchKomm-*Lieb* § 812 Rdn. 112-119.

[72] BGH Urt. v. 24. 2. 1972, BGHZ 58, 184, 189; *Koppensteiner/Kramer* 46 f.; *Peters* AcP 173 (1973), 71, 89 f.; Palandt-*Thomas* § 812 Rdn. 55; diesen Ansatz bezweifelnd *Hassold* 296-298; *Kupisch* 104; MünchKomm-*Gottwald* § 334 Rdn. 16; Staudinger-*Lorenz* § 812 Rdn. 38; *Wetzel* 84 f.

Die bei Dreieckskonstellationen, die aus einem berechtigenden Vertrag zugunsten Dritter hervorgegangen sind, vorherrschende Tendenz, bei unwirksamem Deckungsverhältnis den Bereicherungsausgleich grundsätzlich innerhalb der Kausalverhältnisse und nicht innerhalb des Vollzugsverhältnisses vorzunehmen, begegnet in mehrfacher Hinsicht rechtlichen Bedenken. Ebenso wie in den Zessionsfällen vermag die Anlehnung an die sog. Anweisungslagen nicht zu überzeugen[73]. Anders als der Anweisungsempfänger bei einer Anweisung i.w.S. hat der Destinatär einen Anspruch auf die Leistung, so daß allenfalls ein Vergleich zur angenommenen Anweisung i.S.d. § 784 Abs.1 BGB in Betracht käme. Aber auch eine solche Parallelbetrachtung muß daran scheitern, daß dabei dem Anweisungsempfänger im Gegensatz zum Drittbegünstigten eine abstrakte Forderung zugewendet wird. Nähert man sich der Problematik über den bereicherungsrechtlichen Leistungsbegriff, so wird man bei Vorliegen eines *do ut des ut det*-Rechtsgeschäfts der Wertverschiebung im Vollzugsverhältnis regelmäßig in dreifacher Hinsicht Leistungscharakter zuerkennen müssen[74]. Der Promittent erbringt im Vollzugsverhältnis eine unmittelbare Leistung an den Destinatär sowie simultan eine mittelbare Leistung im Deckungsverhältnis an den Promissar, indem er dessen Forderungsrecht aus § 335 BGB erfüllt[75]. Zugleich stellt die unmittelbare Wertverschiebung auch eine mittelbare Leistung des Versprechensempfängers an den Dritten im Valutaverhältnis dar. Eine solche simultane Leistung in drei Richtungen liegt nur dann nicht vor, wenn entweder der Versprechensempfänger im Deckungsverhältnis keinen Anspruch auf eine Gegenleistung besitzt oder er im Valutaverhältnis nicht von einer Verbindlichkeit befreit wird. In diesem Zusammenhang hat Dörner[76] zutreffend darauf hingewiesen, daß der Zuwendungsgegenstand der Leistungen an den Drittbegünstigten und den Versprechensempfänger nicht identisch sei – einerseits Zuwendung der hauptvertragsgemäßen Schuld an den Drittbegünstigten, andererseits Zuwendung an den Versprechensempfänger durch Erfüllung seines Anspruchs aus § 335 BGB und durch Tilgung seiner im Valutaverhältnis bestehenden Schuld gegenüber dem Dritten. Daher könne der Versprechende beim Versprechensempfänger unmöglich diejenige Zuwendung kondizieren, die er dem Rechtserwerber erbracht habe, so daß allein die Direktkondiktion des Schuldners im Vollzugsverhältnis in Betracht komme.

---

[73] Ablehnend auch *Bayer* 357 f.; *Hadding* Bereicherungsausgleich 18, 26, 43 f.; *Loewenheim* 52.

[74] I.E. ebenso *Hadding* Bereicherungsausgleich 19 f.; *Hassold* 268 f.; *Lorenz* AcP 168 (1968), 286, 291; Staudinger-*Jagmann* Vorbem zu §§ 328 ff. Rdn. 50.

[75] Grundlegend zum Verhältnis dieser beiden Ansprüche *Hadding* AcP 171 (1971), 403 ff. und – ihm folgend – *Schmalzbauer* 27-34 jeweils m.w.N., die sich in Abkehr von der vorherrschenden Auffassung – siehe stellvertretend *Bayer* 215 f. und *Hassold* 246-248 m.w.N. zum Meinungsstand – dafür aussprechen, § 335 BGB nicht als eigenes Forderungsrecht des Promissars, sondern im Sinne einer gesetzlichen Ermächtigung des Promissars auszulegen.

[76] *Dörner* 345; siehe auch *Kupisch* 102.

2. Neuer Ansatz

Auch auf der Basis der Lehre vom trilateralen Synallagma kommt man bei Bestehen einer Leistungskette übers Dreieck[77] grundsätzlich zum Bereicherungsausgleich im Vollzugsverhältnis, sofern sich das Deckungsverhältnis als unwirksam erweist. Von den drei Simultanleistungen, die mit der Zuwendung im Vollzugsverhältnis einhergehen, ist lediglich die unmittelbare Vermögenszuwendung des Promittenten an den Destinatär in das trilaterale Synallagma eingebunden. Sie kann deshalb bei Unwirksamkeit des Deckungsverhältnisses auf der Basis der Grundsätze zum genetischen Synallagma ebenso wie die übrigen von der *do ut des ut det*-Leistungskette erfaßten Leistungen in entgegengesetzter Richtung zur Leistungskette übers Dreieck kondiziert werden[78]. Dadurch erübrigt sich regelmäßig eine bereicherungsrechtliche Rückabwicklung der bisherigen Leistungen des Promittenten an den Promissar im Deckungsverhältnis sowie des letzteren an den Destinatär im Valutaverhältnis.

Gegen diesen Ansatz spricht nicht der Einwand, daß es nunmehr bei der bereicherungsrechtlichen Rückabwicklung des berechtigenden Vertrages zugunsten Dritter zu einer Verlagerung der Insolvenzrisikotragung kommt[79]. Soweit damit eine Verschlechterung der bereicherungsrechtlichen Position eines Beteiligten verbunden sein sollte, weil etwa der Promittent für die Zahlungsunfähigkeit einer von seinem ursprünglichen Vertragspartner verschiedenen Partei einzustehen hat oder der Destinatär die ihm ursprünglich gegenüber dem Promissar zustehenden Einreden verliert, vermögen diese rechtlichen Konsequenzen das hier favorisierte Konzept nicht in Zweifel zu ziehen. Vielmehr bringt der Versprechende durch den Vertragsabschluß im Deckungsverhältnis zum Ausdruck, daß er nicht nur mit einer Rechtsübertragung auf einen Dritten, sondern auch mit der damit einhergehenden Risikoverlagerung einverstanden ist. Der Destinatär erwirbt dadurch zwar ein Forderungsrecht ohne seine Mitwirkung, gleichwohl ist er vor einem endgültig aufgedrängten Rechtserwerb und den damit verknüpften rechtlichen Folgewirkungen des trilateralen Synallagmas dadurch geschützt, daß er nach § 333 BGB das erworbene Recht zurückweisen kann. Wenn er von dieser Möglichkeit keinen Gebrauch macht, ist eine sich eventuell im Rückabwicklungsstadium realisierende rechtliche Schlechterstellung letztlich der Preis für die vorausgegangene Stärkung seines Forderungsrechts[80].

Ausgehend von dem hier verfolgten Ansatz, kann ein trilaterales Synallagma nicht vorliegen, wenn der Versprechensempfänger im Valutaverhältnis dem Dritten die Leistung unentgeltlich zukommen lassen wollte. Bei Unwirksamkeit

---

[77] Siehe hierzu Teil II, 2. Abschnitt, VIII. 2. (131).

[78] Siehe oben Teil II, 4. Abschnitt, I. (163-168).

[79] In diesem Sinne insbesondere *Canaris* in: FS Larenz 799, 831; *Larenz/Canaris* Schuldrecht II/2 § 70 V 2 a (240 f.).

[80] So auch *Dörner* 352; ebenfalls in diesem Sinne *Bayer* 360; *Kupisch* 103 f.

des Deckungsverhältnisses kommt daher in entsprechender Anwendung des § 822 BGB und insoweit in Übereinstimmung mit der vorherrschenden Ansicht[81] allein eine Direktkondiktion des Promittenten beim Destinatär in Betracht. Sofern das Forderungsrecht entgegen § 335 BGB ausschließlich dem Destinatär zusteht, ändert dieser Umstand indes nichts am Vorliegen eines trilateralen Synallagmas, so daß die Rückabwicklung bei fehlerhaftem Deckungsverhältnis – i.E. wiederum der herrschenden Meinung[82] entsprechend – in entgegengesetzter Richtung zur Leistungskette übers Dreieck erfolgt.

VI. Bereicherungsrechtliche Rückabwicklung bei der befreienden Schuldübernahme

1. Gegenwärtige Rechtslage

Anders als bei den bislang erörterten Fällen der Ausweitung zweiseitiger Schuldbeziehungen auf Dritte ist die bereicherungsrechtliche Rückabwicklung bei der befreienden Schuldübernahme i.S.d. §§ 414, 415 BGB bislang selten Gegenstand der wissenschaftlichen Diskussion gewesen. Einigkeit besteht, daß bei einem unwirksamen Hauptvertrag der Gläubiger beim Urschuldner und der Neuschuldner beim Gläubiger kondizieren können[83]. Eine Direktkondiktion des Übernehmenden beim Gläubiger wird darüber hinaus befürwortet, wenn der Schuldübernahmevertrag selbst unwirksam ist[84]. Hingegen soll bei Unwirksamkeit des Rechtsverhältnisses, welches der Schuldübernahme im Verhältnis des Urschuldners zum Schuldübernehmer zugrunde liegt, letzterem kein Kondiktionsanspruch gegen den Gläubiger zustehen, sofern das abstrakte Verfügungsgeschäft von diesem Mangel unberührt bleibt. Abgeleitet wird dieses Ergebnis aus der Vorschrift des § 417 Abs.2 BGB, wonach der Übernehmer dem Gläubiger keine Mängel aus seiner Kausalbeziehung zum Urschuldner entgegenhalten darf. In diesen Fällen soll dem Neuschuldner allein ein Rückgriff gegenüber dem Vertragspartner des unwirksamen Kausalverhältnisses, d.h. gegenüber dem Urschuldner, zustehen[85].

---

[81] Siehe zuvor die Nachweise in Fußn. 71.

[82] Siehe die Nachweise in Fußn. 72.

[83] Siehe *Dörner* 353; MünchKomm-*Lieb* § 812 Rdn. 129; *Reuter/Martinek* § 12 VIII 1 (495); Staudinger-*Lorenz* § 812 Rdn. 46; i.E. ebenso *Larenz/Canaris* Schuldrecht II/2 § 70 V 2 a (241).

[84] MünchKomm-*Lieb* § 812 Rdn. 129; *Reuter/Martinek* § 12 VIII 1 (495); Staudinger-*Lorenz* § 812 Rdn. 46.

[85] MünchKomm-*Lieb* § 812 Rdn. 129; *Reuter/Martinek* § 12 VIII 1 (495); Staudinger-*Lorenz* § 812 Rdn. 46.

2. Neuer Ansatz

Diese Ergebnisse decken sich mit den Wertungen, die sich aus den Grundsätzen zum trilateralen genetischen Synallagma insbesondere hinsichtlich der bereicherungsrechtlichen Rückabwicklung ableiten lassen. Aus dem Kausalverhältnis zwischen Neu- und Altschuldner wird die Leistungspflicht des letzteren vom trilateralen Synallagma erfaßt, das sich daneben auf die Leistungsverpflichtungen des Neuschuldners gegenüber dem Gläubiger und des letzteren gegenüber dem Altschuldner erstreckt. Ist nunmehr eines der zugrundeliegenden bilateralen Kausalverhältnisse unwirksam, wirkt sich das nicht nur auf das betreffende Gliedstück der Leistungskette, sondern auf sämtliche trilateral-synallagmatisch verknüpften Leistungspflichten aus. Sodann kommt es auf der Basis der Grundsätze zum genetischen Synallagma zu einer bereicherungsrechtlichen Rückabwicklung zwischen den an der Wertverschiebung jeweils unmittelbar Beteiligten. Eine Ausnahme gilt indes, sofern das der Schuldübernahme zugrundeliegende Kausalverhältnis zwischen Alt- und Neuschuldner unwirksam ist, weil insoweit der Einwendungsausschluß i.S.d. § 417 Abs.2 BGB und damit die gesetzlich angeordnete Abstraktheit des Verfügungsgeschäfts eine Modifikation der Wertungen des genetischen Synallagmas erfordert. Eine andere Bewertung, d.h. eine uneingeschränkte Geltung der Grundsätze zum genetischen Synallagma, ist freilich geboten, sofern man mit der in der Judikatur vorherrschenden Ansicht[86] die Möglichkeit für zulässig erachtet, Grundgeschäft und Übernahmevertrag derart miteinander zu verbinden, daß sich die Nichtigkeit des Kausalverhältnisses auch auf den Übernahmevertrag erstreckt. Gegen diesen Ansatz spricht hingegen der in § 417 Abs.2 BGB zum Ausdruck kommende Schutz des Gläubigers[87]. Wenn letzterer jedoch nach Mitteilung der beabsichtigten Verbindung diese genehmigt und dadurch sein Einverständnis mit einer partiellen Verschlechterung seiner Rechtsposition zum Ausdruck gebracht hat, bestehen keine rechtlichen Bedenken gegen eine Abbedingung der Rechtswirkungen des § 417 Abs.2 BGB[88]. Daneben kann eine Bewertung der Parteiinteressen ausnahmsweise ergeben, daß entgegen der gesetzlichen Konzeption die bereicherungsrechtlichen Grundsätze des trilateralen Synallagmas nicht oder nur in modifizierter Form eingreifen. Verwiesen sei auf den – eher theoretischen – Fall, daß die Wertungen des § 417 Abs.1 BGB abbedungen werden[89], der Übernehmer also darauf verzichtet, dem Gläubiger die sich aus dem Hauptvertrag ergebenden Einwendungen entgegensetzen zu können.

[86] Siehe RG Urt. v. 6. 7. 1904, RGZ 58, 384, 386; BGH Urt. v. 8. 12. 1959, BGHZ 31, 321, 322 f.; OLG Hamburg Urt. v. 18. 1. 1966, NJW 1966, 985, 985 f.

[87] In diesem Sinne Erman-*Westermann* § 417 Rdn. 3; *Fikentscher* § 59 III 3 Rdn. 616; *Heckelmann* NJW 1966, 1925, 1926; *Rimmelspacher* JR 1969, 201, 202 (l.Sp.o.).

[88] Ebenso *Larenz* Schuldrecht I § 35 I b (608, Fußn. 13); MünchKomm-*Möschel* § 417 Rdn. 10.

[89] Zum dispositiven Charakter dieser Vorschrift siehe stellvertretend MünchKomm-*Möschel* § 417 Rdn. 5.

5. Abschnitt

Verteilung des Insolvenzrisikos bei *do ut des ut det*-Rechtsgeschäften

I. Allgemeines

Die Darstellung der rechtlichen Basis dreiseitig-gegenseitiger Rechtsgeschäfte mit trilateralem Synallagma ist unvollständig, solange man die grundlegende und bereits verschiedentlich angesprochene Frage nach der Verteilung des Insolvenzrisikos ausblendet. Die daraus abzuleitenden ökonomischen Konsequenzen stellen in zweifacher Hinsicht einen wesentlichen Prüfstein für den neuen Lösungsansatz dar: Zunächst gilt es zu ermitteln, wie im Vergleich zur geltenden, sich am Grundsatz der Relativität von Schuldverhältnissen orientierenden Rechtsauffassung bei einem dreigliedrigen Leistungsaustausch im Sinne eines *do ut des ut det* die Insolvenzrisiken verteilt sind. Darauf aufbauend sind sodann die Folgefragen zu vertiefen, ob das Ergebnis die von den Beteiligten übernommenen vertraglichen Risiken angemessen widerspiegelt und ob Modifikationen zugunsten bestimmter Gruppen von Rechtsteilnehmern – etwa Verbrauchern, Kaufleuten oder sonstigen Gewerbetreibenden – erforderlich sind. Die Bedeutsamkeit der genannten Aspekte darf nicht unterschätzt werden, trägt doch nur eine solche Verteilung der Insolvenzrisiken zur Überzeugungskraft der rechtssystematischen Klassifikation neuartiger vertraglicher Gestaltungsformen bei, die rechtsdogmatisch ebenso konsequent wie stringent ist, die wirtschaftlichen Interessen aller Beteiligten angemessen berücksichtigt, gleichwohl aber Spielraum für die berechtigten Interessen einzelner schutzwerter Verkehrsgruppen eröffnet.

Insolvenzrisiken können sich entweder bei der vertraglichen Abwicklung oder nach der Überleitung des Rechtsgeschäfts in ein Rückgewährschuldverhältnis realisieren. Beim finanzierten Abzahlungskauf und Finanzierungsleasinggeschäft, die nachfolgend im Mittelpunkt der Erörterungen stehen sollen, ergeben sich intrikate Rechtsprobleme, wenn der Verkäufer, Händler oder Lieferant nach Erhalt der Kaufpreissumme durch die zur (Vor)Finanzierung eingeschaltete Partei zahlungsunfähig wird. Entscheidend ist dabei die Frage, wer bei der Rückabwicklung des gesamten Rechtsgeschäfts – etwa infolge einer Wandelung des Kaufvertrages – das Risiko zu tragen hat, daß der Finanzierer wegen der zwischenzeitlich beim Verkäufer eingetretenen Insolvenz seine Beschaffungsaufwendungen nicht wiederzuerlangen vermag, nachdem der Konkursverwalter in Ausübung seines Wahlrechts nach § 17 Abs.1 KO die Erfüllung des

Wandelungsschuldverhältnisses und damit auch des Rückzahlungsanspruchs abgelehnt hat. In den übrigen Fällen einer Verwirklichung des Insolvenzrisikos bei der Durchführung oder Rückabwicklung des Rechtsgeschäfts sind die den Beteiligten drohenden wirtschaftlichen Konsequenzen regelmäßig weniger gravierend; denn entweder wirkt sich der Konkurs auf die übrigen Parteien nicht mehr aus, weil der Gemeinschuldner seine vertraglichen Leistungspflichten bereits erfüllt hat, oder die Beteiligten sind durch Aussonderungsrechte (§§ 43 ff. KO)[1] oder Absonderungsrechte (§§ 47 ff. KO)[2] sowie durch die Wirksamkeit eines Gebrauchsüberlassungsvertrages gegenüber der Konkursmasse (§ 21 KO)[3] weitgehend geschützt[4].

II. B-Geschäft

1. Deutsches Recht

Beim B-Geschäft ist die Frage, wer nach der Wandelung des Kaufvertrages mit dem Risiko der Verkäuferinsolvenz zu belasten ist, mit dem Aspekt der Zulässigkeit des sog. Rückforderungsdurchgriffs[5] eng verknüpft. Überwiegend wird von denjenigen, die ein Recht zum Rückforderungsdurchgriff ablehnen, eine mit der Tilgung des Darlehens einhergehende allmähliche Verlagerung des Konkursrisikos von der Bank auf den Kreditnehmer angenommen[6]. Da das Finanzierungsinstitut nach einer Wandelung des Kaufvertrages hinsichtlich der vom Abzahlungskäufer bereits geleisteten Ratenzahlungen von Rückerstat-

[1] Vgl. bspw. zum Aussonderungsrecht des Leasinggebers im Konkurs des Leasingnehmers *Kuhn/Uhlenbruck* § 19 Rdn. 31; MünchKomm-*Habersack* Leasing Rdn. 115.

[2] Hat etwa beim B-Geschäft nach erfolgter Lieferung sowie Auszahlung des Darlehens an den Verkäufer der Abzahlungskäufer dem Finanzierungsinstitut den Kaufgegenstand zur Sicherheit übereignet, so hat letzteres im Konkurs des Käufers lediglich ein Absonderungsrecht; vgl. allgemein zur Problematik des Sicherungseigentums im Konkurs des Sicherungsgebers *Kuhn/Uhlenbruck* § 43 Rdn. 16-16b.

[3] So kommt etwa im Konkurs des Leasinggebers nach Überlassung des Leasingguts auf der Basis der vorherrschenden mietrechtlichen, die Gebrauchsverschaffungspflicht des Leasinggebers betonenden Theorie eine direkte oder zumindest analoge Anwendung des § 21 KO in Betracht, die eine Wirksamkeit des Leasingvertrages gegenüber der Masse bewirkt, ohne daß einer der Parteien ein Kündigungsrecht oder das Wahlrecht gem. § 17 KO zusteht. I.E. ebenso BGH Urt. v. 14. 12. 1989, BGHZ 109, 368, 373; *Canaris* Bankvertragsrecht Rdn. 1786; *Kuhn/Uhlenbruck* § 19 Rdn. 36; MünchKomm-*Habersack* Leasing Rdn. 116; *Graf von Westphalen* Leasingvertrag Rz. 940; unzutreffend hingegen *Klaas* NJW 1968, 1502, 1507 f., der § 21 KO offensichtlich übersieht. Zur Rechtslage nach der InsO siehe *Zahn* DB 1996, 1993-1397.

[4] Allgemein zu den insolvenzrechtlichen Problemen beim Finanzierungsleasinggeschäft siehe *Baumgarte* 23 ff., 85 ff.; *Kuhn/Uhlenbruck* § 19 Rdn. 22-46; *Leible* 195-200; *Martinek* Vertragstypen I § 8 IV (214-219); MünchKomm-*Habersack* Leasing Rdn. 115-117; *Graf von Westphalen* Leasingvertrag Rz. 924 ff.

[5] Siehe hierzu bereits Teil III, 4. Abschnitt, I. 1. (247 f.) m.w.N.

[6] Siehe stellvertretend *Canaris* in: FS Larenz 799, 842; *dens.* Bankvertragsrecht Rdn. 1452 f.; *Hörter* 299 f., 303 f.

tungspflichten befreit sei, erlange es dadurch in zunehmendem Maße eine konkursunabhängige Sicherheit, während sich die Angewiesenheit des Darlehensnehmers/Käufers auf die Zahlungsfähigkeit und -willigkeit des Verkäufers genau gegenläufig entwickele. Demgegenüber ergibt sich für die Befürworter eines Rechts zum Rückforderungsdurchgriff automatisch die Rechtsfolge, daß der Abzahlungskäufer bei der wandelungsbedingten Rückabwicklung eines B-Geschäfts seine bereits geleisteten Darlehensraten vom Finanzierungsinstitut zurückverlangen kann. Nach diesem Ansatz hat damit allein der Finanzierer das Risiko einer Verkäuferinsolvenz zu tragen. In diesem Zusammenhang wird vielfach darauf hingewiesen, daß die Bank die Seriosität und Bonität des Verkäufers besser als der Abzahlungskäufer beurteilen könne[7]. Zudem könne das Finanzierungsinstitut effektiver Ansprüche gegen den Verkäufer durchsetzen[8] und sich gegen Ausfallrisiken beim Abzahlungskäufer im Wege der Preiskalkulation[9] absichern. Schließlich wird von dritter Seite einer Risikogemeinschaft von Käufer und Bank der Vorzug gegeben, wobei letztere auf jeden Gewinn aus Gebühren und Zinsen zu verzichten habe und der übrige Verlust hälftig geteilt werde[10].

2. U.S.-Recht

Die Argumentation, mit der man für das deutsche Recht den Rückforderungsdurchgriff zu rechtfertigen sucht, ist – wie nur vereinzelt angemerkt wird[11] – im anglo-amerikanischen Rechtsdenken, insbesondere in der *economic analysis of law*[12], verwurzelt. In den U.S.A. bezwecken die von der FTC erlassenen *Holder-In-Due-Course-Regulations*[13] den Schutz des Verbrauchers bei sog. *purchase money loans*. Vor Einführung dieser Vorschriften war der Aspekt der angemessenen Risikoallokation bei drittfinanzierten Abzahlungskäufen ausführlich erörtert

[7] *Baudenbacher* JZ 1985, 661, 664; *Canaris* in: FS Larenz 799, 842 [später hat *ders.* Bankvertragsrecht Rdn. 1422 diese Einschätzung offensichtlich aufgegeben]; *Dauner-Lieb* WM-Sonderbeilage 6/1991, 14 (l.Sp.o.); *Esser* in: FS Kern 87, 113 f.; *Grunewald* JA 1980, 463, 466 (r.Sp.); *Gundlach* 208 f.; *Koller* 353-357 [sofern der Abzahlungskäufer Kaufmann ist]; *Marschall von Bieberstein* Abzahlungsgeschäft 166 f.; *Pietzcker* 124; *Th. Raiser* RabelsZ 33 (1969), 457, 470; *Vollkommer* in: FS Larenz 703, 715 f.; a.A. *Böckmann* 72 f.; *Lieb* DB 1988, 2495, 2501 (l.Sp.)

[8] *Gernhuber* § 31 IV 4 (739); *Marschall von Bieberstein* Abzahlungsgeschäft 166 f.; zweifelnd *Böckmann* 72 f.; *Canaris* Bankvertragsrecht Rdn. 1422.

[9] *Franzmann* 138-140, 164; *Gilles* JZ 1975, 305, 312; *Gundlach* 208 f.; *von Hippel* Verbraucherschutz 203; *König* Konsumentenkredit 61 f.; *ders.* JZ 1972, 54, 55 f.; *Th. Raiser* RabelsZ 33 (1969), 457, 470; *Reifner* Wirtschaftsrecht 153; *Vollkommer* in: FS Larenz 703, 715 f.

[10] *Klaas* NJW 1968, 1502, 1505 f.

[11] von *Hippel* Verbraucherschutz 203; *König* Konsumentenkredit 61 f.; *Th. Raiser* RabelsZ 33 (1969), 457, 470; *Baudenbacher* JZ 1985, 661, 664 nimmt indes ausdrücklich auf die Lehre von der ökonomischen Analyse des Rechts Bezug.

[12] Siehe hierzu Teil I, 3. Abschnitt, II. (77 f.) m.w.N.

[13] Siehe hierzu ausführlich Teil I, 2. Abschnitt, II. (58-60) und Teil III, 3. Abschnitt, II. 2. (215-219).

worden, wobei man sich letztlich in Übereinstimmung mit den zuvor genannten Gründen zum Schutz der Verbraucher dafür aussprach, das Insolvenzrisiko des Verkäufers weitgehend dem Finanzierungsinstitut aufzuerlegen[14]. So können die Verbraucher etwa im Falle der Wandelung des Kaufvertrages unter den bereits beschriebenen Voraussetzungen[15] Rückzahlung der an die Bank gezahlten Darlehensraten verlangen und auf diese Weise das Risiko einer Verkäuferinsolvenz auf den Kreditgeber verlagern. Demgegenüber wird den zu kommerziellen Zwecken handelnden Abzahlungskäufern ein entsprechender gesetzlicher Schutz nicht zuteil. Sie können jedoch, sofern sie über ausreichende Verhandlungsmacht verfügen, eine vergleichbare Absicherung ihrer Rechtsposition im Rahmen einzelvertraglicher Vereinbarungen erlangen.

Daß die Überlegungen zu einer möglichst sachgerechten Risikoallokation bei finanzierten Abzahlungskäufen nicht notwendigerweise in einem solch umfassenden Schutz von Verbrauchern resultieren müssen, belegen die Vorschriften des U.C.C.C. sowie des *Wisconsin Consumer Act*. Nach U.C.C.C. § 3.405 (2)[16] kann ein Verbraucher nach Wandelung des Kaufvertrages bei der Bank Regreß nehmen, wobei die Rückforderungssumme den Betrag nicht überschreiten darf, den der Darlehensnehmer dem Kreditgeber schuldete, als dieser von etwaigen Gegenansprüchen oder Einwendungen Kenntnis erlangte. Kurzum: je früher der Abzahlungskäufer die Bank von seinen Gegenrechten in Kenntnis setzt, umso geringer ist seine Belastung mit dem Risiko einer zwischenzeitlichen Verkäuferinsolvenz. Die Vorschrift Wis.Stat. § 422.408 (4)[17] enthält eine vergleichbare Risikoverteilung, allerdings hat das Finanzierungsinstitut denjenigen Verbraucher, der gegen den Verkäufer ein nicht vollstreckbares Urteil erstritten hat, vollständig von dessen Insolvenzrisiko zu entlasten.

III. Finanzierungsleasinggeschäft

1. Deutsches Recht

Im Hinblick auf Finanzierungsleasinggeschäfte sind gleichfalls verschiedene Grundströmungen zur Verteilung des Risikos der Lieferanteninsolvenz festzustellen. Nach der Wandelung des Kaufvertrages wird überwiegend auf der Basis der »Geschäftsgrundlagen«-Lösung des BGH[18] dem Leasinggeber das Insolvenzrisiko des Lieferanten auferlegt[19]. Ebenso wie bei B-Geschäften wird dabei auf

[14] Siehe in diesem Zusammenhang die aufschlußreichen *policy considerations* der FTC, 40 Fed.Reg. 53506, 53522 f. (18. Nov. 1975).

[15] Siehe Teil III, 3. Abschnitt, II. 2. (215-219).

[16] Siehe Teil III, 3. Abschnitt, II. 2. Fußn. 44 (217 f.).

[17] Siehe Teil III, 3. Abschnitt, II. 2. Fußn. 45 (218).

[18] Siehe hierzu bereits Teil III, 4. Abschnitt, II. 1. (253 f.).

[19] BGH Urt. v. 20. 6. 1984, WM 1984, 1089, 1092 (l.Sp.); Urt. v. 25. 10. 1989, WM 1990, 25, 26 (r.Sp.u.); Urt. v. 13. 3. 1994, BGHZ 114, 57, 67-70; im Schrifttum siehe bspw. *J. Hager* AcP 190 (1990), 324, 336-341; *Kuhn/Uhlenbruck* § 19 Rdn. 41; *Kümpel* Rdn. 5.302;

die effektiveren Kontroll- und Regreßmöglichkeiten des Finanzierers hinsichtlich finanzschwacher Lieferanten sowie auf die nur ihm offenstehende Möglichkeit hingewiesen, im Wege der Preiskalkulation das Ausfallrisiko zu mindern. Demgegenüber wird verschiedentlich eine Risikoverlagerung auf den Leasingnehmer gefordert[20], weil dieser den Lieferanten aussuche und mit ihm bis zur Abschlußreife des Kaufvertrages verhandele. Aber auch zwischen diesen Polen haben sich Meinungen herausgebildet, die danach differenzieren, ob der Leasingnehmer Kaufmann[21], sonstiger Gewerbetreibender[22] oder Verbraucher[23] ist oder ob das Finanzierungsleasinggeschäft als »absatzfördernd« einzustufen ist[24].

2. U.S.-Recht

Im U.S.-amerikanischen Recht ist dagegen durch UCC § 2A-407[25] die Position des Leasinggebers gestärkt worden. Dieser normative Grundpfeiler zum Recht des Finanzierungsleasings stellt sicher, daß nach der Annahme des Leasingobjekts durch den Leasingnehmer der Leasinggeber seinen Anspruch auf Zahlung der Leasingraten durchsetzen kann, *come hell or high water*. Dementsprechend hat der Leasingnehmer bei einer wandelungsbedingten Rückabwicklung des Finanzierungsleasinggeschäfts grundsätzlich das Insolvenzrisiko des Lieferanten zu tragen. Inwieweit demgegenüber Leasinggeber mit diesem Risiko belastet sind, sofern Verbraucher als Leasingnehmer auftreten, ist bislang unklar, zumal Gerichte zu dieser offenen Rechtsfrage[26] noch nicht abschließend Stellung bezogen haben.

Mi. Lehmann 229; MünchKomm-*Habersack* Leasing Rdn. 29 f.; *Graf von Westphalen* Leasingvertrag Rz. 582-592; *Wolf/Eckert* Rdn. 1937 ff.; *M. Wolf* in: *Wolf/Horn/Lindacher* § 9 Rdn. L 57 jeweils m.w.N. zum Meinungsstand.

[20] Siehe etwa *Canaris* Bankvertragsrecht Rdn. 1743; *Lieb* DB 1988, 2495, 2500 m.w.N. in Fußn. 49; *Papapostolou* 99-102.

[21] Nach OLG Frankfurt Urt. v. 17. 9. 1985, WM 1986, 275, 275 f. sowie *Lieb* WM-Sonderbeilage 6/1992, 15 f. trifft einen Leasingnehmer mit Kaufmannseigenschaft das Risiko der Lieferanteninsolvenz; bereits zuvor eine solche Differenzierung andeutend *Seifert* DB-Beilage 1/1983, 8 (l.Sp.u.). Ausdrücklich gegen diese Abgrenzung BGH Urt. v. 13. 3. 1991, BGHZ 114, 57, 68 f.

[22] Sofern es sich bei den Leasingnehmern um nichtkaufmännische Gewerbetreibende handelt, plädiert *Lieb* WM-Sonderbeilage 6/1992, 16 (l.Sp.o.) für eine Risikoteilung; zustimmend *Leible* 170 f., 175; zuvor bereits allgemein eine solche Lösung andeutend *Klaas* NJW 1968, 1502, 1506 f.

[23] *Lieb* WM-Sonderbeilage 6/1992, 14 f. befürwortet bei als Leasingnehmer auftretenden Verbrauchern deren Risikoentlastung; zustimmend *Leible* 170 f., 175.

[24] *Canaris* NJW 1982, 305, 310 will beim »absatzfördernden« – anders als beim »reinen« – Finanzierungsleasing den Leasinggeber mit dem Insolvenzrisiko des Lieferanten belasten.

[25] Siehe oben Teil III, 3. Abschnitt, III. 2. Fußn. 60 (221).

[26] Siehe hierzu ausführlich Teil III, 3. Abschnitt, III. 2. (223 f.).

IV. Auswirkungen des neuen Ansatzes

In Anbetracht eines solch breiten Meinungsspektrums empfiehlt sich eine Besinnung einerseits auf die rechtlichen Grundwertungen und -überzeugungen sowie andererseits auf die wirtschaftlichen Erwartungen und Rahmenbedingungen der Beteiligten. Den gedanklichen Ausgangspunkt bildet der das Vertragsrecht beherrschende Grundsatz, daß jede Partei nur das Risiko der Zahlungsunfähigkeit desjenigen tragen soll, den sie sich selbst als Partner ausgesucht hat[27]. Dieses erkennbar auf den zweiseitigen Kontrakt zugeschnittene Prinzip läßt sich nicht ohne weiteres auf *do ut des ut det*-Rechtsgeschäfte wie finanzierte Abzahlungskäufe/Finanzierungsleasinggeschäfte übertragen, bei denen der Verkäufer/Lieferant vom Abzahlungskäufer/Leasingnehmer ausgesucht wird. Die Auswahl geschieht nämlich – und darin liegt die Besonderheit – mit Kenntnis und Billigung des in das gesamte Rechtsgeschäft eingebundenen Finanzierers. Diese Umstände sind Konsequenz der finalen Gegenseitigkeitsbindung der Beteiligten, ihres arbeitsteiligen Zusammenwirkens sowie des sich daraus ergebenden Interessendiagramms und müssen deshalb auch bei der Risikoallokation berücksichtigt werden. Kennzeichnend für die gegenwärtige Rechtslage sind hingegen eine »Handlungskollektivierung ohne gleichzeitige Kollektivierung der Verantwortlichkeiten, Risikosteigerungen oder Risikoverschiebungen, ohne daß zugleich Vorkehrungen zu ihrer Absorption getroffen werden«[28].

Die drei Parteien eines *do ut des ut det*-Rechtsgeschäfts wollen den dreiseitigen Leistungsaustausch gemeinsam durchführen und bilden bei der erfolgreichen Geschäftsabwicklung, aber auch bei Leistungsstörungen sowie im Rahmen eines Rückgewährschuldverhältnisses im Hinblick auf die vom trilateralen Synallagma erfaßten Leistungspflichten eine Risikogemeinschaft. Verfehlt ist es also, bei der Risikoverteilung Denkkategorien in den Vordergrund zu rücken, die allein auf Wertungen im zweiseitigen Vertragsverhältnis beruhen. Folglich kann beim B-Geschäft eine alleinige Belastung des Abzahlungskäufers mit dem Insolvenzrisiko des Verkäufers, wie sie im Ergebnis in den U.S.A. bei zu kommerziellen Zwecken handelnden Abzahlungskäufern vertreten wird, nicht damit begründet werden, daß dieser seinen Vertragspartner ausgesucht, den Kaufvertrag abgeschlossen und eine Eigentümerposition erlangt habe. Ebensowenig kann es überzeugen, wenn nach der in Deutschland vorherrschenden Auffassung der Leasinggeber allein deshalb das Insolvenzrisiko des Lieferanten tragen soll, weil er Eigentümer und Vermögensinhaber der Leasingsache ist, obgleich der Leasingnehmer den Lieferanten ausgesucht hat und die größere Sachnähe zum Leasingobjekt aufweist. Diese Begründungsvarianten spiegeln

[27] Siehe stellvertretend *J. Hager* AcP 190 (1990), 324, 337; *Larenz/Canaris* Schuldrecht II/2 § 70 VI 1 b (247).

[28] So die treffende Umschreibung von *Teubner* ZHR 154 (1990), 295, 296.

wegen der jeweiligen Ausblendung der Interessen und Funktionen des dritten Beteiligten den Rechtscharakter des gesamten Erwerbsgeschäfts letztlich nur unvollkommen wider.

Offengeblieben ist bislang die Frage, nach welchen Kriterien eine sowohl unter rechtlichen als auch unter ökonomischen Gesichtspunkten überzeugende Risikoallokation zu erfolgen hat. Knüpft man an den *do ut des ut det*-Charakter drittfinanzierter Erwerbsgeschäfte und die Dogmatik zum trilateralen Synallagma an, sind hinsichtlich der davon erfaßten Leistungsverpflichtungen im Prinzip zwei Lösungen vorstellbar: Der *erste Lösungsweg* ist durch eine Betonung der zwischen den drei Beteiligten bestehenden Risikogemeinschaft gekennzeichnet. In Ermangelung anderer Bewertungskriterien wird das Insolvenzrisiko eines Beteiligten von den beiden anderen je zur Hälfte getragen[29]. *Der zweite Lösungsweg* knüpft an die Grundsätze zum trilateralen genetischen und konditionellen Synallagma an, wonach die Rückabwicklung fehlgeschlagener und im Sinne eines *do ut des ut det* verknüpfter Vermögensverschiebungen entgegengesetzt zur Richtung der bereits erfüllten Leistungspflichten, d.h. von deren Gläubiger zum Schuldner, erfolgt. Bei konsequenter Anwendung dieses Rückabwicklungsmechanismus wird das Insolvenzrisiko des Leistungsempfängers dem jeweiligen Leistungserbringer auferlegt, so daß sich beim B-Geschäft die Zahlungsunfähigkeit des Verkäufers zu Lasten des Finanzierungsinstituts auswirkt, während beim Finanzierungsleasinggeschäft der Leasinggeber mit dem Insolvenzrisiko des Lieferanten belastet wird.

Der letztgenannte Ansatz trägt dem Umstand nur unzureichend Rechnung, daß die Vertragsgerechtigkeit in einem *do ut des ut det*-Rechtsgeschäft nach anderen als den bislang für bilaterale Verträge anerkannten Maßstäben zu beurteilen ist. Auf der anderen Seite setzt der erste Lösungsweg in Übereinstimmung mit dem klassischen Privatrecht gleiche und rational entscheidende Marktteilnehmer voraus und leugnet die im Hinblick auf Verhandlungsmacht und Geschäftserfahrung bestehenden Asymmetrien. Beide Lösungswege sind also mit argumentativen Defiziten behaftet, deren Tragfähigkeit nachfolgend zu untersuchen ist.

Das Risikosplitting bei *do ut des ut det*-Rechtsgeschäften stellt zunächst eine systemimmanente Fortentwicklung des Grundsatzes dar, daß die jeweilige Vertragspartei des Gemeinschuldners das Risiko der Uneinbringlichkeit der gegen diesen gerichteten Forderungen zu tragen hat. Bereits in der *lex lata* lassen sich gedankliche Anknüpfungspunkte dafür nachweisen, daß nicht zwangsläufig allein nur ein Beteiligter am dreiseitig-gegenseitigen ringförmigen Leistungsaustausch mit dem Insolvenzrisiko eines anderen zahlungsunfähigen Beteiligten zu belasten ist. Aus dem bislang eher deskriptiv verwendeten Begriff der Risikogemeinschaft kann man den Rechtsterminus *Gemeinschaft* herausfiltern.

[29] In diese Richtung weisen die Überlegungen von *Klaas* NJW 1968, 1502, 1505-1508 und *Lieb* WM-Sonderbeilage 6/1992, 14-16.

Im Rahmen drittfinanzierter Erwerbsgeschäfte stellt sich die Verbindung zwischen den Beteiligten mangels gemeinschaftlicher Innehabung eines Rechts zwar nicht als Gemeinschaft nach Bruchteilen i.S.d. §§ 741 ff. BGB dar. Fraglich ist hingegen, ob die Beteiligten an einem *do ut des ut det*-Rechtsgeschäft eine Interessengemeinschaft bilden, auf die die §§ 742 ff. BGB bei Beachtung des Gesetzeszwecks durchaus entsprechend angewandt werden können[30]. In diesem Zusammenhang ist zu berücksichtigen, daß die dem historischen Gesetzgeber noch unbekannten *do ut des ut det*-Rechtsverhältnisse Rechtsgeschäfte eigener Art sind, die weder durch Vertrags- noch durch Verbandsstrukturen in ihrer Gesamtheit dogmatisch überzeugend erfaßt werden können. Stattdessen bilden die an einem drittfinanzierten Erwerbsgeschäft mit trilateralem Synallagma Beteiligten einen durch vertragliche und zugleich personelle Interdependenzen gekennzeichneten Zusammenschluß oder Verbund. Kennzeichnend ist nicht die gemeinsame Rechtszuständigkeit mehrerer Personen, typisch ist vielmehr eine gegenseitige Abhängigkeit, die darin ihren Ausdruck findet, daß die Beteiligten das intendierte Rechtsgeschäft im Wege eines ringförmigen Leistungsaustauschs nur gemeinsam realisieren können. Damit weisen derartige vertragliche Konstellationen zugleich den Charakter einer Interessengemeinschaft auf. Innerhalb derselben kann aber wegen der wertmäßig im wesentlichen vergleichbaren Leistungen der drei Beteiligten auf den die §§ 741 ff. BGB beherrschenden Gleichheitsgrundsatz[31] sowie auf den hinter § 748 BGB stehenden allgemeinen Gedanken der anteiligen Lasten- und Kostentragung rekurriert werden, woraus sich sodann eine gleichmäßige Aufteilung des Insolvenzrisikos innerhalb der Risikogemeinschaft ableiten läßt[32]. Zudem gebietet der Grundsatz der ausgleichenden Gerechtigkeit[33], daß im Falle der Risikoverwirklichung, d.h. beispielsweise der Insolvenz eines Beteiligten, die beiden übrigen die finanziellen Konsequenzen als Risikogemeinschaft zu gleichen Teilen tragen. Die Beteiligten bringen durch die *do ut des ut det*-Verknüpfung der Leistungspflichten und die daraus resultierende wechselseitige Angewiesenheit zum Ausdruck, daß sie von der Anbahnung des Rechtsgeschäfts über dessen Durchführung bis zur eventuell erforderlichen (Rück-)Abwicklung »in einem Boot« sitzen und im Notfall füreinander einstehen wollen.

Einseitige Risikozuteilungen sowie allmähliche Risikoverlagerungen sind mit einer solchen Geschäftsgestaltung grundsätzlich unvereinbar. Eine Ausnahme

---

[30] Siehe etwa MünchKomm-*K. Schmidt* § 741 Rdn. 62 f. m.w.N. zum Meinungsstand.

[31] Siehe hierzu stellvertretend *G. Hueck* Der Grundsatz der gleichmäßigen Behandlung 28-31; MünchKomm-*K. Schmidt* § 741 Rdn. 34.

[32] Zur Zulässigkeit der analogen Anwendung des § 748 BGB auf eine Interessengemeinschaft siehe etwa MünchKomm-*K. Schmidt* § 748 Rdn. 3.

[33] Auf diesen Grundsatz in Verbindung mit dem hinter § 426 Abs.1 BGB stehenden allgemeinen Rechtsgedanken nimmt auch BGH Urt. v. 29. 6. 1989, BGHZ 108, 179, 183 und 186 Bezug, um bei mehrfacher Sicherung durch eine Bürgschaft und durch eine dingliche Sicherheit eine anteilige Haftung im Verhältnis zwischen dem Bürgen und dem Besteller der dinglichen Sicherheit zu begründen.

kann sich indes beispielsweise ergeben, wenn im Rahmen einer durch Anfechtung bewirkten Rückabwicklung des *do ut des ut det*-Rechtsgeschäfts dem Anfechtenden sowohl ein Kondiktionsanspruch gegen den Empfänger seiner im trilateralen Synallagma stehenden Leistung als auch ein Schadensersatzanspruch (etwa aus § 826 BGB) gegen den Dritten, d.h. den in sittenwidriger Weise agierenden Anfechtungsgegner, zusteht. Ist der Kondiktionsschuldner des Anfechtenden zahlungsunfähig, kann dieser durch Geltendmachung seines Schadensersatzanspruchs das Insolvenzrisiko auf den Schadensersatzpflichtigen/Anfechtungsgegner verlagern. Wenn sich hingegen der Anfechtungsgegner als insolvent erweist, ist der Schadensersatzanspruch unter wirtschaftlichen Gesichtspunkten wertlos und es bleibt bei dem für die trilateral-synallagmatische Leistungsverknüpfung typischen Risikosplitting. Allerdings ist in diesem Zusammenhang zugleich zu beachten, daß Kondiktions- und Schadensersatzanspruch nicht der Höhe nach identisch sein müssen. Betrifft das Insolvenzrisiko schließlich eine nicht vom trilateralen Synallagma erfaßte Leistungspflicht, folgt die Zuteilung des Insolvenzrisikos aus den für bilaterale Verträge geltenden Regeln.

Die bisherigen Überlegungen zur Verteilung des Insolvenzrisikos bei *do ut des ut det*-Rechtsgeschäften lassen sich im Hinblick auf finanzierte Abzahlungskäufe und Finanzierungsleasinggeschäfte in zwei Leitlinien zusammenfassen:

- Das Risiko der Zahlungsunfähigkeit eines Beteiligten verwirklicht sich in Ermangelung konkursrechtlicher Schutzmechanismen insbesondere dann, wenn sich im Rahmen einer Rückabwicklung die vom Finanzierer erbrachten Aufwendungen beim Empfänger, d.h. beim Verkäufer, als uneinbringlich erweisen.
- Das sich daraus ergebende Insolvenzrisiko wird von den beiden übrigen Parteien grundsätzlich zu gleichen Teilen getragen[34].

Angesichts der für Kaufleute geltenden handelsrechtlichen Sondervorschriften sowie der sich in den zurückliegenden drei Jahrzehnten verstärkenden Tendenz, für Verbraucher und andere als schutzwürdig erachtete Rechtsteilnehmer ein Sonderprivatrecht einzuführen, drängt sich nunmehr die Frage auf, inwieweit für die genannten Gruppen Ausnahmen vom Grundsatz der gleichmäßigen Verteilung des Insolvenzrisikos zu machen sind. In diesem Zusammenhang wird die Ansicht vertreten[35], es könne gegenüber einem als Leasingnehmer auftretenden geschäftserfahrenen Kaufmann, der eingehend mit dem Lieferanten verhandele und zudem Alternativen erwogen haben werde, nicht anstößig sein, wenn man ihm das volle Beschaffungsrisiko zuweise, da er dieses auch bei einem finanzierten Kauf selbst hätte tragen müssen. Diese Einschätzung ver-

[34] Eine entsprechende »Grundregel« formuliert *Lieb* WM-Sonderbeilage 6/1992, 14 für Finanzierungsleasinggeschäfte, von der er hernach jedoch Ausnahmen zuläßt, sofern es sich bei den Leasingnehmern um Kaufleute oder Verbraucher handelt.

[35] *Lieb* WM-Sonderbeilage 6/1992, 15 f.

kennt die gleichberechtigte Rollen- und Funktionsverteilung der Beteiligten an *do ut des ut det*-Rechtsgeschäften. Um so weniger kann die einseitige Belastung des kaufmännischen Leasingnehmers mit dem Insolvenzrisiko des Lieferanten in Anbetracht der Tatsache überzeugen, daß sodann an dem beschriebenen Finanzierungsleasinggeschäft ausschließlich Kaufleute beteiligt sind, bei denen – vielleicht im Einzelfall voreilig – eine vergleichbare Geschäftserfahrenheit und Verhandlungsmacht unterstellt werden darf. Deshalb macht das Auftreten von Kaufleuten auf der Erwerberseite gerade keine Abweichung vom Grundsatz der gleichmäßigen Verteilung des Insolvenzrisikos erforderlich.

Ungeklärt bleibt damit aber die Frage, ob diese Wertungen auch dann gelten, wenn Minderkaufleute, Gewerbetreibende oder Angehörige freier Berufe als Käufer oder Leasingnehmer in *do ut des ut det*-Rechtsgeschäfte eingeschaltet werden[36]. Besonders kompliziert gestaltet sich die Rechtslage, wenn Verbraucher an drittfinanzierten Erwerbsgeschäften beteiligt sind. Viele Jahre ist in der Rechtswissenschaft darüber gestritten worden, inwieweit die Verbrauchereigenschaft etwa der Kreditnehmer zur Ausbildung eines diese Gruppe privilegierenden Sonderprivatrechts führen dürfe[37]. Nunmehr ist der Diskussion durch das Inkrafttreten des VerbrKrG im Jahre 1991 spürbar der Wind aus den Segeln genommen und die Sonderrolle der Verbraucher anerkannt worden. Verbraucher i.S.d. VerbrKrG ist jede »natürliche Person, es sei denn, daß der Kredit nach dem Inhalt des Vertrages für ihre bereits ausgeübte gewerbliche oder selbständige berufliche Tätigkeit bestimmt ist« (§ 1 Abs.1 VerbrKrG). Im Gegensatz zur Rechtslage unter Geltung des AbzG[38] wird im VerbrKrG nicht länger zwischen Kaufleuten, Minderkaufleuten, Kleingewerbetreibenden und Angehörigen freier Berufe unterschieden. Vielmehr werden diese Verkehrsteilnehmer

[36] Im Hinblick auf finanzierte Abzahlungskäufe leitete die FTC 1988 ein Verfahren zu der Frage ein, ob der Anwendungsbereich der allein Konsumenten schützenden FTC-Vorschrift § 433.2 auch auf eine begrenzte Zahl von Kleinunternehmen erstreckt werden solle (53 Fed.Reg. 44456-44458, 3. Nov. 1988). Das Verfahren wurde im Jahre 1992 eingestellt, ohne daß der Schutzbereich ausgedehnt worden wäre (vgl. *Regulatory Act Review of Trade Regulation Concerning Preservation of Consumers' Claims and Defenses*, 57 Fed.Reg. 28814-28816, 29. Juni 1992).

[37] Siehe zunächst *Hadding* Gutachten; *Verhandlungen des 53. DJT* K 108-137 (Diskussion zur Frage des persönlichen Anwendungsbereichs eines Konsumentenkreditgesetzes). Vgl. außerdem zu dieser Problematik *Baltes* 80-104; *Canaris* Bankvertragsrecht Rdn. 1446 f.; *Dauner-Lieb* 29-51 und *passim*; *Gärtner* JZ 1992, 73 ff.; *Gilles* JA 1980, 1 ff.; *Joerges* Verbraucherschutz 17-57; *Kemper* 30 ff.; *Landfermann* RabelsZ 45 (1981), 124, 139-142; *Lieb* AcP 183 (1983), 327, 348 ff.; *dens.* WM 1991, 1533, 1540-1542; *dens.* WM-Sonderbeilage 6/1992, 4-7; *Marloth-Sauerwein* 161-179; *Marschall von Bieberstein* Abzahlungskauf 41 f.; *Melsheimer* 31-43, 55-107, 140-143; *Schmelz/Klute* ZIP 1989, 1509, 1516; *Schwintowski* JA 1992, 33 ff.; *Teske* in: *Magoulas/Simon* 15 ff.; *Ulmer* H 8 ff., insbes. H 21-27; *Westermann* Verbraucherschutz *passim*; *dens.* ZHR 153 (1989), 123 ff.

[38] Zu § 8 AbzG siehe die Nachweise bei *Christen* 74 f.; *Hönn* in: Gedächtnisschrift D. Schultz 79 ff.; siehe daneben die kritische Gegenüberstellung der unterschiedlichen Abgrenzungen des persönlichen Geltungsbereichs von Verbraucherschutzgesetzen bei *Bender* in: *Bender* 101, 136-140.

nach Überschreiten der in § 3 Abs.1 Nr.2 VerbrKrG näher ausgestalteten Existenzgründungsphase[39] vom Gesetzgeber als grundsätzlich nicht schutzbedürftig angesehen[40]. Gleichwohl wird in der jüngeren Vergangenheit das dichotome, zwischen Verbrauchern und sonstigen Rechtsteilnehmern unterscheidende Modell auch weiterhin in Frage gestellt[41]. Eine Vertiefung der angedeuteten Diskussion liegt außerhalb des Erkenntnisinteresses dieser Untersuchung, weshalb im folgenden die aus EG-rechtlichen Vorgaben hervorgegangene personelle Zweiteilung in Verbraucher auf der einen Seite und die übrigen Verkehrsteilnehmer auf der anderen Seite zugrundegelegt wird.

Daraus folgt zunächst, daß Freiberufler und Gewerbetreibende hinsichtlich ihrer Schutzbedürftigkeit Kaufleuten i.S.d. handelsrechtlichen Vorschriften gleichzustellen sind und ebenso wie diese in ihrer Rolle als Abzahlungskäufer/Leasingnehmer anteilig das Risiko der Verkäuferinsolvenz zu tragen haben[42]. Gilt dieses Ergebnis indes auch bei Beteiligung von Verbrauchern auf der Erwerberseite? Diese Frage ist bei Gesamtwürdigung der legislativen Rahmenbedingungen, der wirtschaftlichen Interessen sämtlicher am Erwerbsvorgang Beteiligten sowie rechtspolitischer Überlegungen zu bejahen. Nach Art. 11 Abs.1 der Richtlinie über den Verbraucherkredit des Rates der Europäischen Gemeinschaften (87/102/EWG) haben die Mitgliedstaaten dafür Sorge zu tragen, »daß das Bestehen eines Kreditvertrages in keiner Weise die Rechte des Verbrauchers gegenüber dem Lieferanten von Waren bzw. Erbringer von Dienstleistungen beeinträchtigt, falls die betreffenden Waren bzw. Dienstleistungen, die mit Hilfe des Kreditvertrages erworben werden, nicht geliefert bzw. erbracht werden oder in anderer Weise nicht vertragsmäßig sind.« Eine völlige Freistellung des Verbrauchers von den Folgen einer beim eingeschalteten Verkäufer/Lieferanten eingetretenen Insolvenz wird gerade nicht postuliert. Aus § 9 Abs.2 S.4 VerbrKrG folgt zwar, daß bei verbundenen Geschäften nach Auszahlung des Nettokreditbetrages an den Verkäufer und Widerruf des Kreditvertrages durch den Verbraucher der Kreditgeber hinsichtlich der Rechtsfolgen des Widerrufs in die Rechte und Pflichten des Verkäufers aus dem Kaufvertrag eintritt. Dadurch wird zugleich das Risiko einer zwischenzeitlich beim Verkäufer eingetretenen Insolvenz auf den Finanzierer verlagert[43]. Allerdings ist diese

[39] Siehe hierzu stellvertretend MünchKomm-*Ulmer* § 3 VerbrKrG Rdn. 9-11.

[40] BT-Drucks. 11/8274, 17, 34, 41.

[41] Siehe etwa die die bisherige Diskussion zusammenfassende und neue Wege weisende Darstellung von *Preis* ZHR 158 (1994), 567 ff., der die Inhaltslosigkeit des Verbraucherbegriffs beklagt (593 f.) und für eine Differenzierung nach dem Umfang organisierter rechtsgeschäftlicher Erwerbstätigkeit eintritt (607 ff.).

[42] Treten nichtkaufmännische Gewerbetreibende als Leasingnehmer auf, plädiert auch *Lieb* WM-Sonderbeilage 6/1992, 16 (l.Sp.) für eine hälftige Teilung des Insolvenzrisikos; zustimmend *Leible* 170 f., 175.

[43] In diesem Sinne auch BGH Urt. v. 17. 9. 1996, DB 1996, 2535, 2535 f, wonach bei verbundenen Geschäften i.S.d. § 9 Abs.1 VerbrKrG der Schutzzweck der gesetzlichen Widerrufsregelung – in Fortführung der Schutzzweckerwägungen beim finanzierten Abzahlungskauf nach dem AbzG – eine Auslegung fordere, nach der dem Darlehensgeber nach dem

Regelung allein auf den Fall des schriftlichen Widerrufs einer auf den Abschluß eines Kreditvertrages gerichteten Willenserklärung des Verbrauchers zugeschnitten und damit als allgemeiner Maßstab für die Risikoallokation innerhalb drittfinanzierter Erwerbsgeschäfte ungeeignet. Darüber hinaus würde bei derartigen Rechtsgeschäften eine generelle Belastung der Finanzierer mit dem Insolvenzrisiko der Verkäufer/Lieferanten für Verbraucher durchaus auch kontraproduktive Konsequenzen haben, da Kredite nunmehr nur noch zu entsprechend erhöhten Zinsen und Gebühren erhältlich wären. Eine weitere Folge würde darin bestehen, daß für Konsumenten – anders als bei einer Beteiligung an isolierten zweiseitigen Austauschverträgen – jeglicher Anreiz fehlte, sich im Rahmen ihrer Möglichkeiten ein Bild von der Zuverlässigkeit und wirtschaftlichen Leistungsfähigkeit der Verkäufer/Lieferanten zu machen. Gewiß stehen Finanzierungsinstituten für eine solche Beurteilung insbesondere bei bereits bestehenden geschäftlichen Beziehungen zum Verkäufer/Lieferanten effektivere und kostengünstigere Möglichkeiten zur Verfügung, jedoch ist es regelmäßig der Konsument, der zunächst verschiedene Angebote vergleicht, sodann den Veräußerer des Erwerbsgegenstandes aussucht und dadurch dessen Einbeziehung in den geplanten *do ut des ut det*-Leistungsaustausch anregt. Erst wenn sich hernach der Finanzierer damit – sei es mit, sei es ohne Prüfung der Zuverlässigkeit und Leistungsfähigkeit des Verkäufers/Lieferanten – einverstanden erklärt, kommt der gesamte trilaterale Leistungsaustausch zustande. Drittfinanzierte Rechtsgeschäfte stellen Akte der arbeitsteiligen Distributation dar, die zwangsläufig mit Risikoerhöhungen verknüpft sind. Letztere fallen grundsätzlich demjenigen zur Last, der von ihnen planmäßig zum eigenen Nutzen Gebrauch macht. Da aber – wie bereits mehrfach betont worden ist – alle Beteiligten an *do ut des ut det*-Rechtsgeschäften von den damit verbundenen Risikosteigerungen gleichmäßig profitieren, ist es nur konsequent, sie auch an den Nachteilen einer Risikoverwirklichung gleichmäßig teilhaben zu lassen. Von dieser Risikoverteilung sind letztlich keine Ausnahmen zugunsten von Verbrauchern zu machen, da sich ihre Risikobelastung gegenüber der in wirtschaftlicher Hinsicht allein vergleichbaren Konstellation, d.h. der Finanzierung eines Erwerbsgeschäfts durch einen isolierten Kleinkredit, bei einem *do ut des ut det*-Rechtsgeschäft bereits deutlich verbessert: im erstgenannten Fall tragen Verbraucher das *volle* Risiko der Insolvenz sowohl des Verkäufers als auch des Darlehensgebers, im letztgenannten Fall werden sie nur *hälftig* an den entsprechenden Risiken beteiligt.

Damit findet ein Ergebnis, das sich bereits zuvor aufgrund allgemeiner Überlegungen zum trilateralen Synallagma abgezeichnet hatte, seine Bestätigung auch für den Fall der Verbraucherbeteiligung. Die prinzipielle Aufteilung des Insolvenzrisikos trägt den unterschiedlichen wirtschaftlichen Interessen und

Widerruf kein Zahlungsanspruch gegen den Darlehensnehmer in Höhe des Darlehenskapitals zustehe.

Risiken der an einem *do ut des ut det*-Rechtsgeschäft Beteiligten in angemessener Weise Rechnung. Es besteht für *alle* Beteiligten ein Anreiz, sich durch gewissenhafte Prüfung ihrer Geschäftspartner oder daneben etwa durch Sicherungsübereignungen, Einrichtung von Sperrkonten oder in ähnlicher Weise gegen die Uneinbringlichkeit von (Rückabwicklungs-)Ansprüchen im Konkursfall abzusichern. Demnach wird es zu einer Belastung mit dem Insolvenzrisiko überhaupt nur kommen, sofern den mit einem Ausfallrisiko Belasteten keine oder keine ausreichende konkursfeste Absicherung zur Verfügung steht. Sodann gebieten die Prinzipien des trilateralen Synallagmas sowie der Grundsatz der ausgleichenden Gerechtigkeit eine Aufteilung des verbleibenden Insolvenzrisikos. Das hiermit skizzierte Leitbild der Verteilung des Insolvenzrisikos im trilateralen Synallagma verkörpert zugleich die »wesentlichen Grundgedanken der gesetzlichen Regelung« i.S.d. § 9 Abs.2 Nr.1 AGBG, mithin den Maßstab für unangemessene Benachteiligungen durch abweichende Risikoverlagerungen in den Allgemeinen Geschäftsbedingungen eines Beteiligten.

6. Abschnitt

Enttäuschte Gewinnerwartungen bei *do ut des ut det*-Rechtsgeschäften – Auswirkungen des neuen Ansatzes, dargestellt am Beispiel des B-Geschäfts und Finanzierungsleasings

Bedingt durch die Natur eines *do ut des ut det*-Rechtsgeschäfts, wirken sich Störungen einer im trilateralen Synallagma stehenden Leistungspflicht nicht nur im Verhältnis zum Leistungsempfänger, sondern auch zum dritten Beteiligten aus. Letzterer ist, obgleich außerhalb des gestörten Leistungsverhältnisses stehend, ebenso wie der ursprüngliche Leistungsempfänger durch Sekundärrechte geschützt[1]. Offen geblieben ist die für die Rechtspraxis überaus wichtige Frage, ob und in welchem Ausmaß Finanzierungsinstitute oder Erwerber ihre Gewinnerwartungen realisieren können, wenn sich der Erwerbsgegenstand als mangelhaft erweist und der Kaufvertrag daraufhin gewandelt wird. Beim B-Geschäft ist im Hinblick auf die in den bereits geleisteten Darlehensraten enthaltenen Zins- und Kostenanteile umstritten, ob diese dem Finanzierungsinstitut verbleiben[2] oder von letzterem dem Käufer/Kreditnehmer zu erstatten sind[3]. Demgegenüber kann beim Finanzierungsleasing nach der „Geschäftsgrundlagen«-Lösung des BGH, die mit Vollzug der Wandelung des Kaufvertrages den Leasingvertrag mit *ex tunc*-Wirkung wegfallen läßt, der Leasinggeber seinen Amortisationsanspruch einschließlich der darin enthaltenen Zins-, Kosten- und Gewinnanteile gegenüber dem Leasingnehmer nicht einmal anteilig realisieren, sondern ist auf die Geltendmachung einer Nutzungsentschädigung für das Leasingobjekt beschränkt[4]; nur vereinzelt wird die einseitige Belastung des Leasinggebers mit den Refinanzierungskosten beklagt[5]. Diese von der vorherrschenden Rechtsauffassung vorgenommene Ungleichbehandlung des Abzah-

[1] Siehe hierzu bereits die unter Teil II, 4. Abschnitt, II. (168 ff.) dargestellten Grundsätze des konditionellen Synallagmas.

[2] In diesem Sinne LG Bonn Urt. v. 14. 4. 1993, BB 1993, 1319 f.; LG Hagen Urt. v. 23. 7. 1993, NJW-RR 1994, 1260; LG Kleve 3. 8. 1993, FLF 1993, 228; zustimmend *Franz* 353 f.; MünchKomm-*Habersack* § 9 VerbrKrG Rdn. 124.

[3] So i.E. *Vollkommer* in: FS Henckel 895-903, der sich für eine »spiegelbildliche« Anwendung des § 9 Abs.2 S.4 VerbrKrG ausspricht (902 f.); zustimmend OLG Düsseldorf Beschl. v. 23. 4. 1996, BB 1996, 1905, 1906; Palandt-*Putzo* § 9 VerbrKrG Rdn. 15.

[4] Siehe hierzu bereits Teil III, 4. Abschnitt, II. 1. (253 f.) m.w.N.

[5] Vgl. insbesondere *Canaris* AcP 191 (1991), 410, 439-441; *dens.* ZIP 1993, 401, 410; *Lieb* DB 1988, 946, 949 f.; *dens.* DB 1988, 2495, 2499 f.; *dens.* WM-Sonderbeilage 6/1992, 14-16; *Sannwald* 125.

lungskäufers und der Bank beim B-Geschäft einerseits und des Leasingnehmers sowie die Leasinggebers beim Finanzierungsleasing andererseits überrascht.

Hinsichtlich der Folgen der Wandelung verweist § 467 S.1 BGB auf die Bestimmungen des vertraglichen Rücktritts (§§ 346 ff. BGB). Nach dem neuen Ansatz wird auf der Basis der Grundsätze zum konditionellen Synallagma durch den Vollzug der Wandelung das gesamte *do ut des ut det*-Rechtsgeschäft in ein Rückgewährschuldverhältnis übergeleitet[6], wobei die trilateral-synallagmatisch verknüpften Leistungsverpflichtungen mit umgekehrten Vorzeichen versehen werden. Deshalb sind die Verkäufer/Lieferanten verpflichtet, die Darlehensvaluta/den Kaufpreis an die Finanzierer/Leasinggeber zurückzuzahlen, während letztere den Abzahlungskäufern/Leasingnehmern die bereits erbrachten Darlehens-/Leasingraten einschließlich der Zinsanteile zu erstatten haben und die mangelbehafteten Kauf-/Leasingobjekte an die Verkäufer/Lieferanten zurückzugeben sind (§§ 467 S.1 i.V.m. 346 S.1 BGB).

Daneben ist der Verkäufer dem Käufer, d.h. dem Abzahlungskäufer oder dem Leasinggeber, nach § 467 S.2 BGB zum Ersatz der Vertragskosten[7] verpflichtet. Die vom Rückgewährschuldverhältnis erfaßten Geldleistungen sind nach §§ 467 S.1 i.V.m. 347 S.3 BGB ab Empfang zu verzinsen, wodurch ein Anspruch auf Herausgabe von »Nutzungen« des Betrages (§ 347 S.2 BGB) ausgeschlossen wird. Das bedeutet, daß Verkäufer/Lieferanten die zurückzuzahlende Darlehensvaluta/den zurückzuzahlenden Kaufpreis ab Empfang zu verzinsen haben[8], wobei der Zinssatz 4% (§ 246 BGB) oder bei beiderseitigem Handelskauf 5% (§ 352 HGB) beträgt. Entsprechend haben Finanzierungsinstitute/Leasinggeber die bereits geleisteten und nunmehr zurückzuerstattenden Darlehens-/Leasingraten zu verzinsen. Die im Hinblick auf Kauf-/Leasinggegenstände gezogenen Nutzungen sind von denjenigen herauszugeben, die die Objekte unmittelbar genutzt haben. Dabei handelt es sich bei einem Finanzierungsleasinggeschäft – anders als bei einem B-Geschäft – nicht automatisch um den Käufer. Nach der hier vertretenen Auffassung[9] erlangt der Leasinggeber keinen Anspruch auf Verschaffung des unmittelbaren Besitzes am Leasingbobjekt, sondern beschränkt sich auf seine Funktion als Finanzierer, während allein der Leasingnehmer unmittelbaren Nutzen aus dem Leasingobjekt zieht. Umstritten

[6] Siehe hierzu bereits ausführlich Teil III, 4. Abschnitt, I. 3. (252 f.) und II. 3. (255).

[7] Zum Umfang der ersatzfähigen Vertragskosten siehe stellvertretend Soergel-*Huber* § 467 Rdn. 104-114 m.w.N. Zuletzt hat der BGH Urt. v. 19. 6. 1996, BB 1996, 1574, 1577 deutlich gemacht, daß die Finanzierungskosten, die der Käufer aufwendet, um den Kaufpreis zahlen zu können, keine Vertragskosten i.S.d. § 467 S.2 BGB sind.

[8] Zu einem vergleichbaren Ergebnis kommt BGH Urt. v. 25. 5. 1993, NJW 1993, 1912, 1914 (l.Sp.) für den Fall, daß bei einem B-Geschäft mit gesamtschuldnerischer Kredithaftung des Verkäufers, dem die Darlehensvaluta bereits zugeflossen ist, und des Abzahlungskäufers letzterer seine Vertragserklärungen wirksam widerruft. Nach dem hier verfolgten Ansatz folgt das Ergebnis aus den Grundsätzen zum trilateralen genetischen Synallagma i.V.m. §§ 9 Abs.2 S.1, 7 Abs.4 VerbrKrG sowie § 3 Abs.1 und 3 HaustürWG analog.

[9] Siehe Teil II, 2. Abschnitt, IV. 2. (111-118).

ist freilich, ob Käufer und Leasingnehmer zur Vergütung der Nutzungen[10] gem. §§ 347 S.2, 987 BGB erst ab Kenntnis des Mangels verpflichtet sind und für vorher gezogene Nutzungen nur nach Bereicherungsrecht haften[11]. Folgt man letzterer Rechtsansicht, kann sich der Käufer/Leasingnehmer hinsichtlich der Nutzungen, die er vor Kenntnis vom Sachmangel zieht, auf Wegfall der Bereicherung berufen (§ 818 Abs.3 BGB); außerdem wird für diesen Zeitraum die Haftung für nicht gezogene Nutzungen (§ 987 Abs.2 BGB) ausgeschlossen. Letztlich ist die praktische Bedeutung dieser Einschränkungen aber als überaus gering zu erachten[12].

Als Zwischenergebnis ist festzuhalten: Auf der Basis der Grundsätze zum trilateralen Synallagma wird zunächst – jeweils im Vergleich zur bislang in der Rechtsprechung vorherrschenden Ansicht – die Rechtsposition des Finanzierers beim B-Geschäft geschwächt, weil er bei der Rückabwicklung die mit den bisherigen Darlehensraten erhaltenen Gewinnanteile zurückzuerstatten hat, wodurch zugleich die rechtliche Stellung des Abzahlungskäufers gestärkt wird. Demgegenüber führt der neue Ansatz beim Finanzierungsleasing zu keiner Verschiebung der Rechtsmacht der Parteien des Leasingvertrages.

In den analysierten Fallkonstellationen eröffnet sich darüber hinaus regelmäßig allein den Käufern/Leasinggebern im Falle zugesicherter Eigenschaften die Möglichkeit, anstelle einer Wandelung über § 463 BGB ihr Erfüllungsinteresse durchzusetzen, das auch den entgangenen Gewinn i.S.d. § 252 BGB umfaßt[13]. Etwas anderes gilt für das Finanzierungsleasinggeschäft nur dann, wenn sich der Leasinggeber in den Drittverweisungsklauseln ausnahmesweise nicht die Geltendmachung der ihm zustehenden Schadensersatzansprüche vorbehalten hat oder die Auslegung des Leasingvertrages ergibt, daß der Leasingnehmer seinen *Eigen*schaden geltend machen kann – sei es ausschließlich oder zusätzlich zum Schaden des Leasinggebers[14]. Stellt nunmehr der Käufer/Leasingnehmer

[10] Zu deren Berechnung siehe bspw. MünchKomm-*Janßen* § 347 Rdn. 19-25 m.w.N.

[11] In diesem Sinne OLG Hamm Urt. v. 21. 1. 1982, MDR 1982, 580; Urt. v. 10. 12. 1987, NJW-RR 1988, 1140; OLG Köln Urt. v. 13. 1. 1970, OLGZ 1970, 454, 455; Urt. v. 22. 6. 1979, 1980, 210, 211; ebenso MünchKomm-*Janßen* § 347 Rdn. 17; Soergel-*Wiedemann* § 327 Rdn. 28 f.; Soergel-*Hadding* § 347 Rdn. 10; *Walter* § 5 II 6 (192 f.); a.A. hingegen RG Urt. v. 3. 7. 1934, RGZ 145, 79, 82; BGH Urt. v. 5. 4. 1955, MDR 1955, 464; Soergel-*Huber* § 467 Rdn. 14a, 175-179.

[12] Ebenso mit weiteren Darlegungen Soergel-*Huber* § 467 Rdn. 176.

[13] Siehe etwa Soergel-*Huber* § 463 Rdn. 50, 59.

[14] Soweit *Tsche* 169 f. – vgl. auch 220, 352, 357, 372-374 – davon ausgeht, »nach deutschem Recht [sei] anerkannt, daß der Zessionar berechtigt ist, seinen Eigenschaden kraft abgetretenen Rechts geltend zu machen«, und diesen Gedanken auf das Finanzierungsleasing zugunsten des Leasingnehmers überträgt, übersieht er die Maßgeblichkeit des Parteiwillens. Dieser ist oftmals gerade nicht auf die Abtretung der gewährleistungsrechtlichen Zahlungsansprüche gerichtet; vgl. etwa *Martinek* Vertragstypen I § 7 II 1 a.E. (153). Darüber hinaus ist in der leasingspezifischen Literatur durchaus umstritten, ob der Leasingnehmer lediglich den Schaden des Leasinggebers – so etwa *Martinek* Vertragstypen I § 6 III 6 b (135 f.) – oder auch seinen Eigenschaden – in diesem Sinne bspw. *Canaris* Bankvertragsrecht Rdn. 1794 f., der eine Drittschadensliquidation annimmt – geltend machen kann.

bei Geltendmachung des »großen« Schadensersatzanspruchs dem Verkäufer/Lieferanten das Kauf-/Leasingobjekt wieder zur Verfügung, ist bei der Berechnung des Schadensersatzes nach § 463 BGB der Kaufpreis in Abzug zu bringen, soweit dieser nach den Grundsätzen zum konditionellen Synallagma vom Verkäufer an den Finanzierer/Leasinggeber zurückzuzahlen ist. Demgegenüber scheint der hier verfolgte Ansatz den enttäuschten Gewinnerwartungen der Finanzierer beim B-Geschäft sowie der Leasingnehmer nicht Rechnung zu tragen, weil diese nicht oder – im Falle des Finanzierungsleasinggeschäfts – soweit diese nicht Ansprüche aus eigenen kaufrechtlichen Sekundärrechten geltend machen können. Man darf indes nicht übersehen, daß die mangelbehaftete Leistung nicht nur in einen zweiseitigen Vertrag, sondern gleichzeitig in ein *do ut des ut det*-Rechtsgeschäft eingebunden ist. Damit stellt die mangelhafte Leistung des Verkäufers die Schlechterfüllung einer Hauptleistungspflicht im Verhältnis zum Käufer/Leasinggeber dar, darüber hinaus aber auch im Rahmen des dreiseitig-gegenseitigen Rechtsgeschäfts gegenüber dem dritten Beteiligten, d.h. gegenüber der Bank beim B-Geschäft sowie gegenüber dem Leasingnehmer beim Finanzierungsleasinggeschäft. Sofern man solche *do ut des ut det*-Rechtsgeschäfte als Sonderformen vertraglicher Schuldverhältnisse auffaßt, kommen zugunsten der in ihren Gewinnerwartungen enttäuschten und dadurch geschädigten Beteiligten Ansprüche aus der von ihrem Begründer Staub[15] so benannten positiven Vertragsverletzung[16] in Betracht, die in analoger Anwendung der §§ 286 Abs.2, 326 Abs.2 BGB auch auf das positive Interesse gerichtet sein können[17]. Es besteht ein breiter Konsens, daß die Bezeichnung der bis heute zwar nicht ausdrücklich in der *lex lata* geregelten, gleichwohl zwischenzeitlich gewohnheitsrechtlich anerkannten Rechtsfigur ungenau ist[18]; denn zum einen beschränkt sie sich nicht nur auf Vertragspflichten, sondern erfaßt auch gesetzliche Schuldverhältnisse, zum anderen kann eine positive Vertragsverletzung nicht allein durch positives Tun, sondern auch durch ein Unterlassen in Verbindung mit einem positiven Tun bewirkt werden[19].

Im vorliegenden Problemzusammenhang ist die Frage entscheidend, ob ein dreiseitiges Austauschverhältnis im Sinne eines *do ut des ut det* einem vertraglichen Schuldverhältnis gleichgestellt werden kann. Eine derartige Wertung liegt

---

[15] *Staub* in: FS für den 26.DJT 4.

[16] Siehe zu dieser Rechtsfigur ausführlich MünchKomm-*Emmerich* Vor § 275 Rdn. 218-373 m.w.N.

[17] MünchKomm-*Emmerich* § 275 Rdn. 330.

[18] Vgl. auch die Formulierungsvorschläge von *Enneccerus/Lehmann* § 55 I [»positive Forderungsverletzung«]; *Fikentscher* § 42 III Rdn. 313, § 47 Rdn. 387 ff. [»Schlechterfüllung«]; *Medicus* Rdn. 307 [»Schlechtleistung«]; MünchKomm-*Emmerich* Vor § 275 Rdn. 218 Fußn. 559 [»positive Forderungsverletzung«]; Soergel-*Wiedemann* Vor § 275 Rdn. 352 a.E. [»schuldhafte Pflichtverletzung«]; *Stoll* AcP 136 (1932), 257, 314 f. [»Forderungsverletzung«].

[19] Siehe stellvertretend *Larenz* Schuldrecht I § 24 I a (367 f.); *Medicus* Rdn. 307; Soergel-*Wiedemann* Vor § 275 Rdn. 352 jeweils m.w.N.

nahe, da ein dreiseitig-gegenseitiges Rechtsgeschäft sich aus (mindestens) zwei bilateralen Vertragsverhältnissen zusammensetzt, deren Leistungsverpflichtungen jeweils einer final-kausalen Gegenseitigkeitsbindung unterliegen. Dadurch werden die Einzelverträge zu einer übergeordneten Einheit zusammengefaßt, die sich im Hinblick auf die von der Zivilrechtsdogmatik herausgearbeiteten Formen rechtlichen Handelns als *Rechtsgeschäft* oder auch als *Schuldverhältnis im weiteren Sinne*[20] darstellt. Die vertraglichen Strukturen in *do ut des ut det*-Rechtsverhältnissen rechtfertigen somit bei Schlechterfüllung der im trilateralen Synallagma stehenden Hauptleistungspflicht eines Beteiligten und Vorliegen der übrigen Anspruchsvoraussetzungen durchaus den Rückgriff auf einen Schadensersatzanspruch aus positiver Vertragsverletzung auch zugunsten des nicht unmittelbar am betreffenden Vertragsabschluß Beteiligten.

Damit können bei drittfinanzierten Erwerbsgeschäften mit trilateralem Synallagma die von einer Wandelung des Kaufvertrages nur mittelbar betroffenen Finanzierer oder Leasingnehmer, soweit sie über keine eigenen gewährleistungsrechtlichen Schadensersatzansprüche verfügen, gegenüber den Verkäufern ihren aus dem eigenen entgangenen Gewinn bestehenden Nichterfüllungsschaden geltend machen. In Ermangelung spezieller gesetzlicher oder vertraglicher Vorschriften ergibt sich dieser Anspruch aus den Grundsätzen zur positiven Vertragsverletzung. Der Schaden umfaßt beim B-Geschäft die Zins- und Gewinnanteile derjenigen Darlehensraten, die bis zum Ende der vorgesehenen Laufzeit zu zahlen gewesen wären. Dabei müssen sich die Banken aber nach dem Rechtsgedanken des § 324 Abs.1 S.2 BGB ersparte Refinanzierungskosten und unter Umständen auch die durch anderweitige Ausleihung des Geldes verdienten oder zu verdienenden Zinsen anrechnen lassen, so daß der geltend zu machende und letztlich auch begründete Schaden regelmäßig deutlich geringer ist als die nicht realisierten ursprünglichen Gewinnerwartungen. Das allgemeine Sachmängelgewährleistungsrecht, dessen Rechtsfolgen regelmäßig allein im Verhältnis des Verkäufers zum Käufer/Leasinggeber eingreifen, entfaltet im Ergebnis keine Sperrwirkung gegenüber dem am Kaufvertrag nicht unmittelbar beteiligten Kreditinstitut oder gegenüber dem Leasingnehmer; vielmehr kann der Verkäufer entgegen der gesetzlichen Konzeption auch ohne Zusicherung auf das Erwerbsobjekt bezogener Eigenschaften bereits im Falle einer Wandelung des Kaufvertrages dem Finanzierer oder Leasingnehmer zum Ersatz des entgangenen Gewinns verpflichtet sein. Diese Rechtsfolge ist gerechtfertigt, da derjenige, der eine im trilateralen Synallagma stehende Leistungspflicht schlecht erfüllt, deren Einbindung in ein *do ut des ut det*-Rechtsgeschäft kennt und folglich auch weiß, daß Leistungsstörungen nicht nur den eigenen Vertragspartner erfassen. Letztlich ist diese Risikosteigerung neben der ohnehin be-

---

[20] Diesen Begriff verwendet auch Soergel-*Hadding* § 328 Rdn. 14, 17 f. zur rechtlichen Einordnung der Drei-Personen-Beziehung im Rahmen eines berechtigenden Vertrages zugunsten Dritter; siehe in diesem Zusammenhang auch *Bayer* 214.

stehenden Sachmängelgewährleistungshaftung gegenüber dem Käufer/Leasinggeber der Preis, den der Verkäufer für die Zwischenschaltung des Finanzierers oder die Einschaltung des Leasingnehmers, ohne die die betreffenden Umsatzgeschäfte nicht hätten getätigt werden können, zu zahlen hat. Schließlich entspricht die hier entwickelte Haftungstopographie auch dem allgemeinen Gerechtigkeitsgebot, daß der Verkäufer als schuldhaft handelnder Verursacher die enttäuschten Gewinnerwartungen des dritten, nicht als Kaufvertragspartei agierenden Beteiligten auszugleichen hat, die aus der wandelungsbedingten Rückabwicklung des gesamten Rechtsgeschäfts resultieren. Da sich demgegenüber Käufer/Leasinggeber vom Verkäufer/Lieferanten auf das Erwerbsobjekt bezogene Zusicherungen geben lassen können, ist es gerechtfertigt, daß sie einen entgangenen Gewinn nur bei Vorliegen der strengen Voraussetzungen des § 463 BGB gegenüber dem Verkäufer durchzusetzen vermögen.

7. Abschnitt

Probleme der Normanwendung im Rahmen von *do ut des ut det*-Rechtsgeschäften

I. Einschränkungen des persönlichen Anwendungsbereichs; dargestellt am Beispiel des § 377 HGB

An einem drittfinanzierten Erwerbsgeschäft mit trilateralem Synallagma sind regelmäßig drei Parteien beteiligt, deren Rechtscharakter jeweils von natürlichen Einzelpersonen über Gesamthandsgemeinschaften bis zu den verschiedenartigen juristischen Personen des privaten und öffentlichen Rechts reichen kann. Die denkbaren Zusammensetzungen sind ebenso vielgestaltig wie die Situationen, in denen nicht alle drei Beteiligten dem persönlichen Anwendungsbereich bestimmter Normen unterfallen. Solche Sondervorschriften beziehen sich in erster Linie auf potentielle Konfliktkonstellationen, in die Kaufleute oder Verbraucher involviert sind. Anhand eines praktisch bedeutsamen und vieldiskutierten Falls wird die Problematik beispielhaft verdeutlicht.

Bei Finanzierungsleasinggeschäften tritt der Leasinggeber, bei dem es sich regelmäßig nach § 6 HGB um einen Kaufmann im Sinne der handelsrechtlichen Vorschriften handelt, als Käufer des Leasingobjekts auf, welches üblicherweise vom Verkäufer direkt an den Leasingnehmer ausgeliefert wird. Weist letzterer keine Kaufmannseigenschaft auf, stellt sich die Frage, ob ihn gleichwohl anstelle des ursprünglichen Käufers, d.h. des Leasinggebers, die Untersuchungs- und Rügeobliegenheit nach §§ 377, 378 HGB trifft[1]. Der BGH[2] hat die Auffassung vertreten, daß bei einem Kaufvertrag zwischen Leasinggeber und Lieferant, sofern beide als Kaufleute handelten und das Geschäft zum Betrieb ihres Handelsgewerbes gehöre, ein Handelsgeschäft i.S.d. § 343 Abs.1 HGB vorliege, das von der in § 377 HGB statuierten Untersuchungs- und Rügeobliegenheit erfaßt werde. Die Pflichten und Obliegenheiten eines Schuldners ließen sich grundsätzlich nur aus seinen vertraglichen Beziehungen zum Gläu-

---

[1] Bei finanzierten Abzahlungskäufen wird dieses Problem nicht erörtert, weil die Lieferung des Erwerbsgegenstandes zwischen den beiden Parteien des Kaufvertrags erfolgt, so daß bei Vorliegen eines Handelsgeschäfts i.S.d. § 343 HGB auch die handelsrechtlichen Untersuchungs- und Rügeobliegenheiten allein den Abzahlungskäufer treffen. Die dritte Person wird hingegen allein zur Finanzierung in den Erwerbsvorgang eingeschaltet.

[2] BGH Urt. v. 24. 1. 1990, BGHZ 110, 130, 137; später hat der BGH Urt. v. 4. 11. 1992, NJW 1993, 461, 462 erneut darauf hingewiesen, daß § 377 HGB im Leasingverhältnis grundsätzlich anwendbar sei.

biger beurteilen. Im Hinblick auf die Rügeobliegenheit des § 377 HGB sei der Leasingnehmer, selbst wenn er nicht Kaufmann sei, als Erfüllungsgehilfe des Leasinggebers anzusehen. Ergänzend hat der BGH[3] seine rechtliche Bewertung mit einer Parallele zum Streckengeschäft begründet. Gerade diese Passagen des Urteils sind Anlaß eines heftigen Meinungsstreits im Schrifttum gewesen. Einerseits hat der Richterspruch verbreitet Zustimmung gefunden[4], andererseits knüpfen die ablehnenden Stellungnahmen an unterschiedliche Aspekte an. Vielfach wird darauf hingewiesen, der Leasinggeber besitze keine praktikable Möglichkeit zur Untersuchung des Leasinggegenstandes[5]. Zudem könne der Leasingnehmer im Verhältnis zum Leasinggeber nicht als dessen Erfüllungsgehilfe für die Abnahmepflicht aus § 433 Abs.2 BGB angesehen werden[6], die vertragliche Beziehung zwischen Leasinggeber und Lieferant stelle keinen »gewöhnlichen Handelskauf« dar[7], die Sach- und Rechtslage des Finanzierungsleasinggeschäfts sei mit derjenigen beim Streckengeschäft nicht vergleichbar[8]. Darüber hinaus wird im Anschluß an einen Vergleich des Finanzierungsleasinggeschäfts mit einem direkt zwischen Lieferant und nichtkaufmännischem Kunden abgeschlossenen Kaufvertrag die Ansicht vertreten, daß der rechtliche Vorteil, der dem Lieferanten durch die Zwischenschaltung des Leasinggebers entstehe, einer tragfähigen materiellen Grundlage entbehre[9]. Im Ergebnis stimmen die kritischen Stellungnahmen darin überein, daß § 377 HGB bei Finanzierungsleasinggeschäften mit Nichtkaufleuten unanwendbar sei[10].

Ausgehend von einer rechtlichen Einordnung des Finanzierungsleasinggeschäfts als Rechtsgeschäft mit trilateralem Synallagma, werden die Argumente der Kritiker zusätzlich zu den überwiegend von pragmatischen Erwägungen beeinflußten Begründungsansätzen auf eine rechtsdogmatische Grundlage gestellt. Bei einem ringförmigen Leistungsaustausch im Sinne eines *do ut des ut*

---

[3] BGH Urt. v. 24. 1. 1990, BGHZ 110, 130, 141.

[4] *Baumbach/Hopt* § 377 Rdn. 26 a.E.; *Fritzsche* JuS 1995, 497, 503 (l.Sp.); *Marly* Rdn. 917; *Martinek* Vertragstypen I § 6 II (124 f.); *ders.* Vertragstypen III § 22 III 3 (35); Staudinger-*Emmerich* Vorbem zu §§ 535, 536 Rdn. 96; *Graf von Westphalen* Leasingvertrag Rz. 318-323; *Wolf/Eckert* Rdn. 1963-1969.

[5] *Canaris* AcP 190 (1990), 410, 430; *J. Hager* AcP 190 (1990), 324, 348 f.; *Knops* JuS 1994, 106, 109 (l.Sp.), 111 (l.Sp.u.); *Larenz/Canaris* Schuldrecht II/2 § 66 IV 4 (120); *Lieb* JZ 1990, 976, 977 (l.Sp.); *Reinicke/Tiedtke* Rdn. 1608.

[6] *Canaris* AcP 190 (1990), 410, 435; *Lieb* DB 1988, 2495, 2502 f.

[7] *Flume* DB 1991, 265, 269 (r.Sp.).

[8] *Flume* DB 1991, 265, 269; *Lieb* JZ 1990, 976, 977 (l.Sp.); *Tiedtke* JZ 1991, 907, 909 (r.Sp.u.).

[9] *Tiedtke* JZ 1991, 907, 910 (l.Sp.); i.E. ebenso *Knops* JuS 1994, 106, 110 f.; *Reinicke/Tiedtke* Rdn. 1612.

[10] *Flume* DB 1991, 265, 269; *Tiedtke* JZ 1991, 907, 909 f.; modifizierend *Knops* JuS 1994, 106, 111 (l.Sp.), der die Unanwendbarkeit aus § 242 BGB ableitet; eine teleologische Reduktion des § 377 HGB befürworten *Canaris* AcP 190 (1990), 410, 428; *J. Hager* AcP 190 (1990), 324, 350; *Lieb* JZ 1990, 976, 977 (r.Sp.); MünchKomm-*Habersack* Leasing Rdn. 37; *Reinicke/Tiedtke* Rdn. 1612; zuletzt i.E. ebenso *Oechsler* 392-394 auf der Basis einer »nachschaffenden Interpretation« der vertraglichen Vereinbarungen.

det, wie er oft für das Finanzierungsleasinggeschäft kennzeichnend ist, tritt im Hinblick auf die von der Kette übers Dreieck erfaßten Leistungen keiner der Beteiligten als Erfüllungsgehilfe einer der beiden anderen Parteien auf. Vielmehr wird der Leasingnehmer nach der hier vertretenen Auffassung vielfach selbst Gläubiger eines Lieferanspruchs gegen den Verkäufer[11], so daß es insoweit an einer Grundlage für die vom BGH angenommene Erfüllungsgehilfeneigenschaft des Leasingnehmers mangelt. Für die hier entwickelte Kategorisierung steht außer Frage, daß aufgrund der besonderen dreigliedrigen synallagmatischen Verknüpfung das sog. Streckengeschäft als Quelle für rechtliche Parallelwertungen ausscheidet. Stattdessen werden bestimmte Leistungspflichten der einzelnen bilateralen Vertragsbeziehungen von einem trilateralen Synallagma erfaßt, wodurch Störungen innerhalb eines einzelnen Leistungsverhältnisses auch auf die übrigen ausstrahlen. Dabei erweist sich die vom BGH[12] in der kritisierten Entscheidung – freilich auf der Basis eines anderen als des hier verfolgten Ansatzes – beiläufig geäußerte Feststellung, daß sich die Pflichten und Obliegenheiten eines Schuldners grundsätzlich nur aus seinen vertraglichen Beziehungen zum Gläubiger beurteilen lassen, als Schlüssel für die Konfliktlösung. Denn umgekehrt können natürlich auch einen Gläubiger Pflichten und Obliegenheiten treffen, die sich regelmäßig allein aus seinen vertraglichen Beziehungen zum Schuldner beurteilen lassen. Gläubiger des im Hinblick auf die Untersuchungs- und Rügeobliegenheiten nach §§ 377, 378 HGB maßgeblichen Lieferanspruchs (»unverzüglich nach der *Ablieferung*«) ist aber beim Finanzierungsleasinggeschäft zumeist nicht der Leasinggeber, sondern der Leasingnehmer. Handelt es sich bei diesem nicht um einen Kaufmann im Sinne der handelsrechtlichen Vorschriften, können ihn folglich auch nicht die genannten Obliegenheiten treffen.

Diese Überlegungen zur Anwendung des § 377 HGB im Rahmen eines Finanzierungsleasinggeschäfts lassen sich auf die übrigen Fälle übertragen, in denen nur zwei der an einem dreiseitig-gegenseitigen Erwerbsgeschäft Beteiligten Adressaten spezieller Sondervorschriften sind. Ausschlaggebend sind die jeweiligen Gliedstücke der Leistungskette übers Dreieck, d.h. die einzelnen vom trilateralen Synallagma erfaßten Leistungen, sowie der rechtliche Status der Leistungsverpflichteten und -begünstigten. Das sei abschließend an einem weiteren Problem aus dem Bereich des Finanzierungsleasings verdeutlicht. Regelmäßig wird der Leasingnehmer in die Lage versetzt, die an sich dem Käufer/Leasinggeber zustehenden Sekundärrechte aus dem Kaufvertrag gegenüber dem Verkäufer/Lieferanten auszuüben. Diese Rechte bestimmen sich üblicherweise nach den Allgemeinen Geschäftsbedingungen des Lieferanten. Handelt es sich bei dem Leasingnehmer nunmehr im Gegensatz zum Leasinggeber nicht um einen Kaufmann, so ist es durchaus denkbar, daß die Ausgestaltung der

---

[11] Siehe Teil II, 2. Abschnitt, IV. 2. (111-118).

[12] BGH Urt. v. 24. 1. 1990, BGHZ 110, 130, 137.

Gewährleistungsrechte in den Lieferanten-AGB den großzügigeren rechtlichen Maßstäben für den kaufmännischen Verkehr (§§ 24 i.V.m. 9 AGBG) genügt, hingegen den für den nicht-kaufmännischen Bereich maßgeblichen Wertentscheidungen (insbesondere §§ 10, 11 AGBG) widerspricht. In diesen Situationen[13] stellt sich die Frage, ob insoweit der Leasinggeber[14] oder der Lieferant[15] das Verwenderrisiko zu tragen hat. Grundlage für die Lösung des Problems ist wiederum die Annahme, daß sich beim betreffenden Finanzierungsleasinggeschäft eine übers Dreieck verlaufende synallagmatische Verknüpfung von Hauptleistungspflichten, m.a.W. ein trilaterales Synallagma, nachweisen läßt. Dann hat der Lieferant bereits beim Kaufvertragsabschluß mit dem Käufer/Leasinggeber gewußt, daß der Leasingnehmer Gläubiger des Lieferanspruchs und regelmäßig auch der damit verbundenen Sekundärrechte sein wird. Unter diesen Umständen hat er sich auf die personelle Erweiterung bei der vertraglichen Gestaltung seiner Geschäftsbedingungen einstellen können. Fraglich ist gleichwohl, ob denjenigen Lieferanten, der seine Geschäftsbedingungen im Hinblick auf nicht-kaufmännische Leasingnehmer und die ihnen übertragenen Gewährleistungsrechte nicht modifiziert, insoweit das Verwenderrisiko trifft. Davon ist im Ergebnis auszugehen, wie die für alle Beteiligten erkennbare und durch das trilaterale Synallagma bedingte finale Gegenseitigkeitsbindung nahelegt, von der auch der Lieferanspruch erfaßt wird. Denn der Lieferant hat das betreffende Umsatzgeschäft, d.h. den Kaufvertrag mit dem Leasinggeber, nur gegen den Preis der Einschaltung des Leasingnehmers in Verbindung mit entsprechenden Liefer- und Abwicklungsmodalitäten realisieren können. Auf diese hat sich der Verkäufer um des erfolgreichen Geschäftsabschlusses willen eingelassen und damit stillschweigend die personelle Erweiterung des Schuldverhältnisses akzeptiert. Damit rechtfertigt die dogmatisch-konstruktive Einbindung des dem Leasingnehmer zustehenden Lieferanspruchs in das trilaterale Synallagma insoweit eine Belastung des Lieferanten mit der Rechtsfolge der Unwirksamkeit seiner Allgemeinen Geschäftsbedingungen im Verhältnis zum Leasingnehmer nach § 6 Abs.2 AGBG. Wollte man anders entscheiden und den Händler entlasten, würde man nicht nur die Besonderheiten des ringförmigen Leistungsaustauschs ignorieren, sondern auch in das unpassende, sich allein an bipolaren Leistungsaustauschverhältnissen orientierende Denkschema zurückfallen.

[13] MünchKomm-*Habersack* Leasing Rdn. 36 spricht insoweit von einer »AGB-rechtlichen Deckungslücke«.

[14] In diesem Sinne *Graf von Westphalen* Leasingvertrag Rz. 477-479 in enger Anlehnung an die mietvertragliche Einordnung des Leasingvertrages durch die Judikatur.

[15] So *Canaris* Bankvertragsrecht Rdn. 1766; *J. Hager* AcP 190 (1990), 324, 344f.; MünchKomm-*Habersack* Leasing Rdn. 36; *Ulmer* in: *Ulmer/Brandner/Hensen* Anh. §§ 9-11 Rdn. 880, 884, 890, die dafür plädieren, die Schranken der §§ 10, 11 AGBG bei der Inhaltskontrolle der Verkaufsbedingungen des Lieferanten nach §§ 9, 24 S.2 AGBG zu beachten, um auf diesem Weg die ohnehin geringen praktischen Unterschiede zwischen der Inhaltskontrolle im kaufmännischen und nichtkaufmännischen Geschäftsverkehr zu nivellieren; i.E. ebenso *Martinek* Vertragstypen Bd.I § 7 II 5 (165f.) auf der Basis seiner bifunktionalen sui generis-Theorie.

II. Einschränkungen des sachlichen Anwendungsbereichs; dargestellt am Beispiel der Verjährungsfristen

Bei drittfinanzierten Erwerbsgeschäften unterliegen die aus den zugrundeliegenden bilateralen Verträgen ableitbaren Ansprüche nicht zwangsläufig einheitlichen Verjährungsfristen. In diesem Zusammenhang ist insbesondere im Hinblick auf B-Geschäfte – anders als bei Finanzierungsleasinggeschäften[16] – erörtert worden, inwieweit es sinnvoll und zulässig sei, die längeren darlehensrechtlichen Verjährungsfristen[17] an diejenigen für kaufrechtliche Ansprüche anzupassen. Dabei hat das Inkrafttreten des VerbrKrG im Jahre 1991 die rechtliche Diskussion neu belebt. Zunächst hatte es der BGH abgelehnt, § 196 Abs.1 Nr.1 BGB auf den Rückzahlungsanspruch des Darlehensgebers zu erstrecken, selbst wenn die Bank den Anspruch nach einer Rückbelastung des Verkäufers an diesen abgetreten hatte[18]. Dieser Wertung wurde insbesondere mit Rücksicht auf den Schutzzweck des Abzahlungsgesetzes widersprochen[19]. Unter Geltung des VerbrKrG ist nunmehr argumentiert worden[20], mit der umfassenden Gewährung des Einwendungsdurchgriffs durch § 9 Abs.3 VerbrKrG seien die unterschiedlichen Verjährungsfristen nicht länger vereinbar; das Gesetz verfolge mit dieser Vorschrift das Ziel, den Verbraucher in jeder Hinsicht nicht schlechter zu stellen als einen gewöhnlichen Teilzahlungskäufer, so daß er sich auch gegenüber dem Darlehensrückzahlungsanspruch auf die kurze Verjährung nach § 196 Abs.1 Nr.1 BGB berufen könne.

[16] Für die sich an den mietrechtlichen Vorschriften orientierende vorherrschende Ansicht ergeben sich jedoch Probleme bei der analogen Anwendung des § 558 BGB auf die Ansprüche des Leasinggebers, soweit sie die Amortisation seiner finanziellen Aufwendungen betreffen; vgl. hierzu *Graf von Westphalen* Leasingvertrag Rz. 751-757 sowie zuletzt *Engel* DB 1997, 761 ff. jeweils m.w.N.

[17] Umstritten ist, ob auf die Rückzahlungsansprüche aus dem Darlehensvertrag § 195 BGB oder § 197 BGB anzuwenden ist; im erstgenannten Sinne BGH Urt. v. 18. 1. 1973, BGHZ 60, 108, 111; Urt. v. 22. 5. 1978, BGHZ 71, 322, 324 f.; *Hopt/Mülbert* Vorbem zu §§ 607 ff. Rdn. 456; zutreffend erscheint hingegen die Anwendung des § 197 BGB, weil die Ratenzahlungen Zins- *und* Tilgungsanteile enthalten, vgl. hierzu OLG Celle Urt. v. 3. 11. 1993, MDR 1994, 157 f.; *Canaris* Bankvertragsrecht Rdn. 1417, 1332a; MünchKomm^2-*Westermann* § 6 AbzG Rdn. 46; Soergel-*Hönn* Anh § 6 AbzG Rdn. 34 Fußn. 81.

[18] BGH Urt. v. 18. 1. 1973, BGHZ 60, 108, 110 f., wobei der BGH zu erkennen gibt, daß in Fällen der Beweisnot eine Korrektur über § 242 BGB erfolgen könne (aaO 112); siehe auch BGH Urt. v. 22. 5. 1978, BGHZ 71, 322, 324 f.; Urt. v. 10. 7. 1986, BGHZ 98, 174, 179 ff.; Urt. v. 23. 10. 1990, BGHZ 112, 352, 354; im wesentlichen zustimmend bspw. *Canaris* Bankvertragsrecht Rdn. 1417, 1332a [in Rdn. 1738 das Ergebnis auf die Verjährung des Anspruchs auf Leasingraten übertragend]; *Gernhuber* § 31 V 3 a (742); Soergel-*Hönn* Anh § 6 AbzG Rdn. 34; MünchKomm^2-*Westermann* § 6 AbzG Rdn. 46.

[19] *Coester* NJW 1973, 1042, 1043; *Möllers* NJW 1973, 1919, 1920 f.; *Weick*, JZ 1974, 13, 16 f.

[20] MünchKomm-*Habersack* § 9 VerbrKrG Rdn. 96; zustimmend *Bülow* § 9 VerbrKrG Rdn. 32b, 55 a.E.; *Franz* 147-149; a.A. und ausdrücklich an der bisherigen Rspr. festhaltend hingegen *Drescher* Rdn. 267; *Vortmann* § 9 VerbrKrG Rdn. 28.

Mit Ausnahme rechtspolitischer Postulate, die allenfalls *de lege ferenda* Berücksichtigung finden können, vermögen keine weiteren rechtlichen Aspekte die Nivellierung der unterschiedlichen Verjährungsfristen bei drittfinanzierten Erwerbsgeschäften mit trilateralem Synallagma zu rechtfertigen[21]. Zunächst verjähren bereits Ansprüche aus zweiseitig-gegenseitigen Schuldverhältnissen nicht notwendigerweise zeitgleich[22]. Von den Befürwortern einer Angleichung unterschiedlicher Verjährungsfristen wird entscheidend auf das Vorliegen einer wirtschaftlichen Einheit von Kauf- und Darlehensvertrag i.S.d. § 9 Abs.1 VerbrKrG abgestellt, das Grundvoraussetzung für die Zulässigkeit eines Rechts zum Einwendungsdurchgriff nach Abs.3 der Vorschrift ist. Die rein deskriptive Rechtsfigur der wirtschaftlichen Einheit ist aber – wie bereits dargelegt[23] – ungeeignet, den rechtlichen Besonderheiten drittfinanzierter Erwerbsgeschäfte mit trilateralem Synallagma im allgemeinen und finanzierter Abzahlungskäufe im besonderen Rechnung zu tragen. Charakteristisch ist vielmehr ein Leistungsaustausch im Sinne eines *do ut des ut det*, der durch Verknüpfung von mindestens zwei bilateralen Verträgen zu einem dreiseitig-gegenseitigen Rechtsgeschäft entsteht. Ein solches trilaterales Rechtsgeschäft läßt die Selbständigkeit der bilateralen Verträge unangetastet und verlagert lediglich die für die Leistungskette übers Dreieck typischen Leistungspflichten auf die Ebene des trilateralen Synallagmas. Dadurch wird aber eine Angleichung der unterschiedlichen vertraglichen Verjährungsfristen gerade nicht zwingend erforderlich. Soweit zuletzt das sog. Schlechterstellungsverbot in den Vordergrund der Argumentation gerückt worden ist, ist diese Begründung ein Musterbeispiel dafür, wie auf der Basis einer nicht haltbaren Prämisse[24] gleichfalls unzutreffende Folgerungen gezogen werden. Schließlich stellt der Aspekt des Verbraucherschutzes, der in den legislativen Maßnahmen zur Umsetzung der Vorgaben der EG-Verbraucherkreditrichtlinie seinen Niederschlag gefunden hat, sicherlich einen wichtigen Wertungsfaktor dar. Allerdings rechtfertigt dieser Gesichtspunkt allenfalls graduelle Erleichterungen bei der Vertragsauflösung oder bei der Geltendmachung von Rechten, indes nicht notwendigerweise die Korrektur grundlegender Wertungen wie etwa der unterschiedlichen gesetzlichen Verjährungsfristen.

[21] Ausgehend von seiner Lehre vom rechtsgeschäftlichen Verbund i.E. ebenso *Gernhuber* § 31 V 3 (742).

[22] Darauf weist *Gernhuber* § 31 V 3 a (742) hin.

[23] Siehe hierzu oben Teil I, 2. Abschnitt, I. 1. (50-56).

[24] Zur Kritik am Schlechterstellungsverbot siehe ausführlich Teil I, 2. Abschnitt, I. 1. (53-55).

8. Abschnitt

Do ut des ut det-Rechtsgeschäfte, Umgehungsgeschäfte und Grenzen der Abdingbarkeit

Überzeugungskraft und praktisches Durchsetzungsvermögen der Rechtsfigur des trilateralen Synallagmas sowie der daraus ableitbaren Grundsätze hängen entscheidend davon ab, inwieweit sich dieses gedankliche Modell auch in seinen Grenzbereichen bewährt. Verschiedene Wege zur Umgehung des in den vorangehenden Abschnitten dargestellten Rechtsfolgenkatalogs sind denkbar: Einerseits kann man versuchen, die sich übers Dreieck erstreckende Kette von Leistungsverpflichtungen derart zu unterbrechen, daß das gesamte Rechtsgeschäft nicht mehr durch einen ringförmigen Leistungsaustausch im Sinne eines *do ut des ut det* gekennzeichnet ist. Andererseits erscheint in diesem Zusammenhang eine personelle Bündelung der Verkaufs- und Finanzierungsfunktion auf der Basis *prima facie* getrennter Kauf- und Kreditverträge erfolgversprechend, die in einem nur zweiseitigen Leistungsaustausch resultiert. Darüber hinaus ist es vorstellbar, nachträglich – etwa im Wege einer Rückbelastung – ein *do ut des ut det*-Rechtsgeschäft auf ein bilaterales Austauschverhältnis zu reduzieren. Sämtliche Umgehungsstrategien werden nachfolgend analysiert, um sodann die Grenzen für die partielle Abdingbarkeit der sich aus der neuen Konzeption ergebenden Rechtsfolgen abzustecken. Dabei wird zur Veranschaulichung auf in der Wirtschaftspraxis gebräuchliche Gestaltungsformen zurückgegriffen.

I. Umgehungsgeschäfte

1. Darlehensvalutierung zugunsten des Erwerbers bei gleichzeitiger Beschränkung seiner Dispositionsfreiheit

Bei B-Geschäften fehlt es regelmäßig an einem trilateral-synallagmatischen Leistungsaustausch, wenn das Darlehen, durch das der Kaufpreis finanziert werden soll, unmittelbar an den Abzahlungskäufer ausgezahlt wird. Um gleichwohl eine zweckwidrige Verwendung des Geldbetrages zu verhindern, versuchen Finanzierungsinstitute die Dispositionsbefugnis des Kreditnehmers dadurch einzuschränken, daß dieser zugleich mit der Auszahlung auf ein zu seinen Gunsten eröffnetes Konto einen unwiderruflichen Überweisungsauftrag an den Verkäufer unterschreibt[1]. Dem gleichen Ziel dient die in der praktischen

[1] Dieses Beispiel erwähnt *Marschall von Bieberstein* Gutachten 204. Zu einer vergleichbaren Konstellation siehe zuletzt OLG Düsseldorf Urt. v. 29. 4. 1997, NJW 1997, 2056, 2057.

Durchführung freilich beschwerlichere Variante, dem Kreditnehmer einen Verrechnungsscheck in Höhe des Kaufpreises zu übersenden, der vom Verkäufer bei der Auslieferung des Kaufgegenstandes, die möglichst im Windschatten der Scheckzustellung durchgeführt wird, wieder eingesammelt wird[2]. Schließlich verpflichten sich die Abzahlungskäufer häufig schuldrechtlich gegenüber der Bank, den Kredit allein zur Tätigung eines genau benannten Erwerbsgeschäfts zu verwenden, woraufhin ihnen im Hinblick auf ihre besondere Vertrauenswürdigkeit der Darlehensbetrag unmittelbar ausgezahlt wird, um wie Barkäufer auftreten zu können. Ob diese Gestaltungsform zur Annahme einer wirtschaftlichen Einheit von Kredit- und Kaufvertrag ausreicht, wird kontrovers diskutiert[3].

Ausgehend von der Theorie zu den *do ut des ut det*-Rechtsgeschäften mit trilateral-synallagmatischem Leistungsaustausch, lautet die entscheidende Frage, ob eine Pflicht der Bank zur Leistung der Valuta an den Verkäufer besteht. Formal liegt in sämtlichen Beispielsfällen sicherlich keine Direktvalutierung an den Verkäufer vor, allerdings müssen die Kreditnehmer/Abzahlungskäufer teilweise erhebliche Einschränkungen ihrer Dispositionsbefugnis über den Kreditbetrag hinnehmen. Reichen diese aber aus, um trotz der getrennten Abwicklung von Kredit- und Kaufvertrag eine wirtschaftliche Einheit dieser beiden Verträge annehmen zu können? Die Argumente der Befürworter einer solchen Wertung lassen sich auf den ebenso einfachen wie zutreffenden Gedanken reduzieren, daß andernfalls »Umgehungen der für das Finanzierungsdarlehen geltenden Schutzregeln Tür und Tor geöffnet« wäre[4]. Vermag dieser Aspekt jedoch die weitreichenden Folgen der Annahme einer wirtschaftlichen Einheit *rechtlich* zu stützen? An diesem Punkt offenbart sich das bereits zuvor beklagte Dilemma, daß der konturlose Rechtsbegriff der wirtschaftlichen Einheit einer exakten Kategorisierung drittfinanzierter Erwerbsgeschäfte nicht dienlich ist[5]. Dieser *terminus technicus* verfügt über keine rechtsdogmatische Anbindung, vielmehr stellt er für Rechtsanwender ein breites Tor dar, in das sie mit unterschiedlichen, ja widersprüchlichen Behauptungen einfallen können. Dementsprechend wird letztlich nicht notwendigerweise einer in rechtlicher Hinsicht überzeugenden Wertung der Weg geebnet.

Nach dem hier verfolgten Ansatz ist bei B-Geschäften regelmäßig zu untersuchen, ob der Anspruch auf Valutierung des Darlehens vom Abzahlungskäufer/Darlehensnehmer an den Verkäufer abgetreten worden ist oder aber der Vertrag zwischen Kreditnehmer und -geber als berechtigender Darlehensvertrag

[2] Siehe zu dieser Möglichkeit zunächst OLG Stuttgart Urt. v. 24. 11. 1976, WM 1977, 1338 ff. sowie *Bender* NJW 1980, 1129, 1135 (l.Sp.) und *Franz* 100 f.

[3] I.E. zustimmend BGH Urt. v. 20. 2. 1967, BGHZ 47, 253, 256; *Canaris* Bankvertragsrecht Rdn. 1480; *Dürbeck* 85 f.; *Hopt/Mülbert* Vorbem zu §§ 607 ff. Rdn. 446; *Marschall von Bieberstein* Gutachten 204; MünchKomm-*Habersack* § 9 VerbrKrG Rdn. 36; a.A. hingegen *Gernhuber* in: FS Larenz 455, 474; *Gundlach* 240.

[4] So *Canaris* Bankvertragsrecht Rdn. 1480.

[5] Siehe oben Teil I, 2. Abschnitt, I. 1. (50-56).

zugunsten des Verkäufers eingeordnet werden kann[6]. Eine Zession ist in den beschriebenen Umgehungsfällen auszuschließen, indes sind die jeweiligen zur Einschränkung der Dispositionsbefugnis führenden Faktoren bei Prüfung der Frage zu berücksichtigen, ob der Verkäufer den Anspruch auf Valutierung des Darlehens erwerben soll (§ 328 Abs.2 BGB). Da die Umstände jedes Einzelfalles maßgeblich sind, ist mit pauschalierenden Wertungen Zurückhaltung zu üben. Im Ergebnis können die erwähnten unwiderruflichen Überweisungsaufträge sowie die schuldrechtlichen Zweckverwendungsbeschränkungen tendenziell eher die Annahme eines den Verkäufer berechtigenden Kreditvertrages rechtfertigen als die unmittelbar nach Zusendung erfolgende Einsammlung der Verrechnungsschecks. Damit wird dem Rechtsanwender zwar – ebenso wie bei der Ausfüllung des Begriffs der wirtschaftlichen Einheit – die Auseinandersetzung mit Wertungsfragen letztlich nicht erspart, allerdings grenzt § 328 Abs.2 BGB (»... aus den Umständen, insbesondere aus dem Zweck des Vertrages, ...«) einerseits die berücksichtigungsfähigen Kriterien ein und gibt andererseits die maßgebliche Fragestellung vor.

2. Personelle Identität von Warenanbieter und Finanzierer

In der heutigen arbeitsteiligen Dienstleistungsgesellschaft ist es bei großen, vom Warenverkauf abhängigen Unternehmen vorrangig eine Frage der Organisation, ob sie die Finanzierung der Erwerbsgeschäfte Tochtergesellschaften, die in den Konzern eingegliedert, rechtlich aber selbständig sind, oder rechtlich unselbständigen Kreditabteilungen übertragen. Im erstgenannten Fall, beispielhaft erwähnt seien Autoproduzenten mit abhängigen Finanzierungsinstituten, sind drei Parteien am Leistungsaustausch beteiligt, während die letztgenannte Konstellation, typisch etwa für den Warenversandhandel, durch die personelle Identität von Kreditgeber und Verkäufer geprägt ist. Bei dieser nunmehr zu problematisierenden Gestaltung können die Parteien des Kaufvertrages einerseits die (entgeltliche) Stundung des Kaufpreises vereinbaren, freilich kann der Erwerber andererseits mit seinem Vertragspartner auch einen Kauf- *und* einen Darlehensvertrag abschließen. Im letztgenannten Fall ist sodann umstritten, ob dadurch ein verbundenes Geschäft, d.h. eine wirtschaftliche Einheit von Kauf- und Kreditvertrag i.S.d. § 9 Abs.1 VerbrKrG, entsteht[7]. Vieles spricht für die Anwendbarkeit dieser zentralen Vorschrift des VerbrKrG: deren Normzweck[8];

---

[6] Siehe hierzu bereits ausführlich Teil II, 2. Abschnitt, II. 2. (100-106).

[7] Dafür bspw. *Bülow* § 9 VerbrKrG Rdn. 23a; *Claussen* NJW 1993, 564, 565 f.; *Dauner-Lieb* WM-Sonderbeilage 6/1991, 18; *Dürbeck* 87-90; *Emmerich* in: *Graf von Westphalen/Emmerich/von Rottenburg* § 9 Rdn. 56 f.; Erman-*Klingsporn/Rebmann* § 9 VerbrKrG Rdn. 6; MünchKomm-*Habersack* § 9 VerbrKrG Rdn. 45; Palandt-*Putzo* § 9 VerbrKrG Rdn. 2; dagegen etwa *Drescher* Rdn. 255; *Münstermann/Hannes* § 9 VerbrKrG Rdn. 469, 471; *Seibert* in: *Hadding/Hopt* 11, 16; *Vortmann* NJW 1992, 1865, 1866

[8] Ausführlich hierzu MünchKomm-*Habersack* § 9 VerbrKrG Rdn. 45 m.w.N.

die nachträgliche Einfügung der Vorschrift des § 3 Abs.2 Nr.4 VerbrKrG, die einige andere Fälle der Personengleichheit von Verkäufer und Kreditgeber dem Anwendungsbereich des § 9 VerbrKrG entzogen hat[9]; das *argumentum a maiore ad minus* aus § 9 Abs.1 S.2 VerbrKrG[10].

Blendet man hingegen bei der rechtlichen Bewertung der personellen Identität von Kreditgeber und Verkäufer die problembehaftete Vorschrift des § 9 VerbrKrG sowie die daran anknüpfenden Argumentationen einmal aus, stößt man unweigerlich zu den allein maßgeblichen Grundlagen des Allgemeinen Schuldrechts vor. Dabei wird deutlich, daß die beiden Beteiligten an der rechtlichen Trennung der zugrundeliegenden Verträge von vornherein nicht festhalten wollen. Der Verkäufer erfüllt seine kaufvertraglichen Pflichten aus § 433 Abs.1 BGB, vereinbart im Gegenzug jedoch einen Verzicht auf seinen aus § 433 Abs.2 BGB abzuleitenden Kaufpreiszahlungsanspruch. Denn stattdessen hat er in seiner Funktion als Kreditgeber gegen den Kreditnehmer/Abzahlungskäufer einen Anspruch auf Zinsen und Rückzahlung des Darlehensbetrages, auf dessen Auszahlung die Parteien übereinstimmend verzichtet haben. Im Ergebnis liegt also ein sich aus kauf- und darlehensvertraglichen Elementen zusammensetzender Vertrag vor, bei dem die synallagmatisch verknüpfte Gegenleistung dem jeweils anderen Vertragstyp angehört[11]. Selbst wenn die Vereinbarungen in getrennten Urkunden niedergelegt sein sollten, wird die tatsächliche Vermutung, daß die Parteien die verschiedenen Verträge als selbständige gewollt haben[12], durch die Umstände der Vertragsgestaltung widerlegt. Denn weder der Kauf- noch der Darlehensvertrag ergeben bei isolierter Betrachtung einen Sinn, vielmehr ist in wirtschaftlicher Hinsicht die Kombination und synallagmatische Verknüpfung einzelner vertraglicher Pflichtenbestandteile in *einem* einheitlichen Rechtsgeschäft beabsichtigt: Verschaffung von Eigentum und Besitz am Kaufgegenstand einerseits, ratenweise Rückzahlung eines Darlehensbetrages in Höhe des Kaufpreises zuzüglich Zinsen andererseits. Eine solche rechtliche Wertung trägt den wahren Interessen der beiden Beteiligten Rechnung. Zudem wirkt sie nicht so artifiziell und formaljuristisch wie die Annahme von zwei getrennten Verträgen mit jeweils halbseitig amputierten Pflichtenprogrammen, bei der der eine Kontrakt jeweils die Geschäftsgrundlage für den anderen bildet. Insgesamt liegt deshalb ein aus einer Typenkombination hervorgegangener

---

[9] So *Bülow* NJW 1993, 1617, 1618 (r.Sp.); zustimmend *Emmerich* in: *Graf von Westphalen/Emmerich/von Rottenburg* § 9 Rdn. 56.

[10] *Dürbeck* 89 f.: »Wenn der Gesetzgeber schon in dem Regelbeispiel des § 9 Abs.1 S. 2 VerbrKrG das Zusammenwirken von Verkäufer und Kreditgeber trotz der rechtlichen Trennung der Verträge als wirtschaftliche Einheit auffaßt, dann muß dies erst recht für den Fall gelten, in dem dem Verbraucher nur eine Person gegenübertritt.«

[11] Dementsprechend werden derartige Typenkombinationen als »Verträge mit anderstypischer Gegenleistung« bezeichnet, vgl. *Larenz/Canaris* Schuldrecht II/2 § 63 I 1 b (42); MünchKomm-*Thode* § 305 Rdn. 42.

[12] Vgl. in diesem Zusammenhang RG Urt. v. 7. 12. 1921, RGZ 103, 295, 297; BGH Urt. v. 20. 11. 1953, BGHZ 11, 90, 102; Urt. v. 17. 5. 1968, WM 1968, 1088, 1090 (l.Sp.).

einzelner Vertrag mit anderstypischer Gegenleistung vor, der den allgemeinen Prinzipien der dualistischen Obligationenkonzeption des deutschen Zivilrechts folgt[13]. Diese Zusammenhänge erhellen, weshalb sich bei der personellen Parallelität von Kauf- und Kreditvertragsparteien ein Rückgriff auf Modelle zur Erfassung mehrgliedriger Vertragskonzeptionen – sei es das verbundene Geschäft i.S.d. § 9 Abs.1 VerbrKrG, sei es die hier entwickelte Figur des *do ut des ut det*-Rechtsgeschäfts – erübrigt, sofern das Darlehen dem Käufer nicht zur freien Verfügung ausgezahlt wird.

3. Einräumung von Rückbelastungsrechten zugunsten der Finanzierer

Sowohl unechte Factoring- als auch Kreditkartengeschäfte sind regelmäßig durch einen ringförmigen Leistungsaustausch im Sinne eines *do ut des ut det* gekennzeichnet. Allerdings machen Factoringgeber/Kreditkartengesellschaften ihre Zahlungsverpflichtungen gegenüber den Klienten/Vertragsunternehmen in diesen Fällen von bestimmten, auf das Erwerbsgeschäft bezogenen auflösenden Bedingungen i.S.d. § 158 Abs.2 BGB abhängig. So kann der Factor aufgrund vertraglicher Vereinbarung im Factoringvertrag bei Uneinbringlichkeit der abgetretenen Forderungen den Anschlußkunden rückbelasten; ein entsprechendes Recht behalten sich Kartengesellschaften in den mit den Vertragsunternehmen abgeschlossenen Akquisitionsverträgen beispielsweise vor, sofern der Karteninhaber Mängel der Leistung des Vertragsunternehmens behauptet und/oder geltend macht. Dadurch machen die Finanzierer nicht nur ihre vom trilateralen Synallagma erfaßte Leistung rückgängig, sondern verwandeln zugleich das zunächst trilaterale Rechtsgeschäft in ein bilaterales Leistungsaustauschverhältnis. Denn nach dem maßgeblichen Willen des (Re-)Finanzierers und der Parteien des Erwerbsgeschäfts soll letzteres trotz der Rückgängigmachung des Finanzierungsgeschäfts aufrechterhalten werden, so daß das vereinbarte Rückbelastungsrecht im Ergebnis zu einer Modifikation der Grundsätze zum konditionellen trilateralen Synallagma führt.

Damit stellt sich die Frage, ob auch die Durchführung weiterer drittfinanzierter Erwerbsgeschäfte durch Einräumung eines vergleichbaren Regreßrechts zugunsten der Finanzierer modifiziert werden kann, wobei die maßgeblichen Überlegungen am Beispiel des B-Geschäfts verdeutlicht werden sollen. Verschiedentlich ist darauf hingewiesen worden, daß Banken bei entsprechender Vereinbarung in den Rahmenvereinbarungen Verkäufer bei Zahlungsverweigerung des Kunden rückbelasten können[14]. Das Ziel einer solchen Regelung ist darin zu erblicken, daß Kreditinstitute anstelle der – etwa infolge Wandelung –

[13] Zu den Rechtsanwendungs- sowie Rechtsfolgeproblemen bei Typenkombinationsverträgen siehe allgemein *Larenz/Canaris* Schuldrecht II/2 § 63 II (46-53) m.w.N.

[14] In diesem Sinne bspw. *Baudenbacher* JZ 1985, 661, 664 (r.Sp.); *Gilles* JZ 1975, 305, 312 (l.Sp.); *von Hippel* Verbraucherschutz 203; *König* Konsumentenkredit 61; *Th. Raiser* RabelsZ 33 (1969), 457, 470; *Vollkommer* in: FS Larenz 703, 715 f.

drohenden Rückabwicklung bereits zuvor das dreiseitige Rechtsgeschäft auf einen zweiseitigen Leistungsaustausch reduzieren und sich insoweit dem »dilatorischen Kleinkrieg« entziehen können. Freilich hat die Bank unter diesen Umständen das Risiko der Insolvenz des Verkäufers allein zu tragen.

Im Ergebnis läßt sich in rechtlich-konstruktiver Hinsicht ein derartiges Recht zur einseitigen Lösung von der vertraglichen Valutierungspflicht durch Vereinbarung einer entsprechenden Rückbelastungsklausel in einem mit dem Verkäufer abzuschließenden Rahmenvertrag erreichen. Darüber hinaus kommt aber auch ein drittbegünstigender Darlehensvertrag als Ort zur Verankerung einer derartigen Klausel in Betracht; ein solcher Vertrag entpuppt sich sodann auch im Regreßfall nicht als unzulässiger Vertrag zu Lasten Dritter, d.h. zu Lasten des Verkäufers, weil die Drittbegünstigung in rechtlich zulässiger Weise nach § 328 Abs. 2 BGB vom Vorliegen gewisser Voraussetzungen abhängig gemacht wurde. Von den Umständen des Einzelfalles ist sodann abhängig, inwieweit sich die Rückabwicklung des Darlehensvertrages auf den Bestand des Kaufvertrages auswirkt.

Letztlich lassen sich die Behandlung der Regreß- oder Rückbelastungsrechte sowie deren Zulässigkeitsgrenzen bei drittfinanzierten Erwerbsgeschäften systemimmanent aus den Grundsätzen ableiten, die zum trilateralen Synallagma entwickelt worden sind. Knüpfen diese Absicherungsrechte zugunsten der Finanzierer beispielsweise an die Geltendmachung von Sachmängelgewährleistungsrechten zwischen den Parteien des Kaufvertrages an, sind infolge einer drohenden Wandelung die Grundsätze zum trilateralen konditionellen Synallagma berührt. Danach würde die Wandelung des Kaufvertrages regelmäßig zu einer Rückabwicklung sämtlicher trilateral-synallagmatisch verknüpften Leistungen führen. Von den sich aus den Grundsätzen zum trilateralen Synallagma ergebenden Rechtsfolgen können die betroffenen Beteiligten indes abweichen. Dazu bedarf es wegen der final-kausalen Gegenseitigkeitsbindung nicht nur der im trilateralen Synallagma stehenden Leistungspflichten, sondern auch der entsprechenden Leistungsverpflichteten einer übereinstimmenden Vereinbarung sämtlicher Beteiligten. Dieser Umstand erhellt, daß die durch die Einräumung eines Regreßvorbehalts bewirkte Rückabwicklungsmodifikation nicht nur vom Willen des Finanzierers und Verkäufers, sondern auch des Käufers getragen werden muß. Soweit sich letzterer nicht ausdrücklich äußert, was beim B-Geschäft gegenwärtig den Regelfall darstellen dürfte, ist sein mutmaßlicher Wille zu ermitteln. Man hat sich deshalb die Frage zu stellen, ob der Abzahlungskäufer in Kenntnis des geschilderten Rückgriffsvorbehalts zugunsten der Bank für den Fall seiner Verwirklichung gleichwohl weiterhin an dem zweiseitigen Erwerbsgeschäft ohne Einschaltung des Drittfinanzierers würde festhalten wollen. Davon wird man bei einem B-Geschäft grundsätzlich nicht ausgehen können, da der Käufer ohne die Kreditzusage der Bank auch den Kaufvertrag nicht abgeschlossen hätte[15]. Eine Ausnahme von diesem Grundsatz ist zu

[15] In den Allgemeinen Geschäftsbedingungen der Banken oder Verkäufer wären Bestimmungen, wonach eine auch der Rückabwicklung des Kaufvertrages zustimmende Erklärung

machen, wenn der Abzahlungsverkäufer sich nunmehr seinerseits zur Kreditierung des Kaufpreises bereit erklärt. Anders ist darüber hinaus in den Fällen zu entscheiden, in denen die Einschaltung der Bank für den Käufer keine *conditio sine qua non* für die Durchführung des Erwerbsgeschäfts darstellt, sondern vielmehr nur durch die Verwendung eines Bargeldsurrogats erforderlich wird (Kreditkartengeschäft) oder allein vom Veräußerer veranlaßt wird (unechtes Factoringgeschäft). Diese Umstände verdeutlichen, weshalb bei Kreditkartengeschäften die Rückbelastungsklauseln bei gleichzeitiger Aufrechterhaltung des Erwerbsgeschäfts nur solange durchsetzbar sind, wie der Einsatz der Kreditkarte lediglich als Bargeldersatz fungiert und keine Kreditgewährung bewirken soll, die über die abwicklungstechnische Abrechnungsverzögerung hinausgeht.

II. Grenzen der Abdingbarkeit

Die Rechtsfigur des trilateralen Synallagmas ist aus einer system- und gesetzesimmanenten Fortentwicklung der deutschen Zivilrechtsdogmatik zur bilateral-synallagmatischen Leistungsverknüpfung hervorgegangen und gehört zu den allgemeinen Instrumentarien im Privatrecht. Auch ohne ausdrückliche Anordnung im Gesetz ergeben sich damit für die Beteiligten an einem trilateral-synallagmatischen Leistungsaustausch Rechtsfolgen, die auf einen gleichmäßigen und gerechten Interessenausgleich abzielen. Beispielsweise folgt im Hinblick auf das B-Geschäft aus den Grundsätzen zum trilateralen Synallagma die grundsätzliche Zulässigkeit des sog. Rückforderungsdurchgriffs zugunsten des Abzahlungskäufers oder die hälftige Aufteilung des sich bei einem Beteiligten realisierenden Insolvenzrisikos zwischen den beiden übrigen Parteien. Insgesamt ergeben sich, wie in den vorangehenden Abschnitten dieses Kapitels dargestellt worden ist, für die Beteiligten an drittfinanzierten Erwerbsgeschäften im Vergleich zur gegenwärtigen Rechtslage teilweise Verbesserungen, teilweise aber natürlich auch Verschlechterungen der jeweiligen Rechtspositionen. Dieser Umstand könnte Finanzierungsinstitute und Verkäufer in noch stärkerem Maße als bisher veranlassen, unliebsame Rechtsfolgen durch vertragliche Vereinbarungen zu eigenen Gunsten zu modifizieren. Dabei sind der Kautelarjurisprudenz freilich Grenzen gesetzt.

Die Auswirkungen des trilateralen Synallagmas sind aufklärungsunabhängig, so daß beispielsweise das Recht der Abzahlungskäufer zum Einwendungsdurch-

des Kreditnehmers oder Abzahlungskäufers bei Vornahme oder Unterlassung einer bestimmten Handlung als von ihm abgegeben gälte und mithin fingiert würde, nach § 10 Nr.5 AGBG von einer Hinweispflicht sowie der Einräumung einer Erklärungsfrist zur Abwendung der Erklärungsfiktionsfolgen abhängig. Darüber hinaus wäre die inhaltliche Angemessenheit einer solchen Klausel an §§ 134, 138 BGB sowie § 9 AGBG zu messen; vgl. stellvertretend *M. Wolf* in: *Wolf/Horn/Lindacher* § 10 Nr.5 Rdn. 1, 33 m.w.N.

griff durch entsprechende Aufklärung oder Warnung seitens der Finanzierungsinstitute[16] nicht ausgeschaltet werden kann. Andererseits bestehen für Banken insoweit keine Aufklärungs-, Warn- oder Hinweispflichten, die verletzt werden könnten.

Im übrigen repräsentieren die Grundsätze zum trilateralen Synallagma die wesentlichen Grundgedanken der gesetzlichen Regelung i.S.d. § 9 Abs.2 Nr.1 AGBG, mit denen abweichende Klauseln in Allgemeinen Geschäftsbedingungen vereinbar sein müssen. Zudem ist im Hinblick auf die umstrittene Einschränkung des persönlichen Anwendungsbereichs in § 24 S.1 Nr.1 AGBG[17] je nach Adressatenkreis – nicht zu privaten Zwecken handelnde Kaufleute einerseits, sonstige Rechtsteilnehmer andererseits – ein unterschiedlicher Bemessungsmaßstab bei der rechtlichen Kontrolle der AGB-Klauseln anzulegen.

Darüber hinaus kann ein Gesetz – wie beispielsweise in § 18 VerbrKrG – die Unabdingbarkeit seiner Vorschriften zum Nachteil der Begünstigten sowie ein Umgehungsverbot anordnen. Daher kann bei *do ut des ut det*-Rechtsgeschäften, die zugleich durch eine wirtschaftliche Einheit von Kauf- und Kreditvertrag i.S.d. § 9 Abs.1 VerbrKrG gekennzeichnet sind, zu Lasten von Verbrauchern vom Schutzstandard der Regelungen in § 9 Abs.2-4 VerbrKrG nicht abgewichen werden.

Letztlich ist danach zu differenzieren, ob die einzelnen Rechtsfolgen, die im Rahmen des aufgezeigten Handlungsrahmens abbedungen oder modifiziert werden sollen, den Grundsätzen des genetischen, konditionellen oder funktionellen Synallagmas zuzurechnen sind. Eine umfassende Durchleuchtung des hier entwickelten Regelungskatalogs auf seine AGB-rechtlichen Grenzen liegt jenseits des Untersuchungsgegenstandes. Indes lassen sich folgende Leitlinien aufstellen:

a) Die gänzliche Abbedingung einzelner Grundsätze zum trilateralen Synallagma geht, soweit nicht bereits in den Auflistungen der §§ 10 und 11 AGBG angesprochen, regelmäßig mit der Außerkraftsetzung wesentlicher Grundgedanken der gesetzlichen Regelung einher und ist demgemäß unwirksam.

b) Allerdings besteht ein weiter Raum für zulässige Modifikationen:

aa) Da jeder Beteiligte an einem *do ut des ut det*-Rechtsgeschäft seine im trilateralen Synallagma stehende Leistungsverpflichtung nur um der damit verknüpften Leistungspflichten der beiden übrigen Beteiligten willen eingeht, zieht nach den Grundsätzen zum trilateralen genetischen Synallagma die Unwirksamkeit einer dieser Leistungsverpflichtungen grundsätzlich die der übrigen nach sich. Ausnahmen sind nur dann denkbar, wenn sämtliche Beteiligten

[16] Vgl. allgemein zu den Aufklärungspflichten der Finanzierungsinstitute *Brandner* ZHR 153 (1989), 147 ff.; *Hopt* in: FS Gernhuber 169 ff.; *von Rottenburg* ZHR 153 (1989), 162 ff.; *von Stebut* ZIP 1992, 1698 ff.

[17] Zur rechtspolitischen Diskussion vgl. etwa *Horn* in: *Wolf/Horn/Lindacher* § 24 Rdn. 2 f. m.w.N. zum Meinungsstand.

ausdrücklich oder mutmaßlich damit einverstanden sind, daß einer der zugrundeliegenden bilateralen Austauschverträge von der Unwirksamkeit nicht tangiert wird. So wird bei einer erfüllungshalber erfolgenden Zession die Unwirksamkeit des Valutaverhältnisses zwischen Zessionar und Zedent im Regelfall nach dem mutmaßlichen Willen sämtlicher Beteiligten die Wirksamkeit des Deckungsverhältnisses nicht berühren; ebensowenig zieht die Unwirksamkeit eines drittbegünstigenden Vertrages die Unwirksamkeit des Valutaverhältnisses zwischen dem Schuldner, d.h. dem ehemaligen Promissar, und dem Gläubiger, d.h. dem ehemaligen Destinatär, nach sich, wenn letzterem der Anspruch nach § 328 Abs.1 BGB lediglich erfüllungshalber eingeräumt wurde.

bb) Modifikationen der Grundsätze zum konditionellen trilateralen Synallagma sind in der Vertragspraxis gleichfalls verbreitet. Die Beteiligten können – wie etwa beim unechten Factoring- oder Kreditkartengeschäft – vereinbaren, daß der Rücktritt innerhalb eines Vertragsverhältnisses oder die Rückbelastung innerhalb einer der Leistungsbeziehungen den Fortbestand der übrigen synallagmatisch verknüpften Leistungspflichten nicht berührt. Wiederum ist auf den übereinstimmenden ausdrücklich geäußerten oder mutmaßlichen Willen sämtlicher Beteiligten abzustellen.

cc) Die Grundsätze des funktionellen trilateralen Synallagmas bieten demgegenüber einen vergleichsweise breiten Gestaltungsspielraum, die Modalitäten der Anspruchsdurchsetzung abzuändern. Genannt seien Ausübungsbeschränkungen für die Geltendmachung einzelner Rechte wie etwa die vertragliche Vereinbarung der Subsidiarität des Rechts zum Einwendungsdurchgriff, wobei freilich zugleich den gesetzlichen Vorgaben in §§ 9 Abs.3, 18 VerbrKrG Rechnung zu tragen ist. Denkbar sind auch nach der Schutzbedürftigkeit einzelner Verkehrskreise gestaffelte Zulässigkeitsschranken. Schließlich kann bereits im Rahmen der Vertragsgestaltung – genannt seien etwa die Begebung eines Wechsels zur Absicherung sowie das Akkreditivgeschäft – eine weitgehende Isolierung einzelner Leistungspflichten von Dritteinwendungen erreicht werden, die ansonsten nach den Grundsätzen zum trilateralen funktionellen Synallagma geltend gemacht werden könnten.

9. Abschnitt

Bewertung des neuen Ansatzes

Nachdem in diesem Teil der Untersuchung die aus der Rechtsfigur des trilateralen Synallagmas ableitbaren Rechtsfolgen am Beispiel ebenso zentraler wie typischer Probleme in Dreiecksverhältnissen entwickelt und dem bisherigen Meinungsstand gegenübergestellt worden sind, stellt sich natürlich die Frage des Nutzens der Analysen für die Schuldrechtsdogmatik und die Vertragspraxis. Vor einer endgültigen Bewertung erscheint es sinnvoll, nochmals insbesondere diejenigen Rechtsprobleme zusammenzustellen, bei denen der neue Ansatz zu Ergebnissen gelangt, die hinsichtlich einzelner Aspekte oder sogar insgesamt von den vorherrschenden Rechtsauffassungen abweichen.

Bei der *Verteilung der Sekundärrechte* im Rahmen von Zessionen, Verträgen zugunsten Dritter und befreienden Schuldübernahmen (Teil III, 2. Abschnitt), die nicht nur bis in die Einzelheiten höchst umstritten, sondern auch bei der Gegenüberstellung der verschiedenen vertraglichen Gestaltungsformen inkonsistent ist, sind nach dem neuen Ansatz keine grundlegend neuen Ergebnisse erzielt worden. Allerdings werden nach dem hier vorgestellten Gedankenmodell bei Vorliegen einer final-kausalen Gegenseitigkeitsbindung im Sinne eines *do ut des ut det*, wie sie in weitem Umfang für die genannten Ausweitungen zweiseitiger Schuldverhältnisse auf Dritte charakteristisch ist, die für die Verteilung der Sekundärrechte maßgeblichen Kriterien auf eine einheitliche Basis gestellt.

Bei den Auswirkungen der Grundsätze des funktionellen trilateralen Synallagmas auf die ausufernde und auch durch § 9 Abs.3 VerbrKrG nur teilweise abgeschlossene Diskussion zum *Einwendungsdurchgriff* (Teil III, 3. Abschnitt) ist zu differenzieren. Beim B-Geschäft tritt der neue Ansatz neben die gesetzliche Regelung und sichert diese dogmatisch ab. Auch beim Finanzierungsleasinggeschäft mit trilateral-synallagmatischem Leistungsaustausch ist Leasingnehmern grundsätzlich ein Einwendungsdurchgriffsrecht gegenüber dem Leasinggeber bei Störungen des Lieferverhältnisses einzuräumen, wodurch Leasingnehmern im Vergleich zur vorherrschenden Ansicht das Prozeßrisiko abgenommen wird. Schließlich ist nach dem neuen Ansatz auch Kreditkarteninhabern ein Recht zum Einwendungsdurchgriff zu gewähren, das in der Praxis aber wegen der weit verbreiteten Rückbelastungsklauseln in den Akquisitionsverträgen zwischen den Kartengesellschaften und den Vertragsunternehmen nur geringe Relevanz hat. Eine bedeutsame Abweichung ergibt sich bei den genannten Vertragskonstellationen schließlich aus dem Umstand, daß entgegen der Konzeption des § 9 Abs.3 VerbrKrG auch kommerziell handelnde Erwerber in den Genuß der *exceptio ex iure tertii* gelangen. Indes können deren Durchgriffsrechte – anders als bei Verbrauchern (§ 18 Abs.1 VerbrKrG) – durch vertragliche Vereinbarung modifiziert und eingeschränkt werden.

Im Zusammenhang mit der *bereicherungsrechtlichen und wandelungsbedingten Rückabwicklung* (Teil III, 4. Abschnitt) ergeben sich bei sämtlichen *do ut des ut det*-Rechtsgeschäften bedeutsame Abweichungen von den vorherrschenden Auffassungen dadurch, daß innerhalb der Zuwendungs- oder Vollzugsverhältnisse erfolgte und in das trilaterale Synallagma eingebundene Vermögensverschiebungen allein innerhalb der genannten Rechtsbeziehungen rückabgewickelt werden: So erfolgt bei finanzierten Abzahlungsgeschäften die bereicherungsrechtliche Rückabwicklung der Valuta nicht übers Dreieck, und auch der sog. Rückforderungsdurchgriff ist grundsätzlich zulässig. Bei Finanzierungsleasinggeschäften mit einem *do ut des ut det*-Leistungsaustausch kommt es zur Rückabwicklung des Besitzes am Leasingobjekt direkt zwischen dem Leasingnehmer und dem Lieferanten, der das Eigentum hingegen nur beim Leasinggeber kondizieren kann. Sollte im Rahmen der Rückabwicklung eine klageweise Geltendmachung der Ansprüche erforderlich werden, hätte der Lieferant unter Umständen also zwei Klagen zu erheben. Aber auch die überwiegend favorisierte Rückabwicklung übers Dreieck würde bei einer Verweigerung der Rückgabe des Leasingobjekts durch den Leasingnehmer gegebenenfalls sowohl eine Herausgabeklage des Lieferanten gegen den Leasinggeber und des letzteren gegen den Leasingnehmer erforderlich machen, wodurch sich freilich das Prozeßrisiko des Lieferanten verringern würde. Soweit aber ursprünglich einheitliche Vertragspflichten (Verschaffung von Eigentum und Besitz zugunsten des Käufers/Leasinggebers beim Finanzierungsleasing, Erbringung des vollständigen Kaufpreises – und nicht lediglich einer Anzahlung – durch den Käufer beim B-Geschäft) aufgespalten werden, liegt es in der Natur der Sache, daß sich der Verpflichtete im Rahmen der Rückabwicklung mit zwei Beteiligten auseinandersetzen muß. Bei Kreditkartengeschäften wirken sich die hier entwickelten Rückabwicklungsmodalitäten regelmäßig nicht aus, weil sie durch die Regreßvorbehalte in den Akquisitionsverträgen in zulässiger Weise modifiziert werden. Schließlich weichen die hier entwickelten Ergebnisse bei Zessionen und berechtigenden Verträgen zugunsten Dritter, die eine übers Dreieck verlaufende Kette von Leistungsverpflichtungen aufweisen, von der vorherrschenden bereicherungsrechtlichen Doktrin ab.

Letztlich lassen sich aus der für die trilateral-synallagmatische Leistungsverknüpfung typischen final-kausalen Gegenseitigkeitsbindung bei der *Verteilung des Insolvenzrisikos* (Teil III, 5. Abschnitt), bei *Leistungsstörungen* (Teil II, 4. Abschnitt, II.) sowie bei dem *Ausgleich enttäuschter Gewinnerwartungen* (Teil III., 6. Abschnitt) Ergebnisse ableiten, die in dieser Form noch nicht Eingang in die wissenschaftliche Diskussion gefunden haben. Die grundsätzlich hälftige Aufteilung des sich bei einem Beteiligten an einem *do ut des ut det*-Rechtsgeschäft realisierenden Insolvenzrisikos bildet dabei die Kehrseite der Vorstellung, daß sich Leistungsstörungen hinsichtlich einer im trilateralen Synallagma stehenden Leistungspflicht nicht nur zu Lasten der Parteien der entsprechenden unmittelbaren Vermögensverschiebung, sondern auch zu Lasten des Drittbeteiligten auswirken. Erwerber, Lieferant und Finanzierer sind eine rechtsgeschäftliche Verbindung eingegangen, die durch eine final-kausale Verknüpfung einzelner Leistungspflichten gekennzeichnet ist. Eine isolierende Betrachtungsweise, die diese Zusammenhänge leugnet und Leistungsstörungen im Grundsatz nur innerhalb zweiseitiger Rechtsbeziehungen aufzulösen sucht, vermag in rechtsdogmatischer Hinsicht nicht zu überzeugen. Ein Ausgleich kann letztlich nur dadurch geschaffen werden, daß man bei aufgetretenen Leistungsstörungen das Rechtsfolgenprogramm auf alle drei Beteiligten ausdehnt. Hier stößt die das BGB beherrschende dualistische Obligationenkonzeption an ihre Grenzen, wie die weitgehende Konzeptlosigkeit bei der Berücksichtigung von Drittinteressen, dargestellt am Beispiel enttäuschter Gewinnerwartungen der Finanzierer/Leasinggeber, gezeigt hat. Ein Beschreiten neuer Wege erscheint unabweisbar. Die hier aufgezeigten Möglichkeiten der Konfliktbewältigung sind insoweit als erste tastende Schritte zu verstehen.

Versucht man nunmehr, das hier entwickelte Konzept der trilateral-synallagmatischen Verknüpfung von Leistungspflichten abschließend zu bewerten, läßt sich konstatieren, daß das Gedankenmodell bei Rechtsproblemen drittfinanzierter Erwerbsgeschäfte die argumentativen Schwierigkeiten des vorherrschenden, im Relativitätsdogma verhafteten Rechtsdenkens zu überwinden vermag. Zugleich wird ein in sich konsistentes Lösungsprogramm zur Verfügung gestellt. Ob dessen Ergebnisse dem entsprechen, was die Beteiligten an drittfinanzierten Erwerbsgeschäften in Kenntnis potentieller Rechtsprobleme zu deren Bewältigung vernünftigerweise vereinbart hätten oder vereinbaren würden, hängt sicherlich von den Umständen des Einzelfalles ab und läßt sich nicht allgemein feststellen. Insoweit mag aber das hier skizzierte Lösungsmodell als Orientierungshilfe bei der Bestimmung der Grenzen privatautonomer Vertragsgestaltung sowie als rechtsdogmatische Basis für die Ausfüllung vertraglicher Regelungslücken dienen. Danach können die Beteiligten den skizzierten Rechtsfolgen nur dadurch ausweichen, daß sie die übers Dreieck verlaufende Kette von Leistungspflichten nicht entstehen lassen. Soweit sich allerdings ein trilateral-synallagmatischer Leistungsaustausch objektiv nachweisen läßt, können die daran Beteiligten den für *do ut des ut det*-Rechtsgeschäfte geltenden Rechtsfolgenkatalog nur noch in dem dargestellten Umfang modifizieren.

Fazit

Die Zivilrechtstheorie ist in den zurückliegenden Jahren zunehmend von einem zentrifugalen Entwicklungprozeß geprägt worden, in dessen Folge sich die Mehrzahl der aktuellen rechtswissenschaftlichen Forschungsfelder außerhalb des ehemaligen Kernbereichs angesiedelt hat. Symptomatisch hierfür ist im Bereich drittfinanzierter Erwerbsgeschäfte die weitgehend isolierte wissenschaftliche Diskussion einzelner moderner Innominatverträge, bei der der Blick für die abwicklungstechnischen Gemeinsamkeiten oftmals verloren geht. Dadurch versperrt man sich zugleich den Zugang zu ebenso reizvollen wie aufschlußreichen rechtsdogmatischen Parallelwertungen, die zu einer sachgerechten Anbindung oder Integration der neuartigen Rechtsprobleme in das bestehende Gefüge beitragen können. Erwartungsgemäß hat sich bei interdependenten Verknüpfungen bilateraler Austausch- und Kreditverträge ein Strom überaus unterschiedlicher Lehrmeinungen gebildet, der mit jedem Zufluß unkontrollierbarer wird, bis er schließlich ins Meer mündet, wo sich spätestens alle Ansätze vermischen und nicht mehr abgrenzen lassen. Dieser Verlust der Übersichtlichkeit stellt nahezu immer ein Indiz für einen Mangel an Klarheit über die maßgeblichen Wertungsgrundlagen dar. Auf der Suche nach diesen hat die Arbeit also den beschwerlicheren Weg eingeschlagen und ist – um im Bild zu bleiben – solange gegen den Strom geschwommen, bis die Quelle als systematisch-dogmatischer Ausgangspunkt gefunden war.

Die vorangehenden Analysen haben ergeben, daß sich drittfinanzierte Erwerbsgeschäfte nur in denjenigen Fällen, in denen die Finanzierung mittels eines Personalkredits oder einer vergleichbaren vom Erwerbsgeschäft isolierten Kreditaufnahme erfolgt, durch das die deutsche Zivilrechtsdogmatik beherrschende Denken in bilateral-synallagmatischen Vertragsstrukturen überzeugend erfassen lassen. Demgegenüber trägt dieser Ansatz bei den übrigen Möglichkeiten der final-kausalen Anbindung des Kreditgeschäfts an das Erwerbsgeschäft der Funktion des ein- oder zwischengeschalteten (Re-)Finanzierers nur unzureichend Rechnung. Diese vertraglichen Gestaltungsformen, Resultat eines die wirtschaftliche Entwicklung dieses Jahrhunderts zunehmend bestimmenden Arbeitsteilungsprozesses[1], stellen im Ergebnis einerseits mehr dar als eine bloße Addition von zwei oder drei bilateralen Austauschverträgen mit insgesamt drei Beteiligten; andererseits lassen sie sich nicht auf den Abschluß allein eines Ver-

[1] Siehe zum rechtlichen Begriff der Arbeitsteilung zuletzt ausführlich *Oechsler* 409 ff.

trages – sei es eines dreiseitigen (Netz-)Vertrages, sei es eines Gesellschaftsvertrages – zurückführen. Vielmehr handelt es sich um trilaterale Leistungsaustauschverhältnisse im Sinne eines *do ut des ut det*, die zwischen den Extrempolen *Verband* und *Vertrag* in einem bislang unwegsamen juristischen Niemandsland angesiedelt sind. Die für diese Rechtsgeschäfte charakteristische final-kausale Gegenseitigkeitsbindung übers Dreieck verlaufender Leistungspflichten im Sinne eines *do ut des ut det* vermag letztlich auch die Definitionsdefizite des verbundenen Geschäfts gem. § 9 Abs.1 VerbrKrG (»wirtschaftliche Einheit«)[2] sowie der Lehre Gernhubers vom rechtsgeschäftlichen Verbund (»Finalnexus«)[3] zu überwinden. Offensichtlich ist die Wahrnehmung der tiefgreifenden Widersprüche, die das sich am Relativitätsdogma festklammernde Rechtsdenken produziert, aber bislang ein zu schmerzhaftes Erlebnis gewesen, um zu unserem vollen Bewußtsein aufsteigen zu können.

Im Zentrum der Untersuchung hat die Frage gestanden, wie sich diese trilateralen Schuldverhältnisse in das deutsche Zivilrechtssystem eingliedern lassen. Erforderlich hierfür ist ein Aufbrechen verkrusteter Denkstrukturen gewesen, die sich im Hinblick auf Drittfinanzierungen über das gebotene Maß hinaus am Leitbild zweiseitiger Schuldbeziehungen orientieren und dabei zu einem Scheinpositivismus geführt haben, dessen letztendliches Scheitern nicht zweifelhaft sein kann. Ziel der Überlegungen war es, die oftmals lediglich pragmatischen Begründungen oder das Zurückgreifen auf das unangemessene Relativitätsdogma durch eine rechtlich ausgeformtere und darum kontrollierbare Ableitung zu ersetzen.

Den dogmatischen Anknüpfungspunkt für das neue Konzept bildet die synallagmatische Verknüpfung von Leistungspflichten, mithin das Organisationsmodell für Schuldverhältnisse, »dessen praktische Bedeutung größer ist als diejenige aller übrigen Modelle in ihrer Gesamtheit«[4]. Der Gedanke des reziproken, bilateral-synallagmatischen Leistungsaustauschs – *do ut des* – ist zu diesem Zweck durch Einbeziehung der Leistung des Drittbeteiligten zu einem trilateralen Synallagma fortentwickelt worden. Dieses liegt vor, wenn bei einem ringförmigen Leistungsaustausch im Sinne eines *do ut des ut det* der Leistungsverpflichtung jedes Leistungserbringers ein entsprechender Anspruch des jeweiligen Zuwendungsempfängers gegenübersteht. Zugleich muß jede Partei den Gegenwert für ihre Leistung dadurch anstreben, daß sie deren Empfänger im »Gegenzug« zu einer Leistung an den Dritten veranlaßt, der deshalb seinerseits der ersten Partei die Gegenleistung erbringt. Dieses neuartige Denk- und Strukturmodell, hervorgegangen aus einer systemimmanenten Erweiterung des Synallagmas, mithin einer Grundfigur des Allgemeinen Schuldrechts, ist sodann am Beispiel der drittfinanzierten Erwerbsgeschäfte auf die Bewährungsprobe

[2] Siehe hierzu oben Teil I, 2. Abschnitt, I. 1. (50-56).
[3] Siehe hierzu oben Teil I, 3. Abschnitt, I. 3. (72-75).
[4] *Gernhuber* in: FS Raiser 57.

gestellt worden. Dabei hat sich gezeigt, daß sich die Rechtsfigur des trilateralen Synallagmas bei Wahrung ihrer gestalthaften Elastizität und Werterfülltheit *de lege lata* ins System der Zivilrechtsdogmatik ohne größere Schwierigkeiten einbauen läßt, weil das gedankliche Gerüst dieses Ansatzes – die Grundsätze des genetischen, konditionellen und funktionellen Synallagmas – bereits vorhanden und für die zweiseitige Schuldbeziehung detailliert ausgeformt worden ist.

Es ist nicht zu leugnen, daß der Durchführung im einzelnen manche Ungenauigkeit, Unzulänglichkeit oder Lückenhaftigkeit anhaftet. Indes war weder die Präsentation eines »vollendeten« Gedankenmodells angestrebt noch eine abschließende Erörterung sämtlicher Problemfelder beabsichtigt oder gar möglich. Denn die den *do ut des ut det*-Rechtsgeschäften zugrundeliegenden Dreiecksverhältnisse werfen eine solch unüberschaubare Vielzahl intrikater Rechtsprobleme auf, daß nur einige zentrale, vielfach noch immer äußerst umstrittene Fragen exemplarisch herausgegriffen und auf den Prüfstand gestellt werden konnten. Die gewonnenen Ergebnisse sind vielversprechend, ließen sich doch aus den Grundsätzen des genetischen, konditionellen und funktionellen trilateralen Synallagmas durchweg systemkonforme Konfliktlösungen ableiten. Darüber hinaus eröffnet das hier entwickelte Konzept des trilateralen Synallagmas dem Rechtsanwender die Möglichkeit, auf dogmatisch gesichertem Grund weitere, hier nicht angesprochene Probleme zu lösen, die bei Entstehung, Fortbestand, Durchsetzung und Abwicklung von *do ut des ut det*-Rechtsgeschäften auftreten können. Das gedankliche Reservoir des neuen Ansatzes ist noch lange nicht ausgeschöpft ...

Wieacker[5] hat im Jahre 1960 anläßlich des hundertjährigen Bestehens des Deutschen Juristentages festgestellt:

»Die Rückwirkungen der Arbeitsteiligkeit haben vielleicht die schwierigsten, aber auch aufschlußreichsten Probleme der modernen Privatrechtsdogmatik heraufbeschworen. Vom klassischen System aus gesehen, müssen sie als beunruhigende Anomalien erscheinen. Es würde die schönste Bewährung der modernen Zivilrechtstheorie sein, diese Erscheinungen widerspruchsfrei und harmonisch sei es in das alte, sei es in ein offeneres System einzubauen.«

Nachdem sich zur nunmehr bevorstehenden Jahrhundertwende die bislang im Bereich drittfinanzierter Erwerbsgeschäfte eingeschlagenen, jeweils am althergebrachten Relativitätsgrundsatz orientierenden Wege immer noch als überaus steinig, holprig und deshalb nur mit Mühen gangbar erweisen, ist eine grundlegende Neuorientierung geboten. Die Fortentwicklung des Synallagmakonzepts durch eine personelle Erweiterung auf drei Beteiligte zu einem trilateralen Synallagma, die Ausdehnung des klassischen Austauschvertrages im Sinne eines *do ut des* zu einem Rechtsgeschäft mit einem *do ut des ut det*-Leistungsaustausch weisen einen neuen Weg. Dieser muß nicht der Königsweg sein. Das trilaterale Synallagmakonzept bietet indes eine Möglichkeit, bei *do ut des ut det*-

[5] *Wieacker* in: FS 100 Jahre DJT (Bd.II) 1, 17.

Rechtsgeschäften auf der Basis der bestehenden Zivilrechtsdogmatik die zu engen Schranken des Relativitätsdogmas, die bislang zumeist aus Überzeugung, mitunter vielleicht sogar schlechten Gewissens respektiert worden sind, mit gutem Gewissen zu überwinden.

Zusammenfassung der Ergebnisse

Teil I: Untersuchungsgegenstand

1. Abschnitt

Drittfinanzierten Erwerbsgeschäfte lassen sich in zwei Gruppen untergliedern, wenn man die Beschränkung der Dispositionsbefugnis des Kreditnehmers über die Darlehensvaluta, die Ausweitung des ursprünglich zweiseitigen Erwerbsgeschäfts auf einen Dritten oder eine Zusammenarbeit von Verkäufer und Kreditgeber als maßgebliche Abgrenzungskriterien zugrundelegt.

a) Sofern sich diese Merkmale – wie etwa bei *persönlichen Kleinkrediten, Kontokorrent-, Dispositions-* und *Überziehungskrediten* – nicht nachweisen lassen, ist die isolierte rechtliche Bewertung der zugrundeliegenden Vertragsverhältnisse angemessen.

b) Demgegenüber liegen einzelne der genannten Verbindungselemente vor bei Gestaltungen, die auf einem *Anschaffungsdarlehen*, einer *Absicherung der Kaufpreisforderung durch Wechsel* oder der *Abtretungskonstruktion* beruhen, sowie bei *A-*, *B-* und *C-Geschäften* und darüber hinaus bei *Factoring-*, *Kreditkarten-* und *Finanzierungsleasinggeschäften*. Diese drittfinanzierten Erwerbsgeschäfte sind im Spannungsfeld zwischen Vertrag und Organisation angesiedelt, so daß bei ihrer rechtlichen Erfassung Aufweichungen des Grundsatzes von der Relativität der Schuldverhältnisse erforderlich werden.

2. Abschnitt

I. Die sich einseitig am drittfinanzierten Abzahlungsgeschäft orientierende Vorschrift des § 9 VerbrKrG sowie die daraus hervorgegangenen Kategorien des *verbundenen Geschäfts* und der *wirtschaftlichen Einheit* haben in Ermangelung exakter Tatbestandsvoraussetzungen ebensowenig wie der Entwurf eines Gesetzes über finanzierte Rechtsgeschäfte und über Maklerverträge zu einer überzeugenden Systematisierung und dogmatischen Einordnung drittfinanzierter Erwerbsgeschäfte beigetragen.

II. Demgegenüber ist die U.S.-amerikanische Gesetzgebung zur Verbindung von Kauf- und Kreditgeschäften von einer katalogisierten Kasuistik geprägt, wobei im Vergleich zur deutschen Rechtslage die Bereitschaft größer ist, multilaterale vertragliche Verflechtungen vom zu engen Korsett bilateraler Vertragsverhältnisse zu befreien. Indes hat man im Bereich des Finanzierungsleasings durch den Erlaß des Art. 2A UCC sowie – auf übernationaler Ebene – der UNIDROIT-Konvention über das internationale Finanzierungsleasing einen konzeptionellen Neuanfang gesucht; die dem Vertragsrecht zuzuordnenden Ansätze gehen von einer sich aus Kauf- und Leasingvertrag zusammensetzenden übergeordneten Einheit aus, die der symbiotischen und interdependenten Vertragsgestaltung Rechnung trägt.

3. Abschnitt

I. und II. Die in Deutschland seitens der Rechtstheorie entwickelten Ansätze – Konstruktion dreiseitiger Austauschverträge, Annahme einer zwischen Verkäufer und Finanzierer bestehenden Gesellschaft, Lehre vom rechtsgeschäftlichen Verbund, Lehre von den Vertragsnetzwerken – sind in ihrer bisherigen Ausgestaltung ungeeignet, die für drittfinanzierte Erwerbsgeschäfte typischen multilateralen Leistungsbeziehungen überzeugend zu strukturieren und hierfür einen rechtlichen Rahmen zur Verfügung zu stellen; entsprechendes gilt für die in der U.S.-amerikanischen Zivilrechtsdogmatik aufgekommene *Relational Contract Theory*.

Teil II: Neuer Ansatz

1. Abschnitt

Den Ausgangspunkt des neuen Ansatzes bildet der Leistungsbegriff des Allgemeinen Schuldrechts, d.h. das Verständnis der Leistung in einem rein tatsächlichen Sinn. Dabei ist im folgenden unter *Leistung* folgendes zu verstehen: eine auf einer vertraglichen Verpflichtung beruhende, gewollte und unmittelbare wirtschaftliche Vermögenszuwendung oder -verschiebung vom Schuldner zum Gläubiger.

2. Abschnitt

II. Die vorherrschende Rechtsansicht, nach der sowohl beim B-Geschäft als auch beim C-Geschäft die Hingabe und Belassung des Darlehens durch das Kreditinstitut zugunsten des Verkäufers auf der Grundlage einer »unwiderruflichen« Anweisung im weiteren Sinne erfolgt, ist abzulehnen. Vielmehr liegt dieser Zuwendung eine Leistungspflicht des Finanzierers gegenüber dem Verkäufer zur unmittelbaren Auszahlung der Darlehensvaluta zugrunde, die sich je nach Gestaltung im Einzelfall ergeben kann aus

a) einem zwischen Abzahlungskäufer und Finanzierer abgeschlossenen berechtigenden Darlehensvertrag zugunsten des Verkäufers,
b) einer Schuldübernahme durch das Finanzierungsinstitut,
c) einer Bürgschaft des Finanzierers für die Kaufpreiszahlungspflicht oder
d) einer Vorausabtretung des Auszahlungsanspruchs an den Verkäufer.

III. Dieses Ergebnis ist gleichfalls übertragbar auf die Leistungsbeziehungen im Rahmen von A-Geschäften.

IV. Beim Finanzierungsleasinggeschäft ist die Annahme vorherrschend, daß der Lieferant das Leasinggut als Erfüllungsgehilfe des Leasinggebers auf dessen Geheiß unmittelbar dem Leasingnehmer übergibt, während die Vertragsgestaltungen der Leasingpraxis vielfach auf eine Lieferpflicht des Verkäufers/Lieferanten gegenüber dem Leasingnehmer hindeuten. Dabei kommen insbesondere eine Zession des entsprechenden Lieferanspruchs durch den Leasinggeber/Käufer im Leasingvertrag oder eine Einräumung dieses Anspruchs durch einen insoweit berechtigenden Kaufvertrag zugunsten des Leasingnehmers in Betracht. Von der letztgenannten Variante ist auszugehen, wenn der Kaufvertrag zwischen Leasinggeber und Verkäufer eine Klausel enthält, die diesen zur Lieferung des Erwerbsobjekts an den Leasingnehmer anweist.

V. Vergleichbar der finalen Gegenseitigkeitsbindung beim zweiseitigen Austauschvertrag (*do ut des*) lassen sich beim B-Geschäft sowie beim Finanzierungsleasing übers Dreieck erstreckende Ketten von Leistungsverpflichtungen nachweisen, die durch das Prinzip *do ut des ut det* charakterisiert werden. Dabei sucht jeder Beteiligte einen Gegenwert für seine Leistung dadurch zu erhalten, daß er (A) durch seine Leistung a deren Empfänger (B) zu einer Leistung b an denjenigen (C) veranlaßt, der ihm (A) selbst deshalb die erhoffte Leistung c, d.h. den der eigenen Leistung a entsprechenden Gegenwert, erbringt. Der Abwicklungsmodus des dreiseitigen Rechtsgeschäfts läßt sich jedoch nur aus der Perspektive des A mit den Worten zusammenfassen: *do ut tertio des ut tertius mihi det.* B hingegen verpflichtet sich zur Erbringung von Leistung b, *weil* er bereits von A Leistung a erhalten oder letzterer sich zu deren Erfüllung verpflichtet hat und *damit* C den Gegenwert der Leistung a, d.h. die Leistung c, an A erbringt oder sich entsprechend verpflichtet (*do quod tertius mihi dedit ut tertio des*). C erbringt schließlich die Leistung c, *weil* bereits A an B und dieser an C geleistet haben oder entsprechende vertragliche Verpflichtungen eingegangen worden sind (*do quod tertio dedisti et tertius mihi dedit*).
Diese final-kausalen Verbindungselemente müssen noch nicht im Moment der aus der jeweiligen Vertragspflicht abgeleiteten unmittelbaren Zuwendung, sondern bis zu dem Zeitpunkt, in dem die Gegenleistung tatsächlich zugewendet wird, für den jeweiligen Beteiligten ersichtlich sowie für sein Handeln bestimmend sein.

VI. und VII. Die final-kausale Gegenseitigkeitsbindung im Sinne eines *do ut tertio des ut tertius mihi det* ist darüber hinaus typusprägend für die Absicherung der Kaufpreisforderung durch Wechsel, die Abtretungskonstruktion, das Factoring- sowie das Kreditkartengeschäft. Demgegenüber fehlt sie grundsätzlich bei einer eigenständigen Kreditverschaffung durch den Erwerber, wie etwa bei persönlichen Kleinkrediten, Kontokorrent-, Dispositions- und Überziehungskrediten.

VIII. Darüber hinaus prägt die *do ut des ut det*-Verknüpfung allgemein Drei-

Parteien-Konstellationen, die aus einer Ausweitung einer intersubjektiven Schuldbeziehung auf Dritte – Zessionen, berechtigende Verträge zugunsten Dritter oder befreiende Schuldübernahmen – hervorgegangen sind. Ausnahmen gelten, sofern im Deckungs- oder Valutaverhältnis keine zweiseitig-verpflichtenden (Austausch-)Verträge vorliegen.

3. Abschnitt

I. Eine zwischen den Polen Vertrag und Verband angesiedelte ringförmige Austauschbeziehung im Sinne eines *do ut des ut det* ist als trilaterales *Rechtsgeschäft* zu klassifizieren.

II. Die traditionelle Auffassung beschränkt den Anwendungsbereich der Figur des Synallagmas auf zweiseitige Austauschverträge, indes sind in zwei Richtungen Aufweichungen dieses Dogmas erfolgt: Einerseits wird eine vertragliche Grundlage nicht notwendigerweise vorausgesetzt, andererseits kann es durch Beteiligung Dritter zur Aufspaltung einer synallagmatischen Leistungsverknüpfung im Sinne eines *do ut tertio des* kommen. Deshalb stellt es eine systemimmanente Fortentwicklung dar, wenn man die synallagmatische *do ut tertio des*-Leistungsbeziehung um die daran sowohl wirtschaftlich als auch rechtlich gekoppelte Leistungspflicht des Dritten erweitert und in einem *do ut tertio des ut tertius mihi det*-Rechtsgeschäft mit *trilateral-synallagmatischer Leistungsverknüpfung* zusammenfaßt.

III. Bei dreiseitigen Rechtsgeschäften mit einer *do ut des ut det*-Verknüpfung führt die Anerkennung eines trilateralen Synallagmas zu einer Zweistufigkeit der aus den zugrundeliegenden bilateralen Verträgen hervorgegangenen primären und sekundären Leistungspflichten. Auf der ersten Stufe sind die vom trilateralen Synallagma erfaßten Hauptleistungspflichten angesiedelt. Die zweite Stufe bilden die übrigen, nicht in das trilaterale Synallagma einzubeziehenden vertraglichen Haupt- und Nebenleistungspflichten, die in den jeweiligen bilateralen Rechtsbeziehungen erhalten bleiben. Erweisen sich vom trilateralen Synallagma erfaßte Leistungspflichten als unwirksam oder mangelbehaftet, strahlt dieser Defekt grundsätzlich auf das gesamte trilaterale Rechtsgeschäft aus. Wenn es hingegen zu Störungen innerhalb des übrigen Leistungsprogramms kommt, erfassen die rechtlichen Auswirkungen regelmäßig allein das betreffende zweiseitige Schuldverhältnis.

IV. Eine trilateral-synallagmatische Verknüpfung von Leistungsverpflichtungen liegt vor, wenn diese unter Berücksichtigung sowohl objektiver als auch subjektiver Elemente aus der Perspektive jedes Beteiligten in einem finalen und/oder kausalen gegenseitigen Abhängigkeitsverhältnis (siehe hierzu Teil II, 2. Abschnitt, V.) stehen. Erforderlich ist zudem, daß der jeweils durch die Leistungsverpflichtung Begünstigte über einen entsprechenden Leistungsanspruch verfügt. Der rechtlichen Einordnung als *do ut des ut det*-Rechtsgeschäft können die drei Beteiligten nur durch Ausschaltung des final-kausalen Gegenseitigkeitsbezugs der Leistungspflichten ausweichen.

4. Abschnitt

Bei den rechtlichen Konsequenzen der trilateral-synallagmatischen Verknüpfung von Leistungspflichten ist zwischen dem genetischen, konditionellen und funktionellen Synallagma zu unterscheiden.

I. Auswirkungen des trilateralen genetischen Synallagmas:

– Ist eine der vom trilateralen Synallagma erfaßten Leistungsverpflichtungen unwirksam, schwebend unwirksam oder kommt sie gar nicht erst zur Entstehung, so gilt dies auch für die übrigen Glieder der Leistungskette übers Dreieck.

– Ausnahmen von diesem Grundsatz gelten, wenn der Wille der jeweils Beteiligten übereinstimmend darauf gerichtet ist oder wenn sich aus Wertungen des Gesetzgebers (etwa § 417 Abs.2 BGB) ergibt, daß die übrigen Leistungspflichten von dem Mangel der unwirksamen Leistungsverpflichtung unberührt bleiben sollen.

– Grundsätzlich werden von der Unwirksamkeit einer im trilateralen Synallagma stehenden Leistungspflicht auch diejenigen Leistungspflichten erfaßt, die auf der Ebene der zugrundeliegenden bilateralen Austauschverträge verbleiben.

– Die bereicherungsrechtliche Rückabwicklung unwirksamer trilateral-synallagmatisch verknüpfter Leistungen findet im Rahmen der jeweiligen Leistungsverhältnisse statt. Die Rückübertragung dieser Leistungen erfolgt damit in entgegengesetzter Richtung zur Leistungskette übers Dreieck, d.h. vom Leistungsempfänger an den Leistenden. Die Rückabwicklung derjenigen Leistungspflichten, die nicht vom trilateralen Synallagma erfaßt werden, erfolgt innerhalb der betreffenden zweiseitigen Schuldverhältnisse.

– Diese Rechtsfolgen treten mit Ausnahme der der Privatautonomie überlassenen Modifikationsmöglichkeiten unabhängig vom Willen der Beteiligten ein.

II. 1. Auswirkungen des trilateralen konditionellen Synallagmas:

Wenn die Leistungspflichten eines bilateralen Vertragsverhältnisses, das dem *do ut des ut det*-Rechtsgeschäft zugrundeliegt, nachträglich wegfallen, fallen zugleich die beiden anderen trilateral-synallagmatisch verknüpften und letztlich auch alle übrigen Leistungspflichten des gesamten Rechtsgeschäfts fort. Modifikationen können sich wiederum aus abweichenden gesetzlichen Wertungen oder vertraglichen Vereinbarungen ergeben.

II. 2. Bei dem von keinem Beteiligten zu vertretenden Unmöglichwerden einer trilateral-synallagmatischen Leistung lassen sich die Rechtsfolgen aus der analog anwendbaren Vorschrift des § 323 BGB ableiten. Dabei hat der nach den vertraglichen Vereinbarungen vorgesehene Empfänger der unmöglich gewordenen Leistung als Inhaber eines entsprechenden im trilateralen Synallagma stehenden Anspruchs *zuerst* von seinem Wahlrecht i.R.d. § 323 BGB Gebrauch zu machen.

II. 3. und II. 5. Gleiches gilt für die Regelungen bezüglich des vom Schuldner zu vertretenden Unmöglichwerdens der Leistung sowie des Schuldnerverzugs (§§ 325, 326 BGB). Darüber hinaus ist bei den verschiedenen Kombinationsmöglichkeiten der wahlweise geltend zu machenden Rechte zu beachten, daß die Gläubiger Rücktritt und Schadensersatz wegen Nichterfüllung lediglich alternativ, jedoch nicht kumulativ geltend machen können.

II. 4. Bei einem vom Gläubiger zu vertretenden Unmöglichwerden einer im trilateralen Synallagma stehenden Leistung ergeben sich die Rechtsfolgen aus der entsprechend anwendbaren Vorschrift des § 324 BGB.

II. 6. Bei einem Annahmeverzug des Gläubigers ergeben sich regelmäßig keine über das jeweilige zweiseitige Vertragsverhältnis hinausreichenden Besonderheiten für das übergeordnete dreiseitige Rechtsgeschäft.

III. 1 Auswirkungen des trilateralen funktionellen Synallagmas:
Es besteht eine wechselseitige Abhängigkeit der im trilateralen Austauschverhältnis stehenden Leistungspflichten bei ihrer Geltendmachung und Durchsetzung.

III. 2. Eine entsprechende Anwendung der Einrede des nichterfüllten Vertrages (§ 320 BGB) auf *do ut des ut det*-Rechtsgeschäfte bedeutet, daß jeder der drei Beteiligten als Schuldner einer vom trilateralen Synallagma erfaßten Leistung deren Erbringung gegenüber dem jeweiligen Gläubiger davon abhängig machen kann, daß der dritte Beteiligte seine im trilateralen Synallagma stehende Leistungspflicht erfüllt. Dieser auf der Gleichberechtigung sämtlicher Beteiligten an einem dreiseitig-gegenseitigen Rechtsgeschäft beruhende Abwicklungsmechanismus kann durch gesetzliche Anordnung (etwa §§ 551, 614, 641 BGB) oder auch vertragliche Vereinbarung von Vorleistungspflichten abgeändert werden.

III. 3. Wenn nach Vertragsabschluß in den Vermögensverhältnissen eines Beteiligten an einem *do ut des ut det*-Rechtsgeschäft eine wesentliche Verschlechterung eintritt, so können die *beiden* anderen Beteiligten bei einer Pflicht zur Vorleistung die sich aus § 321 BGB ergebenden Rechte geltend machen.

III. 4. a) In einem Rechtsstreit zwischen dem klagenden Finanzierer/Leasinggeber gegen den Abzahlungskäufer/Leasingnehmer lassen sich aus der Rechtsfigur des trilateralen Synallagmas Wege zur prozeßökonomischen Einbeziehung des dritten Beteiligten, d.h. des Verkäufers/Lieferanten, nicht unmittelbar ableiten. Insbesondere eine verschiedentlich empfohlene Doppelstreitverkündung kann die Gefahr eines Folgeprozesses nicht ausschließen. Zudem widerspricht es dem Charakter eines gesetzlich eingeräumten, auf die Nichterfüllung der Vertragspflichten durch den Verkäufer oder Lieferanten gestützten Rechts zur vorübergehenden Leistungsverweigerung, wenn dieses – wie von einigen gefordert – von einem damit einhergehenden prozessualen Vorgehen gegen den Dritten abhängig gemacht wird.

III. 4. b) Der Vorschrift des § 322 BGB kommt bei dreiseitig-gegenseitigen Rechtsgeschäften insbesondere bei einer durch Rücktritt bewirkten Rückabwicklung Bedeutung zu (vgl. § 348 BGB). Deshalb sind bei einem Prozeß, in dem A nach seinem Rücktritt eine bereits an B erbrachte Leistung zurückfordert und in dem sämtliche im trilateralen Synallagma stehenden Leistungsver-

pflichtungen zumindest teilweise erfüllt worden sind, zwei Möglichkeiten der Verurteilung denkbar:
– Verurteilung des B zur Leistung an A *Zug um Zug* gegen Leistung des C an B sowie *Zug um Zug* gegen Leistung des A an C (Vollstreckung gem. §§ 726 Abs.2, 756, 765 ZPO analog);
– Verurteilung des B zur Leistung an A *unter der Bedingung*, daß C an B sowie A an C leistet (Vollstreckung gem. § 726 Abs.1 ZPO analog).

Teil III: Auswirkungen des neuen Ansatzes

2. Abschnitt

Eine bipolar-synallagmatische Leistungspflicht bewahrt ihre Identität, wenn sie infolge Ausweitung einer zweiseitigen Schuldbeziehung auf Dritte in ein Gliedstück einer übers Dreieck verlaufenden Kette von Leistungsverpflichtungen im Sinne eines *do ut des ut det* transformiert wird. Die an die betreffende Leistungsverpflichtung anknüpfenden Sekundärrechte stehen im Rahmen eines trilateral-synallagmatischen Rechtsgeschäfts weiterhin den ursprünglich ausübungsberechtigten Gläubigern und Schuldnern sowie im Falle einer Sukzession grundsätzlich ihren jeweiligen Nachfolgern zu. Ein Übergang auf den Sukzessor findet nicht statt, soweit Sekundärrechte unmittelbar an die Person des ursprünglich Ausübungsberechtigten gebunden sind (wie z.B. bei höchstpersönlichen Rechten), ferner wenn sich aus gesetzlichen Vorschriften (etwa § 417 Abs.2 BGB, Art. 17 WG) oder einer Vereinbarung der Beteiligten (etwa einem Einwendungsverzicht) ergibt, daß eine (oder mehrere) im trilateralen Synallagma stehende Leistungspflicht(en) abstrakt und damit vom rechtlichen Schicksal der übrigen unabhängig sein soll(en). Wenn ein Leistungsanspruch nur teilweise auf einen Dritten übertragen wird (wie etwa beim Finanzierungsleasinggeschäft), ist in Ermangelung ausdrücklicher Regelungen im Wege der Auslegung zu ermitteln, ob und inwieweit die Sekundärrechte vom ursprünglichen Gläubiger/Schuldner einer Primärleistungspflicht auf den jeweiligen Sukzessor übergehen sollen.

3. Abschnitt

Das Recht zum Einwendungsdurchgriff ist Folge der *do ut des ut det*-Verknüpfung von Leistungspflichten und deshalb im Grundsatz nicht auf diejenigen Fälle beschränkt, in denen es sich bei dem Erwerber um einen Verbraucher handelt. Die *exceptio ex iure tertii* erweist sich in konsequenter Anwendung der Grundsätze zum funktionellen Synallagma als Geltendmachung der durch Gesetz gewährten Leistungsverweigerungsrechte (z.B. Mängeleinrede) in einem dreiseitig-gegenseitigen Rechtsgeschäft mit trilateralem Synallagma. Die daran Beteiligten können die beschriebenen Rechtsfolgen durch einzelvertragliche Vereinbarungen oder durch AGB-Klauseln (etwa die für das Kreditkartengeschäft typischen Rückbelastungsklauseln; zu den rechtlichen Grenzen siehe Teil III, 8. Abschnitt, I. 3.) modifizieren. Auch der Gesetzgeber kann beispielsweise strengere Voraussetzungen festlegen (für das Recht zum Einwendungsdurchgriff vgl. § 3 Abs.1 Nr.1+3 VerbrKrG).

4. Abschnitt

I. Bei B-Geschäften richtet sich die bereicherungsrechtliche Rückabwicklung nach den Grundsätzen zum trilateralen genetischen Synallagma (siehe Teil II., 4. Abschnitt, I.), während sich die Modifikationen etwa einer wandelungsbedingten Rückabwicklung aus den Grundsätzen zum konditionellen Synallagma (Teil II., 4. Abschnitt, II. 1.) ergeben. Demzufolge erfolgt die Rückabwicklung des bereits valutierten Darlehens zwischen Bank und Verkäufer, die Rückabwicklung des Kaufobjekts zwischen Verkäufer und Abzahlungskäufer sowie die Rückabwicklung der bereits geleisteten Darlehensraten zwischen Abzahlungskäufer/Kreditnehmer und dem Finanzierungsinstitut. Daraus folgt die grundsätzliche – und nicht auf den Schutz von Verbrauchern beschränkte – Zulässigkeit des sog. Rückforderungsdurchgriffs.

II. Beim Finanzierungsleasinggeschäft führen die Grundsätze des konditionellen und genetischen trilateralen Synallagmas dazu, daß beispielsweise der nachträgliche Fortfall der kaufvertraglichen Leistungspflichten grundsätzlich auch den Wegfall der leasingvertraglichen Pflichten nach sich zieht. Daraus ergibt sich, daß die Rückabwicklung hinsichtlich des bereits gezahlten Kaufpreises zwischen Leasinggeber und Lieferant, bezüglich des unmittelbaren Besitzes am Leasingobjekt zwischen Lieferant und Leasingnehmer sowie hinsichtlich der bereits geleisteten Leasingraten zwischen den Parteien des Leasingvertrages durchzuführen ist. Dadurch erübrigt sich die vom BGH verfolgte »Geschäftsgrundlagen«-Lösung.

III. Bei Kreditkartengeschäften gelten im Prinzip die Überlegungen zur Rückabwicklung bei B-Geschäften (Teil III., 4. Abschnitt, I.) entsprechend. Allerdings werden die Grundsätze zum trilateralen konditionellen Synallagma in der Praxis regelmäßig durch die Vereinbarung sog. Rückbelastungsklauseln modifiziert.

IV. Sofern bei Zessionsfällen ein *do ut des ut det*-Leistungsaustausch beabsichtigt ist, erfolgt bei Unwirksamkeit der zedierten Forderung auf der Basis der Grundsätze zum trilateralen genetischen Synallagma eine Direktkondiktion des Putativschuldners im Vollzugsverhältnis beim Zessionar, da die in der Zahlung auf die abgetretene Forderung liegende Wertverschiebung ein Gliedstück in einer sich übers Dreieck erstreckenden Leistungskette darstellt.

V. In entsprechender Weise kommt man bei berechtigenden Verträgen zugunsten Dritter, denen ein *do ut des ut det*-Leistungsaustausch zugrundeliegt, zu einem Bereicherungsausgleich im Vollzugsverhältnis zwischen Promittent und Destinatär, sofern sich das Deckungsverhältnis als unwirksam erweist.

5. Abschnitt

Innerhalb drittfinanzierter Erwerbsgeschäfte verwirklicht sich das Risiko der Zahlungsunfähigkeit eines Beteiligten in Ermangelung konkursrechtlicher Schutzmechanismen insbesondere dann, wenn sich im Rahmen der Rückabwicklung die vom Finanzierer erbrachten Aufwendungen beim Empfänger, d.h. regelmäßig beim Verkäufer, als uneinbringlich erweisen. Das sich daraus ergebende Insolvenzrisiko wird von den beiden übrigen Beteiligten grundsätzlich selbst dann zu gleichen Teilen getragen, wenn es sich bei einem von ihnen um einen Verbraucher handelt.

6. Abschnitt

Wenn sich bei finanzierten Abzahlungsgeschäften oder Finanzierungsleasinggeschäften der Kauf-/Leasinggegenstand als mangelhaft erweist und der Kaufvertrag daraufhin gewandelt wird, eröffnet sich den Käufern/Leasinggebern im Falle zugesicherter Eigenschaften die Möglichkeit, über § 463 BGB ihr Erfüllungsinteresse durchzusetzen, das auch den entgangenen Gewinn i.S.d. § 252 BGB umfaßt. Aber auch die bei diesen drittfinanzierten Erwerbsgeschäften mit trilateralem Synallagma von einer Wandelung des Kaufvertrages nur mittelbar Betroffenen, d.h. die in einen finanzierten Abzahlungskauf eingeschalteten Banken und die Leasingnehmer, können gegenüber den Verkäufern ihren aus dem entgangenen Gewinn bestehenden Nichterfüllungsschaden geltend machen. Da es sich bei *do ut des ut det*-Rechtsgeschäften um Schuldverhältnisse i.w.S. handelt, ergibt sich in Ermangelung spezieller gesetzlicher oder vertraglicher Vorschriften dieser Anspruch aus den Grundsätzen zur positiven Vertragsverletzung. Der Schaden umfaßt beim B-Geschäft damit auch die Zins- und Gewinnanteile derjenigen Darlehensraten, die bis zum Ende der vorgesehenen Laufzeit zu zahlen gewesen wären. Dabei müssen sich die Banken aber nach dem Rechtsgedanken des § 324 Abs.1 S.2 BGB ersparte Refinanzierungskosten und unter Umständen auch die durch anderweitige Ausleihung des Geldes verdienten oder zu verdienenden Zinsen anrechnen lassen.

7. Abschnitt

I. Wenn nur zwei der an einem *do ut des ut det*-Rechtsgeschäft Beteiligten Adressaten spezieller Sondervorschriften sind, sind die jeweiligen Gliedstücke der Leistungskette übers Dreieck, d.h. die einzelnen vom trilateralen Synallagma erfaßten Leistungen, sowie der rechtliche Status der Leistungsverpflichteten und -begünstigten maßgeblich.

Gläubiger des im Hinblick auf die Untersuchungs- und Rügeobliegenheiten nach §§ 377, 378 HGB maßgeblichen Lieferanspruchs (»unverzüglich nach der *Ablieferung*«) ist beim Finanzierungsleasinggeschäft nicht der Leasinggeber, sondern der Leasingnehmer (siehe Teil II., 2. Abschnitt, IV.). Handelt es sich bei diesem nicht um einen Kaufmann im Sinne der handelsrechtlichen Vorschriften, können ihn nicht die genannten Obliegenheiten treffen.

II. Bei *do ut des ut det*-Rechtsgeschäften bleibt die Selbständigkeit der bilateralen Verträge unangetastet und es werden lediglich die für die Leistungskette übers Dreieck typischen Leistungspflichten auf die Ebene des trilateralen Synallagmas verlagert. Dadurch wird eine Angleichung der unterschiedlichen vertraglichen Verjährungsfristen nicht zwingend erforderlich.

8. Abschnitt

I. 1. Bei finanzierten Abzahlungsgeschäften können die sich aus den Grundsätzen zum trilateralen Synallagma ergebenden Rechtsfolgen durch eine Darlehensvalutierung zugunsten des Erwerbers bei gleichzeitiger Beschränkung seiner Dispositionsbefugnis nur dadurch umgangen werden, daß sich im Einzelfall aus den Umständen, insbesondere aus dem Zweck des Vertrages ergibt, daß der Verkäufer keinen Anspruch auf direkte Valutierung erwerben soll (§ 328 Abs.2 BGB).

I. 2. Wenn der Erwerber mit seinem Verkäufer einerseits einen Kaufvertrag, bei dem letzterer auf die Zahlung des Kaufpreises verzichtet, und andererseits einen Kreditvertrag abschließt, bei dem der Erwerber/Darlehensnehmer auf die Auszahlung verzichtet, liegt keine wirtschaftliche Einheit der Verträge i.S.d. § 9 Abs.1 VerbrKrG vor. Vielmehr handelt es sich um einen aus kauf- und darlehensvertraglichen Elementen zusammengesetzten Vertrag, bei dem die synallagmatisch verknüpfte Gegenleistung dem jeweils anderen Vertragstyp angehört.

I. 3. Bei B-Geschäften können die Banken den aus den Grundsätzen zum trilateralen Synallagma abzuleitenden Rechtsfolgen im allgemeinen und dem Recht des Abzahlungskäufers zum Einwendungsdurchgriff im besonderen grundsätzlich nicht durch Vereinbarung von Rückbelastungsklauseln im Verhältnis zum Verkäufer ausweichen. Anders ist zu entscheiden, wenn die Einschaltung des Finanzierers für den Käufer keine *conditio sine qua non* für die Durchführung des Erwerbsgeschäfts darstellt (Einsatz der Kreditkarte als Bargeldsurrogat) oder allein vom Veräußerer veranlaßt wird (unechtes Factoring).

II. Die Auswirkungen der Grundsätze des trilateralen Synallagmas sind aufklärungsunabhängig und repräsentieren die wesentlichen Grundgedanken der gesetzlichen Regelung i.S.d. § 9 Abs.2 Nr.1 AGBG, mit denen abweichende Klauseln in Allgemeinen Geschäftsbedingungen vereinbar sein müssen. Darüber hinaus kann ein Gesetz die Grenzen der Abdingbarkeit festsetzen (vgl. § 18 VerbrKrG). Letztlich ist danach zu differenzieren, ob die einzelnen Rechtsfolgen, die im Rahmen des aufgezeigten Handlungsrahmens abbedungen oder modifiziert werden sollen, den Grundsätzen des genetischen, konditionellen oder funktionellen Synallagmas zuzurechnen sind.

9. Abschnitt

Das Gedankenmodell der *do ut des ut det*-Rechtsgeschäfte mit trilateral-synallagmatischer Leistungsverknüpfung kann bei Rechtsproblemen drittfinanzierter Erwerbsgeschäfte die argumentativen Schwierigkeiten des vorherrschenden, im Relativitätsdogma verhafteten Rechtsdenkens überwinden. Es wird insgesamt ein in sich konsistentes Lösungsprogramm zur Verfügung gestellt. Ob dessen Ergebnisse dem entsprechen, was die Beteiligten an drittfinanzierten Erwerbsgeschäften zur Problembewältigung vernünftigerweise vereinbart hätten oder vereinbaren würden, hängt von den Umständen des Einzelfalles ab und läßt sich nicht allgemein feststellen. Insoweit kann aber das hier skizzierte Lösungsmodell als Orientierungshilfe bei der Bestimmung der Grenzen privatautonomer Vertragsgestaltung sowie als rechtsdogmatische Basis für die Ausfüllung vertraglicher Regelungslücken dienen.

Literaturverzeichnis

Deutschsprachige Literatur

Abeltshauser, Thomas E.: Der Einwendungsdurchgriff zwischen Rechtsgeschäftslehre und Vertrauenshaftung; ZIP 1990, 693-703

Alternativ-Kommentar zum Bürgerlichen Gesetzbuch (Hrsg.: Rudolf Wassermann) Band 3: Besonderes Schuldrecht (§§ 433-853), Neuwied/Darmstadt 1979 [zit.: AK-*Bearbeiter* § ...Rdn. ...]

Alternativ-Kommentar zur Zivilprozeßordnung (Hrsg.: Rudolf Wassermann); Neuwied/Darmstadt 1987 [zit.: AK-*Bearbeiter* § ... ZPO Rdn. ...]

Auge, Michael: Entwicklungen auf dem Markt für Konsumkredite; FLF 1990, 94-99

Baltes, Joachim: Das Abzahlungsgesetz in seinem sachlichen Geltungsbereich als Verbraucherschutzgesetz; Frankfurt am Main/Bern/New York 1985

Basedow, Jürgen: Leistungsstörungen in internationalen Leasingverträgen; RIW 1988, 1-12

Basedow, Jürgen: Internationales Factoring zwischen Kollisionsrecht und Unidroit-Konvention; ZEuP 1997, 615-642

Baudenbacher, Carl: Einwendungsdurchgriff beim finanzierten Immobilienerwerb?; JZ 1985, 661-668

Baumbach, Adolf / Hopt, Klaus J.: Handelsgesetzbuch mit GmbH & Co., Recht der Allgemeinen Geschäftsbedingungen und Handelsklauseln, Bank- und Börsenrecht, Transportrecht (ohne Seerecht); 29. Aufl., München 1995

Baumbach, Adolf / Hefermehl, Wolfgang: Wechselgesetz und Scheckgesetz; 20. Aufl., München 1997

Baumbach, Adolf / Lauterbach, Wolfgang / Albers, Jan / Hartmann, Peter: Zivilprozeßordnung; 55. Aufl., München 1997

Baumgärtel, Gottfried: Wesen und Begriff der Prozeßhandlung einer Partei im Zivilprozeß; 2. Aufl., Köln/Berlin/Bonn/München 1972

Baumgarte, Christian: Leasing-Verträge über bewegliche Sachen im Konkurs; Göttingen 1980

Baur, Werner: Rückzahlungsanspruch des Abzahlungskäufers gegen die Finanzierungsbank bei nicht ordnungsgemäßer Leistung durch den Verkäufer?; NJW 1975, 2008-2010

Bayer, Walter: Bereicherungsausgleich nach Zession einer unwirksamen Forderung – BGHZ 105, 365; JuS 1990, 883-889

Bayer, Walter: Der Vertrag zugunsten Dritter: neuere Dogmengeschichte – Anwendungsbereich – dogmatische Strukturen; Tübingen 1995

Bechmann, August: Der Kauf nach gemeinem Recht, Teil 1: Geschichte des Kaufs im römischen Recht; Erlangen 1876

Beck, Peter: Einwendungen bei eurocheque und Kreditkarte; Köln 1986

Becker, Walter G.: Die Technik der Consideration; in: Festschrift der Juristischen Fakultät der Freien Universität Berlin zum 41. Deutschen Juristentag; Berlin/Frankfurt 1955, 1-50

Behrens, Peter: Die ökonomischen Grundlagen des Rechts – Politische Ökonomie als rationale Jurisprudenz; Tübingen 1986

Beier, Joachim / Jacob, Klaus-Dieter: Der Konsumentenkredit in der Bundesrepublik Deutschland; Frankfurt am Main 1987

Bender, Rolf: Probleme des Konsumentenkredits; NJW 1980, 1129-1136

Bender, Rolf (Hrsg.): Rechtstatsachen zum Verbraucherschutz; Konstanz 1988

Bender Rolf: Konsequenzen für die Rechtsprechung und für den Gesetzgeber; in: Rolf Bender (Hrsg.); Rechtstatsachen zum Verbraucherschutz; Konstanz 1988, 101-150

Benöhr, Hans-Peter: Das sogenannte Synallagma in den Konsensualkontrakten des klassischen römischen Rechts; Hamburg 1965

Benöhr, Hans-Peter: Kosumentenschutz vor 89 Jahren – Zur Entstehung des Abzahlungsgesetzes vom 16. Mai 1894; ZHR 138 (1974), 492-503

Bernstein, Rainer: Der Tatbestand des Mobilien-Finanzierungsleasingvertrages und seine rechtliche Einordnung als Vertrag »sui generis«; Frankfurt am Main 1982

Bernstein, Rainer: Spezielle Rechtsfragen des Leasing; FLF 1997, 68-76

Graf von Bernstorff, Christoph: Abtretung von Forderungen nach anglo-amerikanischem Recht; RIW 1984, 508-512

Berthold, Axel: Gefahrentragung beim Finanzierungs-Leasing beweglicher Sachen nach deutschem und französischem Recht; Göttingen 1975

Bertrams, Hanne-Kathrin: Point-of-Sale: Das Zahlungssystem der Zukunft?; ZIP 1985, 963-967

Bette, Klaus: Praxis und Rechtsnatur des Factoring-Geschäfts in Deutschland im Vergleich zu anderen Formen der Forderungsfinanzierung; Köln 1971

Binder, Hans Peter: Rechtsnatur und Inhalt des Leasing-Vertrages; Köln, 1967

Bitter, Georg: Kreditkarten: Risikoverteilung bei Mängeln des Valutaverhältnisses – Eine Untersuchung zur Frage der Widerruflichkeit der Weisung, zum Einwendungsverzicht und zur Rückforderungsklausel; ZBB 1996, 104-123

Bitter, Georg: Zum Widerruf der Anweisung im Kreditkartenverfahren; BB 1997, 480-486

Blaurock, Uwe: Die Factoring-Zession – Überlegungen zum Abtretungsverbot und zur Kollision mit anderen Vorausabtretungen; ZHR 142 (1978), 325-341

Blaurock, Uwe: Erwiderung; ZHR 143 (1979), 71-73

Blauw, Willem: Noch immer ein Entwicklungsland – Kredit auf Karten hat sich in Deutschland noch nicht durchgesetzt; FAZ vom 28. 11. 1995, Nr.277, S. B 7

Blomeyer, Arwed: Studien zur Bedingungslehre, 1. Teil: Über bedingte Verpflichtungsgeschäfte; Berlin/Leipzig 1938

Blomeyer, Arwed: Stichwort »Schuldverhältnis«; in: Rechtsvergleichendes Handwörterbuch für das Zivil- und Handelsrecht des In- und Auslandes, Sechster Band ; Berlin 1938 [zit.: *A. Blomeyer* in: Rechtsvergl. Handwörterbuch]

Blomeyer, Jürgen: Das Finanzierungsleasing unter dem Blickwinkel der Sachmängelhaftung und des Abzahlungsgesetzes; NJW 1978, 973-977

Böckmann, Claudia: Die Praxis des Einwendungsdurchgriffs beim isolierten Bankdarlehen; Gelsenkirchen 1985

Böttger, Günter: Zur rechtlichen Beurteilung des Kreditkartenverfahrens; in: Hans-Wilhelm Rünz / Günter Böttger; Praxis und Recht des Kreditkartenverfahrens; Mainz 1979

Borggräfe, Joachim: Die Zwangsvollstreckung in bewegliches Leasinggut; Köln/Berlin/Bonn/München 1976

Brandner, Hans Erich: Verhaltenspflichten der Kreditinstitute bei der Vergabe von Verbraucherkrediten – Leitlinien der Rechtsprechung; ZHR 153 (1989), 147-161

Brecher, Fritz: Funktionsaufteilung als Zivilrechtsproblem; in: Festschrift für Heinrich Lange; München 1970, 123-162

Brockmeier, Matthias: Das POS-System des deutschen Kreditkartengewerbes; Berlin 1991

Bruchner, Helmut / Ott, Claus / Wagner-Wieduwilt, Klaus: Verbraucherkreditgesetz Kommentar; 2. Aufl., München 1994 [zit.: *Bearbeiter* in: *Bruchner/Ott/Wagner-Wieduwilt* § ... VerbrKrG Rdn. ...]

Brügmann, Walter: Die Abtretung von Forderungen aus gegenseitigen Verträgen; Hamburg 1934

Brunotte, Wolfgang: Der Finanzierungsleasingvertrag – ein Beispiel richterlicher Rechtsfortbildung im Schuldrecht; DRiZ 1990, 396-400

Bülow, Peter: Wechselgesetz, Scheckgesetz, Allgemeine Geschäftsbedingungen: Kommentar zum Wechsel- und Scheckrecht sowie zu Nrn.40-47 AGB-Banken (Nrn.47-54 AGB-Sparkassen), Scheckbedingungen (Orderscheckbedingungen), ec-Bedingungen; 2. Aufl., Heidelberg 1995 [zit.: *Bülow* Art. ... WG/ScheckG Rdn. ...]

Bülow, Peter: Verbraucherkreditgesetz – Kommentar; 2. Aufl., Köln 1993 [zit.: *Bülow* § ... VerbrKrG Rdn. ...]

Bülow, Peter: Änderungen des Verbraucherkreditgesetzes durch das Bauhandwerkersicherungsgesetz; NJW 1993, 1617-1619

Bundesminister der Justiz (Hrsg.): Gutachten und Vorschläge zur Überarbeitung des Schuldrechts
Band II; Köln 1981 (Bundesanzeiger)
Band III; Köln 1983 (Bundesanzeiger)

Buxbaum, Richard M. / Crawford, James E.: Wirksamkeitsvoraussetzungen für Forderungsabtretungen, insbesondere zu Sicherungszwecken, in den Vereinigten Staaten von Amerika; in: Walther Hadding / Uwe H. Schneider (Hrsg.); Die Forderungsabtretung, insbesondere zur Kreditsicherung, in der Bundesrepublik Deutschland und in ausländischen Rechtsordnungen; Berlin 1986, 335-398

Bydlinski, Franz: Die Einrede des nichterfüllten Vertrages in Dauerschuldverhältnissen; in: Festschrift für Artur Steinwenter; Graz 1958, 140-151

Bydlinski, Peter: Die Übertragung von Gestaltungsrechten; Wien 1986

Canaris, Claus-Wilhelm: Der Bereicherungsausgleich im Dreipersonenverhältnis; in: Festschrift für Karl Larenz; München 1973, 799-865

Canaris, Claus-Wilhelm: Schranken der Privatautonomie zum Schutze des Kreditnehmers; ZIP 1980, 709-722

Canaris, Claus-Wilhelm: Bankvertragsrecht; 2. Aufl., Berlin/New York 1981 (= Sonderausgabe von Band III, 3. Teil (2. Bearbeitung) HGB Staub Großkommentar, 3. Aufl.) [zit.: *Canaris* Bankvertragsrecht Rdn. ...]

Canaris, Claus-Wilhelm: Finanzierungsleasing und Wandelung; NJW 1982, 305-312

Canaris, Claus-Wilhelm: Systemdenken und Systembegriff in der Jurisprudenz – entwickelt am Beispiel des deutschen Privatrechts; 2. Aufl., Berlin 1983

Canaris, Claus-Wilhelm: Der Kontokorrentratenkredit – eine neue Form des Konsumentenkredits; WM-Sonderbeilage 4/1987

Canaris, Claus-Wilhelm: Das Verhältnis zwischen dem wechsel- und scheckrechtlichen Einwendungsausschluß und der Lehre vom Einwendungsdurchgriff kraft Rechtsmißbrauchs; ZHR 151 (1987), 517-565

Canaris, Claus-Wilhelm: Interessenlage, Grundprinzipien und Rechtsnatur des Finanzierungsleasing; AcP 190 (1990), 410-469

Canaris, Claus-Wilhelm: Grundprobleme des Finanzierungsleasing im Lichte des Verbraucherkreditgesetzes; ZIP 1993, 401-412

Chiotellis, Aristide / Fikentscher, Wolfgang (Hrsg.): Rechtstatsachenforschung – Methodische Probleme und Beispiele aus dem Schuld- und Wirtschaftsrecht; Köln 1985

Christen, Jörg: Mobilienleasing, Abzahlungsgesetz und Verbraucherkreditreform; Frankfurt am Main/Bern/New York/Paris 1990

Claussen, Lorenz: Finanzierter Wertpapierkauf und Verbraucherkreditgesetz; NJW 1993, 564-576

Coester, Michael: Anmerkung zu BGH Urt. vom 18. 1. 1973 (BGHZ 60, 108 = NJW 1973, 611); NJW 1973, 1042-1043

Coester, Michael: Verbraucherschutz bei drittfinanzierten Geschäften (§ 9 VerbrKrG); Jura 1992, 617-624

Compensis, Ulrike / Reiserer, Kerstin: Partnerschaftsvermittlung und Verbraucherkreditgesetz 1991; BB 1991, 2457-2463

Crisolli, Karl-August / Ostler, Fritz: Abzahlungsgesetz Kommentar; 5. Aufl., Berlin 1958

Custodis, Hans: Das Kreditkartenverfahren; Köln 1970

van den Daele, Wolfgang: Probleme des gegenseitigen Vertrages – Untersuchungen zur Äquivalenz gegenseitiger Leistungspflichten; Hamburg 1968

Dageförde, Carsten: Internationales Finanzierungsleasing – Deutsches Kollisionsrecht und Konvention von Ottawa (1988); München 1992

Dageförde, Carsten: Inkrafttreten der UNIDROIT-Konvention von Ottawa vom 28. 5. 1988 über Internationales Finanzierungsleasing; RIW 1995, 265-268

Dauner-Lieb, Barbara: Verbraucherschutz durch Ausbildung eines Sonderprivatrechts für Verbraucher; Berlin 1983

Dauner-Lieb, Barbara: Verbraucherschutz bei verbundenen Geschäften (§ 9 VerbrKrG); WM-Sonderbeilage 6/1991

Demberg, Gisela: Finanzierungsleasing beweglicher Anlagegüter (equipment leasing) in den Vereinigten Staaten der U.S.A. und in der Bundesrepublik Deutschland; Frankfurt am Main/Bern/New York 1986

Denck, Johannes: Der Rückforderungsdurchgriff beim finanzierten Abzahlungskauf; MDR 1980, 709-713

Derleder, Peter: Schadensersatzansprüche der Banken bei Nichtabnahme der Darlehensvaluta; JZ 1989, 165-176

Deutscher Juristentag – Sitzungsbericht über die Verhandlungen der zivilrechtlichen Abteilung des 53. Deutschen Juristentages am 17. und 18. September 1980 über das Thema: Welche Maßnahmen empfehlen sich zum Schutz des Verbrauchers auf dem Gebiet des Konsumentenkredits? [zit.: Verhandlungen des 53. DJT]

Diehl-Leistner, Barbara A.: Internationales Factoring – Eine rechtsvergleichende Darstellung zum Recht der Bundesrepublik Deutschland, Frankreichs und der Vereinigten Staaten unter Einschluß der UNIDROIT-Konvention über das Internationale Factoring (1988); München 1992

Dielmann, Heinz J.: Kreditsicherheiten an beweglichen Sachen nach Art. 9 UCC; in: Walther Hadding / Uwe H. Schneider (Hrsg.); Recht der Kreditsicherheiten in den Vereinigten Staaten von Amerika – Teil I; Berlin 1983 [zit.: *Dielmann* in: Hadding/ Schneider, Kreditsicherheiten I]

Dietz, Albrecht: Die betriebswirtschaftlichen Grundlagen des Leasing; AcP 190 (1990), 235-259

Dörner, Heinrich: Dynamische Relativität: Der Übergang vertraglicher Rechte und Pflichten; München 1985

Dörner, Heinrich: Kondiktion gegen den Zedenten oder gegen den Zessionar?; NJW 1990, 473-477

Dorner, Herbert: Das Kreditkartengeschäft; Frankfurt am Main 1991

Drescher, Jochen: Verbraucherkreditgesetz und Bankenpraxis; München 1994

Drobnig, Ulrich / Rehbinder, Manfred (Hrsg.): Rechtsrealismus, multikulturelle Gesell-

schaft und Handelsrecht: Karl N. Llewellyn und seine Bedeutung heute; Berlin 1994
Dubischar, Roland: Prinzipien-Platonismus, Anmerkungen zur Synallagmadiskussion; in: Festschrift für Ludwig Raiser; Tübingen 1974, 99-118
Dürbeck, Werner: Der Einwendungsdurchgriff nach § 9 Absatz 3 Verbraucherkreditgesetz; München 1994

Ebenroth, Carsten Thomas: Leasing im grenzüberschreitenden Verkehr; in: Ernst A. Kramer (Hrsg.); Neue Vertragsformen der Wirtschaft: Leasing, Factoring, Franchising; 2. Aufl., Bern/Stuttgart/Wien 1992, 117-238
Eckert, Jörn: Zivilrechtliche Fragen des Kreditkartengeschäfts; WM 1987, 161-168
Eckstein, Wolfram: Zur Unidroit-Konvention über das internationale Finanzierungsleasing, FLF 1992, 56-59
Eibner, Josef Adolf: Möglichkeiten und Grenzen der Streitverkündung; Erlangen-Nürnberg 1986
Eidenmüller, Horst: Effizienz als Rechtsprinzip – Möglichkeiten und Grenzen der ökonomischen Analyse des Rechts; Tübingen 1995
Emmerich, Volker: Der finanzierte Abzahlungskauf; JuS 1971, 273-281
Emmerich, Volker: Verbundene Geschäfte im Verbraucherkreditgesetz; in: Walther Hadding / Klaus J. Hopt (Hrsg.); Das neue Verbraucherkreditgesetz; Frankfurt am Main 1991, 67-89
Emmerich, Volker: Das Recht der Leistungsstörungen; 4. Aufl., München 1997 [zit.: *Emmerich* Leistungsstörungen § ... (S. ...)]
Engel, Johanna: Die Verjährung im Kraftfahrzeug-Leasinggeschäft – Der Restwertausgleichsanspruch des Leasinggebers bei vorzeitiger und ordentlicher Vertragsbeendigung, DB 1997, 761-767
Enneccerus, Ludwig / Lehmann, Heinrich: Recht der Schuldverhältnisse; 15. Aufl., Tübingen 1958; in: Enneccerus/Kipp/Wolff; Lehrbuch des Bürgerlichen Rechts, Zweiter Band
Erman, Walther: Handkommentar zum Bürgerlichen Gesetzbuch, Band 1; 9. Aufl., Münster 1993 [zit.: Erman-*Bearbeiter* § ... Rdn. ...]
vor dem Esche, Hans-Bernd: Immobilien-Leasing; BB-Beilage 9/1992, 13-18
Esser, Josef: Das Verhältnis von Kaufvertrag und Darlehensvertrag beim B-Geschäft des finanzierten Teilzahlungsgeschäfts; in: Festschrift für Eduard Kern; Tübingen 1968, 87-116
Esser, Josef: Grundsatz und Norm in der richterlichen Fortbildung des Privatrechts: rechtsvergleichende Beiträge zur Rechtsquellen- und Interpretationslehre; 4. Aufl., Tübingen 1990 [zit.: *Esser* Grundsatz und Norm]
Esser, Josef / Schmidt, Eike: Schuldrecht, Band I, Allgemeiner Teil
Teilband 1; 8. Aufl., Heidelberg 1995
Teilband 2; 7. Aufl., Heidelberg 1993 [zit.: *Esser/Schmidt* Tb.1 oder 2]
Esser, Josef / Weyers, Hans-Leo: Schuldrecht, Band II; 7. Aufl., Heidelberg 1991
Etzkorn, Jörg: Allgemeine Geschäftsbedingungen für Inhaber von Kreditkarten; WM 1991, 1901-1907
Etzkorn, Jörg: Rechtsfragen bei Zahlung mit Kreditkarte; Die Bank 1993, 28-33
Ewald, Hans: Das geltende Abzahlungsgesetz und seine Reform; Köln/Berlin 1956

Feinen, Klaus: Internationale Leasingrechtsregeln der Unidroit; RIW-Beilage 1/1988, 1-4
Feinen, Klaus: Immobilien-Leasing-Fonds; BB-Beilage 6/1994, 1-6
Ferrari, Franco: Der internationale Anwendungsbereich des Ottawa-Übereinkommens von 1988 über Internationales Factoring; RIW 1996, 181-188

Fezer, Karl-Heinz: Aspekte einer Rechtskritik an der economic analysis of law und am property rights approach; JZ 1986, 817-824

Fezer, Karl-Heinz: Nochmals: Kritik an der ökonomischen Analyse des Rechts; JZ 1988, 223-228

Figge, Horst: Vertragsformen und kalkulatorische Grundlagen des Leasing; AcP 190 (1990), 219-234

Fikentscher, Wolfgang: Schuldrecht;
4. Aufl., Berlin/New York 1973 [zit.: *Fikentscher*[4]]
8. Aufl., Berlin/New York 1992

Flume, Werner: Allgemeiner Teil des Bürgerlichen Rechts, Zweiter Band: Das Rechtsgeschäft; 3. Aufl., Berlin/Heidelberg/New York 1979

Flume, Werner: Die Rechtsfigur des Finanzierungsleasing; DB 1991, 265-271

Fohlmeister, Klaus J.: Immobilien-Leasing; in: K.F. Hagenmüller / Wolfram Eckstein (Hrsg.); Leasing-Handbuch für die betriebliche Praxis; 6. Aufl., Frankfurt am Main 1992, 177-211

Franz, Ulrich: Der Einwendungsdurchgriff gemäß § 9 Absatz 3 Verbraucherkreditgesetz; Baden-Baden 1996

Franzmann, Knut H.: Die sogenannten Durchgriffstatbestände im Privatrecht als Problem einer interessengerechten Risikoverteilung; Frankfurt am Main 1984

Fritzsche, Jörg: Rechtsfragen der Herstellung und Überlassung von Software; JuS 1995, 497-504

Fromholzer, Ferdinand: Consideration – US-amerikanisches Recht im Vergleich zum deutschen; Tübingen 1997

Gärtner, Rudolf: Zum Standort des Verbraucherrechts; JZ 1992, 73-79

Gailus, Ulrich: Die Kontrolle der Bankenaufsicht über den finanzierten Abzahlungskauf, das Factoring und das Leasing; Frankfurt am Main/Bern/New York/Paris 1991

Gansfort, Guy: Das Rechtsverhältnis zwischen Gelegenheits-Luftverkehrsunternehmen und Reiseveranstaltern beim Pauschalflugreisevertrag und seine Auswirkungen auf die Rechtsstellung des Reisenden; Köln 1991

Gebhard, Joachim: Finanzierungsleasing, Steuern und Recht – Eine ökonomische Analyse; Wiesbaden 1990

Gernhuber, Joachim: Austausch und Kredit im rechtsgeschäftlichen Verbund – Zur Lehre von den Vertragsverbindungen; in: Festschrift für Karl Larenz; München 1973, 455-494

Gernhuber, Joachim: Synallagma und Zession; in: Festschrift für Ludwig Raiser; Tübingen 1974, 57-98

Gernhuber, Joachim: Das Schuldverhältnis; in: Joachim Gernhuber (Hrsg.); Handbuch des Schuldrechts, Band 8; Tübingen 1989

von Gierke, Otto: Die soziale Aufgabe des Privatrechts; Berlin 1889

von Gierke, Otto: Deutsches Privatrecht, Dritter Band: Schuldrecht; München/Leipzig 1917 [zit.: *von Gierke* Privatrecht III]

Giger, Hans: Kreditkarten im Prüfstand von Wirtschaft und Rercht; in: Festgabe für Walter R. Schluep; Zürich 1988, 255-272

Gilles, Peter: Der sog. Einwendungsdurchgriff bei finanzierten Umsatz- und Dienstleistungsgeschäften als rechtspolitisches und methodisches Problem; JZ 1975, 305-312

Gilles, Peter: »Das B-Geschäft lebt«; JZ 1975, 729-730

Gilles, Peter: Verbraucherpolitische Vertragsrechtsreformen im Bürgerlichen Gesetzbuch; ZRP 1979, 265-274

Gilles, Peter: Zur neueren Verbraucherschutzgesetzgebung in ihrem Verhältnis zum klassischen Privatrecht; JA 1980, 1-8
Girsberger, Daniel: Grenzüberschreitendes Finanzierungsleasing, Internationales Vertrags-, Sachen- und Insolvenzrecht – Eine rechtsvergleichende Untersuchung; Tübingen 1997
Gitter, Wolfgang: Gebrauchsüberlassungsverträge; Tübingen 1988
Gitter, Wolfgang / Huhn, Diether / Lammel, Siegbert / Luig, Klaus / Reich, Norbert / Tempel, Otto / Weyers, Hans-Leo: Vertragsschuldverhältnisse (ohne Kaufrecht); München 1974
Glomb, Georg Peter: Finanzierung durch Factoring – Rechtliche Analyse und Vergleich mit herkömmlichen Finanzierungs- und Sicherungsmethoden; Köln/Berlin/Bonn/München 1969
Godefroid, Christoph: Zur Kündigung und Beendigung von Leasingverträgen nach dem Verbraucherkreditgesetz; BB-Beilage 8/1993, 15-19
Gotthardt, Peter: Diskussionsbericht; in: Wolfgang Frhr. Marschall von Bieberstein (Hrsg.); Leasingverträge im Handelsverkehr; Frankfurt am Main 1980, 117-127
Groß, Werner: Das Verbraucherkreditgesetz bei Kfz-Leasing und finanziertem Kfz-Kauf – Widerruf, Kündigung, Rücktritt und die jeweilige Abwicklung -; FLF 1993, 132-137
Grunewald, Barbara: Kundenschutzprobleme bei dreiseitigen Finanzierungsgeschäften; JA 1980, 463-467
Gundel, Manfred: Mehr Kredit und trotzdem reicher – Konsument und Konsumentenkredit haben sich verändert –; FLF 1989, 86-89
Gundlach, Bernd: Konsumentenkredit und Einwendungsdurchgriff; Berlin 1979
Gzuk, Roland: Finanzierungsleasing als alternative Investitionsform; AcP 190 (1990), 208-218

Habersack, Mathias: Drittfinanzierter Immobilien- und Beteiligungserwerb unter Geltung des § 9 VerbrKrG; ZHR 156 (1992), 45-63
Habersack, Mathias: Verbundene Geschäfte nach § 9 Verbraucherkreditgesetz – eine Zwischenbilanz; DStR 1994, 1853-1857
Hadding, Walther: Der Bereicherungsausgleich beim Vertrag zu Rechten Dritter; Tübingen 1970 [zit.: *Hadding* Bereicherungsausgleich]
Hadding, Walther: Zur Auslegung des § 335 BGB; AcP 171 (1971), 403-421
Hadding, Walther: Gutachten zum 53. Deutschen Juristentag: Welche Maßnahmen empfehlen sich zum Schutz des Verbrauchers auf dem Gebiet des Konsumentenkredits?; München 1980 [zit.: *Hadding* Gutachten]
Hadding, Walther: Zur Theorie des Vertrages zu Rechten Dritter im deutschen Recht; in: Festschrift für Imre Zajtay; Tübingen 1982, 185-214
Hadding, Walther: Zahlung mittels Universalkreditkarte; in: Festschrift für Klemens Pleyer; Köln/Berlin/Bonn/München 1986, 17-40
Hadding, Walther: Schuldverhältnis und Synallagma beim Vertrag zu Rechten Dritter; in: Festschrift für Joachim Gernhuber; Tübingen 1993, 153-168
Hadding, Walther / Hopt, Klaus J. (Hrsg.): Das neue Verbraucherkreditgesetz; Frankfurt am Main 1991
Hadding, Walther / Schneider, Uwe H. (Hrsg.): Recht der Kreditsicherheiten in den Vereinigten Staaten von Amerika
Teil I: *Dielmann, Heinz J.*: Kreditsicherheiten an beweglichen Sachen nach Art. 9 UCC; Berlin 1983
Hadding, Walther / Schneider, Uwe H. (Hrsg.): Die Forderungsabtretung, insbesondere zur Kreditsicherung, in der Bundesrepublik Deutschland und in ausländischen Rechtsordnungen; Berlin 1986

Häde, Ulrich: Die Zahlung mit Kredit- und Scheckkarten – Rechtliche Aspekte des »Plastikgeldes« und seine Auswirkungen auf die Währung; ZBB 1994, 33-44

Hänsel, Fritz: Privatkundenschutz beim Dispositionskredit – Eine Untersuchung der rechtlichen Grundlagen des Dispositionskredits und ihre Auswirkungen beim Privatkundengeschäft der Kreditinstitute; Baden-Baden 1995

Hagenmüller, K.F. / Eckstein, Wolfram (Hrsg.): Leasing-Handbuch für die betriebliche Praxis; 6. Aufl., Frankfurt am Main 1992

Hagenmüller, K.F. / Sommer, Heinrich Johannes (Hrsg.): Factoring-Handbuch; 2. Aufl., Frankfurt am Main 1987

Hager, Günter: Der Gedanke der Solidarität in der Lehre vom Synallagma; in: Zum Deutschen und Internationalen Schuldrecht – Kolloquium aus Anlaß des 75. Geburtstages von Ernst von Caemmerer; Tübingen 1983, 26-49

Hager, Günter: Entwicklungsstadien der bereicherungsrechtlichen Durchgriffshaftung; in: Symposium zum Gedenken an Detlef König; Heidelberg 1984, 151-182

Hager, Günter: Die Verflechtung von Verträgen: Planung und Risikoverteilung bei Großprojekten; in: Hans-Leo Weyers (Hrsg.); Die Verflechtung von Verträgen – Planung und Risikoverteilung bei Großprojekten; Baden-Baden 1991, 65-113

Hager, Günter: Der Einfluß amerikanischen Rechts auf die deutsche Schuldrechtsreform; in: Ulrich Drobnig / Manfred Rehbinder (Hrsg.); Rechtsrealismus, multikulturelle Gesellschaft und Handelsrecht: Karl N. Llewellyn und seine Bedeutung heute; Berlin 1994, 243-264

Hager, Johannes: Rechtsfragen des Finanzierungsleasing von Hard- und Software; AcP 190 (1990), 324-355

Hammann, Harald: Die Universalkreditkarte – ein Mittel des bargeldlosen Zahlungsverkehrs; Berlin 1991

Harbeke, Christof: Die POS-Systeme der deutschen Kreditwirtschaft – Eine Darstellung unter rechtlichen Aspekten -; WM-Sonderbeilage 1/1994

von Harling, Hans Burchard: Leasing in den USA – Eine Analyse seiner Entwicklung unter besonderer Berücksichtigung des Leasing als organisiertes Bankgeschäft; München 1968

Hassold, Gerhard: Zur Leistung im Dreipersonenverhältnis – Anweisung und Vertrag zugunsten Dritter als Modell -; München 1981

Hay, Peter: Einführung in das amerikanische Recht; 4. Aufl., Darmstadt 1995

Heck, Philipp: Gutachten: Wie ist den Mißbräuchen, welche sich bei den Abzahlungsgeschäften herausgestellt haben, entgegen zu wirken?; Verhandlungen des 21. Deutschen Juristentages, Erster Band; Berlin 1890, 131-189

Heck, Philipp: Grundriß des Schuldrechts; Tübingen 1929

Heckelmann, Dieter: Anmerkung zu OLG Hamburg Urteil vom 18. 1. 1966 (abgedruckt in NJW 1966, 985); NJW 1966, 1925-1926

Heermann, Peter W.: Grundprobleme beim Finanzierungsleasing beweglicher Güter in Deutschland und den Vereinigten Staaten von Amerika; ZVglRWiss 92 (1993), 326-351

Heise, Gabriele: Das Verbraucherkreditgesetz – Versuch einer ersten Bilanz; JA 1993, 65-72

Hellwig, Konrad: Die Verträge auf Leistung an Dritte – Nach deutschem Reichsrecht und unter besonderer Berücksichtigung des Handelsgesetzbuches; Leipzig 1899

Henke, Horst-Eberhard: Die sog. Relativität des Schuldverhältnisses – Wie relativ ist eigentlich das Band zwischen Gläubiger und Schuldner?; Berlin 1989

von Heymann, Ekkehardt: Zur Haftung der Bank bei Immobilienfonds-Modellen; BB 1986, 1173-1175

Heymann, Ernst (Begr.): Handelsgesetzbuch (ohne Seerecht), Kommentar

Band 4: §§ 343-460, Anhang; Berlin/New York 1989 [zit.: Heymann-*Bearbeiter* § ... Rdn. ...]

Hiddemann, Hans-Joachim: Die Rechtsprechung des Bundesgerichthofs zum Leasingvertrag; WM 1978, 834-841

von Hippel, Eike: Die Kontrolle der Vertragsfreiheit nach anglo-amerikanischen Recht – Zugleich ein Beitrag zur Considerationlehre; Frankfurt am Main 1963 [zit.: *von Hippel* Kontrolle]

von Hippel, Eike: Verbraucherschutz; 3. Aufl., Tübingen 1986 [zit.: *von Hippel* Verbraucherschutz]

Hoeniger, Heinrich: Die gemischten Verträge in ihren Grundformen; Mannheim/Leipzig 1910

Hönn, Günther: Zum persönlichen Anwendungsbereich von Verbraucherschutznormen; in: Gedächtnisschrift für Dietrich Schultz; Köln/Berlin/Bonn/München 1987, 79-97

Hörmann, Günter (Hrsg.): Verbraucherkredit und Verbraucherinsolvenz – Perspektiven für die Rechtspolitik aus Europa und USA; Bremen 1986

Hörmann, Günter: Verbraucher und Schulden: eine rechtstatsächliche und rechtsvergleichende Untersuchung zur Schuldbeitreibung und Schuldenregulierung bei privaten Haushalten; Baden-Baden 1987

Hörter, Klaus: Der finanzierte Abzahlungskauf – Geschäftsformen und Rechtsfragen der bankmäßigen Teilzahlungsfinanzierung; Bad Homburg v.d.H./Berlin/Zürich 1969

Hövel, Angelika: Internationale Leasingtransaktionen unter besonderer Berücksichtigung der Vertragsgestaltung; DB 1991, 1029-1033

Holzscheck, Knut: Konsumentenkreditaufnahme und Verbraucherverschuldung in der Bundesrepublik Deutschland; in: Günter Hörmann (Hrsg.); Verbraucherkredit und Verbraucherinsolvenz; Bremen 1986, 66-85

Holzscheck, Knut / Hörmann, Günter / Daviter, Jürgen: Die Praxis des Konsumentenkredits in der Bundesrepublik Deutschland – eine empirische Untersuchung zur Rechtssoziologie und Ökonomie des Konsumentenkredits -; Köln 1982

Hopt, Klaus J.: Der Kapitalanlegerschutz im Recht der Banken; München 1975 [zit.: *Hopt* Kapitalanlegerschutz]

Hopt, Klaus J.: Haftung der Banken bei der Finanzierung von Publikumsgesellschaften und Bauherrenmodellen; in: Festschrift für Walter Stimpel; Berlin/New York 1985, 265-293

Hopt, Klaus J.: Funktion, Dogmatik und Reichweite der Aufklärungs-, Warn- und Beratungspflichten der Kreditinstitute; in: Festschrift für Joachim Gernhuber; Tübingen 1993, 169-189

Hopt, Klaus J. / Mülbert, Peter O.: Kreditrecht; Berlin 1989 (= Sonderausgabe der Vorbemerkungen zu §§ 607 ff. BGB (Bankkreditrecht) und §§ 607-610 BGB (Darlehen) aus J. von Staudingers Kommentar zum Bürgerlichen Gesetzbuch mit Einführungsgesetz und Nebengesetzen, 12. Aufl.)

Horn, Norbert: Zur ökonomischen Rationalität des Privatrechts – Die privatrechtstheoretische Verwertbarkeit der »Economic Analysis of Law«; AcP 176 (1976), 307-333

Horn, Norbert: Die Kreditkarte im europäischen Gemeinschaftsrecht und in der deutschen Rechtsprechung; ZBB 1995, 273-281

Hueck, Alfred / Canaris, Claus-Wilhelm: Recht der Wertpapiere; 12. Aufl., München 1986

Hueck, Götz: Gesellschaftsrecht; 19. Aufl., München 1991 [zit.: *G. Hueck* Gesellschaftsrecht]

Hueck, Götz: Der Grundsatz der gleichmäßigen Behandlung im Privatrecht; München/Berlin 1958 [zit.: *G. Hueck* Der Grundsatz der gleichmäßigen Behandlung]
Hüffer, Uwe: Die Haftung gegenüber dem ersten Auftraggeber im mehrgliedrigen Zahlungsverkehr; ZHR 151 (1987), 93-117

Ikas, Klaus: Zum Recht der elektronischen Zahlung mit Debetkarten in bargeldlosen Kassensystemen; Berlin 1992
Immenga, Ulrich: Bankenhaftung bei der Finanzierung steuerbegünstigter Anlagen; ZHR 151 (1987), 148-161
Immenga, Ulrich / Mestmäcker, Ernst-Joachim: GWB – Gesetz gegen Wettbewerbsbeschränkungen, Kommentar, 2. Aufl., 1992

Jauernig, Othmar (Hrsg.): Bürgerliches Gesetzbuch mit Gesetz zur Regelung des Rechts der Allgemeinen Geschäftsbedingungen; 7. Aufl., München 1994 [zit.: Jauernig-*Bearbeiter* § ... Anm. ...]
Jickeli, Joachim: Der langfristige Vertrag – Eine rechtswissenschaftliche Untersuchung auf institutionen-ökonomischer Grundlage; Baden-Baden 1996
Joerges, Christian: Verbraucherschutz als Rechtsproblem; Heidelberg 1981 [zit.: *Joerges* Verbraucherschutz]
Joerges, Christian: Vertragsgerechtigkeit und Wettbewerbsschutz in den Beziehungen zwischen Automobilherstellern und -händlern: Über die Aufgaben richterlicher Rechtspolitik in »Relationierungsverträgen«; in: Festschrift für Rudolf Wassermann; Neuwied/Darmstadt 1985, 697-713
Joerges, Christian: Franchise-Verträge und europäisches Wettbewerbsrecht; ZHR 151 (1987), 195-223
Jürgens, Ursula: Die Entwicklung des Finanzierungs-Leasing; Köln 1988
Jung, Harald H.: Das englische Hire Purchase-Law und das deutsche Abzahlungsrecht – Eine vergleichende Darstellung zweier Lösungsversuche des Teilzahlungsrechtes unter besonderer Berücksichtigung deutscher Novellierungsbestrebungen; Frankfurt am Main 1977
Jung, Harald H.: Zur erneuten Teilnovellierung des Abzahlungsrechtes; BB 1979, 1690-1694
Junker, Michael: Der Umfang des einem Zessionar zu leistenden Schadensersatzes wegen Verzuges bei Abtretung vertraglicher Ansprüche; AcP 195 (1995), 1-12

Kaden, Erich-Hans: Das Dogma des Synallagma im römischen und byzantinischen Rechte; in: Rechtsgeschichtliches Institut an der Universität Freiburg i.Br. (Hrsg.); Aus nachgelassenen und kleineren verstreuten Schriften von Josef Partsch; Berlin 1931, 3-95
Kaminsky, Walter: Die Teilzahlungsbanken; 4. Aufl., Frankfurt am Main 1970
Kammel, Volker: Der Anwendungsbereich des Verbraucherkreditgesetzes unter Beschränkung auf Kreditverträge; Bergisch Gladbach/Köln 1996
Kaser, Max: Das römische Privatrecht
Erster Abschnitt: Das altrömische, das vorklassische und das klassische Recht; 2. Aufl., München 1971
Zweiter Abschnitt: Die nachklassischen Entwicklungen; 2. Aufl., München 1975 [zit.: *Kaser* Privatrecht I und Privatrecht II]
Kayser, Uwe: Zur aktuellen Situation des Leasing in Deutschland mit einem Ausblick auf Europa; RIW-Beilage 5/1997, 3-9
Kellmann, Christof: Erfüllungsgehilfen kondizieren nicht – Zum bereicherungsrechtlichen »Drei-Personenverhältnis«; JR 1988, 97-102

Kemper, Rainer: Verbraucherschutzinstrumente; Baden-Baden 1994
Kenntner, Markus: Zum nachträglichen Widerruf einer Kreditkartenzahlung; BB 1995, 2281-2283
Kessler, Friedrich: Einige Betrachtungen zur Lehre von der consideration; in: Festschrift für Ernst Rabel, Band 1: Rechtsvergleichung und Internationales Privatrecht; Tübingen 1954, 251-277
Kirchner, Christian: Unternehmensorganisation und Vertragsnetz – Überlegungen zu den rechtlichen Bedingungen bei der Institutionenwahl zwischen Unternehmensorganisation und Vertragsnetz; in: Claus Ott / Hans-Bernd Schäfer (Hrsg.); Ökonomische Analyse des Unternehmensrechts – Beiträge zum 3. Travemünder Symposium zur ökonomischen Analyse des Rechts; Berlin 1993, 196-215
Kirn, Michael: Leistungspflichten im gegenseitigen Vertrag; JZ 1969, 325-330
Klaas, Christoph: Die Risikoverteilung bei neueren Finanzierungsmethoden; NJW 1968, 1502-1508
Klinke, Ulrich: Causa und genetisches Synallagma – Zur Struktur der Zuwendungsgeschäfte; Berlin 1983
Knauth, Klaus-Wilhelm: Einwendungsdurchgriff bei finanzierten Rechtsgeschäften; Die Bank 1982, 31-37
Knebel, Andreas: Zur typologischen Einordnung des Leasingvertrages; WM 1993, 1026-1030
Knebel, Andreas: Inhaltskontrolle von Leasingverträgen auf der Grundlage der Unidroit-Leasingkonvention; RIW 1993, 537-540
Knebel, Andreas: Der Aufwendungsersatzanspruch des Leasinggebers nach der UNIDROIT-Leasing-Konvention; Frankfurt am Main 1994
Knops, Kai-Oliver: Rügepflicht beim Handelskauf und Leasingvertrag – BGHZ 110, 130; JuS 1994, 106-112
Koblitz, Axel: Mobilien-Finanzierungsleasing und Crédit-bail – Ein Vergleich des französischen und deutschen Zivilrechts unter besonderer Berücksichtigung der Rechtsstellung des Leasingnehmers; Frankfurt am Main/Bern/New York/Paris 1988
Koch, Ernst-Gerald: Störungen beim Finanzierungsleasing; Berlin 1981
Koch, Rainer: Immobilien-Leasing: ein Beitrag zur Zivilrechtsdogmatik des Leasing; München 1989
Koch, Richard: Das Synallagma des Versicherungsvertrages; Zürich 1957
Köhler, Helmut: Vertragsrecht und »Property Rights«-Theorie – Zur Integration ökonomischer Theorien in das Privatrecht; ZHR 144 (1980), 589-609
Köndgen, Johannes: Wandlungen im Bereicherungsrecht; in: Festschrift für Josef Esser; Kronberg/Ts. 1975, 55-83
Köndgen, Johannes: Selbstbindung ohne Vertrag – Zur Haftung aus geschäftsbezogenem Handeln; Tübingen 1981 [zit.: *Köndgen* Selbstbindung ohne Vertrag]
Köndgen, Johannes (Hrsg.): Neue Entwicklungen im Bankhaftungsrecht; Köln 1987
Köndgen, Johannes: Bankenhaftung – Strukturen und Tendenzen – Generalbericht; in: Johannnes Köndgen (Hrsg.); Neue Entwicklungen im Bankhaftungsrecht; Köln 1987, 133-158
Köndgen, Johannes: Gewährung und Abwicklung grundpfandrechtlich gesicherter Kredite; 2. Aufl., Köln 1990 [zit.: *Köndgen* Kredite]
König, Detlef: Konsumentenkredit – Neuordnung in den USA und deutsche Reformprobleme; Stuttgart 1971 [zit.: *König* Konsumentenkredit]
König, Detlef: Ungerechtfertigte Bereicherung; in: Bundesminister der Justiz (Hrsg.); Gutachten und Vorschläge zur Überarbeitung des Schuldrechts, Band II; Köln 1981 (Bundesanzeiger), 1515-1590 [zit.: *König* in: Gutachten]
Koeppen, Herbert G.: Kreditkarten und Verbraucherkreditgesetz; FLF 1992, 86-91

Köster, Heinz: Die Rechtsstellung des Käufers bei dem Kundenfinanzierungsgeschäft; Köln 1958

Kötz, Hein: Europäisches Vertragsrecht, Band I: Abschluß, Gültigkeit und Inhalt des Vertrages, die Beteiligung Dritter am Vertrag; Tübingen 1996

Kohler, Jürgen: Bereicherungshaftung in Zessionsfällen; WM 1989, 1629-1640

Koller, Ingo: Die Risikozurechnung bei Vertragsstörungen in Austauschverträgen; München 1979

Koller, Ingo: Grundstrukturen des Bankhaftungsrechts unter besonderer Berücksichtigung des Zahlungsverkehrs; in: Johannes Köndgen (Hrsg.); Neue Entwicklungen im Bankhaftungsrecht; Köln 1987, 21-34 [zit.: *Koller* in: Köndgen]

Koppensteiner, Hans-Georg / Kramer, Ernst A.: Ungerechtfertigte Bereicherung; 2. Aufl., Berlin/New York 1988

Kraft, Alfons: Die Einwendungen des Wechselschuldners nach Art. 17 WG; JurA 1970, 479-491

Krahmer, Horst: Gegenseitige Verträge – Studien zur Systematik des Reichsrechts; Halle a.S. 1904

Kramer, Ernst A. (Hrsg.): Neue Vertragsformen der Wirtschaft: Leasing, Factoring, Franchising; 2. Aufl., Bern/Stuttgart/Wien 1992

Kramer, Ernst A.: Funktion, rechtliche Problematik und Zukunftsperspektiven der Innominatverträge; in: Ernst A. Kramer (Hrsg.); Neue Vertragsformen der Wirtschaft: Leasing, Factoring, Franchising; 2. Aufl., Bern/Stuttgart/Wien 1992, 23-45

Krause, Dieter: Die zivilrechtlichen Grundlagen des Leasing-Verfahrens; Köln 1967

Krauss, Ernst-Martin: Das Rechtsverhältnis von Kaufvertrag und Darlehensvertrag beim sog. B-Geschäft; Kiel 1965

Krebs, Peter: Sittenwidrigkeit beim Finanzierungsleasing von Mobilien wegen Wucherähnlichkeit; NJW 1996, 1177-1180

Kress, Hugo: Lehrbuch des Allgemeinen Schuldrechts; München 1929

Kronke, Herbert: Finanzierungsleasing in rechtsvergleichender Sicht; AcP 190 (1990), 383-408

Kübler, Friedrich: Feststellung und Garantie – eine rechtsvergleichende und dogmatische Abhandlung wider die Lehre vom abstrakten Schuldvertrag im bürgerlichen und Handelsrecht; Tübingen 1967

Kübler, Friedrich: Effizienz als Rechtsprinzip – Überlegungen zum rechtspraktischen Gebrauch ökonomischer Argumente; in: Festschrift für Ernst Steindorff; Berlin/ New York 1990, 687-704

Kümpel, Siegfried: Bank- und Kapitalmarktrecht; Köln 1995

Kuhn, Georg / Uhlenbruck, Wilhelm: Konkursordnung Kommentar; 11. Aufl., München 1994

Kupisch, Berthold: Gesetzespositivismus im Bereicherungsrecht – Zur Leistungskondiktion im Drei-Personen-Verhältnis; Berlin 1978

Kupisch, Berthold: Rechtspositivismus im Bereicherungsrecht; JZ 1997, 213-222

Kurstedt, Hans-Volker J.: Finanzleasing beweglicher Güter – eine Untersuchung der Rechtswirklichkeit unter besonderer Berücksichtigung der ordentlichen Vertragsbeendigung; Hamburg 1980

Landfermann, Hans-Georg: Die Überarbeitung des deutschen Schuldrechts aus internationalrechtlicher Sicht; RabelsZ 45 (1981), 124-143

Larenz, Karl: Das Zurückbehaltungsrecht im dreiseitigen Rechtsverhältnis – Zur Rechtslage des Käufers beim »finanzierten Ratenkauf«; in: Festschrift für Karl Michaelis; Göttingen 1972, 193-214

Larenz, Karl / Wolf, Manfred: Allgemeiner Teil des Bürgerlichen Rechts; 8. Aufl., München 1997 [zit.: *Larenz/Wolf* AT]
Larenz, Karl: Lehrbuch des Schuldrechts, Erster Band, Allgemeiner Teil; 14. Aufl., München 1987 [zit.: *Larenz* Schuldrecht I]
Larenz, Karl: Lehrbuch des Schuldrechts, Zweiter Band, Besonderer Teil, 1. Halbband; 13. Aufl., München 1986 [zit.: *Larenz* Schuldrecht II/1]
Larenz, Karl: Methodenlehre der Rechtswissenschaft; 6. Aufl., Berlin/Heidelberg 1991 [zit.: *Larenz* Methodenlehre]
Larenz, Karl / Canaris, Claus-Wilhelm: Methodenlehre der Rechtswissenschaft; 3. Aufl.; Berlin/Heidelberg/New York u.a. 1995 [zit.: *Larenz/Canaris* Methodenlehre]
Larenz, Karl / Canaris, Claus-Wilhelm: Lehrbuch des Schuldrechts, Zweiter Band, Besonderer Teil, 2. Halbband; 13. Aufl., München 1994 [zit.: *Larenz/Canaris* Schuldrecht II/2]
Laumans, Werner: Kauf oder Leasing? Ein Wirtschaftlichkeitsvergleich am Beispiel des Mobilien-Leasing; in: K.F. Hagenmüller / Wolfram Eckstein (Hrsg.); Leasing-Handbuch für die betriebliche Praxis; 6. Aufl., Frankfurt am Main 1992, 129-151
Lebek, Stefan: Rückabwicklung und Regreß bei verbundenen Geschäften im Sinne von § 9 Verbraucherkreditgesetz; Göttingen 1996
Leenen, Detlef: Die Pflichten des Leasing-Gebers; AcP 190 (1990), 260-291
Lehmann, Markus: Genetischer Zusammenhang von verbundenem Kauf- und Darlehensgeschäft des § 9 Abs.1 S.1, S.2 Verbraucherkreditgesetz; Konstanz 1996
Lehmann, Michael: Bürgerliches Recht und Handelsrecht – eine juristische und ökonomische Analyse; Stuttgart 1983
Leible, Stefan: Finanzierungsleasing und »arrendamiento financiero« – Eine rechtsvergleichende Untersuchung zum Finanzierungsleasing beweglicher Anlagegüter in Deutschland und Spanien; Berlin 1996
Leonhard, Franz: Allgemeines Schuldrecht des BGB, Erster Band; München/Leipzig 1929
Leser, Hans G.: Der Rücktritt vom Vertrag; Tübingen 1975
Lieb, Manfred: Urteilsanmerkung zu BGH, Urt. v. 16. 9. 1982 – VIII ZR 265/80; JZ 1982, 561-564
Lieb, Manfred: Grundfragen einer Schuldrechtsreform; AcP 183 (1983), 327-366
Lieb, Manfred: Das Leitbild des Finanzierungs-Leasing im Spannungsfeld von Vertragsfreiheit und Inhaltskontrolle; DB 1988, 946-954
Lieb, Manfred: Gewährleistung beim reinen Finanzierungsleasing; DB 1988, 2495-2503
Lieb, Manfred: Anmerkung zu BGH Urt. v. 24. 1. 1990 (JZ 1990, 972 ff.); JZ 1990, 976-978
Lieb, Manfred: § 9 Verbraucherkreditgesetz und Finanzierungsleasing; WM 1991, 1533-1542 [auch abgedruckt in: Walther Hadding / Klaus J. Hopt (Hrsg.); Das neue Verbraucherkreditgesetz; Frankfurt am Main 1991, 91-114]
Lieb, Manfred: Zur Risikoverteilung bei Finanzierungsleasingverträgen, insbesondere mit Kaufleuten (Noch ein Versuch!); WM-Sonderbeilage 6/1992
Liebs, Detlef: Römisches Recht; 3. Aufl., Göttingen 1987
Liesecke, Rudolf: Neuere Rechtsprechung, insbesondere des Bundesgerichtshofes, zum Einheitlichen Wechsel- und Scheckrecht; WM 1969, 1366-1379
List, Friedrich: Grundriß des Römischen Rechts; 2. u. 3. Aufl., Gießen 1921
Loewenheim, Ulrich: Bereicherungsrecht; 2. Aufl., München 1997
Logothetis, Jrigorios: Der finanzierte Kauf – Rechtstatsachen und Dogmatik (ein Überblick); in: Aristide Chiotellis / Wolfgang Fikentscher (Hrsg.); Rechtstatsachenforschung – Methodische Probleme und Beispiele aus dem Schuld- und Wirtschaftsrecht; Köln 1985, 209-247

Löhr, Volker / Simon, Jürgen: Probleme einer Reform des finanzierten Abzahlungskaufs, in: Georgios Magoulas / Jürgen Simon (Hrsg.); Recht und Ökonomie beim Konsumentenschutz und Konsumentenkredit; Baden-Baden 1985, 61-114

Lorenz, Werner: Gläubiger, Schuldner, Dritte und Bereicherungsausgleich; AcP 168 (1968), 286-317

Lorenz, Werner: Abtretung einer Forderung aus mangelhaftem Kausalverhältnis: Von wem kondiziert der Schuldner?; AcP 191 (1991), 279-311

Lüke, Wolfgang: Die Beteiligung Dritter im Zivilprozeß – Eine rechtsvergleichende Untersuchung zu Grundfragen der subjektiven Verfahrenskonzentration; Tübingen 1993

Luhmann, Niklas: Funktionen und Folgen formaler Organisation; Berlin 1964

Lwowski, Hans-Jürgen: Erwerbsersatz durch Nutzungsverträge – Eine Studie zum Leasing; Hamburg 1967

Lwowski, Hans-Jürgen / Peters, Bernd / Gössmann, Wolfgang: Verbraucherkreditgesetz: Kreditverträge – Leasing – verbundenes Geschäft; Berlin 1993

Magoulas, Georgios: Ökonomische Probleme und Funktionen finanzierter Abzahlungsgeschäfte und vermittelter Konsumentenkredite, in: Georgios Magoulas / Jürgen Simon (Hrsg.); Recht und Ökonomie beim Konsumentenschutz und Konsumentenkredit; Baden-Baden 1985, 265-291

Magoulas, Georgios: Verbraucherschutz als Problem asymmetrischer Informationskosten, in: Claus Ott / Hans-Bernd Schäfer (Hrsg.); Allokationseffizienz in der Rechtsordnung – Beiträge zum Travemünder Symposium zur ökonomischen Analyse des Zivilrechts, 23.-26. März 1988; Berlin/Heidelberg/New York/London/Paris/Tokyo 1989, 70-90

Magoulas, Georgios / Simon, Jürgen (Hrsg.): Recht und Ökonomie beim Konsumentenschutz und Konsumentenkredit; Baden-Baden 1985

Mankowski, Peter: Zum Bereicherungsausgleich bei der Zession einer nicht bestehenden Forderung; ZIP 1993, 1214-1224

Mark, Alfons: Teilzahlungskreditgeschäft und Absatzfinanzierung beim Teilzahlungsgeschäft; Würzburg, 1956

Marloth-Sauerwein, Birgit: Leasing und das Verbraucherkreditgesetz; Frankfurt am Main/Berlin/Bern/New York/Paris/Wien 1992

Marly, Jochen: Softwareüberlassungsverträge; München 1991

Marschall von Bieberstein, Wolfgang Frhr.: Das Abzahlungsgeschäft und seine Finanzierung – Die Rechte des Käufers gegenüber dem Finanzierungsgeschäft; München/Berlin 1959 [zit.: *Marschall von Bieberstein* Abzahlungsgeschäft]

Marschall von Bieberstein, Wolfgang Frhr.: Gutachten zur Reform des finanzierten Abzahlungskaufs; Köln 1978 [zit.: *Marschall von Bieberstein* Gutachten]

Marschall von Bieberstein, Wolfgang Frhr.: Der finanzierte Abzahlungskauf: Rechtsprechung und Reformprobleme; Heidelberg/Karlsruhe 1980 [zit.: *Marschall von Bieberstein* Abzahlungskauf]

Marschall von Bieberstein, Wolfgang Frhr. (Hrsg.): Leasingverträge im Handelsverkehr: Verhandlungen der Fachgruppe für vergleichendes Handels- und Wirtschaftsrecht anläßlich der Tagung für Rechtsvergleichung 1979 in Lausanne; Frankfurt am Main 1980 [zit.: *Marschall von Bieberstein* Leasingverträge]

Martens, Klaus-Peter: Rechtsgeschäft und Drittinteressen; AcP 177 (1977), 113-188

Martinek, Michael: Moderne Vertragstypen, Band I: Leasing und Factoring; München 1991 [zit.: *Martinek* Vertragstypen Bd.I]

Martinek, Michael: Moderne Vertragstypen, Band III: Computerverträge, Kreditkartenverträge sowie sonstige moderne Vertragstypen; München 1993 [zit.: *Martinek* Vertragstypen Bd.III]

Martinek, Michael: Besprechung von »Franchising and the Law« (1991); RabelsZ 57 (1993), 577-588

Martinek, Michael / Oechsler, Jürgen: Die verbraucherkreditrechtlichen Voraussetzungen der vorzeitigen Beendigung des Leasingvertrages bei Zahlungsverzug des Leasingnehmers; ZBB 1993, 97-107

Meder, Stephan: Zur Unwiderruflichkeit der Zahlungsanweisung des Kreditkarteninhabers gem. § 790 BGB; NJW 1993, 3245-3247

Meder, Stephan: Kreditkartengeschäfte und Anweisungswiderruf gegenüber dem Kartenherausgeber; NJW 1994, 2597-2598

Medicus, Dieter: Durchblick: Drittbeziehungen im Schuldverhältnis; JuS 1974, 613-622

Medicus, Dieter: »Geld muß man haben« – Unvermögen und Schuldnerverzug bei Geldmangel; AcP 188 (1988), 489-510

Medicus, Dieter: Bürgerliches Recht; 17. Aufl., Köln/Berlin/Bonn/München 1996

Meincke, Jens Peter: Steuerbezogene Argumente in der Zivilrechtsprechung zum Finanzierungsleasing; AcP 190 (1990), 358-380

Melsheimer, Horst-Otto: Verbraucherschutz durch § 9 Abs.3 VKrG im Finanzierungsleasing; Frankfurt am Main/Berlin/Bern/New York/Paris/Wien 1994

Merkel, Helmut: Das Recht der Kreditkarte in den USA; Berlin 1990

Metz, Rainer: Aktuelle Rechtsfragen der Kreditkartenpraxis; NJW 1991, 2804-2813

Metz, Rainer: Das Verbraucherkreditgesetz in der Praxis; VuR 1992, 337-349

Meyer, Udo: Der Bereicherungsausgleich in Dreiecksverhältnissen unter besonderer Berücksichtigung der Anweisungsfälle; Berlin 1979

Michalski, Lutz / Schmitt, Michael: Der Kfz-Leasingvertrag – Schwerpunkte und Schranken der Vertragsgestaltung unter besonderer Berücksichtigung von AGB-Gesetz und Verbraucherkreditgesetz; Köln/Berlin/Bonn/München 1995

Möllers, Elmar: Probleme zum Kundenfinanzierungsvertrag – Die Einwendungen des Käufers; NJW 1955, 1421-1424

Möllers, Elmar: Teilzahlungsfinanzierung – Rechtsformen und Rechtsfragen; München/Berlin 1957

Möllers, Elmar: Der Bundesgerichtshof zur Teilzahlungsfinanzierung – Ein Wandel?; NJW 1973, 1919-1921

Mömken, Torsten: Der Finanzierungsleasingvertrag über bewegliche Sachen im kaufmännischen Verkehr: eine rechtsvergleichende Untersuchung von Liefer-, Gefahrtragungs- und Sachmängelklauseln in englischen, französischen, italienischen und deutschen AGB; München 1989

Möschel, Wernhard: Dogmatische Strukturen des bargeldlosen Zahlungsverkehrs; AcP 186 (1986), 187-236

Mück, Herbert: Die Gewährleistungsansprüche des Käufers beim finanzierten Abzahlungsgeschäft (B-Geschäft) in der Dogmatik des bürgerlichen Rechts; Düsseldorf 1964

Mülbert, Peter O.: Das verzinsliche Darlehen – Konsensualvertrag statt Realkontrakt – oder: synallagmatisches Entgelt statt akzessorischer Zinsen; AcP 192 (1992), 447-515

Müller, Georg: Auswirkungen des Verbraucherkreditgesetzes auf das Wechsel- und Scheckrecht; WM 1991, 1781-1790

Müller, Ulrich: Die Entwicklung der direkten Stellvertretung und des Vertrages zugunsten Dritter – Ein dogmengeschichtlicher Beitrag zur Lehre von der unmittelbaren Drittberechtigung und Drittverpflichtung; Stuttgart/Berlin/Köln/Mainz 1969

Müller, Wolfgang: Das U.S.-amerikanische Leasingrecht nach Art. 2A Uniform Commercial Code; Wiesbaden 1995

Müller-Graff, Peter-Christian: Rechtliche Auswirkungen einer laufenden Geschäftsverbindung im amerikanischen und deutschen Recht; Karlsruhe 1974

Müller-Laube, Hans Martin: Teilzahlungskredit und Umsatzgeschäft; Baden-Baden 1973

Münchener Kommentar zum Bürgerlichen Gesetzbuch (Hrsg.: Kurt Rebmann / Franz Jürgen Säcker/Roland Rixecker)
Band 1: Allgemeiner Teil (§§ 1-240), AGB-Gesetz; 3. Aufl., München 1993
Band 2: Schuldrecht Allg. Teil (§§ 241-432); 2. Aufl., 1985 und 3. Aufl., München 1994
Band 3: Schuldrecht – Besonderer Teil, 1. Halbband (§§ 433 – 651 k); 2. Aufl., München 1988
Band 3: Schuldrecht – Besonderer Teil I (§§ 433-606, Finanzierungsleasing; VerbrKrG u.a.); 3. Aufl., München 1995
Band 4: Schuldrecht – Besonderer Teil II (§§ 607 – 704); 3. Aufl., München 1997
Band 5: Schuldrecht – Besonderer Teil III (§§ 705 – 853; PartGG, ProdukthaftG); 3. Aufl., München 1997
Band 9: Erbrecht; 3. Aufl., München 1997 [zit.: MünchKomm-*Bearbeiter* § ... Rdn. ...]

Münchener Kommentar zur Zivilprozeßordnung mit Gerichtsverfassungsgesetz und Nebengesetzen (Hrsg.: Gerhard Lüke /Alfred Walchshöfer)
Band 1: Einleitung, §§ 1-354; München 1992
Band 3: §§ 803-1048; München 1992 [zit.: MünchKomm-*Bearbeiter* § ... ZPO Rdn. ...]

Münchener Vertragshandbuch
Band 3: Wirtschaftsrecht (Hrsg.: Rolf A. Schütze / Lutz Weipert); 3. Aufl., München 1992

Münstermann, Walter / Hannes, Rudi: Verbraucherkreditgesetz Kommentar; Münster 1991

Munz, Martin: Allgemeine Geschäftsbedingungen in den USA und Deutschland im Handelsverkehr: eine rechtsvergleichende Untersuchung der richterlichen Kontrolle vorformulierter Vertragsklauseln; Heidelberg 1992

Neumayer, Karl: Das finanzierte Abzahlungsgeschäft; in: Deutsche zivil- und kollisionsrechtliche Beiträge zum IX. Internationalen Kongreß für Rechtsvergleichung in Teheran 1974; Tübingen 1974, 28-67

Nicklisch, Fritz: Empfiehlt sich eine Neukonzeption des Werkvertragsrechts? – unter besonderer Berücksichtigung komplexer Langzeitverträge; JZ 1984, 757-771

Nicklisch, Fritz: Rechtsfragen des Subunternehmervertrags bei Bau- und Anlageprojekten im In- und Auslandsgeschäft; NJW 1985, 2361-2370

Nicklisch, Fritz (Hrsg.): Der komplexe Langzeitvertrag – Strukturen und Internationale Schiedsgerichtsbarkeit; Heidelberg 1987

Nicklisch, Fritz: Vorteile einer Dogmatik für komplexe Langzeitverträge; in: Fritz Nicklisch (Hrsg.); Der komplexe Langzeitvertrag – Strukturen und Internationale Schiedsgerichtsbarkeit; Heidelberg 1987, 17-28

Nöcker, Klaus: Finanzierter Abzahlungskauf und Betrugstatbestand; DB 1972, 370-373

Oechsler, Jürgen: Wille und Vertrauen im privaten Austauschvertrag – Die Rezeption der Theorie des Relational Contract im deutschen Vertragsrecht in rechtsvergleichender Kritik; RabelsZ 60 (1996), 91-124

Oechsler, Jürgen: Gerechtigkeit im modernen Austauschvertrag – Die theoretischen Grundlagen der Vertragsgerechtigkeit und ihr praktischer Einfluß auf Auslegung, Ergänzung und Inhaltskontrolle des Vertrages; Tübingen 1997

von Olshausen, Eberhard: Gläubigerrecht und Schuldnerschutz bei Forderungsübergang und Regreß; Köln/Berlin/Bonn/München 1988
Ott, Claus / Schäfer, Hans-Bernd (Hrsg.): Allokationseffizienz in der Rechtsordnung – Beiträge zum Travemünder Symposium zur ökonomischen Analyse des Zivilrechts, 23.-26. März 1988; Berlin/Heidelberg/New York/London/Paris/Tokyo 1989 [zit.: *Ott/Schäfer* Allokationseffizienz]
Ott, Claus / Schäfer, Hans-Bernd (Hrsg.): Ökonomische Analyse des Unternehmensrechts – Beiträge zum 3. Travemünder Symposium zur ökonomischen Analyse des Rechts; Berlin 1993 [zit.: *Ott/Schäfer* Ökonomische Analyse des Unternehmensrechts]
Otto, Peter: Stellung der Bank bei der Finanzierung von Immobilienanlagen; Berlin 1988

Pagendarm, Kurt: Das finanzierte Abzahlungsgeschäft – Bemerkungen zu acht neuen Urteilen des Bundesgerichtshofs; WM 1967, 434-445
Palandt, Otto: Bürgerliches Gesetzbuch; 56. Aufl.; München 1997
Papanikolaou, Panjotis Al.: Schlechterfüllung beim Vertrag zugunsten Dritter; Berlin 1977
Papapostolou, Nikolaos: Die Risikoverteilung beim Finanzierungsleasingvertrag über bewegliche Sachen; München 1987
Peters, Bernd: Leasing und Verbraucherkreditgesetz; WM 1992, 1797-1806
Peters, Frank: Zu den bereicherungsrechtlichen Folgen eines mangelhaften Vertrages zu Rechten Dritter; AcP 173 (1973), 71-92
Petring, Ralf: Störungen bei POS-Zahlungen unter besonderer Berücksichtigung der Risikoverteilung zwischen dem kartenausgebenden Kreditinstitut und seinem Kunden; Frankfurt am Main/Bern/New York/Paris 1990
Pfister, Bernhard: Der mehrseitige Austauschvertrag; JZ 1971, 284-286
Pietzcker, Søren: Die Rückabwicklung der verbundenen Geschäfte beim Einwendungsdurchgriff nach dem Verbraucherkreditgesetz; Berlin 1994
Pinger, Winfried: Was leistet der Leistungsbegriff im Bereicherungsrecht?; AcP 179 (1979), 301-336
Pinkos, Erich: Rechtssicherheit gefragt – Anmerkungen zum neuen Leasingerlaß der Finanzverwaltung; DB-Beilage 7/1992, 20-23
Plathe, Peter: Die rechtliche Beurteilung des Leasing-Geschäfts; München 1969
von Ploetz, Hans-Friedrich: Der Leasing-Vertrag – Wesen und Inhalt von Leasingverträgen; Wiesbaden 1968
Poczobut, Jerzy: Internationales Finanzierungsleasing – Das UNIDROIT-Projekt – vom Entwurf (Rom 1987) zum Übereinkommen (Ottawa 1988); RabelsZ 51 (1987), 681-752
Preis, Ulrich: Der persönliche Anwendungsbereich der Sonderprivatrechte – Zur systematischen Abgrenzung von Bürgerlichem Recht, Verbraucherrecht und Handelsrecht; ZHR 158 (1994), 567-613
Pütthoff, Heinz-Helmer: Die Kreditkarte in rechtsvergleichender Sicht Deutschland – USA; Münster 1974

Raiser, Thomas: Einwendungen aus dem Kaufvertrag gegenüber dem Finanzierungsinstitut beim finanzierten Abzahlungskauf; RabelsZ 33 (1969), 457-475
Raith, Raimund T.: Das Recht des Dokumentenakkreditivs in den USA und in Deutschland; Bonn 1985
Rappaport, Achill: Die Einrede aus dem fremden Rechtsverhältnis – Eine Untersuchung auf dem Gebiete des gemeinen, sowie des deutschen und des österreichischen bürgerlichen Rechts; Berlin 1904

Rebmann, Eberhard: Das UNIDROIT-Übereinkommen über das internationale Factoring (Ottawa 1988); RabelsZ 53 (1989), 599-621
Rechtsgeschichtliches Institut an der Universität Freiburg i.Br. (Hrsg.): Aus nachgelassenen und kleineren verstreuten Schriften von Josef Partsch; Berlin 1931
Rechtsvergleichendes Handwörterbuch für das Zivil- und Handelsrecht des In- und Auslandes; Sechster Band: Rechtsmißbrauch und Schikane – Unsittliche Rechtsgeschäfte; Berlin 1938
Rehberg, Jürgen: Der Rückforderungsdurchgriff als Instrument des Verbraucherschutzes beim drittfinanzierten Abzahlungskauf; Wiesbaden 1990
Reich, Norbert: Leasing; in: Wolfgang Gitter / Diether Huhn u.a.; Vertragsschuldverhältnisse (ohne Kaufrecht); München 1974, 49-98
Reichsgerichtsräte-Kommentar: Das Bürgerliche Gesetzbuch mit besonderer Berücksichtigung der Rechtsprechung des Reichsgerichts und des Bundesgerichtshofes; 12. Aufl.
Band II, 2. Teil (§§ 414-610; Anh. nach § 455: Abzahlungsgesetz); Berlin/New York 1978 [zit.: RGRK-*Bearbeiter* § ... Rdn. ...]
Reifner, Udo: Alternatives Wirtschaftsrecht am Beispiel der Verbraucherverschuldung; Neuwied/Darmstadt 1979 [zit.: *Reifner* Wirtschaftsrecht]
Reifner, Udo: Handbuch des Kreditrechts – Verbraucherkredit und Realkredit; München 1991 [zit.: *Reifner* Kreditrecht]
Reimann, Mathias: Einführung in das US-amerikanische Privatrecht; München 1997
von Reinersdorff, Wolfgang: Zur Dogmatik des Einwendungsdurchgriffs; Berlin 1984
Reinicke, Dietrich / Tiedtke, Klaus: Kaufrecht einschließlich Abzahlungsgeschäfte, AGB-Gesetz, Eigentumsvorbehalt, Factoring, finanzierte Kaufverträge, Haustürgeschäfte, Leasing, Poolvereinbarungen, Produzentenhaftung, UN-Kaufrecht und Verbraucherkreditgesetz; 6. Aufl., Neuwied/Kriftel/Berlin 1997
Reinicke, Dietrich / Tiedtke, Klaus: Zweifelsfragen bei der Anwendung des Verbraucherkreditgesetzes; ZIP 1992, 217-232
Reinking, Kurt: Das Verbraucherkreditgesetz bei Kfz-Leasing und finanziertem Kfz-Kauf – Verbundene Geschäfte; FLF 1993, 174-179
Reinking, Kurt / Nießen, Thomas: Das Verbraucherkreditgesetz; ZIP 1991, 79-87
Reinking, Kurt / Nießen, Thomas: Problemschwerpunkte im Verbraucherkreditgesetz; ZIP 1991, 634-639
Reiser, Christof: Die Rechtsgrundlagen für das POS-System des deutschen Kreditgewerbes (»electronic cash«); WM-Sonderbeilage 3/1989
Reiß, Werner: Die Rechtsstellung des Kreditgebers gegenüber dem Abzahlungskäufer bei der Finanzierung von Abzahlungsgeschäften – dargestellt am deutschen B-Geschäft und am englischen »direct collection system«; Stuttgart 1970
Reuter, Dieter / Martinek, Michael: Ungerechtfertigte Bereicherung; in: Joachim Gernhuber (Hrsg.); Handbuch des Schuldrechts, Band 4; Tübingen 1983
Rheinstein, Max: Die Struktur des vertraglichen Schuldverhältnisses im anglo-amerikanischen Recht; Berlin/Leipzig 1932
Rimmelspacher, Bruno: Schuldübernahmetheorien und Anfechtbarkeit der befreienden Schuldübernahme; JR 1969, 201-209
Rittner, Fritz: Über die Entbehrlichkeit des sog. genetischen Synallagmas; in: Festschrift für Heinrich Lange; München 1970, 213-238
Rosenberg, Leo / Schwab, Karl Heinz / Gottwald, Peter: Zivilprozeßrecht; 15. Aufl., München 1993
Roth, Günter H.: Das Factoring; Jura 1979, 297-303
Roth, Herbert: Zur gerichtlichen Inhaltskontrolle von Finanzierungs-Leasingverträgen; AcP 190 (1990), 293-323

von Rottenburg, Franz: Verhaltenspflichten der Kreditinstitute bei der Vergabe von Verbraucherkrediten – Aspekte der Bankenpraxis; ZHR 153 (1989), 162-177
Rudden, John T. / Woywode, Uwe: Leasing in den U.S.A.; in: K.F. Hagenmüller / Wolfram Eckstein (Hrsg.); Leasing-Handbuch für die betriebliche Praxis; 6. Aufl., Frankfurt am Main 1992, 381-406
Rümker, Dietrich: Haftung der Bank aus der Finanzierung von Bauherrenmodellen und geschlossenen Immobilienfonds-Modellen; ZHR 151 (1987), 162-178

Sandkühler, Gerd: Bankrecht; Köln/Berlin/Bonn/München 1992
Sannwald, Rüdiger: Der Finanzierungsleasingvertrag über bewegliche Sachen mit Nichtkaufleuten; Berlin 1982
Schäfer, Hans-Bernd / Ott, Claus: Lehrbuch der ökonomischen Analyse des Zivilrechts; 2. Aufl., Berlin/Heidelberg/New York/London/Paris/Tokyo 1995
Schlechtriem, Peter: Schuldrecht, Allgemeiner Teil; 3. Aufl., Tübingen 1997
Schmalzbauer, Wolfgang: Die Drittwirkung verpflichtender Verträge; Regensburg 1982
Schmelz, Karl-Joachim / Klute, Sabine: Zum Gesetzentwurf für ein Verbraucherkreditgesetz; ZIP 1989, 1509-1525
Schmid, Walter: Zur sozialen Wirklichkeit des Vertrages; Berlin 1983
Schmidt, Eike: Der Bereicherungsausgleich beim Vertrag zu Rechten Dritter; JZ 1971, 601-608
Schmidt, Karsten: Darlehn, Darlehnsversprechen und Darlehnskrediteröffnung im Konkurs; JZ 1976, 756-763
Schmidt, Karsten: Handelsrecht; 4. Aufl., Köln/Berlin/Bonn/München 1994 [zit.: *K. Schmidt* Handelsrecht]
Schmidt, Reimer: Rationalisierung und Privatrecht; AcP 166 (1966), 1-29
Schmidt-Rimpler, Walter: Die Gegenseitigkeit bei einseitig bedingten Verträgen, insbesondere beim Versicherungsvertrag – Zugleich ein Beitrag zur Lehre vom Synallagma; Stuttgart 1968
Schmitz, Erich: Globalabtretung an Factoring-Gesellschaft beim unechten Factoring; NJW 1978, 201-202
Schmitz, Winfried F.: Der finanzierte Abzahlungskauf im deutschen und französischen Recht: Zwei Wege, durch Verknüpfung von Kaufvertrag und Darlehensvertrag den Verbraucher zu schützen; Frankfurt am Main/Berlin/New York/Paris 1986
Schmitz, Winfried F.: Das rechtliche Verhältnis von Kaufvertrag und Darlehensvertrag beim finanzierten Abzahlungskauf im deutschen und französischen Recht; FLF 1988, 31-33
Schnauder, Franz: Grundfragen zur Leistungskondiktion bei Drittbeziehungen; Berlin 1981
Schneider, Uwe H. / Merkel, Helmut: Preisaufschläge bei Zahlung mit Scheck, Kreditkarte oder an automatischen Kassen? – Rechtsvergleichende Überlegungen zum amerikanischen Cash Discount Act 1981; in: Festschrift für Klemens Pleyer; Köln/Berlin/Bonn/München 1986, 115-132
Schöchle, Sabine: Kartengebundene Zahlungssysteme in Deutschland; Hamburg 1992
Schönle, Herbert: Bank- und Börsenrecht; 2. Aufl., München 1976
Scholz, Franz Josef: Das B-Geschäft ist tot; JZ 1975, 727-729
Scholz, Franz Josef: Finanzierte Rechtsgeschäfte – Neuere Rechtsprechung des BGH und Gesetzentwurf der Bundesregierung; MDR 1980, 184-189
Scholz, Franz Josef: Verbraucherkreditverträge – Geldkredite, Abzahlungskauf, finanziertes Abzahlungsgeschäft, Finanzierungsleasing, Kreditvermittlung u.a.; 2. Aufl., München 1992
Schoreit, Armin: Der Finanzierungsvertrag bei der Teilzahlungsfinanzierung; Kiel 1959

Schröder, Albert: Rückabwicklung des Leasingvertrages bei entfallener Geschäftsgrundlage und Wegfall der Bereicherung; JZ 1989, 717-725
Schröter, Jürgen: Bankenhaftung im mehrgliedrigen Zahlungsverkehr; ZHR 151 (1987), 118-145
Schürmann, Thomas: Haftung im mehrgliedrigen bargeldlosen Zahlungsverkehr; Berlin 1994
Schwark, Eberhard: Zum Verhältnis von schuldrechtlichen Vertragstypen und Vertragswirklichkeit, insbesondere beim Werklieferungsvertrag; Rechtstheorie 1978, 73-106
Schwark, Eberhard: 100 Bände BGHZ: Bank- und Wertpapierrecht; ZHR 151 (1987), 325-354
Schweitzer, Roger: Vorteilhaftigkeit von »double dip« Leasing bei einfacher Körperschaftssteuer; FLF 1992, 197-202
Schwenzer, Ingeborg: Zession und sekundäre Gläubigerrechte; AcP 182 (1982), 214-253
Schwintowski, Hans-Peter: Das neue Verbraucherkreditgesetz – sozialpolitische Instrumentierung des Privatrechts?; JA 1992, 33-39
Schwintowski, Hans-Peter / Schäfer, Frank A.: Bankrecht, Commercial Banking – Investment Banking; Köln/Berlin/Bonn/München 1997
Seetzen, Uwe: Sekundäre Gläubigerrechte nach Abtretung des Hauptanspruchs aus einem gegenseitigen Vertrag; AcP 169 (1969), 352-371
Sefrin, Benno: Die Kodifikationsreife des Finanzierungsleasingvertrages – Strategie und Methode der schuldrechtlichen Bewältigung der modernen Vertragstypen; Kehl/Strassburg/Arlington 1993
Seibert, Ulrich: Verbraucherkreditgesetz und Kreditkarte; DB 1991, 429-431
Seibert, Ulrich: Handbuch zum Verbraucherkreditgesetz; Köln 1991 [zit.: *Seibert* § ... VerbrKrG Rdn. ...]
Seibert, Ulrich: Der Anwendungsbereich des Verbraucherkreditgesetzes, insbesondere im Hinblick auf die Entstehungsgeschichte des Gesetzes; in: Walther Hadding / Klaus J. Hopt (Hrsg.); Das neue Verbraucherkreditgesetz; Frankfurt am Main 1991, 11-27
Seifert, Peter: Verbraucherkreditgesetz und Finanzierungsleasing; BB-Beilage 11/1991, 12-18
Serick, Rolf: Eigentumsvorbehalt und Sicherungsübertragung
Band IV: Verlängerungs- und Erweiterungsformen des Eigentumsvorbehalts und der Sicherungsübertragung – Erster Teil: Verlängerungsformen und Kollision; Heidelberg 1976
Band V: Verlängerungs- und Erweiterungsformen des Eigentumsvorbehalts und der Sicherungsübertragung – Zweiter Teil: Erweiterungsformen; Sonstiges; Heidelberg 1982 [zit.: *Serick* IV oder V]
Siehr, Kurt: Internationale Rechtsvereinheitlichung von Innominatverträgen; in: Festgabe für Walter R. Schluep; Zürich 1988, 25-43
Slama, Dietmar: Leasingspezifische Regelungen des Verbraucherkreditgesetzes; WM 1991, 569-574
Sobotka, Stephan: Der neue Teilamortisationserlaß im Immobilien-Leasing; BB 1992, 827-832
Soergel / Siebert – Bürgerliches Gesetzbuch mit Einführungsgesetz und Nebengesetzen (begründet. von Hs. Th. Soergel, neu herausgegeben von W. Siebert); 12. Aufl., Stuttgart/Berlin/Köln/Mainz
Band 1: Allgemeiner Teil (§§ 1-240, HaustürWiderrufG), Stand: Sommer 1987
Band 2: Schuldrecht I (§§ 241-432), Stand: Juli 1990
Band 3: Schuldrecht II (§§ 433-515; AGB-Gesetz, AbzG u.a.); Stand: Frühjahr 1991
Band 9: Erbrecht (§§ 1922-2385), Stand: Frühjahr 1992 [zit.: Soergel-*Bearbeiter* § ... Rdn. ...]

Spreter, Jürgen: Entwicklungen im Bereich des Immobilien-Leasing; FLF 1992, 140-142
Städtler, Arno: Leasing: Boom ohne Ende?; FLF 1989, 3-7
Städtler, Arno: Hochkonjunktur in der Leasingbranche; FLF 1990, 10-13
Städtler, Arno: Leasinggesellschaften investieren über 40 Mrd. DM; FLF 1991, 3-8
Städtler, Arno: Leasing: Wachstumsmotor Ostdeutschland; DB-Beilage 7/1992, 4-8
Städtler, Arno: Gegenwart und Zukunft des Leasingmarktes in der Bundesrepublik Deutschland; in: K.F. Hagenmüller / Wolfram Eckstein (Hrsg.); Leasing-Handbuch für die betriebliche Praxis; 6. Aufl., Frankfurt am Main 1992, 11-49
Städtler, Arno: Leasing in Deutschland: Eine Insel der Seligen?; FLF 1993, 3-8
Städtler, Arno: Konjunkturelle Bremsspuren; DB-Beilage 7/1993, 4-6
Städtler, Arno: Leasing wird konjunkturreagibler; FLF 1994, 27-31
Städtler, Arno: Bonitätsrisiken dämpfen Leasingwachstum; DB-Beilage 6/1994, 4-6
Städtler, Arno: Leasing in Deutschland: Immobilien weiter expansiv – Massengeschäft rückläufig; FLF 1995, 3-7
Städtler, Arno: Leasing in Deutschland: Nach Zwischenhoch nun Stagnation?; FLF 1996, 8-16
Städtler, Arno: Leasing in Deutschland: Weiterhin eine gefragte Dienstleistung; FLF 1997, 9-16
Stanford, Martin J.: Unidroit-Konvention über Finanzierungs-Leasing; FLF 1989, 128-131
Staub, Hermann: Positive Vertragsverletzungen; in: Festschrift für den 26. Deutschen Juristentag; Berlin 1902
Staub Großkommentar zum HGB (Hrsg.: Claus Wilhelm Canaris / Wolfgang Schilling / Peter Ulmer); 4. Aufl., 10. Lieferung: Bankvertragsrecht, Erster Teil; Bearbeiter: Claus-Wilhelm Canaris; Berlin/New York 1988 [zit.: Staub/*Canaris*]
Stauder, Bernd: Das Finanzierungs-Investitionsgüterleasing von Mobilien durch eine Leasinggesellschaft: Offene Fragen; in: Ernst A. Kramer (Hrsg.); Neue Vertragsformen der Wirtschaft: Leasing, Factoring, Franchising; 2. Aufl., Bern/Stuttgart/Wien 1992, 71-116
von Staudinger, J.: Kommentar zum Bürgerlichen Gesetzbuch mit Einführungsgesetz und Nebengesetzen
Zweites Buch: Recht der Schuldverhältnisse (§§ 293-327); 13. Berarbeitung, Berlin 1995
Zweites Buch: Recht der Schuldverhältnisse (§§ 328-361); 13. Berarbeitung, Berlin 1995
Zweites Buch: Recht der Schuldverhältnisse (§§ 535-563 – Mietrecht 1); 13. Bearbeitung, Berlin 1995
Zweites Buch: Recht der Schuldverhältnisse (§§ 652-704); 13. Berarbeitung, Berlin 1995
Zweites Buch: Recht der Schuldverhältnisse (§§ 812-822); 13. Berarbeitung, Berlin 1994 [zit.: Staudinger-*Bearbeiter* § ... Rdn. ...]
von Stebut, Dietrich: Aufklärungspflichten und Haftungsrisiken von Finanzdienstleistern; ZIP 1992, 1698-1706
Stein, Friedrich / Jonas, Martin: Kommentar zur Zivilprozeßordnung
Band 1: §§ 1-90, 21. Aufl., Tübingen 1993
Steinbeck, Anja Verena: Die Übertragbarkeit von Gestaltungsrechten; Berlin 1994
Stoll, Heinrich: Abschied von der Lehre von der positiven Vertragsverletzung; AcP 136 (1932), 257-320
Stoppok, Gerhard: Der Factoring-Vertrag; in: Hagenmüller, K.F. / Sommer, Heinrich Johannes (Hrsg.); Factoring-Handbuch; 2. Aufl., Frankfurt am Main 1987, 93-107

Strack, Ditmar: Die Rechtsstellung des Kunden im Teilzahlungskreditgeschäft – Eine Untersuchung der Frage der Anwendbarkeit des Abzahlungsgesetzes im Verhältnis zwischen dem Kunden und dem Finanzierungsinstitut; Göttingen 1955

Strätz, Hans-Wolfgang: Aushöhlung des Käuferschutzes beim finanzierten Abzahlungskauf; JR 1972, 95-99

Tacke, Helmut R.: Leasing an der Wachstumsgrenze; DB-Beilage 7/1992, 9-11

Tacke, Helmut R.: Die Leasingwirtschaft zwischen Herausforderung durch Wandlung der Nachfragestruktur, Anpassung und Zukunftssicherung; DB-Beilage 8/1996, 4-6

Taupitz, Jochen: Zivilrechtliche Haftung bei Kreditkartenmißbrauch; Frankfurt/Berlin/Bern/New York/Paris/Wien 1995

Taupitz, Jochen: Ökonomische Analyse und Haftungsrecht – Eine Zwischenbilanz; AcP 196 (1996), 114-167

Temp, Gisela: Die hauptsächlichsten Einwendungen des Käufers beim Teilzahlungskreditgeschäft gegenüber dem Finanzierungsinstitut; Mannheim 1958

Teske, Wolfgang: Der Begriff des »Verbrauchers« – Resümee und Annäherung; in: Georgios Magoulas / Jürgen Simon (Hrsg.); Recht und Ökonomie beim Konsumentenschutz und Konsumentenkredit; Baden-Baden 1985, 15-21

Tessner, Magnus: Autofinanzierung und -leasing: Wachsende Bedeutung der herstellereigenen Leasinggesellschaften und Banken; FLF 1995, 132-134

Teubner, Gunther: Gegenseitige Vertragsuntreue – Rechtsprechung und Dogmatik zum Ausschluß von Rechten nach eigenem Vertragsbruch; Tübingen 1975

Teubner, Gunther: »Verbund«, »Verband« oder »Verkehr«? – Zur Außenhaftung von Franchising-Systemen; ZHR 154 (1990), 295-324

Teubner, Gunther: Den Schleier des Vertrages zerreißen? Zur rechtlichen Verantwortung ökonomisch »effizienter« Vertragsnetzwerke; KritV 1993, 367-393

Thomas, Heinz / Putzo, Hans: Zivilprozeßordnung mit Gerichtsverfassungsgesetz und den Einführungsgesetzen; 20. Aufl., München 1997

Tiedtke, Klaus: Zur Sachmängelhaftung des Leasinggebers; JZ 1991, 907-910

Tsche, Kwang-Jun: Finanzierungsleasing im deutschen, koreanischen und japanischen Recht: eine rechtsvergleichende Untersuchung unter Berücksichtigung des US-amerikanischen und des internationalen Privat- und Einheitsrechts; München 1994

Tscheuschner, Peter: Die rechtlichen Beziehungen zwischen Verkäufer, Käufer und Finanzierungsinstitut bei sog. B-Geschäften und Teilzahlungsbarkrediten; München 1969

Ullrich, Erhard: Leasing im Handels- und Steuerrecht; in: K.F. Hagenmüller / Wolfram Eckstein (Hrsg.); Leasing-Handbuch für die betriebliche Praxis; 6. Aufl., Frankfurt am Main 1992, 77-98

Ulmer, Peter: Referat: Welche gesetzgeberischen Maßnahmen empfehlen sich zum Schutze des Endverbrauchers gegenüber allgemeinen Geschäftsbedingungen und Formularverträgen (dargestellt an Beispielen aus dem Kauf- und Werkvertragssowie dem Maklerrecht)?; Verhandlungen des 50. Deutschen Juristentages, Band 2; München 1974, H 8 – H 45

Ulmer, Peter / Brandner, Erich / Hensen, Horst-Diether: AGB-Gesetz: Kommentar zum Gesetz zur Regelung des Rechts der Allgemeinen Geschäftsbedingungen; 7. Aufl., Köln 1993

von Usslar, Levin / von Morgen, Robert D.: Aktuelle Rechtsfragen der Kreditkarten-Praxis; Hamburg 1989

Vécás, Lajos: Erneuern und Bewahren in der Privatrechtsdogmatik – am Beispiel der römisch-rechtlichen Vertragstypisierung; in: Vorträge, Reden und Berichte aus dem Europa-Institut / Nr.82 der Universität des Saarlandes; Saarbrücken 1987
Vollkommer, Max: Der Schutz des Käufers beim B-Geschäft des »finanzierten Abzahlungskaufs«; in: Festschrift für Karl Larenz; München 1973, 703-716
Vollkommer, Max: Zum Rückforderungsdurchgriff bei »verbundenen Geschäften«; in: Festschrift für Franz Merz; Köln 1992, 595-610
Vollkommer, Max: Keine Erstattung der Finanzierungskosten des Käufers bei Wandlung des verbundfinanzierten Kaufvertrages?; in: Festschrift für Wolfram Henckel; Berlin/New York 1995, 895-903
Vollkommer, Max / Koch, Ernst-Gerald: Der Einwendungsdurchgriff bei drittfinanzierten Rechtsgeschäften; Jura 1980, 469-479
Vortmann, Jürgen: Verbraucherkreditgesetz Kommentar; Stuttgart/Berlin 1991 [zit.: *Vortmann* § ... VerbrKrG Rdn. ...]
Vortmann, Jürgen: Aktuelle Rechtsfragen zum Verbraucherkreditgesetz; Köln 1992 [zit.: *Vortmann* Rechtsfragen]
Vortmann, Jürgen: Fallen Effektenlombardkredite unter das Verbraucherkreditgesetz?; NJW 1992, 1865-1867

Walter, Gerhard: Kaufrecht; in: Joachim Gernhuber (Hrsg.); Handbuch des Schuldrechts, Band 6; Tübingen 1987
Walther, Jürgen: Die Rechte des Käufers aus seinen Beziehungen zum Verkäufer gegenüber einem Finanzierungsinstitut insbesondere beim B-Geschäft; Köln 1961
Wassermann, Heinrich: Factoring in Deutschland 1988; FLF 1989, 132-135
Wassermann, Heinrich: Leasing 1989: 1216 Gesellschaften; FLF 1989, 217-230
Wassermann, Heinrich: Leasing 1990: 1348 Gesellschaften; FLF 1990, 226-238
Wassermann, Heinrich: Verzeichnis der Leasing-Gesellschaften in Deutschland 1991; FLF 1991, 232-243
Wassermann, Heinrich: Factoring in Deutschland 1991; FLF 1992, 151-156
Wassermann, Heinrich: Leasing 1994: 1757 Gesellschaften; FLF 1995, 83-88
Wassermann, Heinrich: Factoring in Deutschland 1995; FLF 1995, 175-181
Wassermann, Heinrich: Leasing-Gesellschaften in Deutschland 1995; FLF 1996, 92-100, 152-159
Wassermann, Heinrich: Factoring in Deutschland; FLF 1996, 232-239
Wassermann, Heinrich: Factoring in Deutschland; FLF 1997, 144-151
Weber, Hansjörg: Die Problematik des finanzierten Abzahlungskaufs – Akzessorietät statt Einwendungsdurchgriff; ZRP 1982, 305-311
Weber, Rolf H.: Ökonomische Rationalität und Vertragsrecht – Bemerkungen zu den Theorieansätzen der »Ökonomischen Analyse des Rechts«, in: Festschrift für Arthur Meier-Hayoz; Bern 1982, 419-444
Weber, Rüdiger: Immobilien-Leasing – Immer attraktiver für den Mittelstand; BB-Beilage 6/1994, 6-8
Wehrt, Klaus: Das ökonomische Vertragsmodell: Theorie und Anwendung; KritV 1992, 358-373
Weick, Günter: Vertragsform und Vertragsinhalt in der Reform des Abzahlungsrechts; BB 1971, 317-322
Weick, Günter: Bewertung typischer Geschäftsformen oder Schutz in Härtefällen?; JZ 1974, 13-17
Weisensee, Gerd Josef: Das Bankkreditkartengeschäft; Bern 1978
Weitnauer, Hermann: Neue Entscheidungen zum Abzahlungsrecht; JZ 1968, 201-209

Weitnauer, Hermann: Personenmehrheit auf der Gläubiger- und Schuldnerseite; in: Festschrift für Fritz Hauß; Karlsruhe 1978, 373-393
Weller, Michael: Das Kreditkartenverfahren; Köln/Berlin/Bonn/München 1986
Werner, Horst S. / Machunsky, Jürgen: Einwendungsdurchgriff und Schadensersatzansprüche gegen Kreditinstitute bei der Finanzierung von Bauherrengemeinschaften; DB 1982, 2229-2232
Werres, Rüdiger: Die Wirkungen der Streitverkündung und ihre Grenzen; NJW 1984, 208-210
Wesenberg, Gerhard: Verträge zugunsten Dritter – Rechtsgeschichtliches und Rechtsvergleichendes; Weimar 1949
Westermann, Harm Peter: Verbraucherschutz; in: Bundesminister der Justiz (Hrsg.); Gutachten und Vorschläge zur Überarbeitung des Schuldrechts, Band III; Köln 1983 (Bundesanzeiger), 1-122 [zit.: *Westermann* Verbraucherschutz]
Graf von Westphalen, Friedrich: Der Leasingvertrag; 4. Aufl., Köln 1992 [zit.: *Graf von Westphalen* Lesingvertrag Rz. ...]
Graf von Westphalen, Friedrich: Leasing: Die vernachlässigte Bedeutung des Einkaufsvertrages; DB 1993, 921-925
Graf von Westphalen, Friedrich: Wandelung – Wegfall der Geschäftsgrundlage; BB-Beilage 6/1994, 11-14
Graf von Westphalen, Friedrich / Emmerich, Volker / von Rottenburg, Franz: Verbraucherkreditgesetz Kommentar; 2. Aufl., Köln 1996 [zit.: *Bearbeiter* in: *Graf von Westphalen/Emmerich/von Rottenburg* § ... VerbrKrG Rdn. ...]
Wetzel, Ruth: Die bereicherungsrechtlichen Folgen eines mangelhaften Vertrages zu Rechten Dritter; Tübingen 1975
Wieacker, Franz: Privatrechtsgeschichte der Neuzeit unter besonderer Berücksichtigung der deutschen Entwicklung; 2. Aufl., Göttingen 1967 [zit.: *Wieacker* Privatrechtsgeschichte]
Wieacker, Franz: Das bürgerliche Recht im Wandel der Gesellschaftsordnungen; in: Festschrift zum hundertjährigen Bestehen des Deutschen Juristentages 1860-1960, Band II; Karlsruhe 1960, 1-18 [zit.: *Wieacker* in: FS 100 Jahre DJT (Bd.II)]
Wieck, Hans-Ascan: Der amerikanische Kreditkartenmarkt; Die Sparkasse 1989, 70-74
Wiedemann, Herbert: Gesellschaftsrecht, Band I – Grundlagen; München 1980
Wilke, Richard: Gutachten: Wie ist den Mißbräuchen, welche sich bei den Abzahlungsgeschäften herausgestellt haben, entgegen zu wirken?; Verhandlungen des 21. Deutschen Juristentages, Erster Band, Berlin 1890, 117-130
Wolf, Eckhard / Eckert, Hans-Georg: Handbuch des gewerblichen Miet-, Pacht- und Leasingrechts; 7. Aufl., Köln 1995
Wolf, Eckhard / Kämmerling, Jochen: Die höchstrichterliche Rechtsprechung zum Risiko der Lieferanteninsolvenz beim Finanzierungsleasing; in: Festschrift für Franz Merz; Köln 1992, 627-636
Wolf, Ernst: Lehrbuch des Schuldrechts
Band 1: Allgemeiner Teil; Köln/Berlin/Bonn/München 1978
Band 2: Besonderer Teil; Köln/Berlin/Bonn/München 1978 [zit.: *E. Wolf* Schuldrecht I + II]
Wolf, Ernst: Allgemeiner Teil des bürgerlichen Rechts; 3. Aufl., Köln/Berlin/Bonn/München 1982 [zit.: *E. Wolf* AT]
Wolf, Manfred: Neue Literatur zum Synallagma; JurA 1969, 119-129
Wolf, Manfred: Störungen des Binnenmarkts durch das Verbraucherkreditgesetz; in: Festschrift für Theodor Heinsius; Berlin/New York 1991, 967-978
Wolf, Manfred / Horn, Norbert / Lindacher, Walter F.: AGB-Gesetz – Gesetz zur Regelung

des Rechts der Allgemeinen Geschäftsbedingungen; 3. Aufl., München 1994 [zit.: *Bearbeiter* in: *Wolf/Horn/Lindacher* § ...Rdn. ...]
Wunderlich, Wolfgang: Zur Haftung von Kreditinstituten gegenüber Bauherren bei der Finanzierung von Immobilienerwerb nach dem Bauherrenmodell; DB 1980, 913-918

Zaccaria, Alessio: Internationales Factoring nach Inkrafttreten der Konvention von Ottawa; IPRax 1995, 279-286
Zahn, Herbert: Neues Recht des Leasingvertrages durch das Verbraucherkreditgesetz; DB 1991, 81-85
Zahn, Herbert: Risiko des Leasinggebers und Vertragsgestaltung nach dem Immobilien-Erlaß vom 23. 12. 1991 (Teil I und Teil II); DB 1992, 2482-2488 und 2537-2540
Zahn, Herbert: Der Leasingvertrag über Mobilien in der Insolvenz des Leasingebers nach der Novellierung der InsO; DB 1996, 1393-1397
Zahrnt, Christoph: Die Kreditkarte unter privatrechtlichen Gesichtspunkten; NJW 1972, 1077-1081
Zöller, Richard: Zivilprozeßordnung (begr. von Richard Zöller); 20. Aufl., Köln 1997 [zit.: Zöller-*Bearbeiter* § ... ZPO Rdn. ...]
Zöllner, Wolfgang: Zur rechtlichen Problematik der Scheckkarte; DB 1968, 559-564
Zöllner, Wolfgang: Wertpapierrecht; 14. Aufl., München 1987
Zöllner, Wolfgang: Zivilrechtswissenschaft und Zivilrecht im ausgehenden 20. Jahrhundert; AcP 188 (1988), 85-100
Zweigert, Konrad / Kötz, Hein: Einführung in die Rechtsvergleichung; 3. Aufl., Tübingen 1996

Englischsprachige Literatur

[Die anglo-amerikanische Zitierweise – Jahrgang/Band, Name der Zeitschrift, Seite, Jahr – wurde beibehalten.]

Alperin, Howard J. / Chase, Roland F.: Consumer Law – Sales Practices and Credit Regulation, Volume 2 (Sections 341 – End); St. Paul, Minn. 1986

Baker, C. Edwin: The Ideology of the Economic Analysis of Law; 5 Philosophy & Public Affairs 3-48 (1975)
Banks, Jim L.: The FTC Holder in Due Course Rule: A Rule Without a Private Remedy; 44 Mont. L. Rev. 113-126 (1983)
Barnes, Richard L.: Distinguishing Sales and Leases: A Primer on the Scope and Purpose of UCC Article 2A; 25 U. Mem. L. Rev. 873-898 (1995)
Barnett, Randy E.: Conflicting Visions: A Critique of Ian Macneil's Relational Theory of Contract; 78 Va. L. Rev. 1175-1206 (1992)
Barrett, Roger S. / Jones, Christian T.: Wisconsin Consumer Act – A Freak Out?; 57 Marq. L. Rev. 483-503 (1974)
Behrens, Peter: Legalism, Economism, and Professional Attitides Toward Institutional Design – Comment; 149 JITE 142-147 (1993)
Benson, David J. / Squillante, Alphonse M.: The Role of the Holder in Due Course Doctrine in Consumer Credit Transactions; 26 Hastings L.J. 427-459 (1974)
Burke, John J.A. / Cannel, John M.: Leases of Personal Property: A Project for Consumer Protection; 28 Harv. J. on Legis. 115-166 (1991)
Buxbaum, Richard M.: Is »Network« a Legal Concept?; 149 JITE 698-705 (1993)

Calabresi, Guido: Some Thoughts on Risk Distribution and the Law of Torts; 70 Yale L.J. 499-553 (1961)
Caplovitz, David: Credit Card Mania in America; in: Udo Reifner / Janet Ford (Eds.); Banking for People; Berlin/New York 1992, 119-124
Clark, Barkley / Clark, Barbara: The Law of Bank Deposits, Collections and Credit Cards; Revised Ed., Boston, Mass. 1995
Clark, Constance G.: The Close-Connectedness Doctrine: Preserving Consumer Rights In Credit Transactions; 33 Ark. L. Rev. 490-517 (1979)
Coase, Ronald H.: The Problem of Social Cost; 3 J. L. & Econ. 1-44 (1960)
Cooper, Corinne: Identifying a Personal Property Lease Under the UCC; 49 Ohio St. L.J. 195-247 (1988)
Craswell, Richard: The Relational Move: Some Questions from Law and Economics; 3 S. Cal. Interdis. L.J. 91-114 (1993)
Crystal, Nathan M.: An Empirical View of Relational Contracts Under Article Two of the Uniform Commercial Code; 1988 Ann. Surv. Am. L. 293-306

Davis, Jeffrey: Legislative Restriction of Creditor Powers and Remedies: A Case Study of the Negotiation and Drafting of the Wisconsin Consumer Act; 72 Mich. L. Rev. 1-82 (1973)

Edwards, Carolyn: Promissory Estoppel and the Avoidance of Injustice; 12 Okla. City U. L. Rev. 223-252 (1987)
Erickson, Myron L.: Demise of Holder In Due Course, Waiver Of Defense, And Interlocking Loan Lender Defenses in Consumer Transactions; 15 S. Tex. L.J. 236-261 (1974)

Farnsworth, E. Allan: United States Contract Law; Ardsley-on-Hudson, N.Y. 1991
Feinman, Jay M.: The Significance of Contract Theory; 58 U. Cin. L. Rev. 1283-1318 (1990)
Feinman, Jay M.: Relational Contract and Default Rules; 3 S. Cal. Interdis. L.J. 43-58 (1993)
Fonseca, John R.: Handling Consumer Credit Cases, Volume 1; 3rd ed., Rochester, N.Y. 1986

Gaines, Michael W.: Security Interests Under Article 2A: More Confusion in the Leasing Arena; 18 Stetson L. Rev. 69-85 (1988)
Geva, Benjamin: Optimality and Preservation of Consumer Defenses – A Model for Reform; 31 Case W. Res. L. Rev. 51-83 (1980)
Goldberg, Victor P. (Ed.): Readings in the Economics of Contract Law; Cambridge/New York 1989
Greenhalgh, William F.: The FTC's Holder-In-Due-Course Rule: An Ineffective Means of Achieving Optimality in the Consumer Credit Market; 25 UCLA L. Rev. 821-861 (1978)
Gross, Ethan A.: The Finance Lease Under Article 2A; 1993 Det. C.L. Rev. 127-150

Hadfield, Gillian K.: Problematic Relations: Franchising and the Law of Incomplete Contracts; 42 Stan. L. Rev. 927-992 (1990)
Hawkland, William D. / Lawrence, Lary: Uniform Commercial Code Series; Vol.4: Article 3: Commercial Paper (§§ 3-101 to 3-511); Deerfield, Il/New York, NY/Rochester, NY (Stand: 1994)

Hawkland, William D. / Lord, Richard A. / Lewis, Charles C.: Uniform Commercial Code Series; Vol.8: Article 9: Secured Transactions (§§ 9-101 to 9-305); Deerfield, Il/New York, NY/Rochester, NY (Stand: 1995)
Hawkland, William D. / Miller, Frederick H.: Uniform Commercial Code Series; Vol. 3A: Article 2A: Leases (§§ 2A-101 to 2A-532); Deerfield, Il/New York, NY/Rochester, NY (Stand: 1995)
Heckman, Charles A.: Article 2A of the Uniform Commercial Code: Government of the Lessor, by the Lessor, and for the Lessor; 36 St. Louis U. L.J. 309-348 (1992)
Heckman, Charles A.: Personal Property Leasing Law in Connecticut: The Dubious Benefits Of Article 2A; 13 Bridgeport L. Rev. 503-535 (1993)
Heermann, Peter W.: The Structure of Lessees' and Lessors' Remedies Regarding Finance Leases of Equipment and Personal Property Under United States and German Law; 15 Loy. L.A. Int'l & Comp. L.J. 307-393 (1993)
Heiser, Edward J.: Wisconsin Consumer Act – A Critical Analysis; 57 Marq. L. Rev. 389-482 (1974)
Hillman, Robert A.: Court Adjustment of Long-Term Contracts: An Analysis Under Modern Contract Law; 1987 Duke L.J. 1-33
Hillman, Robert A.: The Crisis in Modern Contract Theory; 67 Tex. L. Rev. 103-136 (1988)
Hudak, Leona M. / Carter, Robert: The Erosion of the Holder in Due Course Doctrine: Historical Perspective and Development – Part I; 9 UCC L.J. 165-184 (1976)

Joerges, Christian: Relational Contract Theory in a Comparative Perspective: Tensions Between Contract and Antitrust Law Principles in the Assessment of Contract Relations Between Automobile Manufacturers and Their Dealers in Germany; 1985 Wis. L. Rev. 581-622
Joerges, Christian (Ed.): Franchising and the Law: Theoretical and Comparative Approaches in Europe and the United States; Baden-Baden 1991 [zit.: *Joerges* Franchising and the Law]

Kirchner, Christian: The Difficult Reception of Law and Economics in Germany; 11 Int. Rev. of L. & Economics 277-292 (1991).
Kronman, Anthony T.: Wealth Maximization as a Normative Principle; 9 J. of Legal Studies 227-242 (1980)
Kronman, Anthony T. / Posner, Richard A. (Eds.): The Economics of Contract Law; Boston/Toronto 1979

Landey, Kate M.: Consumer-Cardholder Defenses in Tripartite Credit Card Arrangements: A Battleground for the Beleaguered Bank; 88 Commercial L.J. 84-98 (1983)
Levy, David A.: Financial Leasing Under the UNIDROIT Convention and the Uniform Commercial Code: A Comparative Study; 5 Ind. Int'l & Comp. L. Rev. 267-302 (1995)
Linzer, Peter: Uncontracts: Context, Contorts and the Relational Approach; 1988 Ann. Surv. Am. L. 139-198
Littlefield, Neil O.: Preservation of Consumer Defenses in Interlocking Loans and Credit Card Transactions – Recent Statutes, Policies, and a Proposal; 1973 Wis. L. Rev. 470-502

Macaulay, Stewart: Non-Contractual Relations in Business: A Preliminary Study; 28 A. Soc. Rev. 55-67 (1963)
Macaulay, Stewart: Elegant Models, Empirical Pictures, and the Complexities of Contract; 11 Law & Society Rev. 507-528 (1977)

Macaulay, Stewart: Lawyers and Consumer Protection Laws; 14 Law & Society Rev. 115-171 (1979)

Macaulay, Stewart: Long-Term Continuing Relations: The American Experience Regulating Dealerships and Franchises; in: Christian Joerges (Ed.); Franchising and the Law: Theoretical and Comparative Approaches in Europe and the United States; Baden-Baden 1991, 179-237

Macneil, Ian R.: The Many Futures of Contracts; 47 S. Cal. L. Rev. 691-816 (1974)

Macneil, Ian R.: Contracts: Adjustment of Long-Term Economic Relations Under Classical, Neo-Classical, and Relational Contract Law; 72 Nw. U. L. Rev. 854-905 (1978)

Macneil, Ian R.: The New Social Contract: An Inquiry into Modern Contractual Relations; New Haven/London 1980

Macneil, Ian R.: Relational Contract: What We Do and Do Not Know; 1985 Wis. L. Rev. 483-525

Macneil, Ian R.: Barriers to the Idea of Relational Contracts; in: Fritz Nicklisch (Hrsg.); Der komplexe Langzeitvertrag – Strukturen und Internationale Schiedsgerichtsbarkeit; Heidelberg 1987, 31-49

Marsh, Gene A.: Lender Liability for Consumer Fraud Practices of Retail Dealers and Home Improvement Contractors; 45 Ala. L. Rev. 1-53 (1993)

McNeill, Charles R.: The Necessity of Retaining the Holder In Due Course Doctrine; 5 UCCC L.J. 149-163 (1972)

Miller, Fred H.: Consumer Leases Under the Uniform Commercial Code 2A; 39 Ala. L. Rev. 957-974 (1988)

Minda, Gary: The Jurisprudential Movements of the 1980s; 50 Ohio St. L.J. 599-662 (1989)

Montague Jr., Robert T.: »Dragging the Body« – Deceptive Automobile Financing in Pennsylvania, With Proposed Legislative Remedies; 34 U. Pitt. L. Rev. 429-445 (1973)

Murphy, Edward J. / Speidel, Richard E.: Sudies in Contract Law; 4th ed., Westbury, NY 1991

Note: Direct Loan Financing of Consumer Purchases; 85 Harv. L. Rev. 1409-1438 (1972)

Note: Development of Consumer Defenses under a Tripartite Credit Card System; 24 Syracuse L. Rev. 1279-1318 (1973)

Note: The New FTC Trade Regulation Rule on Holder In Due Course; 13 Hous. L. Rev. 789 (1976)

Note: The FTC's Preservation of Consumers' Claims and Defenses: Consumer Security or Consumer Fraud?; 11 Val. U. L. Rev. 263-313 (1977)

Paglia, Laura J.: U.C.C. Article 2A: Distinguishing Between True Leases and Secured Sales; 63 St. John's L.Rev. 69-82 (1988)

Polinsky, A. Mitchell: An Introduction to Law and Economics; 2nd ed., Boston/Toronto 1989

Posner, Richard A.: Economic Analysis of Law; 4th ed., Boston/Toronto/London 1992

Powell, Walter W.: Neither Market nor Hierarchy: Network Forms of Organization; 12 Research in Organizational Behavior 295-336 (1990)

Quinn, Thomas M.: Quinn's Uniform Commercial Code Commentary and Law Digest; Vol.1, Boston/New York 1991

Reifner, Udo / Ford, Janet (Eds.): Banking For People; Berlin/New York 1992
Rohner, Ralph J.: Holder In Due Course In Consumer Transactions: Requiem, Revival, or Reformation?; 60 Cornell L. Rev. 503-568 (1975)
Rosenthal, Albert J.: Negotiability – Who Needs It?; 71 Colum. L. Rev. 375-402 (1971)

Sauer, Richard: Special Problems of Banks With Bankruptcy Debtor Customers; 61 Am. Bankr. L.J. 95-124 (1987)
Schanze, Erich: Symbiotic Contracts: Exploring Long-Term Agency Structures Between Contract and Corporation; in: Christian Joerges (Ed.); Franchising and the Law: Theoretical and Comparative Approaches in Europe and the United States; Baden-Baden 1991, 67-103
Schanze, Erich: Symbiotic Arrangements; 149 JITE 691-697 (1993)
Schoenfeld, Steven R.: The Finance Lease Under Article 2A of the Uniform Commercial Code; 1989 Ann. Surv. Am. L. 565-606 (1991)
Shell, Richard G.: Contracts in the Modern Supreme Court; 81 Cal. L. Rev. 431-529 (1993)
Sovern, Jeff: Paradigm and Paradox in New York Consumer Credit Law: After Holder in Due Course; 6 Ann. Rev. Banking L. 119-180 (1987)
Speidel, Richard E.: Warranty Theory, Economic Loss, and the Privity Requirement: Once More Into the Void; 67 B.U. L. Rev. 9-58 (1987)
Speidel, Richard E.: Article 2 and Relational Sales Contracts; 26 Loy. L.A. L. Rev. 789-809 (1993)
Strauss, Robert D.: Equipment Leases Under U.C.C. Article 2A – Analysis and Practice Suggestions; 43 Mercer L. Rev. 853-867 (1992)
Sturley, Michael F.: The Legal Impact of the Federal Trade Commission's Holder in Due Course Notice on a Negotiable Instrument: How Clever Are the Rascals at the FTC?; 68 N.C. L. Rev. 953-978 (1990)

Tanner, Sue A.: The FTC Holder In Due Course Rule: Neither Creditor Ruination Nor Consumer Salvation; 31 Sw. L.J. 1097-1123 (1977)
Teubner, Gunther: Beyond Contract and Organization? The External Liability of Franchising Systems in German Law; in: Christian Joerges (Ed.); Franchsing and the Law: Theoretical and Comparative Approaches in Europe and the United States; Baden-Baden 1991, 105
Thompson Jr., L. Hayden: The Applicability of the Law of Letters of Credit to Modern Bank Card Systems: 18 U. Kan. L. Rev. 871-890 (1970)

U.S. Bureau of Census: Statistical Abstract of the United States: 1995; 115th ed., Washington D.C. 1995

Weintraub, Russell J.: A Survey of Contract Practice and Policy; 1992 Wis. L. Rev. 1-60
Whelan, Stephen T. / Strauss, Robert D.: Leases; 49 Bus. Law. 1857-1865 (1994)
Whelan, Stephen T. / Strauss, Robert D.: Leases; 50 Bus. Law. 1481-1491 (1995)
White, G. Edward: From Sociological Jurisprudence to Realism: Jurisprudence and Social Change in Early Twentieth-Century America; 58 Va. L. Rev. 999-1028 (1972)
White, James J. / Summers, Robert S.: Uniform Commercial Code (Hornbook Series); 4th ed., St. Paul, Minn. 1995 [zit.: *White/Summers*]

White, James J. / Summers, Robert S.: Uniform Commercial Code, Volume 1: Chapters 1-12; 4th ed., St. Paul, Minn. 1995 [zit.: *White/Summers* Vol.1]
White, James J. / Summers, Robert S.: Uniform Commercial Code, Volume 1A: Article 2A, Lease of Goods; 3rd ed., St. Paul, Minn. 1991 [zit.: *White/Summers* Vol.1A]
White, James J. / Summers, Robert S.: Uniform Commercial Code, Volume 2: Chapters 13-21; 4th ed., St. Paul, Minn. 1995 [zit.: *White/Summers* Vol.2]
White, James J. / Summers, Robert S.: Uniform Commercial Code, Volume 3: Chapters 22-29; 4th ed., St. Paul, Minn. 1995 [zit.: *White/Summers* Vol.3]
White, James J. / Summers, Robert S.: Uniform Commercial Code, Volume 4: Chapters 30-End; 4th ed., St. Paul, Minn. 1995 [zit.: *White/Summers* Vol.4]
White, Martin B.: Coping With Violations of the Federal Trade Commission's Holder in Due Course Rule; 66 Temp. L. Rev. 661-696 (1993)
Whitford, William C.: Ian Macneil's Contribution to Contracts Scholarship; 1985 Wis. L. Rev. 545-560
Williamson, Oliver E.: The Logic of Economic Organization; 4 Journal of Law, Economics, & Organization 65-93 (1988)
Wohl, Lawrence B.: Three Party Credit Transactions: Legal Rights and Duties; 4 U.C. Davis L. Rev. 357-376 (1971)

Abkürzungen bezüglich der englischsprachigen Quellen

Ala. L. Rev.	Alabama Law Review
Am. Bankr. L.J.	American Bankruptcy Law Journal
Am. Soc. Rev.	American Sociological Review
Ann. Rev. Banking L.	Annual Review of Banking Law
Ann. Surv. Am. L.	Annual Survey of American Law
A. Soc. Rev.	American Sociological Review
Ark. L. Rev.	Arkansas Law Review
Bridgeport L. Rev.	Bridgeport Law Review
B.U. L. Rev.	Boston University Law Review
Bus. Law.	Business Lawyer
Cal. L. Rev.	California Law Review
Case W. Res. L. Rev.	Case Western Reserve Law Review
Cath. U. L. Rev.	Catholic University Law Review
C.F.R.	Code of Federal Regulations
Colum. L. Rev.	Columbia Law Review
Cornell L. Rev.	Cornell Law Review
Det. C.L. Rev.	Detroit College of Law Review
Duke L.J.	Duke Law Journal
ed.	edition
Ed.	Editor
Fed.Reg.	Federal Register
FTC	Federal Trade Commission
Harv. J. on Legis.	Harvard Journal on Legislation
Harv. L. Rev.	Harvard Law Review
Hastings L.J.	Hastings Law Journal
Hous. L. Rev.	Houston Law Review
Ind. Int'l & Comp. L. Rev.	Indiana International & Comparative Law Review
Int. Comp. L. Q.	International and Comparative Law Quarterly
Int. Rev. of L. & Economics	International Review of Law & Economics
Iowa L. Rev.	Iowa Law Review
JITE	Journal of Institutional and Theoretical Economics
J. L. & Eco.	Journal of Law and Economics
J. Legal Educ.	Journal of Legal Education
J. of Legal Studies	Journal of Legal Studies
Kan. L. Rev.	University of Kansas Law Review

Law. & Soc'y Rev.	Law & Society Review
Loy. L.A. Int'l & Comp. L.J.	Loyola of Los Angeles Internatinal & Comparative Law Journal
Loy. L.A. L. Rev.	Loyola of Los Angeles Law Review
Marq. L. Rev.	Marquette Law Review
Mercer L. Rev.	Mercer Law Review
Mich. L. Rev.	Michigan Law Review
Mont. L. Rev.	Montana Law Review
N.C. L. Rev.	North Carolina Law Review
Nw. U. L. Rev.	Northwestern University Law Review
Ohio St. L.J.	Ohio State Law Journal
Okla. City U. L. Rev.	Oklahoma City University Law Review
S. Cal. Interdis. L.J.	Southern California Interdisciplinary Law Journal
S. Cal. L. Rev.	Southern California Law Review
Stan. L. Rev.	Stanford Law Review
Stetson L. Rev.	Stetson Law Review
S. Tex. L.J.	South Texas Law Journal
St. John's L. Rev.	St. John's Law Review
St. Louis U. L.J.	Saint Louis University Law Journal
Sw. L.J.	Southwestern Law Journal
Syracuse L. Rev.	Syracuse Law Review
Temp. L. Rev.	Temple Law Review
Tex. L. Rev.	Texas Law Review
UCC	Uniform Commercial Code
U.C.C.C.	Uniform Consumer Credit Code
UCC L.J.	Uniform Commercial Code Law Journal
U.C. Davis L. Rev.	University of California Davis Law Review
U. Cin. L. Rev.	University of Cincinnati Law Review
UCLA L. Rev.	University of California Los Angeles Law Review
U. Mem. L. Rev.	University of Memphis Law Review
U. Pa. L. Rev.	University of Pennsylvania Law Review
U. Pitt. L. Rev.	University of Pittsburgh Law Review
U.S.C.	United States Code
Va. L. Rev.	Virginia Law Review
Val. U. L. Rev.	Valparaiso University Law Review
Wis. L. Rev.	Wisconsin Law Review
Wis.Stat.	Wisconsin Statutes
Yale L.J.	Yale Law Journal

U.S.-amerikanische und supranationale Vorschriften

Normaldruck: Fundstelle mit Normtext
Kursivdruck: Erwähnung ohne Normtext

Federal Trade Commission Holder-In-Due-Course Regulations (16 C.F.R. §§ 433.1-433.3)

Regulation Z

Truth-in-Lending Act (15 U.S.C. §§ 1601-1667e)

UNIDROIT-Konvention über das internationale Factoring

UNIDROIT-Konvention über das internationale Finanzierungsleasing

Uniform Commercial Code (UCC)

Uniform Consumer Credit Code (U.C.C.C.)

Wisconsin Statutes (Wis. Stat.)

Sachregister

Jus Privatum

Beiträge zum Privatrecht

Alphabetische Übersicht

Bayer, Walter: Der Vertrag zugunsten Dritter. 1995. *Band 11.*
Beater, Axel: Nachahmen im Wettbewerb. 1995. *Band 10.*
Berger, Christian: Rechtsgeschäftliche Verfügungsbeschränkungen. 1998. *Band 25.*
Berger, Klaus: Der Aufrechnungsvertrag. 1996. *Band 20.*
Braun, Johann: Grundfragen der Abänderungsklage. 1994. *Band 4.*
Einsele, Dorothee: Wertpapierrecht als Schuldrecht. 1995. *Band 8.*
Götting, Horst-Peter: Persönlichkeitsrechte als Vermögensrechte. 1995. *Band 7.*
Habersack, Mathias: Die Mitgliedschaft – subjektives und ‚sonstiges' Recht. 1996. *Band 17.*
Heermann, Peter W.: Drittfinanzierte Erwerbsgeschäfte. 1998. *Band 24.*
Henssler, Martin: Risiko als Vertragsgegenstand. 1994. *Band 6.*
Hergenröder, Curt Wolfgang: Zivilprozessuale Grundlagen richterlicher Rechtsfortbildung. 1995. *Band 12.*
Heß, Burkhard: Intertemporales Privatrecht. 1998. *Band 26.*
Junker, Abbo: Internationales Arbeitsrecht im Konzern. 1992. *Band 2.*
Kindler, Peter: Gesetzliche Zinsansprüche im Zivil- und Handelsrecht. 1996. *Band 16.*
Kleindiek, Detlef: Deliktshaftung und juristische Person. 1997. *Band 22.*
Möllers, Thomas M.J.: Rechtsgüterschutz im Umwelt- und Haftungsrecht. 1996. *Band 18.*
Muscheler, Karlheinz: Die Haftungsordnung der Testamentsvollstreckung. 1994. *Band 5.*
Oechsler, Jürgen: Gerechtigkeit im modernen Austauschvertrag. 1997. *Band 21.*
Oetker, Hartmut: Das Dauerschuldverhältnis und seine Beendigung. 1994. *Band 9.*
Oppermann, Bernd H.: Unterlassungsanspruch und materielle Gerechtigkeit im Wettbewerbsprozeß. 1993. *Band 3.*
Peters, Frank: Der Entzug des Eigentums an beweglichen Sachen durch gutgläubigen Erwerb. 1991. *Band 1.*
Reiff, Peter: Die Haftungsverfassungen nichtrechtsfähiger unternehmenstragender Verbände. 1996. *Band 19.*
Stadler, Astrid: Gestaltungsfreiheit und Verkehrsschutz durch Abstraktion. 1996. *Band 15.*
Taeger, Jürgen: Außervertragliche Haftung für fehlerhafte Computerprogramme. 1995. *Band 13.*
Waltermann, Raimund: Rechtsetzung durch Betriebsvereinbarung zwischen Privatautonomie und Tarifautonomie. 1996. *Band 14.*